13	14	15	16	17	18	19	20	21	22	23	24	25	26	27	28	29	30	31	32	33	34	35
					1																	
						2							3		1							
							2															
3		1																				
4	1	3		2	2			3			2		2		4		1	3		3		
						1	3		1							2		4		1		
																						2
	2																3					
2		2	1	1	3			1			1	1	1		3			5	1	2	2	
		4	2					2										1				
												2		3								1
1														2		1						
				3																		
														1		3	2		3			
																			2			3
									2													
5										1					5							
							1														1	
										2					2							

Malin !

Votre manuel connecté

Accédez facilement et rapidement aux ressources multimédia de votre manuel papier !

Comment faire ?

1 Téléchargez sur votre smartphone ou votre tablette l'application gratuite onprint sur Google play ou App Store

2 Repérez le picto à côté du numéro de page de ce manuel papier

3 Flashez la page avec votre smartphone ou votre tablette, à partir de l'application onprint

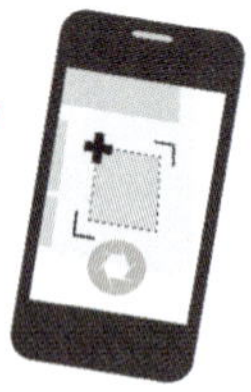

4 Accédez immédiatement aux ressources liées à cette page : vidéo, animation, lien Internet, lexique…

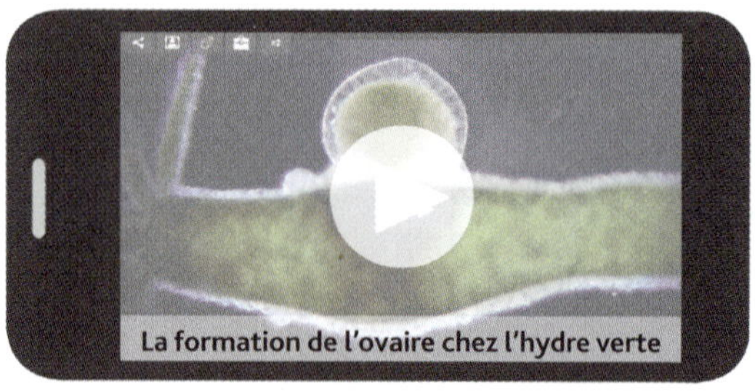

Si vous n'avez pas de smartphone ou de tablette, vous pouvez aussi accéder à ces ressources multimédia sur le site **http://complements-eleves.hachette-education.com**

CYCLE 4

Livret Accompagnement Personnalisé

AP

hachette
ÉDUCATION
vous accompagne

Module 1 **Activité 1** p. 16

1. **Comparer** la distance et le diamètre des différentes planètes du système solaire (**doc. 1**).
2. **Comparer** les caractéristiques des différentes planètes du système solaire (**doc. 2**).

Module 1 **Activité 2** p. 17

1. **Rappeler** le paramètre principal qui influence les trois états de l'eau.
2. **Proposer une hypothèse** qui expliquerait la présence d'eau liquide sur Terre mais pas sur les autres planètes (**doc. 1**).
3. **Proposer un protocole** permettant de tester votre hypothèse (**doc. 2**).
4. **Décrire et interpréter** vos résultats expérimentaux (**doc. 3**).

Module 1 **Activité 3** p. 18

1. **Relever** les évènements géologiques ayant affecté la Terre il y a 66 Ma.
2. **Comparer** le nombre de familles appartenant à différents groupes de vertébrés avant et après - 66 Ma.
3. **Indiquer** ce qu'on peut déduire de cette comparaison.
4. **Relever** les noms des ères découpant l'échelle des temps géologiques.

Module 1 **Exercice 7** p. 23

1. **Décrire** la variation de la biodiversité au cours des temps géologiques.
2. **Indiquer** à quelles dates la biodiversité chute fortement.
3. **Relier** ces dates à l'échelle des temps géologiques.
4. **Expliquer** ensuite les événements particulièrement marquants qui ont servi à construire une échelle des temps géologiques.

La correction pour vérifier

Le **doc. 1** présente l'évolution de la biodiversité marine depuis 650 Ma. Au fil du temps, la biodiversité marine augmente. En regardant plus en détail le document, on s'aperçoit que les variations de cette courbe peuvent présenter des chutes importantes de la biodiversité.
Ainsi, il y a 250 Ma, la biodiversité est passée d'environ 500 ua à 250 ua. Cela correspond à une crise biologique majeure avec la disparition de la moitié des espèces marines.
Lorsqu'on regarde l'échelle des temps géologique (**doc. 2**), on peut voir que les géologues ont fait correspondre cette crise à un changement d'ère. Cette crise marque le passage de l'ère Paléozoïque à l'ère Mésozoïque.
On retrouve le même phénomène il y a 66 Ma pour le passage de l'ère Mésozoïque à l'ère Cénozoïque.

Conclusion : Les géologues font correspondre les variations plus ou moins importantes de la biodiversité au document qu'ils ont construit : l'échelle des temps géologiques.

Module 2 **Activité 1** p. 24

1. **Proposer** une définition du « risque sismique ».
2. **Expliquer** comment évaluer l'aléa sismique (**doc. 1** et **2**).
3. **Expliquer** comment réduire les conséquences d'un séisme (la vulnérabilité) (**doc. 3**, **4**, **5** et **6**).
4. **Recopier** et **compléter** le document suivant :

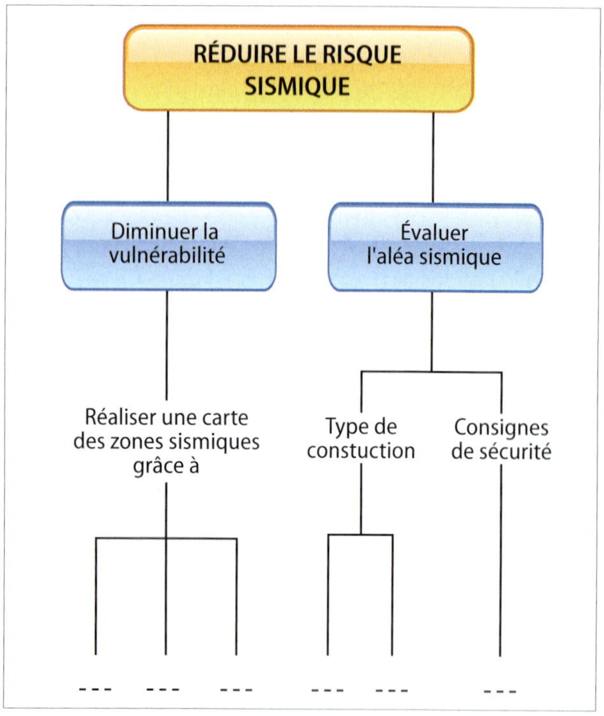

Module 2 **Activité 2** p. 26

1. **Expliquer** le mot « séisme » en :
   – indiquant l'expression courante synonyme de séisme (**doc. 1**) ;
   – indiquant les expressions utilisées par les deux habitants de la Villeneuve-Les-Salines (**doc. 2**) pour décrire les vibrations.
2. **Expliquer** le mot « intensité » en indiquant ce qui change au fur et à mesure que l'intensité

augmente (en passant du degré I au degré XII) sur l'échelle EMS-98 (doc. 3).

3. **Expliquer** le mot « épicentre » en indiquant où il se trouve sur le doc. 4.
4. **Identifier** les intensités à Châtelaillon-Plage, à Villeneuve-Les-Salines et à Dolus d'Oléron.
5. **Décrire** comment changent les conséquences du séisme en fonction de la position par rapport à l'épicentre.

Module 2 Activité 3 p. 28

1. **Décrire** la propagation des ondes sismiques (doc. 2 et 3). Pour cela, il faut s'intéresser à leur vitesse, leur durée, leur direction.
2. **Expliquer** pourquoi les stations sismiques qui ne sont pas situées au niveau de l'épicentre peuvent enregistrer les ondes issues du séisme.

Module 2 Activité 4 p. 30

1. **Expliquer** le modèle de l'expérimentation du doc. 3 :
   – Que représente le polystyrène ?
   – Que représente le serre-joint ?
   – Que peut-on observer comme résultats (doc. 4 et 5) ?
2. **Établir** un rapport entre ce qui se passe dans l'expérimentation et ce qui se passe dans la réalité (doc. 3, 4 et 5).
3. **Recopier** et **compléter** le schéma ci-dessous et proposer un titre :

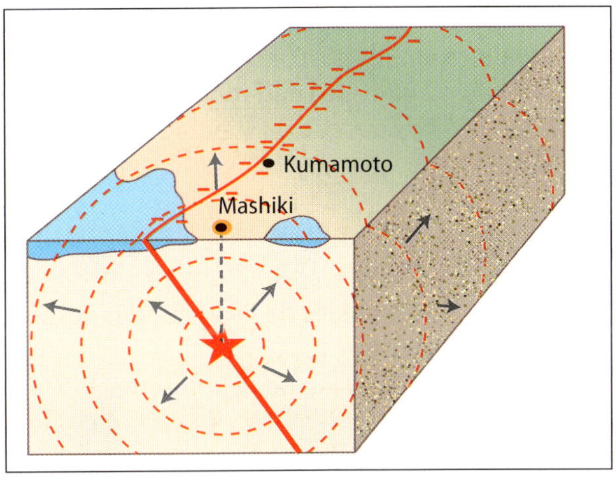

Titre : ....

4. **Indiquer** pourquoi le modèle du doc. 3 est critiquable.
5. **Expliquer** ce qui s'est passé sous la ville de Kumamoto le 14 avril 2016.

Module 2 Exercice 8 p. 35

1. **Identifier** la ville la plus touchée par le séisme. **Justifier** la réponse.
2. **Placer** la ville en A, B ou C en se rappelant que l'épicentre est situé juste au-dessus du foyer.
3. **Identifier** et **placer** le nom des deux autres villes situées sur le schéma.
4. **Expliquer** ce qu'il s'est passé au niveau du foyer et pourquoi une grosse partie de l'Équateur a pu ressentir le séisme.

La correction pour vérifier

Le foyer est situé à 20 km de profondeur en dessous de l'épicentre. Il s'agit du point de rupture des roches suite à une accumulation trop importante d'énergie. C'est donc à partir du foyer que l'énergie libérée s'est propagée rapidement et dans toutes les directions sous la forme d'ondes sismiques. Ces ondes sismiques ont provoqué le plus de dégâts à Perdernales où l'intensité a été la plus élevée. La propagation de ces ondes a été responsable d'une véritable catastrophe humanitaire.

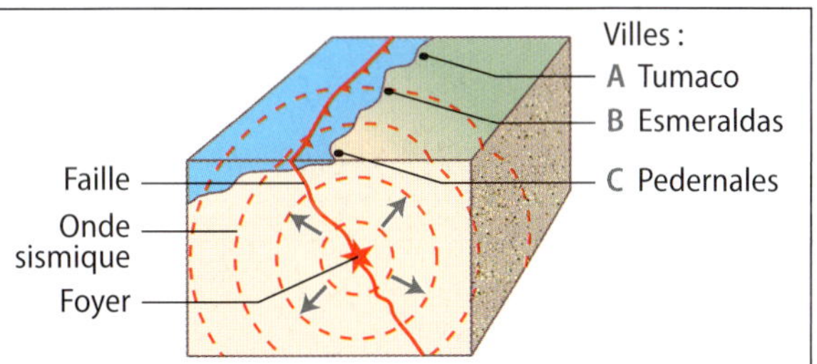

Titre : Schéma de l'origine du séisme du 16 avril 2016 en Équateur

Module 3 Activité 1 p. 36

1. **Indiquer** l'intérêt de l'étude des éruptions historiques et de l'analyse des résultats obtenus par les instruments de mesure situés sur la Soufrière (doc. 2, 3 et 4).
2. **Rechercher** le niveau d'alerte actuel concernant l'éruption de la Soufrière (doc. 1, 2 et 3).

web ipgp.fr/fr/ovsg/bulletins-mensuels-de-lovg

3. **Identifier** trois grands types de mesures permettant de diminuer la vulnérabilité des personnes (doc. 4, 5 et 6).

Module 3 **Activité 2** p. 38

1. **Construire** un tableau qui présente les produits libérés, la forme, la nature de la lave, l'origine de la lave, le niveau de dangerosité, le type de relief associé et un exemple de volcan explosif.
2. **Recopier** et **compléter** le schéma suivant et proposer un titre :

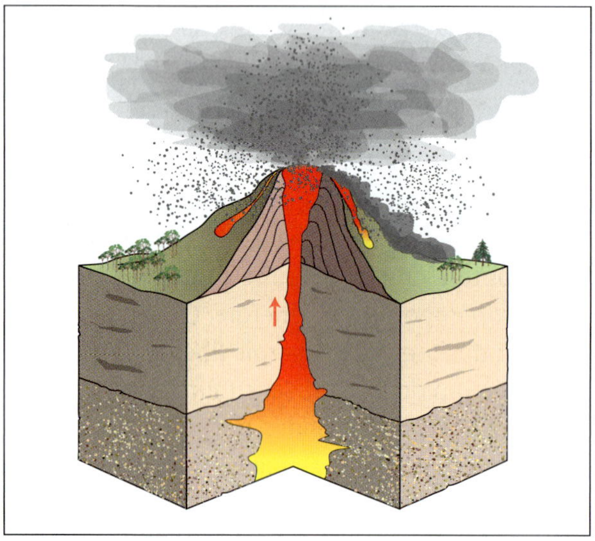

Titre : ....

Module 3 **Activité 3** p. 40

1. **Recopier** et **compléter** la carte heuristique suivante et proposer un titre :

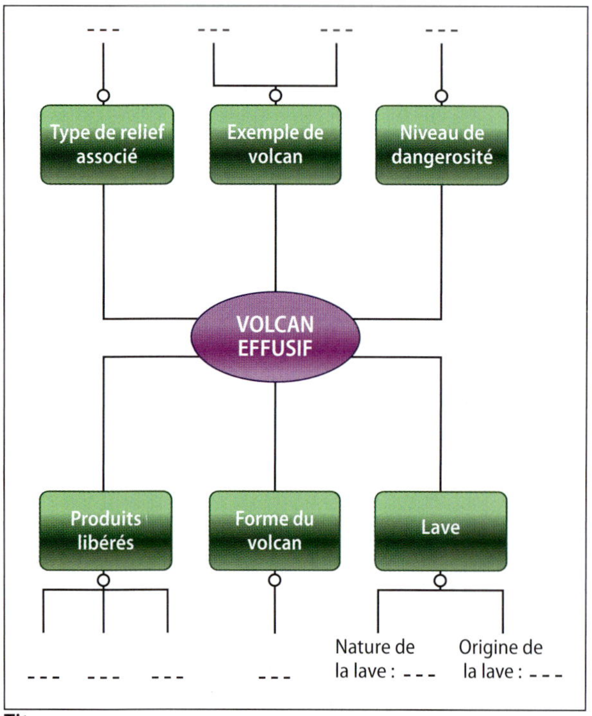

Titre : ....

2. **Recopier** et **compléter** le schéma suivant et proposer un titre :

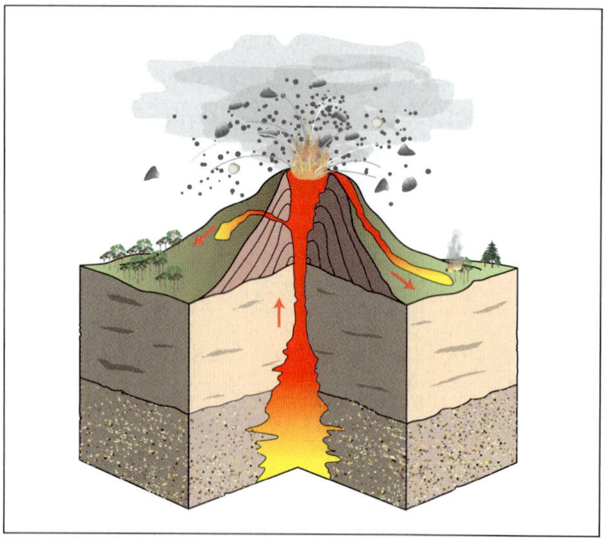

Titre : ....

Module 3 **Exercice 6** p. 45

1. **Indiquer**, en justifiant la réponse, à quel type de volcanisme on peut associer les volcans d'Hawaii.
2. **Tracer** le graphique qui représente les variations de la distance entre deux points du cratère du volcan Mauna Loa. Prendre l'échelle 2 cm pour 1 an pour l'axe horizontal et 1 cm pour 5 mm pour l'axe vertical.
3. **Indiquer,** à partir du graphique obtenu, comment varie l'aléa volcanique du Mauna Loa.
4. **Décrire** l'évolution du nombre de séismes ayant eu lieu de 2010 à 2016.
5. **Justifier**, à partir de l'ensemble de vos analyses, que l'aléa volcanique du Mauna Loa était élevé en 2016.

La correction pour vérifier

Les volcans d'Hawaii sont des cônes (**doc. 1**) libérant des coulées de lave : ce sont des volcans effusifs.

À partir du **doc. 2**, on peut représenter la variation de la distance entre deux points du cratère en fonction du temps.

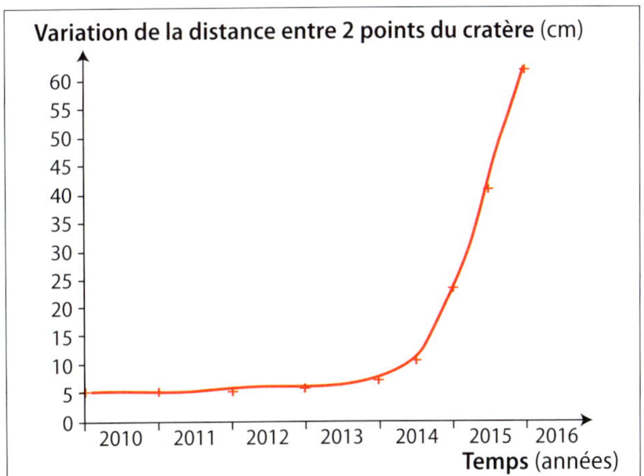

Titre : Évolution de la variation de la distance entre deux points du cratère du volcan Mauna Loa

À partir de janvier 2015, l'écartement des points augmente de 20 cm tous les 6 mois.
L'écartement de plus en plus rapide des repères révèle une activité de plus en plus importante du volcan.
Le **doc. 3** révèle que c'est au cours des années 2014 et 2015 que les séismes ont été de plus en plus fréquents : certaines semaines (fin 2015), il y avait jusqu'à 90 séismes.

Conclusion : Depuis 2015, l'écartement des repères situés sur le cratère est de plus en plus rapide, et il y a de plus en plus de séismes par semaine.
Ces deux indices révèlent une activité accrue du volcan. C'est pour cela qu'en 2016, l'aléa volcanique du volcan Mauna Loa était très élevé.

Module 4 Activité 1 p. 46

Repérer sur le graphique la variation brutale de la vitesse des ondes sismiques. Elle correspond au plafond de l'asthénosphère.

Module 4 Activité 2 p. 47

1. **Décrire** le déplacement de l'Europe au cours du temps en utilisant les points cardinaux (N, S, O et E).
2. **Déterminer** si les différentes parties de l'Europe se déplacent à la même vitesse et dans la même direction.

Module 4 Activité 3 p. 48

Utiliser la carte ci-dessous pour repérer et dénombrer les différentes plaques lithosphériques.

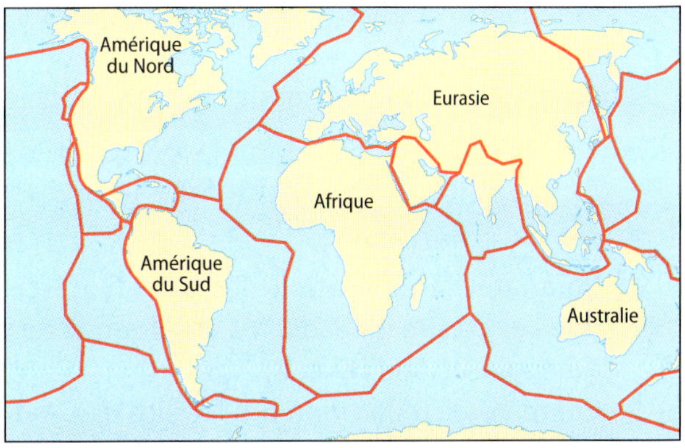

Module 4 Activité 4 p. 49

Utiliser le schéma ci-dessous comme point de départ pour réaliser deux autres schémas montrant la formation de lithosphère océanique au niveau de la dorsale.

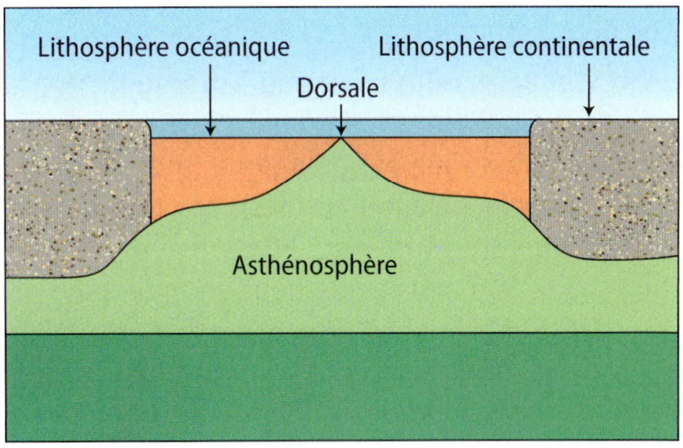

Module 4 Activité 5 p. 50

1. **Utiliser** le schéma ci-dessous comme point de départ.
2. **Ajouter** un titre, des légendes et des flèches pour montrer la convergence.

Module 4 Activité 6 p. 51

1. **Repérer**, sur le **doc. 1**, les endroits où la dissipation est la plus forte et les associer aux phénomènes géologiques (revoir les activités 3 et 4).
2. **Indiquer** d'où vient l'énergie dissipée en surface.
3. **Repérer** des montées et des descentes. Que modélise l'huile ?

Module 4 Exercice 5 p. 54

1. **Comparer** la répartition des climats désertique et polaire il y a 200 Ma en Afrique et en Amérique du Sud (**doc. 1**).
2. **Comparer** la répartition des fossiles de *Cynognathus* et de *Lystrosaurus* dans le monde il y a 240 Ma.
3. **Indiquer** les arguments qui ont permis à Wegener de penser qu'il y a 240 Ma l'Amérique du Sud et l'Afrique ne formaient qu'un seul continent avant d'être séparées par la formation de l'océan Atlantique.

La correction pour vérifier

Wegener utilise comme argumentation à la mobilité des continents : la concordance géographique et géologique (mêmes traces de chaînes de montagnes), des traces paléoclimatiques de part et d'autre de l'Atlantique Sud mais également en Inde, pays où il est impossible d'avoir des glaces en plaine. Il explique également la continuité des aires de répartition des fossiles grâce à la séparation du continent africain et du continent sud-américain.

Attendu de fin de cycle – Exercices

Tâche complexe 1 p. 58

1. **Indiquer** quel phénomène géologique est responsable des perturbations du trafic aérien (**doc. 1**).
2. **Déduire** le type de volcanisme associé aux volcans indonésiens d'après les produits émis.
3. **Déduire** de vos réponses la nature du risque mis en évidence.
4. **Indiquer** quels événements se sont produits de 1900 à 2002.
5. **Indiquer** quel événement peut être aussi un risque majeur pour les populations.

Tâche complexe 2 p. 59

1. **Comparer** les températures théoriques des planètes avec celles mesurées pour Vénus et la Terre.
2. **Rechercher** une explication à cette différence (**doc. 3**).

Module 5 Activité 1 p. 62

1. **Construire** un tableau comparatif présentant les conditions de température, de précipitation et la répartition géographique des différents climats de la Terre.
2. **Citer**, en partant de l'équateur, les climats rencontrés en allant vers le pôle Nord. **Faire de même** en partant de l'Équateur et en allant vers le pôle Sud. Que **remarque**-t-on ?
   On parle de symétrie lorsqu'il y a une correspondance de position de deux ou de plusieurs éléments par rapport à un point ou un plan médian.
3. **Proposer** une explication à cette question : pourquoi les climats sont disposés symétriquement par rapport à l'équateur ?

Module 5 Activité 2 p. 64

1. **Recopier** et **compléter** le tableau permettant de présenter les résultats obtenus par vos expériences (**doc. 1**) et proposer un titre.
   Titre : ....

Latitude	Équateur	Tropique	Cercle polaire
Surface éclairée			

2. **Comparer** les résultats obtenus.
3. **Expliquer** la répartition de la température et donc des climats sur Terre, sachant que la Terre est sphérique et que la quantité d'énergie solaire reçue à la surface change en fonction de la latitude.

Module 5 Activité 3 p. 65

1. **Indiquer** dans votre document les paramètres physiques utilisés pour la météo et ceux utilisés pour l'étude des climats. (**doc. 1** et **2**).
2. **Comparer** les échelles de temps utilisées pour la météo et pour l'étude des climats (**doc. 1** et **2**).
3. **Comparer** les surfaces concernées par une information météorologique et par les informations caractérisant un climat (**doc. 1** à **2**).

4. **Indiquer**, au-delà des études menées sur les changements atmosphériques, quelles autres missions peuvent avoir la météorologie et la climatologie (doc. 3 et d'après vos connaissances).
5. **Synthétiser** les réponses dans ce tableau et proposer un titre :

	Météorologie	Climatologie
Paramètres physiques étudiés		
Échelle de temps utilisée		
Échelle d'espace utilisée		
Missions supplémentaires		

Titre : ....

Module 5 Exercice 6 p. 68

Diagramme ombrothermique

La correction pour vérifier

1.

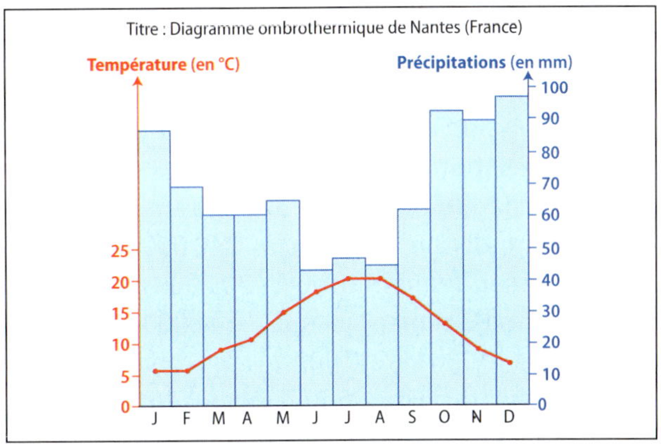

2. Température moyenne = (6 + 6 + 9 + 11 + 15 + 12 + 20 + 20 + 17 + 13 + 9 + 7) / 12 = 12 °C
À Nantes, la température moyenne est de 12 °C.
3. Amplitude thermique = 20 – 6 = 14 °C
À Nantes, l'amplitude thermique est de 14 °C.
4. Précipitations totales = 87 + 69 + 61 + 61 + 66 + 43 + 46 + 44 + 62 + 93 + 90 + 97 = 819 mm.
À Nantes, la quantité totale des précipitations est de 819 mm.
5. La température moyenne à Nantes est de 12 °C (entre 15 et 20 °C). Les précipitations totales à Nantes sont de 819 mm (> 500 mm). Le doc. 2 nous permet de conclure que le climat à Nantes est de type tempéré océanique.

Module 6 Activité 1 p. 70

1. **Repérer** sur le doc. 1 la zone où il pleut en France puis la zone où il va pleuvoir le lendemain.
2. **Indiquer** l'utilité des stations météorologiques. Quels paramètres peuvent-elles mesurer ?
3. **Lire** le doc. 2 afin de comprendre ce qui provoque les mouvements horizontaux et verticaux de l'air
4. **Dire** s'il y a un anticyclone ou une dépression à proximité quand il pleut à Brest ?
5. **Préciser** dans quel sens tournent les vents autour d'une dépression. Qu'est-ce que cela va provoquer sur la zone pluvieuse se trouvant à Brest ?

Module 6 Activité 2 p. 71

1. **Comparer** la température de Brest et Montréal en hiver (en janvier par exemple). Attention, l'axe correspondant à la température est à droite.
→ Fiche technique 3 : *Lire un tableau ou un graphique*
2. **Comparer** la végétation de Brest et à Montréal. Que peut-on **déduire** par rapport au climat à Montréal et à Brest ?
3. **Décrire** le mouvement du courant océanique correspondant au Gulf Stream (doc. 2). Ce courant est-il plutôt chaud ou plutôt froid ?

Module 6 Activité 3 p. 72

1. Aide à l'exploitation du doc. 3.
Cette modélisation permet de comprendre qu'une différence de température provoque le déplacement horizontal de la masse d'air.
2. Aide à l'exploitation du doc. 4 : le déplacement d'air est à l'origine du déplacement en surface de l'eau.
3. Aide à l'exploitation du doc. 5 : cette modélisation permet de comprendre que la rotation de la Terre a pour conséquence de dévier un corps en mouvement. Cela explique le mouvement circulaire des masses d'air et d'eau à la surface de la Terre (vers la droite dans l'hémisphère nord et vers la gauche dans l'hémisphère sud).

Module 6 **Exercice 8** p. 77

1. **Indiquer** d'où proviennent les déchets retrouvés dans les océans (**doc. 1**).
2. **Comparer** les positions des plaques de déchets par rapport aux principaux courants océaniques (**doc. 2**).
3. **Rappeler** ce qui met en mouvement les courants.

La correction pour vérifier

Les déchets retrouvés dans tous les océans du monde sont issus des activités humaines terrestres (80 %) et maritimes (20 %).
Ces déchets se trouvent accumulés au cœur des cercles formés par les principaux courants océaniques de surface. Rappelons que les courants océaniques de surface sont eux-mêmes mis en mouvement par les vents.
Ainsi, on peut supposer que ce sont les sens des vents et des courants océaniques tourbillonnants qui permettent la convergence de l'ensemble des déchets dans un même lieu pour former des « plaques de déchets ».

Module 7 **Activité 1** p. 78

1. **Chercher** dans la page 71 du module 6 les caractéristiques du climat du sud de la France (**doc. 1**, Bordeaux).
2. **Faire un tableau comparatif** des climats actuels, d'il y a 20 000 ans et d'il y a 100 Ma (il est possible de comparer les températures, la végétation, les animaux rencontrés…).

Module 7 **Activité 2** p. 79

1. **Repérer** la date à laquelle la température commence à augmenter, cela correspond au changement climatique.
2. **Repérer** la date à laquelle la concentration atmosphérique commence à augmenter rapidement.
3. **Repérer** sur le graphique à quel moment la quantité d'énergie solaire reçue par la Terre commence à changer.

Module 7 **Activité 3** p. 80

1. **Régler** la durée de simulation sur 2 000 ans et valider.
2. Dans l'onglet Paramètres Rubrique « Concentrations ou émissions de CO_2», **cliquer** sur « fixer la concentration en CO_2 ».
3. **Faire varier** la concentration de CO_2 en déplaçant le curseur vers la droite.
4. **Nommer** la simulation « le monde avec x ppm de CO_2 ».
5. **Lancer** la simulation.
6. **Changer** la concentration et recommencer.
7. **Superposer** une nouvelle simulation.
8. **Lancer** la simulation.
9. **Comparer** les simulations et **conclure** sur le rôle du CO_2.

Module 7 **Activité 4** p. 81

Consulter la fiche EPI 2 : Rechercher et exploiter les données sur un thème.

Module 7 **Exercice 7** p. 85

1. **Citer** la valeur de la concentration atmosphérique actuelle et celle prévue pour 2100 (pour l'hypothèse optimiste).
2. **Repérer** quatre périodes « glaciaires » (période où la température de la Terre était beaucoup plus froide qu'aujourd'hui) durant les 400 000 ans dernières années.

La correction pour vérifier

Il y a 400 000 ans, le climat de la Terre était proche du climat actuel. Ensuite, il y a eu une succession d'évènements climatiques :
– glaciation vers - 350 000 ans ;
– réchauffement vers - 320 000 ans ;
– refroidissement jusqu'à - 240 000 ans ;
– réchauffement jusqu'à - 200 000 ans ;
– refroidissement jusqu'à - 140 000 ans.
De - 140 000 à - 100 000 ans, les conditions sont proches du climat actuel. Depuis 20 000 ans, un réchauffement très important a lieu.

Attendu de fin de cycle – Exercices

Tâche complexe 1 p. 88

1. **Indiquer** dans quel sens soufflent les vents entre l'Amérique du Nord et l'Europe (**doc. 2**).
2. **Indiquer** dans quel sens circulent les masses d'eau entre l'Amérique du Nord et l'Europe (**doc. 3**).
3. **Indiquer** ce qui permet le mouvement des masses d'eau (**doc. 4**).
4. **Expliquer** ce qu'on appelle le couplage des mouvements océaniques et atmosphériques (**doc. 4**).

Tâche complexe 2 p. 89

1. **Indiquer** la différence de température qui inquiète certaines personnes (doc. 1).
2. **Indiquer** la différence de précipitation qui pourrait aussi inquiéter certaines personnes (doc. 2).
3. **Expliquer** avec vos propres mots les différences entre la météorologie et la climatologie (doc. 3).
4. **Justifier** si les différences de température et de précipitation qui inquiètent sont de l'ordre de la météorologie ou de la climatologie.

Module 8 **Activité 1** p. 92

1. Les principaux besoins des humains sont, depuis la préhistoire : se nourrir, se chauffer, se loger, se déplacer, communiquer.
   Associer à chaque document au moins un besoin satisfait par la ressource montrée en complétant un tableau comme celui-ci et proposer un titre :

Document	Ressource naturelle	Besoin
1		
2		
3		
4		
5		
6		
7		
8		

Titre : ....

2. **Résumer** l'ensemble dans un texte associant les ressources naturelles à chaque besoin humain identifié à partir des documents.
3. Certains documents montrent directement des problèmes posés par l'exploitation des ressources naturelles :
   – le doc. 3 témoigne de la transformation d'un paysage à grande échelle avec destruction des espaces forestiers ;
   – le doc. 5 évoque l'épuisement d'une ressource alimentaire et le risque de disparition d'une espèce.
   Relier les problèmes suivants aux autres documents :
   – pénurie ou rareté de l'eau potable ;
   – épuisement d'une réserve souterraine ;
   – consommation accélérée des objets utilisés au quotidien qui augmente les prélèvements de ressources ;
   – risques d'accidents à fort impact pour l'environnement (marée noire, ...) ;
   – utilisation massive de pesticides agricoles.
4. **Chercher** d'autres grands problèmes environnementaux que vous connaissez aussi par l'actualité.

Module 8 **Activité 2** p. 94

1. **Repérer** sur la carte du doc. 3 les domaines clés du cycle de l'eau : réserves en montagne (les Alpes sont au Nord de l'ensemble PACA), fleuves et rivières coulant vers la mer, zones des réserves souterraines.
2. **Repérer** sur le même document les départements à forte consommation et ceux à faible consommation.
3. **Trouver comment**, à l'aide des diagrammes en cercle colorés, les départements à forte consommation réussissent à ne pas manquer d'eau.
4. **Vérifier** avec le doc. 4 si les eaux importées par les fleuves et rivières (eaux superficielles) ont globalement une qualité satisfaisante (donc permettant leur utilisation pour la consommation humaine).
5. **Argumenter** pour montrer que l'utilisation des ressources en eau dans cette région se fait suivant les principes d'une exploitation raisonnée et non d'une surexploitation (s'aider des doc. 5 et 6). Pour cela, **associer** la disponibilité des réserves d'eau, leur qualité et leur circulation entre les départements de la région.

Module 8 **Activité 3** p. 96

1. **Recenser** les conditions nécessaires (durée, conditions biologiques et géologiques) à la production naturelle de réservoirs de pétrole (doc. 1).
2. **Comparer** les durées de formation des réservoirs de pétrole aux durées de leur exploitation par les humains (doc. 1 et 2).
3. **Montrer** qu'à l'avenir l'exploitation de la ressource pétrolière sera plus difficile (doc. 3 et 4).
4. **Montrer** avec ce qui précède que la définition d'une « exploitation raisonnée des ressources naturelles » ne s'applique pas aux gisements de pétrole.

Module 8 **Exercice 8** p. 101

1. **Expliquer** ce qu'est l'exploitation raisonnée d'une ressource naturelle.
2. **Indiquer** la durée de l'exploitation des gaz et pétrole de schiste.
3. **Comparer** la durée de formation des réservoirs des gaz et pétrole de schiste à la durée de leur exploitation par les humains.
4. **Conclure** sur la possibilité d'une exploitation raisonnée des gaz et pétrole de schiste.

La correction pour vérifier

Une exploitation est dite raisonnée si la ressource exploitée peut se renouveler et être conservée, sans être menacée par la surexploitation ou la dégradation. La ressource des gaz et pétrole de schiste sera épuisée dans 100 ans et elle ne se renouvellera pas.

Conclusion : L'exploitation des gaz et pétrole de schiste n'est donc pas une « exploitation raisonnée des ressources naturelles ».

Module 9 **Activité 1** p. 102

1. **Relever**, pour chacun des documents, les conséquences de l'exploitation de la forêt.
2. **Trouver** des liens entre les différentes conséquences : par exemple, la disparition des arbres abattus (abattages massifs) fait disparaître les espèces animales qui y vivent (érosion de la biodiversité animale).
3. **Présenter** toutes ces informations, par exemple sous forme d'une carte mentale ayant pour centre « la déforestation des forêts ».

Module 9 **Activité 2** p. 104

1. **Compléter**, à partir des documents proposés, le tableau suivant par des + si la situation est un avantage pour l'acteur, et par des – si c'est un inconvénient, et proposer un titre.

Acteur / Situation	Centrale à biomasse	Usine à papier	Pays exportateur de bois
Bois prélevé localement			
Bois local cher			
Bois importé en grande quantité			

Titre : ....

2. **Résumer** en une phrase le conflit pour la ressource bois en nommant les acteurs et en décrivant les intérêts de chacun.
3. **Montrer** sur un schéma le lien entre les causes locales (conflit pour la ressource) et leurs possibles conséquences mondiales (déforestation).

Module 9 **Activité 3** p. 106

1. **Indiquer**, à partir des doc. 2, 3 et 4, quels sont les éléments à surveiller pour réduire le risque d'incendie.
2. **Recopier** et **compléter** le tableau suivant pour présenter les différentes mesures prises dans le cadre d'un PPRIF et proposer un titre :

	Mesures mises en place par le PPRIF
Protection	
Adaptation	
Atténuation	

Titre : ....

Module 9 **Exercice 3** p. 110

1. **Repérer** les années correspondant à une augmentation importante des quantités de morue pêchée (doc. 1).
2. **Recopier** et **compléter** le tableau suivant (doc. 2) et proposer un titre :

Titre : ....

	1900	2010
Taille moyenne		
Poids moyen		
Âge moyen		
Maturité sexuelle des prises		

3. **Repérer** les deux facteurs à l'origine de la baisse des populations de poissons (doc. 3).

La correction pour vérifier

Depuis les années 1950, les zones exploitées pour l'activité de pêche sont de plus en plus nombreuses (1 % en 1950, 63 % en 2006), et l'Homme a élargi cette activité à un nombre de plus en plus grand d'espèces (aujourd'hui, près de 90 % des espèces de poissons vivant dans les océans sont consommés par l'Homme). La morue est un des poissons particulièrement concernés par ces variations de consommation.

Durant les années 1960, les tonnages pêchés ont explosé : d'un peu moins de 300 000 tonnes, ils sont passés à 800 000. Pourtant, depuis 1970, les quantités de morue pêchée sont globalement en chute libre : elles sont aujourd'hui voisines de 0. L'étude de la population de morues montre que l'âge moyen des morues pêchées était de trois ans environ dans les années 2010, c'est-à-dire avant que les morues femelles n'aient atteint leur maturité sexuelle (elle est atteinte vers six ans, doc. 2). Ainsi, l'Homme, par son activité de surpêche, interdit la reproduction de cette espèce. Pour reconstituer cette ressource naturelle qu'est la morue, l'Homme doit s'imposer des mesures qui permettront à ces poissons de se reproduire. Au vu du faible nombre d'individus dans la population actuelle, il semble que seul un arrêt de la pêche de cette espèce puisse résoudre le problème.

Module 10 Activité 1 p. 112

Repérer au niveau de la flore, puis au niveau de la faune, les modifications observées. **Associer** à chacune, l'origine de la variation. **Recopier** puis **compléter** le tableau suivant et proposer un titre.

Actions de l'Homme \ Type de modifications	Modifications observées au niveau de la faune	Modifications observées au niveau de la flore
Constructions de digues		
Constructions de barrages		
Constructions de centrales hydroélectriques		
Pollution		

Titre : ....

Module 10 Activité 2 p. 114

1. **Repérer** les effets des actions de l'Homme sur la population de poissons ;
2. **Identifier** pour chaque effet s'il s'agit d'un effet positif ou négatif ; un effet est dit négatif s'il met la population de poissons en danger.
3. **Repérer** ensuite les effets des actions de l'Homme sur la population des animaux peuplant les écosystèmes traversés par la LGV. **Identifier** pour chaque action si elle a un effet positif ou négatif.
4. **Repérer** les effets des actions de l'Homme sur l'écosystème mangrove. **Identifier** pour chaque action si elle a un effet positif ou négatif.

Coups de pouce de l'activité « Aller plus loin » :

1. **Identifier** les écosystèmes proches de l'établissement.
2. **Identifier** ensuite des perturbations dues à l'action humaine.
3. **Choisir**, en se basant sur les exemples développés dans l'activité 2, ceux qui pourraient être adaptés à la situation locale.

Module 10 Exercice 6 p. 119

1. **Montrer** que les albatros se nourrissent de végétaux (doc. 1) mais ingèrent des objets en plastique.
2. **Expliquer** comment les albatros sont amenés à confondre plastique et proies (doc. 2 et 3).

La correction pour vérifier

L'albatros repère les aliments qu'il peut consommer grâce aux odeurs qu'ils dégagent ; une molécule, le DMS est caractéristique des aliments naturels qu'il peut ingérer (doc. 2). Si les plastiques produits par l'Homme ne contiennent pas de DMS (graphe A, doc. 3 : concentration de DMS voisine de 0 pour 5 échantillons testés), des plastiques ayant séjourné dans l'eau de mer ont des concentrations de DMS comprises entre 5 et 20 µg/g de plastique (6 échantillons testés : graphe B doc. 3).

Ces teneurs en DMS pourraient expliquer pourquoi l'albatros repère ces plastiques comme des aliments potentiels. Le système digestif d'un albatros mort est plein de particules plastiques (texte introductif) preuve que l'albatros ingère ces déchets produits par les activités humaines. Cette absorption leur est fatale : la population d'albatros diminue.

Module 11 **Activité 1** p. 120

1. **Faire la liste** des principaux éléments à prendre en compte dans l'empreinte écologique d'un humain, c'est-à-dire lister tout ce qu'il utilise quotidiennement (objets, matière, énergie) pour satisfaire ses besoins.
2. **Chercher**, à partir de cette liste, des informations pour compléter le tableau ci-dessous ; Vêtements et Automobile sont deux exemples. Ajouter des colonnes pour les autres éléments de la liste. Proposer un titre pour ce tableau.

Titre : ....

Élément de la liste	Vêtements	Automobile
Matière première / ressource naturelle		
Écosystème/ milieu naturel		
Territoires ressources		

3. **Expliquer** comment les habitants des États-Unis survivent malgré un déficit en biocapacité. **Montrer** alors que l'utilisation des ressources terrestres est un problème à considérer à l'échelle de la planète et non à celle des pays.
4. **Expliquer** pourquoi des continents comme l'Afrique pourraient rencontrer des problèmes de survie alors même qu'ils ont une réserve de biocapacité.
5. **Identifier** pour chacun des exemples, le problème posé.
6. **Retrouver**, pour chacun de ces déséquilibres, les responsables.
   Conclure quant à la responsabilité de l'Homme à l'échelle de la planète.

Pour aller plus loin : Visiter la barrière de corail

Module 11 **Activité 2** p. 122

1. **Identifier** les deux types de variation affectant la teneur en ozone (**doc. 2**). **Lire** la date à laquelle il y a une inversion de variation.
2. **Retrouver** dans le texte un évènement daté de la même année.
3. **Identifier** les différents types de variation affectant les quantités capturées (**doc. 3**) et l'année à partir de laquelle les quantités pêchées semblent stabilisées.
4. **Repérer** l'année correspondant au début de l'augmentation des masses de thons reproducteurs (**doc. 4**).
5. **Retrouver** dans le texte l'évènement daté de la même année.

Module 11 **Exercice 7** p. 127

1. **Indiquer** quelles sont les causes de la surpopulation de méduses (**doc. 1**).
2. **Indiquer** les zones géographiques concernées par l'augmentation de population des méduses (**doc. 2**).

La correction pour vérifier

Les activités humaines entraînent un réchauffement moyen des eaux (**doc. 1**) mais aussi parfois un réchauffement ponctuel (au voisinage des centrales nucléaires, l'eau pompée pour alimenter le circuit de refroidissement de la centrale est rejetée, chaude, dans l'environnement). Ces réchauffements sont favorables aux populations de méduses (**doc. 1**).

Une autre activité humaine, la surpêche de poissons prédateurs de méduses (**doc. 1**), est elle aussi à l'origine de l'augmentation de leur nombre.

Ces pullulations de méduses, conséquences des activités humaines, sont enregistrées dans de très nombreuses zones géographiques : côtes est et ouest de l'Amérique du Nord, Europe du Nord, côtes du Japon (**doc. 2**). L'augmentation des populations de méduses est un phénomène mondial.

Les méduses sont des animaux aux corps mous, semblable à un « gel » : on leur attribue un rôle majeur dans la gélification des océans.

Ainsi, la gélification des océans est un problème mondial, conséquence des activités humaines.

Attendu de fin de cycle – Exercices

Tâche complexe 1 p. 130

1. **Identifier** ce que cherche à protéger le PPRI (plan de prévention des risques d'inondations).
2. **Identifier** les moyens mis en œuvre pour diminuer la vulnérabilité à Paris, dans le cadre du PPRI.

3. **Construire** un tableau ou une carte heuristique qui présente les moyens mis en œuvre pour diminuer le risque d'inondation majeure à Paris.

Tâche complexe 2 p. 131

1. **Repérer**, en les notant de deux couleurs différentes, les informations sur les agro-carburants qui montrent leur intérêt pour limiter les problèmes environnementaux et celles qui au contraire montrent leurs inconvénients pour l'environnement.
2. **Replacer** ces informations dans le tableau suivant et proposer un titre :

Titre : ....

	Avantage	Inconvénient
Origine		
Fabrication		
Production à grande échelle		
Utilisation		
Comparaison avec le pétrole		

3. **Construire une carte mentale** pour participer au débat, qui présente les avantages et inconvénients des agrocarburants.

Thème 2

Module 12 **Activité 1** p. 140

1. **Comparer** les différentes dents visibles (aspect et rôle) (Doc. 1 et 3).
2. **Comparer** les organes internes (nature et longueur) (Doc. 2 et 4).
3. **Construire** un tableau à double entrée pour présenter les réponses (forme de réponse la plus adaptée) et proposer un titre.

	Zoophage	Phytophage
Denture		
Organes internes		

Titre : ....

Module 12 **Activité 2** p. 142

1. **Expliquer** les conditions nécessaires à l'absorption intestinale des molécules (Doc. 1).
2. **Décrire** les conditions expérimentales du tube test (Doc. 2).
3. **Déduire** l'élément testé dans ces expériences (Doc. 2).
4. **Représenter** le tube témoin (Doc. 2).
5. **Présenter** les résultats obtenus pour chaque expérience (Doc. 2).

Module 12 **Activité 3** p. 143

1. **Décrire** la composition du microbiote du termite (Doc. 1).
2. **Décrire** les expériences réalisées dans chacun des tubes (Doc. 2).
3. **Présenter** les résultats obtenus pour chaque expérience (Doc. 2).

Module 12 **Exercice 6** p. 147

1. **Préciser** quel est le régime alimentaire de la couleuvre.
2. **Décrire** l'organisation de la mâchoire (articulation de la mâchoire et dents).
3. **Expliquer** comment la couleuvre peut retenir et avaler des proies vivantes et plus grosses qu'elle.

La correction pour vérifier

1. La couleuvre est zoophage car elle consomme des animaux.
2. Les mâchoires supérieure et inférieure, indépendantes l'une de l'autre, leur permettent d'ouvrir largement la bouche. Les dents sont pointues et recourbées vers l'arrière.

3. Elles peuvent retenir et ingérer des proies de grandes tailles grâce à leur mâchoire articulée qui leur permet d'ouvrir suffisamment la bouche et aux dents recourbées vers l'arrière qui aident au maintien et à l'ingestion de l'animal vivant.

Module 13 Activité 1 p. 148

1. **Déterminer** les gaz prélevés et rejetés par la cellule par analyse des courbes obtenues (Doc. 1).
2. **Repérer** dans quelles conditions expérimentales les levures peuvent croître et en déduire les éléments nécessaires à leur fonctionnement (Doc. 2).
3. **Compléter** le schéma du doc. 3 (un élément par flèche).

Module 13 Activité 2 p. 149

1. **Repérer** la caractéristique des apports en nutriments de l'organisme (Doc. 1.)
2. **Décrire** les stratégies mises en place par les animaux pour assurer un apport continu aux cellules, à moyen terme (Doc. 2) et à long terme (Doc. 3).

Module 13 Activité 3 p. 150

1. **Repérer** les mouvements ventilatoires pour chaque organe respiratoire.
2. **Associer** les milieux de vie des organismes aux organes respiratoires.
3. **Construire** un tableau pour présenter les réponses (forme de réponse la plus adaptée) et proposer un titre.

	Organisme
Organes respiratoires	
Caractéristiques organes respiratoires	
Mouvements ventilatoires	
Milieu de vie	

Titre : ....

Module 13 Activité 4 p. 152

1. **Expliquer** comment est rejeté le CO_2 de l'organisme.
2. **Expliquer** comment sont rejetés les autres déchets de l'organisme.

Module 13 Activité 5 p. 153

Pour retrouver les informations dans les activités précédentes :

- Lieux d'utilisation du glucose et du dioxygène : activité 1.
- Lieux de stockage des nutriments : activité 2.
- Lieux d'approvisionnement en dioxygène : activité 3.
- Lieux d'élimination des déchets : activité 4.

Pour compléter les schémas :

1. **Choisir** une légende afin de compléter de façon claire et lisible le schéma, par exemple une couleur pour chaque élément : dioxygène, dioxyde de carbone, glucose et urée.
2. **Indiquer** les échanges entre les systèmes par des flèches.

Module 13 Exercice 7 p. 157

1. **Décrire** l'évolution de la glycémie du chien après la pancréatectomie, après la greffe de pancréas et enfin après l'ablation de cette greffe.
2. **Déduire** le rôle du pancréas dans le stockage du glucose sous forme de glycogène.
3. **Rappeler** quel est l'organe d'approvisionnement en glucose dans l'organisme, ses lieux de stockage et d'utilisation.
4. **Justifier** l'importance de l'appareil circulatoire dans le stockage et la redistribution du glucose.

La correction pour vérifier

Nous pouvons voir qu'après une pancréatectomie, la quantité de glucose augmente dans le sang (de 1 g/L à 4 g/L en 5 h). Dans le cas d'une greffe de pancréas, cette glycémie diminue (de 4 g/L à 1,5 g/L en 5 h) et enfin, dans le cas de l'ablation de la greffe, augmente à nouveau (de 1,5 g/L à 4 g/L en 5 h).

Nous pouvons en déduire que le pancréas influence le stockage du glucose en l'activant. L'appareil circulatoire est important, car il permet de faire circuler le glucose de son lieu d'approvisionnement (intestin grêle) aux lieux d'utilisation (tous les organes) et de stockage (foie).

Module 14 **Activité 1** p. 158

Expliquer de quelle manière l'eau iodée met en évidence la présence d'amidon (doc. 1).

Faire attention aux différentes échelles d'observation. Dans la consigne, il est demandé de conclure sur les besoins des végétaux à l'échelle cellulaire.

Module 14 **Activité 2** p. 160

Dans le doc. 4 lorsque la quantité d'un gaz diminue dans l'enceinte cela veut dire que les feuilles d'épinard l'ont utilisé, l'ont consommé.

Module 14 **Exercice 6** p. 165

1. **Indiquer** la masse des chlorelles au début de l'expérience.
2. **Indiquer** de combien augmente la masse des chlorelles pour une concentration en CO_2 de 1 à 6 %.
3. **Indiquer** de combien diminue la masse des chlorelles pour une concentration en CO_2 de 6 à 12 %.
4. **Conclure** quant à l'effet du CO_2 sur la production de matière organique par les chlorelles.

La correction pour vérifier

La masse de chlorelles augmente de 20 à 220 lorsque la concentration de CO_2 passe de 1 % à 6 %, puis elle diminue pour atteindre 0 pour une concentration de 12 % de CO_2.
L'augmentation de la concentration en CO_2 de 1 à 6 % permet aux chlorelles de fabriquer davantage de matière organique par photosynthèse ce qui explique l'augmentation de la masse des chlorelles. Lorsque la concentration de CO_2 dépasse 6 %, elle devient progressivement toxique et provoque la mort des chlorelles et donc une diminution de la masse des chlorelles.

Module 15 **Activité 1** p. 166

1. **Relever** la position des cellules chlorophylliennes de la feuille par rapport à l'arrivée de la lumière (Doc. 2, 3 et manipulation).
2. **Relever** la propriété de l'épiderme qui permet aux cellules chlorophylliennes, situées sur les faces inférieures des feuilles, d'absorber de la lumière (manipulation, doc. 4).
3. **Décrire** les caractéristiques de l'épiderme qui facilitent une bonne absorption du dioxyde de carbone (Doc. 3 et 5 et manipulation).

Module 15 **Activité 2** p. 168

1. **Relever** les caractéristiques d'une bonne surface d'échange entre l'être vivant et son milieu.
2. **Relever** les caractéristiques des racines qui en font une bonne surface d'échange (Doc. 1, 2 et 3).
3. **Argumenter** que la surface d'échange racinaire se situe au niveau des poils racinaires (analyse de l'expérience de Rosène). Pour cela, **repérer** les différences qui existent entre les montages A et B et les différences de résultats (état de la plante).

Module 15 **Activité 3** p. 169

1. **Retrouver** les caractéristiques d'une bonne surface d'échange entre l'être vivant et son milieu (culture scientifique et module 13, act. 3 et module 28, act. 3)
2. **Relever** l'avantage d'établir une association avec les champignons.
3. **Réaliser un graphique** de type histogramme (le plus adapté ici).
4. **Décrire** le graphique pour **argumenter** l'avantage pour une plante de pratiquer ce type de symbiose.

Module 15 **Activité 4** p. 170

1. **Relever** les différents liquides circulant dans une plante (Doc. 1 et 2).
2. **Repérer** les lieux et les sens de circulation des différents liquides circulant dans une plante (Doc. 1, 2 et 3).
3. **Retrouver** les différents prélèvements que la plante effectue dans son milieu (modules précédents).
4. **Représenter un schéma** simplifié de plant de pomme de terre au printemps (Doc. 4) en y figurant les lieux de prélèvement, de production, de transport et de stockage de la matière organique et les flux des liquides circulants.

Module 15 **Exercice 5** p. 175

1. **Relever** les particularités des trèfles qui leur permettent de mieux pousser sur des sols pauvres.
2. **Expliquer** quelle matière minérale est ajoutée au sol après le labour.
3. **Proposer** une hypothèse qui expliquerait l'avantage de cette méthode agricole.

La correction pour vérifier

On voit que les bactéries qui vivent dans les nodosités peuvent prendre de l'azote dans l'air et le donner à la plante, elles peuvent donc mieux pousser sur des sols pauvres en azote, substance nécessaire à leur croissance. Lors de labours, la matière du trèfle va être mélangée au sol. Je suppose que les trèfles mélangés au sol vont enrichir le sol en azote.

Attendu de fin de cycle – Exercices

Tâche complexe 1 p. 178

1. **Repérer** comment, dans l'Antiquité, les sangsues pouvaient guérir certains malades selon les scientifiques de l'époque (**Doc. 1**).
2. **Indiquer** la structure et la composition du système digestif des sangsues (**Doc. 2**).
3. **Expliquer** le rôle des bactéries présentes chez la sangsue (**Doc. 3**).

Tâche complexe 2 p. 179

1. **Observer** les éléments visibles au niveau des racines (**Doc. 1**).
2. **Présenter** les conditions et les résultats de l'expérience (**Doc. 2**).
3. **Expliquer** les résultats visibles au **doc. 2** et le rôle des tissus conducteurs (**Doc. 3**).
4. **Expliquer** le rôle des stomates (**Doc. 4**).
5. **Expliquer** le chemin suivi par l'eau pour arriver à sortir des feuilles vers l'air.

Module 16 **Activité 1** p. 182

1. **Comparer** le nombre d'individus impliqués dans les deux modes de reproduction.
2. **Comparer** le temps nécessaire pour qu'un autre être vivant soit produit à l'issu de chaque mode de reproduction.
3. **Utiliser un connecteur logique** du type « alors que » dans la réponse pour construire les phrases de comparaison.

Module 16 **Activité 2** p. 184

1. **Construire** un tableau indiquant les différentes modalités de reproduction sexuée de chaque espèce rencontrée dans l'activité (ovipare/vivipare, fécondation interne/fécondation externe).
2. **Chercher** le lieu de la fécondation pour définir les termes de fécondation externe et interne.
3. **Chercher** dans quelle structure se développe l'embryon pour définir les termes de viviparité et d'oviparité.

Module 16 **Exercice 4** p. 188

1. **Utiliser** ce graphique pour répondre aux questions.

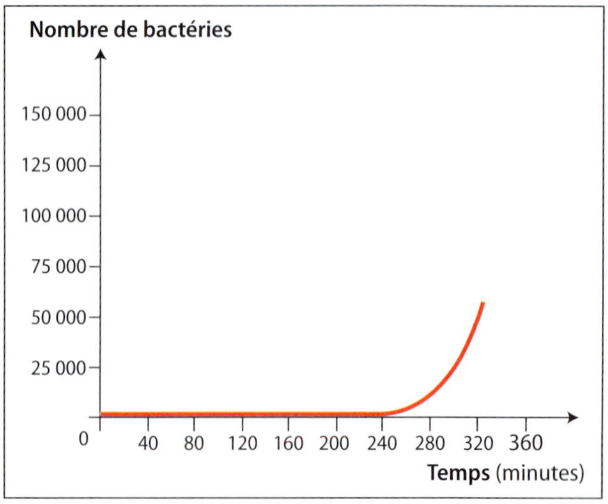

La correction pour vérifier

1. Dans 5h40, il y a 17 × 20 minutes qui se succèdent. Il y a donc eu 17 divisions successives de bactéries. Le calcul du nombre de bactéries se fait de la manière suivante :
   $2 \times 2 \times 2 \times 2 \times 2 \times 2 \times 2 \times \ldots$ Et ce, 17 fois.
   C'est-à-dire $2^{17} = 131\,072$ bactéries.
2. La reproduction asexuée a comme caractéristique d'être très rapide. À partir d'une seule bactérie, la reproduction asexuée peut en produire jusqu'à 131 072 au bout de 5h40.

Module 17 **Activité 1** p. 190

1. **Expliquer la relation** (**doc. 1**) qui existe entre la fécondité de l'espèce indiquée dans le texte et la taille de la population lue sur le graphique. Il faut comparer deux portions de la courbe, correspondant à deux périodes, la première entre 0 et 60 jours et la deuxième entre 60 et 160 jours.

2. **Comparer** (doc. 2) la fécondité des différentes espèces et la **mettre en relation** avec le pourcentage de perte (mortalité) et la protection des œufs et des petits.

Module 17 Activité 2 p. 191

Lister dans ce tableau les avantages et les inconvénients de la culture de la canne à sucre par reproduction sexuée puis par reproduction asexuée. Proposer un titre à ce tableau.

	Avantages	Inconvénients
Mode de reproduction sexuée		
Mode de reproduction asexuée		

Titre : ....

Module 17 Activité 3 p. 192

1. **Repérer** (doc. 2) une diminution de la fécondité du Tuit-Tuit sur le graphique.
2. **Relier** (doc. 3) l'augmentation importante des pétrels retrouvés échoués et la date de la campagne des nuits sans lumière.

Module 17 Exercice 6 p. 197

1. **Indiquer** l'évolution de la quantité de loups (wolves) et d'orignaux (moose) de 1969 à 1974. Bien reporter les données de chaque tracé sur le bon axe des ordonnées.
2. **Expliquer** cette évolution avec le lien existant entre les loups et les orignaux.
3. **Indiquer** l'évolution de la quantité de loups à partir de 1979 et faire le lien avec l'évolution de la quantité d'orignaux.

La correction pour vérifier

1. On observe une augmentation de la population de ces deux espèces.
2. Le loup chassant les orignaux, l'augmentation du nombre de caribous favorise la reproduction des loups et donc l'augmentation de la population de loups.
3. On observe une chute de la population de loups entre 1979 et 1983. Elle a eu pour conséquence une augmentation de la quantité d'orignaux dès 1982, car la reproduction de l'orignal est favorisée par une baisse de la prédation par le loup.

Attendu de fin de cycle – Exercices

Tâche complexe 1 p. 200

1. **Identifier** ce que contient le sac spermatique.
2. **Identifier** le sexe des deux individus.
3. **Expliquer** comment fonctionne l'ovotestis.
4. **Expliquer** pourquoi on peut dire que c'est une reproduction sexuée.

Tâche complexe 2 p. 201

1. **Compléter** le tableau suivant par +, – ou constant, et proposer un titre :

		Saisons sèches	Saisons humides
Conditions dans le marais de Tanoé-Ehy	Nourritures disponibles		
	Température		
	Quantité de O_2 dissous		
Tysochromis	Femelles prêtes à pondre		
	Fécondité		

Titre : ....

2. **Indiquer** quels sont les mois correspondant aux saisons humides et ceux correspondant aux saisons sèches.
3. **Identifier** quelles sont les conditions qui varient entre saisons sèches et saisons humides.
4. **Indiquer** comment ces conditions peuvent influer sur la fécondité du tysochromis.

Module 18 Activité 1 p. 204

1. **Décrire** chez cette famille des caractères identiques à tous les membres.
2. **Décrire** dans le doc. 2 la forme et la taille du lobe de l'oreille qui est variable chez chacun des individus d'une même famille.
3. **Formuler** un problème, une question qui se pose lorsqu'on compare les formes des oreilles des enfants et celles des parents.

Module 18 Activité 2 p. 205

1. **Décrire** les caractères obtenus à chaque génération pour les trois croisements réalisés (doc. 2, 3 et 4).
2. **Préciser** l'explication de G. Mendel concernant l'hérédité des caractères et **indiquer** si c'est en accord avec les résultats des trois croisements.

3. **Conclure** sur les informations apportées par les expériences de Mendel.

Module 18 Activité 3 p. 206

1. **Comparer** les expériences du **doc. 1** afin d'identifier la localisation des informations héréditaires au sein de la cellule.
2. **Identifier** les structures visibles dans le noyau de la cellule grâce au **doc. 2**.
3. **Comparer** deux à deux les cas exposés dans le **doc. 3** afin de montrer le lien entre une portion de chromosome et un caractère. **Identifier** la zone du chromosome Y correspondante.
4. **Mettre en relation** la composition du chromosome (**doc. 4**) et son organisation en zones (**doc. 3**) avec l'existence d'un caractère afin d'identifier le support de l'information génétique.

Module 18 Exercice 6 p. 210

1. **Décrire** les caractères particuliers (**doc. 1**) des individus présentant le syndrome de Down.
2. **Comparer** les caryotypes d'une personne au syndrome de Down (**doc. 2**) avec une personne non atteinte afin de déterminer si la différence des caractères se retrouve au niveau de leur caryotype. Un caryotype est une présentation de l'ensemble des chromosomes d'une cellule à partir d'une photographie prise au microscope.
3. **Établir** alors un lien entre modification du caryotype et modification des caractères.

La correction pour vérifier

On cherche à montrer que les chromosomes d'un individu sont responsables de ses caractères.

Pour cela, on va comparer les caryotypes avec les caractères de différents individus. Un caryotype est une présentation de l'ensemble des chromosomes d'une cellule à partir d'une photographie prise au microscope.

Doc. 1 : Les personnes présentant le syndrome de Down possèdent une série de caractères particuliers qui les différencient du reste de la population humaine.

Retrouve-t-on cette différence au niveau de leur caryotype ?

Doc. 2 : En comparant le caryotype d'un trisomique avec celui d'une personne non atteinte de cette anomalie, on observe une différence chromosomique : trois chromosomes 21. On peut donc établir un lien entre modification du caryotype et modification des caractères.

Les caractères sexuels sont liés à la présence d'une paire de chromosomes sexuels.

Conclusion : plusieurs arguments montrent que les chromosomes d'un individu sont responsables de ses caractères.

Module 19 Activité 1 p. 212

1. **Expliquer** comment le phénotype couleur violette de la fleur du **doc. 1** est déterminé par deux génotypes différents.
2. **Expliquer comment** le phénotype couleur du pelage chocolat du chat du **doc. 2** est déterminé par deux génotypes.
3. **Expliquer** comment le phénotype couleur du pelage noir du chat du **doc. 2** est déterminé par trois génotypes.

Module 19 Activité 2 p. 214

Faire un tableau qui précise pour chaque caractère étudié le paramètre qui semble le modifier. L'origine de toutes ces modifications est-elle interne à l'organisme ou extérieure ? Comment pourrait-on la nommer ?

Module 19 Exercice 7 p. 219

1. **Expliquer** comme le génotype peut provoquer la phénylcétonurie.
2. **Expliquer** comment l'environnement peut empêcher le développement de la phénylcétonurie.

La correction pour vérifier

Le phénotype « phénylcétonurie » est obtenu par la présence de deux allèles PAH^- soit le génotype ($PAH^-//PAH^-$). En cas de génotype ($PAH^+//PAH^+$) ou ($PAH^+//PAH^-$), l'individu n'est pas malade. Le phénotype dépend donc du génotype de l'individu.

Si un individu est phénylcétonurique, ne pas manger d'aliments composés de phénylalanine empêche son accumulation et donc les conséquences sur son cerveau. Ainsi, le régime alimentaire permet de modifier le phénotype « phénylcétonurie » et empêche la maladie.

Module 20 Activité 1 p. 220

1. **Comparer** les caryotypes deux à deux.
2. **Comprendre** les évènements cellulaires du doc. 2 en identifiant le nombre de chromosomes pour chaque étape et leur état.
3. **Utiliser** cette représentation des chromosomes :

Chromosome simple

Chromosome double

Module 20 Activité 2 p. 222

1. **Comparer** dans le doc. 1 le caryotype de la cellule de peau et celui du spermatozoïde.
2. **Comprendre** les évènements cellulaires du doc. 2 :
   a. **identifier** le nombre de chromosomes pour chaque étape et leur état ;
   b. **suivre** les deux allèles du gène A depuis la cellule-mère jusqu'aux gamètes. **Faire de même** avec les allèles du gène B ;
   c. **comparer** le génotype de chaque gamète.

Module 20 Activité 3 p. 224

1. **Retrouver**, chez chaque enfant du doc. 1, pour la paire de chromosomes n° 9, le chromosome qui vient du spermatozoïde du père et celui qui vient de l'ovule de la mère.
2. **Indiquer**, dans le doc. 3, le groupe sanguin correspondant à chaque paire de chromosomes n° 9 des quatre cellule-œufs afin de montrer la diversité possible des phénotypes.

Module 20 Exercice 7 p. 229

1. **Identifier** l'anomalie dans le caryotype de l'enfant touché par le syndrome de Down.
2. **Identifier** l'anomalie qui s'est produite lors de la formation des ovules.
3. **Schématiser**, à l'aide du tableau de croisement, les différentes cellules-œufs possibles et proposer un titre.
   On peut schématiser deux spermatozoïdes :

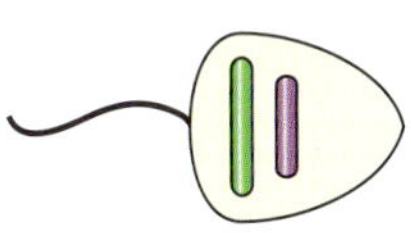
Spermatozoïde 1

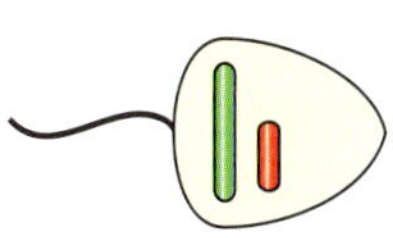
Spermatozoïde 2

Spermatozoïde \ Ovule	Ovule 1 ou 2	Ovule 3
Spermatozoïde 1		
Spermatozoïde 2		

Titre : ....

La correction pour vérifier

Le caryotype de l'enfant montre la présence de trois chromosomes 21 (trisomie) au lieu d'une paire de chromosomes. Lors de la formation de l'ovule, pendant la méiose, les chromosomes de la paire 21 ne se sont pas séparés. L'un des ovules formés porte donc deux chromosomes 21, et l'autre, aucun, alors qu'ils devraient en avoir un chacun.

Ainsi, lors de la fécondation :

Spermatozoïde \ Ovule	Ovule 1 ou 2 	Ovule 3 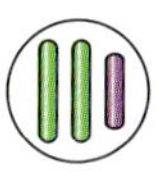
Spermatozoïde 1 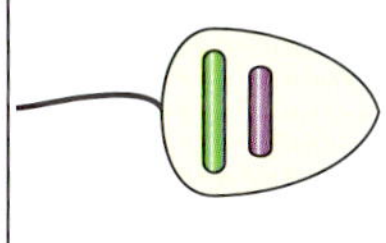	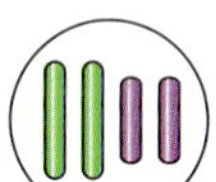 Cellule-œuf d'une fille non touchée	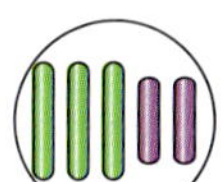 Cellule-œuf d'une fille ayant le syndrome
Spermatozoïde 2 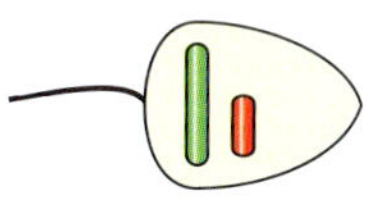	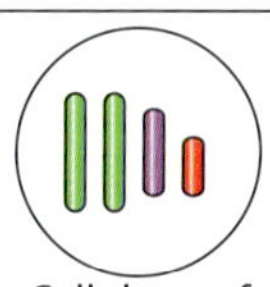 Cellule-œuf d'un garçon non touché	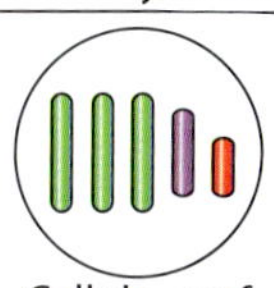 Cellule-œuf d'un garçon ayant le syndrome

L'union d'un ovule avec deux chromosomes 21 et d'un spermatozoïde avec un chromosome 21 donnera une cellule-œuf porteuse de trois chromosomes 21. Sur l'ensemble des cellules-œufs possibles lors de la fécondation, cela concerne 50 % d'entre elles avec la moitié de sexe féminin et l'autre moitié de sexe masculin.

Module 21 Activité 1 p. 230

1. **Relever** dans les doc. 1 et 2 les différents milieux présents au sein de cet environnement.
2. **Relever** dans le doc. 3 les différentes espèces présentes dans chacun des milieux.

3. **Relever** dans le doc. 4 la diversité existant au sein de chaque espèce.

Module 21 Activité 2 p. 232

1. **Relever**, sur le doc. 1, les conditions d'apparition d'un nouvel allèle.
2. **Relever** comment un nouvel allèle apparu chez un individu peut provoquer l'apparition d'un nouveau caractère dans sa descendance.

Module 21 Activité 3 p. 233

1. **Lire** l'activité 1, module 17 et le bilan associé (p. 234).
2. **Déduire** la conséquence qu'aura la couleur des ailes de la phalène sur sa capacité à se reproduire en fonction du tronc d'arbre sur lequel elle se pose.
3. **Comparer**, sur le doc. 3, le nombre de phalènes déposées et observées le soir en fonction du tronc sur lesquels elles sont déposées.

Milieu	Phénotypes	% de survie
Troncs foncés	Ailes claires	17 %
	Ailes sombres	34 %
Troncs clairs	Ailes claires	12 %
	Ailes sombres	6 %

Module 21 Exercice 5 p. 236

1. **Expliquer** comment est apparue la nouvelle information génétique responsable de la résistance à la méticilline.
2. **Expliquer**, pour le cas de ces bactéries, comment cette nouvelle information s'est répandue dans la population de *Staphylococcus aureus*.
3. **Expliquer** l'atout de ces bactéries, pour transmettre de nouvelles informations génétiques dans la population, par rapport aux individus qui ne possèdent que la reproduction sexuée.

La correction pour vérifier

Une nouvelle information génétique apparaît à la suite de mutations ayant eu lieu sur les informations existantes. Les bactéries se multiplient en se divisant (mitose), lorsqu'un nouvel allèle apparaît, il est ensuite transmis à tous les descendants de la bactérie chez qui est apparu l'allèle. Cette multiplication permet une transmission du nouvel allèle et donc du caractère, plus efficace que lors d'une reproduction sexuée.

Attendu de fin de cycle – Exercices

Tâche complexe 1 p. 240

1. **Préciser** les allèles des chromosomes sexuels portés par les parents 5 et 6.
2. **Compléter** le tableau de croisement en indiquant les allèles des différents gamètes des parents.
3. **Déterminer** tous les génotypes possibles de la cellule-œuf.
4. **Compléter** le tableau de croisement en indiquant les chromosomes sexuels avec leurs allèles des cellules-œufs possibles.
5. **Indiquer** pour chaque enfant du couple 5-6 leur génotype en vous aidant du tableau de croisement.

Tâche complexe 2 p. 241

1. **Préciser** si les chromosomes sont simples ou doubles pour chaque étape du doc. 1.
2. **Comparer** les caryotypes du doc. 2.
3. **Décrire** les deux modifications de la quantité de matériel chromosomique subies au cours du cycle (doc. 3) et **expliquer** les mécanismes.

Module 22 Activité 1 p. 244

1. **Citer** un argument montrant que la mésange et le crocodile appartiennent au groupe des Archosauriens mais pas le chat.
2. **Montrer** que l'arbre de parenté porte la même information que la classification en groupes emboîtés.
3. **Expliquer** comment des espèces actuelles et fossiles partagent les mêmes caractères.
4. **Reprendre** les caractères indiqués dans le doc. 3 et les **placer** sur les branches de l'arbre de parenté du doc. 4.
5. **Repérer** l'ancêtre commun d'Archéoptéryx et du chat, d'Archéoptéryx et du crocodile puis celui de toutes les espèces actuelles et fossiles de l'arbre de parenté du doc. 4.

Module 22 Activité 2 p. 246

1. **Montrer** que les grands groupes étudiés dans le doc. 2 ont acquis des caractères propres à

leur groupe mais qu'ils partagent un caractère en commun.
2. **Repérer** sur l'arbre du vivant (doc. 4) les cyanobactéries, les plantes, les champignons, les algues et les animaux.
3. **Relever** dans le tableau du doc. 3 les caractères qui appartiennent aux primates et que possède l'Homme. **Reprendre** les caractères des animaux (doc. 2) pour justifier le fait que l'Homme est un animal. Le **placer** alors dans l'arbre du vivant (doc. 4).

Module 22 Exercice 6 p. 251

1. **Indiquer** le caractère partagé par les Proboscidiens cités.
2. **Repérer** l'ancêtre commun au mammouth et aux éléphants actuels, indiquer ses caractères.
3. **Repérer** l'ancêtre commun au mammouth et aux éléphants indiens, indiquer ses caractères.
4. **Nommer** les caractères nouveaux du mammouth que ne possèdent pas les éléphants actuels.
5. **Conclure** sur l'origine des éléphants actuels.

La correction pour vérifier

Le mammouth partage avec les éléphants actuels un ancêtre commun qui possède les caractères défenses supérieures allongées et une 1re molaire inférieure à quatre lobes. Ils ont donc des liens de parenté proches. Toutefois, le mammouth possède le caractère des défenses spiralées que ne possèdent pas les éléphants actuels. Ces derniers ne descendent donc pas des mammouths.

Module 23 Activité 1 p. 252

Les doc. 1 et 2 montrent que plus la surface colorée est importante, plus le nombre d'espèces est élevé. Par exemple, le groupe des Cordaitales n'existe pas avant -350 Ma, puis dès leur apparition, on observe une augmentation importante du nombre d'espèces. Cette diversification est suivie, il y a 250 Ma, d'une raréfaction et d'une disparition des espèces.

1. **Faire** cette démarche pour les gingkophytes et les angiospermes chez les plantes à graines puis les placodontes et les serpents marins chez les reptiles marins. Que **remarque**-t-on ?
2. **Repérer** dans le doc. 3 l'âge de la colonisation de l'archipel. Connaissant le nombre actuel d'espèces, **indiquer** ce que cela signifie.
3. **Préciser** ce qui peut être à l'origine de la diversification d'une espèce à travers l'exemple du doc. 4.
4. **Préciser**, grâce au doc. 5, le type d'évènement qui conduit à l'évolution des espèces.

Module 23 Activité 2 p. 254

1. **Relever** ce qui oppose Lamarck et Cuvier à Darwin.
2. **Identifier** le processus que Darwin évoque pour expliquer l'évolution des espèces.
3. **Relire** le bilan du module 21 (en particulier les activités 2 et 3). Les doc. 3 à 6 donnent trois exemples d'espèces qui évoluent. **Rechercher** à chaque fois comment la reproduction et/ou les conditions du milieu interviennent. Attention à bien distinguer la population, l'individu et les générations.

Module 23 Exercice 4 p. 258

1. **Repérer** la période d'apparition du groupe des canards et poulets. Canards se dit « ducks » et poulets se dit « chickens » en anglais.
2. **Localiser** la période de disparition d'Archéoptéryx.
3. **Identifier** la période pendant laquelle le groupe des pigeons s'est diversifié.
4. **Nommer** le processus qui explique ces disparitions, apparitions, diversification et renouvellement d'espèces.

La correction pour vérifier

L'arbre phylogénétique montre les parentés entre les groupes. On constate que de nombreuses espèces sont apparues au Paléocène telles que celles appartenant au groupe des canards, des faucons. D'autres, comme l'Archéoptéryx, ont disparu à la fin du Jurassique ou du Crétacé. Enfin, les groupes des pigeons et des martins-pêcheurs se sont diversifiés à partir du Miocène. Ces modifications racontent une histoire évolutive représentée par l'arbre phylogénétique.

Thème 2

Attendu de fin de cycle – Exercices

Tâche complexe 1 p. 262

1. **Relever** sur l'arbre de parenté les caractères que possèdent à la fois l'Homme et le chimpanzé. **Déterminer** alors, à l'aide du doc. 1, s'ils sont caractéristiques des primates.
2. **Repérer** l'ancêtre commun à l'Homme et au chimpanzé. **Préciser** ce que nous apprend cet ancêtre sur la parenté Homme/chimpanzé.
3. **Identifier**, à l'aide des doc. 2 et 3, ce qui distingue un individu du genre *Homo* d'un chimpanzé. La position du trou occipital est associée à la capacité de l'individu à se tenir debout. **Identifier**, pour compléter l'étude, sur l'arbre de parenté, le caractère que possède le chimpanzé mais pas l'Homme.

Tâche complexe 2 p. 263

1. **Relever** ce qui indique que les souris de Madère sont proches de celles du Portugal et de l'Europe du Nord.
2. **Comparer** le nombre de chromosomes des caryotypes afin de déterminer ce qui distingue les souris de Madère des souris communes.
3. **Relever** l'argument du doc. 1 qui permet de dire que la souris commune et celle de Madère sont deux espèces différentes sachant que des individus sont dits de même espèce quand ils se reproduisent entre eux et ont une descendance fertile.
4. **Retrouver** sur la carte et le doc. 1 ce qui a amené à l'apparition de souris d'espèces différentes.

Thème 3

Module 24 Activité 1 p. 272

5. **Repérer** les modifications visibles de l'organisme (doc. 1).
6. **Comparer** les valeurs des modifications physiologiques de l'organisme avant et après l'effort (doc. 2 à 4).
7. **Rechercher** les modifications observées au niveau du cœur, des poumons et des muscles (doc. 2 à 4).

Module 24 Activité 2 p. 274

1. **Comparer** les volumes de dioxygène absorbés au repos et à l'effort (doc. 3).
2. **Calculer** les concentrations de glucose et de dioxygène prélevés par la cellule musculaire au repos et en activité (doc. 4).
3. **Comparer** les concentrations de glucose et de dioxygène prélevés par la cellule musculaire au repos et en activité.
4. **Relier** les besoins des cellules musculaires aux changements de la fréquence cardiaque et de la ventilation.

Module 24 Exercice 8 p. 279

1. **Comparer** l'utilisation du glucose et du dioxygène par les muscles en fonction de l'activité.
2. **Comparer** l'énergie dépensée en fonction de l'effort physique.
3. **Mettre en relation** l'énergie dépensée selon les besoins des muscles en glucose et en dioxygène, en fonction de l'effort physique.

La correction pour vérifier

1. Plus l'activité est intense et plus les muscles utilisent du glucose et du dioxygène.
2. Plus l'activité est intense et plus les muscles dépensent de l'énergie.
3. L'énergie des muscles est produite à partir du dioxygène et du glucose prélevés dans le sang. Afin de produire plus d'énergie, les muscles ont besoin de plus de glucose et de plus de dioxygène.

Module 25 Activité 1 p. 280

→ **Relire** si nécessaire le bilan du module 24.

1. **Montrer** que le fonctionnement du système cardiaque est limité en fonction de l'effort (doc. 1, 2 et 4).

2. **Montrer** que le fonctionnement du système ventilatoire est limité en fonction de l'effort (doc. 3 et 5).
3. **Montrer** que le fonctionnement musculaire est limité en fonction de l'effort, de l'entraînement et de l'âge (doc. 6).

Module 25 Activité 2 p. 282

1. **Lister** les différents facteurs permettant d'avoir une bonne hygiène de vie.
2. **Lister** les différents facteurs limitant le bon fonctionnement du système cardio-ventilatoire.
3. **Rechercher** des images illustrant les différents facteurs permettant un bon fonctionnement du système cardio-ventilatoire et ceux le limitant.

Module 25 Exercice 7 p. 287

1. **Comparer** les épaisseurs de la paroi du ventricule gauche des différents individus.
2. **Comparer** les VES des différents individus.
3. **Mettre en relation** l'épaisseur du muscle cardiaque et le volume d'éjection du sang qui est permise par le cœur.

La correction pour vérifier

1. Le sportif en endurance a une épaisseur de paroi ventriculaire (11,5 mm) plus importante que celle du sportif en musculation (10,7 mm).
2. Le volume de sang éjecté par le sportif endurant est plus important (80 à 180 mL) que celui par le sportif en musculation (80 à 140 mL).
3. Le ventricule gauche permet d'éjecter le sang du cœur vers tout l'organisme. Un sportif endurant court longtemps, à la différence d'un sportif en musculation. Plus son effort est important et plus il a besoin de dioxygène transporté par le sang dans ses muscles pour produire l'énergie nécessaire. Le cœur qui est plus épais se contracte plus et envoie ainsi plus de sang contenant du dioxygène vers les muscles.

Module 26 Activité 1 p. 288

1. **Lister** les différents organes lésés et les conséquences de ces lésions.
2. **Repérer** les récepteurs, les centres nerveux, les éléments conduisant le message et les effecteurs.
3. **Tracer** le trajet du message nerveux en prenant exemple sur le doc. 3.

Module 26 Activité 2 p. 290

1. **Préciser** l'organisation du cerveau.
2. **Relever** les différentes étapes du traitement des informations depuis la stimulation des récepteurs jusqu'à la réponse par les muscles effecteurs.

Module 26 Activité 3 p. 292

Identifier le fonctionnement des deux types de synapse (doc. 3).

Module 26 Exercice 7 p. 297

Repérer la conséquence de chaque expérience : perte de la sensibilité du membre et/ou de la motricité du membre.

La correction pour vérifier

Dans l'expérience 1, il n'y a plus de sensibilité ni de motricité ; le nerf véhicule à la fois un message sensitif et un message moteur.
Dans l'expérience 2, il n'y a plus de sensibilité dans le membre mais il y a encore de la motricité ; la branche dorsale véhicule un message sensitif.
Dans l'expérience 3, il n'y a plus de motricité mais la sensibilité est maintenue. La branche ventrale transfère un message moteur.
Le message arrive par le nerf, passe par la branche dorsale puis la moelle épinière pour repartir par la branche ventrale et de nouveau par le nerf.

Module 27 Activité 1 p. 298

1. **Décrire** les effets du bruit sur le récepteur de l'audition avec les doc. 1 et 2.
2. **Lister** les conséquences d'une perturbation du sommeil sur le système nerveux avec les doc. 3 et 4.
3. **Relier** l'altération de l'appareil auditif et le manque de sommeil avec le fonctionnement du cerveau.

Module 27 Activité 2 p. 300

1. **Comprendre** l'action des deux drogues du doc. 2 sur la synapse.
2. **Relier** les conséquences des drogues et la nécessité d'une loi anti-drogue.

Module 27 **Activité 3** p. 301

1. **Lister** les comportements individuels qui ont des conséquences sur la santé.
2. **Relier** les comportements individuels aux conséquences sur autrui.

Module 27 **Exercice 4** p. 304

1. **Observer** la quantité de dopamine en fonction du temps en présence de THC.
2. **Observer** la quantité de dopamine en fonction du temps en présence de naloxone.
3. **Expliquer** en quoi la naloxone est intéressante pour une diminution progressive de cannabis.

La correction pour vérifier

1. Le THC provoque une augmentation importante de la dopamine, molécule du plaisir. Au bout de 1 h 20 min, la quantité de dopamine est au-dessus de la normale.
2. La naloxone provoque une très faible libération de dopamine au cours du temps. La prendre pendant une diminution progressive de prise de cannabis permet de diminuer les effets du cannabis.

Attendu de fin de cycle – Exercices

Tâche complexe 1 p. 308

1. **Déduire** les effets de la cigarette dans le corps avec les doc. 1 et 5.
2. **Préciser** les conséquences du tabagisme avec le doc. 2.
3. **Interpréter** les résultats présentés sur le doc. 3, grâce au doc. 4.

Tâche complexe 2 p. 309

1. **Comparer** la durée de sommeil moyen d'Aurélien sur une semaine à celle qui est recommandée.
2. **Expliquer** les causes du manque de sommeil d'Aurélien ou son endormissement tardif en vous aidant du doc. 2.
3. **Expliquer** pourquoi les activités d'Aurélien avant le coucher retardent son endormissement à l'aide du doc. 4.
4. **Expliquer** les conséquences du manque de sommeil d'Aurélien à l'aide du doc. 3.

Module 28 **Activité 1** p. 312

1. **Repérer** le trajet des aliments dans le système digestif.
2. **Observer** l'aspect des aliments dans les différents organes successifs.
3. **Proposer** une explication à vos observations.

Module 28 **Activité 2** p. 313

1. **Rechercher** dans les doc. 1 et 3 les hypothèses des trois scientifiques.
2. **Décrire** les expériences (protocoles et résultats) de chacun des scientifiques.
3. **Construire** la frise sur une feuille de format A4 (indication d'échelle : 5 cm = 100 ans).

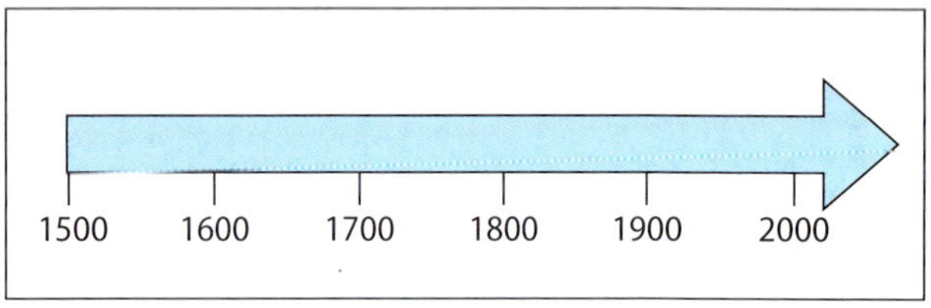

Module 28 **Activité 3** p. 314

1. **Décrire** l'évolution de la quantité de glucose au sein du tube digestif dans le doc. 1.
2. **Mettre en relation** ces quantités avec celles du sang sortant de ces mêmes organes dans le doc. 2.
3. **Observer** les caractéristiques structurales de la paroi interne de l'intestin grêle dans le doc. 3.

Module 28 **Activité 4** p. 315

1. **Citer** les principales caractéristiques du microbiote (nombre, diversité) (doc. 1 et 2).
2. **Décrire** les conditions expérimentales pour chaque lot de rongeurs dans le doc. 2.
3. **Présenter** les résultats obtenus pour chaque expérience du doc. 2.
4. **Argumenter** l'importance du microbiote dans le stockage des graisses en s'aidant du doc. 3.

Module 28 **Activité 5** p. 316

1. **Citer** les différents types de vaisseaux sanguins et leurs caractéristiques à l'aide des doc. 1 et 2.
2. **Compter** le nombre de cavités du cœur dans le doc. 3.

3. **Faire le lien** entre les cavités du cœur, les différents vaisseaux reliés au cœur (nature et sens de circulation des liquides dans le cœur) et le rôle du cœur dans la circulation sanguine dans le doc. 4.

Module 28 Exercice 7 p. 321

1. **Décrire** les expériences réalisées dans chacun des tubes.
2. **Présenter** les résultats obtenus pour chaque expérience.
3. **Déduire** le rôle des enzymes dans la digestion des blancs d'œuf.
4. **Déduire** la nécessité d'une mastication des aliments en combinaison de l'action des enzymes digestives.

La correction pour vérifier

Dans les tubes témoins A et B, les blancs d'œufs placés dans de l'eau et au bain-marie à 37 °C restent intacts.

Dans le tube test C, avec initialement les gros morceaux mis en contact d'enzymes digestives à 37 °C, il reste en fin d'expérience des petits morceaux de blanc d'œuf : la digestion est partielle.

Dans le tube D, avec initialement les petits morceaux mis en contact d'enzymes digestives à 37 °C, il ne reste plus de blanc d'œuf : la digestion est complète.

On peut en déduire que pour que la digestion soit complète, il faut une action combinée de la digestion mécanique et de la digestion chimique.

Module 29 Activité 1 p. 322

1. **Repérer** les grands groupes d'aliments et comparer leurs proportions conseillées dans l'alimentation quotidienne dans le doc. 1.
2. **Nommer** les familles de molécules qui composent les aliments et ce qu'elles apportent à l'organisme à l'aide du doc. 2.
3. **Comparer** les quantités de protides/lipides/glucides pour deux aliments de groupes différents et l'énergie qu'ils apportent à l'aide du doc. 2.
4. **Faire le lien** entre activité dépensée par l'organisme et apport par la nourriture à l'aide des doc. 3 et 4.

Module 29 Activité 2 p. 324

1. **Comparer** les proportions des groupes d'aliments consommés par deux familles aux régimes alimentaires différents dans le doc. 1.
2. **Expliquer** comment l'absence d'un groupe d'aliments dans un régime alimentaire peut être compensée pour maintenir une alimentation équilibrée en vous aidant du doc. 2.

Module 29 Activité 3 p. 325

1. **Expliquer** le but d'une campagne de prévention contre l'obésité et présenter les moyens utilisés dans le doc. 1.
2. **Repérer** la progression de l'obésité dans le monde depuis 1980 dans le doc. 2.
3. **Citer** les comportements alimentaires favorisant la prise de poids en vous aidant des doc. 1 et 2.
4. **Repérer** les risques liés à l'obésité dans le doc. 3.

Module 29 Exercice 4 p. 328

1. **Calculer** l'apport énergétique du petit déjeuner d'Agathe, en additionnant l'énergie apportée par chaque aliment consommé au cours de ce repas.
2. **Calculer** l'apport énergétique journalier d'Agathe.
3. **Déterminer** si l'alimentation quotidienne de Justine est énergiquement équilibrée, à partir des résultats de ces calculs.

La correction pour vérifier

Pour qu'une alimentation soit énergétiquement équilibrée, il faut que les apports et les dépenses énergétiques soient équilibrés.

Pour déterminer l'apport énergétique du petit déjeuner d'Agathe, il faut additionner l'énergie apportée par chaque aliment consommé au cours de ce repas :

795 + 226 + 418 + 1 506 + 954 + 202 = **4 101 kJ.**

Pour déterminer l'apport énergétique journalier d'Agathe, il faut additionner l'énergie apportée par chaque repas de la journée :

4 101 + 2 604 + 608 + 2 013 = **9 326 kJ.**

Les dépenses énergétiques quotidiennes d'Agathe (10 000 kJ) s'équilibrent avec ses apports quotidiens (9 326 kJ), son alimentation est donc énergétiquement équilibrée.

Attendu de fin de cycle – Exercices

Tâche complexe 1 p. 332

1. **Comparer** les conditions expérimentales imposées aux deux lots de rongeurs dans le doc. 1.
2. **Comparer** les résultats observés au niveau du microbiote des deux lots de rongeurs dans le doc. 1.
3. **Rechercher** les éléments nécessaires à la digestion des fibres alimentaires à l'aide du doc. 2.
4. **Faire le lien** entre stabilité du microbiote et santé du système digestif grâce au doc. 3.

Tâche complexe 2 p. 333

1. **Comparer** la composition des menus (qualité et quantité des aliments) et la pyramide alimentaire.
2. **Repérer** les éléments nécessaires à une alimentation équilibrée.

Module 30 Activité 1 p. 337

1. **Comparer** la taille et les modes de développement des micro-organismes de notre environnement proche.
2. **Argumenter** leur présence sur toutes les surfaces de notre corps.
3. **Expliquer** comment notre organisme s'en préserve.

Module 30 Activité 2 p. 338

1. **Retrouver** le phénomène qui peut se produire lors d'une plaie grâce aux doc. 1 et 2.
2. **Déduire** du protocole l'efficacité du spray antiseptique.
3. **Expliquer** la relation qui existe entre l'utilisation de pansement et l'état de la peau au niveau de la blessure.

Module 30 Activité 3 p. 339

1. **Mettre en évidence** l'importance de garder un microbiote équilibré grâce au doc. 1.
2. **Relever** dans les textes des doc. 2 à 4 les comportements à adopter pour le garder équilibré.
3. **Construire un schéma** qui peut se réaliser autour de l'idée de microbiote (case), des flèches y convergent pour montrer les influences du comportement sur son état et des flèches en partent vers des effets positifs du microbiote sur notre organisme.

Module 30 Exercice 6 p. 343

1. **Proposer** deux montages, un témoin et un test, qui ne diffèrent que par le paramètre température dans le but de tester l'hypothèse de Sami.
2. **Décrire** les résultats attendus pour chaque montage si l'hypothèse de Sami est vérifiée.
3. **Relire** le doc. 2 de l'activité 2 du module et **expliquer** l'effet de certains micro-organismes sur les muqueuses digestives.

La correction pour vérifier

On place deux tomates identiques dans deux endroits : l'un à 10 °C et l'autre à 4 °C. Durant plusieurs jours, elles doivent être dans des conditions identiques toutes les deux, mis à part la température.
Si l'hypothèse de Sami est vérifiée, les deux tomates seront dans le même état de conservation à l'issue de l'expérience.
Certains micro-organismes peuvent nous contaminer par les muqueuses digestives et nous infectent en entraînant des troubles. La consommation d'aliments avariés, très riches en micro-organismes peut nous rendre malades.

Module 31 Activité 1 p. 344

1. **Retrouver** les signes d'une réaction inflammatoire grâce au doc. 1 : ces informations sont présentes dans le texte et la photographie.
2. **Retrouver** quel élément déclenche la réaction inflammatoire : cela permet de débuter le texte ou le schéma explicatif.
3. **Retrouver**, dans les doc. 2 à 4, les processus de cette réaction qui permettent de lutter contre l'antigène. Ils seront à placer dans l'ordre de leur apparition dans le texte ou le schéma.
4. **Présenter** ensuite les étapes de la réaction : un texte explique ces processus de façon temporelle, un schéma fonctionnel permet de comprendre l'enchaînement des processus en utilisant des cases et des flèches.

Module 31 Activité 2 p. 346

1. **Revoir** la fiche technique 3 : *Lire un tableau ou un graphique*.
2. **Décrire** les variations des trois paramètres en fonction du temps.
3. **Comparer** les moments de variations des paramètres entre eux : « Juste après que W augmente, Z diminue ».

4. **Proposer** un enchaînement de réactions, à la suite de la contamination par le virus, en insistant sur l'aspect hypothétique de cet enchaînement : « Je suppose que... ».

Module 31 Activité 3 p. 347

1. **Comprendre** le dispositif expérimental à l'origine des résultats grâce au doc. 1.
2. **Revoir** la fiche méthode : *Extraire des informations d'un graphique*.
3. **Comparer** les résultats expérimentaux grâce aux doc. 2 et 3. Le doc. 3 permet de constater que l'effet du traitement des lapins du lot 2 se prolonge. Le doc. 2 permet de déduire l'origine des anticorps.
4. **Argumenter** que les anticorps peuvent être produits par les lymphocytes.

Module 31 Activité 4 p. 348

1. **Relever** dans les documents les arguments pour chaque caractéristique de la réaction. Le doc. 2 apporte des arguments pour les aspects spécifiques et lents de la réaction. Les doc. 1 et 3 permettent de comprendre l'ampleur et la lenteur de la réaction.
2. **Exposer** les arguments pour chaque aspect.

Module 31 Activité 5 p. 349

1. **Comprendre** l'existence de deux types de lymphocytes grâce au doc. 1.
2. **Comprendre** le mode d'action de chaque type de lymphocytes grâce aux doc. 2 à 4.
3. **Comparer** les modes d'action des deux lymphocytes sous forme d'un texte ou d'un tableau. Cette comparaison doit insister sur le lieu d'action des lymphocytes, les molécules qu'ils produisent et l'effet de ces molécules.
4. **Ajouter** le rôle des phagocytes dans chaque action.
5. **Représenter** la comparaison, en utilisant de préférence un tableau qui permet de visualiser les caractéristiques à comparer.

Module 31 Exercice 5 p. 352

1. **Relever** quelles sont les molécules se trouvant à la surface des hématies pour chaque groupe sanguin.
2. **Déduire** quels sont les anticorps qu'un individu peut produire en fonction de son groupe sanguin sans risquer une coagulation sanguine.
3. **Trouver** le type de document qui permet de rassembler tous les groupes sanguins de donneurs et ceux de receveurs, et de rendre compte de tous les cas de figure de transfusions.
4. **Construire** le document en signifiant bien dans chaque cas de figure s'il y a coagulation (transfusion dangereuse) ou non (transfusion possible).

La correction pour vérifier

Donneur \ Receveur	O	AB	A	B
O	+	+	+	+
AB	–	+	–	–
A	–	+	+	–
B	–	+	–	+

+ Transfusion possible ; – Transfusion dangereuse

Réaction entre groupes sanguins

Module 32 Activité 1 p. 354

1. **Comprendre** le principe de base de la vaccination grâce au doc. 1.
2. **Décrire** la différence de réaction entre le premier contact avec un antigène et le second contact avec ce même antigène grâce au doc. 2.
3. **Comprendre** la différence de réaction entre le premier et le second contact grâce à l'utilisation du doc. 3.
4. **Expliquer** ce qui se passe dans l'organisme lors d'une vaccination.

Module 32 Activité 2 p. 355

1. **Relever** les deux arguments des vaccinosceptiques donnés dans le doc. 1.
2. **Utiliser** le logiciel "Couvac" pour voir l'effet d'une variation de la couverture vaccinale (prenez comme valeur 0, 30, 70 et 100 %). Les autres paramètres doivent rester les mêmes entre chaque simulation.
3. **Comparer** le nombre d'individus atteints par la maladie et le nombre de morts en fonction de la couverture vaccinale
4. **Trouver**, pour chaque argument de vaccinosceptique, un contre-argument grâce au doc. 1 et aux résultats de simulation (doc. 2).

Module 32 Activité 3 p. 356

1. **Relever** les conseils à expliquer dans le doc. 1.
2. **Relever** le principe de fonctionnement du test TDR.
3. **Comprendre** que certaines maladies n'ont pas besoin d'un traitement antibiotique grâce au doc. 2.
4. **Comprendre** l'efficacité des antibiotiques pour lutter contre une maladie grâce au doc. 5.
5. **Comprendre** à quoi correspond la résistance bactérienne grâce aux doc. 3 et 5.
6. **Comprendre** les effets d'une utilisation abusive d'antibiotiques grâce aux doc. 1 et 4.
7. **Expliquer** l'intérêt de l'utilisation des antibiotiques mais aussi l'importance de limiter leur utilisation.

Module 32 Exercice 7 p. 361

1. **Décrire** l'effet direct de la prise d'antibiotique grâce au doc. 1.
2. **Expliquer** les rôles bénéfiques pour notre organisme de certaines espèces du microbiote grâce aux doc. 2 et 3.
3. **Expliquer** les conséquences négatives d'une prise d'antibiotique.

La correction pour vérifier

1. Un antibiotique permet de détruire les bactéries qui nous rendent malades, mais aussi celles du microbiote.
2. Le microbiote est en compétition avec les autres micro-organismes pathogènes comme le *clostridium*, il limite ainsi leur multiplication qui les rendrait pathogènes. De plus, le microbiote renforce les barrières des muqueuses intestinales et entraîne la production de produits toxiques pour certaines bactéries.
3. Les antibiotiques détruisent de nombreux types de bactéries, notamment celles du microbiote, cet usage altère donc notre microbiote et ses rôles protecteurs.

Attendu de fin de cycle – Exercices

Tâche complexe 1 p. 364

1. **Décrire** les symptômes constatés chez Samia dans le texte et le doc. 1.
2. **Retrouver** le micro-organisme responsable de cette infection et proposer un traitement adapté.
3. **Rappeler** les règles d'hygiène à respecter lors d'une perforation cutanée (comme c'est la cas lors d'un tatouage) qui permettent de diminuer les risques d'infection.

Tâche complexe 2 p. 365

1. **Créer** un tableau d'informations.
   a. **Relever** dans les textes les informations devant figurer dans le tableau.
   b. **Construire** le tableau et le remplir en fonction des informations à y faire figurer.
2. **Retrouver** quel micro-organisme est responsable de chacune des deux maladies.
3. **Expliquer** comment traiter chaque type de malade, en fonction du micro-organisme responsable de la maladie, et des techniques médicales disponibles.

Module 33 Activité 1 p. 368

1. **Identifier** les organes reproducteurs de l'homme et de la femme qui ont le même rôle et qui interviennent pour la reproduction.
2. **Comparer** les cellules reproductrices : taille, mobilité, lieu et rythme de production.
3. **Expliquer** ce que sont les règles et avec quelle fréquence elles se manifestent.

Module 33 Activité 2 p. 370

1. **Déduire** du doc. 1 et de l'analyse des résultats de l'expérience menée sur les chapons, le rôle des testicules sur l'apparition des caractères sexuels secondaires.
   Étudier le cas de retard pubertaire pour la fille, afin de **déterminer** ce qui permet l'apparition des caractères sexuels secondaires.
2. **Mettre en relation** les graphiques pour **proposer une hypothèse** sur l'origine du déclenchement de la puberté. La valider ou non en cherchant la seule différence existant dans les conditions expérimentales du doc. 7 et relever ce qui distingue les différents résultats.
3. **Mettre en relation** ces informations en partant de la cause du déclenchement de la puberté pour finir sur l'apparition des caractères sexuels secondaires.

Les éléments à prendre en compte sont :

organes	cerveau	organes producteurs de cellules reproductrices	
	hypophyse	testicules (homme)	ovaires (femme)
substance fabriquée	hormones cérébrales	testostérone	oestrogènes
lieu d'action	organes producteurs de cellules reproductrices	sur différents organes du corps	
action	fonctionnement des organes reproducteurs	apparition des caractères sexuels secondaires	

• Méthode : Réaliser un schéma fonctionnel

Un schéma fonctionnel se construit :
– en identifiant les éléments et les fonctions qui interviennent dans le mécanisme étudié ;
– en choisissant, pour figurer chaque élément du schéma, des formes symboliques simples et/ou des couleurs.
Les différents éléments du schéma doivent être mis en relation (par des flèches par exemple) et organisés les uns par rapport aux autres.
Penser à ajouter un titre au schéma.

Module 33 Activité 3 p. 372

1. **Comparer** les expériences du doc. 1 entre elles et avec la souris témoin afin de déterminer qui de l'ovaire ou de l'utérus contrôle l'activité cyclique.
2. **Expliquer** ce qui est à l'origine des changements de la muqueuse utérine : épaississement et règles.

• Aide méthodologique

Conception d'une expérience témoin
- Une expérience témoin sert de référence à l'expérience test.
- Seul l'élément testé varie entre les deux expériences.

Analyse de résultats
Une analyse de résultats de protocoles expérimentaux comporte deux phases :
- une phase de description des conditions d'expériences (expériences témoin et test) et de leur résultats : « Je vois que... » ;
- une phase de conclusion apportant une réponse au problème posé : « J'en déduis que... ».

Réaliser un schéma fonctionnel (voir activité précédente)

Module 33 Exercice 4 p. 376

1. Pour déterminer les causes du retard pubertaire
   a. **Comparer** le volume des testicules chez les hommes atteints et chez les hommes non touchés.
   b. **Comparer** les concentrations en hormones cérébrales chez les hommes atteints et chez les hommes non touchés.
   c. **Comparer** les concentrations en testostérone chez les hommes atteints et chez les hommes non touchés.
   d. **Établir un lien** entre les concentrations en hormones cérébrales et le volume des testicules et rappeler le rôle de la testostérone dans l'apparition des caractères sexuels secondaires lors de la puberté.
2. **Établir** un traitement pour traiter les hommes atteints, à partir des éléments mis en cause dans ce syndrome.

La correction pour vérifier

1. a. Les hommes touchés par le syndrome ont un volume testiculaire 4 à 10 fois plus gros.
   b. Les concentrations en hormones cérébrales chez les hommes atteints sont insuffisantes : elles sont dix fois moins importantes.
   c. Chez ces hommes touchés par le syndrome la concentration maximale en testostérone est de 1,2 ng/mL, alors que cette dernière doit être supérieure à 3,5 ng/mL.
   d. La puberté est déclenchée par une augmentation de la concentration en hormones cérébrales. Les testicules produisent alors de la testostérone à l'origine de l'apparition des caractères sexuels secondaires.
2. On peut proposer à ces hommes qui ont un retard pubertaire des injections de testostérone qui provoqueraient l'apparition des caractères sexuels secondaires. Des hormones cérébrales seraient peut-être nécessaires.

Module 34 Activité 1 p. 378

Déterminer, dans le doc. 3, les cellules qui interviennent lors de la formation d'une cellule-œuf. Le lieu et les conditions sont identifiables dans les doc. 1 et 2.

Module 34 **Activité 2** p. 380

1. **Identifier** ce que devient et où va une cellule-œuf issue de la fécondation.
2. **Repérer** le lieu d'implantation de l'embryon, la nidation. Préciser alors le signe qui indique le début de la grossesse.
3. **Déduire** du doc. 2 l'évolution de la taille et de la masse moyenne de l'embryon, puis du foetus.
4. **Mettre en relation** la fonction du placenta avec la composition du sang entrant et sortant.

Module 34 **Exercice 5** p. 384

1. **Identifier**, en comparant les deux examens, l'anomalie de l'appareil génital de Madame Z.
2. **Préciser** les conditions de la fécondation notamment le lieu de rencontre des gamètes.
3. **Expliquer** dans le cas de Madame Z, quel évènement ne peut pas se produire et la conséquence de cette anomalie.

La correction pour vérifier

1. En comparant l'examen de Madame Z à celui d'une personne normale, on constate qu'il n'y a pas de trompe ou qu'elles sont bouchées.
2. Pour qu'il y ait fécondation, les spermatozoïdes doivent aller dans les trompes pour rencontrer l'ovule.
3. Dans le cas de Madame Z, les spermatozoïdes ne peuvent pas parvenir à l'ovule. Il ne peut pas y avoir fécondation, donc pas de formation de cellule-œuf ni d'un embryon.

Module 35 **Activité 1** p. 386

Consulter un site fiable, édité ou recommandé par le gouvernement, comme par exemple le site indiqué sur l'affiche :

web choisirsacontraception.fr

Sur ce site on retrouve le descriptif de différents moyens contraceptifs.

Module 35 **Activité 2** p. 387

1. **Relever** les problèmes montrés par les couples A et B dans les doc. 1 et 2.
2. **Faire le lien** entre le problème rencontré par chaque couple et la méthode qui pourrait être utilisée pour y remédier.

Module 35 **Activité 3** p. 388

1. **Argumenter** les réponses en se basant sur les différents documents du livre.
2. **Rechercher** des arguments aux réponses en utilisant différents liens.
   - web inpes-videos.com/2011/ist/inpes-2011-chlamydia.mp4
   - web info-ist.fr/savoir/quest.htm
   - web onsexprime.fr
   - web ilparaitquelapilule.fr/idees-recues

Module 35 **Exercice 4** p. 392

1. a. **Repérer** sur le graphique la période initiale sans prise de pilule et les périodes de prise de pilule œstroprogestative.
   b. **Associer** les tracés de concentration d'hormones aux bons axes en s'aidant des couleurs correspondantes.
   c. **Relever** les variations de concentrations en œstrogènes et progestérone durant la première période puis durant la prise de pilule. Les **comparer**.
2. **Consulter** le doc. 2 de l'activité 3 du module 33 pour mettre en relation l'action de l'ovaire sur l'utérus et l'action de la pilule œstroprogestative. **Compléter** cette observation par une recherche de l'action de la pilule sur le fonctionnement de l'ovaire (l'ovulation).
3. **Assimiler** un arrêt de la pilule à la période, sur le graphique, sans pilule avec les concentrations d'hormones. **Associer** ces variations au fonctionnement de l'appareil reproducteur de la femme.
4. **Associer** un oubli de pilule lors d'un rapport sexuel à un risque de grossesse. **Donner** des conseils à l'aide du site proposé.

La correction pour vérifier

1. Avant la prise de pilule, on peut observer des variations importantes de la concentration des deux hormones. Avec la prise quotidienne de la pilule, ces variations n'existent plus.
2. Sans les variations importantes des concentrations en hormones ovariennes, le cycle utérin est perturbé. La nidation ne pourra pas se faire. La pilule œstroprogestative agit également sur les hormones cérébrales ce qui perturbe le cycle ovarien et empêche l'ovulation.

3. S'il y a de nouveau des variations importantes des concentrations en hormones, l'appareil reproducteur reprendra un fonctionnement normal. Cet oubli de comprimé va entraîner une inefficacité de la contraception pendant cette période.
4. Voici ce qu'Annie doit faire si elle oublie un comprimé :
   - Prendre immédiatement le dernier des comprimés oubliés.
   - Poursuivre la plaquette à l'heure habituelle (deux comprimés peuvent être pris le même jour).
   - Pendant 7 jours suivant l'oubli, utiliser en même temps une contraception non hormonale (par exemple, des préservatifs).
   - Si l'oubli concerne l'un des 7 derniers comprimés : continuer la plaquette et supprimer l'arrêt de 7 jours.

Attendu de fin de cycle – Exercices

Tâche complexe 1 p. 396

1. **Relire** attentivement la situation de départ pour trouver toutes les erreurs qu'ont pu commettre Paul et Virginie.
2. **Rédiger** une liste de conseils : ceux liés à l'utilisation de la pilule du lendemain. Enfin, ne pas oublier de donner des conseils sur les risques de transmission des IST (exemple : utilisation de préservatifs).

Tâche complexe 2 p. 397

1. **Repérer** les deux gamètes, les dessiner et les légender. Ce sont des cellules entourées par une membrane, contenant un noyau se situant dans le cytoplasme.
2. **Légender** et **titrer** correctement les schémas. Pour cela, mettre les légendes sur le côté du schéma alignées les unes par rapport aux autres au bout de flèches horizontales tracées à la règle.
3. **Observer** l'embryon dans le doc. 2b. **Noter** si on voit dans chaque gamète un embryon préformé.
4. **Identifier** l'origine des noyaux qui fusionnent dans le doc. 2a. **Établir** alors le lien entre l'embryon et la cellule-œuf.

Livret Accompagnement Personnalisé

SVT

Sciences de la vie et de la Terre

CYCLE 4

Sous la direction
d'Hervé Desormes
Collège-Lycée Henri IV, Paris (75)

Géraldine Bridon
Collège-Lycée Sainte Louise, Paris (75)

Julien Chamboredon
Collège Henri Bergson, Paris (75)

Maxime Charpignon
Collège-Lycée Henri IV, Paris (75)

Malorie Gorillot
Collège Paul Eluard, Gauchy (02)

Pascale Lathoumétie
Lycée Descartes , Montigny-le-Bretonneux (78)

Catherine Malsan
Collège-Lycée Lavoisier, Paris (75)

Jérémie Pelé
Collège Rouault, Paris (75)

Céline Pruvost
Collège Pierre de Montereau, Montereau (45)

hachette
ÉDUCATION
vous accompagne

Sommaire

Thème 1. La planète Terre, l'environnement et l'action humaine

Repères de progressivité

■□□ = activité envisageable en début de cycle 4 □■□ = activité envisageable en milieu de cycle 4 □□■ = activité envisageable en fin de cycle 4

En Lien avec les parcours

Sommaire

Thème 2. Le vivant et son évolution

Ressources numériques

Accessibles par flashage et disponibles sur le site :
www.complements-eleves.hachette-education.com

vidéo à visionner — lien vers un site — exercice interactif — fichier pdf — utilisation de logiciel

Disponibles uniquement dans le manuel numérique

manuel numérique — manuel numérique — manuel numérique

Sommaire

Thème 3. Le corps humain et la santé

PROPOSITION DE PROGRESSION SUR LE CYCLE 4

Thème 1. La planète Terre, l'environnement et l'action humaine

Début de cycle

1 La Terre dans le système solaire et son histoire
1. En quoi la planète Terre est-elle particulière ?

5 Les grandes zones climatiques de la Terre
1. Comment les climats sont-ils répartis ?
2. Comment expliquer la répartition des climats de la Terre ?
3. Quelles sont les missions de la météorologie et de la climatologie ?

6 La dynamique des masses d'eau et d'air
1. Comment les météorologues peuvent-ils prévoir le temps ?
2. Comment expliquer que le climat soit différent à la même latitude ?
3. Comment expliquer l'origine et la direction des courants marins ?

8 L'exploitation de ressources naturelles
1. Quels besoins humains les ressources naturelles permettent-elles de satisfaire ?

9 La gestion de ressources naturelles
1. Quels sont les impacts de l'exploitation d'une forêt ?

Milieu de cycle

1 La Terre dans le système solaire et son histoire
2. Comment expliquer la présence d'eau liquide uniquement sur notre planète ?
3. Quels repères les géologues ont-ils utilisés pour découper les temps géologiques ?

2 L'origine et la prévention du risque sismique
1. Comment évaluer et réduire le risque sismique ?
2. Que se passe-t-il en surface pendant un séisme ?
3. Comment un séisme peut-il être détecté loin de son épicentre ?
4. Comment les ondes sismiques se créent-elles ?

3 L'origine et la prévention du risque volcanique
1. Comment évaluer et réduire le risque volcanique ?
2. Comment reconnaître un volcan explosif ?
3. Comment reconnaître un volcan effusif ?

4 La dynamique interne et la tectonique des plaques
1. Comment la partie superficielle du globe est-elle structurée ?
2. Quelle position l'Europe occupe-t-elle à la surface du globe au cours du temps ?
3. Comment la partie superficielle de la Terre est-elle découpée ?
4. Quel phénomène géologique se déroule au niveau des dorsales ?
5. Quel phénomène géologique se déroule au niveau des fosses océaniques ?
6. Comment expliquer le mouvement des plaques lithosphériques ?

7 Les changements climatiques passés et futurs
1. Quel climat faisait-il en France dans le passé ?

8 L'exploitation de ressources naturelles
2. Peut-on exploiter de façon raisonnée une ressource en eau ?

9 La gestion de ressources naturelles
2. Comment l'exploitation d'une forêt peut-elle générer des conflits ?

10 Les conséquences de l'activité humaine sur un écosystème
1. Comment les actions humaines modifient-elles l'équilibre d'une rivière ?
2. Comment l'Homme peut-il remédier aux perturbations d'un écosystème ?

Fin de cycle

7 Les changements climatiques passés et futurs
2. Quelle peut être l'origine d'un changement climatique passé ?
3. Comment expliquer le réchauffement climatique actuel ?
4. Quels seront les effets du réchauffement climatique ?

8 L'exploitation de ressources naturelles
3. Peut-on exploiter de façon raisonnée un gisement de pétrole ?

9 La gestion de ressources naturelles
3. Comment gérer une forêt pour réduire le risque d'incendie ?

11 Vers une gestion durable et raisonnée des écosystèmes
1. Comment les activités humaines modifient-elles l'écosystème planétaire ?
2. Comment préserver l'équilibre naturel de la planète ?

Thème 2. Le vivant et son évolution

Début de cycle

12 La nutrition des animaux
1. Comment relier l'organisation du système digestif et le régime alimentaire ?
2. Comment les aliments sont-ils transformés en nutriments ?

14 La nutrition des végétaux chlorophylliens
1. Quels sont les besoins des végétaux pour produire de la matière organique ?

16 La reproduction chez les êtres vivants
1. Comment caractériser les reproductions sexuée et asexuée ?
2. Quelles sont les différentes caractéristiques de la reproduction sexuée ?

18 L'information génétique
1. Comment identifier un individu au sein d'une espèce ?

22 Des relations de parenté entre les êtres vivants
1. Comment établir les relations de parenté entre espèces ?
2. Comment mettre en évidence l'histoire évolutive de groupes d'êtres vivants ?

23 L'évolution du vivant et ses mécanismes
1. Comment la biodiversité évolue-t-elle au cours du temps ?

Milieu de cycle

13 Le rôle des systèmes de transport et d'échange dans la nutrition des animaux
1. Comment une cellule produit-elle l'énergie nécessaire à son fonctionnement ?
2. Comment les animaux assurent-ils les besoins en nutriments de leurs cellules ?
3. Comment la structure des organes respiratoires favorise-t-elle l'entrée de dioxygène ?
4. Comment les animaux éliminent-ils leurs déchets ?
5. Comment les organes impliqués dans la nutrition animale sont-ils reliés ?

14 La nutrition des végétaux chlorophylliens
2. Comment l'énergie nécessaire au fonctionnement des cellules végétales est-elle produite ?

15 Le rôle des systèmes de transport et d'échange dans la nutrition des végétaux
1. Comment les plantes s'approvisionnent-elles en CO_2 et en lumière ?
2. Comment les plantes s'approvisionnent-elles en eau et en sels minéraux ?
3. Comment expliquer la présence de micro-organismes associés aux racines ?

4. Comment le végétal transporte-t-il les éléments entre les différents organes ?

17 La dynamique des populations et la reproduction

1. Comment des populations se maintiennent-elles dans un milieu ?
2. Comment exploiter le mode de reproduction des plantes pour les cultiver ?
3. Comment les conditions du milieu influencent-elles la reproduction ?

21 La diversité génétique et la biodiversité

1. Comment définir la biodiversité ?

Fin de cycle

12 La nutrition des animaux

3. Comment les termites digèrent-ils le bois ?

18 L'information génétique

2. Quelles sont les règles de transmission des caractères ?
3. Quelle est la localisation des informations héréditaires transmises ?

19 Du génotype au phénotype

1. Comment un gène peut-il déterminer les variations d'un caractère héréditaire ?
2. Comment le phénotype peut-il être modifié sans variation du génotype ?

20 La diversité et la stabilité génétique des individus

1. Comment la multiplication cellulaire permet-elle de maintenir le caryotype ?
2. Comment la formation des gamètes participe-t-elle à la diversité génétique ?
3. Comment la fécondation crée-t-elle de la diversité génétique ?

21 La diversité génétique et la biodiversité

2. Comment expliquer l'apparition d'un nouveau caractère dans une population ?
3. Comment la biodiversité évolue-t-elle ?

23 L'évolution du vivant et ses mécanismes

2. Quel principe permet d'expliquer l'évolution des espèces ?

Thème 3. Le corps humain et la santé

Début de cycle

24 La réalisation d'un effort physique

1. Comment notre système cardio-ventilatoire s'adapte-t-il lors d'un effort physique ?

26 Le système nerveux et la communication nerveuse

1. Quelles sont les structures nerveuses impliquées lors d'un mouvement ?

28 Le devenir des aliments dans le système digestif

1. Comment expliquer la transformation des aliments dans le système digestif ?
2. Comment les découvertes scientifiques ont-elles dévoilé les mécanismes de la digestion ?
3. À quel niveau le glucose passe-t-il du système digestif au sang ?
5. Comment la circulation sanguine assure-t-elle l'apport de nutriments à tous les organes ?

29 L'alimentation et les besoins nutritionnels

1. Comment l'alimentation répond-elle aux besoins en énergie de l'organisme ?

30 La diversité des micro-organismes au contact de l'Homme

1. Quelle place les micro-organismes occupent-ils au contact de notre corps ?
2. Comment bien soigner une blessure ?

33 Le fonctionnement de l'appareil reproducteur humain

1. Comment les appareils reproducteurs de l'homme et de la femme fonctionnent-ils?
2. Comment expliquer l'apparition des modifications ayant lieu à la puberté ?

Milieu de cycle

24 La réalisation d'un effort physique

2. Comment expliquer les modifications cardio-ventilatoire lors de l'effort ?

25 Les limites physiologiques à l'effort

1. Pourquoi n'est-il pas possible de dépasser certaines limites lors d'un effort ?
2. Comment préserver et entretenir ses capacités physiques ?

26 Le système nerveux et la communication nerveuse

2. Comment le cerveau traite-t-il les messages reçus ?
3. Comment la communication nerveuse a-t-elle lieu à l'échelle cellulaire ?

27 Les conditions d'un bon fonctionnement du système nerveux

1. Comment le mode de vie peut-il perturber l'activité nerveuse ?
2. Comment certaines substances agissent-elles sur l'activité nerveuse ?

29 L'alimentation et les besoins nutritionnels

2. Comment des régimes alimentaires variés peuvent-ils être équilibrés ?
3. Comment expliquer le danger de certains comportements alimentaires ?

33 Le fonctionnement de l'appareil reproducteur humain

3. Comment les cycles ovarien et utérin sont-ils contrôlés ?

34 De la fécondation à la naissance

1. Comment la fécondation se déroule-t-elle ?
2. Comment la grossesse se met-elle en place et se déroule-t-elle ?

35 Les principes de la maîtrise de la reproduction humaine

1. Comment peut-on choisir le moment d'avoir un enfant ?
2. Comment aider un couple à avoir un enfant ?
3. Comment avoir un comportement responsable dans le domaine de la sexualité ?

Fin de cycle

27 Les conditions d'un bon fonctionnement du système nerveux

3. Pourquoi agir sur les comportements individuels a-t-il une action sur la santé collective ?

28 Le devenir des aliments dans le système digestif

4. Quels rôles les micro-organismes intestinaux jouent-ils ?

30 La diversité des micro-organismes au contact de l'Homme

3. Comment préserver notre microbiote pour rester en bonne santé ?

31 Les réactions qui permettent à l'organisme de se préserver des micro-organismes pathogènes

1. Comment l'organisme réagit-il à une contamination ?
2. Comment l'organisme réagit-il face à une infection ?
3. Comment expliquer l'apparition d'anticorps dans le sang ?
4. Comment expliquer le gonflement tardif de ganglions lors d'une infection ?
5. Comment les lymphocytes agissent-ils contre les micro-organismes ?

32 Soigner et prévenir les maladies

1. Quel est le principe de la vaccination ?
2. Comment expliquer l'intérêt d'être tous vaccinés ?
3. Comment expliquer les conseils liés à l'utilisation des antibiotiques ?

Attendu de fin de cycle
La Terre et sa dynamique interne

Modules

Attendu de fin de cycle
Météorologie et climatologie

Modules

Attendu de fin de cycle
Les principaux impacts de l'action humaine à la surface de la planète Terre

Modules

1. Scierie à Hochosterwitz en Autriche
2. Des scientifiques prélèvent une carotte de glace sur la banquise (Antarctique)
3. Éruption du volcan Sinabung à Sumatra en Indonésie (2015)
4. Bateau de pêche

Thème 1

La planète Terre, l'environnement et l'action humaine

Vu au cycle 3

La planète Terre, l'environnement et l'action humaine

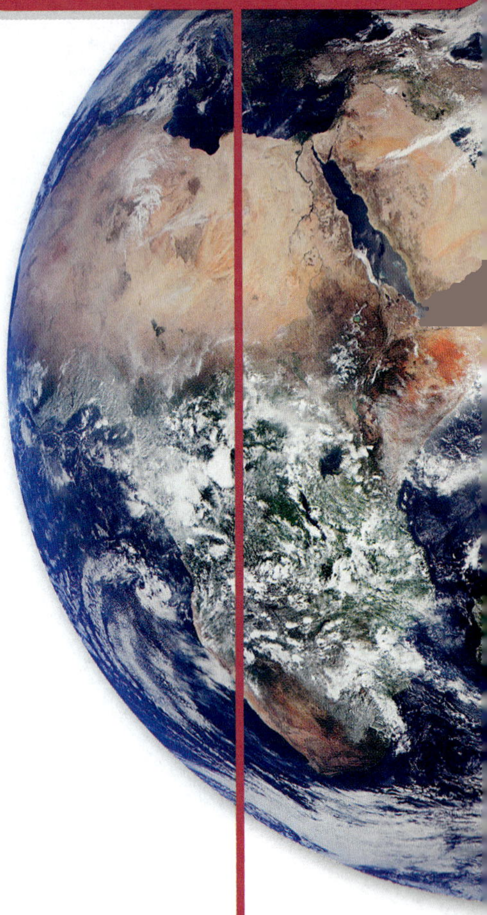

La Terre dans le système solaire

Le Soleil est l'étoile la plus proche de la Terre.

C'est le centre du système solaire.

Dans le système solaire, on trouve le Soleil et des planètes : Mercure, Vénus, Terre, Mars, Jupiter, Saturne, Uranus et Neptune. Toutes les planètes tournent autour du Soleil. La Terre fait le tour du Soleil en un an.

Le Soleil n'éclaire qu'une moitié de la Terre à la fois. Du côté éclairé il fait jour, de l'autre côté il fait nuit. La Terre tourne sur elle-même en un jour. La zone éclairée fait le tour de la Terre chaque jour.

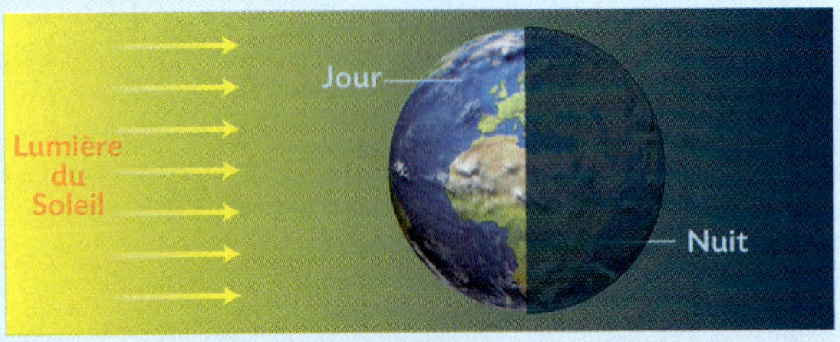

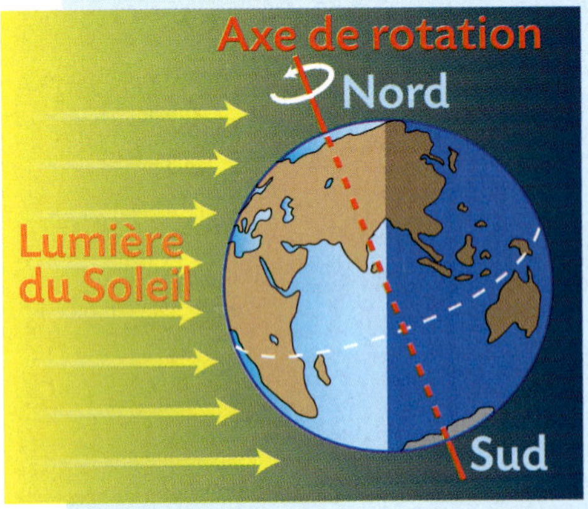

L'inclinaison de l'axe de rotation de la Terre et la révolution de la Terre autour du Soleil expliquent l'alternance des saisons.

L'action humaine

Pour répondre à ses besoins d'aménagements, l'être humain prélève des matériaux dans son environnement. Après extraction, ces matériaux sont transformés et transportés jusqu'à leur lieu d'utilisation.

Les berges de la Marne (France)

La structure de la Terre

La Terre est formée d'un noyau interne, d'un noyau externe, d'un manteau et d'une surface solide : la croûte terrestre.

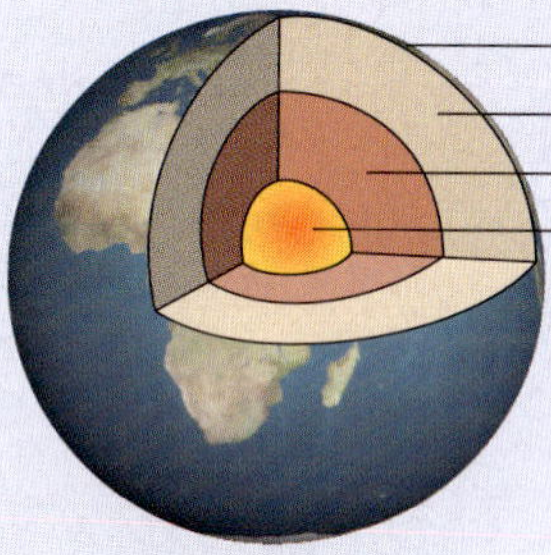

L'activité interne de la Terre

L'activité interne de la Terre est à l'origine de phénomènes naturels comme les séismes ou les éruptions volcaniques.

Éruption du volcan Sinabung (Indonésie, mai 2016)

L'activité externe de la Terre

L'activité externe de la Terre comprend l'ensemble des vents, des courants et des précipitations.

Centre ville de Longjumeau (France) le 1er juin 2016

Tester ses connaissances du cycle 3

Trouver la proposition exacte pour chaque question.

1 La Terre tourne :
a. autour d'une étoile.
b. autour d'une planète.
c. ne tourne pas.
d. autour de la Lune.

2 La Terre tourne sur elle-même en :
a. un jour.
b. un an.
c. un mois.
d. cela change d'une année à l'autre.

3 L'alternance des saisons s'explique par :
a. la variation de la distance entre la Terre et le Soleil.
b. l'inclinaison de l'axe de rotation de la Terre.
c. la rotation de la Terre sur elle-même.
d. la révolution de la Terre.

Les quatre saisons

4 Le Soleil (n')éclaire :
a. qu'une moitié de la Terre.
b. la totalité de la Terre.
c. une zone qui change selon les saisons.
d. l'hémisphère Nord plus que l'hémisphère Sud.

Après le séisme à Portoviejo (Équateur) le 18 avril 2016

5 L'activité externe de la Terre comprend :
a. l'ensemble des vents, courants et précipitations.
b. seulement les vents.
c. seulement les précipitations.
d. les éruptions volcaniques et les tremblements de terre.

6 Les Hommes exploitent leur environnement :
a. pour leur plaisir.
b. pour découvrir le monde.
c. en faisant attention à préserver leur ressources et leur environnement.
d. de manière illimitée : les stocks se reconstituent.

La Terre et sa dynamique interne

Attendu de fin de cycle

Explorer et expliquer certains phénomènes géologiques liés au fonctionnement de la Terre

Le massif Tengger et le volcan Bromo à Java, Indonésie

Comment les caractéristiques de notre planète influencent-elles la vie sur Terre ?

Activité 1

Compétence travaillée :
D4. Communiquer sur ses démarches, ses résultats et ses choix en argumentant.

En quoi la planète Terre est-elle particulière ?

MERCURE
Diamètre (km) : **4 880**
Densité : **5,4**
Présence d'une atmosphère : **Non**
Distance au Soleil (millions de km) : **58**

VÉNUS
Diamètre (km) : **12 100**
Densité : **5,3**
Présence d'une atmosphère : **Oui**
Distance au Soleil (millions de km) : **108**

TERRE
Diamètre (km) : **12 750**
Densité : **5,5**
Présence d'une atmosphère : **Oui**
Distance au Soleil (millions de km) : **150**

MARS
Diamètre (km) : **6780**
Densité : **3,9**
Présence d'une atmosphère : **Oui**
Distance au Soleil (millions de km) : **228**

Doc. 1 Quelques caractéristiques des planètes telluriques du système solaire

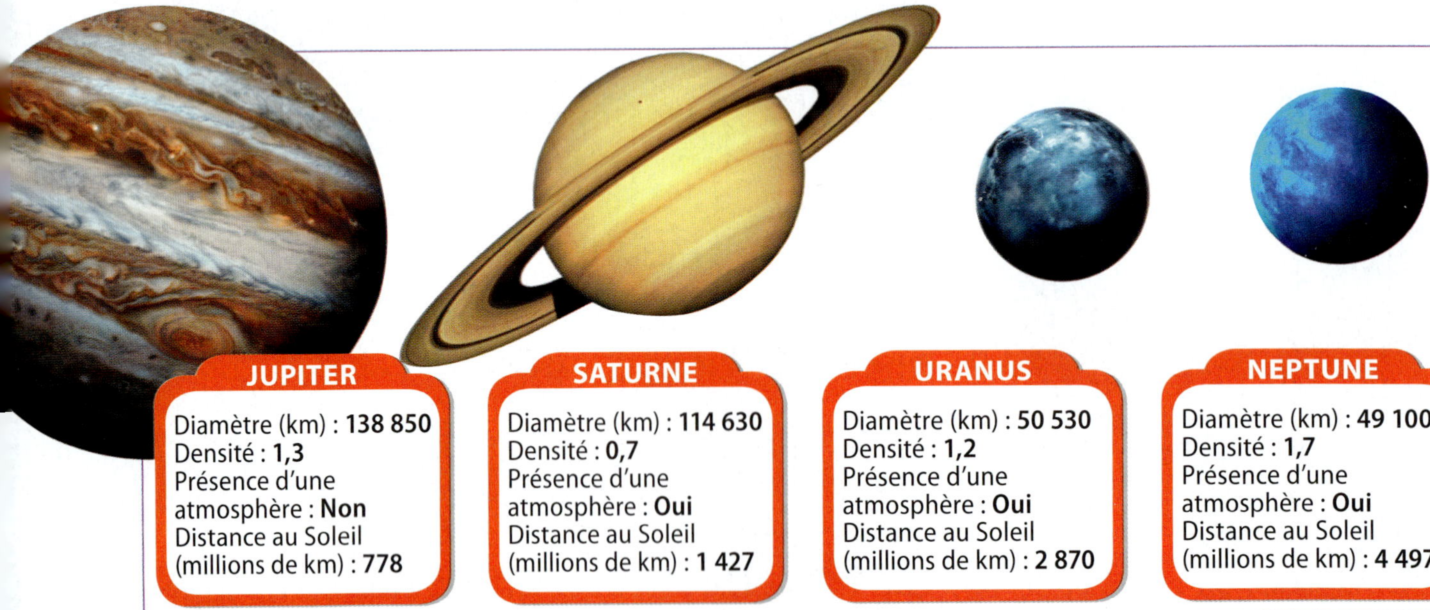

JUPITER
Diamètre (km) : **138 850**
Densité : **1,3**
Présence d'une atmosphère : **Non**
Distance au Soleil (millions de km) : **778**

SATURNE
Diamètre (km) : **114 630**
Densité : **0,7**
Présence d'une atmosphère : **Oui**
Distance au Soleil (millions de km) : **1 427**

URANUS
Diamètre (km) : **50 530**
Densité : **1,2**
Présence d'une atmosphère : **Oui**
Distance au Soleil (millions de km) : **2 870**

NEPTUNE
Diamètre (km) : **49 100**
Densité : **1,7**
Présence d'une atmosphère : **Oui**
Distance au Soleil (millions de km) : **4 497**

Doc. 2 Quelques caractéristiques des planètes gazeuses du système solaire

Pour conclure
Décrire la spécificité de la Terre et ses points communs avec les autres planètes.
Livret AP p. 2

Vocabulaire
- **Planète tellurique :** planète dont la surface est composée de roches.

Compétence travaillée :
D4. Concevoir et mettre en œuvre un protocole expérimental.

Activité 2 Comment expliquer la présence d'eau liquide uniquement sur notre planète ?

La Terre, la seule planète à disposer d'océans

Nom des planètes	Mercure	Vénus	Terre	Mars	Jupiter	Saturne	Uranus	Neptune
Température moyenne en surface (en °C)	180	470	15	– 40	– 175	– 195	– 220	– 230
État de l'eau	absence d'eau	gazeux	solide, liquide et gazeux	solide	solide	solide	solide	solide

Doc. 1 Deux caractéristiques des planètes du système solaire

- Positionner un luxmètre à une distance donnée face à une source lumineuse à l'éclairement constant.
- À l'aide d'une règle, faire varier la distance entre le luxmètre et la source lumineuse afin de mesurer chaque quantité de lumière reçue.

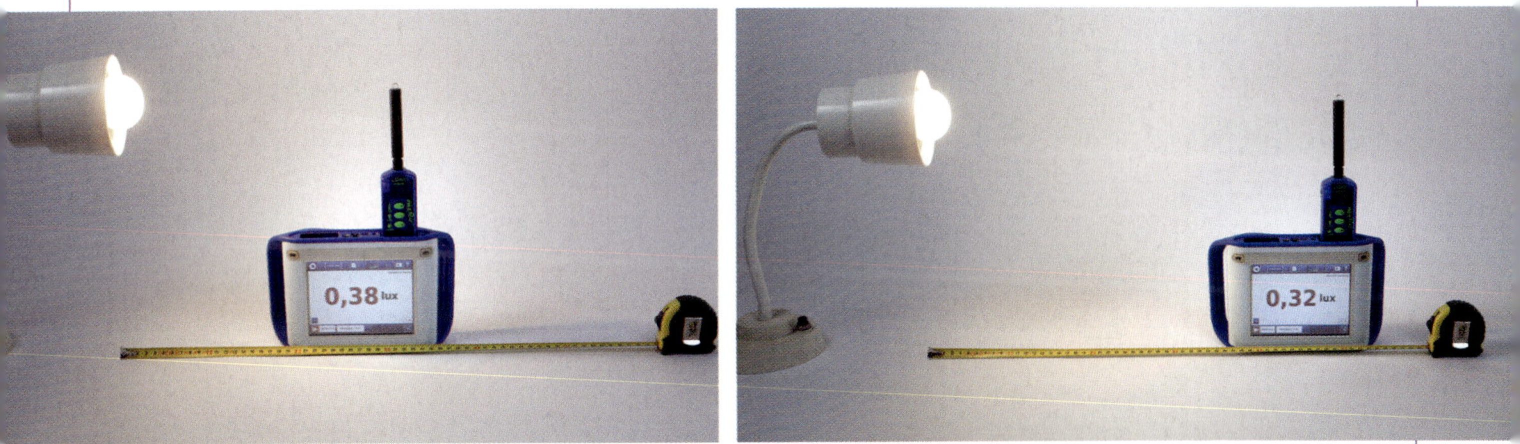

Doc. 2 Protocole pour modéliser la relation entre la distance au Soleil et la quantité de lumière reçue par une planète

- À l'aide d'une source lumineuse, on éclaire pendant une même durée un objet plus ou moins fortement puis on mesure sa température. L'objet et la source lumineuse ne changent pas de position.

Quantité de lumière reçue (en Lux)	500	1 000	1 500	2 000
Température de l'objet (en °C)	18	19	20	23

Doc. 3 Relation entre la quantité de lumière reçue et la température d'un objet

Pour conclure

Montrer que la présence d'eau liquide sur la Terre peut être expliquée par sa position dans le système solaire.

Livret AP p. 2

Vocabulaire

- **Luxmètre :** instrument permettant de mesurer la quantité de lumière.

Activité

3 Quels repères les géologues ont-ils utilisés pour découper les temps géologiques ?

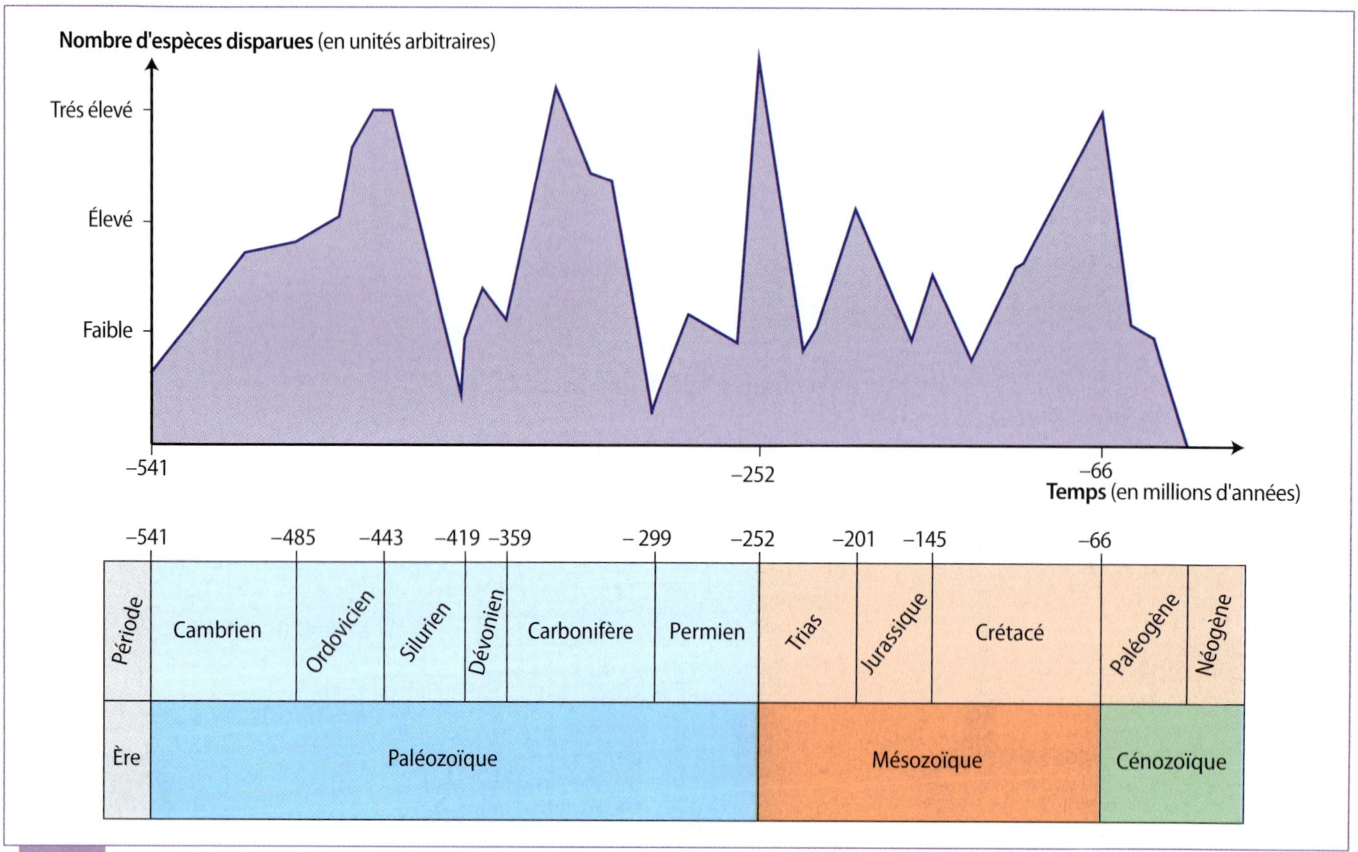

Doc. 1 L'évolution de la biodiversité au cours du temps

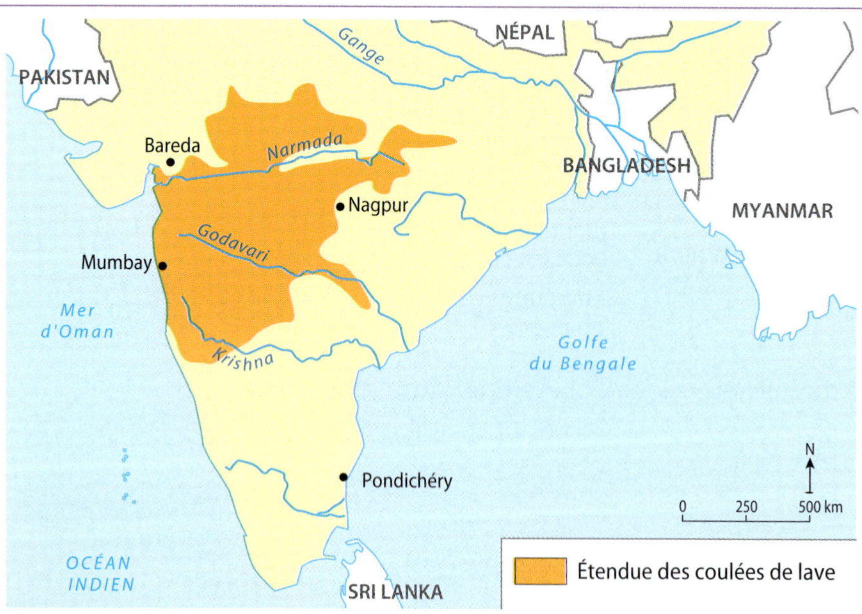

Les trapps du Deccan se trouvent dans l'ouest de l'Inde. La majeure partie de cette province indienne est recouverte de coulées de lave sur plus de deux kilomètres d'épaisseur à certains endroits. Ces laves sont issues d'une éruption volcanique datant de 65 millions d'années. Elle aurait duré plusieurs milliers d'années.

Cet important volcanisme a très probablement expulsé d'énormes quantités de cendres et du dioxyde de carbone dans l'atmosphère.

Doc. 2 Une éruption volcanique en Inde

Compétence travaillée :
D5. Appréhender différentes échelles de temps géologiques et biologiques.

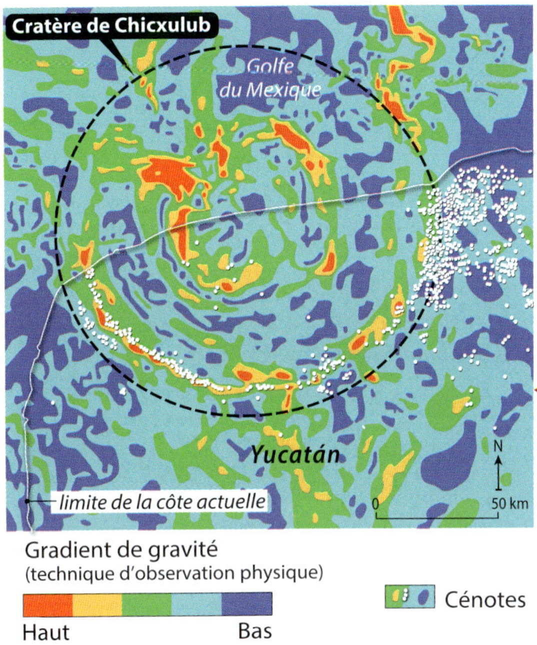

a Carte de gravimétrie

b Situation géographique du cratère

Un gigantesque cratère d'un diamètre d'environ 180 kilomètres a été identifié suite à l'étude des roches. Il aurait été créé par une météorite ayant percuté la planète il y a 65 millions d'années. Ce cratère n'est plus visible dans les paysages de nos jours. Cependant, l'étude des roches et de leur densité permet de le mettre en évidence sur une carte gravimétrique. On retrouve aussi des cavités souterraines appelées « cénotes », indices de l'impact.

Une telle collision a dû projeter énormément de matière dans l'atmosphère, modifiant le climat et provoquant une nette baisse du niveau marin.

Doc. 3 Un gigantesque cratère sur la côte nord du Yucatán au Mexique

Pour conclure

Rédiger un paragraphe expliquant quels sont les repères utilisés par les scientifiques pour découper les temps géologiques.

▸ Livret AP p. 2

Pour en savoir plus

Rechercher les événements géologiques et biologiques ayant affecté la Terre à la « limite Permo-Trias » en utilisant cette expression comme mot clé dans un moteur de recherche. Le site du Muséum national d'Histoire naturelle contient des informations fiables.

Étymologie

- **Paléozoïque :** ce nom provient du grec *palaiós*, « ancien » et *zoe*, « vie ».
- **Mésozoïque :** ce nom provient du grec *mesos*, « moyen » et *zoe*, « vie ».
- **Cénozoïque :** ce nom provient du grec *kainos* « nouveau », et *zoe*, « vie ».

Bilan

... par le texte

Activité 1 La Terre dans le système solaire

- La Terre est l'une des quatre **planètes telluriques** (Mercure, Vénus, Terre, et Mars) du **système solaire**. Elle possède à sa surface une atmosphère et de la vie. Ces particularités rendent cette planète unique dans le système solaire.
- Les **planètes gazeuses** (Jupiter, Saturne, Uranus et Neptune) sont des boules de gaz comprimés qui entourent un petit noyau. Elles possèdent un diamètre important.

Activité 2 Eau liquide et distance au soleil

- Le **Soleil** libère de l'énergie sous forme de rayonnements lumineux. Cette énergie permet de réchauffer les objets du système solaire. Plus l'objet est lointain, moins il reçoit d'énergie, et plus sa température de surface est basse.
- Pour que l'eau soit liquide, il faut qu'elle soit soumise à des conditions de température particulières. La Terre est à une distance lui permettant d'avoir de l'eau liquide à sa surface et donc de la vie.

Activité 3 Les temps géologiques

- Différents événements géologiques et biologiques ont jalonné l'histoire de la Terre. Parmi eux, on peut retenir des périodes de grandes extinctions, des chutes de grosses météorites, des baisses importantes du niveau des océans.
- Certains événements particulièrement marquants ont servi à construire une échelle des temps découpée en « **ères** », elles-mêmes subdivisées en périodes.

À savoir :

	Activités	Exercices
• Expliquer ce que la Terre a de spécifique et ce qu'elle partage avec différentes planètes du système solaire.	1	4 6 7
• Expliquer le rôle majeur du Soleil sur certaines des caractéristiques des planètes telluriques et gazeuses.	2	5
• Articuler la notion d'ère géologique avec différents événements géologiques et biologiques survenus sur Terre.	3	8

... par l'image

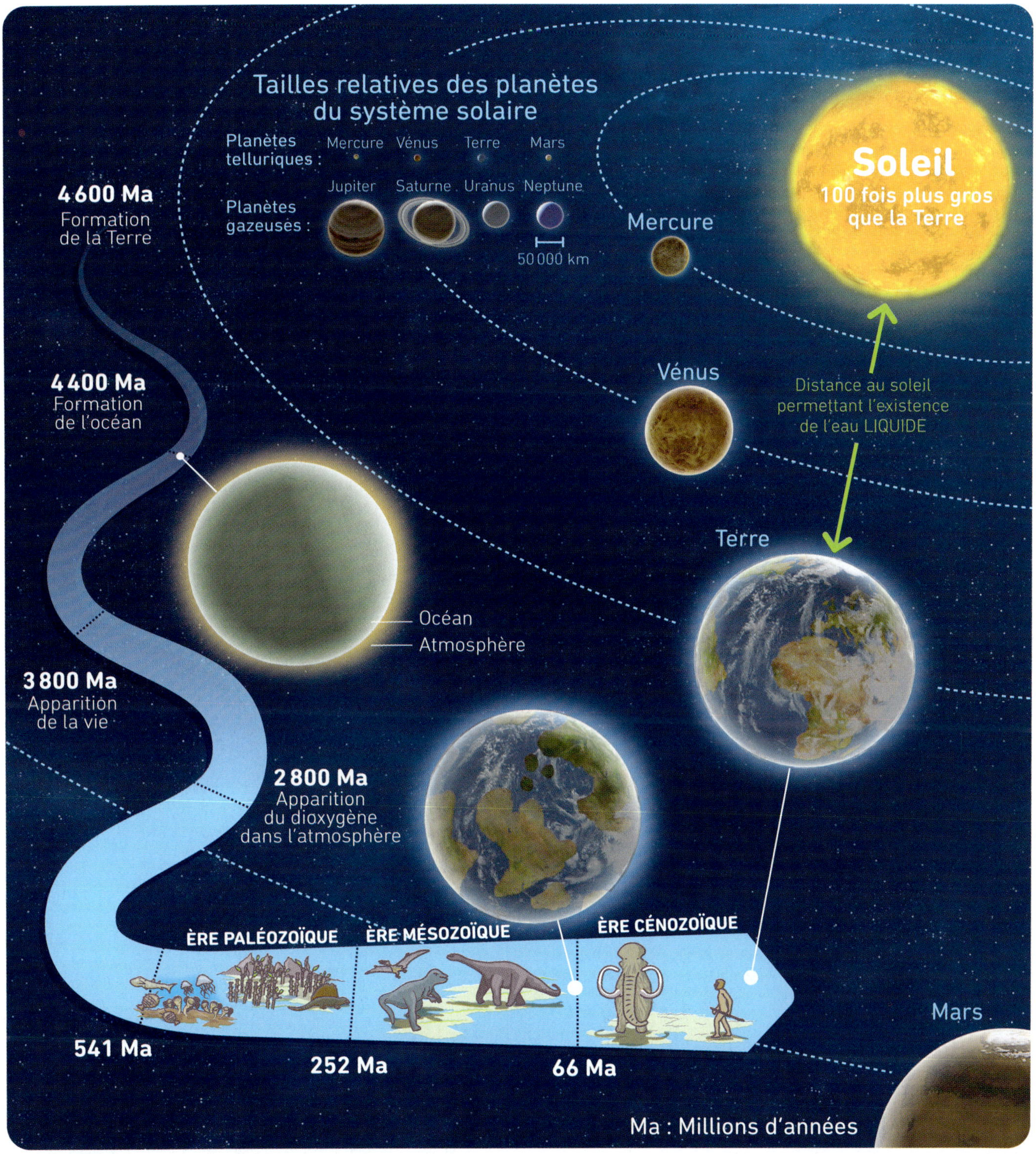

Mots à savoir définir

planète tellurique • système solaire • planète gazeuse • Soleil • ère

Exercer ses compétences

manuel numérique QCM 2

1 QCM 1 Choisir la proposition correcte.

	A	B	C	D	En cas de doute, lire
1. Les planètes telluriques sont :	constituées uniquement de gaz.	constituées de roches.	les plus éloignées du soleil.	les plus grandes.	1 p. 12
2. La possibilité de vie sur une planète dépend :	de sa distance au soleil.	de l'abondance de météorites qui y tombent.	de la présence d'eau liquide à sa surface.	de son âge.	2 p. 13
3. La température des planètes est :	la même quelle que soit la planète.	varie en fonction de leur taille.	varie en fonction de leur distance au soleil.	varie en fonction de leur composition.	2 p. 13
4. Le Cénozoïque est :	une période.	une ère.	une date.	un jour.	3 p. 14
5. Vers -65 millions d'années, il y a :	seulement des événements géologiques marquants.	seulement une extinction de nombreuses espèces.	des évènements géologiques majeurs accompagnés d'une extinction majeure.	rien de remarquable.	3 p. 14

▶ Voir corrigés p. 413

2 D1. Définir

Définir les termes suivants :

a. ère ;

b. planète tellurique.

3 D1. Rédiger

Rédiger une phrase à l'aide des mots suivants :

a. Terre, planète, système solaire, rocheuse, gazeuse, densité ;

b. histoire de la Terre, biodiversité, niveau des mers, météorites, ère, période ;

c. états de l'eau, température, distance, Soleil, planète, intensité lumineuse.

4 D4. Proposer une ou des hypothèses pour résoudre un problème

	Terre	Mars
Diamètre (en km)	12 750	6 780
Distance au soleil (en millions de km)	150	228
Température moyenne en surface (en °C)	+ 15	- 40

Doc. 1 Données comparées des planètes Terre et Mars

1. **Proposer** une hypothèse permettant d'expliquer la différence de température moyenne en surface entre la Terre et Mars.
2. **Proposer** un protocole simple permettant de tester l'hypothèse.

5 D4. Interpréter des résultats et en tirer des conclusions

La Terre s'est formée il y a environ 4,6 milliards d'années. La température était alors de plus de 1 000 °C.

1. **Déterminer** le pourcentage de vapeur d'eau dans l'atmosphère il y a 4,3 milliards d'années d'après le doc. 1.
2. **Expliquer** comment ce pourcentage a varié entre 4,6 et 4 milliards d'années.
3. **Émettre** une hypothèse sur la formation des océans.
4. **Proposer** une explication au fait que la vie ne soit pas apparue dès la formation de la Terre.

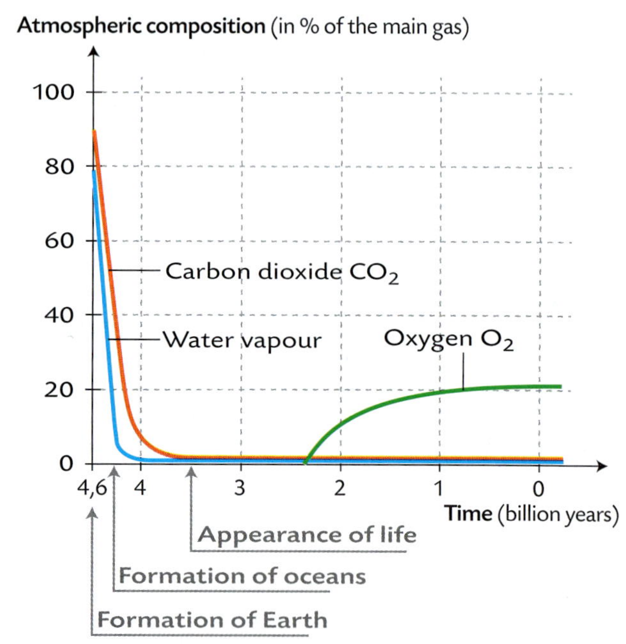

Doc. 1 Evolution of the atmosphere on Earth

6 D1. Lire et exploiter des données présentées sous différentes formes

Pluton appartient à la famille des planètes naines. Ces objets, plus petits que les planètes n'ont pas fait disparaître tous les astéroïdes de leur orbite.

Les comètes sont un mélange de roches, de poussières et de glaces d'eau avec parfois un petit coeur rocheux. Quand elles s'approchent du Soleil, la température en surface augmente et les glaces se transforment en gaz relâchant au passage des poussières. On appelle cela la « queue » de la comète.

Les astéroïdes sont de gros cailloux faits de roches qui tournent autour du Soleil. Ils résident en majorité entre Mars et Jupiter. Les satellites tournent autour des planètes. Il en existe une incroyable variété.

D'après Sciences et vie Junior

Pluton

1. **Relever** dans le texte ci-dessus les différents objets présents dans notre système solaire.
2. **Compléter** cette liste grâce à vos connaissances.
3. **Expliquer** la différence entre une comète et un astéroïde.
4. **Indiquer** la différence entre une planète naine et les autres planètes.

7 D4. Utiliser des instruments d'observation, de mesures et des techniques de préparation et de collecte

On imagine une maquette du système solaire dix milliards de fois plus petite afin de nous aider à visualiser les dimensions relatives des objets du système solaire (voir données p. 16).

1. **Calculer** la taille, à cette échelle, des différentes planètes et du Soleil et chercher un fruit courant qui correspond à cette taille.
2. **Calculer** les distances relatives, à cette échelle, entre le Soleil et les différentes planètes.
3. **Calculer**, à cette échelle, la taille d'un être humain de 2 m.

8 résolu D4. Communiquer sur ses démarches, ses résultats, ses choix, en argumentant

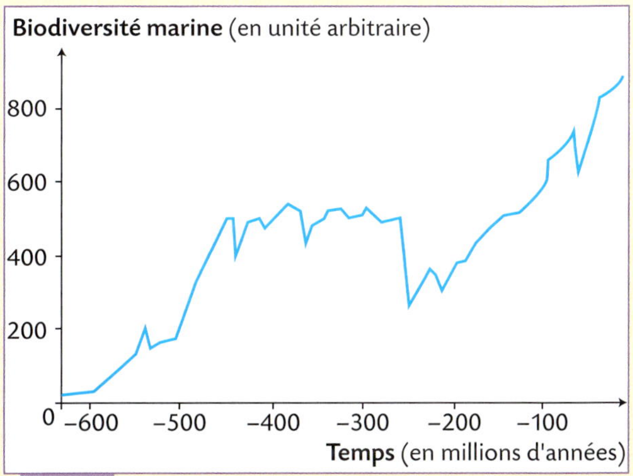

Doc. 1 Biodiversité marine au cours des temps

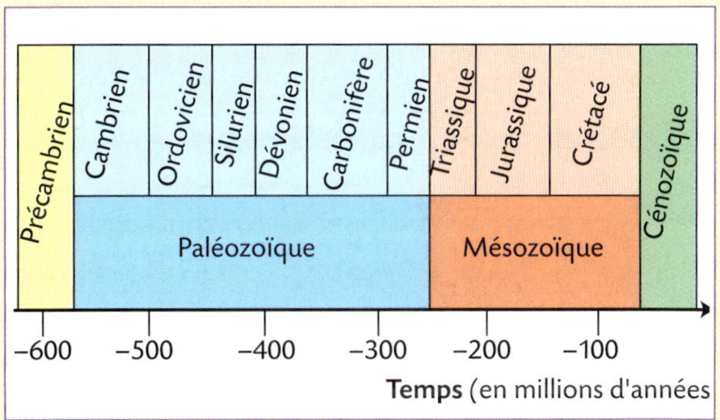

Doc. 2 Échelle des temps géologiques

L'impact de cette météorite aurait participé au changement climatique au Trias.

Doc. 3 Traces dans le paysage de l'impact d'un cratère, Lac Manicouagan, Québec

Exploiter le doc. 1 pour expliquer comment les géologues ont construit l'échelle des temps géologiques (doc. 2).

Livret AP p. 2

Activité 1

Comment évaluer et réduire le risque sismique ?

Dans l'état actuel des connaissances, il n'est pas possible de prédire le lieu et la date des séismes, c'est-à-dire des tremblements de terre. Afin d'évaluer le risque sismique, une carte nationale de l'aléa sismique a été publiée. Cette carte divise la France en cinq zones de sismicité croissante. On a délimité ces zones en se basant sur la fréquence des séismes passés et ce qui les déclenche. Cette carte ne prend pas en compte la vulnérabilité de la zone.

Doc. 1 Évaluer un risque sismique

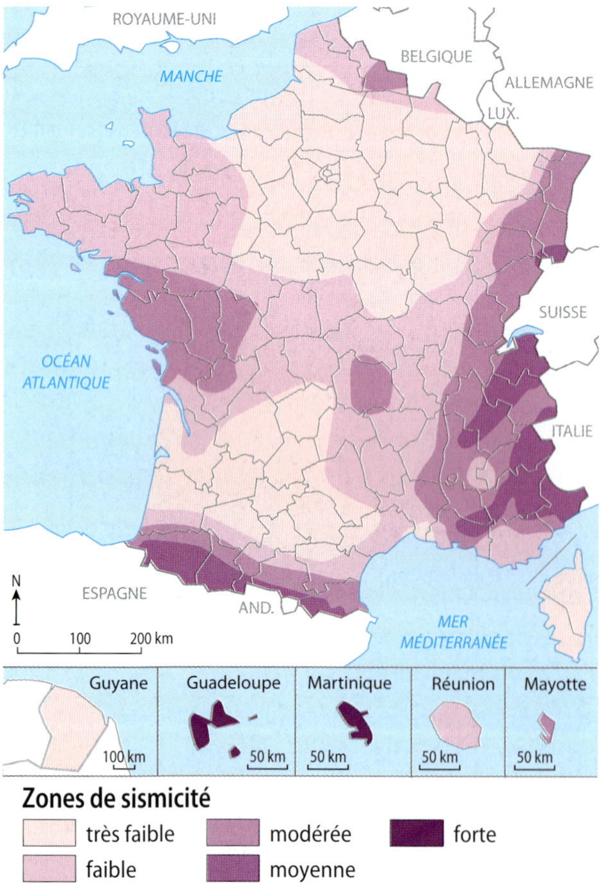

Doc. 2 Aléas sismiques en France (2011)

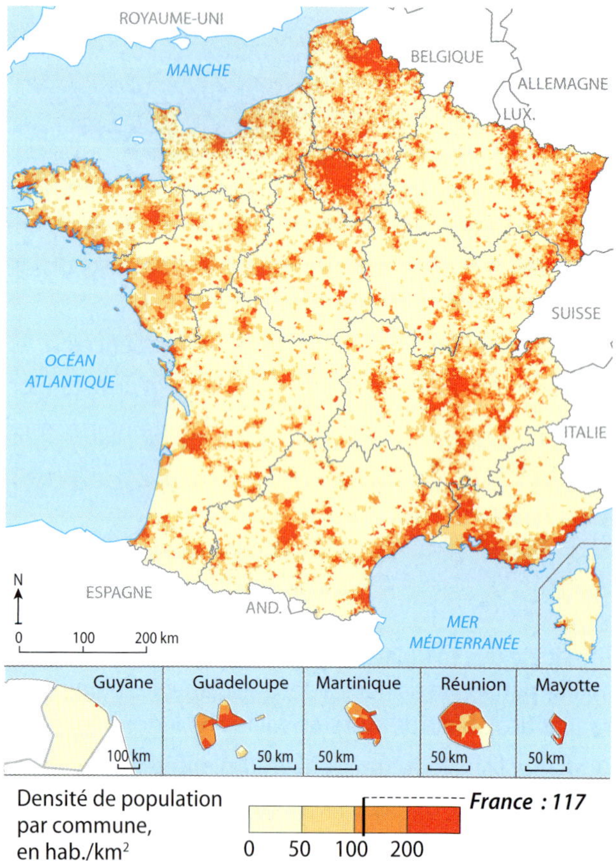

Doc. 3 Densité de population par commune en France (2009)

Compétence travaillée :
D1. Représenter des données sous différentes formes et choisir celle qui est adaptée à la situation de travail.

Des règles de construction parasismique sont imposées pour réduire la vulnérabilité dans les zones sismiques.

Doc. 4 Simulation d'un séisme sur une construction classique ⓐ et aux normes parasismiques ⓑ

Doc. 5 Exercice d'alerte séisme dans un collège en France

Doc. 6 Consignes de sécurité données par la préfecture des Bouches-du-Rhône en cas de séisme

Pour conclure

Réaliser, sous la forme adaptée, un document d'information montrant les différents moyens de prévention face aux risques sismiques.
Les mots du vocabulaire devront apparaître dans votre document.

▸ Livret AP p. 2

Vocabulaire

- **Risque :** combinaison de l'aléa et de la vulnérabilité à un endroit et à un moment donné.
- **Aléa :** probabilité qu'un phénomène pouvant générer des dommages se passe dans un endroit, à un moment donné.
- **Vulnérabilité :** ensemble des conséquences possibles de l'aléa sur les constructions, les biens et les personnes.

Activité 2 Que se passe-t-il en surface pendant un séisme ?

Le jeudi 28 avril 2016 à 8 h 46 min 50 s, la Terre s'est mise à trembler à quelques kilomètres au sud de La Rochelle. Ce séisme a été ressenti jusqu'à 350 km de l'épicentre. Le séisme a fait peu de dégâts : des murs et une cheminée ont été fissurés, quelques ardoises sont tombées des bâtiments anciens. Ce séisme n'a fait aucune victime.

Doc. 1 Les conséquences du séisme à Thairé-d'Aunis (Charente-Maritime)

Doc. 2 Des conséquences du séisme du 28 avril 2016 en Charente-Maritime

Compétence travaillée :
D2. Identifier et choisir les outils adaptés pour garder une trace de ses recherches.

Origine d'un séisme et échelle EMS-98

Intensité	Description des effets observés	Dégâts
I	**Non ressenti :** le séisme n'est détecté que par des instruments sensibles.	
II à III	**Faible :** les personnes au repos ressentent les vibrations du sol.	
IV	**Léger :** les personnes peuvent être réveillées, les fenêtres, les portes et la vaisselle vibrent.	
V à VI	**Fort :** Les objets suspendus se balancent fortement. Les petits objets sont déplacés et peuvent tomber. De fines fissures peuvent apparaître sur les murs.	
VII à VIII	**Très fort :** Beaucoup de personnes éprouvent des difficultés à rester debout. Les meubles se déplacent et beaucoup d'objets tombent. Beaucoup de bâtiments subissent des dégâts avec de larges fissures dans les murs.	
IX à X	**Très violent :** Panique générale. De nombreuses constructions s'écroulent. Même des bâtiments bien construits présentent des dégâts très importants.	
XI à XII	**Extrême :** Presque tous les bâtiments sont détruits.	

Doc. 3 Échelle de l'intensité d'un séisme : EMS-98

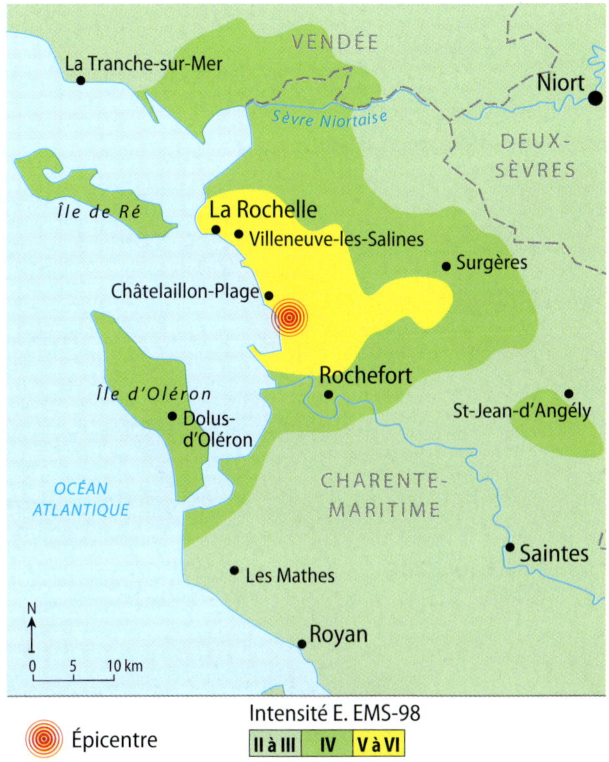

Doc. 4 Carte des degrés d'intensité du séisme de Châtelaillon-Plage

Deux habitants à Villeneuve-Les-Salines témoignent :

Monsieur C. : « *Les secousses étaient très fortes, courtes (cinq secondes) et très bruyantes. Le village de Villeneuve-Les-Salines où nous habitons est proche de l'épicentre. Pas de gros dégâts apparents, sauf une fissure visible en façade.* »

Madame P. : « *J'ouvrais mon coffre de voiture et j'ai ressenti un fort grondement sourd suivi d'une impression d'explosion souterraine. Je me suis sentie comme soulevée avant de redescendre. J'étais obligée de me tenir à la voiture.* »

Une habitante à Dolus d'Oléron déclare :

Madame G. : « *J'ai été très impressionnée. Je venais de me réveiller et quand j'ai voulu me lever, c'était comme si j'avais le vertige : j'ai réalisé que la terre tremblait car cela "balançait". Les fenêtres et la vaisselle vibraient et cela grondait comme si un énorme engin vrombissait autour de chez moi.* »

D'après franceseisme.fr, le 28 avril 2016

Doc. 5 Témoignages d'habitants ayant ressenti le séisme

Pour conclure

Rédiger un paragraphe pour décrire ce qu'il se passe en surface pendant un séisme (les mots « séisme », « épicentre » et « intensité » devront être définis).
Formuler ensuite une explication possible aux différentes intensités du séisme dans la région.

Livret AP p. 2

Vocabulaire

- **Ardoise :** roche grise souvent utilisée pour couvrir les toits des maisons.

Activité 3 Comment un séisme peut-il être détecté loin de son épicentre ?

Le fonctionnement d'un sismographe
manuel numérique

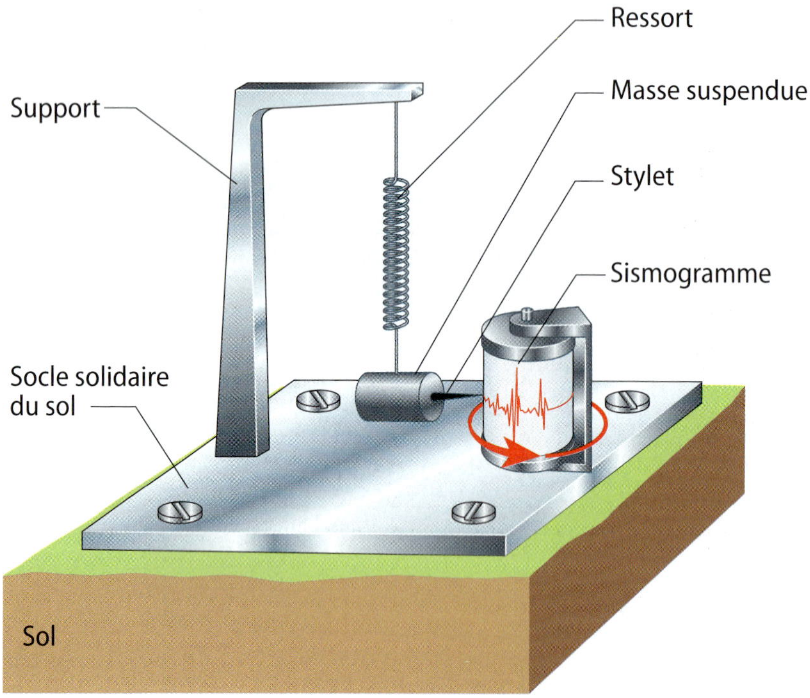

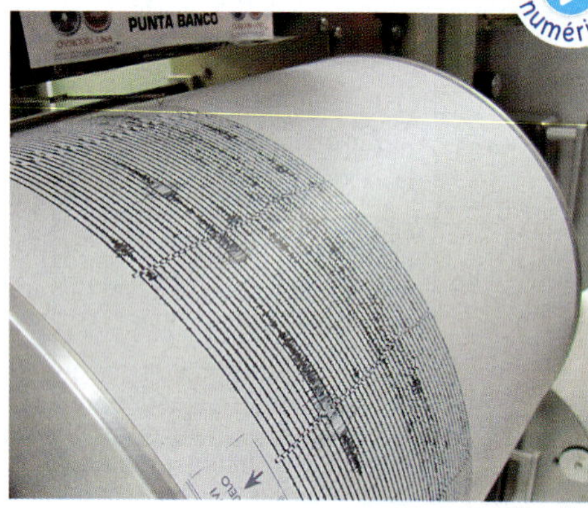

Les sismographes sont des appareils qui enregistrent les vibrations du sol, même celles que les habitants ne ressentent pas. Ces vibrations sont des ondes sismiques libérées par les séismes.

Les sismographes sont connectés numériquement, ce qui permet de recueillir instantanément les informations des séismes du monde entier.

Doc. 1 Les sismographes, instruments de mesure des vibrations du sol

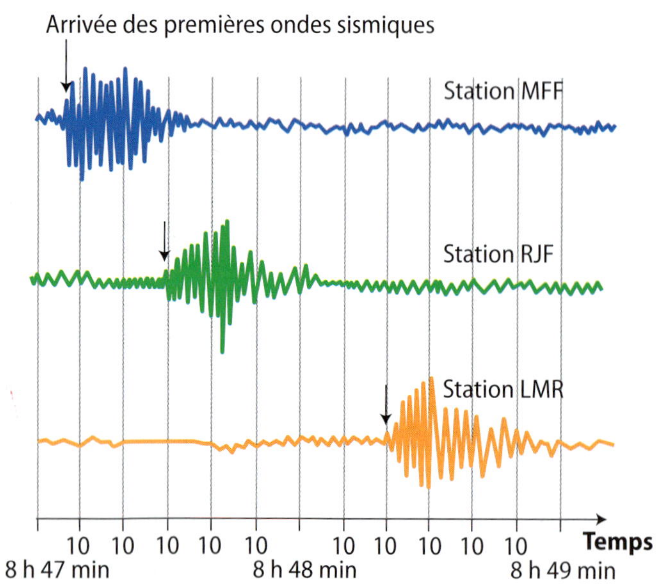

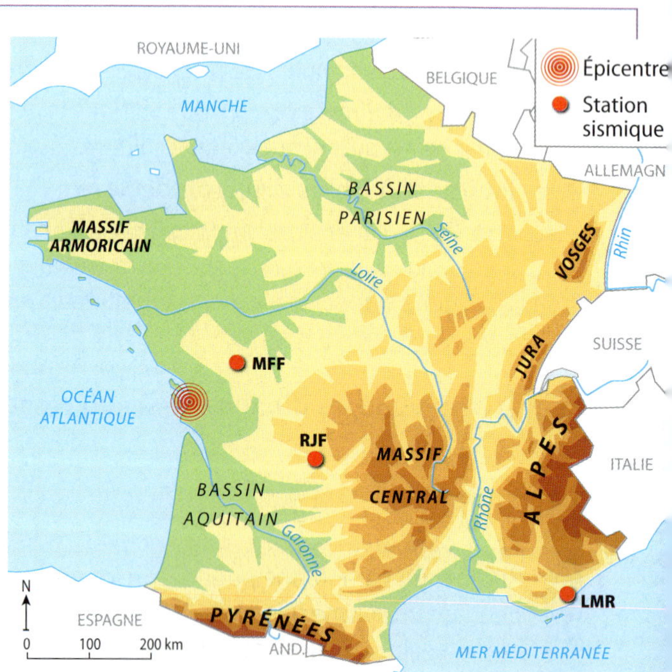

Doc. 2 Enregistrements du séisme de Châtelaillon-Plage (Charente-Maritime) ayant eu lieu le 28 avril 2016 à 8 h 47 par les sismographes des stations MFF, RJF et LMR

Compétence travaillée :
D4. Interpréter des résultats et en tirer des conclusions.

Protocole

- À l'aide de ruban adhésif, fixer sur la table le premier capteur de vibrations ⓐ puis le second ⓑ en respectant d'abord une distance de 60 cm.
- Lancer *Audacity*® pour procéder à l'enregistrement.
- Donner un coup avec le poing sur la table près du capteur ⓐ.
- Noter le temps écoulé entre l'arrivée des ondes au niveau du capteur ⓐ et leur arrivée au niveau du capteur ⓑ.

Recommencer les enregistrements en faisant varier la distance entre les deux capteurs.

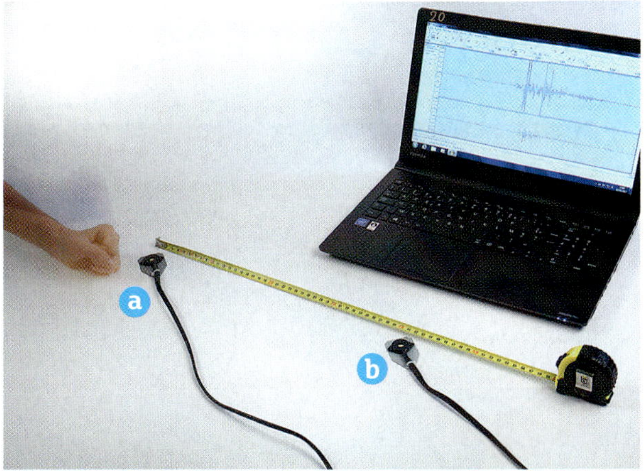

Doc. 3 Enregistrer la propagation des ondes sismiques à l'aide du logiciel *Audacity*®

L'option « loupe » du logiciel *Audacity*® permet d'agrandir les enregistrements et ainsi de déterminer le temps mis par les ondes pour parcourir la distance entre les deux capteurs ⓐ et ⓑ.

Enregistrement obtenu

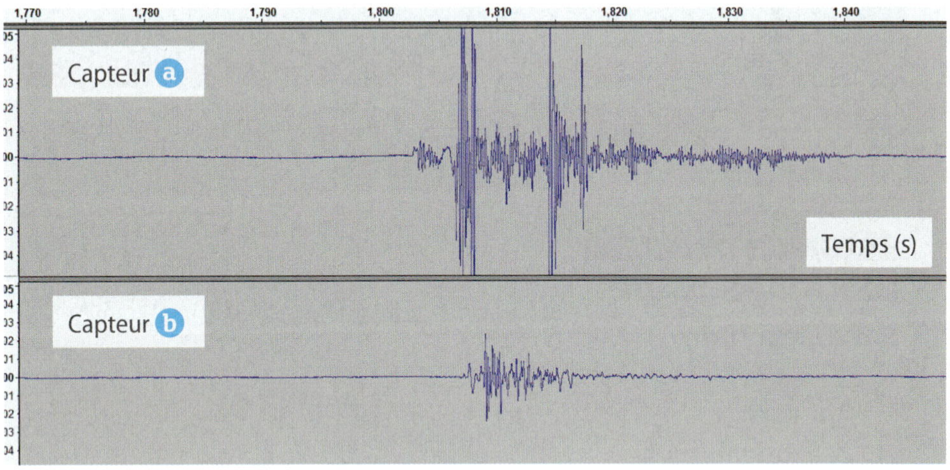

Doc. 4 Exemple d'enregistrement obtenu

Distance entre les capteurs	Temps mis pour parcourir la distance entre les deux capteurs
1 m	1 milliseconde
2,5 m	2,6 millisecondes
3,5 m	3,7 millisecondes

Doc. 5 Temps de propagation des ondes entre les capteurs ⓐ et ⓑ

Le séisme du 24 août 2016 en Ombrie

Doc. 6 Conséquences du passage des ondes sismiques (séisme du 24 août 2016 en Italie)

Pour conclure

Expliquer, grâce au montage du **doc. 3**, les différences entre les enregistrements obtenus dans les **doc. 2** et **4**.

▸ Livret AP p. 3

Vocabulaire

- **Onde sismique :** propagation d'une déformation élastique du sol lors d'un séisme.

Activité

4 Comment les ondes sismiques se créent-elles ?

Du 14 au 17 avril 2016, plusieurs séismes ont frappé successivement le sud du Japon, tuant au moins 42 personnes. Les régions de Kumamoto et de Mashiki ont été particulièrement touchées.

Ici, la vue aérienne montre une déformation importante du sol : c'est une faille, zone de rupture des roches.

Doc. 1 Modification du paysage après le séisme du 14 avril 2016 à Kumamoto au Japon

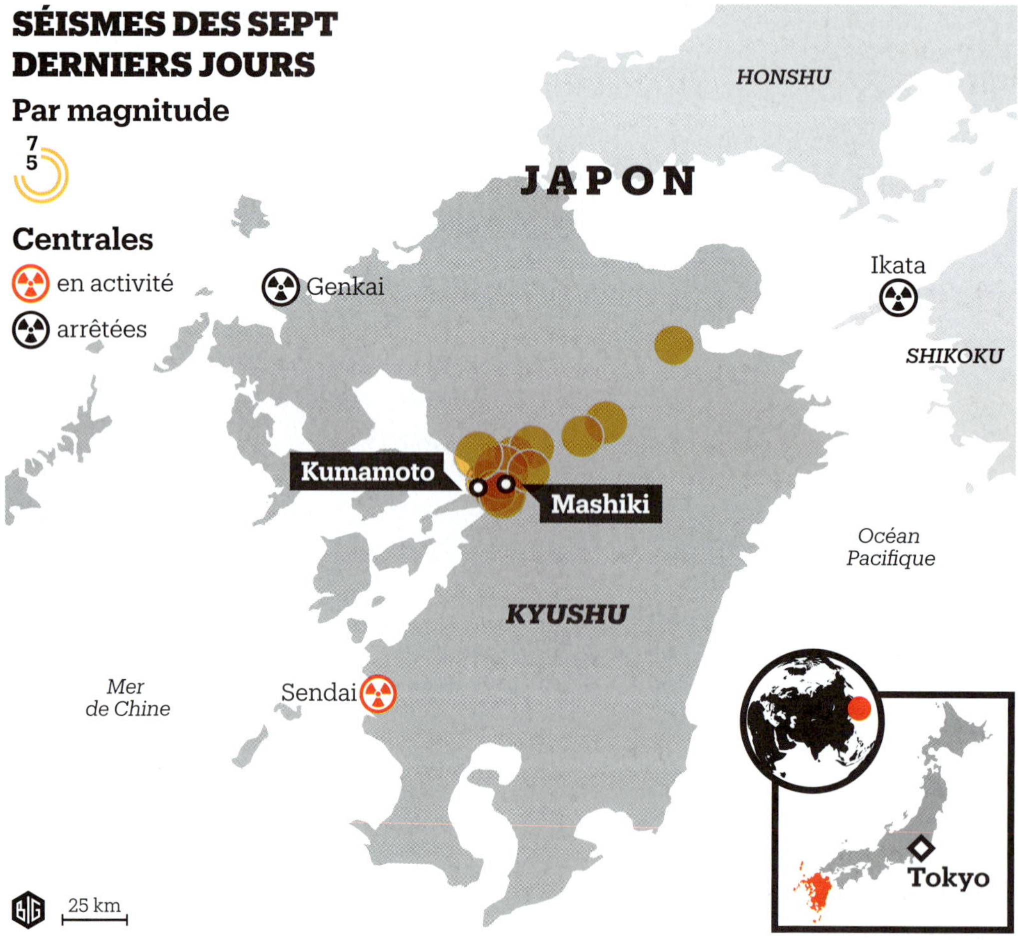

« Mashiki est dans ce carrefour où les sous-sols sont sous pression permanente, confirme Nobumasa Sugiura, directeur adjoint à la mairie. Une telle secousse, ça ne m'était jamais arrivé, reconnaît cet homme calme, mais il faut dire que l'on s'y attendait un peu. On savait que nous vivions à côté de la faille de Futagawa qui traverse d'Est en Ouest l'île de Kyushu. »

D'après Libération, 18 avril 2016

Doc. 2 Carte de la répartition des épicentres des séismes ayant eu lieu au Japon du 14 au 17 avril 2016

Compétence travaillée :
D2. Identifier et choisir des outils et des techniques pour garder trace de ses recherches.

Protocole

- Réaliser le montage comme sur le schéma ⓐ.
- Lancer le logiciel *Audacity*® pour procéder à l'enregistrement.
- Visser progressivement le serre-joint pour augmenter la contrainte subie par le polystyrène.
- Procéder jusqu'à la rupture du polystyrène et la repérer sur l'enregistrement (**doc. 4**).

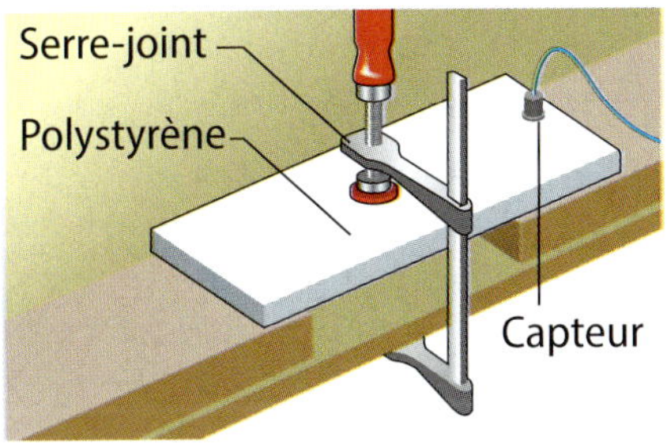

ⓐ Début de l'expérience

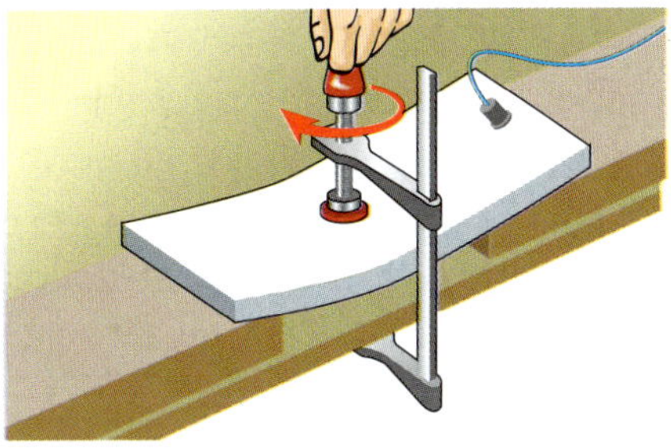

ⓑ Déformation du polystyrène

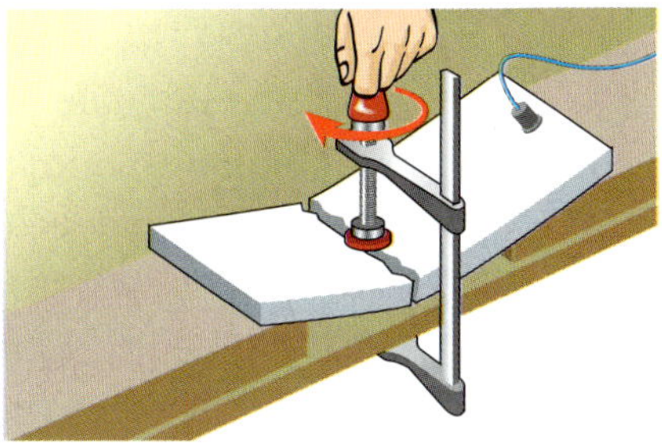

ⓒ Rupture du polystyrène

Doc. 3 Modélisation de la formation d'ondes sismiques

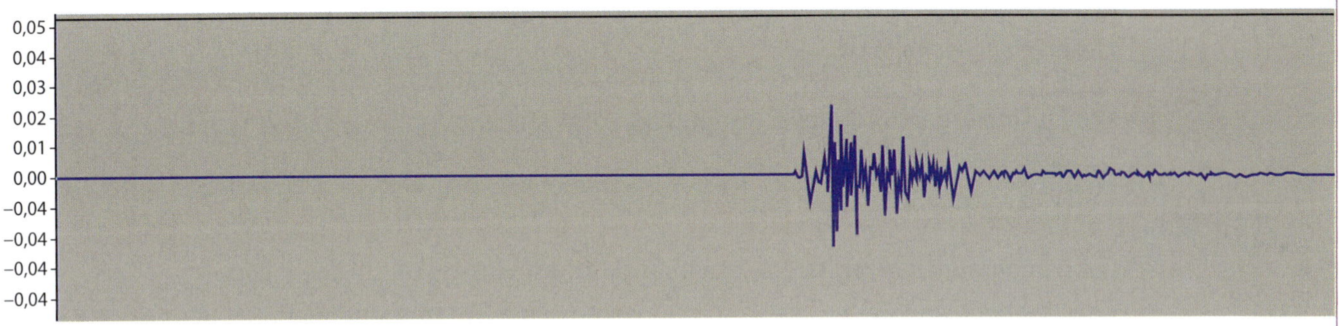

Doc. 4 Enregistrement obtenu à l'aide du logiciel *Audacity*® au cours de la modélisation du doc. 3

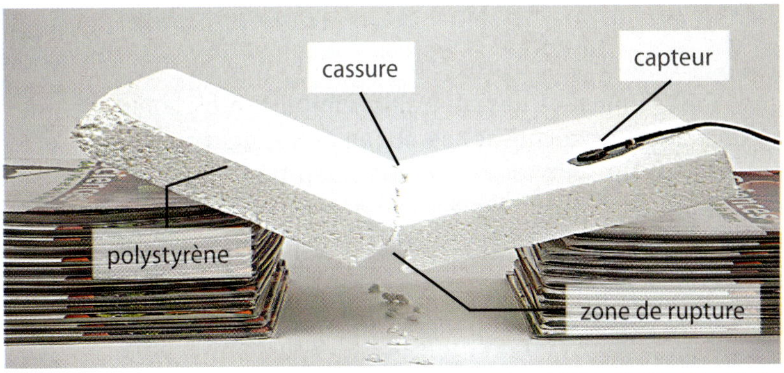

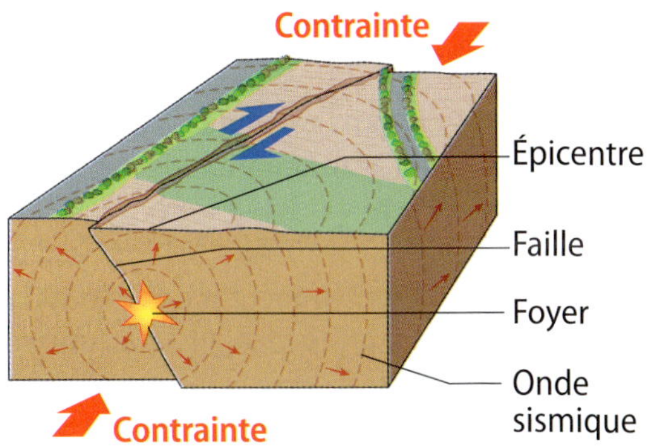

Doc. 5 Comparaison du comportement du polystyrène et des blocs de roche soumis à des contraintes

Pour conclure

Présenter, sous la forme de votre choix, le scénario expliquant la formation du séisme de Kumamoto le 14 avril 2016.

Livret AP p. 3

Vocabulaire

- **Modélisation :** simulation simplifiée de la réalité.
- **Contrainte :** force qui peut déformer voire casser un matériau.

Bilan

... par le texte

Activité 1 Réduire le risque sismique

- Les séismes sont des phénomènes naturels qui peuvent être très destructeurs. Chaque année, on compte 100 000 séismes ressentis dans le monde dont une vingtaine en France. Le **risque sismique** est donc pris très au sérieux ; il est la combinaison de l'**aléa** sismique et de la **vulnérabilité** à un moment et à un endroit donnés.
- L'aléa sismique correspond à la probabilité pour un site d'être exposé à un séisme.
- Comme aujourd'hui il n'est pas possible de prévoir un séisme ou d'empêcher qu'il ait lieu, la seule façon de diminuer le risque sismique est de diminuer la vulnérabilité des constructions et des populations. Ainsi, les constructions parasismiques tout comme la préparation des populations et des services de secours permettent de réduire le risque sismique.

Activité 2 Ce qu'il se passe en surface pendant un séisme

- Un **séisme** est un « tremblement de terre », c'est-à-dire un ensemble de vibrations brèves (courtes) et brutales. Les vibrations du sol, qu'elles soient ressenties par l'Homme fortement, faiblement ou pas du tout, sont caractéristiques d'un séisme.
- Mesurée sur l'échelle EMS-98, **l'intensité** évalue les conséquences d'un séisme. Le point où l'on constate les dégâts les plus importants en surface est appelé l'**épicentre**. Il est situé juste au-dessus du foyer sismique.

Activité 3 La propagation et l'enregistrement des ondes sismiques

- Les sismographes enregistrent les vibrations du sol lorsqu'un séisme a lieu.
- Ces vibrations sont des **ondes sismiques** qui se déplacent très rapidement et dans toutes les directions.

Activité 4 La rupture des roches en profondeur à l'origine des séismes

- Dans certaines régions, les roches sont soumises à des contraintes importantes. Lorsque l'accumulation de l'énergie est trop grande, les roches se cassent en profondeur au niveau du **foyer**, le long d'une **faille**. Cette rupture provoque alors la libération de l'énergie accumulée sous forme d'ondes sismiques. Lorsque les ondes arrivent en surface, elles peuvent créer des dégâts qui sont plus importants au niveau de l'épicentre car il est situé à la surface, juste au-dessus du foyer.

À savoir :	Activités	Exercices
• Identifier et caractériser le risque sismique.	1	5
• Expliquer ce qui se passe pendant un séisme.	2	8
• Expliquer l'origine des ondes sismiques.	3 4	6 8
• Associer faille, séisme et mouvements de blocs rocheux.	4	4 7 8 9

... par l'image

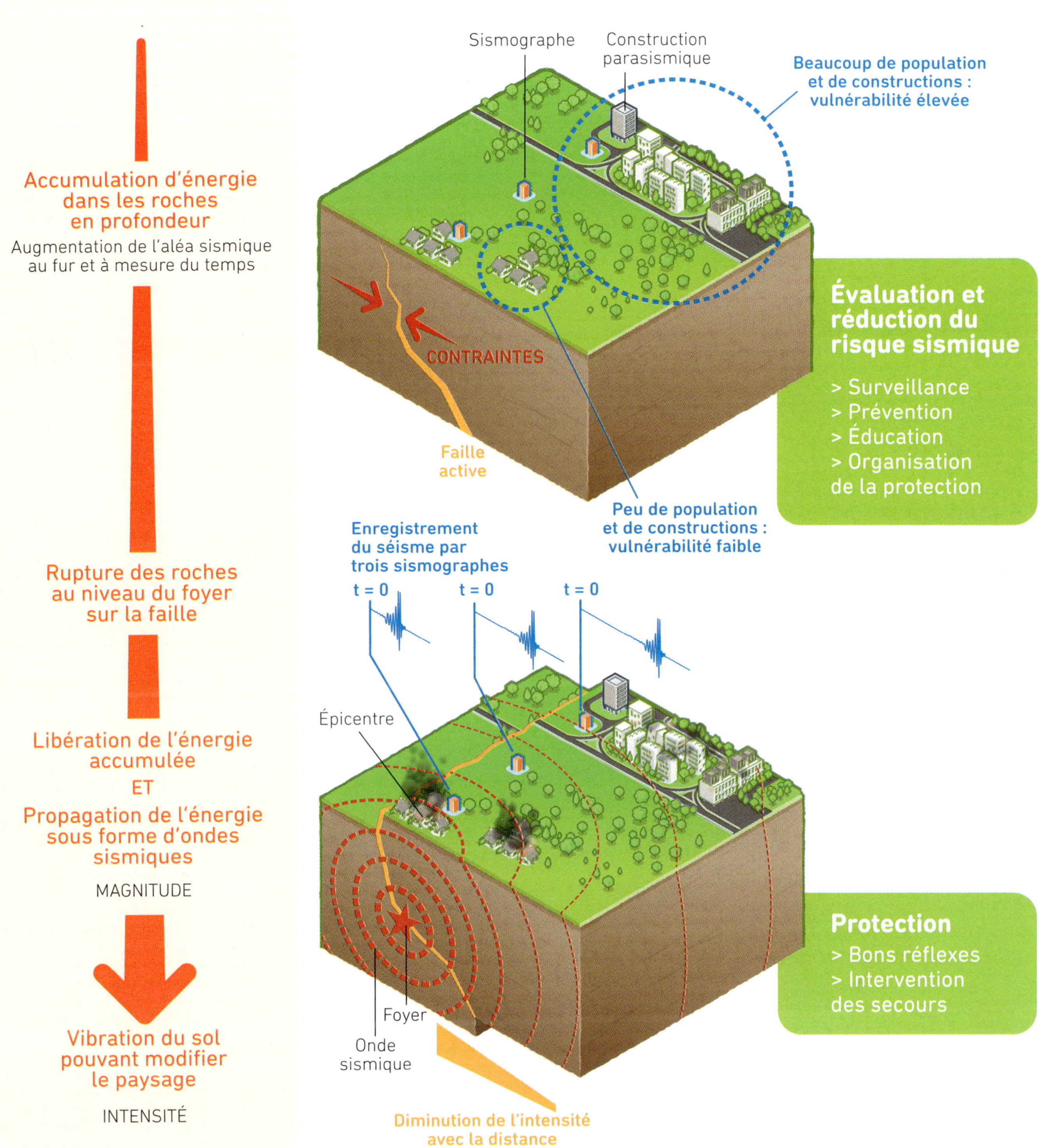

Mots à savoir définir

risque sismique • aléa • vulnérabilité • séisme • intensité • épicentre • onde sismique • foyer • faille

Exercer ses compétences

manuel numérique QCM 2

1 QCM 1 Choisir la proposition correcte.

	A	B	C	D	En cas de doute, lire
1. L'aléa représente :	la prévention des catastrophes naturelles.	les conséquences d'une catastrophe naturelle.	la probabilité qu'à un moment et dans un lieu donnés se produise une catastrophe naturelle.	la vulnérabilité des habitants et des constructions lors de catastrophes naturelles.	1 p. 24
2. Pour évaluer l'aléa sismique, on étudie :	la vulnérabilité des constructions et des populations.	uniquement la vulnérabilité des constructions.	l'architecture, pour faire des constructions parasismiques.	la sismicité historique et les éléments responsables des séismes.	1 p. 24
3. La vulnérabilité représente :	la probabilité qu'une catastrophe naturelle ait lieu.	les conséquences possibles d'une catastrophe naturelle sur les biens uniquement.	les conséquences possibles d'une catastrophe naturelle sur les personnes uniquement.	les conséquences possibles d'une catastrophe naturelle sur les personnes et les biens.	1 p. 24
4. Lors d'un séisme, les vibrations du sol sont :	brèves et douces.	brèves et brutales.	longues et douces.	longues et brutales.	3 p. 28
5. Lors d'un séisme, l'intensité du séisme représente :	le point du séisme, en profondeur, où il y a eu le plus de dégâts.	le point du séisme, en surface, où il y a eu le plus de dégâts.	la quantité de dégâts mesurés sur l'échelle EMS-98.	la quantité d'ondes sismiques enregistrées par un sismographe.	2 p. 26

▶ Voir corrigés p. 413

2 D1. Définir

Définir les termes suivants :

a. épicentre ;
b. foyer ;
c. intensité ;
d. risque sismique ;
e. aléa sismique ;
f. vulnérabilité.

3 D1. Rédiger

Rédiger une phrase à l'aide des mots suivants :

a. séisme, foyer, ondes sismiques, faille.
b. EMS-98, séisme, conséquence, épicentre.
c. ondes sismiques, sol, foyer, sismographe.
d. rupture, énergie accumulée, roche, foyer.

4 D1. Représenter des données sous différentes formes et choisir celle qui est adaptée à la situation de travail

Légender le document avec les termes suivants :
– fault ;
– epicenter ;
– seismic waves ;
– focus.

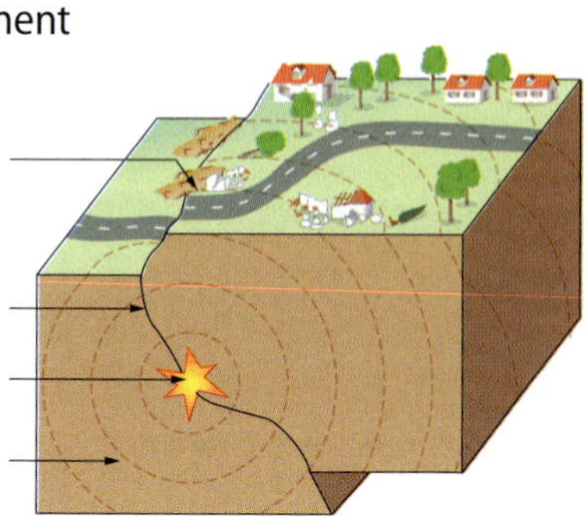

5 D4. Interpréter des résultats et en tirer des conclusions

Une série de séismes a touché le Japon les 15 et 16 avril 2016. Ils ont provoqué de nombreuses destructions. On a dénombré 85 morts et des milliers de blessés.

« J'étais dans mon appartement lorsqu'est survenue la première secousse. Elle a duré longtemps et a été très violente. Tout a volé dans mon appartement, seul mon ordinateur a résisté. J'ai sorti à toute vitesse mon kit anti-tremblement de terre qu'on peut acheter dans tous les magasins avec le casque, l'eau et la torche. J'ai ensuite réussi à me cramponner au seuil d'une porte, là où c'est le plus sûr.
À peine le tremblement terminé, je suis sorti dans la rue. Dehors il y avait partout des poteaux électriques et des fils, des panneaux publicitaires, c'était encore plus dangereux. Le mieux est de se mettre sous la table, au seuil d'une porte, et pour le reste, de serrer les dents. »

D'après blog.mondediplo.net/2011-03-13-A-Tokyo-apres-la-grande-secousse

Doc. 1 Témoignage lors d'un séisme

1. **Déterminer** le niveau d'intensité correspondant au témoignage. Justifier votre choix en utilisant l'échelle EMS-98 (doc. 3 p. 27).
2. **Expliquer** comment cet habitant cherche à réduire sa vulnérabilité.
3. Ce document est le témoignage d'une personne habitant à plus de 20 km de l'épicentre. **Indiquer** comment l'intensité va évoluer si on se rapproche de l'épicentre.

6 D4. Communiquer sur ses démarches, ses résultats et ses choix, en argumentant

1. **Expliquer** l'origine des ondes sismiques.

7 D1. Représenter des données sous différentes formes et choisir celle qui est adaptée à la situation de travail

La faille est parfois visible dans le paysage. Il s'agit d'une zone de fracture des roches provoquant un décalage « vertical » ou « horizontal » des blocs. Ce déplacement des roches est la conséquence des séismes.

1. **Reproduire** le doc. 2 puis indiquer par des flèches le sens du déplacement des blocs de roche.
2. **Légender**, sur le schéma, la faille qui sépare les deux blocs.

Doc. 1 Faille après un séisme

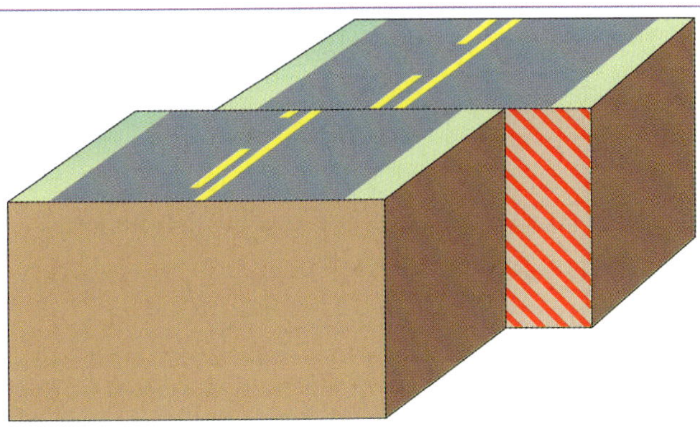

Doc. 2 Schéma de la faille et du décalage des roches

8 résolu D1. Lire et exploiter des données présentées sous différentes formes

Le 16 avril 2016, l'Équateur (Amérique du Sud) a été touché par un séisme de magnitude 7,8. Le bilan de ce séisme fut catastrophique : 673 morts, 6 274 blessés, près de 29 000 sans-abris et plus de 3,3 milliards de dollars de dégâts.

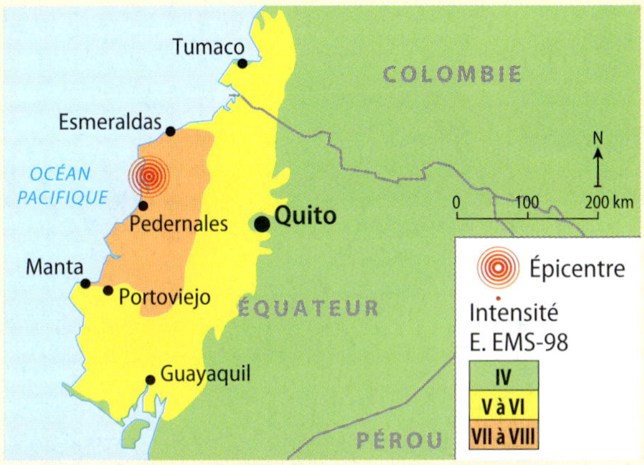

Reproduire puis compléter le schéma ci-dessous et expliquer ce qu'il s'est passé à 20 km de profondeur le 16 avril 2016 à 23 h 58 en Équateur.

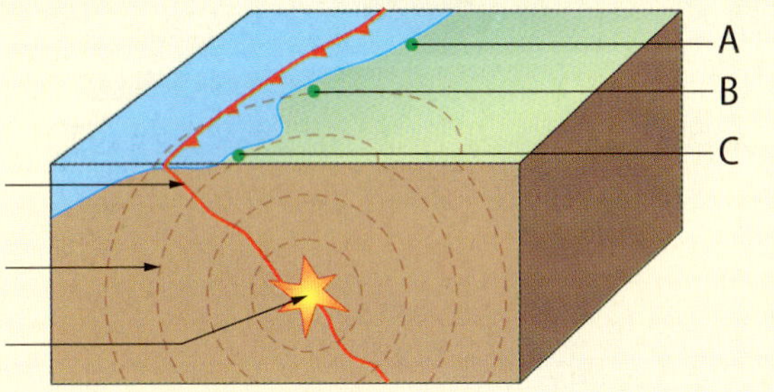

Titre :

Livret AP p. 3

9 D1. Représenter des données sous différentes formes et choisir celle qui est adaptée à la situation de travail

1. **Schématiser** le mouvement des blocs de roche ci-dessous.
2. **Légender**, sur le schéma, la faille qui sépare les deux blocs.

Activité 1

Comment évaluer et réduire le risque volcanique ?

Doc. 1 Sommet du volcan de la Soufrière (Guadeloupe)

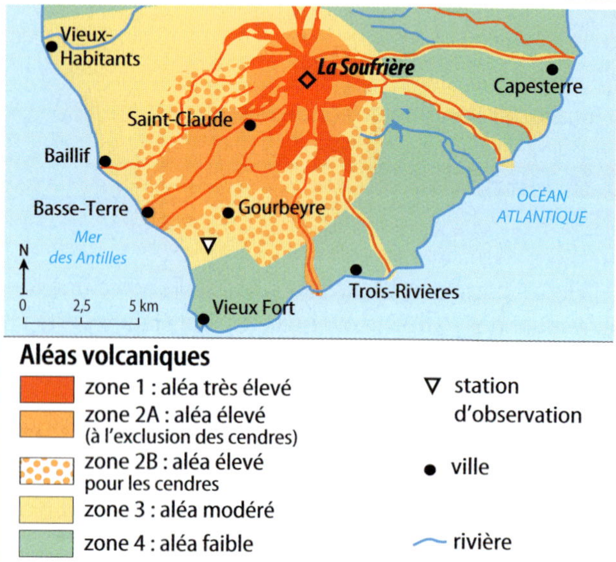

L'étude des éruptions volcaniques passées de la Soufrière permet d'établir une carte d'aléas volcaniques.

Doc. 2 Carte des aléas volcaniques de la Soufrière

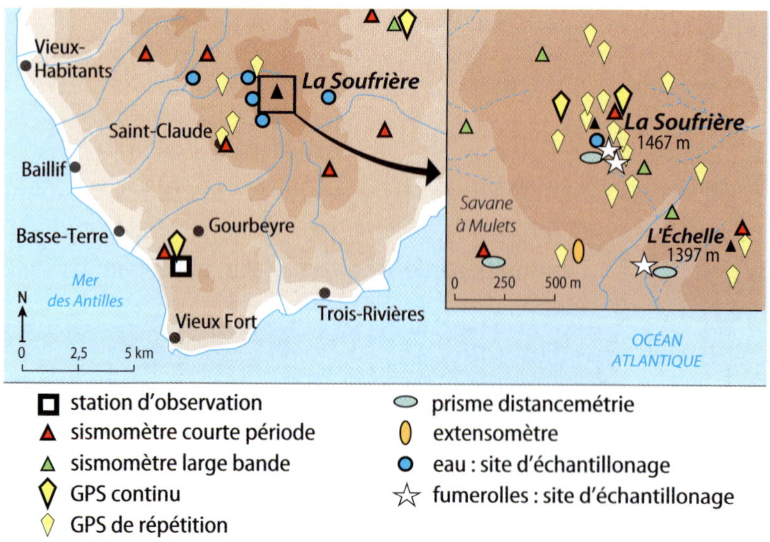

De nombreux appareils de mesure sont répartis sur le volcan de la Soufrière.

L'étude des résultats obtenus par les appareils permet aux scientifiques d'évaluer la probabilité que le volcan entre en éruption à un moment donné : ils réalisent ainsi des prévisions sur l'activité du volcan.

Lorsque le volume du volcan ou la fréquence des séismes augmentent, la probabilité qu'il rentre en éruption s'élève.

Ces prévisions de l'éruption permettent de réduire le risque volcanique.

Doc. 3 Carte de la répartition des appareils de surveillance de la Soufrière

Compétence travaillée :
D2. Identifier et choisir les outils et les techniques pour garder trace de ses recherches.

Niveaux d'alerte pour le volcan de la Soufrière web

En fonction du niveau d'activité du volcan de la Soufrière, des mesures (fermeture de routes, évacuation….) sont prises par la préfecture pour diminuer la vulnérabilité des populations.

Activité globale observée	**Minimale** niveau de base	**En augmentation** variations de quelques paramètres	**Fortement augmentée** variations de nombreux paramètres, sismicité fréquemment ressentie	**Maximale** sismicité volcanique intense, déformations majeures, explosions
Délai possible	Siècle(s) – Années	Année(s) – Mois	Mois – Semaines	Imminente – En cours
Décision	← Observatoire volcanique	→	← Préfecture	→
Niveau d'alerte	VERT = Pas d'alerte	JAUNE = Vigilance	ORANGE = Pré alerte	ROUGE = Alerte

Doc. 4 Niveaux d'alerte et décideurs des alertes pour le volcan de la Soufrière

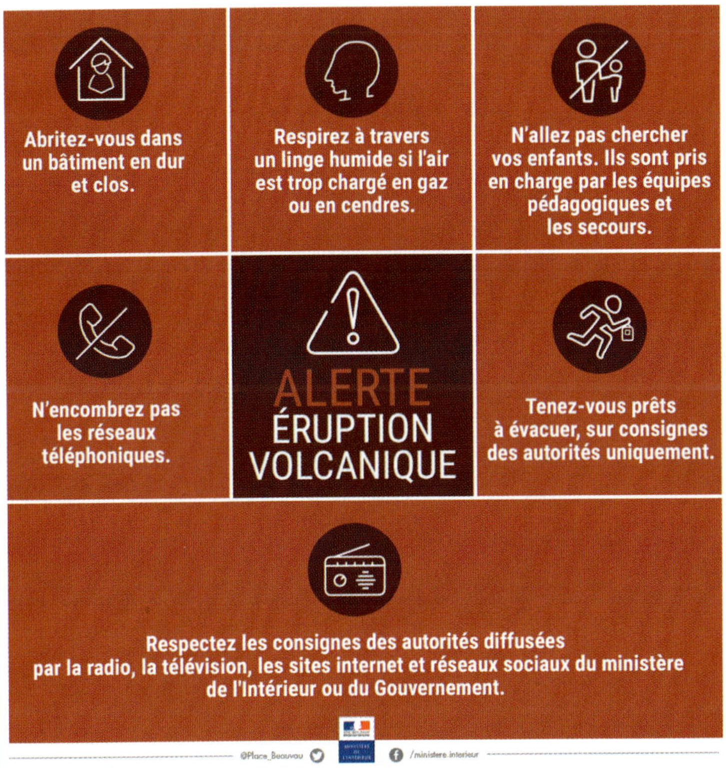

Doc. 5 Affiche de prévention diffusée par la préfecture de Guadeloupe

Doc. 6 Installation d'une station de surveillance du volcan de la Soufrière

Pour conclure
Expliquer comment l'Homme cherche à réduire le risque volcanique.

Livret AP p. 3

Vocabulaire

- **Aléa :** probabilité qu'un phénomène se passe dans un endroit et à un moment donné.
- **Risque :** combinaison de l'aléa et de la vulnérabilité à un endroit et à un moment donné.
- **Vulnérabilité :** ensemble des conséquences possibles de l'aléa sur les constructions, les biens et les personnes.

Activité

2 Comment reconnaître un volcan explosif ?

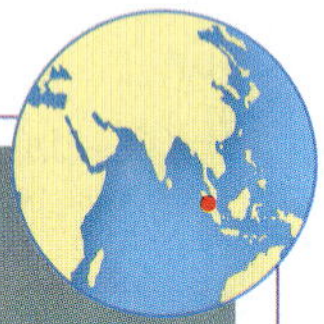

Doc. 1 Dôme du volcan Sinabung pendant son éruption, en mai 2016 (Indonésie)

La violence d'une nuée ardente

Les explosions successives du volcan Sinabung entraînent la formation de nuées ardentes, c'est-à-dire d'un mélange de cendres et de gaz brûlants (700 °C) qui dévalent les pentes du volcan à très grande vitesse (150 km/h). Les nuées ardentes sont très dangereuses, elles détruisent tout ce qui se trouve sur leur passage.

Le 21 mai 2016, une nuée ardente du Sinabung a fait sept victimes.

Doc. 2 Nuée ardente du volcan Sinabung pendant son éruption en mai 2016

Les cendres ont été tellement abondantes que la région entière en a été recouverte.

Des blocs de lave visqueuse, issus du volcan en éruption, peuvent également être projetés lors des explosions. Pouvant atteindre plus d'un mètre, ils sont eux aussi très dangereux.

Doc. 3 Dépôt des cendres du volcan Sinabung lors de son éruption en 2014

Compétence travaillée :
D1. Représenter des données sous différentes formes et choisir celle qui est adaptée à la situation de travail.

Les volcans explosifs libèrent de la lave visqueuse qui forme un dôme. Elle provient d'un magma qui s'est formé à quelques dizaines de kilomètres de profondeur. Lorsque le gaz contenu dans le magma n'arrive plus à s'échapper, la pression va expulser très violemment cette lave pâteuse en provoquant une explosion.

Doc. 4 Origine des explosions d'un volcan explosif

À proximité des volcans explosifs, les fonds marins atteignent des profondeurs importantes. Il s'agit de fosses océaniques dont la plus connue est la fosse des Mariannes car elle détient le record de profondeur de 10 994 m (coupe AB positionnée sur le doc. 6).

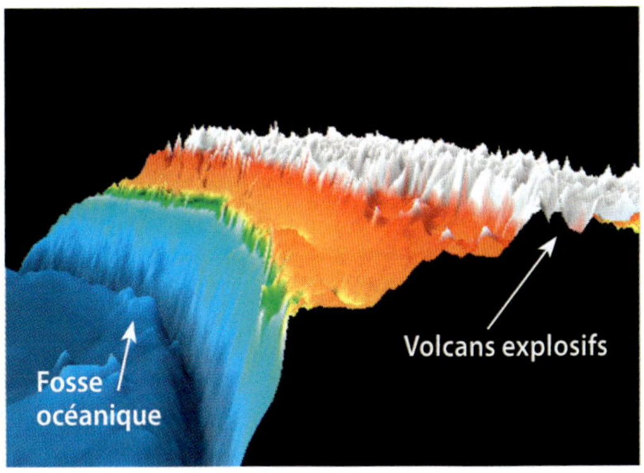

Doc. 5 Relief d'une zone de volcanisme explosif

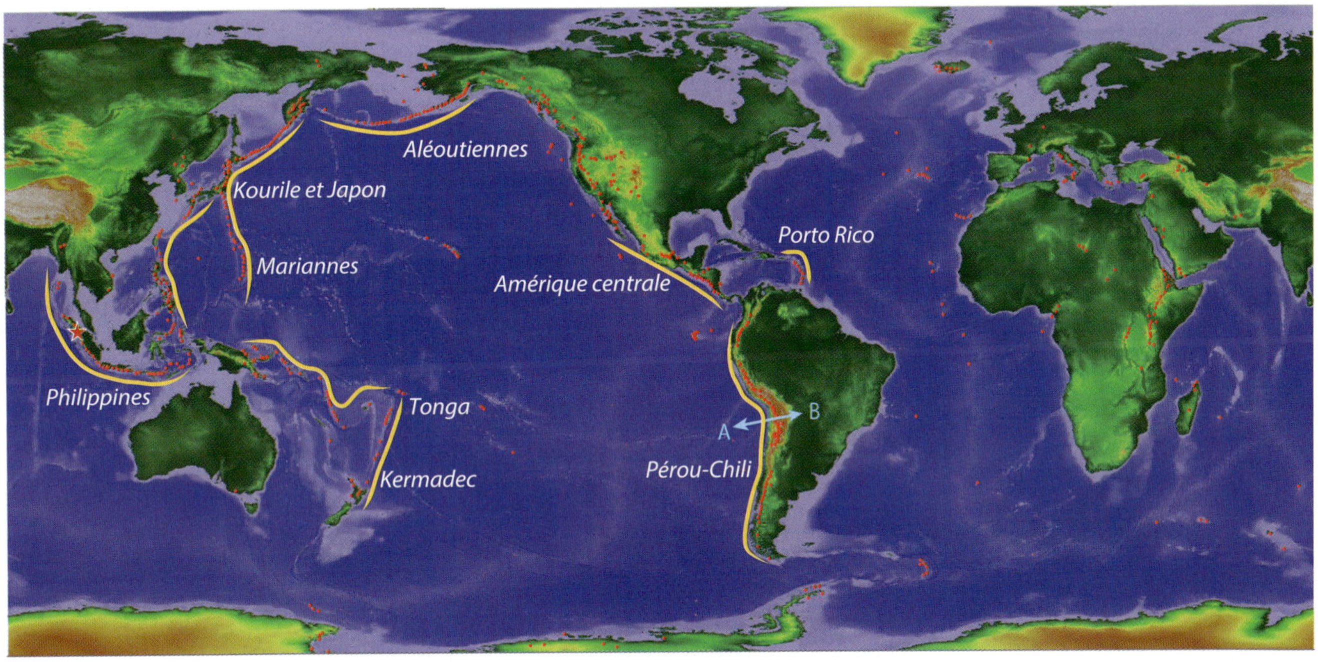

Doc. 6 Répartition des fosses océaniques et des volcans explosifs dans le monde

Pour conclure
Présenter, en utilisant la forme de votre choix, les différentes caractéristiques d'un volcan explosif.

Livret AP p. 4

Vocabulaire

- **Lave :** roche en fusion (entre 700 et 1 200 °C) qui sort du cratère d'un volcan au moment d'une éruption.
- **Visqueux :** qui s'écoule difficilement car pâteux.
- **Magma :** roche en fusion située en profondeur et contenant de grandes quantités de gaz dissous.

Activité

3 Comment reconnaître un volcan effusif ?

Les volcans effusifs ont un aspect particulier : ils ont la forme d'un cône.

Les cônes sont construits par l'accumulation des projections volcaniques et des coulées de laves fluides.

Doc. 1 Vue aérienne du cratère du volcan Nabuyatom au Kenya

Lors d'une éruption, un magma fluide remonte vers la surface. Il y libère une grande quantité de gaz. La lave fluide issue du magma peut former des lacs de lave ou s'écouler.

Lorsque la lave refroidit, elle se solidifie et forme des roches volcaniques sombres.

Doc. 2 Lave fluide du Volcan Erta Ale en Éthiopie en éruption depuis 1967

Doc. 3 Roche projetée par un volcan effusif appelée « bombe volcanique »

Compétence travaillée :
D2. Identifier et choisir les outils et les techniques pour garder trace de ses recherches.

Lorsque la lave des volcans immergés des dorsales sort, elle se refroidit et forme des coussins de roches volcaniques.

La lave fluide provient d'un magma qui s'est formé à quelques dizaines de kilomètres de profondeur.

Doc. 4 Coulée de lave fluide, appelée « basaltes en coussin », sur la dorsale de l'océan Pacifique

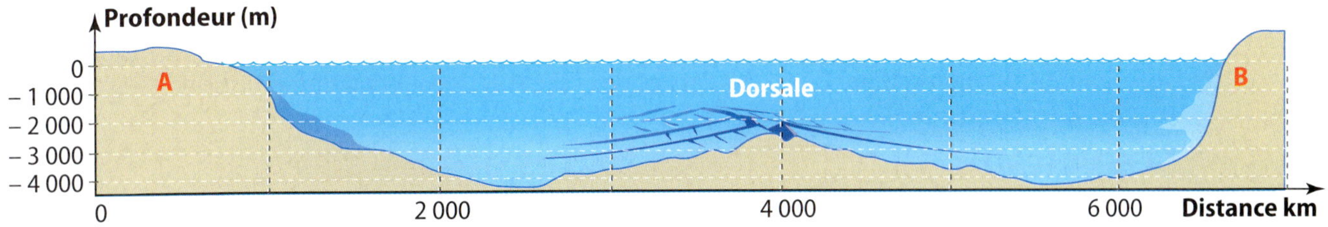

Doc. 5 Relief de l'océan Atlantique (coupe AB positionnée sur le doc. 6)

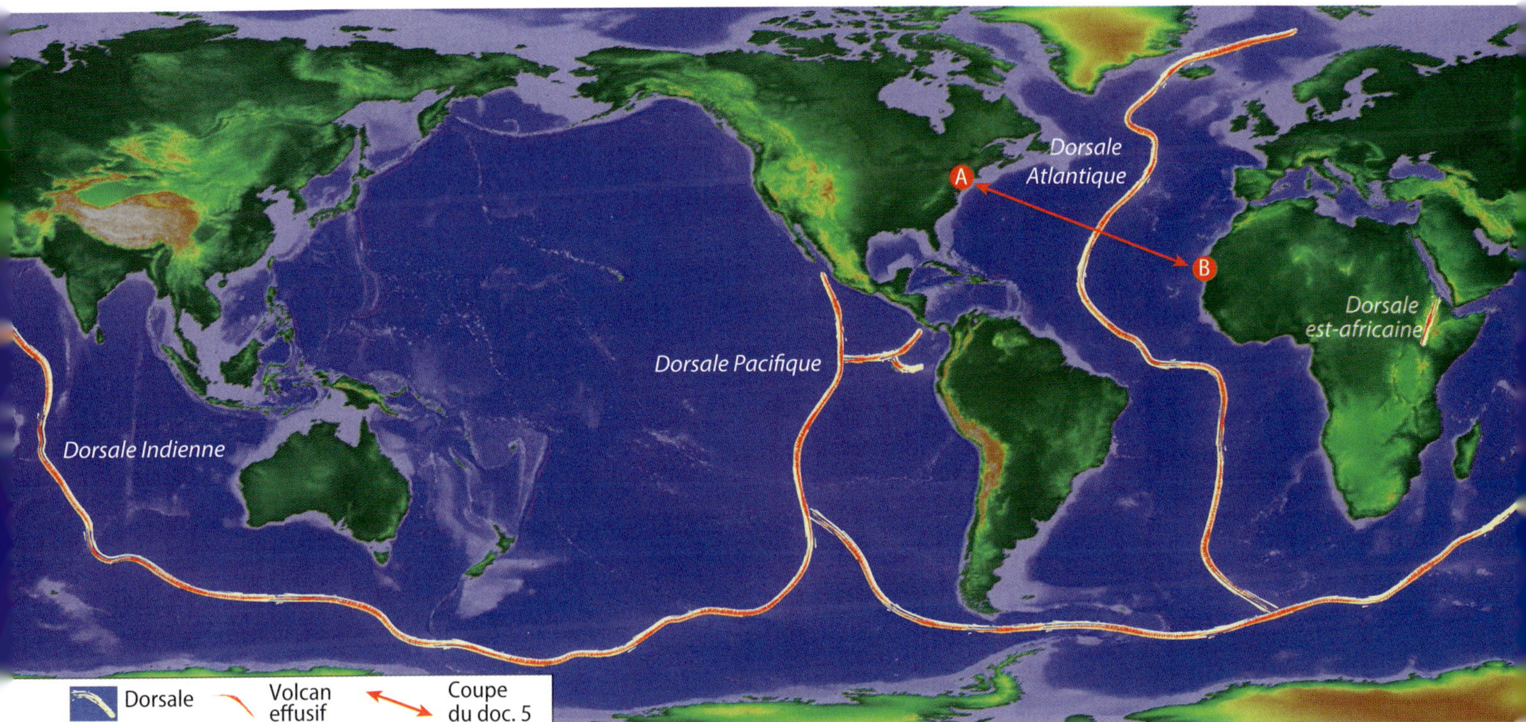

Doc. 6 Répartition des dorsales océaniques et des volcans effusifs dans le monde

Pour conclure

Présenter, en utilisant la forme de votre choix, les différentes caractéristiques d'un volcan effusif.

Livret AP p. 4

Vocabulaire

- **Fluide :** qui s'écoule facilement.
- **Immergé :** recouvert par l'océan.
- **Dorsale :** chaîne de volcans effusifs, le plus souvent immergés.

Bilan

... par le texte

Activité 1 Évaluer et réduire le risque volcanique

- Les **éruptions volcaniques** sont des phénomènes naturels pouvant être dramatiques. Grâce à l'ensemble des données issues de différents appareils de mesure, il est aujourd'hui possible de prédire une éruption volcanique à quelques jours près et ainsi de prévenir la population.
- Le **risque volcanique** est la combinaison de l'**aléa volcanique** et de la **vulnérabilité** à un moment et à un endroit donnés. Ainsi, pour réduire le risque volcanique, il faut :

  – évaluer l'aléa volcanique, c'est-à-dire la probabilité pour un lieu d'être exposé à une éruption volcanique à un moment donné. L'étude des éruptions historiques permet de réaliser des cartes d'aléas volcaniques.

  – mettre en œuvre des mesures d'information, de **prévention**, et de **protection** pour diminuer la vulnérabilité des habitants et des constructions lors d'une éruption.

Activité 2 Le volcanisme explosif des fosses océaniques

- Les **volcans explosifs** se reconnaissent à leur forme en **dôme**.
- La **lave visqueuse** bloque la sortie des gaz jusqu'à ce que la pression soit trop grande. La sortie brutale des gaz provoque de violentes explosions accompagnées d'émission dévastatrice de **nuées ardentes**, de blocs de lave et de cendres en quantités importantes. Ces projections brutales rendent les volcans explosifs très dangereux.
- Les volcans explosifs (libérant de la lave visqueuse) sont localisés près des **fosses océaniques**.

Activité 3 Le volcanisme effusif des dorsales

- Les **volcans effusifs** se reconnaissent à leur forme de **cône**.
- La **lave fluide** produit des coulées de lave accompagnées de projections (scories et bombes volcaniques). Ces volcans sont peu dangereux, à condition de suivre les consignes de sécurité.
- Les volcans effusifs (libérant de la lave fluide) sont alignés dans d'immenses chaînes volcaniques, le plus souvent sous-marines, que l'on appelle les **dorsales**.

À savoir :	Activités	Exercices
• Expliquer comment réduire le risque volcanique.	1	5 7
• Reconnaître un volcan explosif et justifier son choix.	2	8
• Reconnaître un volcan effusif et justifier son choix.	3	4 6
• Comparer en faisant un schéma / un tableau / une carte mentale, les deux types de volcanisme.	2 3	

... par l'image

Volcanisme effusif

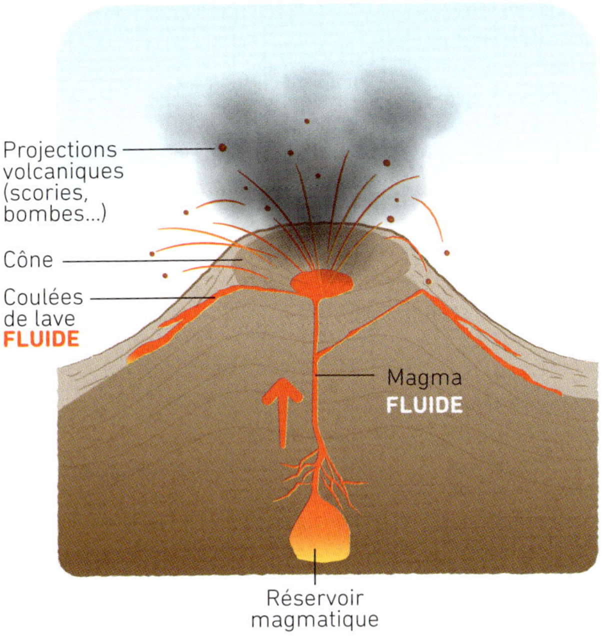

Volcanisme explosif

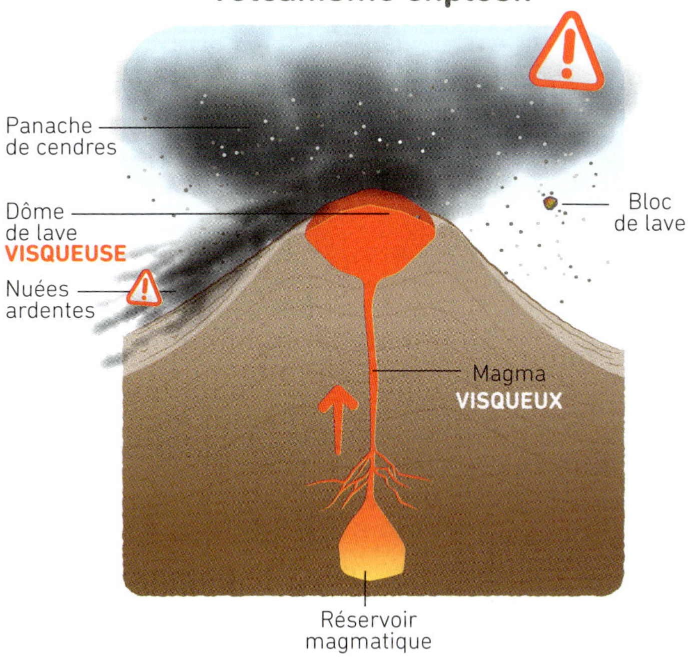

Au niveau des dorsales

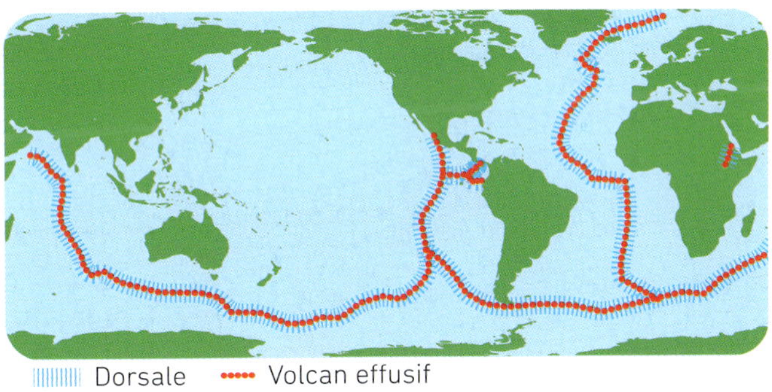

Au niveau des fosses océaniques

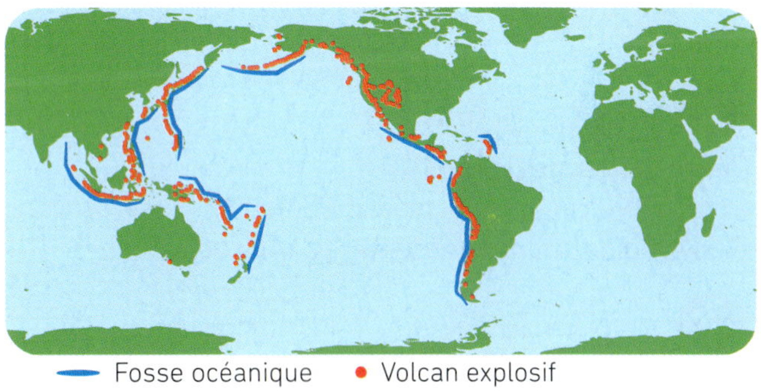

Évaluer et réduire le risque volcanique

Avant l'éruption

> Évaluer l'aléa volcanique
> Prévoir l'éruption
> Organiser la prévention
> Éduquer

Pendant l'éruption

> Réduire la vulnérabilité
> Adopter les bons réflexes
> Protéger
> Évacuer

Comparaison du volcanisme effusif et du volcanisme explosif

Mots à savoir définir

éruption volcanique • risque volcanique • aléa volcanique • vulnérabilité • prévention • protection • volcan explosif • dôme • lave visqueuse • nuée ardente • fosse océanique • volcan effusif • cône • lave fluide • dorsale

Exercer ses compétences

manuel numérique QCM 2

1 QCM 1 Choisir la proposition correcte.

	A	B	C	D	En cas de doute, lire
1. Pour évaluer l'aléa volcanique, on étudie :	uniquement les éruptions volcaniques passées.	uniquement les mesures prises par différents instruments (GPS, distancemètre...).	les éruptions volcaniques historiques et les résultats donnés par les différents instruments de mesure.	la vulnérabilité des biens et des personnes.	1 p. 36
2. Un volcan effusif a une forme de :	cône.	dôme.	fosse.	coussin.	3 p. 40
3. Un volcan effusif est caractérisé par :	un cône, de la lave fluide et des projections de type scories et bombes volcaniques.	un cône, de la lave fluide et des projections de type nuées ardentes.	un dôme, de la lave visqueuse et des projections de type cendres, blocs et nuées ardentes.	un dôme, de la lave visqueuse et des projections de type scories et bombes volcaniques.	3 p. 40
4. Un volcan explosif est caractérisé par :	un cône, de la lave fluide et des projections de type scories et bombes volcaniques.	un cône, de la lave fluide et des projections de type nuées ardentes.	un dôme, de la lave visqueuse et des projections de type cendres, blocs et nuées ardentes.	un dôme, de la lave visqueuse et des projections de type scories et bombes volcaniques.	2 p. 38
5. Les volcans explosifs sont situés :	à proximité des fosses océaniques.	à proximité des fosses océaniques et des dorsales.	au niveau d'immenses chaînes volcaniques, appelées les dorsales.	uniquement autour de l'océan Pacifique.	2 p. 38

▶ Voir corrigés p. 413

2 D1. Définir

Définir les termes suivants :
a. risque volcanique ; b. aléa volcanique ;
c. lave fluide ; d. nuée ardente ; e. cône volcanique.

3 D1. Rédiger

Rédiger une phrase à l'aide des termes suivants :
a. risque, aléa, vulnérabilité ;
b. dorsale, volcanisme effusif, lave fluide ;
c. volcan explosif, nuée ardente, dôme, lave visqueuse, fosse océanique ;
d. volcanisme effusif, volcanisme explosif, fosses océaniques, dorsales.

4 D4. Communiquer sur ses démarches, ses résultats et ses choix en argumentant

1. **Légender** le schéma ci-contre en associant les mots ci-dessous aux différents numéros.
crater • ash cloud • magma reservoir • layer of lava and cinders • volcanic bomb • magma • lava • lava flow • volcanic slag
2. **Indiquer** le type de volcan dont il s'agit en justifiant la réponse.
3. **Donner** un titre au schéma.

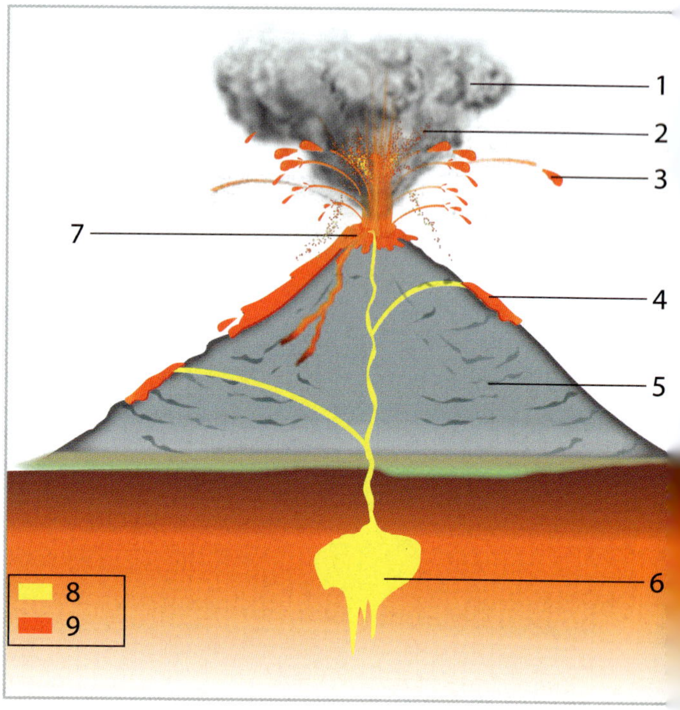

5 D4. Communiquer sur ses démarches, ses résultats et ses choix en argumentant

1. **Expliquer** dans un paragraphe argumenté comment l'aléa d'une catastrophe naturelle est évalué.

6 résolu Tâche complexe D1. Lire et exploiter des données représentées sous différentes formes

L'archipel d'Hawaï est composé d'îles volcaniques. Ces volcans sont situés au cœur de l'océan Pacifique. Ce sont des cônes qui, lorsqu'ils sont en éruption, émettent des coulées de lave qui agrandissent à chaque fois un peu plus les îles.

L'activité de ces volcans est surveillée par l'*US Geological Survey*.

Photographie du cratère prise le 29 juillet 2016

Doc. 1 Vue d'hélicoptère du lac de lave fluide du volcan Kilauea (Hawaï)

Année	Variation de la distance entre deux points du cratère (mm)
Janvier 2010	5
Janvier 2011	5
Janvier 2012	5
Janvier 2013	6
Janvier 2014	7
Juin 2014	11
Janvier 2015	23
Juin 2015	41
Janvier 2016	62

Doc. 2 Évolution de la distance entre deux points du cratère du volcan Mauna Loa (Hawaï)

Les séismes sont liés à une accumulation de magma sous le volcan.

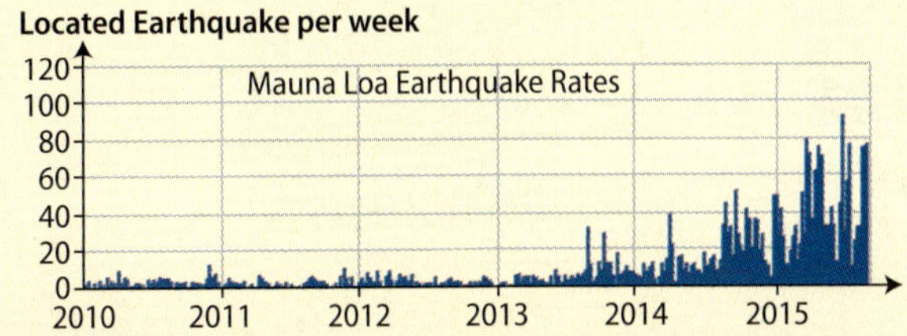

Doc. 3 Évolution du nombre de séismes enregistrés sur le Mauna Loa

Consigne : Identifier le type de volcanisme qui peut être associé aux volcans d'Hawaï puis justifier le fait que, en 2016, l'aléa d'éruption volcanique était élevé.

Livret AP p. 4

7 D1. Conduire une recherche d'informations sur Internet

Les coordonnées utiles	Tél :
Numéro unique d'appel d'urgence	
Mairie	
Préfecture	
Urgence gaz	
Urgence électricité	
Point de ralliement familial choisi si j'ai été séparé(e) de mes proches pendant l'événement :	

1. **Rechercher**, en utilisant Internet, les informations nécessaires pour **compléter** le tableau à afficher chez soi.

8 D1. Communiquer sur ses démarches, ses résultats et ses choix en argumentant

Le 26 juillet 2016, une explosion du volcan Sakurajima (Japon) a eu lieu. Cette éruption, accompagnée de projections de blocs de lave, a entraîné la libération d'un nuage de cendres atteignant 6 km d'altitude. Aucune nuée ardente, tant redoutée, n'a été signalée, et aucune victime n'est à déplorer.

Sakurajima, 2011

La zone est peuplée. Les volcanologues surveillent l'évolution de l'activité du volcan. Les autorités sont prêtes à déclencher l'évacuation de la presqu'île volcanique et de la ville de Kaoshima (600 000 habitants) située en face. Chaque année, des exercices d'évacuation par bateaux sont organisés. Des abris en béton armé, pour se protéger des retombées des blocs de lave, sont accessibles. Les autorités et la population sont donc préparées à faire face à une violente éruption.

1. **Identifier** le type de volcanisme qui peut être associé au volcan Sakurajima.
2. **Expliquer** pourquoi les nuées ardentes sont « tant redoutées ».
3. **Expliquer** pourquoi le risque volcanique est très élevé dans la région du Sakurajima.
4. **Identifier** les mesures permettant de faire diminuer la vulnérabilité de la population.

Activité 1

Compétence travaillée :
D1. Représenter des données sous différentes formes et choisir celle qui est adaptée à la situation de travail.

Comment la partie superficielle du globe est-elle structurée ?

Pour étudier la structure superficielle du globe, les géologues sont obligés d'utiliser des méthodes indirectes. L'étude de la vitesse de propagation des ondes sismiques est l'une d'entre elles.

La vitesse de propagation des ondes sismiques varie en fonction de la rigidité des matériaux traversés : lorsque les roches sont moins rigides, la vitesse des ondes sismiques diminue.

Les géologues distinguent :

– la lithosphère, couche superficielle rigide dans laquelle les ondes sismiques se propagent plus rapidement ;

– l'asthénosphère, couche plus profonde et moins rigide. Le haut de l'asthénosphère est caractérisé par un léger ralentissement des ondes sismiques.

Doc. 1 Utilisation des ondes sismiques pour étudier la structure de la Terre

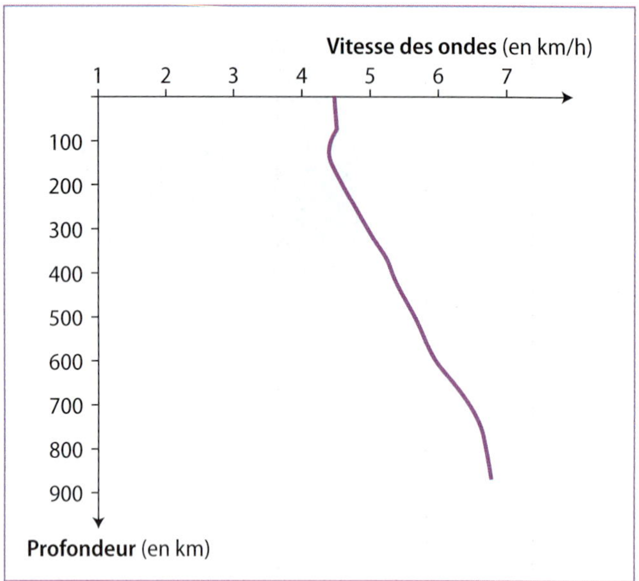

Doc. 2 Vitesse de propagation des ondes sismiques en fonction de la profondeur

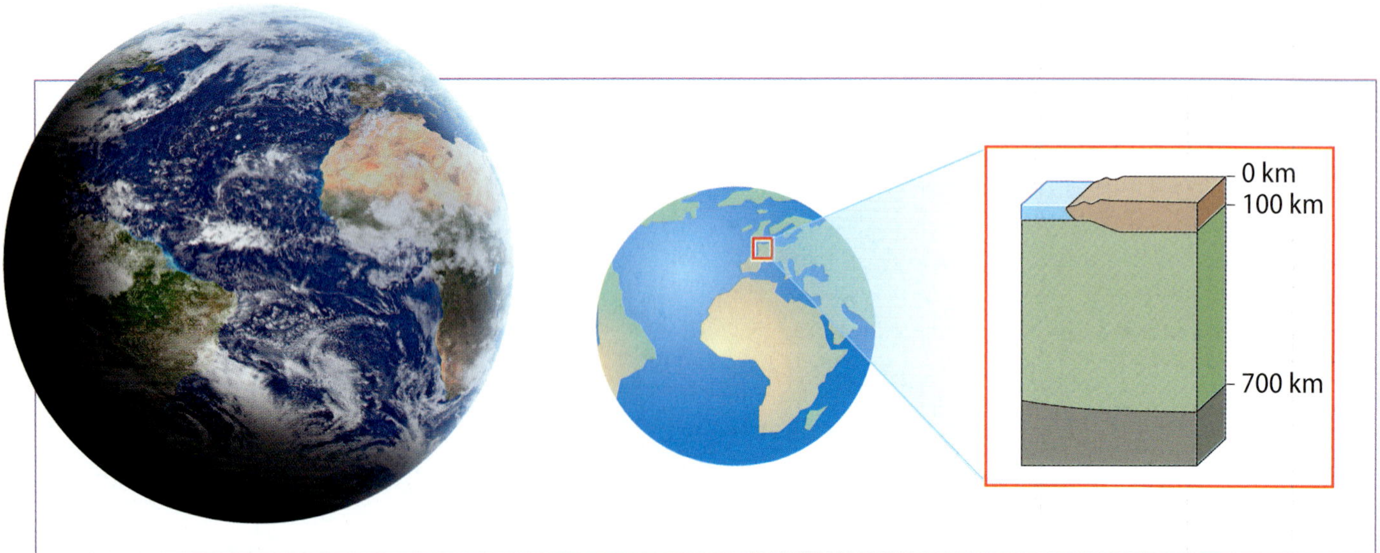

Doc. 3 Structure superficielle de la Terre

Pour conclure
Recopier et **compléter** le schéma de la structure superficielle du globe (**doc. 3**).

Livret AP p. 5

Vocabulaire

- **Rigidité :** fait de résister à la déformation.

Activité

Compétence travaillée :
D4. Communiquer sur ses démarches, ses résultats et ses choix, en argumentant.

2 Quelle position l'Europe occupe-t-elle à la surface du globe au cours du temps ?

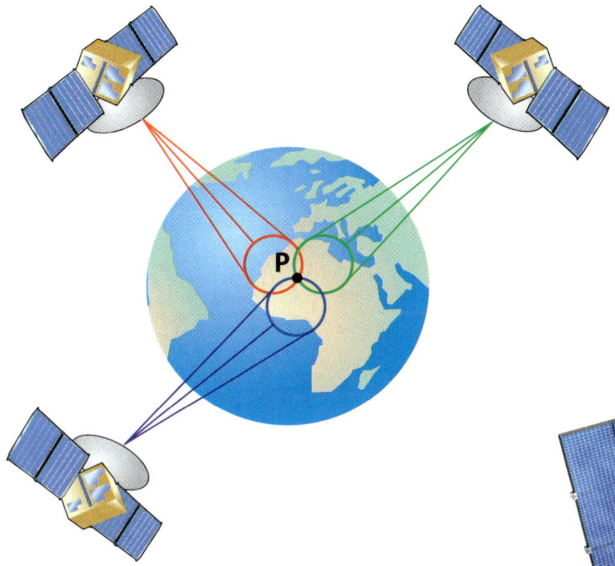

Le GPS (Géo-Positionnement par Satellite) est un système qui fournit la position, à quelques centimètres près, d'un récepteur GPS à la surface de la Terre. Ce système, qui indique donc la longitude et la latitude d'un point, peut être utilisé pour suivre les mouvements de la lithosphère au cours du temps.

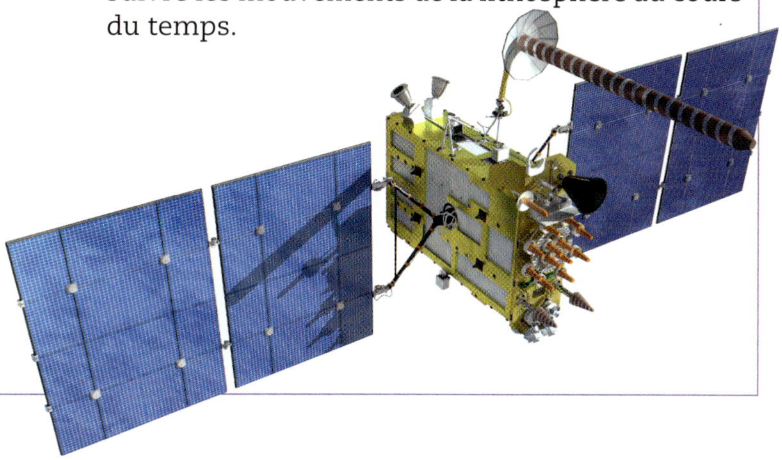

Doc. 1 Principe du positionnement par GPS

Site GPS "Time Series" web

Doc. 2 Une balise GPS fixée au sol effectuant des mesures en continu

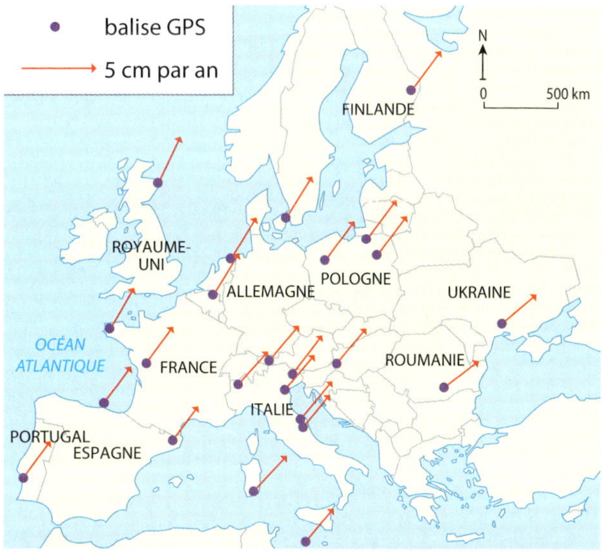

Doc. 3 Flèches indiquant le déplacement de récepteurs GPS localisés en Europe

Pour conclure

Déduire du doc. 3 le mouvement de la lithosphère européenne à la surface du globe.

Livret AP p. 5

Vocabulaire

- **Longitude :** distance d'un point au méridien de Greenwich.
- **Latitude :** coordonnée indiquant la distance d'un point à l'équateur.

Compétence travaillée :
D4. Identifier et choisir les outils et les techniques pour mettre en œuvre une démarche scientifique.

Activité 3 Comment la partie superficielle de la Terre est-elle découpée ?

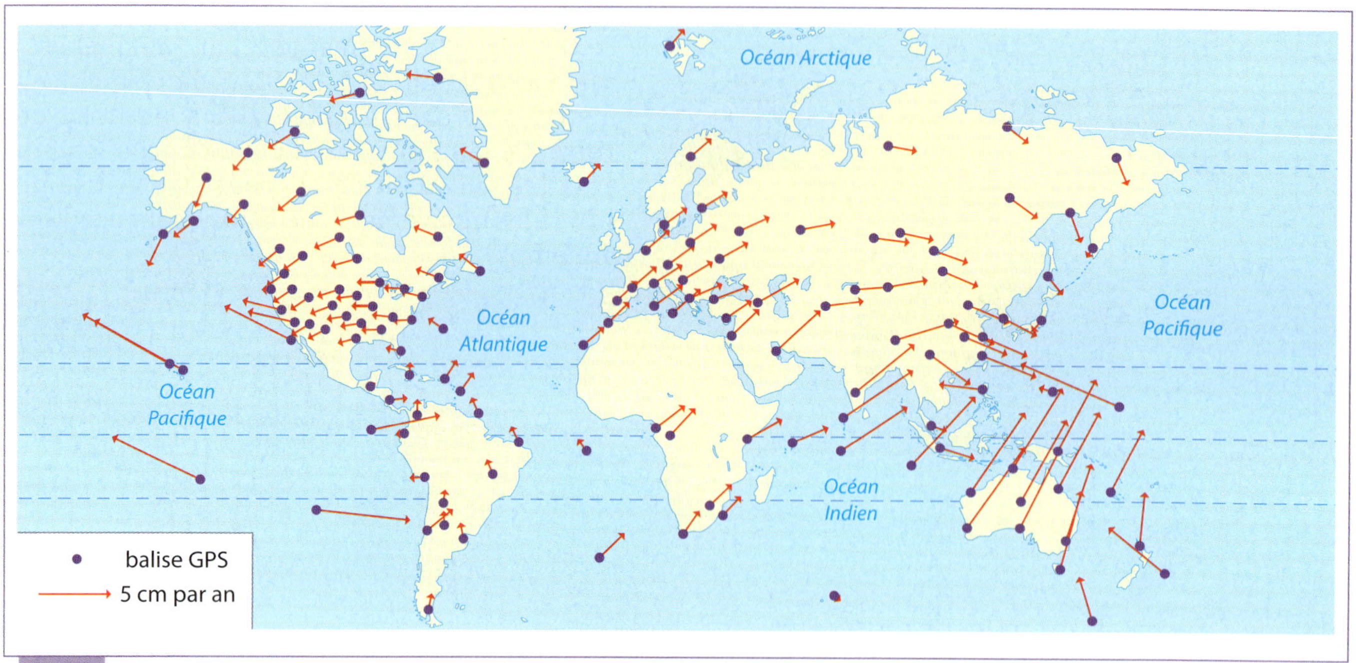

Doc. 1 Déplacement des récepteurs GPS à l'échelle mondiale

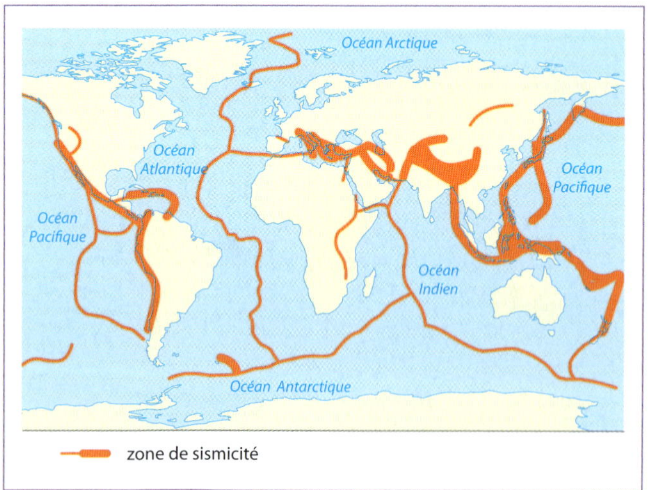

Doc. 2 Localisation de la sismicité dans le monde

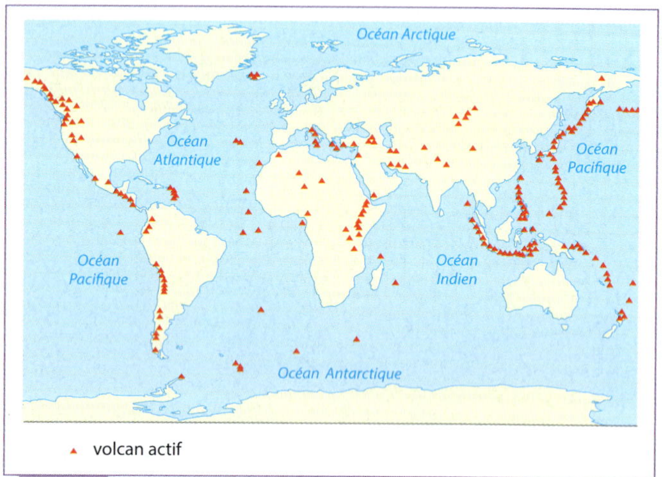

Doc. 3 Localisation des volcans actifs dans le monde

Pour conclure
Repérer les **limites de plaques** lithosphériques et en déterminer le nombre.

Livret AP p. 5

Vocabulaire

- **Plaque :** surface terrestre continentale ou océanique rigide sur laquelle tous les lieux se déplacent dans la même direction.
- **Limite de plaque :** zone de la surface de la Terre qui délimite la frontière entre deux plaques, dotée d'une intense activité sismique et volcanique.

Compétence travaillée :
D1. Lire et exploiter des données présentées sous différentes formes.

Quel phénomène géologique est observable au niveau des dorsales ?

Les dorsales océaniques

Doc. 1 Activité volcanique et roche volcanique observées au niveau d'une dorsale océanique

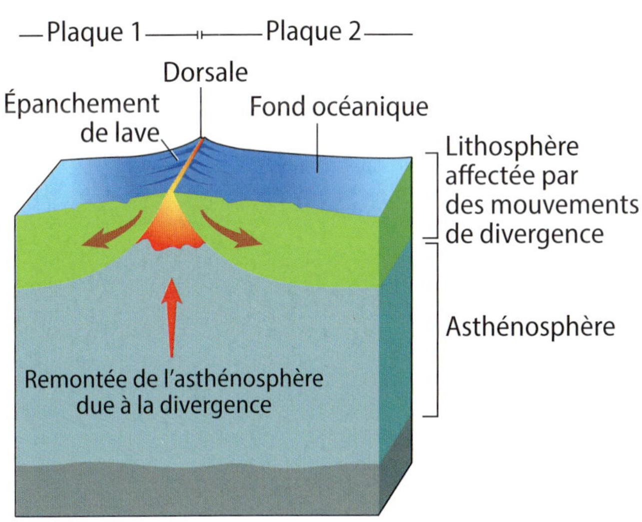

Doc. 2 Schéma d'interprétation du fonctionnement d'une dorsale océanique

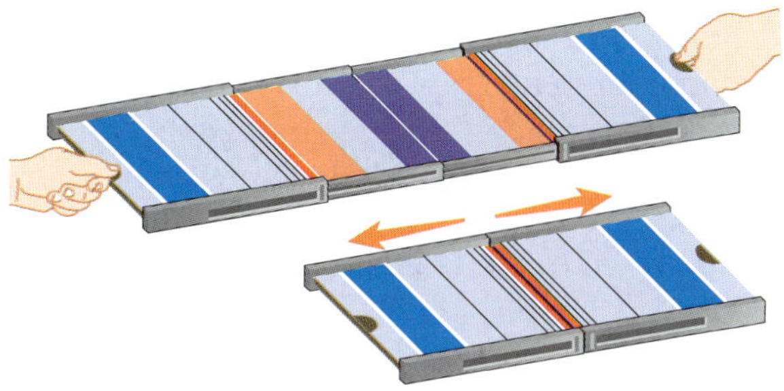

Doc. 3 Simulation des mouvements de la lithosphère au niveau d'une dorsale océanique

Pour conclure

Réaliser trois schémas, à des temps différents, illustrant la **divergence** des plaques lithosphériques au niveau d'une dorsale et la mise en place de lithosphère océanique.

Livret AP p. 5

Vocabulaire

- **Divergence :** fait de s'éloigner dans deux directions opposées.

Compétence travaillée :
D4. Interpréter des résultats et en tirer des conclusions.

Activité 5 Quel phénomène géologique se déroule au niveau des fosses océaniques ?

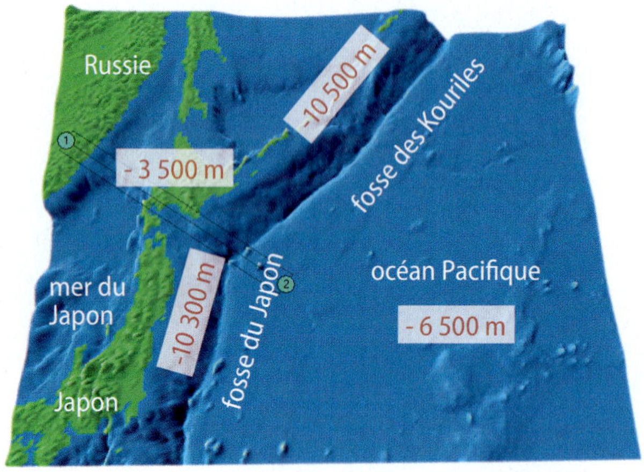

Doc. 1 Profil topographique près du Japon

Doc.2 Éruption explosive du volcan Aso au Japon

Le logiciel *Sismolog*© permet de repérer la distribution des foyers des séismes en profondeur. L'asthénosphère étant moins rigide, elle ne peut se rompre et être à l'origine d'un séisme. Seule la lithosphère rigide est capable en se fracturant de générer des séismes. La distribution des séismes montre la convergence entre le point 1 et le point 2 de la coupe ci-contre.

Sismolog © (Chrysis)

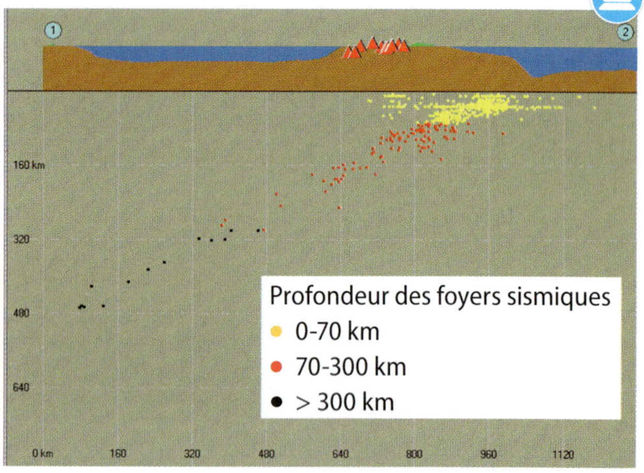

Répartition des foyers des séismes près du Japon

Doc. 3 Répartition des foyers des séismes

Pour conclure

Réaliser un schéma de profil des deux plaques lithosphériques en s'appuyant sur le doc. 3.

Livret AP p. 5

Vocabulaire

- **Topographique :** relatif au relief du terrain
- **Convergence :** fait de se rapprocher.

Activité

6 Comment expliquer le mouvement des plaques lithosphériques ?

Compétence travaillée :
D4. Concevoir une expérience pour la tester.

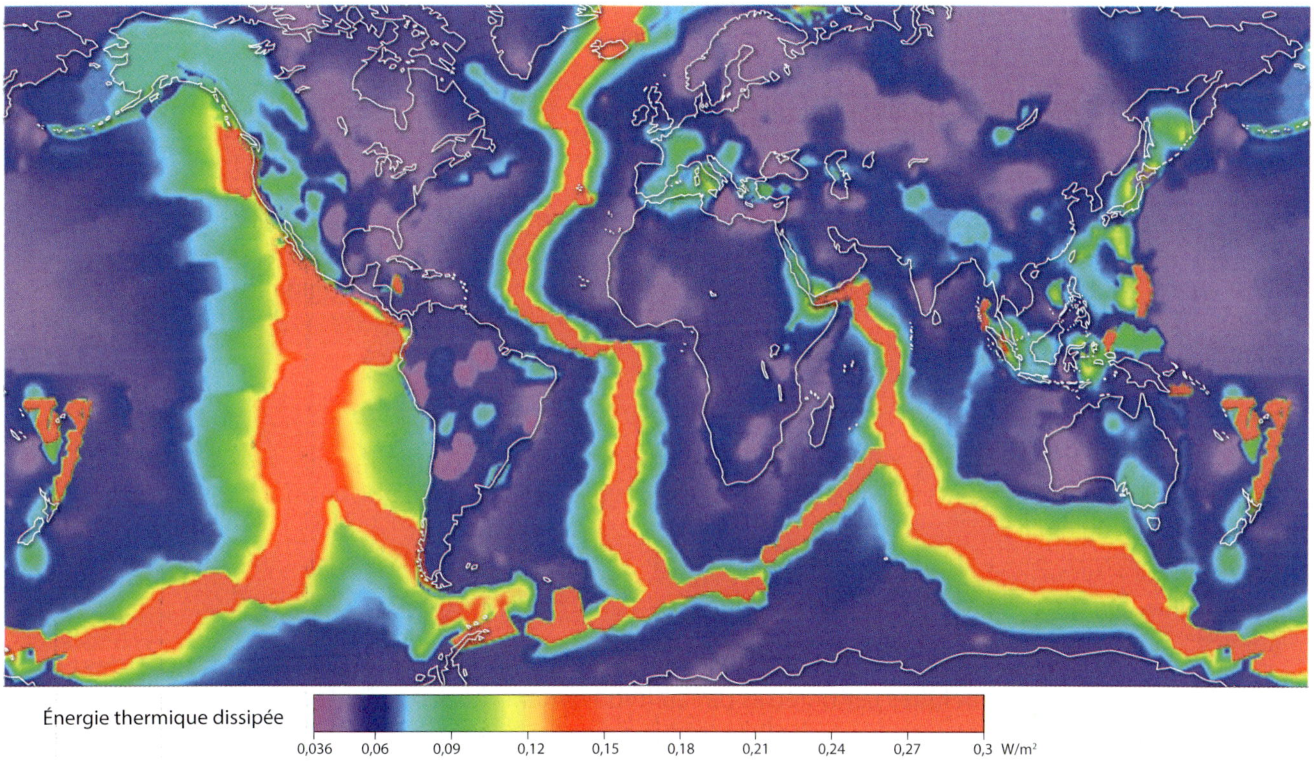

La Terre évacue de la chaleur à sa surface. Elle peut être mesurée et reportée sur une carte mondiale.

Doc. 1 Dissipation de la chaleur à la surface du globe

Les roches terrestres sont formées de divers éléments chimiques. Parmi ces éléments, certains sont instables ; ils se désintègrent au cours du temps. Ces désintégrations s'accompagnent d'une libération d'énergie thermique qui échauffe les roches en profondeur.

Doc. 2 L'origine de la chaleur interne de la Terre

Protocole : on introduit des paillettes dans un bécher contenant de l'eau que l'on chauffe ensuite à l'aide d'un micro-onde. On observe ensuite le mouvement des paillettes dans l'huile.

Doc. 3 Modèle pour comprendre l'origine du mouvement des roches en profondeur

Pour conclure
Expliquer l'origine du mouvement des plaques lithosphériques.

Livret AP p. 6

Bilan

... par le texte

Activité 1 La structure superficielle du globe

- La partie superficielle de la Terre est formée de la **lithosphère** rigide reposant sur une partie moins rigide appelée **l'asthénosphère**. Il existe une lithosphère continentale formant les continents et leur bordure. Au fond des océans se trouve une lithosphère océanique.

Activité 2 Le déplacement de la lithosphère européenne à la surface du globe

- L'ensemble de l'Europe se déplace dans la même direction et avec la même vitesse vers le nord-est. La lithosphère européenne, d'une épaisseur d'environ 100 km, forme un bloc rigide. Cela caractérise le déplacement d'une **plaque lithosphérique** rigide se déplaçant sur l'asthénosphère.

Activité 3 Les limites des plaques lithosphériques

- La répartition des volcans actifs et des séismes permet de délimiter des plaques, animées de mouvements les unes par rapport aux autres. Ces mouvements transforment la surface du globe.

Activité 4 Les zones de divergence

- Au niveau de l'axe des dorsales, les plaques lithosphériques s'éloignent les unes des autres de quelques centimètres par an (mouvement de **divergence**) permettant ainsi la mise en place d'une nouvelle lithosphère. Cette limite entre deux plaques est caractérisée par un volcanisme effusif.

Activité 5 Les zones de convergence

- Au niveau des fosses océaniques, les plaques lithosphériques se rapprochent (mouvements de **convergence**) et s'enfouissent l'une sous l'autre dans un mouvement dit de subduction. Cette limite entre deux plaques est caractérisée par un volcanisme explosif.

Activité 6 L'origine du mouvement des plaques lithosphériques

- Le mouvement en surface des plaques lithosphériques participe à un mouvement plus général de l'intérieur de la Terre.
- L'origine de cette énergie provient de la désintégration d'éléments chauffant les roches du manteau.

À savoir :

	Activités	Exercices
Identifier les caractéristiques d'une plaque lithosphérique.	1 2 3	5 7
Associer la sismicité et le volcanisme explosif aux zones de convergence lithosphérique localisées au niveau des fosses océaniques.	4	6
Associer la sismicité et le volcanisme effusif aux zones de divergence lithosphérique localisées au niveau des dorsales océaniques.	5	4
Relier la tectonique des plaques à la dissipation de l'énergie thermique d'origine interne.	6	8

... par l'image

manuel numérique

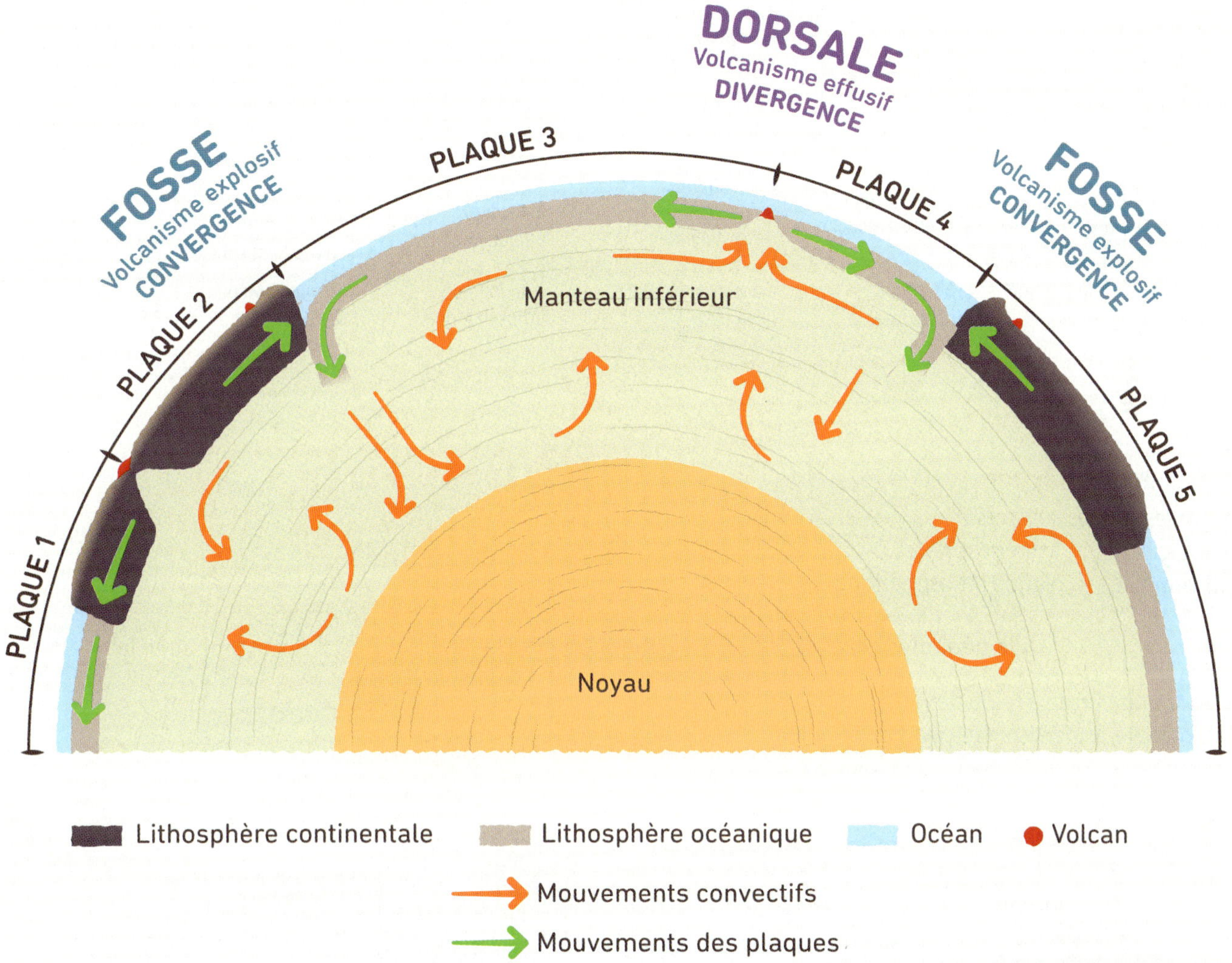

L'ensemble des mouvements des plaques de la lithosphère est dû à la libération de l'énergie d'origine interne de la Terre.

Mots à savoir définir

lithosphère • asthénosphère • plaque lithosphérique • divergence • convergence

Exercer ses compétences

manuel numérique QCM 2

1 QCM 1 Choisir la proposition correcte.

	A	B	C	D	En cas de doute, lire
1. La lithosphère est :	la partie superficielle du manteau.	la partie superficielle du globe moins rigide.	une asthénosphère modifiée.	la partie superficielle du globe rigide.	1 p. 46
2. La subduction correspond :	à une zone de divergence.	au plongement de la lithosphère océanique dans le manteau.	à la plaque lithosphérique.	à un continent.	5 p. 50
3. Le volcanisme explosif se trouve :	au niveau d'une dorsale.	au niveau de la lithosphère.	au niveau des zones de convergence.	au niveau des zones de divergence.	5 p. 50
4. Une plaque lithosphérique :	est une zone moins rigide du manteau.	est composée uniquement de continents.	s'éloigne toujours d'une autre plaque.	correspond à de la lithosphère rigide se déplaçant sur de l'asthénosphère.	3 p. 48
5. L'origine du mouvement des plaques est due :	à la libération d'énergie interne.	à la partie externe de la Terre.	à un moteur lithosphérique.	au mouvement des paillettes.	6 p. 51

▶ Voir corrigés p. 413

2 D1. Définir

Définir les termes suivants :
a. lithosphère ; b. asthénosphère ;
c. divergence ; d. plaque lithosphérique.

3 D1. Rédiger

Rédiger une phrase à l'aide des mots suivants :
a. lithosphère, asthénosphère, partie externe, formée ;
b. centimètres, dorsale, plaques, s'éloignent.

4 D4. Proposer une ou des hypothèses pour résoudre un problème

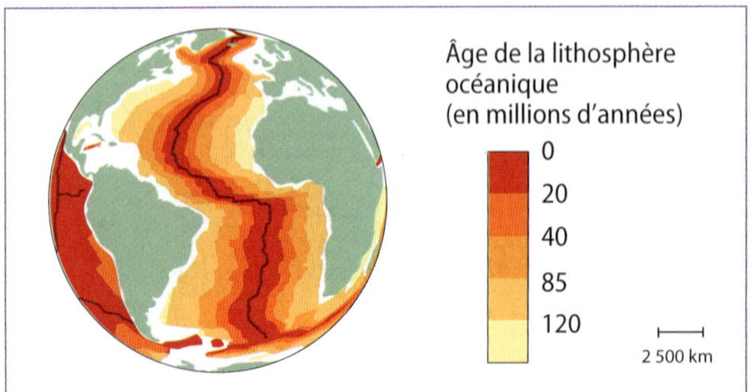

Doc. 1 Âge de la lithosphère océanique constituant le fond des océans

1. **Construire** la courbe de l'âge des fonds océaniques en fonction de la distance à la dorsale au niveau du trait.
2. **Décrire** l'âge des fonds océaniques de part et d'autre de la dorsale.
3. **Proposer** une explication à ce constat.
4. **Décrire** le type de volcanisme que l'on peut trouver au niveau d'une dorsale.

5 résolu Tâche complexe D5. Communiquer sur ses démarches, ses résultats et ses choix, en argumentant

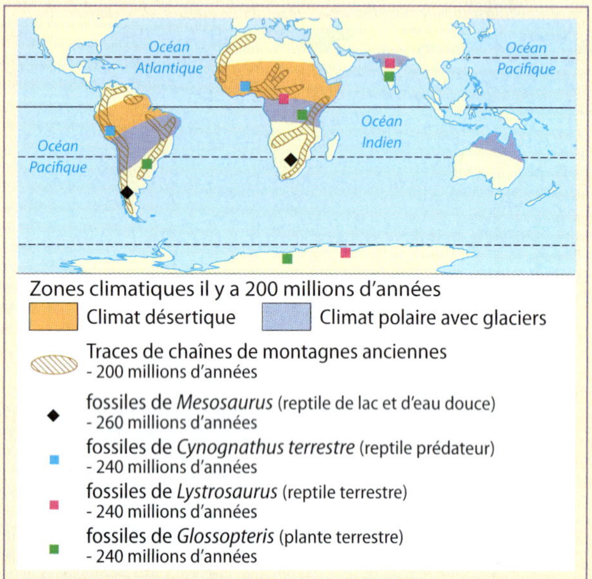

Doc. 1 Données récoltées par Wegener, lui ayant permis d'argumenter le déplacement des continents

Depuis Aristote, on pense que la Terre s'est formée par une série de grandes catastrophes, en un laps de temps très court, ayant ainsi acquis sa géographie qu'on lui connaît aujourd'hui. Les progrès en cartographie permirent à de nombreux scientifiques de relever la complémentarité entre les rivages de part et d'autre de l'Atlantique. À la fin du XIXe siècle deux modèles différents expliquent cette complémentarité des côtes par des mouvements verticaux et horizontaux. Ces deux modèles en contradiction ne permettent, ni l'un ni l'autre, d'expliquer l'ensemble des faits géologiques connus à cette époque. Alfred Wegener fut un des premiers scientifiques à envisager le déplacement horizontal des continents.

Doc. 2 D'Aristote à Wegener

▶ Consigne : **Retrouver** les arguments utilisés par Wegener pour attester de la mobilité horizontale des continents.

▶ Livret AP p. 6

6 D1. Représenter des données sous différentes formes et choisir celle qui est adaptée à la situation de travail

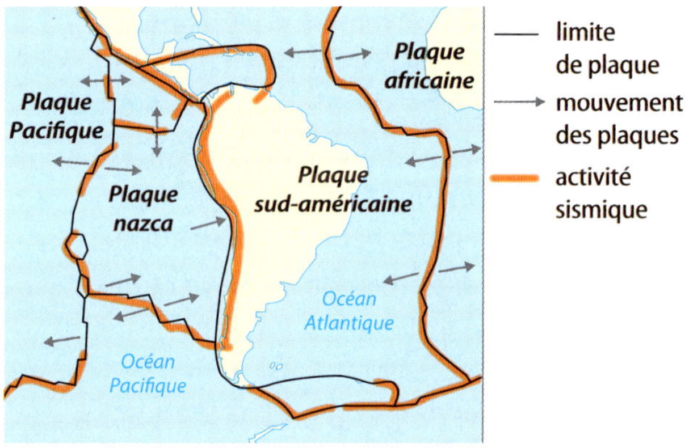

Doc. 1 Sismicité entre 1962 et 2016 autour du continent sud-américain

1. **Repérer** cinq plaques lithosphériques sur le **doc. 1**.
2. **Réaliser** le schéma de la partie superficielle du globe au niveau du continent sud-américain.
3. **Identifier** le type de volcanisme existant à l'ouest du continent sud-américain.

7 D4. Identifier et choisir des outils et des techniques pour mettre en œuvre une démarche scientifique

Deux balises GPS ont été fixées en Islande (au nord de l'océan Atlantique) : Reykjavík (ouest de l'île) et Höfn (est de l'île). Elles mesurent le déplacement de cette île au cours du temps.

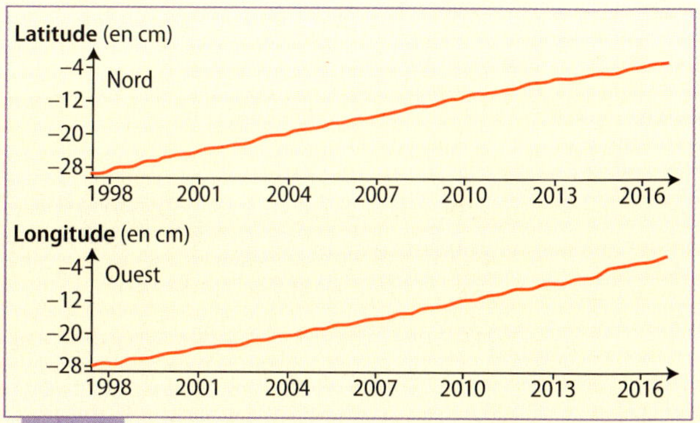

Doc. 1 Mesure du déplacement au cours du temps à Reykjavík

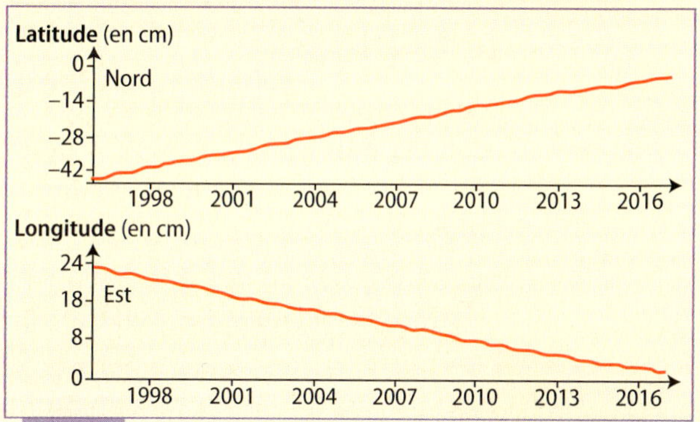

Doc. 2 Mesure du déplacement au cours du temps à Höfn

1. **Décrire** le déplacement au cours du temps de ces deux balises.
2. **Déduire** le type de frontière sur laquelle se situe l'Islande.

8 D4. Interpréter des résultats et en tirer des conclusions

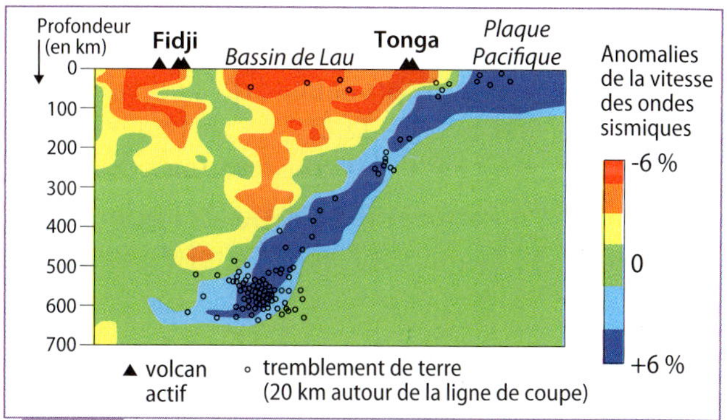

Doc. 1 Anomalies de la vitesse des ondes sismiques en fonction de la profondeur - Îles Tonga, Pacifique sud

Une vitesse anormalement élevée des ondes sismiques permet d'identifier des roches plus froides.

1. **Identifier** le devenir de la lithosphère océanique dans cette zone de convergence lithosphérique.

Bilan
Attendu de fin de cycle

... par le texte

1 La Terre dans le système solaire et son histoire

- Le système solaire est composé d'objets variés (un Soleil, des planètes, des satellites, des météorites et des comètes). La Terre est l'une des quatre **planètes telluriques** du système solaire. Elle est à une distance du Soleil qui lui permet d'avoir de l'eau liquide à sa surface et donc de la vie.
- Différents événements géologiques et biologiques ont jalonné l'histoire de la Terre. Ces événements ont servi à construire une **échelle des temps** géologiques découpée en « ères », elles-mêmes subdivisées en « périodes ».

2 Les manifestations en surface de l'activité interne de la planète

- Les **plaques lithosphériques** qui constituent la surface terrestre sont rigides, elles reposent sur l'asthénosphère, qui l'est moins. Les mouvements de ces plaques sont à l'origine d'une activité sismique et volcanique. Ces mouvements superficiels sont le résultat d'un mouvement plus global de l'intérieur de la Terre.
- L'énergie nécessaire à ce mouvement provient de la libération d'énergie sous forme thermique, à l'intérieur de la Terre.
- Un **séisme** correspond à un brusque mouvement du sol dont l'intensité et la durée peuvent varier. Il est dû à la rupture en profondeur de roches, suite aux mouvements des plaques. Cette rupture entraîne la formation d'ondes sismiques à l'origine du tremblement de terre.
- Il existe deux grands types de volcanisme :

  – **Le volcanisme explosif** est marqué par de violentes explosions, provoque d'immenses panaches constitués de cendres, de gaz et de blocs rocheux et d'une lave visqueuse. Il est localisé dans les zones où deux plaques lithosphériques se rapprochent l'une de l'autre.

  – **Le volcanisme effusif**, moins violent, est caractérisé par des émissions de lave et de gaz. Il est localisé dans les zones où les plaques s'éloignent.

3 L'activité de la planète et le risque pour les êtres humains

- L'activité interne de notre planète engendre des **risques** naturels. Pour évaluer ce risque, il faut étudier son **aléa** ainsi que la **vulnérabilité** des habitants et des constructions. L'aléa, c'est la probabilité qu'à un moment et dans un lieu donnés, se produise une catastrophe. La vulnérabilité est plus ou moins forte selon le niveau de préparation de la population et l'état des constructions.
- Partout où le risque est important, des mesures d'information, de prévention et de protection doivent être mises en place pour diminuer la vulnérabilité des habitants.

... par l'image

manuel numérique

PROTECTION DES BIENS ET DES PERSONNES
- PRÉVENTION
- INFORMATION
- DÉTERMINATION DE LA VULNÉRABILITÉ

ÉVALUATION DES ALÉAS

ATTÉNUATION DES RISQUES

Construction de l'échelle de temps géologique

ÉVÉNEMENTS
- BIOLOGIQUES
- GÉOLOGIQUES

Présence d'eau liquide rend possible la vie

UNE PLANÈTE TELLURIQUE

TERRE ET DYNAMIQUE INTERNE

MANIFESTATIONS DE L'ACTIVITÉ INTERNE DU GLOBE

DÉPLACEMENT DES PLAQUES LITHOSPÉRIQUES

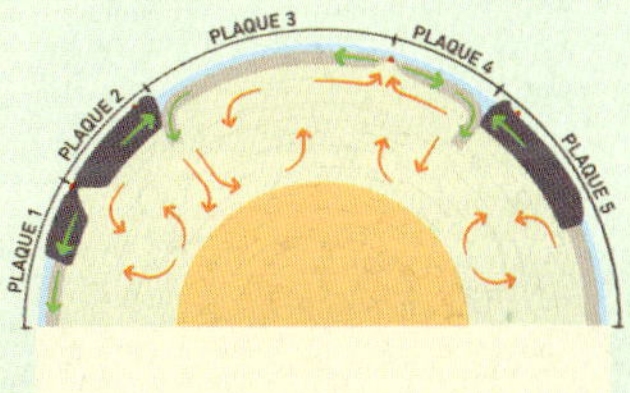

VOLCANISME
- EXPLOSIF
- EFFUSIF

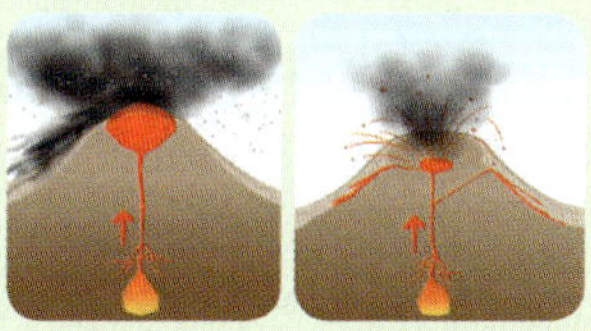

ACTIVITÉ SISMIQUE

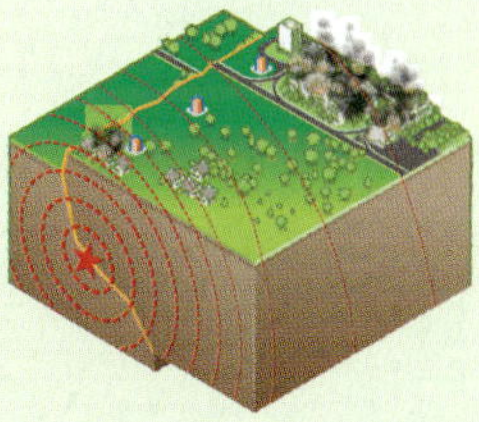

Mots à savoir définir

planète tellurique • échelle des temps • plaque lithosphérique • séisme • volcan explosif • volcan effusif • risque • aléa • vulnérabilité

Exercices
Attendu de fin de cycle

La Terre et sa dynamique interne

1 Tâche complexe D4. Communiquer sur ses démarches, ses résultats et ses choix en argumentant

L'origine des risques géologiques en Indonésie

Dans certaines parties du monde, les catastrophes naturelles sont fréquentes et peuvent avoir des origines différentes. Lorsque ces régions sont très peuplées, comme en Indonésie, un réseau de surveillance permet d'évaluer les différents risques et de mettre en place des mesures pour diminuer la vulnérabilité de la population et des infrastructures.

▶ Consigne : **Expliquer l'origine des risques naturels en Indonésie.** ▶ Livret AP p. 6

« Le volcan Gamala, en Indonésie, est entré en éruption ce matin après un séisme modéré dans la région. Crachant dans le ciel des nuages de cendres atteignant jusqu'à 600 mètres de haut, cela a contraint à la fermeture de l'aéroport de l'île. "La population est appelée à rester calme", a déclaré son porte-parole, Sutopo Purwo Nugroho, ajoutant que les autorités ne prévoyaient aucune évacuation. Dans le sud, l'aéroport de l'île Lombok a été fermé dans la nuit de lundi à mardi en raison d'un épais nuage de cendres provenant de l'éruption du volcan Rinjani. Pas moins de 129 volcans actifs sont répertoriés en Indonésie, archipel situé sur la "ceinture de feu du Pacifique", un alignement de volcans qui bordent l'océan Pacifique en suivant un ensemble de limites de plaques et de failles sismiques. »

lefigaro.fr avec AFP, le 03/08/2016

Doc. 1 Perturbation du trafic aérien en Indonésie

Doc. 2 Panneau de prévention en cas de séisme

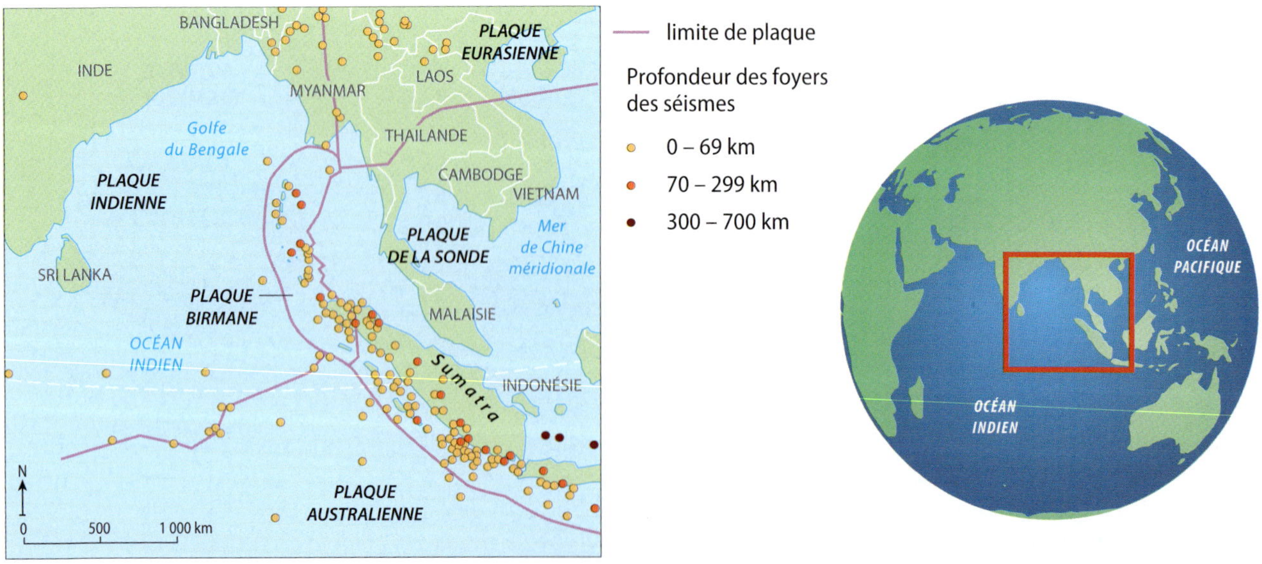

Doc. 3 Répartition des foyers des séismes dans la région de Sumatra entre 1900 et 2002

2 Tâche complexe D1. Lire et exploiter des données présentées sous différentes formes

La température des planètes

La Terre est l'une des quatre planètes telluriques (Mercure, Vénus, Terre et Mars) du système solaire. Elle possède une atmosphère et de la vie. La température moyenne à sa surface est de l'ordre de 15° C. Pour Vénus, la température moyenne de surface est très différente.

Consigne : Rédiger un texte expliquant les différentes températures des planètes.

Livret AP p. 6

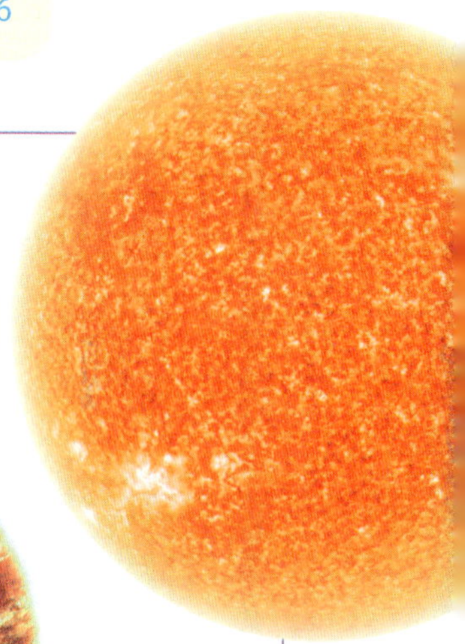

Le Soleil émet de l'énergie lumineuse dans toutes les directions. Une partie de cette énergie est absorbée par les planètes qui s'échauffent.

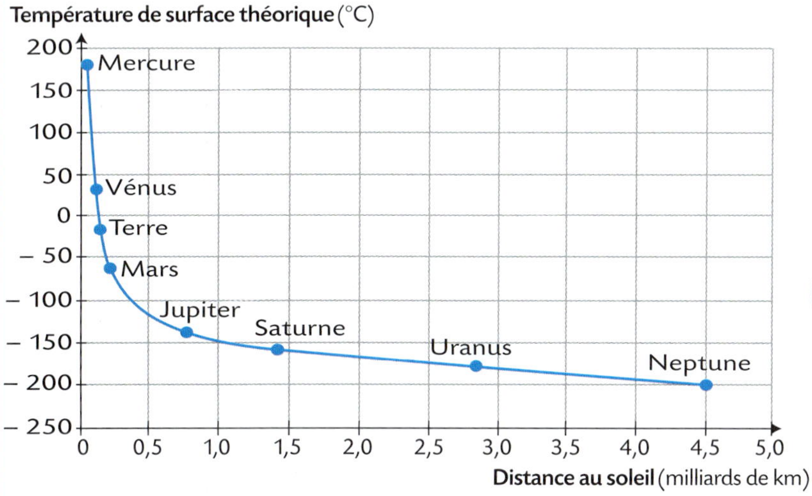

Doc. 1 Calcul de la température de surface théorique en fonction de la distance au Soleil

Nom des planètes	Mercure	Vénus	Terre	Mars	Jupiter	Saturne	Uranus	Neptune
Température moyenne de surface (en °C)	180	470	15	−40	−175	−195	−220	−230

Doc. 2 Température moyenne de surface mesurée des planètes du système solaire

- Les rayons du Soleil qui atteignent la Terre sont absorbés et réchauffent sa surface. Ils sont ensuite renvoyés par le sol sous forme de rayonnement infrarouge (IR) vers l'espace. Ce rayonnement réchauffe l'atmosphère contribuant à la réchauffer davantage.
- Grâce à ce phénomène naturel, appelé « effet de serre », la température moyenne de l'air à la surface de la Terre est d'environ 15 °C. Sans ce « thermostat » naturel, la température moyenne serait inférieure d'environ 33 °C et se situerait autour de –18 °C.
- L'atmosphère de Mars et de Vénus possède également des gaz à effet de serre. Ce n'est pas le cas de Mercure et des planètes gazeuses.

Doc. 3 L'effet de serre

En lien avec les parcours

PEAC D'une Terre sphérique à une Terre plate

Ptolémée (90–168), d'origine grecque, avait la nationalité romaine. Il est l'auteur d'un livre d'astronomie dans lequel il décrit le système solaire en plaçant la Terre au centre de l'Univers (modèle géocentrique). Le second livre qu'il a écrit contient des cartes de l'empire romain. Ces cartes avaient la particularité d'être la projection d'une sphère sur un plan. En effet, l'idée d'une Terre « ronde » était admise depuis déjà cinq siècles. L'œuvre de Ptolémée fut largement diffusée tant dans le monde occidental et oriental.

Au début du IVᵉ siècle, l'empereur de Rome, Constantin, fait le choix du christianisme. Petit à petit, la religion chrétienne est tolérée avant de devenir la religion officielle.

L'Église chrétienne se structure autour de textes, de règles et de pratiques.

Certains textes de la Bible vont radicalement modifier la vision de la forme de la Terre. La Terre devient « plate ».

La redécouverte des cartes de Ptolémée se fera au XVᵉ. Ne voulant pas admettre que la Terre était ronde, le clergé fit ajouter sur les bords des cartes du rouge pour représenter l'enfer et la fin du monde.

Géographie de Claude Ptolémée, Manuscrit enluminé sur parchemin, vers 1475-1480.

1. Rechercher une carte du monde occidental au XIIᵉ siècle réalisée par Al-Idrisi dans le manuscrit Nuzhat al-mushtāq fi'khtirāq al-āfāq.
2. Situer l'œuvre dans le temps, dans l'espace et dans son contexte historique. Faire une analyse rapide de la carte et la comparer à celle de Ptolémée.

Julien, astronome

Avenir Interview Métier : Julien, astronome

Quel métier aviez-vous envie d'exercer quand vous étiez adolescent ?
Très tôt, j'ai été contaminé par le virus de la physique. Je démontais les machines à laver et je réalisais des expériences de chimie à la maison.

En quoi consiste votre métier ?
On étudie le ciel grâce à des modèles mathématiques et, bien entendu, à l'aide d'outils informatiques. On construit des modèles pour vérifier des hypothèses.
Il faut en permanence se tenir informé des études menées par les autres laboratoires de recherche ; une grande partie de mon temps est occupée par la lecture d'articles, par les colloques et l'enseignement.

Qu'est-ce qui vous a conduit à exercer ce métier ?
Le goût du questionnement, de l'inattendu, de l'inconnu.

Son parcours

Après un baccalauréat scientifique, Julien s'est formé à l'université et dans les laboratoires expérimentaux.
Il a effectué son doctorat en France, puis est parti aux États-Unis pour un stage post-doctoral.
Aujourd'hui, il est physicien à l'Institut de Recherche des lois Fondamentales de l'Univers (IRFU).

Pour en savoir plus sur ce métier, consulter le site : www.onisep.fr

Météorologie et climatologie

Attendu de fin de cycle

Explorer et expliquer certains éléments de météorologie et de climatologie

Violente tempête à Grand Haven, Michigan

Comment expliquer les mouvements atmosphériques et marins et les différents climats de la Terre ?

Activité 1

Comment les climats sont-ils répartis ?

Climats

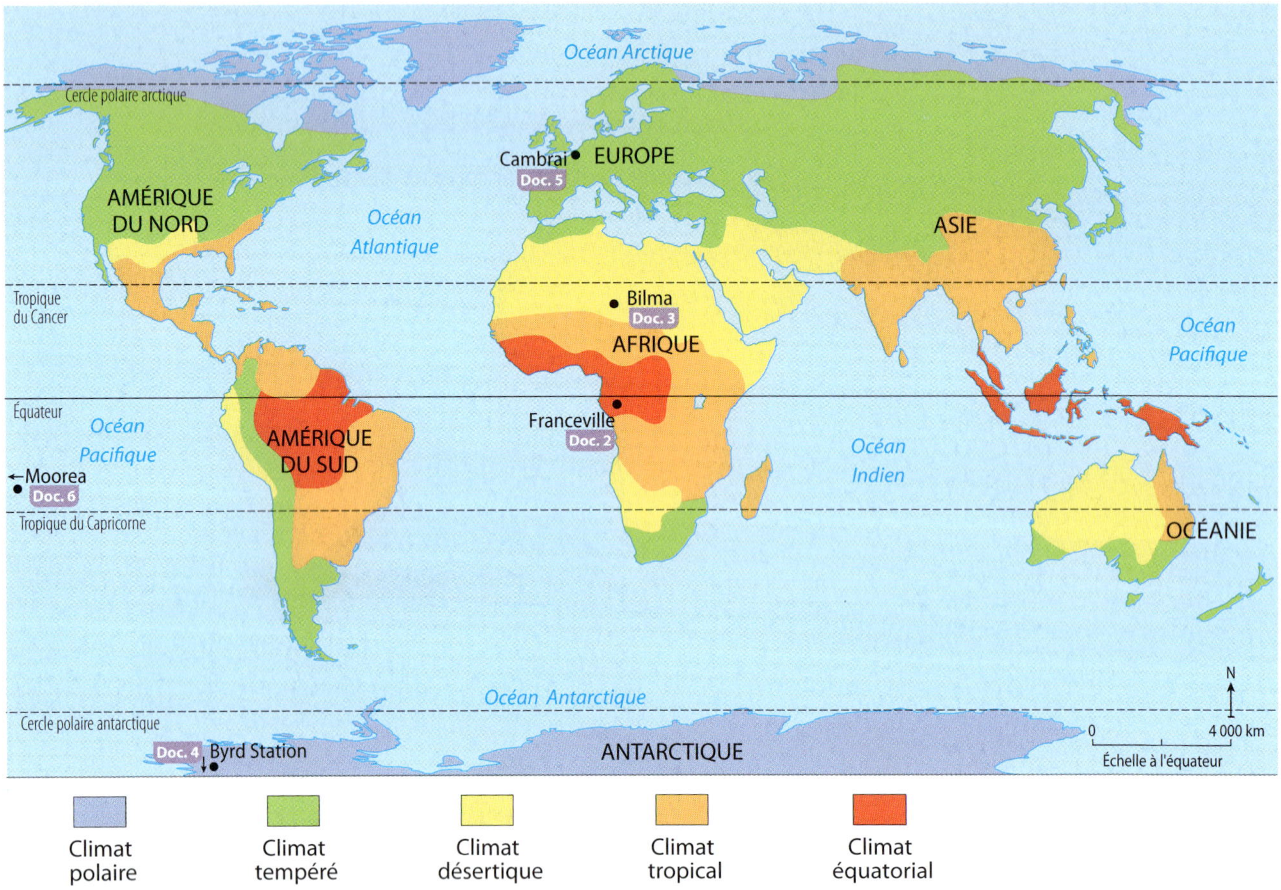

Doc. 1 Carte des zones climatiques de la Terre

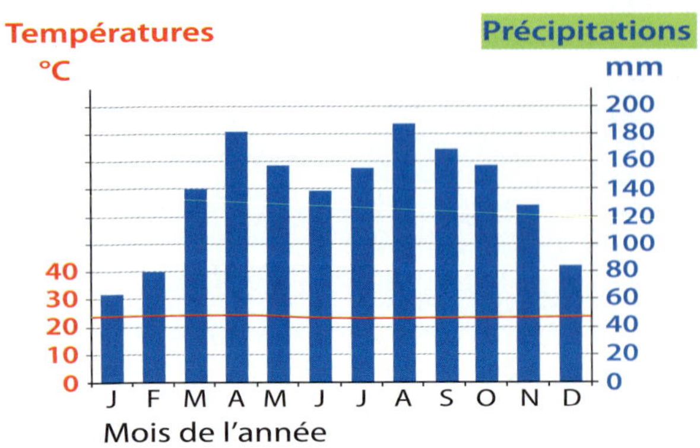

Doc. 2 Diagramme ombrothermique d'un climat équatorial (Franceville, Gabon)

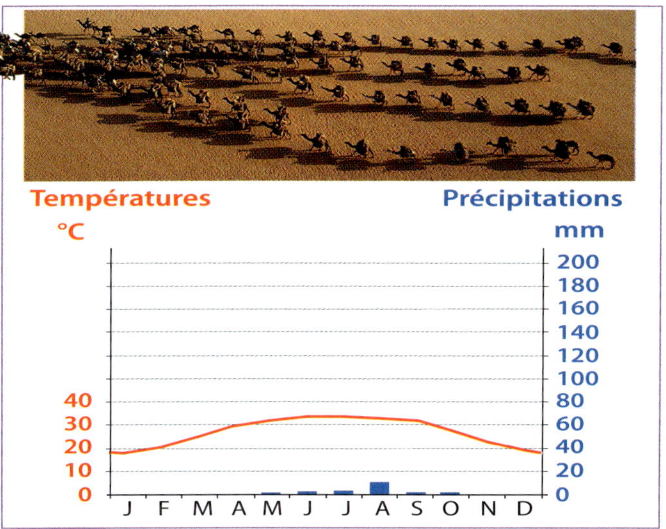

Doc. 3 Diagramme ombrothermique d'un climat désertique (Bilma, Niger)

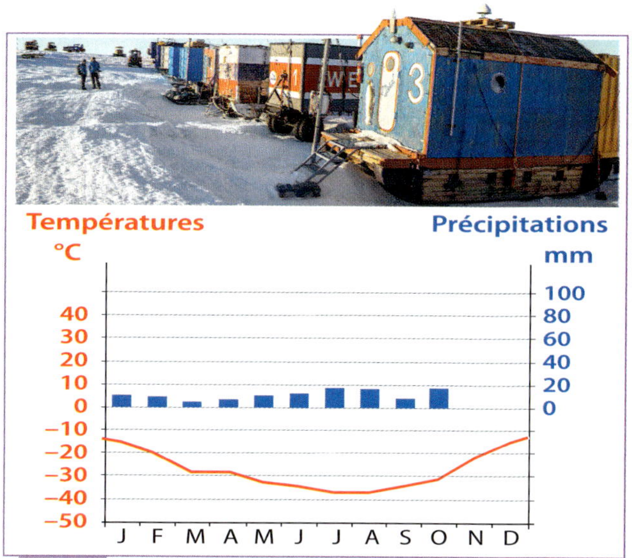

Doc. 4 Diagramme ombrothermique d'un climat polaire (Byrd Station, Antarctique)

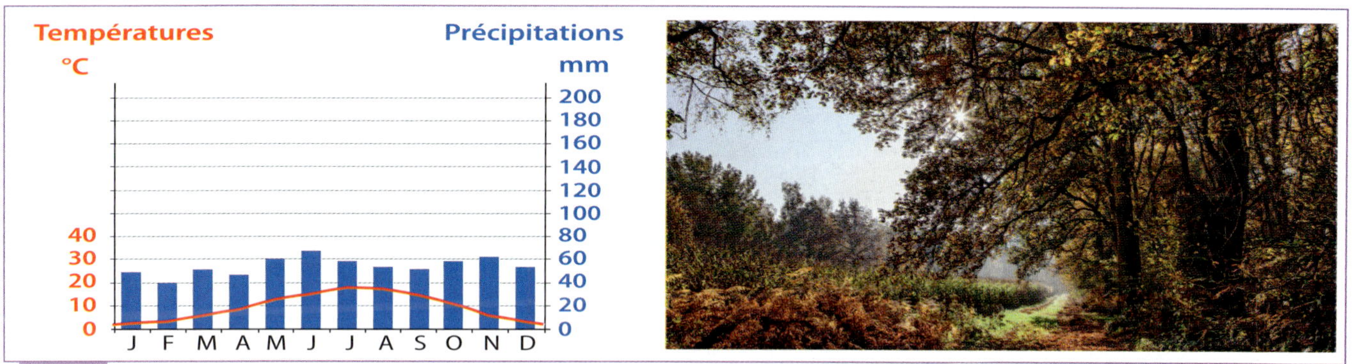

Doc. 5 Diagramme ombrothermique d'un climat tempéré (Cambrai, France)

Doc. 6 Diagramme ombrothermique d'un climat tropical (Moorea, Polynésie française)

Pour conclure

Comparer les principales caractéristiques des climats, puis proposer une ou des hypothèses permettant d'expliquer leur répartition à la surface de la Terre.

Livret AP p. 6

Vocabulaire

- **Précipitation :** eau qui tombe au sol (pluie, neige…).
- **Diagramme ombrothermique :** graphique représentant la variation mensuelle de la température et des précipitations moyennes mensuelles.

Activité 2

Compétence travaillée :
D4. Concevoir une expérience pour la tester.

Comment expliquer la répartition des climats de la Terre ?

L'énergie solaire est une source d'énergie importante pour notre planète. Plus les rayons du soleil sont concentrés sur une petite surface du sol, plus il y fera chaud.

Protocole pour mesurer la surface éclairée en fonction de la latitude :

- Réaliser le montage de ci-contre ;
- Placer du papier millimétré sur le globe aux endroits éclairés, en le plaquant bien sur l'arrondi de la sphère. Mesurer les surfaces éclairées.
- Comparer les surfaces éclairées aux différents endroits du globe.
- Placer une surface plane à la place du globe et comparer la taille des nouvelles surfaces éclairées.

Doc. 1 Modélisation de la répartition de l'énergie solaire sur Terre

L'impact des cycles solaires

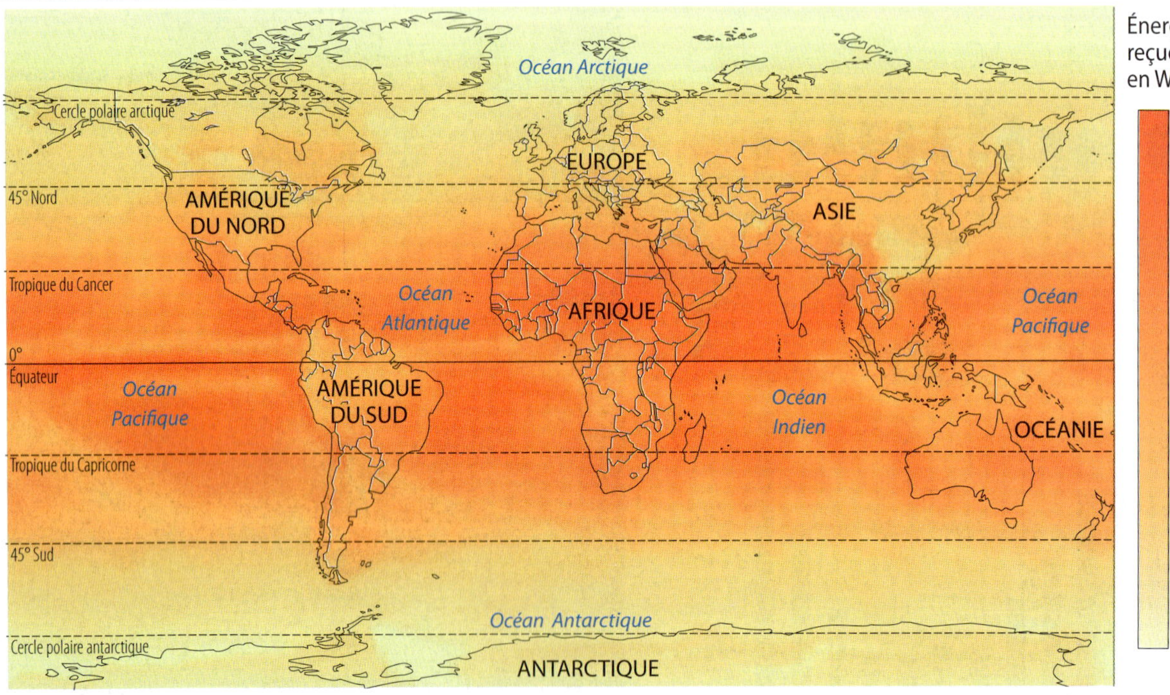

Doc. 2 Carte mondiale de l'énergie solaire reçue au sol en fonction de la latitude (mois de mars 2016)

Pour conclure

Expliquer pourquoi plus on s'éloigne de l'équateur, plus les climats sont froids.

Livret AP p. 6

Vocabulaire

- **Latitude :** position d'un point sur Terre par rapport à l'équateur.
- **Modélisation :** utilisation d'une représentation simplifiée de la réalité.

Activité 3

Compétence travaillée :
D1. Lire et exploiter des données présentées sous différentes formes.

Quelles sont les missions de la météorologie et de la climatologie ?

La météorologie est une science qui étudie les phénomènes atmosphériques tels que les nuages, les précipitations ou le vent dans le but de comprendre comment ils se forment et évoluent. Pour cela, elle doit s'appuyer sur un réseau d'observations qui permettent d'établir des prévisions de l'évolution du temps à l'échelle de l'heure, de la journée ou de la semaine.

Les prévisions météorologiques sont utiles afin de réduire la vulnérabilité des populations. Ainsi, Météo France émet des bulletins de vigilance sur lesquels figurent les phénomènes météorologiques dangereux. Sur ces cartes des aléas météorologiques se trouvent aussi les mesures à suivre pour diminuer le risque.

Doc. 1 Les missions de la météorologie

Ne confondez pas climat et météo !

La climatologie s'intéresse aux moyennes des températures et des précipitations sur de longues périodes de temps (au moins 30 ans). Ces valeurs caractérisent des zones climatiques très vastes et qui évoluent lentement.

La climatologie étudie les climats du passé, les climats actuels et essaie de prévoir ceux du futur.

Ces prévisions permettent d'anticiper les risques qu'engendrent de potentiels changements climatiques.

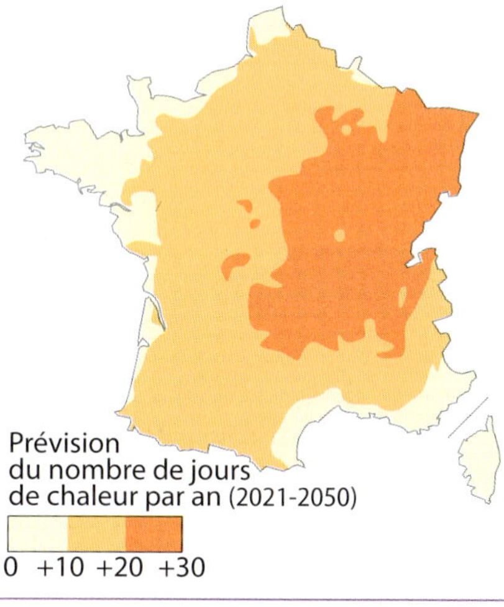

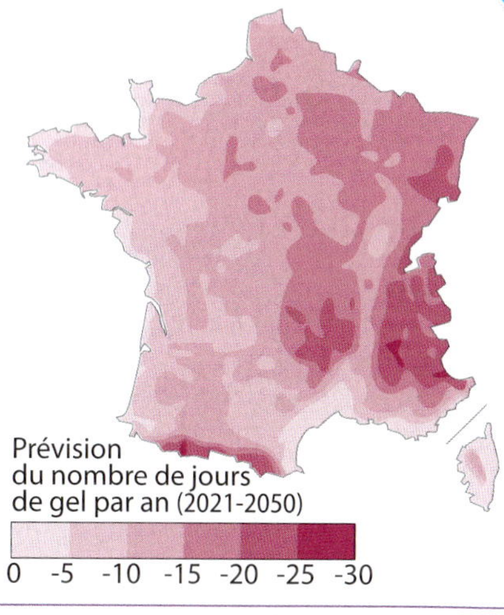

Doc. 2 Les missions de la climatologie, la science qui étudie les climats

Pour conclure

Comparer, en utilisant la forme de votre choix, les points communs et les différences entre la météorologie et la climatologie.

Livret AP p. 6

Vocabulaire

- **Vulnérabilité :** ensemble des conséquences possibles de l'aléa climatique sur les constructions, les biens et les personnes.
- **Aléa météorologique :** probabilité qu'un phénomène météorologique pouvant créer des dommages se passe à un moment et dans un endroit donné.
- **Risque :** combinaison de l'aléa et de la vulnérabilité à un endroit et à un moment donné.

Bilan

... par le texte

Activité 1 Les climats de la Terre

- Le **climat** représente l'ensemble des conditions atmosphériques moyennes (températures et quantité de précipitations) dans un endroit donné, appelé « zone climatique ».
- Même si les climats diffèrent, on distingue trois grandes zones climatiques réparties selon leur **latitude**. La répartition des climats est symétrique par rapport à l'équateur :
  - des pôles jusqu'aux cercles polaires, le climat est froid et sec ;
  - des cercles polaires aux tropiques, le climat est tempéré ;
  - entre les tropiques, le climat est chaud et humide.

Activité 2 Rayonnement solaire à la surface du globe et répartition des climats

- Le Soleil envoie de l'énergie sous forme de rayons lumineux qui réchauffent la Terre.
- Comme la Terre est sphérique, le rayonnement solaire ne chauffe pas notre planète avec la même intensité en fonction de la latitude. Depuis l'équateur, plus la latitude augmente, plus la quantité d'énergie solaire reçue par unité de surface est faible, et donc plus les climats sont froids.

Activité 3 Météorologie et climatologie

- La **météorologie** et la **climatologie** s'intéressent toutes deux aux conditions atmosphériques. Mais elles utilisent des échelles de temps et d'espace différentes :
  - La météorologie étudie les phénomènes atmosphériques à un moment donné. Elle travaille avec une échelle de temps courte allant de l'heure à la semaine.
    La climatologie utilise les moyennes des températures et des précipitations sur des temps longs allant de la décennie au millénaire, voire davantage.
  - La météorologie étudie des zones réduites (une ville, un département).
    La climatologie s'intéresse à des zones très vastes (à l'échelle d'une région, d'un continent et du monde).
- La météorologie informe et fait de la prévention alors que la climatologie suscite des débats sur les comportements à adopter face aux changements climatiques prévus. La météorologie et la climatologie font des prévisions pour évaluer et réduire les **risques** climatiques. Pour diminuer la **vulnérabilité** des habitants, des bulletins de vigilance et des cartes des **aléas** météorologiques sont publiés.

À savoir :	Activités	Exercices
Décrire la répartition climatique en fonction de la latitude.	1	5
Expliquer pourquoi les zones climatiques ne sont pas réparties au hasard.	2	4
Reconnaître un phénomène climatique.	3	6
Reconnaître un phénomène météorologique.	3	7

... par l'image

manuel numérique

Comme la Terre est sphérique, le rayonnement solaire est plus intense au niveau de l'équateur qu'aux pôles.

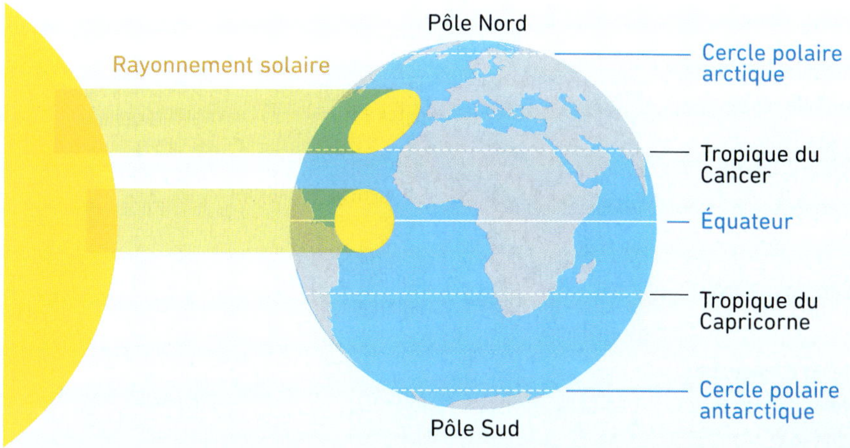

Les zones climatiques sont réparties selon la latitude.

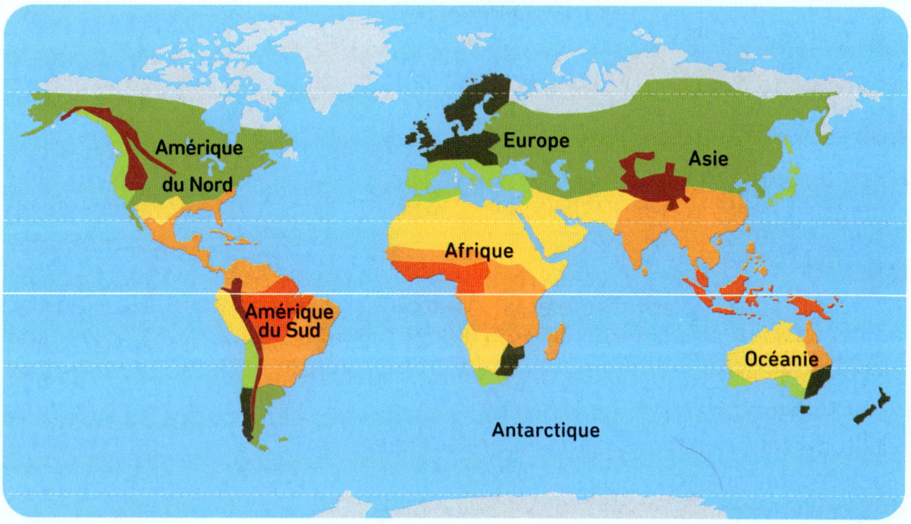

Modifications...

... **ponctuelles et locales** des conditions atmosphériques :

... **longues et globales** des conditions atmosphériques (> 30 ans) :

Mots à savoir définir

climat • latitude • climatologie • météorologie • risque • vulnérabilité • aléa

Exercer ses compétences

manuel numérique QCM 2

1 QCM 1 Choisis la proposition correcte.

	A	B	C	D	En cas de doute, lire
1. Un diagramme ombrothermique représente les variations :	de la température seulement.	des précipitations seulement.	de la température et des précipitations.	de la luminosité.	1 p. 62
2. Les climats sur Terre sont répartis :	en fonction de la longitude.	en fonction des saisons.	en fonction de la latitude.	en fonction des continents.	1 p. 62
3. Une précipitation est :	un phénomène fréquent dans les zones climatiques désertiques.	un phénomène climatique.	un phénomène météorologique.	un phénomène rare dans les zones climatiques équatoriales.	3 p. 65
4. Entre les tropiques et les cercles polaires, les climats sont :	tropicaux.	polaires.	tempérés.	tropicaux et polaires.	1 p. 62
5. La répartition des climats sur Terre est due :	à la forme de la Terre.	à la distance de la Terre par rapport au Soleil.	aux cercles polaires et à l'équateur.	aux tropiques et à l'équateur.	2 p. 64

▶ Voir corrigés p. 413

2 D1. Définir

Définir les termes suivants :
a. climat ; b. météorologie ; c. latitude ; d. aléa.

3 D1. Rédiger

Rédiger une ou deux phrases à l'aide des termes suivants :

a. climat, température, précipitation, moyenne, diagramme ombrothermique ;
b. latitude, zone climatique, cercle polaire, tropique, tempéré, chaud, polaire ;
c. rayonnement, latitude, absorption, sphérique, Terre, zone climatique.

4 D1. Représenter des données sous différentes formes et choisir celle qui est adaptée à la situation de travail

1. **Expliquer** dans un paragraphe pourquoi la météorologie est différente de la climatologie.
2. **Expliquer** par un schéma pourquoi les climats les plus froids sont aux pôles alors que les climats les plus chauds sont entre les tropiques.

5 D2. Utiliser des logiciels d'acquisition de données, de simulation et des bases de données

web

1. **Aller** sur le site :
2. **Compléter** la carte des climats en suivant les instructions du site.
3. **Imprimer** la carte obtenue.
4. **Décrire** la répartition des climats froids, tempérés et chauds.

6 (résolu) D1. Représenter des données sous différentes formes et choisir celle qui est adaptée à la situation de travail

	Précipitations (mm)	Températures moyennes (°C)
Janvier	87	6
Février	69	6
Mars	61	9
Avril	61	11
Mai	66	15
Juin	43	18
Juillet	46	20
Août	44	20
Septembre	62	17
Octobre	93	13
Novembre	90	9
Décembre	97	7

Doc. 1 Précipitations et températures moyennes à Nantes

Température (°C)	Précipitation (mm)	Climat
supérieure à 20	> 1500	équatorial
	> 250	tropical
	< 250	désertique
entre 15 et 20	> 500	subtropical
	< 500	méditerranéen
entre 0 et 14	> 500	tempéré océanique
	250 à 500	tempéré continental
	< 250	désertique froid
inférieure à 0		polaire

Doc. 2 Grille de détermination du climat

1. **Construire** le diagramme ombrothermique de Nantes (France) en respectant les consignes suivantes :
   - Tracer l'axe vertical des températures à gauche et le graduer avec l'échelle 1 cm correspond à 5 °C ;
   - Tracer l'axe horizontal du temps et le graduer avec l'échelle 1 cm correspond à un mois ;
   - Tracer l'axe vertical des précipitations à droite et le graduer avec l'échelle 1 cm correspond à 10 mm des précipitations ;
   - Construire la courbe des températures en rouge ;
   - Construire l'histogramme des précipitations en bleu ;
   - Écrire le titre du diagramme ainsi que les noms et unités des axes.
2. **Calculer** la température moyenne à Nantes.
3. **Calculer** l'amplitude thermique (différence entre la température la plus chaude et la température la plus froide de l'année).
4. **Calculer** la quantité totale des précipitations à Nantes.
5. **Identifier** le climat de la ville de Nantes.

Livret AP p. 7

7 D1. Conduire une recherche d'informations sur Internet

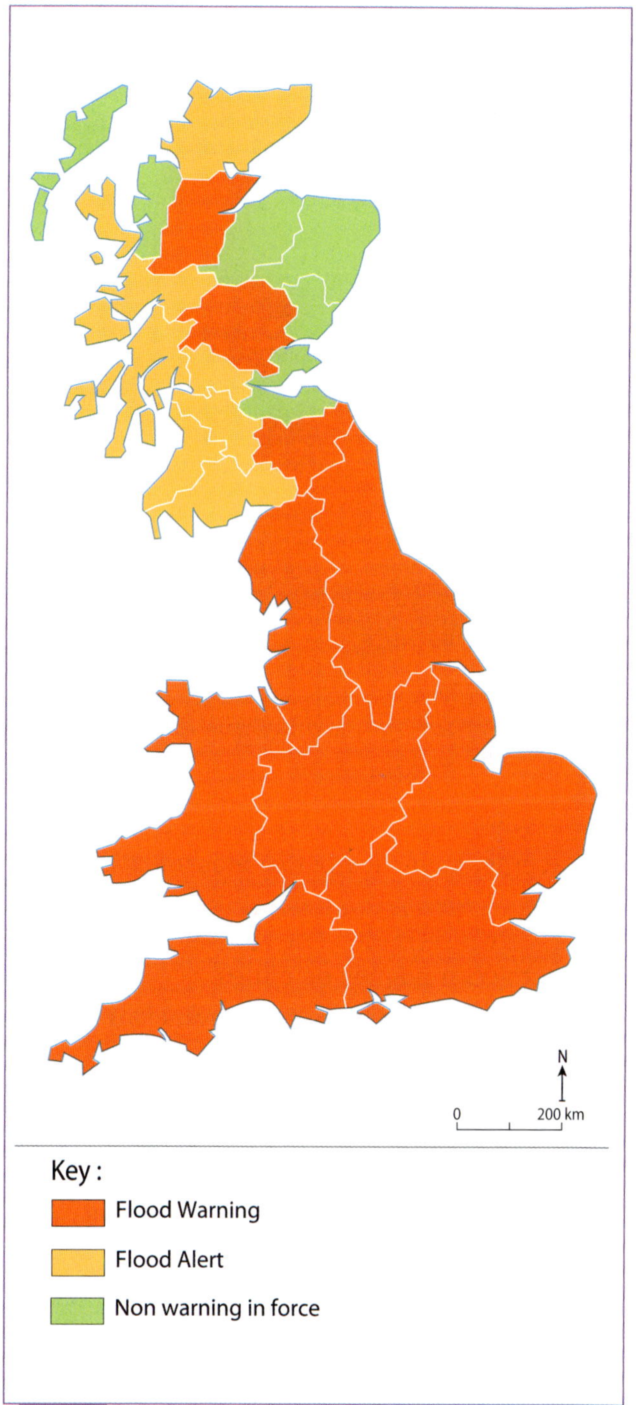

Doc. National Severe Weather Warnings issued on Wed 5 Apr 2016

1. **Identifier** les différentes alertes signalées par la carte de la Grande-Bretagne.
2. **Expliquer** pourquoi ce type d'alerte est « météorologique ».
3. **Rechercher** sur Internet les bons réflexes à adopter face à ce type d'alerte.

Activité 1

Compétence travaillée :
D5. Appréhender différentes échelles spatiales d'un phénomène ou d'une fonction.

Comment les météorologues peuvent-ils prévoir le temps ?

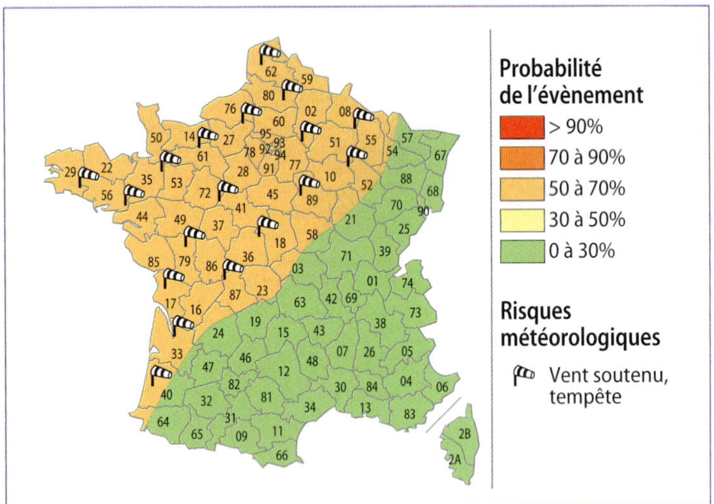

Doc. 1 Prévision météorologique d'une tempête pour le lendemain

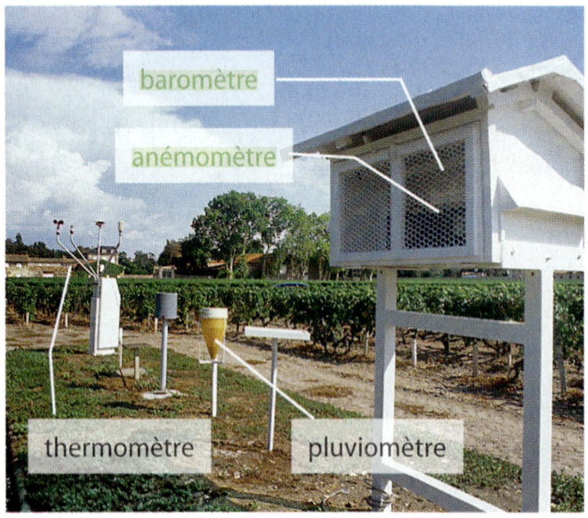

Doc. 2 Une des nombreuses stations de mesure appartenant à Météo France

Déplacements verticaux des masses d'air

L'air chaud monte et se refroidit avec l'altitude. Si cet air est humide, il se formera des nuages souvent accompagnés de pluies.

L'air froid, plus dense, se glisse sous l'air chaud.

Les mouvements verticaux sont identifiés sur les cartes météorologiques par un D pour dépression, et un A pour anticyclone.

Déplacements horizontaux des masses d'air

La plupart du temps, en France, les vents déplacent les dépressions et les anticyclones de l'ouest vers l'est.

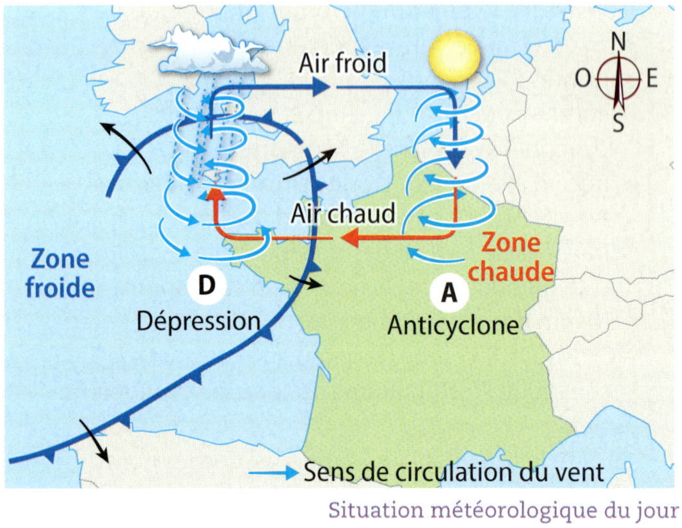

Situation météorologique du jour

Doc. 3 L'origine des mouvements verticaux et horizontaux des masses d'air

Pour conclure

Expliquer comment l'étude des masses d'air permet aux météorologues de prévoir l'arrivée d'une tempête pour le lendemain.

Livret AP p. 7

Vocabulaire

- **Baromètre :** appareil mesurant la pression atmosphérique.
- **Anémomètre :** appareil mesurant l'intensité et la direction du vent.

Compétence travaillée :
D4. Proposer une ou des hypothèses pour résoudre un problème.

Activité 2 Comment expliquer que le climat soit différent à la même latitude ?

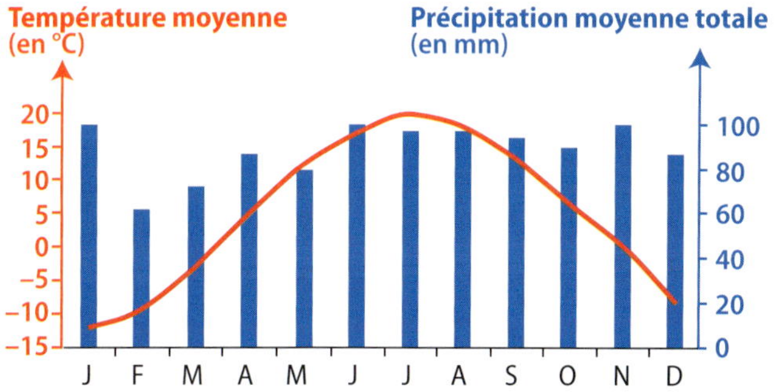

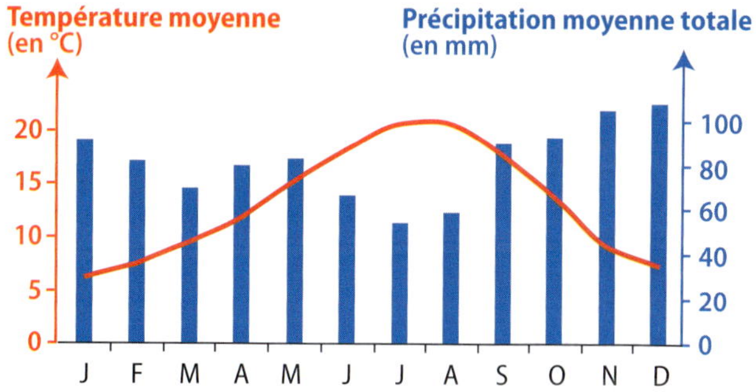

Doc. 1 Végétation et climat à Montréal (latitude 45° N, Canada) et à Bordeaux (latitude 45° N, France)

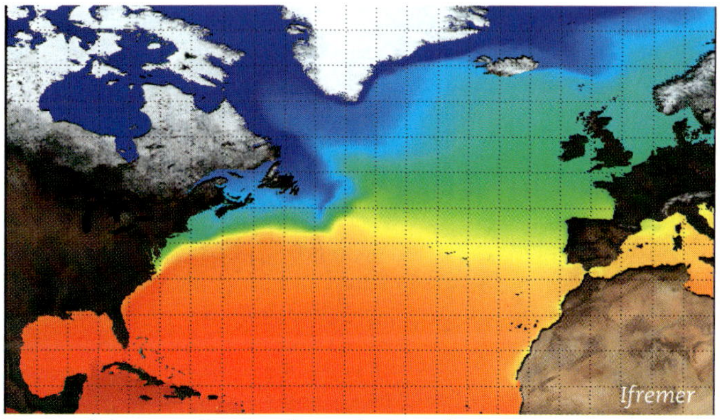

Le Gulf Stream est un courant océanique localisé dans l'Atlantique Nord.

Il se forme dans le golfe du Mexique et se dirige vers le Nord-Est.

Sa température est comprise entre 24 °C et 28 °C. Il réchauffe l'air qui se trouve au-dessus de lui.

Température de surface de l'océan : moyenne sur cinq ans (2011-2015)
Carte réalisée à partir d'observation satellite.

Doc. 2 Le Gulf Stream

Pour conclure

Proposer une hypothèse pour expliquer la différence de climat entre Montréal et Bordeaux.

Livret AP p. 7

Vocabulaire

- **Toundra :** plaine des zones de climat froid, caractérisée par une végétation comprenant des mousses et des lichens.

Activité 3 Comment expliquer l'origine et la direction des courants marins ?

Les courants océaniques et les vents de surface web

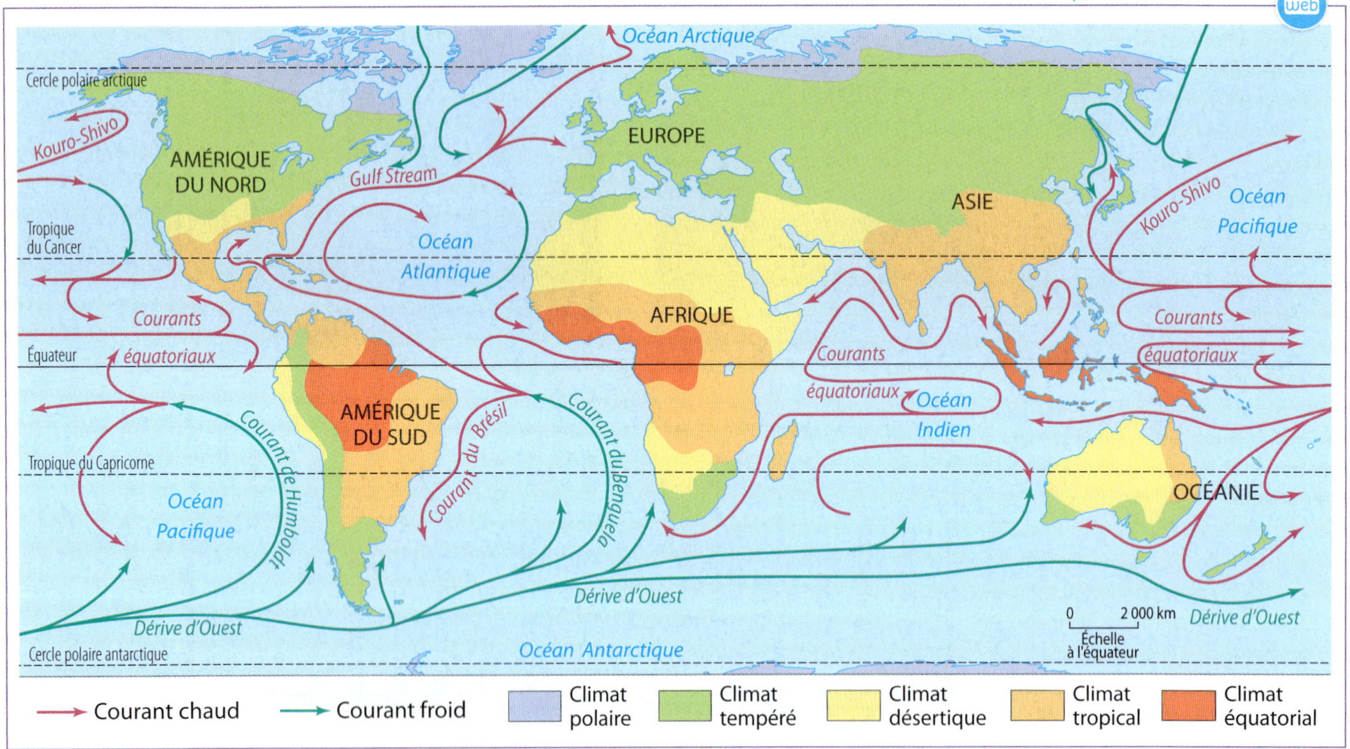

Doc. 1 Carte mondiale des principaux courants océaniques de surface

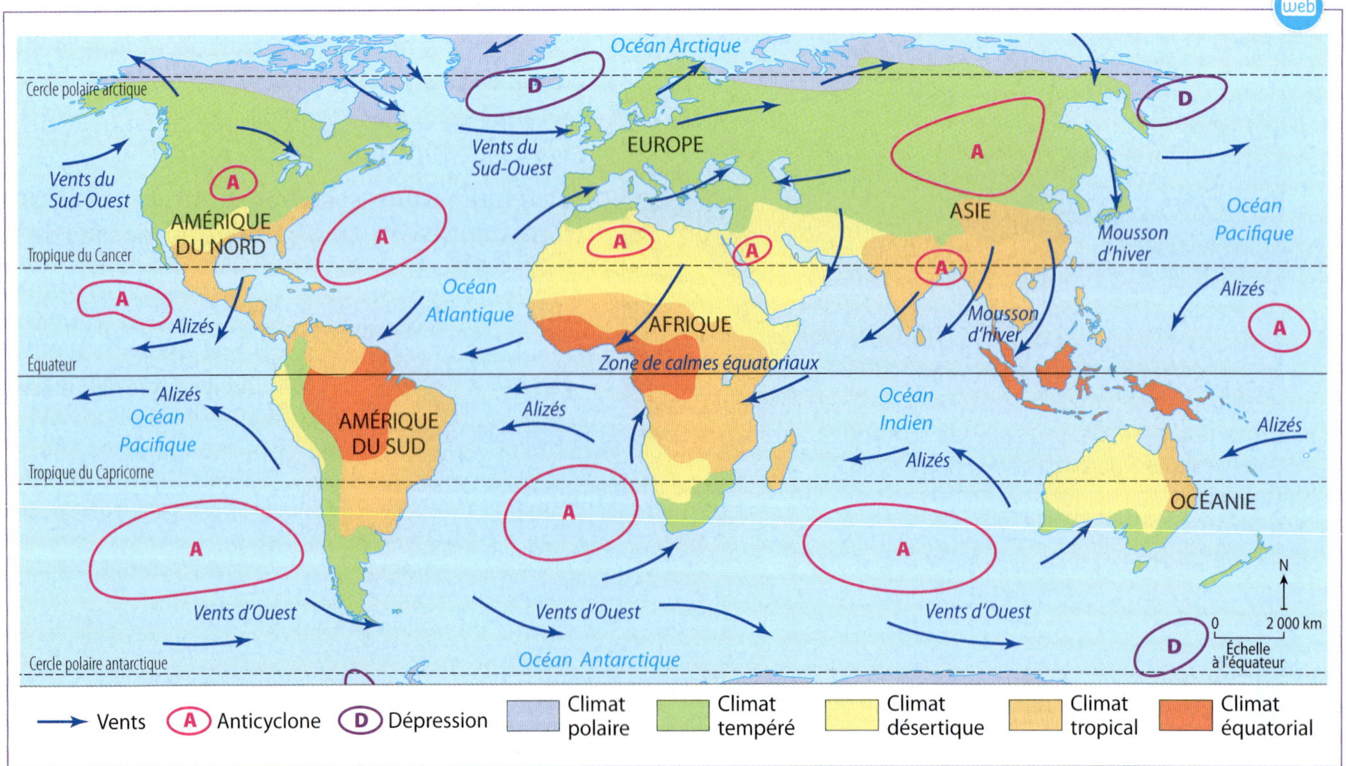

Doc. 2 Carte mondiale des principaux vents de surface

Compétence travaillée :
D1. Lire et exploiter des données présentées sous différentes formes.

On peut modéliser l'effet d'une différence de température dans une masse d'air à l'aide d'un bâton d'encens et d'un bloc gelé.

Doc. 3 Modélisation de la mise en mouvement d'une masse d'air

On peut modéliser l'action du vent à l'origine des courants marins en remplissant un récipient d'eau puis en versant quelques gouttes d'un colorant. Il suffit ensuite de souffler sur la zone où le colorant se trouve.

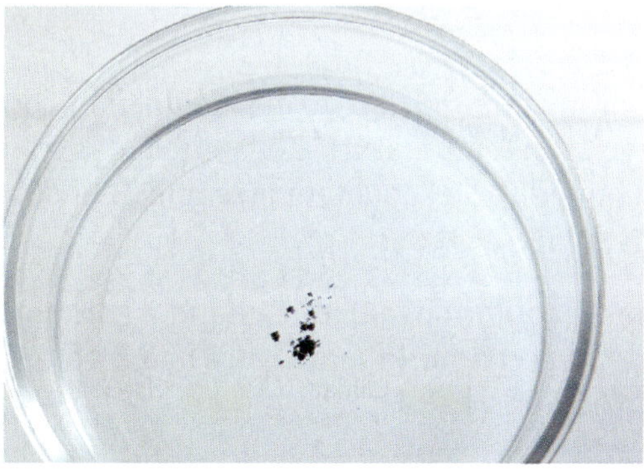

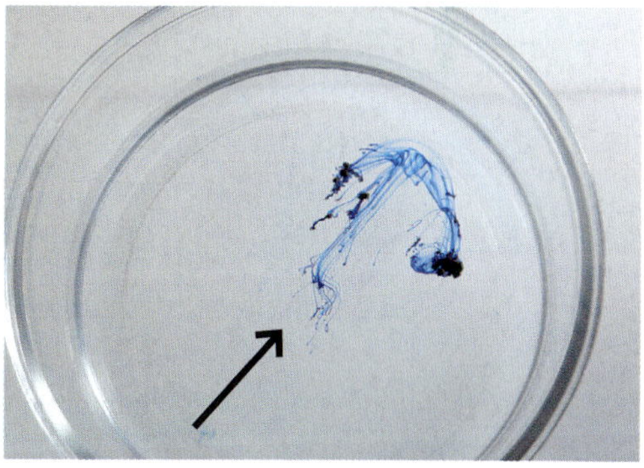

Doc. 4 Modélisation de l'action du vent sur une masse d'eau

On peut modéliser l'action de la rotation de la Terre sur une masse d'eau en mouvement en remplissant un récipient d'eau puis en le faisant tourner tout en déposant quelques gouttes de colorant.

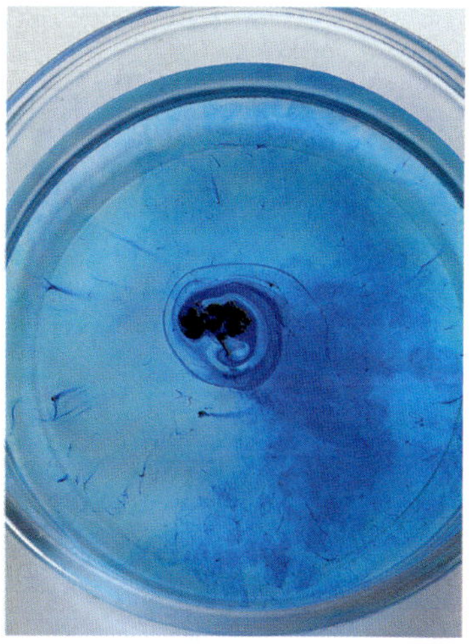

Doc. 5 Modélisation de l'effet de la rotation de la Terre sur une masse d'eau

Pour conclure

Indiquer l'origine des vents de surface et identifier les conséquences sur les masses d'eau à l'échelle planétaire.

▸ Livret AP p. 7

Bilan

... par le texte

Activité 1 Le mouvement des vents à l'échelle planétaire

- Le Soleil réchauffe le sol et l'air de façon inégale à la surface du globe (voir activité 2 module 5). L'air réchauffé monte et se refroidit avec l'altitude. L'air étant humide, cela entraîne la formation de nuages. En météorologie, on nomme **dépression** les zones où l'air monte et **anticyclone** les zones où l'air descend.
- Les déplacements horizontaux des dépressions et des anticyclones sont à l'origine des changements météorologiques.

Activité 2 Le mouvement des courants océaniques à l'échelle planétaire

- Un **courant océanique** est un mouvement d'eau de mer régulier et continu. Il est caractérisé par sa vitesse, sa direction et sa température. L'ensemble des courants océaniques transporte de la chaleur et de l'humidité de l'équateur aux pôles. Les courants océaniques ont donc un impact important sur les **climats**.
- Le Gulf Stream est un exemple de courant océanique chaud à l'origine d'un climat plus doux en France que celui qui règne en Amérique du Nord à la même latitude.

Activité 3 Le couplage entre les vents et les courants océaniques

- L'origine des mouvements d'eau et d'air est le Soleil qui, en réchauffant la Terre de façon inégale, crée les **vents**. Comme les vents et les courants sont liés, on parle de couplage des mouvements d'eau et d'air. Les vents sont à l'origine des courants océaniques de surface. La rotation de la Terre et les obstacles que représentent les continents modifient ces mouvements.
- Les vents et les courants océaniques sont les agents essentiels des climats. Des modifications des vents ou des courants océaniques à des échelles de temps courts sont à l'origine des changements météorologiques. Les modifications à des échelles de temps longs sont quant à elles à l'origine des changements climatiques.

À savoir :

	Activités	Exercices
• Expliquer à l'échelle globale que les mouvements des masses d'air sont à l'origine des phénomènes météorologiques.	1	4 5 7
• Expliquer à l'échelle globale que les mouvements des masses d'eau sont à l'origine des phénomènes météorologiques.	2	8
• Identifier le couplage entre les mouvements des masses d'air (vents) et des masses d'eau (courants océaniques) et ses effets sur les climats.	3	6

... par l'image

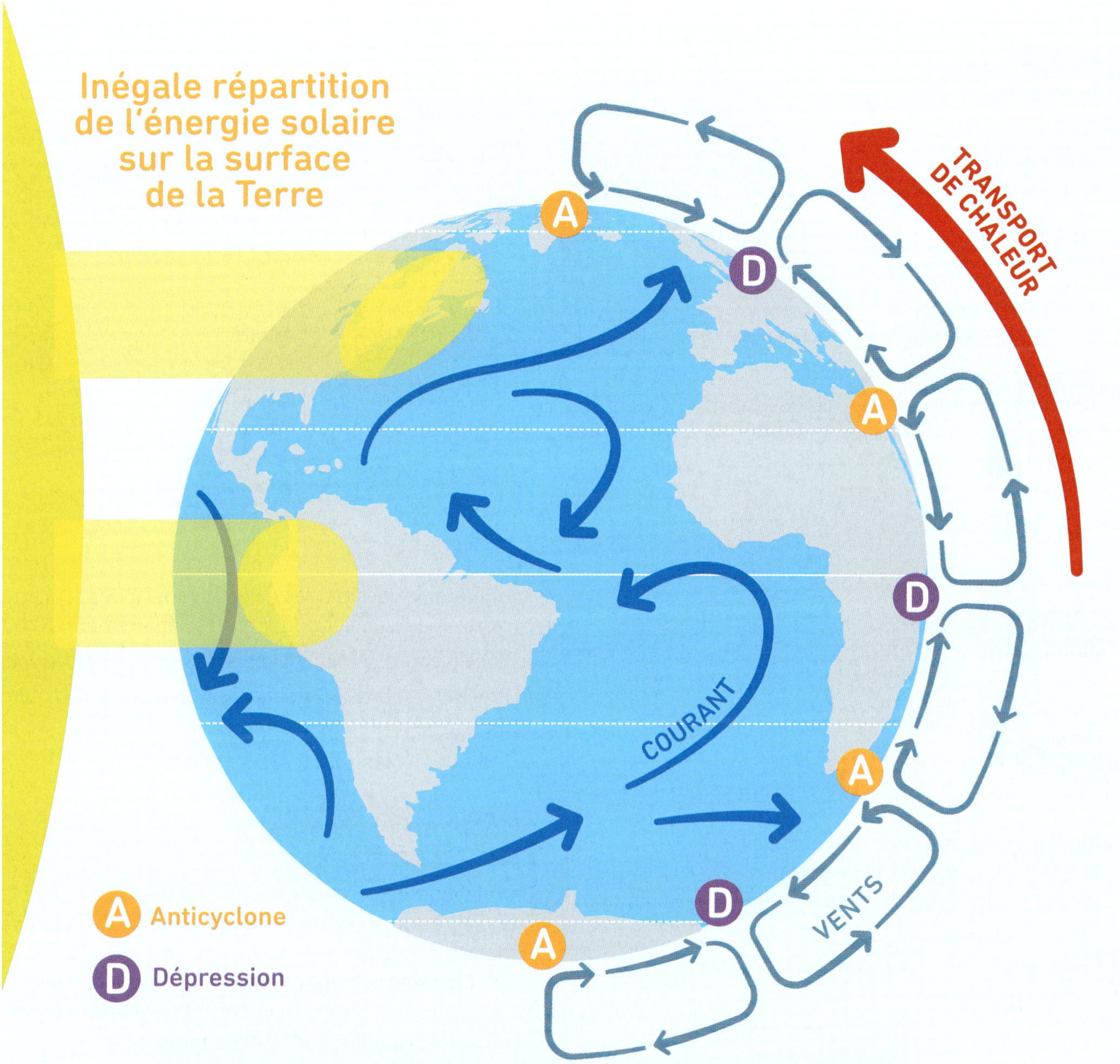

Couplage des mouvements des masses d'eau et d'air

↓

Diversité des climats et des phénomènes météorologiques

Mots à savoir définir

dépression • anticyclone • courant océanique • climat • vent

Exercer ses compétences

manuel numérique QCM 2

1 QCM 1 Choisir la proposition correcte.

	A	B	C	D	En cas de doute, lire
1. En météorologie, une dépression correspond à :	une zone aride.	une zone océanique.	une zone où l'air monte en altitude.	une zone où l'air descend.	1 p. 70
2. Le Gulf Stream est un exemple :	de vent de surface.	de courant atmosphérique.	de courant océanique.	de modification climatique.	2 p. 71
3. Les climats sont influencés par :	uniquement le vent de surface.	uniquement les continents.	les continents et le vent.	les vents de surface et les courants marins.	3 p. 72
4. L'origine des mouvements des masses d'eau et d'air est :	le mouvement des courants océaniques.	le mouvement des vents de surface.	l'énergie solaire inégalement répartie.	due à la rotation de la Terre.	3 p. 72
5. Des modifications des vents ou des courants océaniques à des échelles de temps courts sont à l'origine :	des changements météorologiques.	des changements climatiques.	du maintien des zones climatiques.	de la couche d'ozone.	3 p. 72

▶ Voir corrigés p. 413

2 D1. Définir

Définir les termes suivants :

a. vent ;
b courant océanique ;
c. climat.

3 D1. Rédiger

Rédiger une phrase à l'aide des mots suivants :

a. air, refroidit, nuages, humide et chaud.
b. changements, échelle, origine, modifications, temps et climatiques.

4 D5. Appréhender différentes échelles spatiales d'un phénomène ou d'une fonction

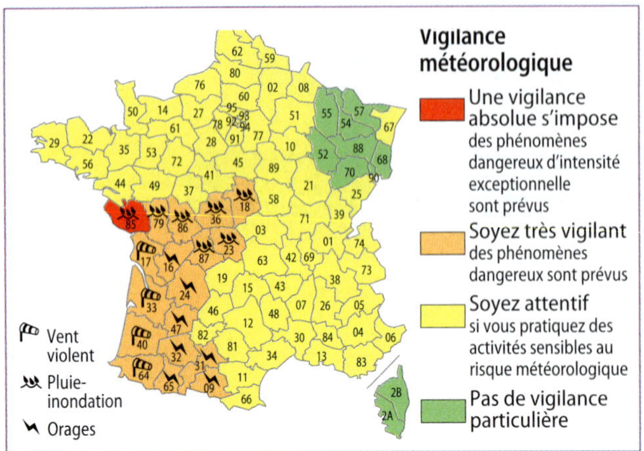

Doc. 1 Carte de vigilance produite par Météo France

1. **Indiquer** et localiser les dangers répertoriés sur cette carte en utilisant les numéros des départements.
2. **Localiser** grossièrement la dépression et l'anticyclone.
3. **Préciser** les conseils à donner à une personne qui habite dans le département en rouge.
4. **Indiquer** l'intérêt de ce type de carte.

5 D4. Proposer une ou des hypothèses pour résoudre un problème

Dans la journée, le sol s'échauffe plus et plus vite que la mer. L'air à son contact se chauffe et s'élève. Il est alors remplacé par de l'air plus froid en provenance de la mer. Il s'établit donc un vent qui souffle depuis la mer vers la terre. On l'appelle brise de mer. Lorsque le Soleil se couche, le sol se refroidit plus rapidement que la mer.

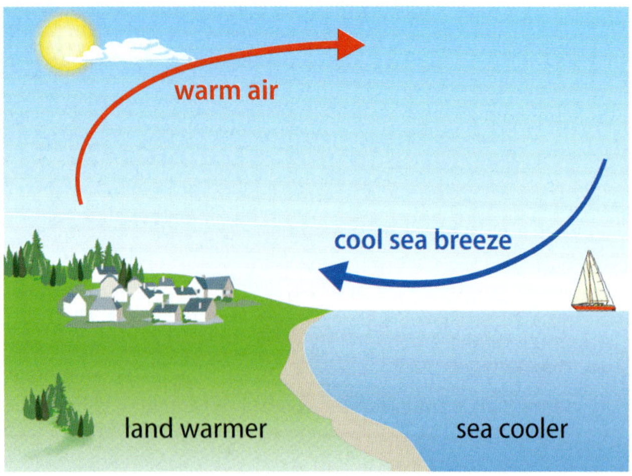

1. **Réaliser** un schéma présentant le mouvement hypothétique de l'air la nuit dans la même zone. **Justifier** votre réponse.
2. **Expliquer** en quoi ce phénomène peut être dangereux pour un bateau sans moteur ou une planche à voile.

6 D5. Appréhender différentes échelles spatiales d'un phénomène ou d'une fonction

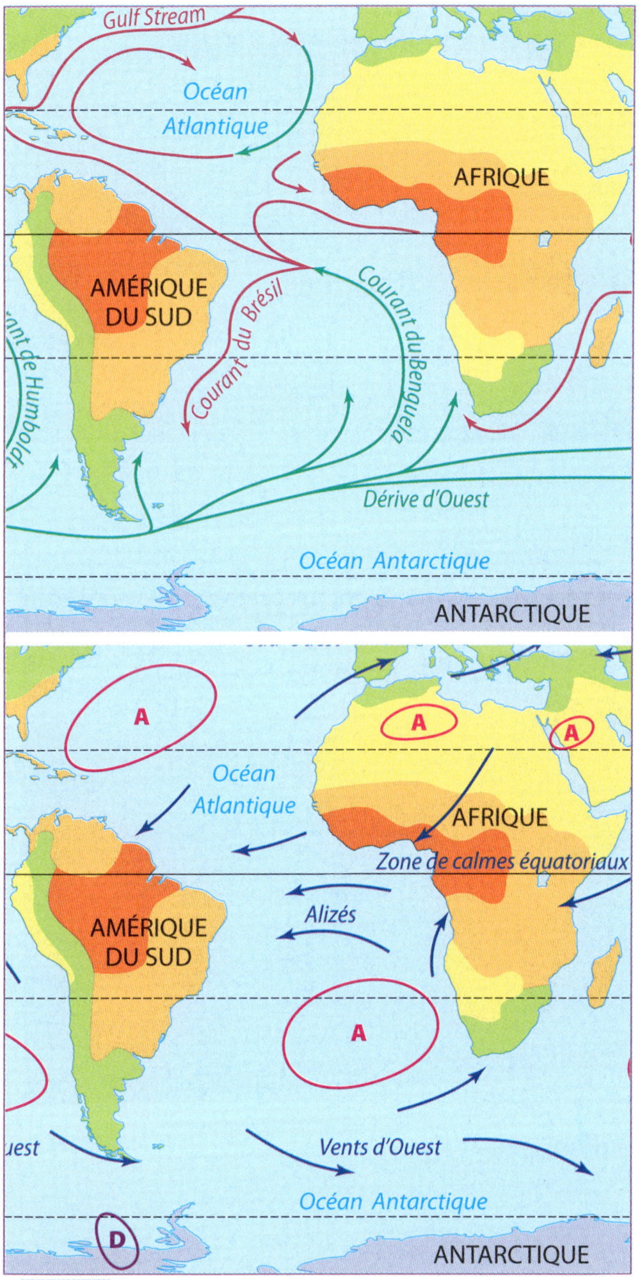

Doc. 1 Cartes des courants océaniques et vents entre l'Afrique et l'Amérique du Sud

1. **Décrire** brièvement les courants océaniques et les vents entre l'Afrique et l'Amérique du Sud.
2. **Expliquer** l'origine d'un climat sec en Afrique alors qu'il est plus humide à la même latitude en Amérique du Sud.

7 D1. Représenter des données sous différentes formes et choisir celle qui est adaptée à la situation de travail

On dispose de deux bâtons d'encens allumés, d'un bloc de glacière froid et d'un autre à température ambiante.

1. **Réaliser** un schéma permettant de visualiser les mouvements verticaux de l'air liés à la fumée se dégageant du bâton d'encens en présence d'un bloc à température ambiante puis d'un bloc froid.
2. **Expliquer** le résultat obtenu avec le bloc froid.

8 résolu D4. Proposer une ou des hypothèses pour résoudre un problème

Le « 7ᵉ continent de plastique » est décrit comme une immense plaque de déchets évoluant dans le nord de l'océan Pacifique, de la taille d'un tiers des États-Unis ou de six fois la France. Cette pollution, invisible depuis l'espace, se retrouve dans cinq grands bassins océaniques, au sein du Pacifique Nord, mais aussi du Pacifique Sud, de l'Atlantique Nord et Sud et de l'océan Indien.
Les déchets qui peuplent les océans proviennent en effet à 80 % des terres, portés par le vent ou les rivières – le reste tombant des navires de commerce. Jusqu'alors, les débris flottants étaient détruits par les micro-organismes, mais cela n'est plus le cas avec l'arrivée des plastiques.

D'après lemonde.fr

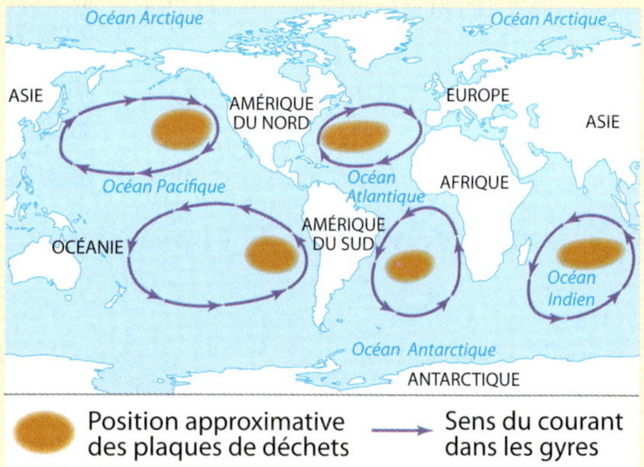

Consigne : **Proposer** une hypothèse expliquant l'origine météorologique de la formation de ces continents de déchets.

Livret AP p. 8

Activité

Compétence travaillée :
D5. Appréhender différentes échelles de temps géologique et biologique.

1 Quel climat faisait-il en France dans le passé ?

Site de la grotte de Lascaux web

Les climats passés sont déterminés grâce à des indices indirects. Il y a 20 000 ans, les Hommes de la préhistoire ont représenté certains animaux vivant dans leur environnement dans la grotte de Lascaux. L'étude des pollens conservés dans la tourbe permet de connaître la végétation du passé. L'analyse des pollens anciens de cette région montre une végétation de steppe froide.

Taureaux et cerfs représentés dans la grotte de Lascaux (Périgord)

Doc. 1 Le climat du sud de la France il y a 20 000 ans

L'étude des roches sédimentaires permet de préciser le climat qui régnait il y a 100 millions d'années dans le Sud de la France. On trouve de la bauxite, roche qui se forme actuellement uniquement sous un climat tropical. On trouve également des fossiles d'animaux qui vivent, aujourd'hui, sous un climat chaud et humide.
Il y a 100 millions d'années, on suppose donc que le climat du Sud de la France était tropical.

Fossile de crocodile (sud de la France, daté de – 100 Ma)

Doc. 2 Le climat du sud de la France il y a 100 millions d'années

Pour conclure
Comparer le climat actuel de la France à ceux d'il y a 20 000 ans et 100 millions d'années.

Livret AP p. 8

Vocabulaire
- **Grotte de Lascaux :** caverne qui a été fréquentée par les Hommes de la Préhistoire.
- **Tourbe :** matière organique fossile, formée de débris végétaux.
- **Steppe froide :** végétation composée essentiellement d'herbes. Actuellement, cette végétation est localisée au sud de la Sibérie.
- **Climat :** état général de l'atmosphère (température, précipitations, ensoleillement) pendant une longue période dans une région donnée.

Activité

Compétence travaillée :
D4. Proposer une ou des hypothèses pour résoudre un problème.

2 Quelle peut être l'origine d'un changement climatique passé ?

Doc. 1 Étendue de la calotte glaciaire à deux périodes dans l'hémisphère Nord

Des changements dans l'orbite de la Terre ou l'inclinaison de son axe de rotation expliquent les variations de la quantité d'énergie reçue par la Terre durant les 22 000 dernières années.

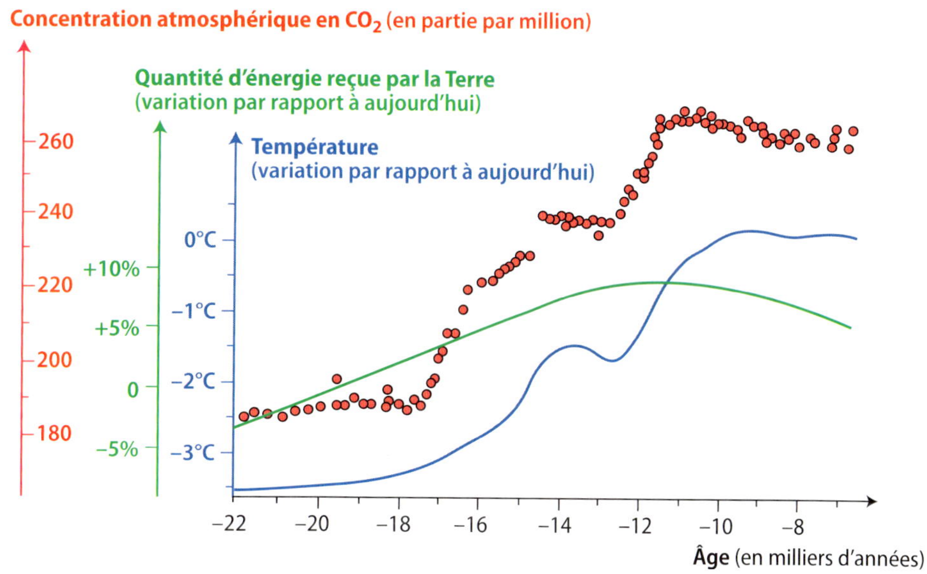

Doc. 2 Variations de la température, de la concentration de CO_2 atmosphérique et de l'énergie reçue par la Terre au cours des 22 000 dernières années

Pour conclure

Réaliser une chronologie des événements à l'origine du dernier grand changement climatique.

Livret AP p. 8

Vocabulaire

- **Orbite :** trajectoire que suit un objet (ici, la Terre) autour du Soleil.
- **Inclinaison :** la Terre tourne sur elle-même autour d'un axe traversant les pôles. Cet axe est incliné par rapport à la lumière provenant du Soleil.

Bilan

... par le texte

Activité 1 Les climats dans le passé

- Des conditions climatiques très éloignées de celles de l'époque actuelle ont existé dans le passé. Par exemple, le Crétacé (entre – 145 et – 65 Ma) fut la période la plus chaude de l'histoire de la Terre avec environ 4 °C de plus qu'aujourd'hui. Depuis un million d'années, le climat de la Terre est marqué par de très longues périodes de refroidissement. Des phases brèves de réchauffement ont séparé ces périodes de refroidissement.

Activité 2 Les origines d'un changement climatique

- Il y a 21 000 ans, une variation de l'orbite et de l'inclinaison terrestre a déclenché un léger réchauffement provoquant la fonte des glaces et une libération de CO_2 augmentant l'effet de serre, et donc le réchauffement.
- Pour d'autres changements climatiques, d'autres causes ont pu être identifiées, comme des éruptions volcaniques ou la mise en place de chaînes de montagnes. Dans tous les cas, ces causes font varier la concentration atmosphérique en CO_2 à l'origine du changement climatique.

Activité 3 Le réchauffement climatique

- Le **réchauffement climatique** correspond à une augmentation actuelle de la température de la surface de la Terre. Ce réchauffement pourrait dépasser 2 °C, voire 5 °C à l'horizon 2071-2100 si aucune politique climatique n'était mise en œuvre.
- Des études ont montré que ce réchauffement est dû à l'augmentation des **gaz à effet de serre** (GES), en particulier le CO_2 produits par les activités humaines.
- Les climatologues utilisent des scénarios d'émission de gaz à **effet de serre** due aux activités humaines pour anticiper les conditions climatiques du futur. Ces scénarios permettent de prendre des mesures d'atténuation (exemple : baisse des émissions de GES) ou d'adaptation (exemples : construction de digues, sensibilisation de la population aux économies d'eau).

Activité 4 Les effets du réchauffement climatique

- Le changement climatique a des effets multiples, à la fois bénéfiques et néfastes. La fréquence, l'intensité et la durée des aléas naturels (canicules, inondations, sécheresses, cyclones...) sont accentuées. L'élévation du niveau des océans pourrait atteindre près d'un mètre d'ici 2100.
- Les principales conséquences sur la biosphère seront un accroissement du risque d'extinction d'espèces vulnérables, le déplacement des aires de vie et la modification des interactions entre les espèces.
- Plus le réchauffement climatique sera rapide et important, plus les effets néfastes prédomineront. Il est donc nécessaire d'agir pour réduire l'émission de gaz à effet de serre à l'échelle planétaire afin de ralentir le réchauffement.

À savoir :	Activités	Exercices
• Repérer au moins un changement climatique passé.	1	7
• Repérer les origines possibles d'un changement climatique passé.	2	5
• Expliquer le réchauffement climatique actuel.	3	4 6
• Décrire les effets à long terme du réchauffement climatique actuel.	4	8

... par l'image

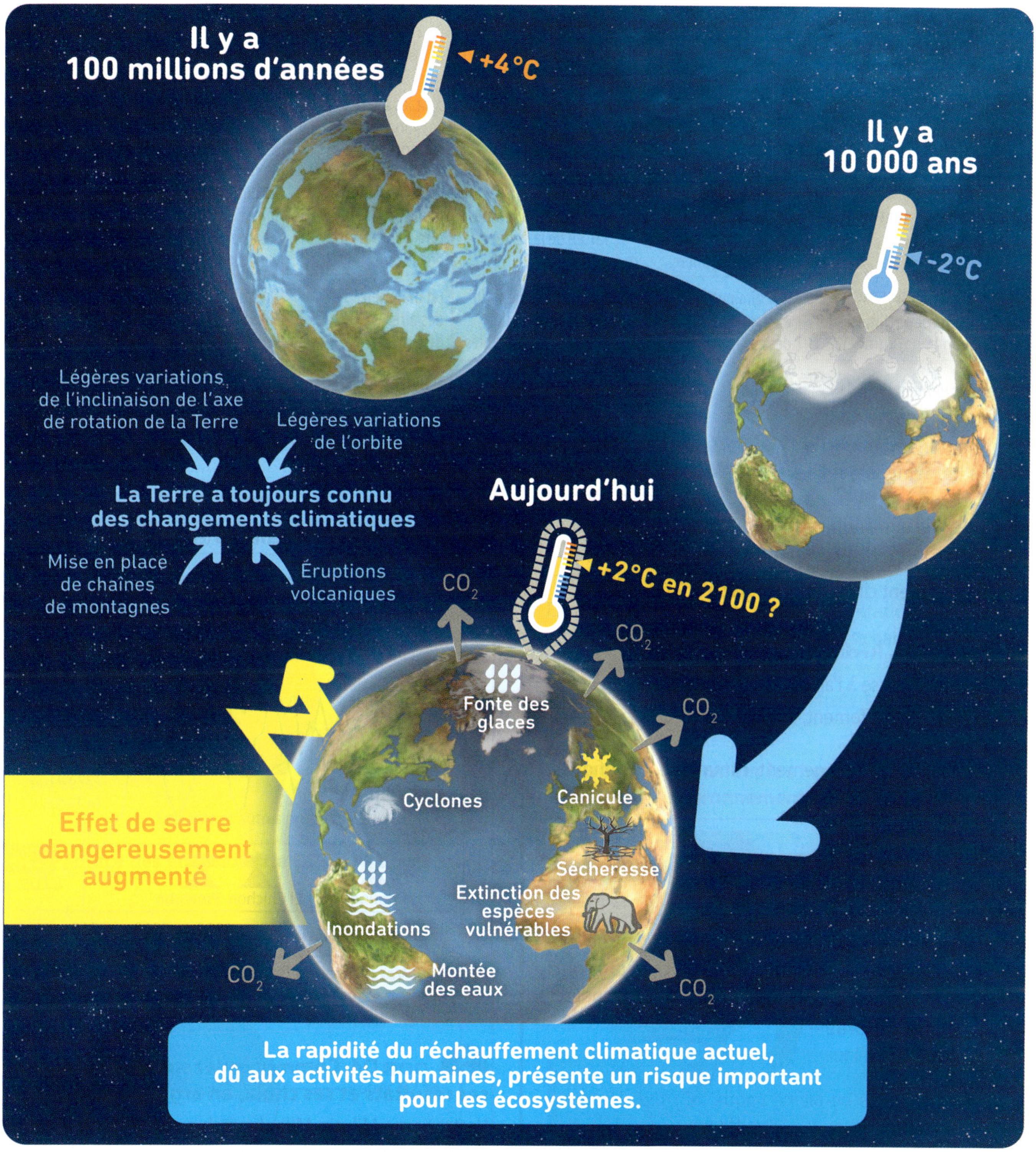

Mots à savoir définir

réchauffement climatique • gaz à effet de serre • effet de serre

Bilan
Attendu de fin de cycle

... par le texte

1 Les conséquences de l'inégale intensité des rayons solaires reçus par la surface de la Terre

- Comme la Terre est sphérique, les rayons du Soleil ne la chauffent pas avec la même intensité en fonction de la latitude. Cela entraîne des différences de température, à l'origine des **vents** et des **courants** océaniques.
- Lorsque l'air est chaud, il s'élève dans l'**atmosphère** provoquant ainsi une **dépression**. Par opposition, lorsqu'il est froid, l'air se rapproche de la surface de la Terre formant ainsi un **anticyclone**. Ces mouvements verticaux des masses d'air sont à l'origine des vents de surface. Les vents orientent la direction des courants océaniques de surface. Il existe donc un couplage des mouvements d'eau et d'air à la surface du globe.
- Ces vents et ces courants sont responsables des différents **climats** dont les plus chauds sont à l'équateur alors que les plus froids se trouvent aux pôles.

2 Les origines des variations climatiques

- La **climatologie**, science qui utilise les moyennes des températures et des précipitations sur des temps longs, montre que les climats n'ont pas toujours été les mêmes sur Terre.
- Plusieurs raisons expliquent les changements climatiques du passé :
  – une variation de l'orbite et de l'inclinaison de l'axe de rotation de la Terre ;
  – des éruptions volcaniques ;
  – la mise en place ou la destruction de chaînes de montagnes.
- Ces trois phénomènes font varier la concentration atmosphérique en CO_2 à l'origine du réchauffement ou du refroidissement de l'atmosphère terrestre.

3 Les conséquences du réchauffement climatique actuel

- Le réchauffement climatique actuel est lié aux activités humaines. Il aura des effets multiples à la fois bénéfiques et néfastes. La climatologie permet d'imaginer le climat futur et d'anticiper ses effets. Plus le réchauffement climatique sera rapide et important, plus les effets seront néfastes. Il est donc nécessaire d'agir pour réduire l'émission de gaz à effet de serre à l'échelle planétaire afin de le ralentir.
- La **météorologie** étudie le temps qu'il fait à un moment donné. Elle travaille sur de courtes durées, de l'heure à la semaine. Les changements climatiques auront une influence directe sur la fréquence, l'intensité et la durée des aléas météorologiques (canicules, inondations, sécheresses, cyclones...).
- Afin de réduire les **risques**, les météorologues doivent pouvoir prévoir les **aléas** et alerter la population afin d'en atténuer les conséquences et de diminuer la **vulnérabilité**.

LES CHANGEMENTS CLIMATIQUES PASSÉS ET ACTUELS

CAUSES :

- Variations de l'orbite terrestre
- Éruptions volcaniques
- Activités humaines
- Etc.

⚠ Le changement rapide actuel du climat est dû à l'action de l'Homme

LES ZONES CLIMATIQUES DE LA TERRE

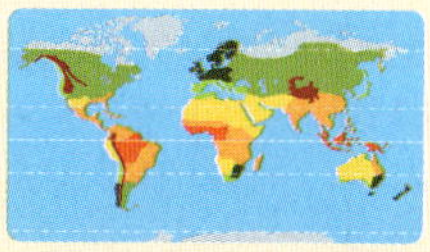

SONT DUES À L'INÉGALE RÉPARTITION DE L'ÉNERGIE SOLAIRE REÇUE

CLIMATOLOGIE

- ÉCHELLE MONDIALE
- LONGUE DURÉE

ET

MÉTÉOROLOGIE

- PHÉNOMÈNE LOCAL
- COURTE DURÉE

⚠ **ATTÉNUATION DES RISQUES :**

- Évaluer des aléas
- Diminuer la vulnérabilité

ÉTUDE DE LA DYNAMIQUE DES MASSES D'EAU

COURANTS OCÉANIQUES

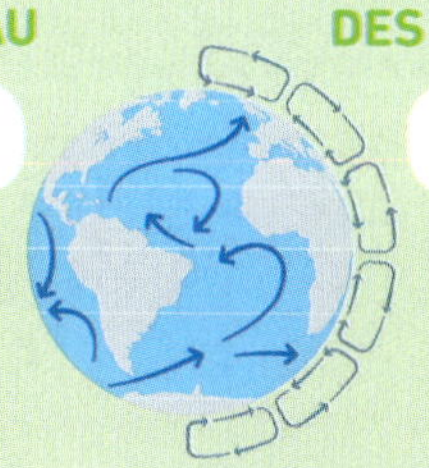

ÉTUDE DE LA DYNAMIQUE DES MASSES D'AIR

VENTS

Mots à savoir définir

vent • courant • atmosphère • dépression • anticyclone • climat • climatologie • météorologie • risque • aléa • vulnérabilité

Météorologie et climat

1 Tâche complexe D4. Interpréter des résultats et en tirer des conclusions

Une bouteille trouvée sur la plage en Irlande

Une bouteille à la mer

Avec beaucoup de chance, les promeneurs du bord de mer peuvent découvrir des bouteilles renfermant des messages envoyés par des personnes habitant sur un autre continent. Ce fut le cas d'un jeune irlandais qui a découvert un message dans une bouteille venant du Québec, ou encore plus récemment d'un couple qui a découvert un message sur une plage de Charente-Maritime alors que la bouteille avait été mise à l'eau à New York deux ans auparavant. Dans ces deux exemples, les bouteilles ont parcouru environ 5 000 km en allant de l'ouest vers l'est.

Consigne : Expliquer comment le couplage des vents et des courants de surface a permis le déplacement de la bouteille depuis l'Amérique du Nord jusqu'en Europe. Livret AP p. 8

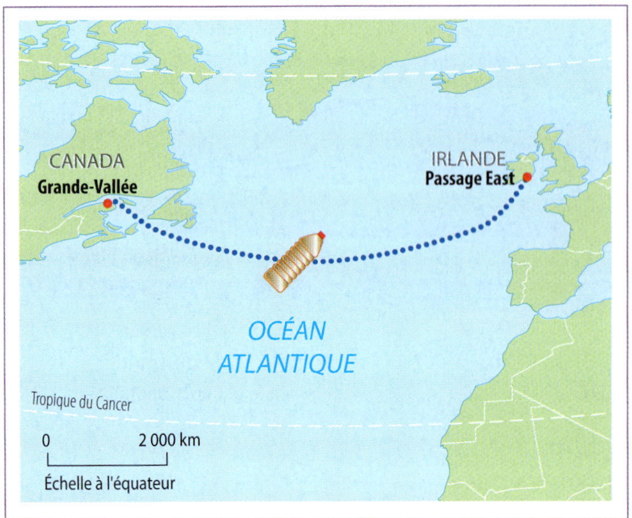

Doc. 1 Trajet de la bouteille retrouvée par le jeune garçon irlandais

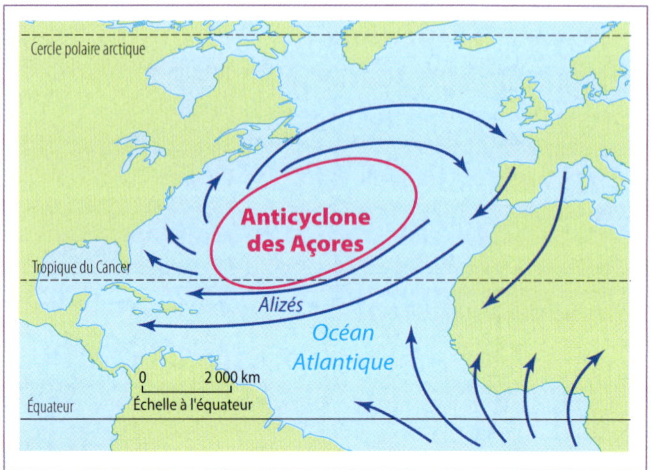

Doc. 2 Carte des vents de surface de l'Atlantique Nord

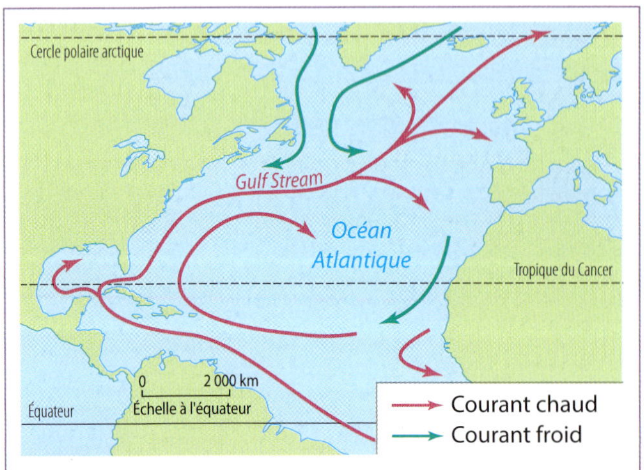

Doc. 3 Carte des courants de surface de l'Atlantique Nord

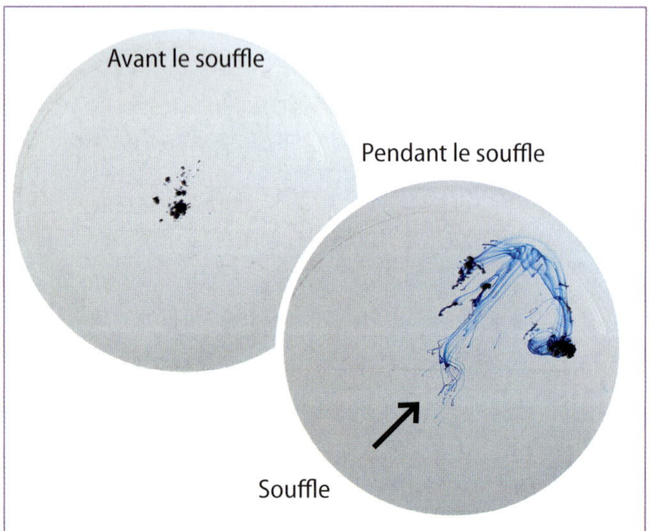

Doc. 4 Modélisation de l'effet du vent sur une goutte d'encre

2 Tâche complexe D1. Lire et exploiter des données présentes sous différentes formes

Un hiver tout en douceur

Un mois de février qui inquiète dans le sud de la France

Le mois de février 2016 a été exceptionnellement doux dans tout le sud de la France. Dans la vidéo mise en lien, une personne s'étonne, voire s'inquiète, de ces conditions atmosphériques.

▶ Consigne : **Montrer que ce mois de février, très doux dans le sud de la France, n'est pas un phénomène climatique mais un phénomène météorologique.**

▶ Livret AP p. 9

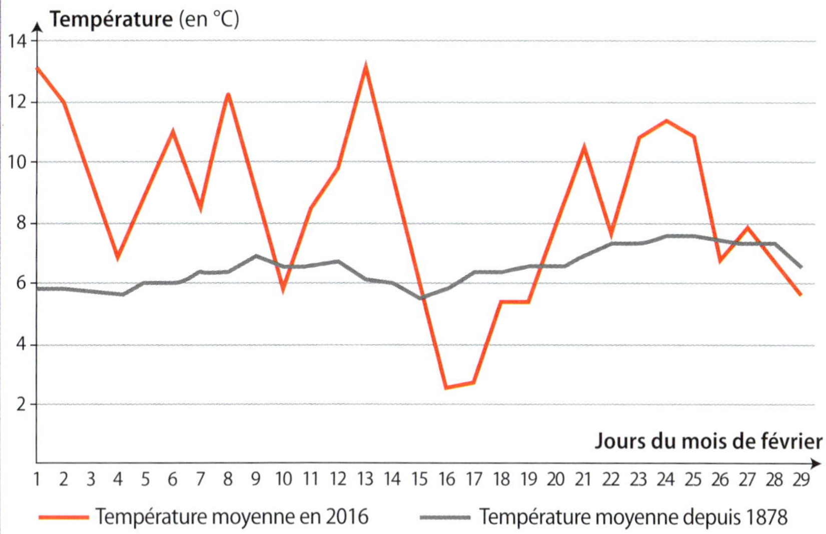

Doc. 1 Variation de la température à Toulouse : février 2016 *versus* moyenne sur février depuis 1878

		Hauteur des précipitations pour le mois de février (en mm)
2016	**Total mensuel**	94,8
Moyenne 1981–2010	**Total mensuel moyen**	41,6
Records en février	**Total mensuel moyen le plus bas**	2,4
	Total mensuel moyen le plus élevé	104,0

Doc. 2 Précipitations pour le mois de février à Toulouse

Quand on parle de météo, on désigne le temps qu'il fait en un lieu donné, au moment même ou dans les jours qui viennent. Les températures locales, les précipitations et les vents sont mentionnés dans des bulletins météo. Ces bulletins indiquent les prévisions météorologiques sur plusieurs jours avec un indice de fiabilité qui diminue en fonction de l'échéance de la prévision.
Le climat est tout à fait différent : il désigne les valeurs moyennes, sur au moins 30 ans, de différents paramètres météorologiques tels que la température, la pluviométrie, l'ensoleillement et le vent dans une région donnée.

Doc. 3 Différences entre climatologie et météorologie

En lien avec
les parcours

PEAC — Une Terre qui se réchauffe très vite

La climatologie étudie les climats passés, actuels et du futur. Elle montre que, depuis la deuxième moitié du XIXe siècle, le climat se réchauffe très rapidement. Les activités humaines sont mises en cause car elles libèrent beaucoup de gaz à effet de serre dont le dioxyde de carbone.

De nombreux événements sont organisés pour trouver des solutions aux problèmes générés par ce réchauffement climatique brutal.

Néle Azevedo, une artiste brésilienne née en 1951, est connue pour ses installations en glace dans les milieux urbains. Avec ses œuvres éphémères, son objectif est de surprendre les passants et de susciter des questionnements concernant l'impact de l'Homme sur les changements climatiques.

1. **Expliquer** ce que symbolisent les figurines de glace qui fondent dans un environnement urbain.
2. **Rechercher** quels événements internationaux ont eu lieu pour limiter le réchauffement rapide de la planète.
3. **Identifier** quelles pourraient être des actions simples à mettre en œuvre pour participer à la limitation du réchauffement climatique.

Avenir

Interview Métier : Stéphane, physicien au laboratoire LISA
(Laboratoire Interuniversitaire des Systèmes Atmosphériques)

En quoi consiste votre métier ?
Je suis professeur d'université, c'est-à-dire enseignant chercheur. Mon métier consiste à enseigner, collaborer avec des collègues français et étrangers, et à diffuser le résultat de mes recherches dans des articles et lors de congrès.

Qu'est-ce qui vous a conduit à faire ce métier ?
Comme les questions relatives au changement climatique me passionnent et que j'adore enseigner, je suis devenu physicien au laboratoire LISA. Je suis ainsi devenu un spécialiste de l'érosion par le vent des surfaces arides et de ses conséquences sur le climat de la Terre.

Quelles satisfactions avez-vous à exercer ce métier ?
L'enseignement et la recherche sont vraiment ce pour quoi j'ai choisi ce métier. Ils me passionnent toujours autant. La collaboration avec les collègues étrangers est également très enrichissante sur le plan personnel et scientifique.

Citer cinq mots qui caractérisent votre métier.
Passion, curiosité, disponibilité, découverte, transmission des savoirs.

Son parcours

Tout en exerçant en collège et lycée en tant que professeur de physique, il a poursuivi des études menant au doctorat. Celui-ci est nécessaire pour être candidat aux concours de recrutement de Maître de Conférences dans les universités ou de Chargé de recherche dans les organismes publics (CNRS, IRD...).

→ Pour en savoir plus sur ce métier, consulter le site : www.onisep.fr web

Les principaux impacts de l'action humaine à la surface de la Terre

Attendu de fin de cycle

Identifier les principaux impacts de l'action humaine, bénéfices et risques, à la surface de la planète Terre

Une exploitation en permaculture

Comment les activités humaines peuvent-elles influencer l'environnement et ses écosystèmes ?

8 L'exploitation de ressources naturelles

Activité ■□□

1 Quels besoins humains les ressources naturelles permettent-elles de satisfaire ?

Doc. 1 Le marché de Dinan, un lieu riche en ressources alimentaires

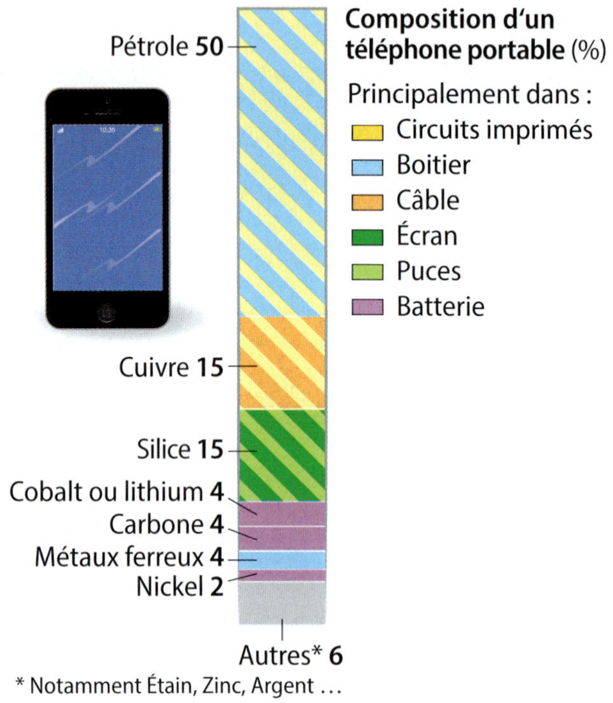

Doc. 2 Liste et proportion des composants d'un téléphone portable

Mélangé avec des argiles, le calcaire permet la production du ciment, indispensable à la construction.

Doc. 3 Une carrière de calcaire (Châtel-Censoir, France)

Le pétrole est une roche liquide à partir de laquelle sont produits des carburants, des plastiques, des textiles ou des détergents.

Doc. 4 Extraction de pétrole (Seine-et-Marne)

Compétence travaillée :
D4. Formuler un problème scientifique.

Doc. 5 Le thon rouge, une espèce menacée

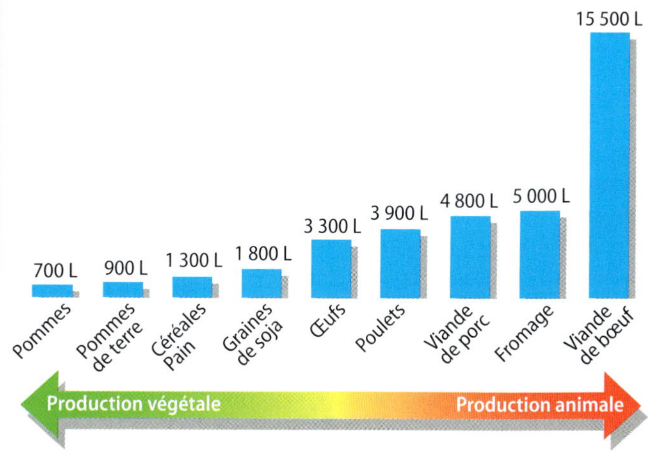

Doc. 6 Quantité d'eau nécessaire pour produire 1 kg d'aliment

Grâce aux forts vents locaux, le parc éolien de Fruges produit environ 140 mégawatts d'électricité correspondant aux besoins électriques d'une ville de 500 000 habitants.

Doc. 7 Le parc éolien de Fruges (Pas-de-Calais)

Visualisation du trafic maritime en direct

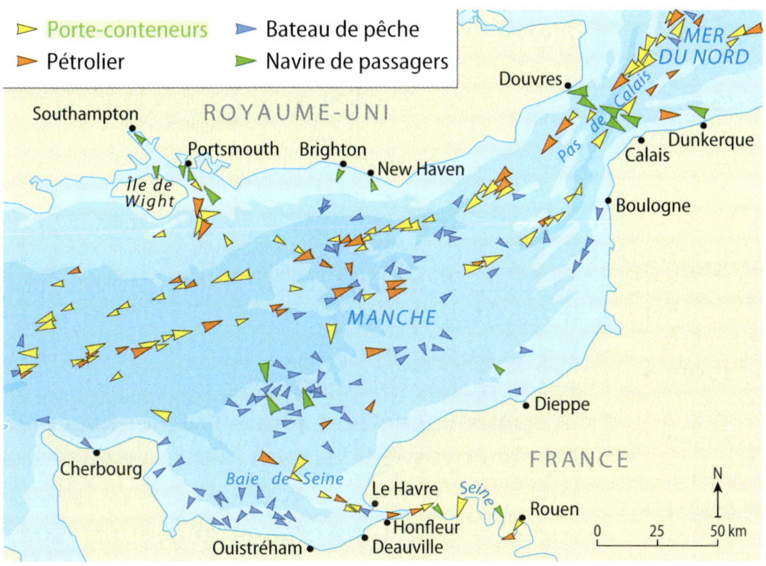

Doc. 8 Trafic maritime dans la Manche

Pour conclure

Identifier des besoins humains que les ressources naturelles permettent de satisfaire.

Formuler des problèmes liés à l'exploitation des ressources naturelles.

Livret AP p. 9

Vocabulaire

- **Ressource :** élément (substance ou être vivant) présent dans la nature et exploité pour les besoins humains.
- **Porte-conteneurs :** bateau de transport de marchandises.

Activité

2 Peut-on exploiter de façon raisonnée une ressource en eau ?

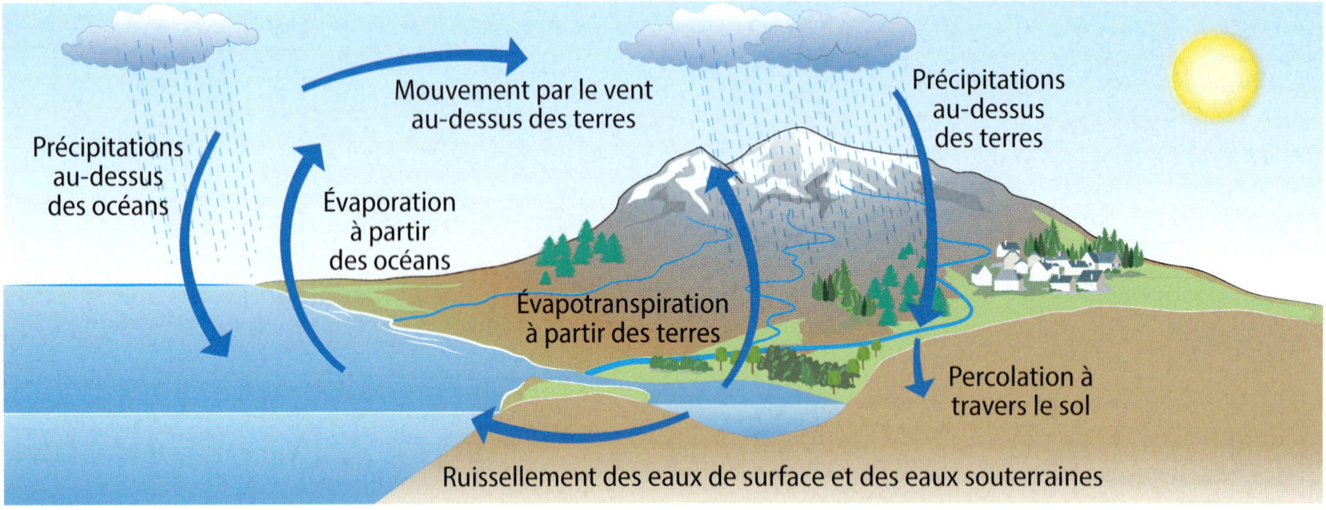

Doc. 1 Le cycle de l'eau

L'eau est une ressource naturelle. Les océans contiennent 97 % de l'eau. Approximativement 2 % de l'eau est retenue dans les glaciers et les calottes polaires. Les lacs, les cours d'eau et les eaux souterraines représentent le 1 % qui reste. La quantité d'eau contenue dans l'atmosphère est très faible.

On estime à 100 milliards de m^3 en moyenne les ressources en eau dans le sous-sol de la France métropolitaine. Environ 30 milliards sont prélevés chaque année pour faire face à différents besoins. Grâce au cycle de l'eau, cette ressource en eau souterraine se renouvelle.

Doc. 2 Les réserves d'eau et leur circulation

Une gestion raisonnée d'une ressource naturelle est une gestion qui permet à cette ressource de se renouveler et d'être conservée, sans être menacée par la surexploitation ou la dégradation. Cette gestion durable est une condition et un enjeu de survie pour l'humanité et pour les nombreuses autres espèces qui partagent cette biosphère. Elle est un des éléments du développement soutenable.

Doc. 3 Les caractéristiques d'une gestion raisonnée d'une ressource naturelle

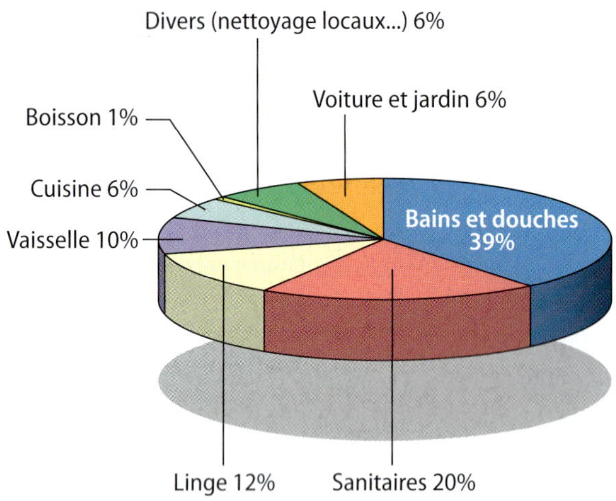

Chaque Français utilise en moyenne 148 litres d'eau par jour dans sa vie quotidienne. Il en consommait 165 litres par jour en 2004. À ce chiffre, il faut ajouter l'ensemble des utilisations collectives (établissements scolaires, hôpitaux, lavage des rues, arrosage des espaces verts...).

Ainsi, chacun utiliserait en moyenne 200 litres d'eau par jour.

Doc. 4 Les besoins et les usages en eau potable

Compétence travaillée :
D4. Comprendre les responsabilités individuelle et collective en matière de préservation des ressources de la planète.

Représentation de la part des volumes utilisés sur les ressources

- Ressources supérieures aux volumes utilisés (0 à 20 %)
- Ressources supérieures aux volumes utilisés (20 à 99 %)
- Volumes utilisés supérieurs aux ressources

Irrigation des cultures près de Mane en Provence

Doc. 5 Ressources en eau et volumes d'eau utilisés par l'Homme en région PACA (période : été)

Qualité de l'eau

- Bonne
- Mauvaise

La qualité de l'eau est définie comme les « caractéristiques physiques, chimiques et biologiques de l'eau nécessaires pour les utilisations qui en sont souhaitées ».

La pollution de l'eau peut être physique (limpidité altérée, température modifiée), chimique (nitrates, pesticides) ou biologique (bactéries, algues microscopiques).

Doc. 6 Qualité de l'eau en région PACA

Pour conclure

Montrer qu'une exploitation raisonnée des réserves d'eau est possible à l'échelle d'une région.

▸ Livret AP p. 9

Vocabulaire

- **Enjeu :** ce qui peut être gagné ou perdu.
- **Soutenable :** qui répond aux besoins du présent sans compromettre les ressources des générations futures.

Activité

3 Peut-on exploiter de façon raisonnée un gisement de pétrole ?

Les micro-organismes sont très abondants dans les milieux marins. En mourant, ils se déposent au fond des mers. La plupart du temps, cette matière organique est décomposée. Très rarement, des conditions particulières et locales permettent à cette matière organique de s'accumuler tout en étant recouvert par des sédiments transportés par les fleuves et les courants.

Encore plus rarement, des conditions font que cette couche s'enfonce jusqu'à une profondeur de trois à quatre kilomètres. Cet enfoncement est lié à l'activité du globe.

C'est seulement dans ces conditions que la matière organique peut se transformer en pétrole. Cette transformation prend plusieurs dizaines de millions d'années.

Dans l'immense majorité des cas, ce processus n'arrive pas à son terme.

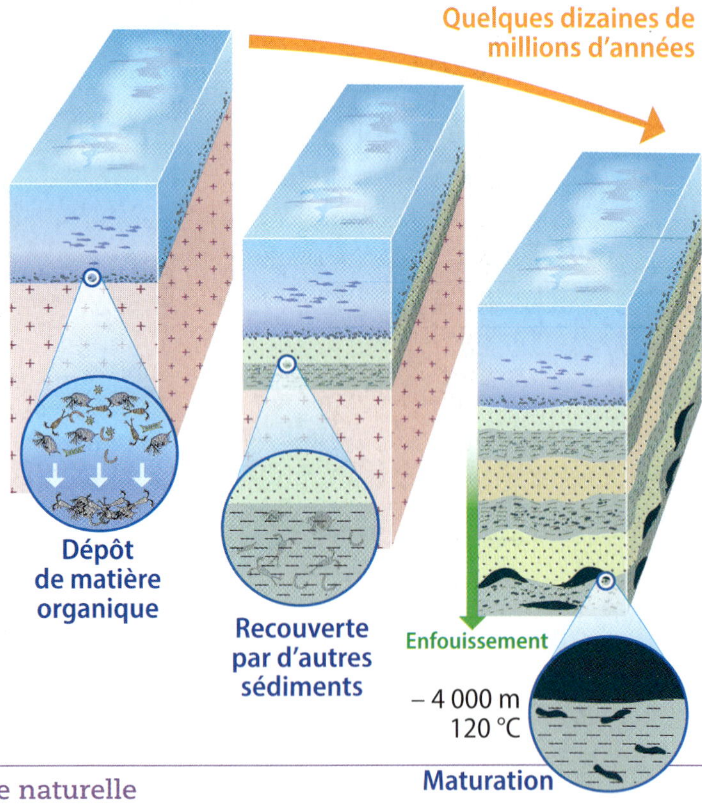

Doc. 1 La formation du pétrole, une ressource naturelle

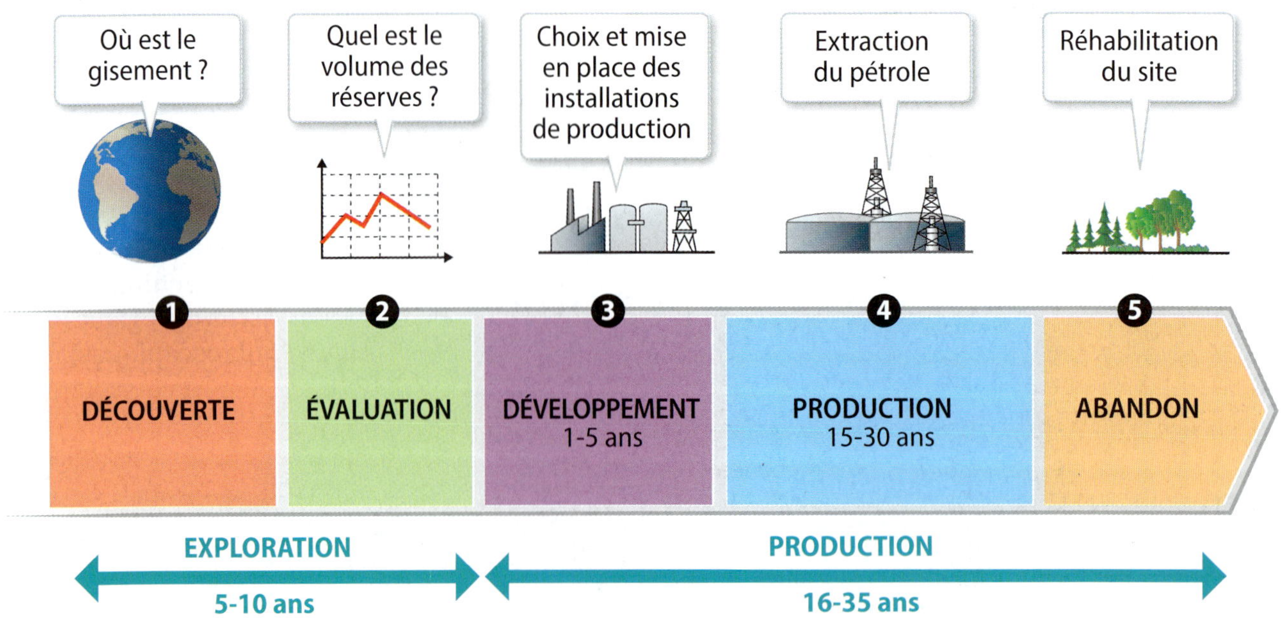

Doc. 2 Les cinq étapes principales d'un gisement pétrolier au cours du temps

Compétence travaillée :
D4. Comprendre les responsabilités individuelle et collective en matière de préservation des ressources de la planète.

Par réserves de pétrole prouvées, on entend les volumes de pétrole récupérables dans des gisements au vu des critères techniques et économiques actuels.

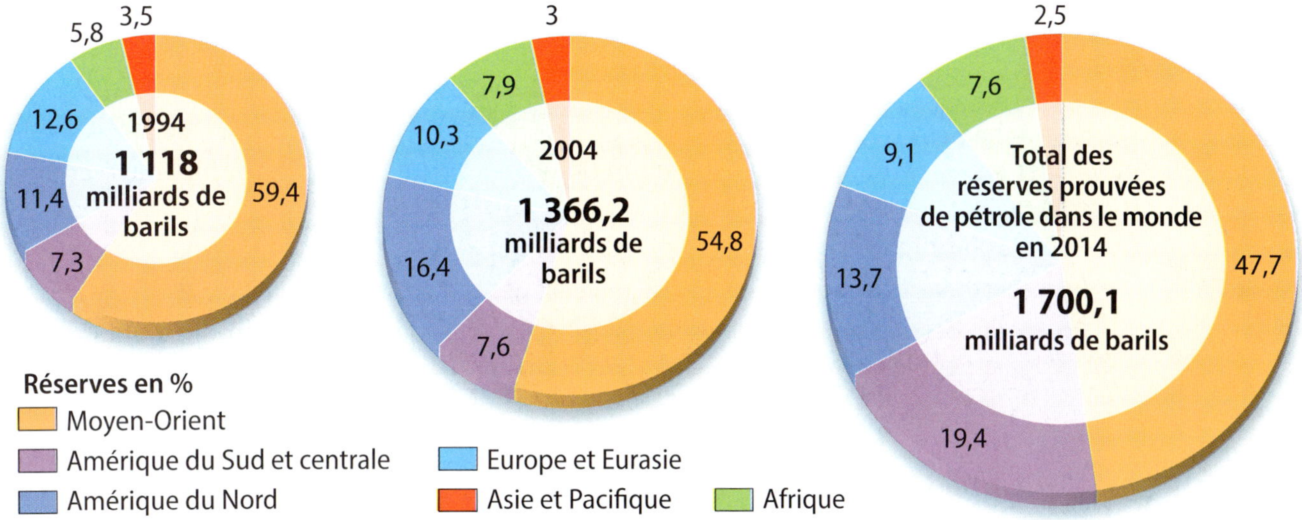

Doc. 3 Réserves mondiales de pétrole prouvées en 1994, 2004 et 2014

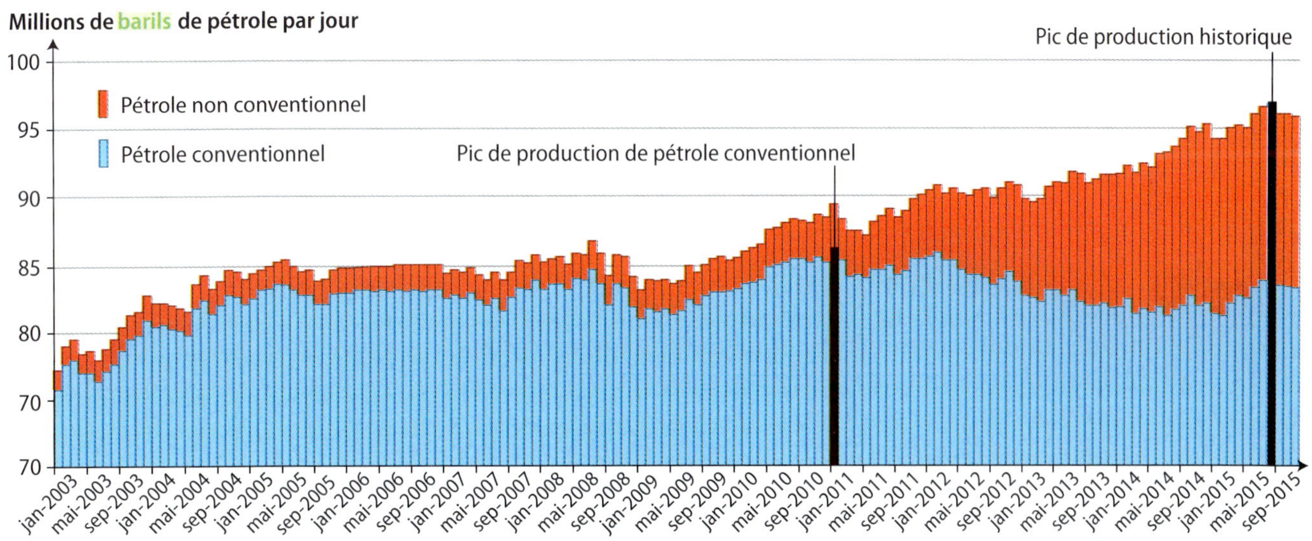

Le pétrole non conventionnel est un pétrole produit en utilisant d'autres techniques que la méthode des puits pétroliers traditionnels.

Doc. 4 Évolution de la production mondiale de pétrole

Une gestion raisonnée d'une ressource naturelle est une gestion qui permet à cette ressource de se renouveler et d'être conservée sans être menacée par la surexploitation ou la dégradation.

Doc. 5 Les characteristiques d'une gestion raisonnée d'une ressource naturelle

Pour conclure

Montrer qu'une exploitation raisonnée d'une réserve de pétrole n'est pas possible.

▸ Livret AP p. 9

Vocabulaire

- **Sédiments :** particules en suspension dans l'eau.
- **Baril :** 159 litres de pétrole.

Bilan

... par le texte

Activité 1 Une exploitation des ressources naturelles au bénéfice des humains

- L'environnement contient des **ressources naturelles** pour les espèces qui y vivent, en particulier les êtres humains. Par leur exploitation, les sociétés humaines ont trouvé et trouvent encore dans leur environnement de quoi satisfaire leurs **besoins** :
  - Pour se nourrir, les humains réalisent des élevages, des cultures et la pêche.
  - Pour construire, ils exploitent le sous-sol (minerais des carrières et des mines) et les forêts.
  - Pour leurs besoins en énergie, les humains exploitent pétrole, gaz, charbon, uranium mais également le vent, l'énergie solaire ou la chaleur du globe terrestre.

Activité 2 L'exploitation d'une ressource renouvelable

- Une ressource **renouvelable** désigne une ressource naturelle dont le stock peut se reconstituer sur une période courte à l'échelle humaine. C'est le cas des ressources en eau grâce au cycle de l'eau, de l'énergie éolienne et de l'énergie solaire.
- Cependant, l'exploitation d'une ressource renouvelable ne doit pas être supérieure à la vitesse de formation ou de régénération de la ressource. Il faut également préserver cette ressource d'une dégradation ou d'une pollution. Si l'on respecte ces deux éléments, l'**exploitation** de la ressource est **raisonnée** c'est-à-dire qu'elle assure pour l'avenir un maintien des quantités disponibles si les conditions d'utilisation et de consommation ne changent pas.

Activité 3 L'exploitation d'une ressource non renouvelable

- Une ressource naturelle est qualifiée de **non renouvelable** si elle ne peut pas se reconstituer à l'échelle humaine. Le pétrole est une ressource non renouvelable. Sa formation prend des millions d'années, et sa ressource est limitée à la surface de la Terre. L'exploitation d'un gisement n'est donc jamais durable ni raisonnée.

À savoir :	Activités	Exercices
Identifier les besoins humains que les ressources naturelles permettent de satisfaire.	1	3 5
Caractériser une exploitation raisonnée des ressources naturelles.	2 3	8
Distinguer l'exploitation raisonnée et non raisonnée des ressources naturelles.	2 3	4 6 7

... par l'image

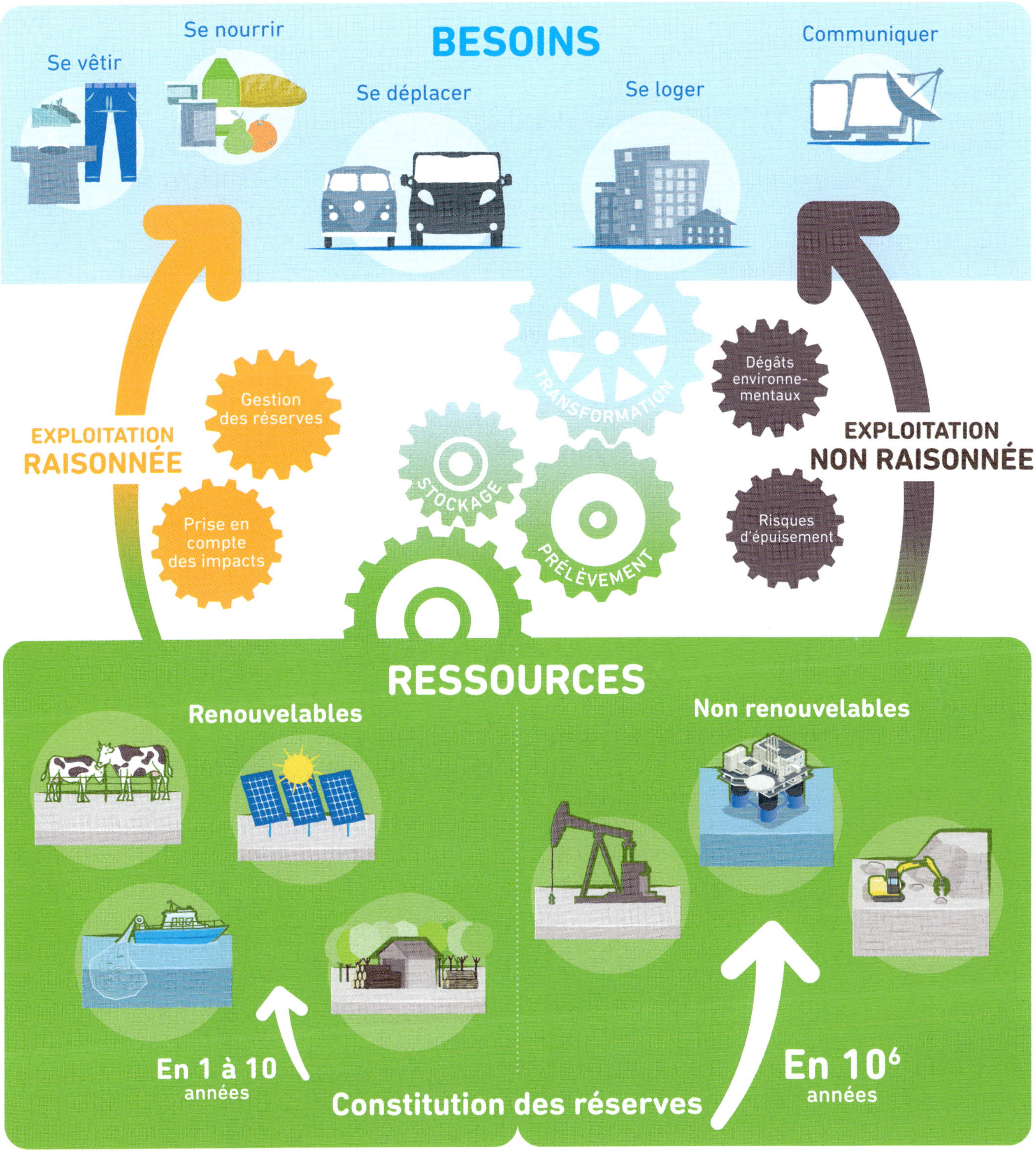

Mots à savoir definir

ressource naturelle • besoins humains • renouvelable • exploitation raisonnée • non renouvelable

Exercer
ses compétences

manuel numérique QCM 2

1 QCM 1 Choisir la proposition correcte.

	A	B	C	D	En cas de doute, lire
1. L'utilisation des ressources de l'environnement par les humains est :	aussi ancienne que les humains.	apparue avec la révolution industrielle.	liée à la conquête spatiale.	liée à la mondialisation.	1 p. 92
2. L'eau est :	une ressource renouvelable.	une ressource non renouvelable.	nécessairement exploitée d'une façon raisonnée.	ne peut pas être exploitée d'une façon raisonnée.	2 p. 94
3. Le pétrole est :	une ressource renouvelable.	une ressource non renouvelable.	nécessairement exploité d'une façon raisonnée.	rapide à fabriquer.	3 p. 96
4. L'utilisation raisonnée d'une ressource naturelle assure :	le maintien de son utilisation.	un prélèvement maximum en un minimum de temps pour rentabiliser les aménagements nécessaires.	une répartition égale des risques et des avantages liés à la ressource.	une utilisation importante et rapide.	3 p. 96

▶ Voir corrigés p. 413

2 D1. Définir

Définir les termes suivants :

a. Ressource naturelle ;

b. Ressource renouvelable.

3 D4. Communiquer sur ses démarches et ses choix en argumentant.

1. Associer ressources et besoins en cochant la (les) case(s) correspondantes.

Ressources / Besoins	Eau	Calcaire	Troupeaux	Blé	Métaux	Pétrole
Alimentation						
Habitation						
Habillement						
Déplacement						
Communication						

4 D4. Interpréter des résultats et en tirer des conclusions

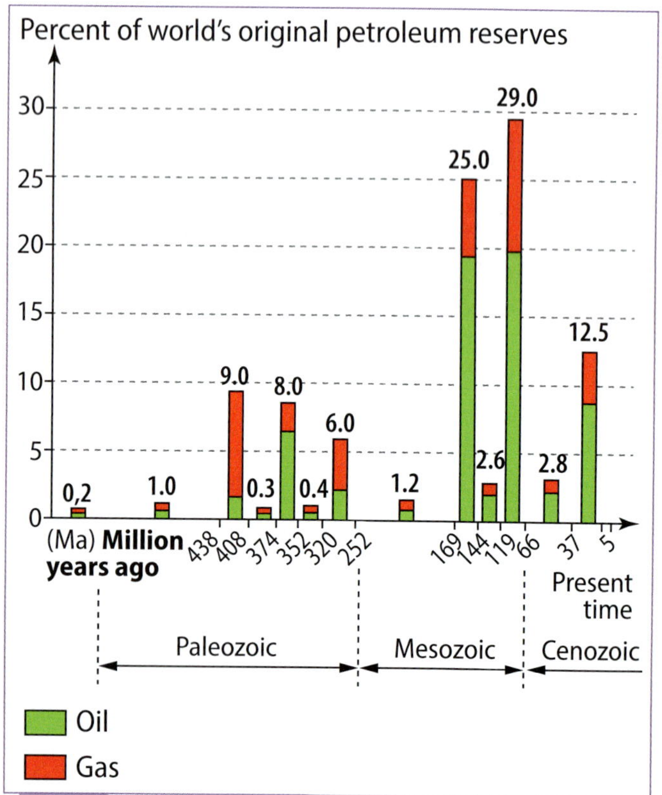

Doc. 1 Datation des pétroles des gisements actuels

1. Citer les deux périodes ayant été les plus favorables à la formation du pétrole.

2. Justifier, à l'aide de ce document, que le pétrole est une ressource non renouvelable.

5 D5. Identifier les impacts des activités humaines sur l'environnement à différentes échelles

Doc. 1 Étals de produits alimentaires dans un marché français

1. **Identifier** sur l'image les ressources naturelles utilisées permettant aux humains de satisfaire les besoins en nourriture et les activités humaines.
2. **Citer l'origine** de trois ressources naturelles et préciser si elles sont renouvelables ou non renouvelables.

6 D4. Communiquer sur ses démarches, ses résultats et ses choix, en argumentant

« We must step up our program to convert cheap fresh water from salt water. There is no scientific breakthrough, including the trip to the moon, that will mean more to the country which first is able to bring fresh water from salt water at a competitive rate. And all those people who live in deserts around the oceans of the world will look to the nation which first makes this significant breakthrough, and I'd like to have it the United States of America ».

John F. Kennedy - August 18th, 1962

1. **Lire et traduire** cette citation du président américain J. F. Kennedy en 1962.
2. **Chercher sur Internet,** à l'aide d'un moteur de recherche, où se trouvent aujourd'hui les plus grosses installations de dessalement d'eau de mer et justifier cette localisation.

7 D4. Proposer une ou des hypothèses pour résoudre un problème

La pression de pêche prend en compte le nombre de bateaux et la technologie, utilisés pour pêcher.

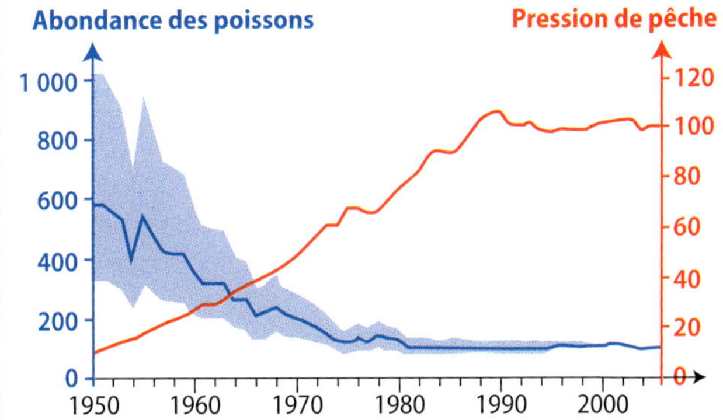

Source : Rapport du Sénat (mai 2014) : Pêches maritimes : comment concilier exploitation et préservation des ressources halieutiques ?

Doc. 1 Évolution de l'abondance de poissons et pression de la pêche pour la zone golfe de Gascogne - mer Celtique

1. **Décrire** l'évolution de l'abondance de poissons dans la zone d'étude depuis 1950.
2. **Préciser** la réponse à la question 1. en argumentant si la ressource halieutique est une ressource renouvelable.
3. **Proposer** une hypothèse permettant d'expliquer les variations de l'abondance de cette ressource au cours du temps.

8 résolu D4. Communiquer sur ses démarches, ses résultats et ses choix, en argumentant.

Les gaz et le pétrole de schiste sont prélevés en grande quantité depuis une dizaine d'années aux États-Unis notamment. Ils ont permis de multiplier la production en hydrocarbures, et ces réserves pourraient permettre au minimum 100 années de consommation mondiale. Leur extraction repose sur des techniques profondes qui modifient l'état des roches imprégnées d'hydrocarbures. Ces dernières sont mixées avec divers additifs, et une matière liquide est ramenée vers la surface.

Doc. 1 Une exploitation de gaz de schiste.

Montrer si une exploitation raisonnée des gaz et pétrole de schiste est possible.

Livret AP p. 10

Activité

1 Quels sont les impacts de l'exploitation d'une forêt ?

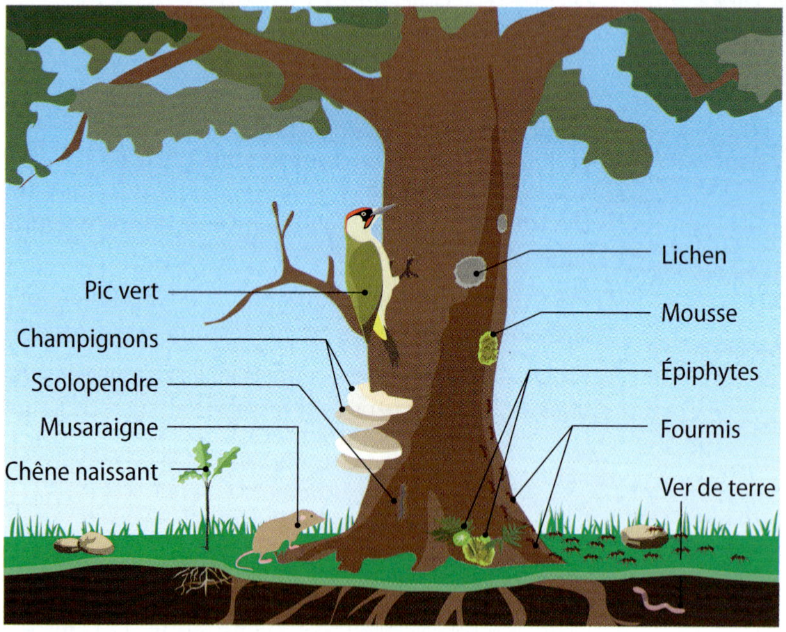

Doc. 1 L'arbre, une ressource naturelle pour les êtres vivants

Doc. 2 Le bois, une ressource exploitée par l'Homme

Doc. 3 Passage d'un véhicule de chantier dans la forêt au Congo

Doc. 4 Mise à nu du sol forestier après une coupe rase en Guyane française

Compétence travaillée :
D1. Représenter des données sous différentes formes et choisir celle qui est adaptée à la situation de travail.

Doc. 5 L'exploitation massive d'une ressource naturelle : la forêt primaire en Guyane

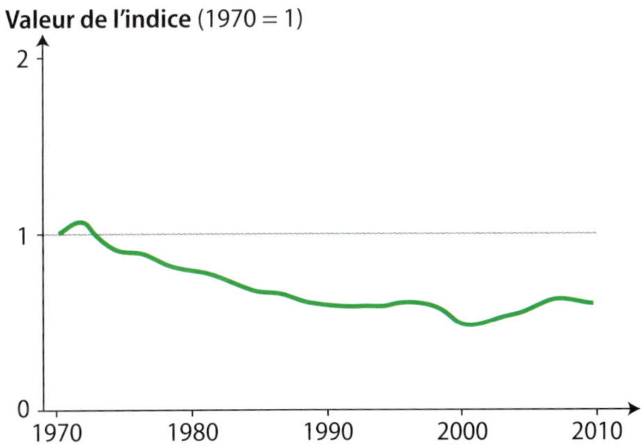

Doc. 6 Variation de la biodiversité en fonction du temps

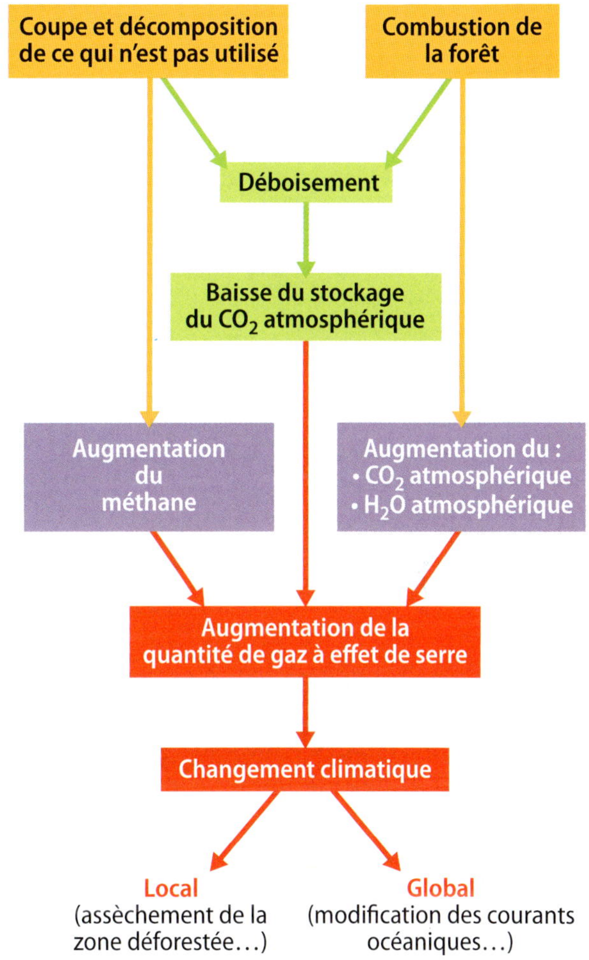

Doc. 7 Conséquences de l'exploitation intensive de la forêt

Maladie	Répartition	Action créant la contamination	Conséquence
Fièvre jaune (virus)	Afrique Amérique du Sud	Déforestation et expansion des habitats humains en bordure des forêts	En 2013 : 84 000 à 170 000 cas graves dont 29 000 à 60 000 décès
Ébola (virus)	Afrique		Depuis 1976 30 000 cas dont 12 000 décès

Doc. 8 Lien entre déforestation et épidémie

Pour conclure

Présenter, en utilisant une forme adaptée, les conséquences de l'exploitation d'une forêt.

▸ Livret AP p. 10

Vocabulaire

- **Forêt primaire :** forêt qui n'a jamais connu l'impact des activités humaines à grande échelle.
- **Biodiversité :** diversité biologique. Elle regroupe toutes les espèces vivantes, la diversité des individus et leurs milieux de vie.
- **Épidémie :** propagation rapide et à grande échelle d'une maladie infectieuse.

Activité

2 Comment l'exploitation d'une forêt peut-elle générer des conflits ?

Doc. 1 Quelques services rendus par une forêt

Doc. 2 Déforestation en Indonésie pour récolter des bois exotiques puis installer une culture

Le bois des arbres coupés en forêt est considéré comme un matériau renouvelable d'avenir, à condition qu'il y en ait assez pour tout le monde.

Il est notamment utilisé pour produire de l'énergie, pour fabriquer du papier ou des meubles. Lorsque le bois manque, des tensions apparaissent. C'est l'exemple d'un conflit d'usage.

Doc. 3 L'utilisation du bois à l'origine de conflits d'usage

Dans le sud de la France, la concurrence entre les différents secteurs et les entreprises qui utilisent le bois crée de fortes tensions sur le marché du bois forestier.

« La perspective de l'arrivée des mégacentrales à biomasse, à Gardanne et à Brignole (Bouches-du-Rhône) a créé un climat de panique sur le marché du bois. C'est une aberration totale, estime le responsable de l'approvisionnement en bois de la papeterie Fibre Excellence de Tarascon. Comme il ne réussissait pas à acheter suffisamment de bois en France, il a dû importer plus de 30 000 tonnes de bois du Vénézuéla pour pouvoir faire tourner son usine à papier.

Récolté au Vénézuéla, le bois a dû traverser l'Atlantique puis la Méditerranée pour fournir seulement dix jours de production.

Le résultat est déjà visible : des coupes rases d'une dimension inimaginable au Vénézuéla mais aussi dans des pays comme le Canada devenu le pays avec la plus forte déforestation au monde, dépassant le Brésil et l'Indonésie. »

D'après lefigaro.fr le 01/08/2014

Doc. 4 Un exemple de conflit d'usage en France et dans le monde

Compétence travaillée :
D1. Lire et exploiter des données présentées sous différentes formes.

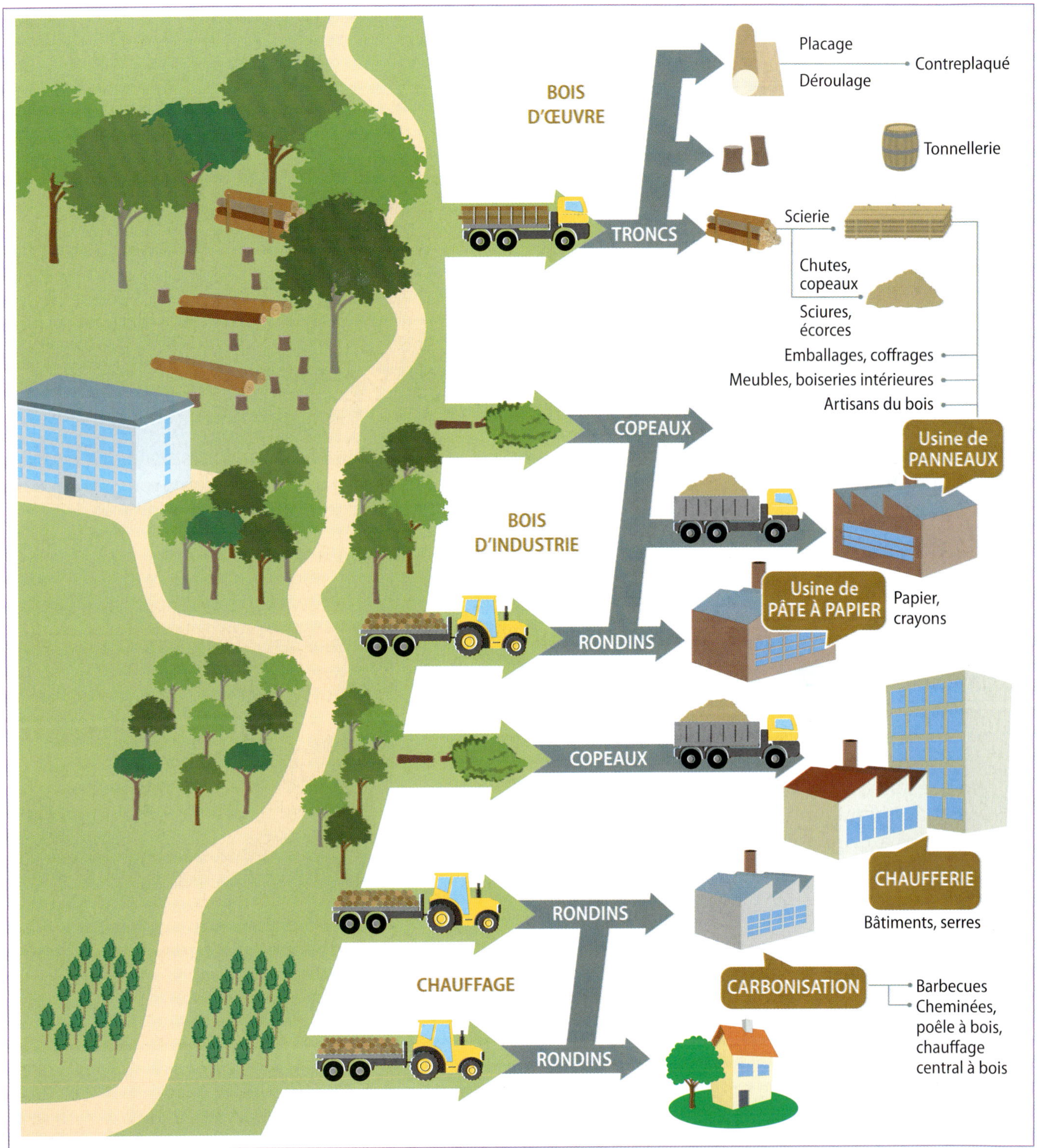

Doc. 5 La filière du bois

Pour conclure

Montrer que l'exploitation de la forêt peut conduire à des conflits entre acteurs différents.

Livret AP p. 10

Vocabulaire

- **Mégacentrale à biomasse :** usine permettant de produire de l'électricité en brûlant du bois.

Activité 3

Comment gérer une forêt pour réduire le risque d'incendie ?

Violents incendies dans les Bouches-du-Rhône

Chaque été, la sécheresse, le mistral et les activités humaines sont à l'origine d'environ 300 départs de feu dans le département des Bouches-du-Rhône.

Doc. 1 Un feu de forêt dans les Bouches-du-Rhône et l'Hérault, août 2016

Pour réduire le risque de feux de forêt, un Plan de prévention du risque d'incendie de forêt (PPRIF) est mis en place par la préfecture. Il répond à trois objectifs :
– identifier et porter à la connaissance du public les zones exposées au risque ;
– réduire la vulnérabilité des personnes et des biens déjà exposés au risque ;
– ne pas augmenter la population dans les zones les plus exposées au risque en évitant que de nouvelles constructions et activités ne s'y implantent.

Doc. 2 Le Plan de prévention des risques d'incendie de forêt (PPRIF)

Débroussailler, espacer les arbres, élaguer et ratisser les aiguilles jusqu'à 50 m autour de chez soi, même au-delà de sa propriété, est la meilleure prévention pour soi-même et pour ses biens.

Doc. 3 Quelques consignes de protection à l'échelle individuelle

Le sud de la France en alerte incendie

Pour diminuer l'aléa d'incendie, des campagnes de prévention sont mises en place. On peut relever l'interdiction d'allumer un feu et de jeter un mégot de cigarette en forêt par exemple. Elles expliquent la réglementation qui s'adapte aux conditions climatiques et à la fréquentation des forêts, très importante l'été. En effet, qu'ils soient accidentels ou criminels, la majorité des départs de feux sont liés aux activités humaines. Des patrouilles et des postes d'observation permettent de surveiller et de détecter d'éventuels départs de feux. L'intervention rapide des pompiers permet d'atténuer les effets d'un départ de feu.

Doc. 4 Quelques mesures de protection collective

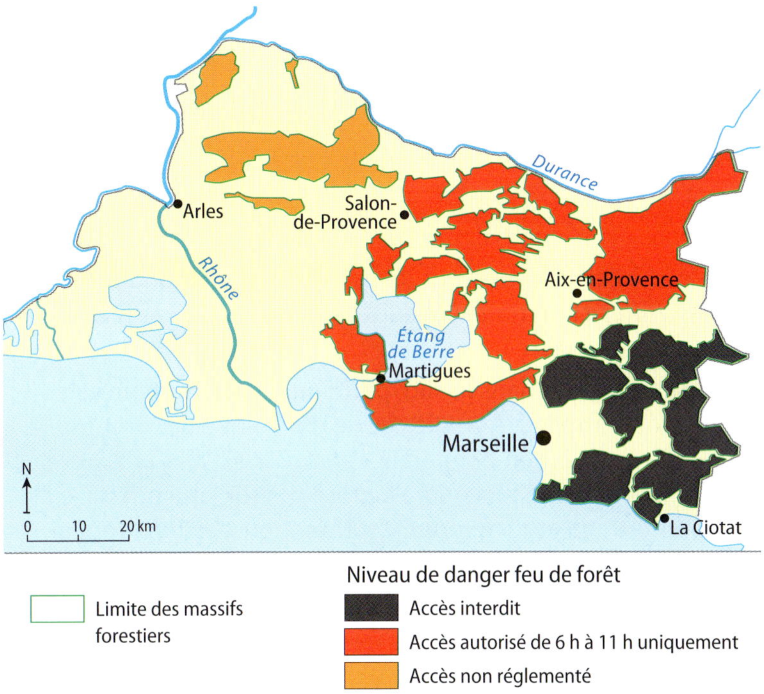

Réglementation des activités humaines en fonction des conditions météorologiques.

Doc. 5 Mesures d'atténuation du risque dans les massifs forestiers des Bouches-du-Rhône

Lorsque le feu est déclaré, des moyens de lutte sont très vite déployés. Des équipes au sol s'approchent au plus près du feu pour contrôler sa propagation et l'éteindre. Un soutien aérien peut avoir lieu. C'est au péril de leur vie que les « soldats du feu » interviennent pour limiter les catastrophes.

Doc. 6 Des moyens humains et matériels pour limiter les conséquences d'un feu de forêt

Pour conclure

Présenter les mesures de protection, d'adaptation et d'atténuation du risque d'incendie de forêt.

Livret AP p. 10

Vocabulaire

- **Sécheresse :** condition correspondant à de faibles disponibilités en eau.
- **Mistral :** vent dominant du sud de la France.
- **Débroussailler :** action d'enlever les parties sèches des végétaux du sous-bois.

Bilan

... par le texte

Activité 1 Les impacts de l'exploitation d'une ressource naturelle à différentes échelles

- L'utilisation d'une ressource renouvelable ou non renouvelable n'a pas seulement des conséquences sur ses réserves disponibles. Les techniques de prélèvement utilisées peuvent avoir des répercussions sur les espèces vivantes et leur milieu de vie, et sur la planète tout entière. Par exemple, la surexploitation d'une forêt peut entraîner non seulement l'extinction d'espèces locales mais aussi la modification du climat.

Activité 2 Les conflits d'usage liés à l'exploitation d'une ressource naturelle

- Dépendant d'une ressource naturelle, renouvelable ou non, les prélèvements (carrières, forages, coupes de bois) et aménagements (champ d'éoliennes, sylviculture) peuvent mettre en compétition différents acteurs pour l'usage et les bénéfices tirés de l'exploitation de ces ressources. Il en résulte parfois des **conflits d'usage** qui peuvent avoir des conséquences étendues et accentuer les impacts globaux sur l'environnement.

Activité 3 Gérer un espace naturel pour réduire les risques

- Il existe une multitude de **risques** liés à l'activité externe de notre planète : inondation, tempête, incendie… C'est dans les zones climatiques chaudes et sèches que le risque de feux de forêt est le plus élevé.
- En France, l'**aléa** de feux de forêt est important dans le sud, pendant l'été. L'Homme est, le plus souvent, responsable de ces catastrophes. Ainsi, le risque d'incendie de forêt est un des rares sur lequel il peut agir directement en diminuant l'aléa. C'est d'ailleurs l'objectif majeur du **Plan de prévention** des risques d'incendie de forêt (PPRIF) qui organise la surveillance, adopte des réglementations et lutte pour la protection des personnes et des biens.

À savoir :

	Activités	Exercices
• Expliquer comment une activité humaine peut modifier un écosystème en lien avec des questions environnementales globales.	1	3 4 5 6 7
• Repérer et comprendre un conflit d'usage pour une ressource.	2	4
• Relier gestion du risque naturel et gestion d'une ressource naturelle.	3	4 5

... par l'image

manuel numérique

L'exploitation des ressources naturelles s'accompagne de risques et de conflits d'usage

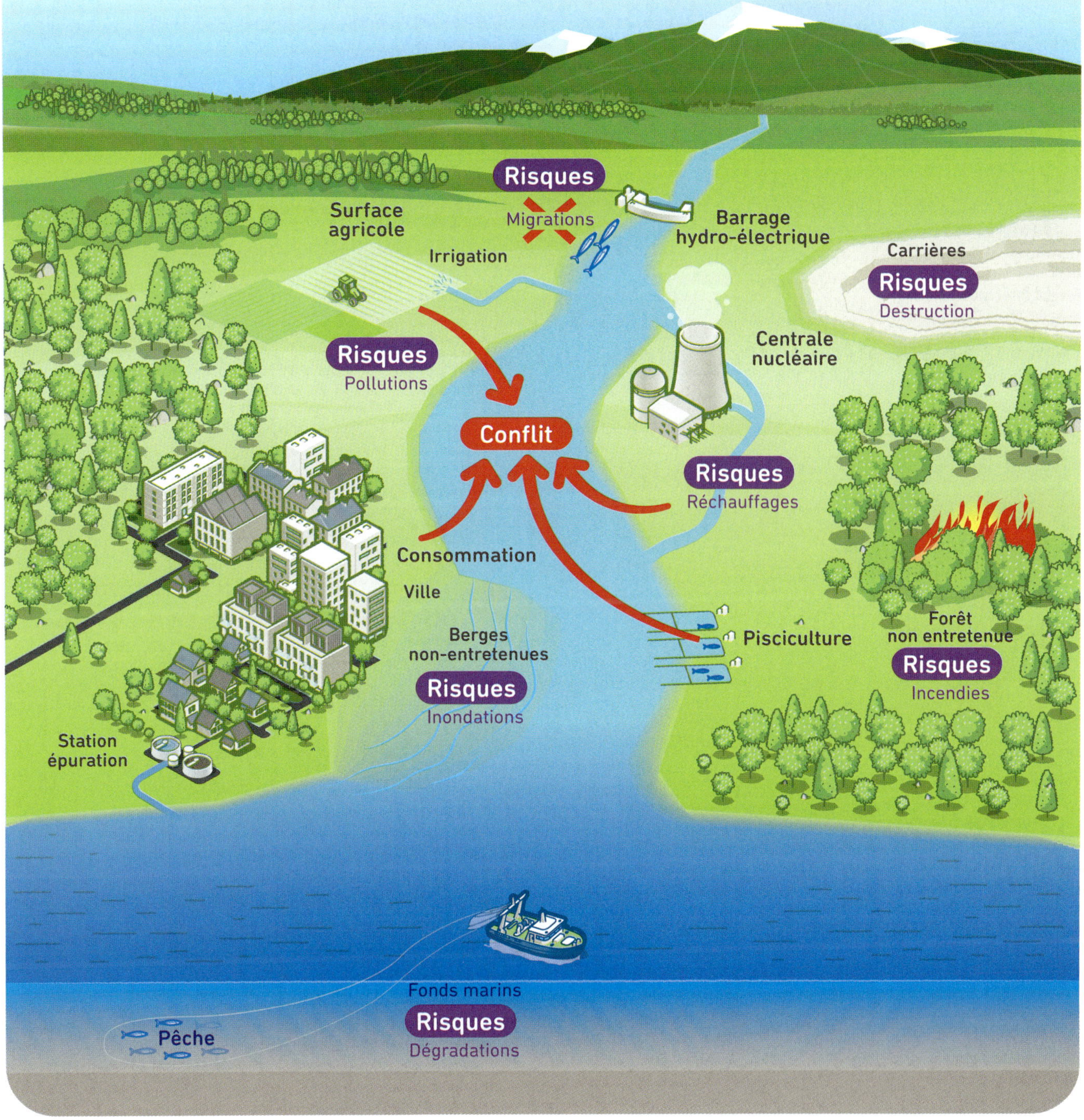

Mots à savoir définir

conflit d'usage • risque • aléa • plan de prévention

Exercer ses compétences

manuel numérique QCM 2

1 QCM 1 Choisir la (ou les) proposition(s) correcte(s).

	A	B	C	D	En cas de doute, lire
1. La gestion d'une forêt :	est une gestion de ressource renouvelable.	est la gestion des risques naturels.	permet d'augmenter la production d'énergie renouvelable.	a des conséquences sur l'environnement planétaire.	1 2 p. 102-104
2. Le risque environnemental est :	la non satisfaction d'un besoin essentiel des humains.	l'apparition de dérèglements dans les écosystèmes et a un impact sur les sociétés humaines.	la perte définitive d'une ressource non renouvelable de l'environnement.	un risque naturel.	3 p. 106
3. Un plan de prévention du risque sert à :	limiter les conflits d'usage.	diminuer le risque d'une catastrophe naturelle.	contrôler l'exploitation des ressources naturelles.	augmenter les impacts des activités humaines sur l'environnement.	Le schéma bilan
4. La forêt mondiale est :	l'objet de conflits mondiaux.	rarement surexploitée.	une source de biodiversité.	en pleine expansion.	2 p. 104
5. Un plan de prévention des risques :	ne dépend d'aucune règlementation.	existe pour lutter contre les incendies de forêt.	n'a pas de lien avec la gestion des ressources naturelles.	organise prévention et protection face à un aléa.	3 p. 106

▶ Voir corrigés p. 413

2 D1. Définir

Définir les termes suivants :
a. enjeu environnemental ;
b. conflit d'usage ;
c. plan de prévention.

3 résolu Tâche complexe D4. Interpréter des résultats et en tirer des conclusions

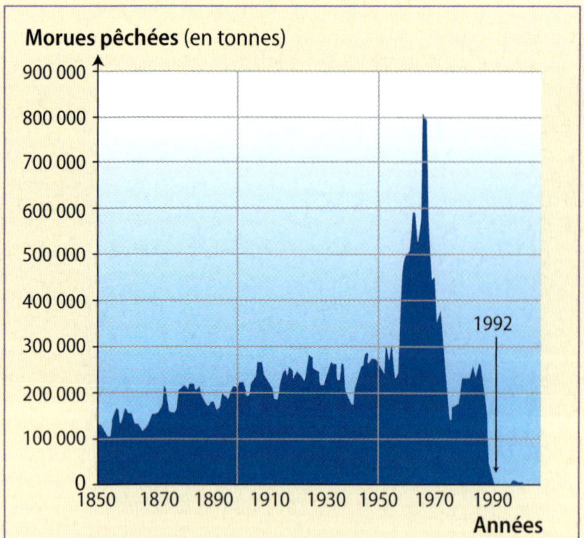

Doc. 1 Évolution des tonnages de morue pêchés en Atlantique Nord au cours du temps

La pêche à la morue existe depuis le XVIe siècle. Les marins français, anglais et portugais embarquaient pour des mois, mettant le cap sur la vaste île de Terre-Neuve. Les eaux y étaient alors très riches en morues. Entre 1900 et 2010, la taille moyenne des prises est passée de 12 kg pour 1 mètre à 1,6 kg pour 50 cm, et leur âge moyen de 10 ans à 3 ans environ.
La morue femelle de l'Atlantique atteint sa maturité sexuelle à six ans environ.

Doc. 2 La pêche à la morue

Années	1950	1980	2006
Pourcentage de l'océan mondial couvert par la pêche	1 %	33 %	63 %
Pourcentage d'espèces océaniques pêchées	< 1 %	39 %	87 %

Doc. 3 Évolution de la pêche mondiale

Consigne : Convaincre, par un texte rédigé et argumenté, que seule une suspension de la pêche à la morue permettrait de reconstituer cette ressource naturelle.

▶ Livret AP p. 10

4 ■■■ D1. Représenter des données sous différentes formes et choisir celle qui est adaptée à la situation de travail

Les communes disposent des Plans locaux d'urbanisme (PLU) qui organisent et répartissent l'utilisation du territoire, en particulier par des mesures de protection (zones agricoles protégées, espaces naturels sensibles).

Doc. 1 Un paysage dans l'Ain

1. **Repérer** et **représenter** sur un croquis les principales unités de ce paysage : ville, forêt, cours d'eau, plan d'eau, zone agricole, axe de circulation.
2. **Donner** des exemples de conflits d'usage possibles sur ce territoire.
3. **Montrer**, pour un de ces exemples de conflits, que le PLU permet de limiter les impacts environnementaux.

5 ■□□ D1. Lire et exploiter des données présentées sous différentes formes

L'Europe interdit désormais le chalutage de fond au-delà de 800 mètres de profondeur. Cette technique de pêche consiste à tirer de gigantesques filets lestés sur les fonds marins, détruisant tout sur leur passage. Les coraux, éponges et autres habitats vulnérables ne peuvent se régénérer face aux cadences de l'industrie de la pêche. « Interdire le chalutage au-delà de 800 mètres permettra de mettre fin à la déforestation sous-marine qui a lieu aujourd'hui sans aucune contrainte légale jusqu'à 2 000 mètres de profondeur », affirme une présidente d'association.

D'après reporterre.net, juillet 2016

1. **Expliquer** pourquoi la pêche en eaux profondes peut être comparée à une « déforestation sous-marine ».

6 ■□□ D4. Comprendre les responsabilités individuelle et collective en matière de préservation des ressources de la planète

« La sécurité alimentaire et les emplois dans le monde sont en danger », préviennent des chercheurs au Royaume-Uni.
Le déclin des pollinisateurs affecterait directement plusieurs cultures. Elles sont essentielles pour l'équilibre alimentaire humain, apportant vitamines A, C et calcium. La perte des pollinisateurs pourrait générer environ 1,4 million de décès supplémentaires chaque année.
Les auteurs du rapport appellent donc à prendre des mesures pour protéger les pollinisateurs de certaines pratiques agricoles. Parmi leurs recommandations, remplacer les pesticides par des techniques naturelles, planter des fleurs entre les semences, assurer une rotation des cultures et restaurer des zones de floraison sauvage pour accueillir ces insectes.

D'après lemonde.fr, novembre 2016

1. **Expliquer** pourquoi les pollinisateurs disparaissent.
2. **Proposer** des actions individuelles et collectives permettant de protéger les pollinisateurs.

7 ■□□ D4. Comprendre les responsabilités individuelle et collective en matière de préservation des ressources de la planète

En Indonésie, on abat, on arrache, on brûle, pour faire place aux palmiers à huile. Et avec la jungle, disparaissent les singes, panthères et autres espèces. Les forêts de palmiers sont trop pauvres pour permettre la subsistance des animaux, et la plupart meurent de faim. « Nous assistons à une compétition entre les orangs-outans et l'huile de palme », explique un spécialiste des primates. Il ne reste qu'entre 50 000 et 60 000 orangs-outans à l'état sauvage sur la planète, dont 80 % en Indonésie.

D'après 20minutes.fr, décembre 2012

1. **Relier** impact sur l'environnemental local et conséquence globale sur la biodiversité.

10 Les conséquences de l'activité humaine sur un écosystème

Activité

1 Comment les actions humaines modifient-elles l'équilibre d'une rivière ?

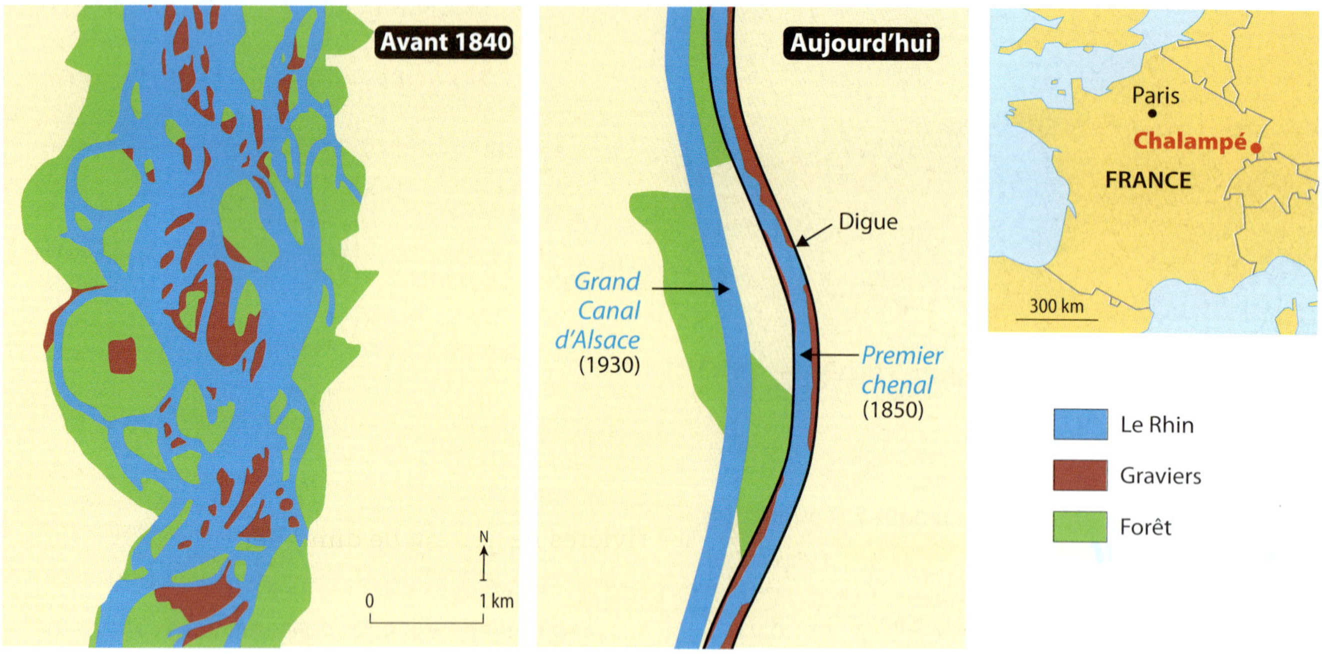

Pour rendre le Rhin navigable et lutter contre les effets dévastateurs de ses crues, l'Homme a aménagé ses rives.

Doc. 1 Aménagement du Rhin à proximité de Chalampé entre 1840 et aujourd'hui

Face au réchauffement du Rhin, dont la température a nettement dépassé le seuil critique de 25 °C, une association se mobilise : Alsace Nature, accompagnée de pêcheurs, demande à EDF de réduire les rejets de la centrale nucléaire de Fessenheim qui utilise l'eau du Rhin coulant dans le Grand Canal d'Alsace pour refroidir ses deux réacteurs.

Extrait du journal L'Alsace, 17 juillet 2015

Doc. 2 La centrale nucléaire de Fessenheim, source de pollution thermique du Rhin

Compétence travaillée :
D2. Identifier et choisir les outils et les techniques pour garder trace de ses recherches.

Le Rhin, visages d'un fleuve

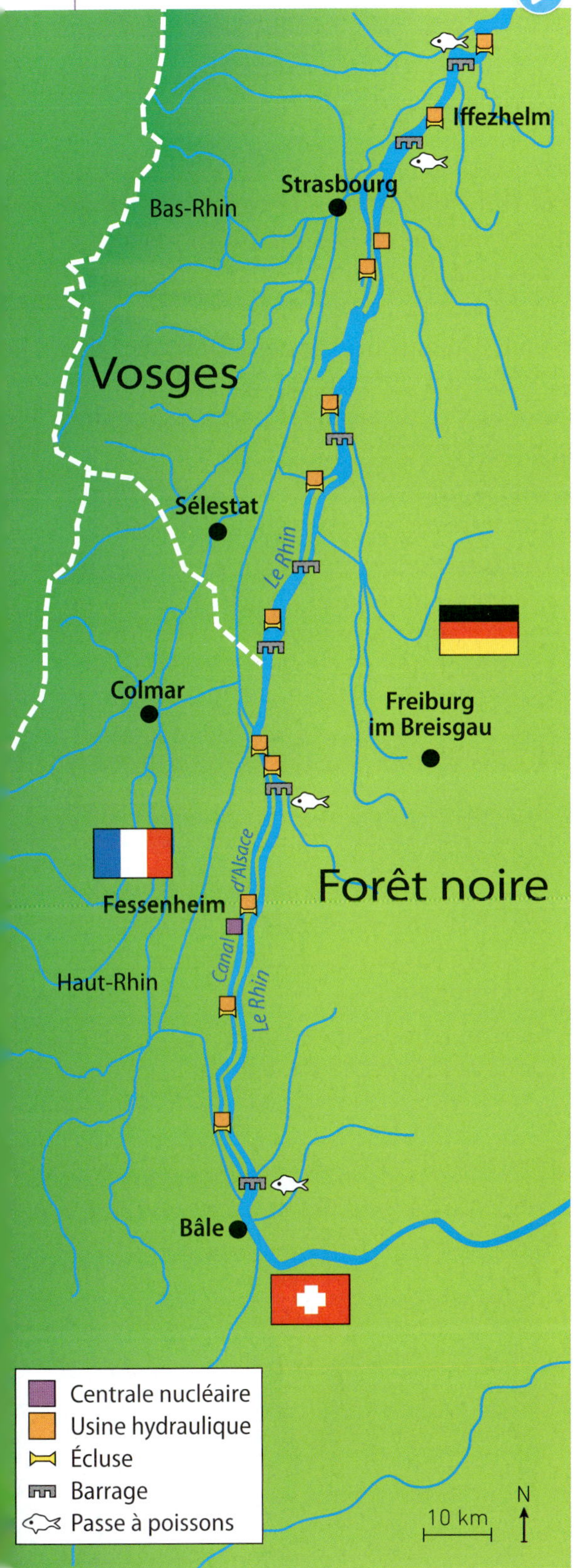

Une succession d'écluses et de barrages permet une exploitation économique du Rhin.

Doc. 3 Aménagement hydroélectrique du Rhin

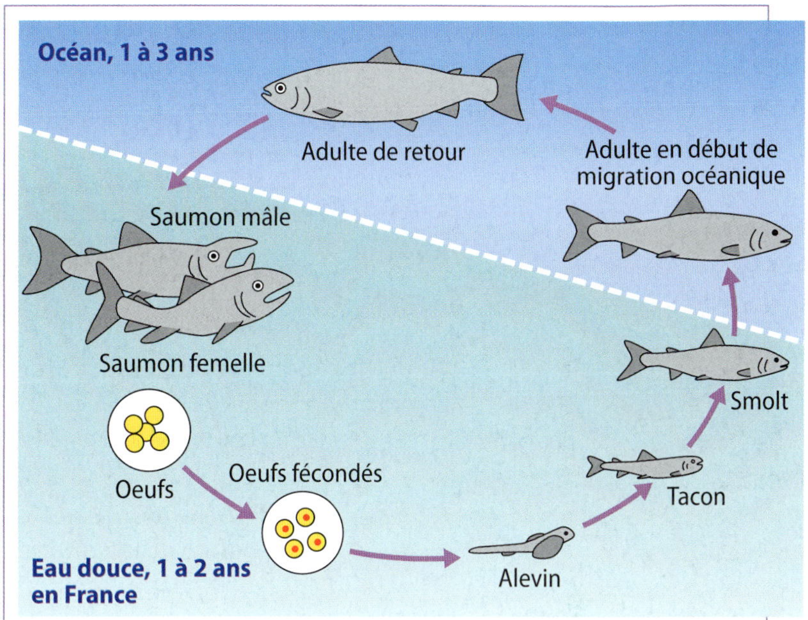

Le cycle de vie du saumon

De nombreux poissons, comme le saumon, naissent en eau douce mais grandissent en mer. Adultes, ils remontent régulièrement les rivières pour s'y reproduire.

Les barrages empêchent ces poissons de remonter le Rhin et ainsi de réaliser leur cycle de vie. Leurs effectifs dans les rivières ne cessent de diminuer.

Le Rhin a été pendant très longtemps un fleuve particulièrement pollué. Les poissons se sont faits rares. En 1935, le saumon avait ainsi totalement disparu du Rhin.

Doc. 4 Effet de la présence des barrages et de la pollution sur la faune du Rhin

Pour conclure

Construire un tableau précisant, pour chacune des actions de l'Homme, les conséquences observées sur la faune et la flore du Rhin.

Livret AP p. 11

Vocabulaire

- **Crue :** élévation du niveau d'un cours d'eau, due par exemple à des pluies abondantes.
- **Écluse :** barrage muni de portes et de vannes servant à lâcher ou à retenir l'eau des rivières.

Activité

2 Comment l'Homme peut-il remédier aux perturbations d'un écosystème ?

La colline de Montabo, un site protégé en Guyane

Le code de l'environnement fait obligation aux aménageurs du territoire de limiter les impacts des nouvelles installations (autoroutes, voies ferrées, aéroports, usines…) sur les écosystèmes selon trois axes de mesure.

– **Protéger** en refusant de construire sur une zone hébergeant des espèces vulnérables afin d'éviter les nuisances. Certaines zones géographiques, les parcs nationaux mais aussi les parcs régionaux, peuvent délimiter de réels espaces protégés.

– **Atténuer** les effets d'une installation ; par exemple, en accompagnant la construction d'une voie ferrée de passages à faune.

– **Compenser** l'installation réalisée. Ses impacts supposés sur un écosystème sont pris en compte pour améliorer la biodiversité d'un écosystème à proximité. Il peut s'agir par exemple de planter de nouveaux arbres d'une espèce décimée par une installation sur un secteur protégé.

Doc. 1 Extrait du code de l'environnement pour les nouvelles installations

Principe de fonctionnement d'une passe à poissons

a La passe à poissons de Gambsheim permet aux poissons de franchir le barrage de Gambsheim/Rheinau d'aval en amont.

b Une salle permet d'observer les poissons remonter le courant.

Doc. 2 Passe à poissons de Gambsheim-Rheinau et sa salle d'observation

Compétence travaillée :
D1. Lire et exploiter des données présentées sous différentes formes.

La Ligne ferroviaire grande vitesse Rhin-Rhône (LGV Rhin-Rhône) traverse de nombreux écosystèmes. Son tracé, parce qu'il coupe les axes de déplacement de nombreux animaux, aurait mis en péril ces populations si aucune mesure de d'atténuation n'avait été mise en place.

Un passage à faune au-dessus de la ligne ferroviaire

Doc. 3 Mesures d'atténuation sur la Ligne ferroviaire grande vitesse Rhin-Rhône

En Guinée, l'écosystème mangrove s'étend sur une bande côtière de 3 800 km^2. Il constitue depuis toujours une des plus abondantes réserves biologiques. La construction d'installations portuaires à Kamsar, ville du nord-ouest de la Guinée, a provoqué la perte d'environ 68 hectares de mangroves. La société ayant construit le port a réalisé des travaux de restauration et de compensation des pertes du milieu naturel dans le cadre d'une étude d'impact environnemental.

Replantation d'une zone de mangrove au Sénégal

Doc. 4 Replantation de la mangrove en Afrique dans des espaces fragilisés par l'Homme

Pour conclure

Montrer que les actions de l'Homme sur son environnement peuvent être autant positives que négatives.

▸ Livret AP p. 11

Pour aller plus loin

Proposer une action concrète et réalisable permettant de limiter les perturbations dues à l'action humaine sur un écosystème proche du collège.

Vocabulaire

- **Code (de l'environnement) :** recueil de lois et de décrets.
- **Mangrove :** forêt littorale caractérisée par la présence de palétuviers, arbres dont les racines ont la forme d'échasses.

Bilan

... par le texte

Activité 1 La perturbation de l'équilibre d'un écosystème par l'action humaine

- La vie sur la planète Terre est organisée en de très nombreux **écosystèmes**, terrestres et marins, constitués chacun d'une communauté d'êtres vivants et d'un milieu de vie. Les différentes espèces peuplant l'écosystème sont en relation les unes avec les autres, pour leur nutrition notamment. Leur survie dépend aussi des éléments non vivants du milieu (minéraux) et des paramètres de l'environnement (éclairement, humidité…).
- Un écosystème est dit « à l'équilibre » si les effectifs des populations de l'écosystème sont stables. L'équilibre de chaque écosystème repose sur le maintien de l'ensemble des relations établies à l'intérieur de l'écosystème.
- Les actions humaines modifient l'équilibre et entraînent parfois des perturbations et la disparition d'écosystèmes. Ces actions peuvent être :
  – directes, comme par exemple la chasse et la pêche ;
  – indirectes, telle la fragmentation du territoire qui limite la reproduction des différentes espèces.

Activité 2 La sauvegarde de l'équilibre d'un écosystème par l'action humaine

- Les Hommes peuvent contribuer au maintien de la biodiversité des écosystèmes planétaires par différentes mesures :
  – de **protection**, comme la création de zones protégées ;
  – d'**atténuation** des perturbations, comme la création de passages à faune sur les autoroutes ;
  – de **compensation**, comme l'aménagement de mares nouvelles à proximité d'une zone humide détruite.
- En France, la loi impose que tout aménagement du territoire et tout prélèvement de ressources naturelles doit intégrer un volet de protection de la biodiversité.

À savoir :	Activités	Exercices
• Repérer et expliquer une perturbation de l'équilibre d'un écosystème due à l'action humaine.	1	4 6
• Repérer et caractériser les moyens utilisés pour réduire les perturbations humaines sur un écosystème.	2	5

... par l'image

manuel numérique

Actions de l'Homme permettant de maintenir l'équilibre des écosystèmes

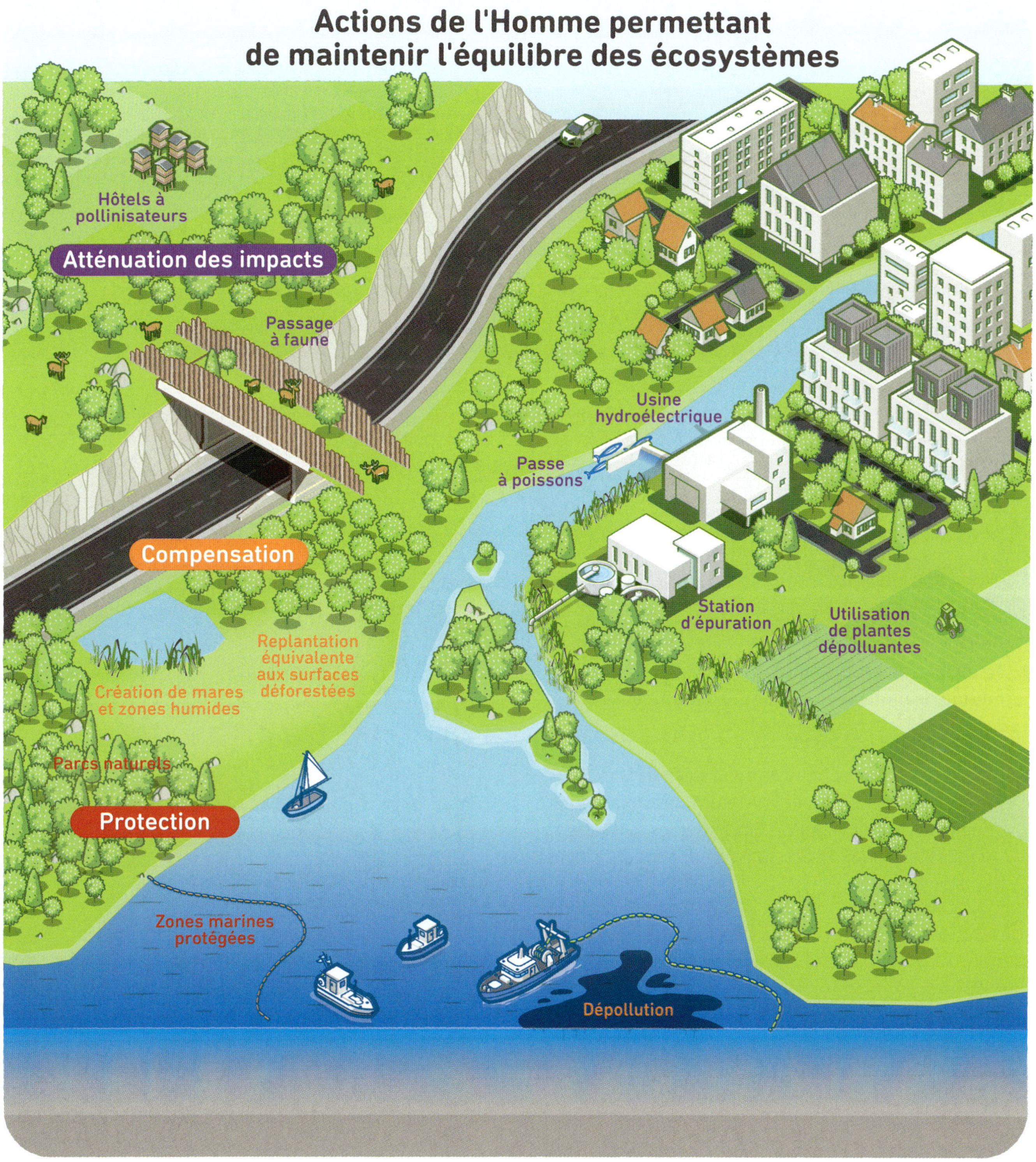

Mots à savoir définir

écosystème • protection • atténuation • compensation

Exercer ses compétences

manuel numérique QCM 2

1 QCM 1 Choisir la proposition correcte.

	A	B	C	D	En cas de doute, lire
1. Un écosystème :	est un système économiquement rentable.	est un ensemble d'animaux vivant dans une forêt.	est formé d'êtres vivants dans leur environnement.	est formé des poissons et des algues d'une rivière.	Le bilan par le texte p. 116
2. L'équilibre d'un écosystème est atteint lorsque :	l'Homme n'a pas d'action sur l'écosystème.	la taille des populations de l'écosystème est stable.	la masse des végétaux est égale à la masse des animaux.	aucune espèce animale n'est en danger.	Le bilan par le texte p. 116
3. Les différentes espèces peuplant un écosystème :	établissent des relations les unes avec les autres.	n'établissent jamais de relations les unes avec les autres.	sont toujours indépendantes les une des autres.	cohabitent si aucune d'entre elles n'est prédatrice d'une autre.	Le bilan par le texte p. 116
4. Les actions menées par l'Homme sur un écosystème :	sont toujours bénéfiques.	sont toujours la source de perturbations.	n'ont jamais d'impact.	sont souvent à la fois bénéfiques et néfastes.	2 p. 114
5. La biodiversité varie au cours du temps. Pour ce qui est de la biodiversité, les actions de l'Homme :	n'ont jamais de conséquences.	ont toujours des conséquences.	ont parfois des conséquences.	ont exceptionnellement des conséquences.	1 p. 112

▶ Voir corrigés p. 413

2 D1. Définir

Définir les termes suivants :
a. équilibre d'un écosystème ;
b. mesure de protection ; c. mesure de compensation.

3 D1. Rédiger

Rédiger une phrase à l'aide des mots suivants :
a. installations nouvelles, écosystèmes, moyens, limiter les impacts, éviter, réduire, compenser les nuisances ;
b. compensées, entraîner, écosystèmes, disparition, actions humaines.

4 D4. Communiquer sur ses démarches, ses résultats et ses choix, en argumentant

Les terrains sur lesquels sont construits les aéroports sont encerclés par des clôtures métalliques qui interdisent l'accès aux animaux de grande taille. Elles sont totalement inefficaces contre les oiseaux et les petits animaux comme les lapins ou les mulots. Or une nuée d'oiseaux peut détruire un moteur. Pour éloigner cette faune, les aéroports ont parfois recours au service d'un fauconnier. Les faucons assurent le rôle des prédateurs naturels des oiseaux et des animaux de petite taille.

Doc. 1 L'écosystème d'un aéroport

Doc. 2 L'action d'un fauconnier sur une zone aéroportuaire

1. **Expliquer** pourquoi les prairies d'un aéroport peuvent être considérées comme un écosystème.
2. **Réaliser** un schéma identifiant les actions humaines sur cet environnement.

5 D1. Lire et exploiter des données présentées sous différentes formes

La pollution métallique pose un problème particulier car les métaux ne sont pas biodégradables. Les retombées des poussières atmosphériques émises par les véhicules automobiles polluent les sols et les sous-sols phréatiques en plomb.

Doc. 1 La pollution métallique

La phytorémédiation est l'utilisation de plantes pour éliminer de l'environnement certains polluants. Par exemple l'anthyllide vulnéraire accumule le zinc tandis que le sainfoin accumule le plomb. Cette idée, apparue dans les années 1970, connaît un regain d'intérêt depuis une dizaine d'années car elle est peu coûteuse.

Doc. 2 Des plantes dépolluantes

1. **Proposer** une mesure pour pallier les conséquences de la construction d'une nouvelle autoroute sur les écosystèmes concernés par le tracé.
2. **Caractériser** la proposition faite : est-ce une mesure qui vise à éviter les nuisances, à réduire les nuisances ou bien encore à les compenser ?

6 résolu D4. Interpréter des résultats et en tirer des conclusions

Les populations d'albatros diminuent depuis plusieurs décennies. On cherche à expliquer pourquoi.

Dans les cadavres d'Albatros retrouvés sur les plages, on découvre souvent de nombreux objets en plastique.

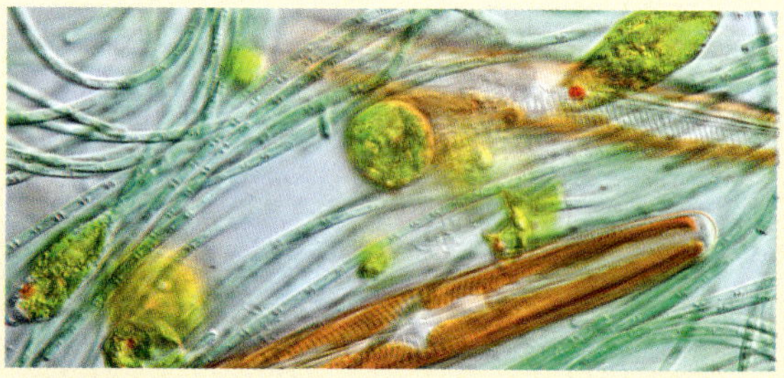

Doc. 1 La nourriture naturelle de l'albatros : le phytoplancton

Les albatros se servent de leur odorat pour détecter ce qui fera leur repas. Une molécule, le sulfure de diméthyle (ou DMS) au parfum de chou cuit, signale à l'albatros qu'il est en présence d'un aliment qu'il peut consommer. Le sulfure de diméthyle est naturellement produit par la décomposition du plancton végétal, aliment naturel de l'albatros.

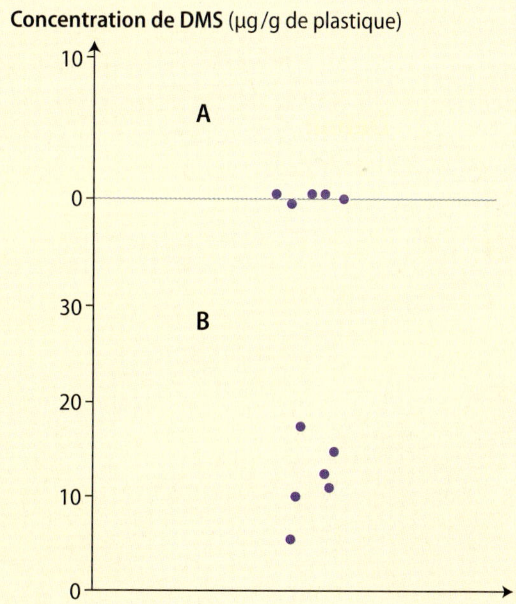

En **A** : plastiques tels qu'ils sont produits par l'Homme.
En **B** : les mêmes plastiques qu'en **A** après avoir séjourné pendant trois semaines dans l'eau de mer.
Les mesures ont été réalisées pour des échantillons de plastiques représentés chacun par un point violet.

Doc. 2 Concentration de DMS dans différents plastiques

▶ **Expliquer** pourquoi la population d'albatros diminue depuis plusieurs décennies. ▸ Livret AP p. 11

Activité

1 Comment les activités humaines modifient-elles l'écosystème planétaire ?

Les Hommes laissent une empreinte écologique sur les territoires qu'ils occupent.

L'**empreinte écologique** mesure les ressources utilisées pour se nourrir, se déplacer ou se loger.

La **biocapacité** désigne la capacité du territoire à générer des ressources et à absorber les déchets.

Pour pouvoir répondre aux besoins des Hommes qui l'occupent et permettre leur survie, la biocapacité du territoire occupé doit être supérieure à l'empreinte écologique.

Si l'empreinte écologique est supérieure à la biocapacité du territoire, la survie des individus risque d'être compromise à plus ou moins long terme, et les ressources de la zone épuisées.

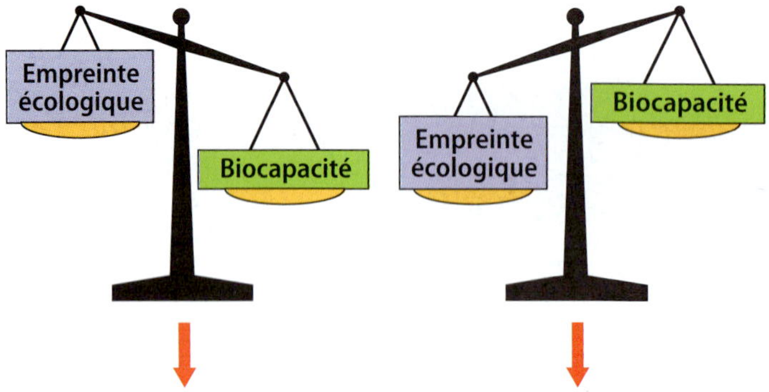

Réserve de biocapacité
Survie des individus assurée.
Le nombre d'individus de la population peut augmenter.

Déficit de biocapacité
Survie des individus compromise.

Doc. 1 Empreinte écologique et biocapacité : un équilibre fragile à préserver

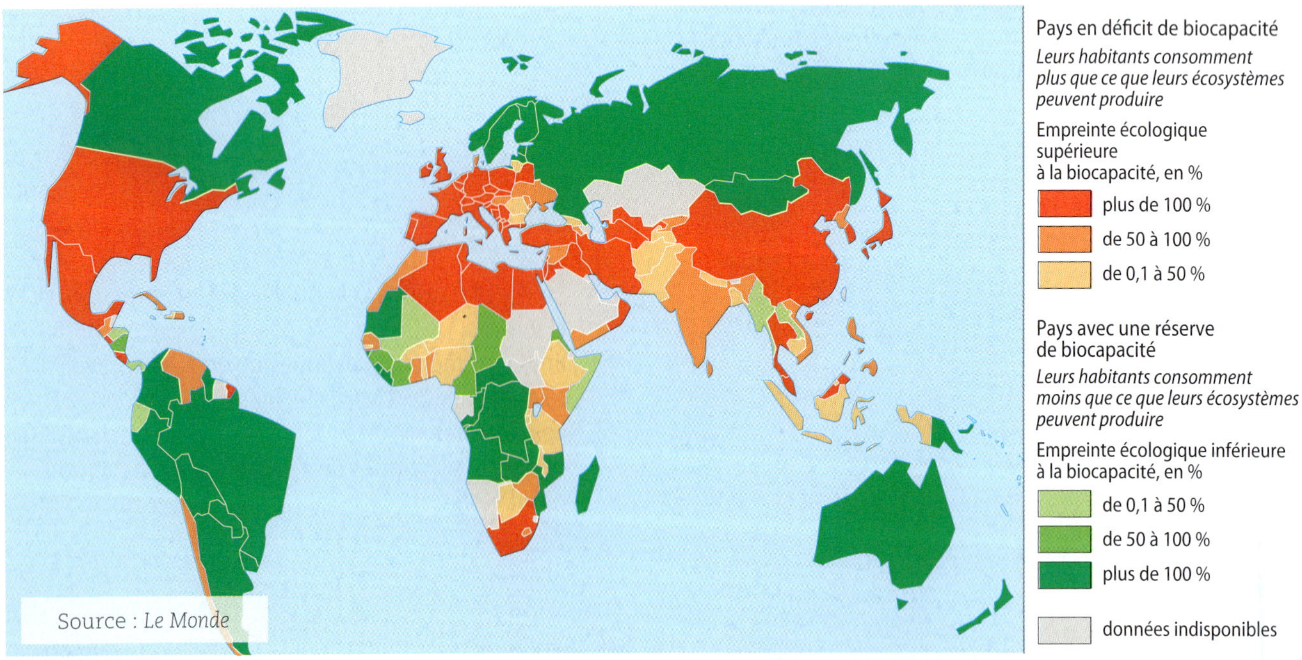

Doc. 2 Balance biocapacité-empreinte écologique en fonction des pays en 2015

Compétence travaillée :
D4. Comprendre les responsabilités individuelles et collectives en matière de préservation des ressources de la planète.

Environ 400 sites côtiers français sont touchés par la prolifération des algues vertes due à l'utilisation excessive d'engrais. Les marées vertes ont des répercussions sur l'écosystème marin et sur les êtres humains.

Doc. 3 Prolifération des algues vertes sur le littoral

Les déchets plastiques s'accumulent dans les océans. La toxicité des plastiques pour l'écosystème marin est aujourd'hui reconnue par les scientifiques.

Doc. 4 Déchets plastiques sur une plage de l'océan Atlantique

Le corail : une symbiose animal / végétal

Le corail est une symbiose entre un animal et des algues microscopiques. La couleur vive du corail est caractéristique de l'association entre les deux organismes. En situation de stress, les algues quittent leur hôte : le corail perd sa couleur, blanchit puis meurt.

Le plus grand récif corallien du monde, situé en Australie, a connu ces derniers mois son plus fort taux de blanchiment. La hausse de la température de l'eau, liée aux émissions de CO_2, serait à l'origine du stress subi.

L'Australie pourrait alors perdre plus d'un million de visiteurs par an. Elle pourrait perdre surtout une protection naturelle contre les aléas climatiques car les récifs coralliens protègent les côtes contre les vagues, les tempêtes, les inondations et l'érosion.

D'après Les Échos 03/12/2016

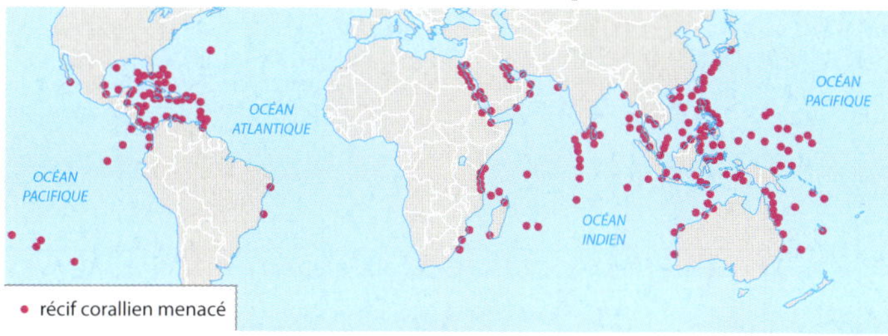

Carte des récifs coralliens en danger

Doc. 5 La grande barrière récifale australienne

Pour conclure

Identifier les effets des activités humaines sur les écosystèmes continentaux et océaniques.

▸ Livret AP p. 12

Vocabulaire

- **Toxicité :** caractère de ce qui est nocif pour les organismes vivants.
- **Symbiose :** association à bénéfice mutuel entre deux organismes, chacun des deux organismes améliorant sa capacité à survivre par des relations d'échanges avec l'autre.

Activité 2 Comment préserver l'équilibre naturel de la planète ?

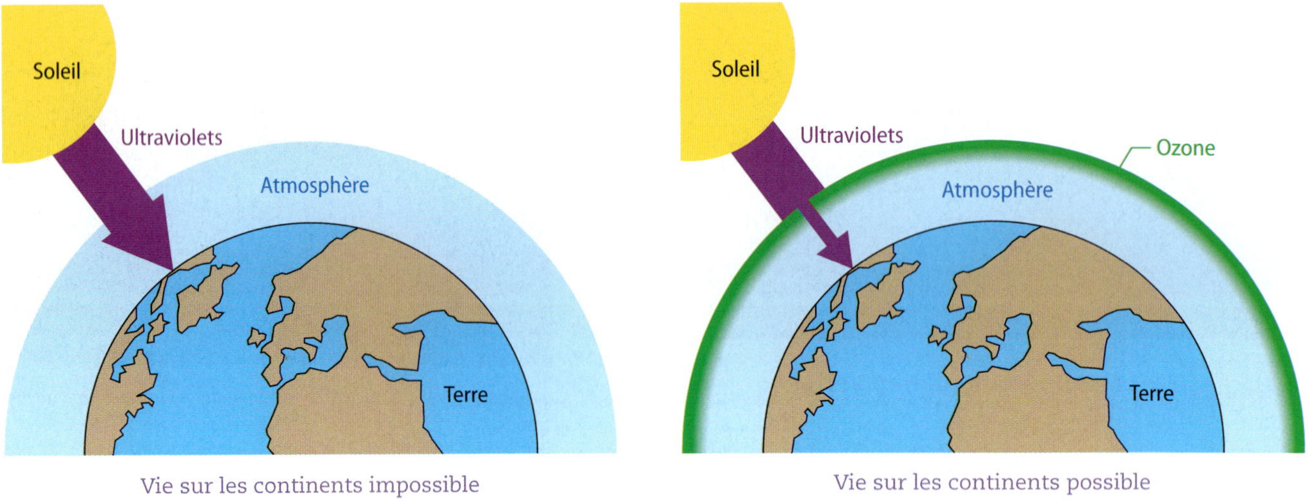

L'ozone : un gaz nécessaire à la vie sur les continents

L'atmosphère de la planète est composée de nombreux gaz comme le dioxygène, le diazote et l'ozone.

L'ozone est un des gaz indispensables à la vie sur les continents. Il peut être dégradé par des substances produites par l'Homme, tels les chloro-fluorocarbures (CFC), composés chimiques utilisés dans les sociétés modernes comme fluides réfrigérants et comme solvants pour le nettoyage à sec.

Doc. 1 L'ozone, un gaz indispensable à la vie sur les continents

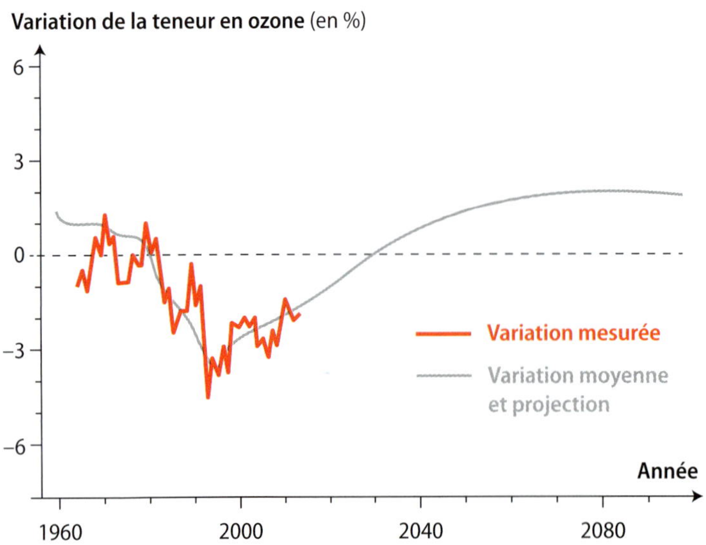

Variation des quantités d'ozone pour des latitudes comprises entre 60 °S et 60 °N

Extrait du Rapport WMO, 2014

Les activités humaines sont à l'origine d'une disparition de l'ozone au niveau des pôles : un véritable « trou dans la couche d'ozone » est apparu au-dessus de l'Antarctique.

L'ozone est indispensable à la survie des organismes peuplant les continents. Une prise de conscience du problème a permis la signature d'un traité international, conclu en 1987 à Montréal, pour interdire l'utilisation des CFC.

Ces mesures ont permis un début de reconstitution de l'atmosphère. Le « trou » dans la couche d'ozone continue encore aujourd'hui à se résorber.

Source : *lemonde.fr* 01/07/2016

Doc. 2 L'Homme, un pollueur-réparateur

Compétence travaillée :
D4. Fonder ses choix de comportement responsable vis-à-vis de la santé ou de l'environnement sur des arguments scientifiques.

Thon rouge de l'Atlantique : itinéraire d'une espèce menacée

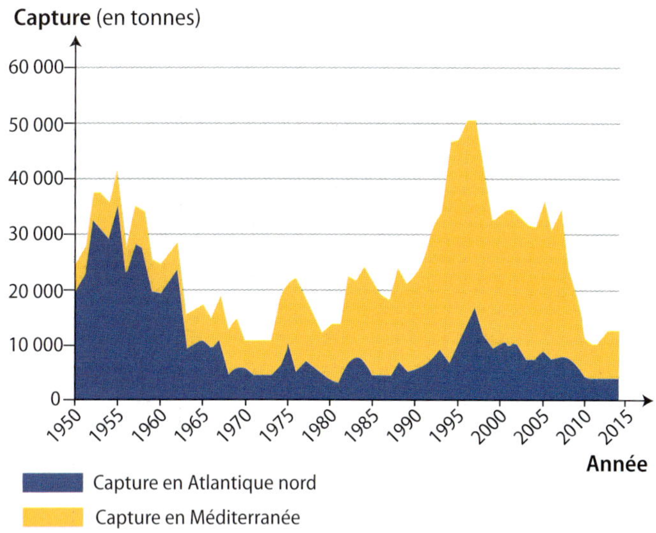

Prises de thon rouge déclarées pour l'Atlantique nord et la Méditerranée entre 1950 et 2014

Doc. 3 Prises de thon rouge dans le monde

Sim'Thon

Le thon rouge est pêché et consommé traditionnellement sur la côte atlantique et le pourtour de la Méditerranée, et ce depuis l'Antiquité.

Le thon rouge est un des poissons aujourd'hui les plus chers au monde : les japonais en sont friands pour préparer les sushis.

En 1996, un premier quota a été proposé aux pêcheurs, et la diminution de la population des thons a pu être enrayée. Cependant, l'effort n'a pas permis de reconstituer une population satisfaisante de poissons. En 2006, un nouveau quota a été proposé et se montre efficace : la population de thons est aujourd'hui en augmentation.

Extrait du Rapport ICCAT 2014-2015

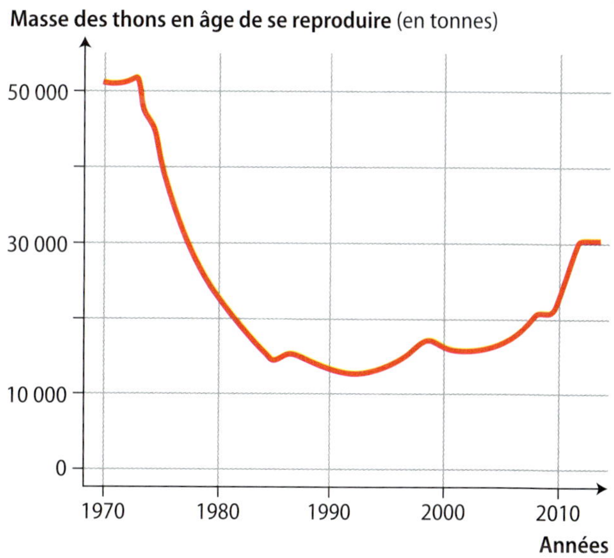

Évolution des quantités de thons en âge de se reproduire entre 1970 et 2014

Doc. 4 L'Homme, prédateur responsable

Pour conclure

Montrer qu'il existe des solutions pour restaurer un environnement dégradé.
Donner un exemple de décision politique favorable à l'écosystème terrestre.

Livret AP p. 12

Vocabulaire

- **Quota :** quantité maximale de poissons pêchés définie pour une espèce.

Bilan

... par le texte

Activité 1 Effets des activités humaines sur l'écosystème planétaire

- Le développement planétaire de la société de consommation et la croissance constante de la population humaine depuis des siècles ont conduit à une forte hausse des **besoins humains** depuis la révolution industrielle : énergies fossiles, minerais et roches, ressources alimentaires variées.
- L'**écosystème** planétaire fournit l'ensemble des ressources utilisées par l'Homme. Dans certains territoires, l'Homme prélève plus que la zone n'est capable de donner : un épuisement des **ressources naturelles** est alors à craindre.
- L'Homme peut être également responsable d'autres types de perturbations à l'échelle de la planète : perturbations climatiques, perturbations polluantes et perturbations des populations (faune et/ou flore).

Activité 2 Risque environnemental et gestion durable

- Les actions de l'Homme peuvent modifier l'organisation et le fonctionnement des écosystèmes. Il en résulte :
  - une raréfaction des ressources (eau potable, pétrole, produits de la pêche, forêt primaire) ;
  - des perturbations de l'environnement (diminution des habitats naturels disponibles, pollution de l'environnement) ;
  - des modifications du peuplement (espèces en voie d'extinction, augmentation de la taille de la population de certaines espèces, diminution de la **biodiversité**).
- Les actions de l'Homme ont ainsi des conséquences : l'environnement les subit à différentes échelles, du territoire le plus proche à l'ensemble de la planète. L'Homme subit en retour les conséquences des modifications qu'il provoque sur les écosystèmes. De réelles interactions lient les écosystèmes sur lesquels l'Homme et les sociétés humaines interviennent.
- Cependant, par des politiques appropriées et concertées entre tous les pays, l'Homme peut encore réparer les dégâts qu'il a causés et préserver les écosystèmes locaux et l'écosystème planétaire. L'Homme peut ainsi s'imposer une gestion durable et raisonnée des territoires.

  Cette gestion durable réduit le **risque environnemental** au bénéfice des écosystèmes planétaires et des êtres humains.

À savoir :

	Activités	Exercices
• Évaluer quelques effets des activités humaines en termes de bénéfices-risques pour les écosystèmes planétaires et pour les êtres humains.	1 2	4 6 7
• Expliquer ces mesures et argumenter des choix de comportements individuel et collectif responsables en matière de protection environnementale.	1 2	5

... par l'image

manuel numérique

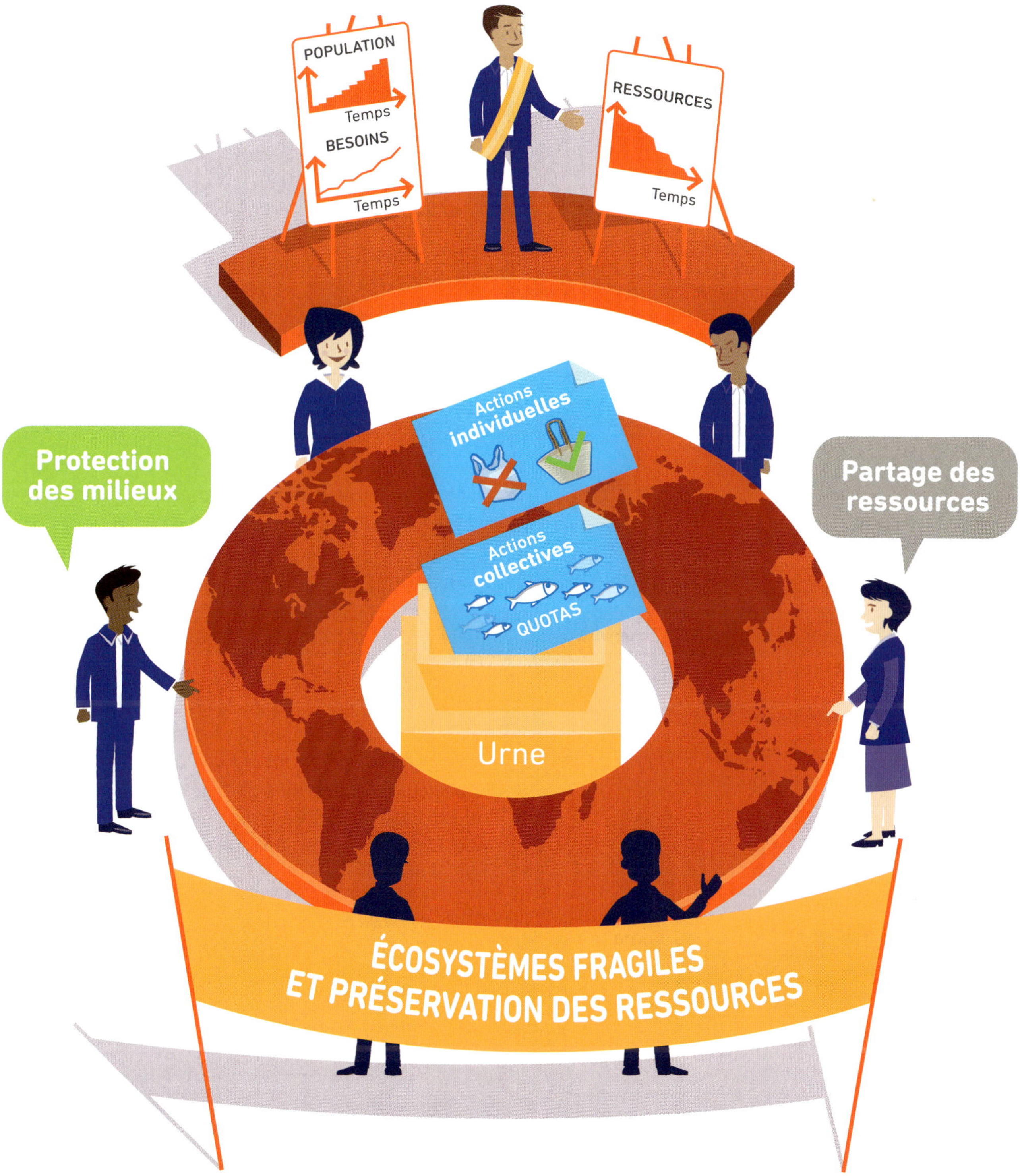

Mots à savoir définir

besoins humains • écosystème • ressource naturelle • biodiversité • risque environnemental

Exercer ses compétences

manuel numérique QCM 2

1 QCM 1 Choisir la proposition correcte.

	A	B	C	D	En cas de doute, lire
1. L'Homme modifie la biodiversité en entraînant :	des pullulations d'espèces uniquement.	des extinctions d'espèces uniquement.	des raréfactions ou des pullulations d'espèces.	la stabilité des espèces.	1 p. 120
2. L'ozone atmosphérique :	est un gaz à préserver.	est un gaz inutile.	augmente grâce aux CFC.	est un polluant dangereux.	2 p. 122
3. Les ressources naturelles :	sont déjà insuffisantes.	sont inépuisables.	seront toujours suffisantes.	pourraient un jour être épuisées.	1 p. 120
4. Les activités humaines sont :	toujours bénéfiques à l'échelle de l'écosystème planétaire.	toujours des nuisances pour l'écosystème planétaire.	parfois bénéfiques, parfois nuisibles.	souvent à la fois bénéfiques et néfastes.	2 p. 122
5. Les interactions existant entre les activités humaines et l'environnement :	ne concernent jamais la biodiversité.	sont une conséquence directe du réchauffement climatique.	font toujours intervenir des sources de pollution chimique.	concernent parfois la biodiversité.	Bilan p. 124

▶ Voir corrigés p. 413

2 D1. Définir

Définir les termes suivants :

a. ressource naturelle ;

b. impact d'une activité humaine ;

c. écosystème planétaire.

3 D1. Rédiger

Rédiger une phrase à l'aide des mots suivants :

a. impose, choix politiques, ressources naturelles, gestion.

b. activités humaines, source, biodiversité.

4 D5. Identifier les impacts des activités humaines sur l'environnement à différentes échelles

À partir des années 1970, nous avons commencé à utiliser plus de ressources que nous n'en avions à disposition.

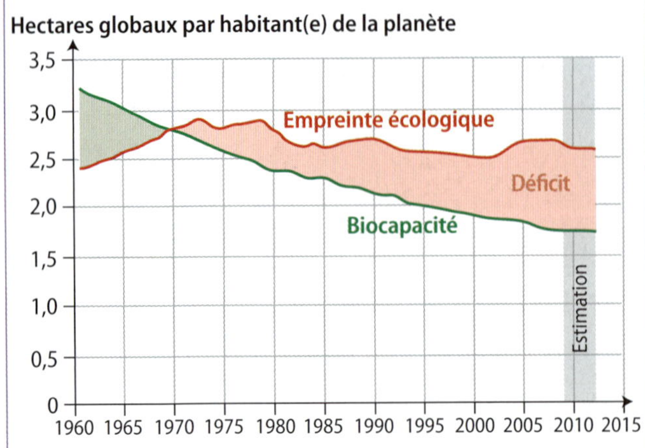

Doc. 1 Pillage des ressources planétaires

1. **Montrer** à quelle période l'empreinte écologique est devenue supérieure à la biocapacité.

2. **Écrire** un texte court expliquant pourquoi, depuis les années 1970, la situation pose un réel problème.

5 D4. Fonder ses choix de comportement responsable vis-à-vis de la santé ou de l'environnement sur des arguments scientifiques

Les scientifiques évaluent l'empreinte écologique des différentes activités humaines en estimant la surface de la planète Terre engagée dans ces activités. L'empreinte du carbone est évaluée en surface de forêt nécessaire pour éliminer les émissions de CO_2 produit par les activités humaines.

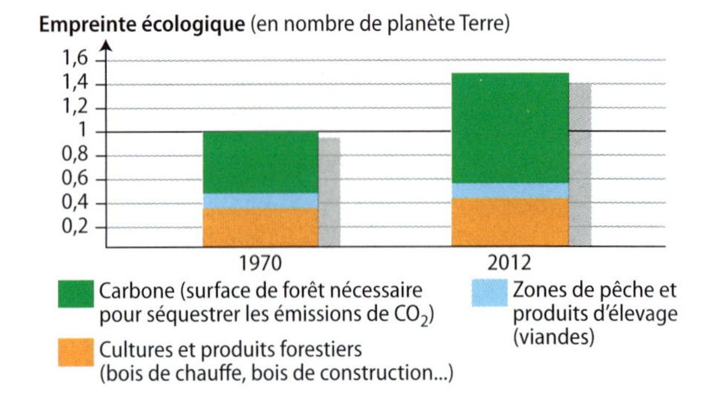

Doc. 1 Composition de l'empreinte écologique mondiale en nombre de planète Terre

1. **Comparer**, pour chacune des activités humaines, l'empreinte écologique en 1970 et 2012 et caractériser la variation.

2. **Montrer** par le calcul que le carbone représente 60 % de l'empreinte écologique.

3. **Rechercher** des arguments pour expliquer la nécessité de diminuer l'empreinte des émissions de carbone à l'échelle de votre ville, dans le but de participer à un débat citoyen.
4. **Proposer** des actions humaines à mener à l'échelle locale et nationale.

6 D1. Lire et exploiter des données présentées sous différentes formes

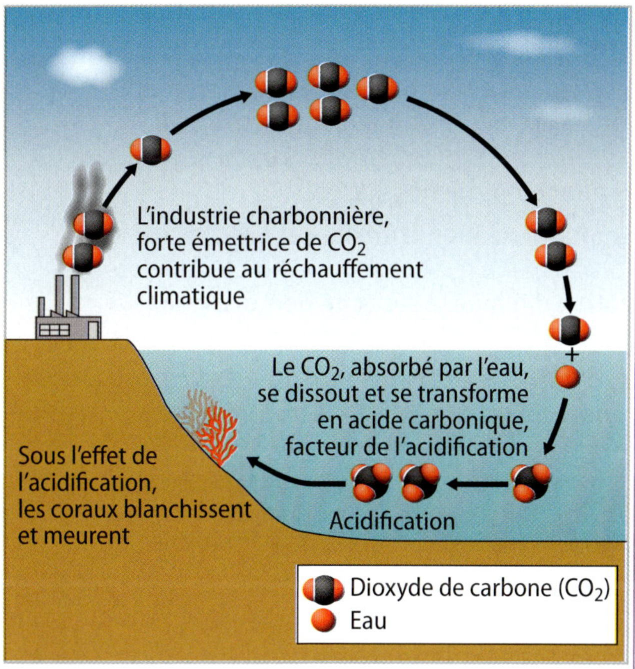

Doc. 1 L'acidification des océans

Doc. 2 Localisation de la barrière de corail sur les côtes australiennes

1. **Exploiter** le schéma « L'acidification des océans » pour définir les activités humaines directement responsables de la destruction de la grande barrière de corail de la côte australienne.

7 résolu D5. Identifier les impacts des activités humaines sur l'environnement à différentes échelles

Depuis plusieurs années, les océans se gélifient par l'augmentation spectaculaire du nombre d'organismes gélatineux, tels les méduses.
En 1995, des méduses ont provoqué l'arrêt de la centrale nucléaire de Gravelines, près de Dunkerque, en bouchant le circuit de refroidissement.
L'augmentation de la population des méduses est corrélée à l'augmentation de la température moyenne des eaux et aux activités de surpêche, qui les privent de leurs prédateurs habituels.

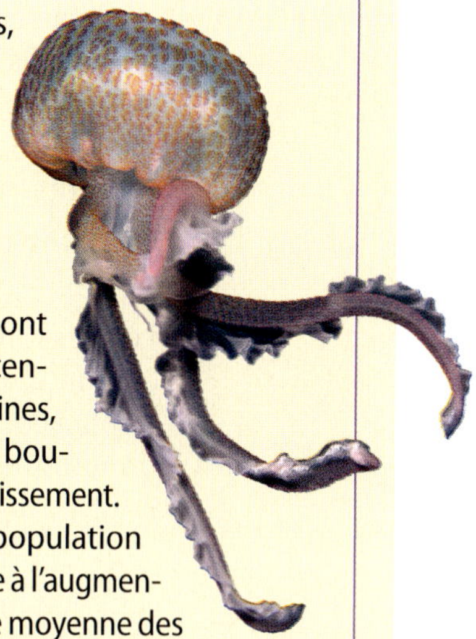

Pelagia noctiluca

Doc. 1 La méduse, un animal opportuniste

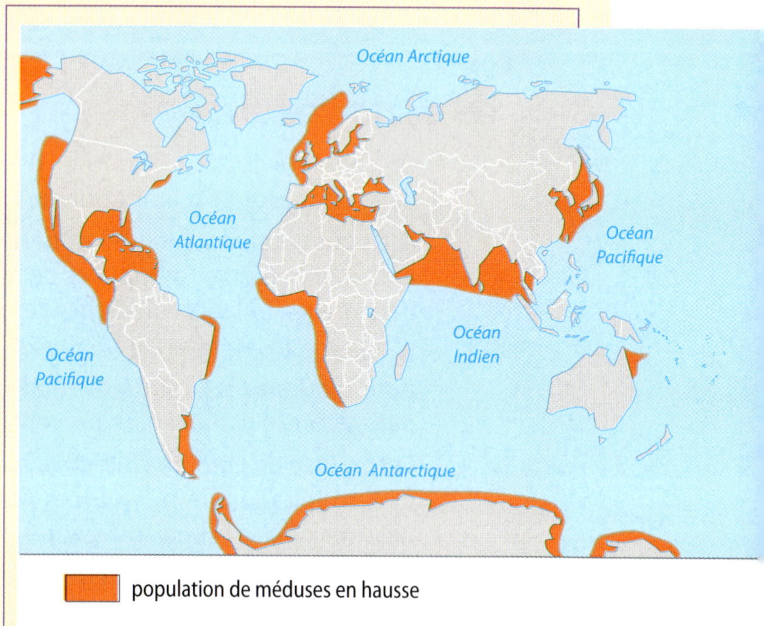

Doc. 2 Localisation des zones où la population des méduses est en hausse

▶ **Montrer** à partir des informations tirées des documents que la gélification des océans est un problème mondial, conséquence des activités humaines.

▶ Livret AP p. 12

Bilan
Attendu de fin de cycle

... par le texte

1 Les impacts de l'action humaine

- Les humains utilisent depuis toujours les ressources de la planète Terre pour satisfaire leurs besoins : se nourrir, se protéger, se réchauffer, se déplacer, communiquer... Ces ressources ont des origines diverses : produits de la biodiversité actuelle (comme les aliments ou le coton) ou passée (comme le pétrole ou le charbon), de phénomènes géologiques (éléments de construction, métaux...) ou encore de l'action du vent, des courants marins ou du soleil.
- Si les ressources peuvent être directement utilisées (ressources alimentaires, bois...) d'autres doivent être converties en énergie (pétrole, vent...).
- Les **ressources renouvelables**, c'est-à-dire celles qui se renouvellent régulièrement, avec intervention humaine (foresterie, élevage...) ou sans (rayonnement solaire, eau...), s'opposent à celles qualifiées de **ressources non renouvelables** (pétrole, gaz, minerais...) dont les réserves sont épuisables aux échelles de temps de nos sociétés.
- Un écosystème étant un ensemble d'êtres vivants en relation entre eux et avec les composantes minérales du milieu de vie, l'exploitation d'une ressource peut directement ou indirectement le perturber. Ainsi, la déforestation diminue le stock de bois disponible à un endroit donné à un moment donné, mais supprime aussi le milieu de vie des animaux en relation avec les grands arbres (insectes, oiseaux par exemple).
- Les activités humaines peuvent également augmenter le risque des accidents technologiques liés à l'exploitation des ressources (fuite de pétrole, effondrement de mines...) ou ceux liés aux catastrophes naturelles comme dans le cas des feux de forêt ou des inondations.

2 La préservation des ressources naturelles et de l'environnement

- On appelle « **gestion raisonnée** d'une ressource » la prise en compte du renouvellement de la ressource et la limitation des impacts sur les écosystèmes.
- Elle peut s'appuyer sur des lois définissant des territoires ou des espèces protégés (parcs nationaux, réserves mondiales de biosphère...) ou organisant les prélèvements, les aménagements, et leurs conséquences sur les écosystèmes (quotas de pêche par exemple).
- Des mesures d'information, de prévention et de protection peuvent être mises en place pour diminuer la **vulnérabilité** des écosystèmes, des habitants et des constructions, dans le cadre d'un Plan de prévention du risque (PPR) par exemple.
- Cette prise en compte collective de l'ensemble des **risques**, des **aléas** et des bénéfices de l'exploitation des ressources pour en limiter les conflits d'usage et les impacts planétaires doit se faire à différentes échelles, liées entre elles :
  – locales (une ville, un collège...) ;
  – globales (un continent, l'atmosphère...) ;
  – à court terme (la qualité de l'eau potable l'été prochain...) ;
  – à long terme (le climat dans un siècle).

manuel numérique

... par l'image

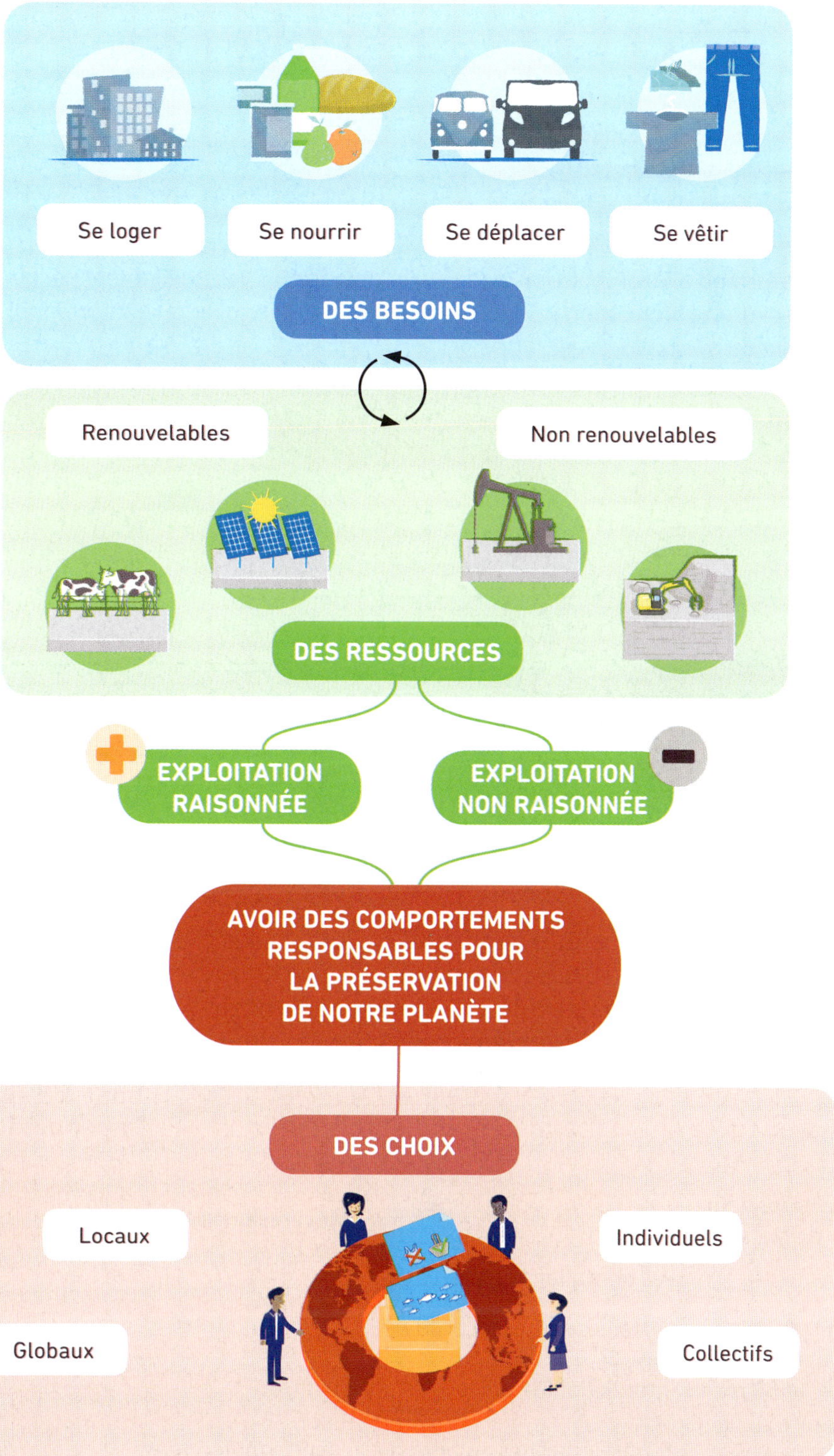

Mots à savoir définir

ressource renouvelable • ressource non renouvelable • gestion raisonnée • vulnérabilité • risque • aléa

Exercices
Attendu de fin de cycle

Les principaux impacts de l'action humaine à la surface de la planète Terre

1 Tâche complexe D1. Représenter des données sous différentes formes et choisir celle qui est adaptée à la situation de travail

L'intérêt d'un plan de prévention des risques d'inondations à Paris

Une inondation correspond à la submersion ponctuelle d'une zone habituellement sèche par des eaux douces ou salées. Cette inondation peut être un phénomène régulier ou exceptionnel et peut se produire lentement ou très rapidement.

Consigne : **Présenter, sous la forme de votre choix, l'intérêt d'un plan de prévention des risques d'inondations à Paris.**

▸ Livret AP p. 12

Les inondations à Paris en janvier 1910

La crue de la Seine est le principal risque naturel en Île-de-France. Un Plan de prévention du risque d'inondation (PPRI) est adopté à Paris car beaucoup d'éléments y sont très vulnérables. En cas de crue importante, plus d'un million de personnes seraient privées d'électricité, de téléphone et d'eau potable. De plus, les transports, les hôpitaux, le réseau d'assainissement et la distribution alimentaire seraient aussi très perturbés. Le montant d'un tel risque en Île-de-France s'élèverait à 30 milliards d'euros, somme colossale qui affecterait l'économie du pays.

Doc. 1 Les conséquences d'une inondation majeure à Paris

Pour réduire la vulnérabilité, les habitants ont déjà accès à des brochures et à des sites récapitulant ce qu'il faut prévoir avant l'arrivée de la crue. Ils conseillent par exemple d'avoir préparé une valise de secours (couverture, nourriture, papiers importants, argent…). De même, ils recommandent de prévoir où et comment se mettre à l'abri avec ses proches. Comme une crue est un phénomène naturel qui arrive progressivement, elle peut être prévue 72 h à l'avance.

Doc. 2 Mesures de prévention pour réduire la vulnérabilité de la population

	Profondeur de la Seine	Mesures prises par le PPRI
Niveau vert	–	Pas de vigilance particulière.
Niveau jaune	3,20 m	Certaines routes au bord de la Seine sont fermées.
Niveau orange	4,30 m	Interdiction de naviguer sur la Seine.
	6,10 m	Toutes les routes au bord de la Seine sont fermées. Les musées, situés le long du fleuve, commencent à mettre à l'abri leurs collections.
Niveau rouge	7,13 m	Arrêt des RER A, B et C et de certaines parties du métro. Les entrées de certaines stations de métro sont murées. Il est conseillé de mettre les objets de valeur en hauteur (étages).

Doc. 3 Les quatre niveaux de vigilance en fonction du niveau de la Seine (mesurée au niveau du pont d'Austerlitz)

2 Tâche complexe D4. Communiquer sur ses démarches, ses résultats et ses choix en argumentant

Les avantages et inconvénients des agro-carburants

Après avoir vu un reportage sur les agro-carburants, un collégien discute avec ses camarades : « Le pétrole, c'est fini, grâce aux agro-carburants, nos voitures, camions et avions se déplaceront bientôt sans une goutte de pétrole ! » La discussion est animée, et personne ne semble réussir à convaincre ...

Consigne : **Préparer des notes pour participer à un débat argumenté sur « pour ou contre les agro-carburants ». Seuls les agro-carburants issus de l'agriculture sont concernés.**

Livret AP p. 13

Un agro-carburant est une ressource utilisable pour produire un carburant pour véhicule en remplacement de l'essence ou du diesel. L'agro-carburant est obtenu à partir de végétaux, comme le blé, le colza, des algues ou des débris végétaux.

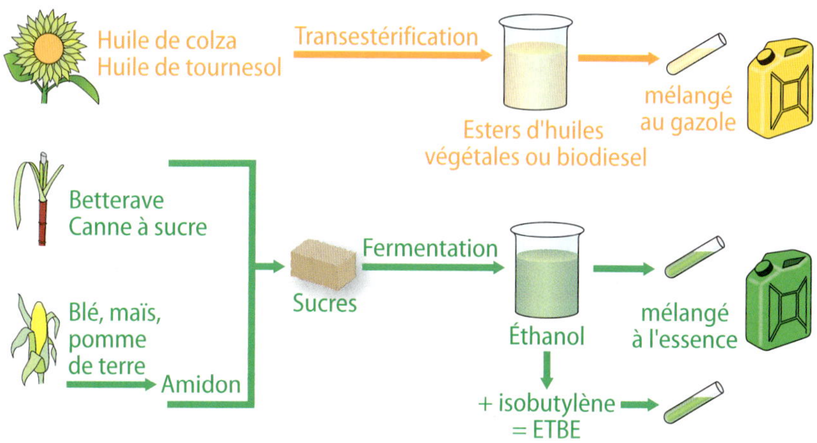

Doc. 1 L'origine des agro-carburants

Les agro-carburants constituent une source d'énergie renouvelable pour les véhicules. Ils ne nécessitent pas de modifier les infrastructures de transport et distribution de carburant, ainsi que les moteurs. Malgré tout, les agro-carburants ont deux défauts : leurs bilans environnemental et climatique semblent défavorables et leur production entre en compétition avec la production de nourriture. Les biocarburants de seconde génération, qui n'exploitent pas les parties alimentaires des plantes pourraient résoudre ces problèmes à l'avenir. Pour l'instant, cette filière de production est encore expérimentale.

Doc. 2 Les avantages et inconvénients des agro-carburants

Actuellement environ 50 % de la surface du territoire français (métropole) sont occupés par des activités agricoles et 22 % sont occupés par des constructions humaines (ville, route....)

Cultures initiales	Surface agricole nécessaire pour produire des agro-carburants équivalents au pétrole consommé (par an)	Soit en % du territoire français
Colza	365 000	66 %
Tournesol	472 000	86 %
Betterave	125 500	23 %
Blé	284 000	52 %

Doc. 3 La surface de culture nécessaire pour produire la quantité de pétrole consommé par les transports chaque année en France

En lien avec les parcours

Parcours santé

Les substances naturelles consommées par les animaux à des fins thérapeutiques

Des chimpanzés qui mâchent un morceau d'écorce pour traiter des troubles digestifs ; des dauphins qui soignent eux-mêmes leurs blessures : les observations d'automédication chez les animaux s'accumulent, principalement chez les primates, plus récemment chez les insectes. Et si ces comportements inspiraient à l'homme de nouveaux médicaments ? C'est en tout cas l'objet d'un champ de recherche en plein essor : la zoopharmacognosie, ou l'étude des substances naturelles consommées par les animaux à des fins thérapeutiques.

Source : CNRS

1 Déterminer quels sont les intérêts pour ces animaux de consommer certains végétaux bien précis.

2 Extrapoler l'intérêt pour l'Homme de mieux connaître ces comportements animaux.

3 Montrer alors l'intérêt de mieux connaître la biodiversité et de ne pas la détruire.

4 Citer une plante qui soigne.

Avenir

Interview Métier : Phil, adepte, pratiquant et formateur en permaculture

Phil, pratiquant en permaculture

En quoi consiste votre métier ?
La permaculture est l'art de travailler la terre en utilisant le moins possible d'énergies, qu'elles soient fossiles ou humaines.

Qu'est-ce qui vous a conduit à cette profession ?
C'est la conscience de la destruction de la nature par l'Homme qui m'a amené à pratiquer la permaculture.
Enfant, même si je vivais en ville, j'aimais passer du temps dans les jardins potagers et les vergers ; tous mes déplacements étaient l'occasion d'être relié aux saisons et de pouvoir observer la beauté de la nature.

Quelles satisfactions avez vous à exercer ce métier ?
Je vis aujourd'hui dans le Bourbonnais, en pleine nature, et dans notre maison nous utilisons des toilettes sèches pour économiser l'eau potable et produire du compost, compost qui est ensuite utilisé pour les arbres fruitiers et le jardin comme engrais naturel. L'eau chaude est produite par des capteurs solaires, toute la maison est chauffée au bois, et c'est encore une énergie renouvelable.

Citer cinq mots qui caractérisent votre métier.
Observer, analyser, expérimenter, fertiliser et respecter.

Son parcours

Il a participé à une formation de dix jours en Bretagne pour compléter ses connaissances en permaculture et s'est aperçu qu'il la pratiquait déjà en accord avec les règles naturelles. Avec ses collaborateurs, il organise des ateliers de permaculture afin de transmettre ses connaissances. Ces ateliers sont dirigés par des ingénieurs en agronomie.

Pour en savoir plus sur ce métier, consulter le site : www.onisep.fr web

Bilan p. 56-57

1 Les risques météorologiques

Des météorologues surveillent en permanence les conditions atmosphériques. Leurs observations et les analyses qu'ils produisent ont pour objectif d'essayer de mieux comprendre les phénomènes météorologiques et de pouvoir s'en prémunir lorsqu'ils sont dangereux.

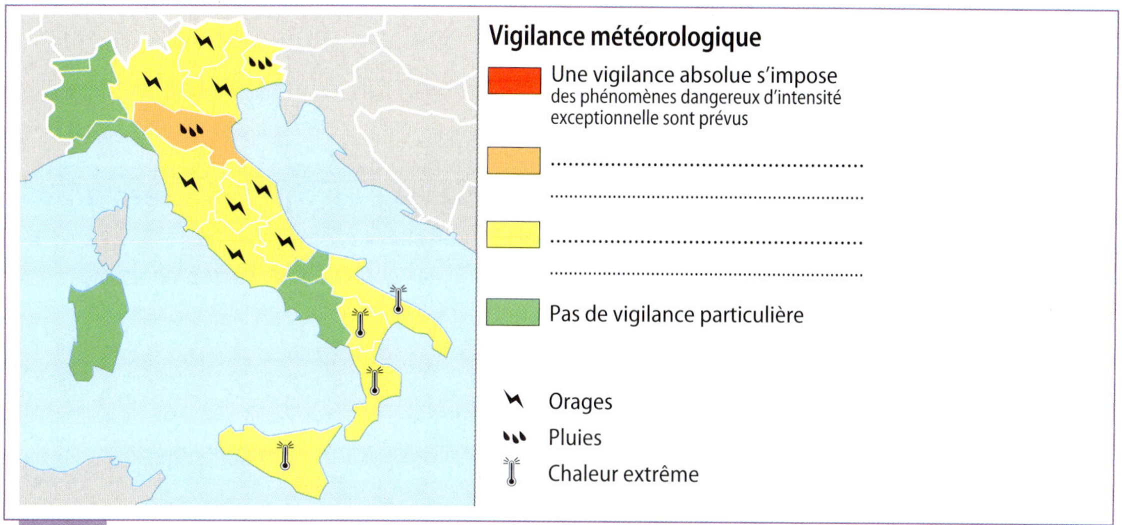

Doc. 1 Carte de vigilance météorologique de l'Italie le 1er août 2016 (Météo France)

1. **Identifier** sur le doc. 1 les différents phénomènes climatiques dont l'aléa est classé « jaune » ou « orange ».
2. **Compléter** la légende pour les niveaux de vigilance jaune et orange.
3. **Expliquer** pourquoi toutes ces alertes sont de type « météorologique » et non de type « climatique ».

Un cyclone est un phénomène atmosphérique animé d'un mouvement de rotation qui s'accompagne de vents forts et de précipitations importantes. La carte du doc. 2 est extraite du rapport de l'institut américain *National Hurricane Center* qui surveille la formation des cyclones.

4. **Nommer** le phénomène atmosphérique prédominant qui a eu lieu dans cette partie du monde, de janvier à juillet 2016.
5. **Convertir** en kilomètre par heure la vitesse des vents des quatre perturbations donnée en miles par heure (1 mph = 1,61 km/h).
6. **Déduire** des résultats obtenus le paramètre physique majeur permettant de faire la distinction entre une tempête tropicale et un cyclone.
7. **Expliquer** la différence entre « climatologie » et « météorologie ».

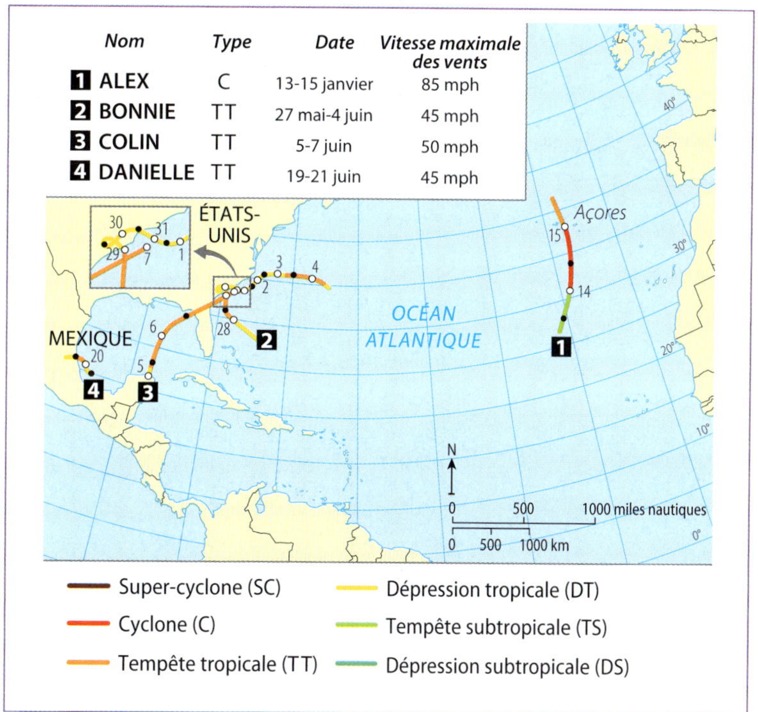

Doc. 2 Carte des cyclones et tempêtes tropicales formés sur l'océan Atlantique nord de janvier à juillet 2016

Attendu de fin de cycle

La nutrition des organismes

Attendu de fin de cycle

La dynamique des populations

Attendu de fin de cycle

La diversité génétique des individus

Attendu de fin de cycle

Parenté et évolution des êtres vivants

1. Coccinelles
2. Fossile de Dyrosaurus phosphaticus trouvé au Maroc
3. Troupeau d'éléphants au Kenya
4. Mésange charbonnière, famille alimentée par sa mère

Thème 2

3

Le vivant et son évolution

4

Vu au cycle 3

Le vivant et son évolution

La nutrition

Une plante a besoin de lumière, d'eau et de sels minéraux pour produire sa matière organique. Les animaux ont besoin de consommer d'autres êtres vivants.

Germination de graines

Le lapin mange des végétaux

La reproduction sexuée

Les êtres vivants naissent, grandissent, se reproduisent et meurent au cours de leur vie.

Les plantes à fleurs se développent à partir d'une graine et se reproduisent grâce aux fleurs qui sont leurs appareils reproducteurs.

Les animaux ont une diversité de stades de développement pour devenir adulte : œuf et larve chez certains, embryon chez d'autres.

Un être humain naît avec des caractères sexuels primaires. La puberté correspond au développement des caractères sexuels secondaires.

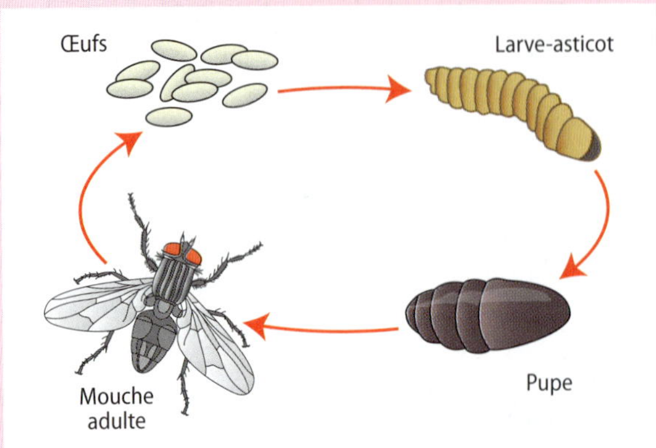

Cycle de développement de la mouche

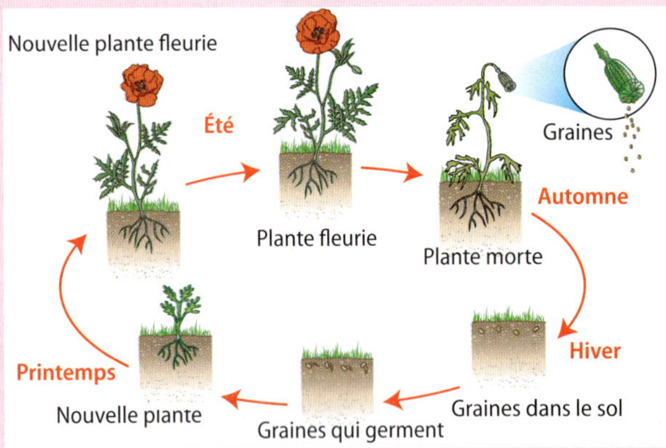

Cycle de développement du coquelicot

La biodiversité

Chaque être vivant fait partie d'un écosystème qui est composé d'un ensemble d'organismes interagissant entre eux et avec leur milieu. La biodiversité qui le constitue peut être modifiée au cours des saisons en fonction des conditions environnementales.

Les relations de parenté et l'évolution

Les êtres vivants sont le résultat d'une évolution du vivant. Pour étudier les degrés de parenté, l'identification des caractères communs permet de les classer par groupes emboîtés. Chaque individu est constitué d'au moins une cellule, ce qui détermine une parenté entre les différents êtres vivants actuels et passés.

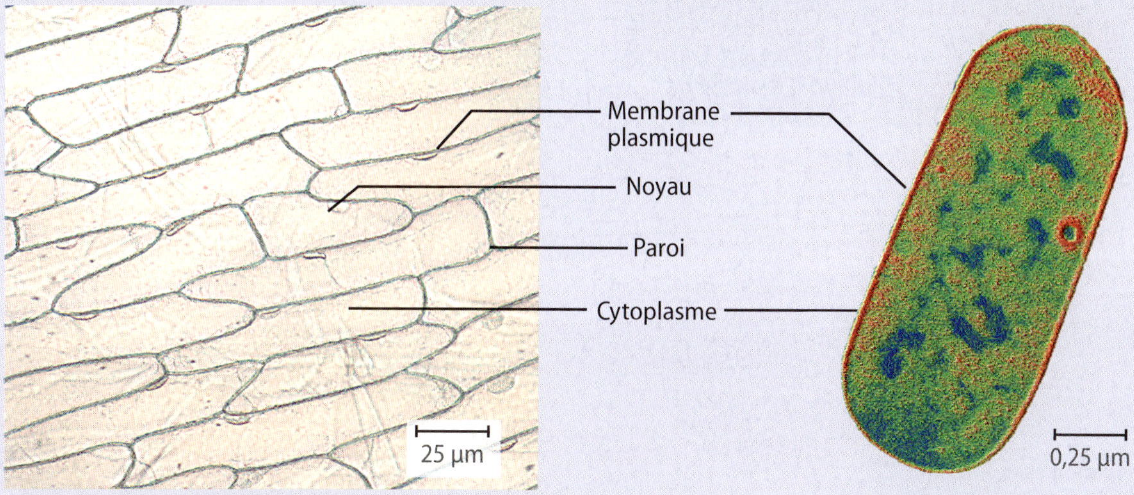

Des cellules d'épiderme d'oignon

La cellule d'une bactérie

Tester ses connaissances du cycle 3

Trouver la proposition exacte pour chaque question.

1 Le régime alimentaire d'un animal est :
a. zoophage lorsqu'il consomme de la matière végétale.
b. zoophage lorsqu'il consomme de la matière animale.
c. phytophage lorsqu'il consomme de la matière animale.
d. phytophage lorsqu'il consomme de la matière minérale.

2 Les besoins des plantes vertes pour se développer sont :
a. de la lumière.
b. de la lumière et de l'eau déminéralisée.
c. de la matière organique.
d. de la lumière et de la matière minérale.

3 La fécondation est :
a. le développement d'un embryon.
b. l'union de deux cellules reproductrices.
c. le développement d'une larve.
d. le passage de l'enfant à l'adulte.

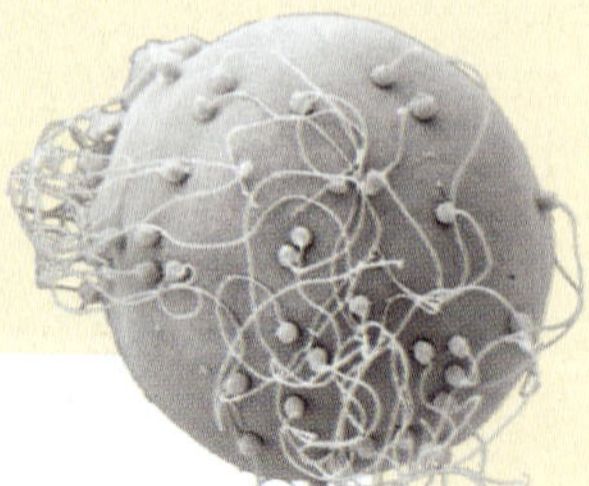

4 L'acquisition de la capacité à se reproduire correspond :
a. à la production de pollen chez les animaux.
b. à la production de spermatozoïdes chez les mâles.
c. à la production d'ovules chez les mâles.
d. à une croissance importante chez les animaux.

5 Un écosystème est :
a. l'ensemble des êtres vivants.
b. un milieu.
c. l'ensemble des êtres vivants et leur milieu.
d. l'ensemble des êtres vivants, leurs interactions entre eux et avec leur milieu.

6 Les animaux et les végétaux :
a. n'ont aucun caractère en commun.
b. ont au moins un attribut en commun.
c. appartiennent à la même espèce.
d. ont les mêmes besoins pour se développer.

La nutrition des organismes

Attendu de fin de cycle

Mettre en relation différents faits et établir des relations de causalité pour expliquer la nutrition des organismes

Écureuil roux

Comment les organismes vivants assurent-ils leur nutrition ?

Activité 1

Comment relier l'organisation du système digestif et le régime alimentaire ?

Doc. 1 Denture d'un zoophage, le chat

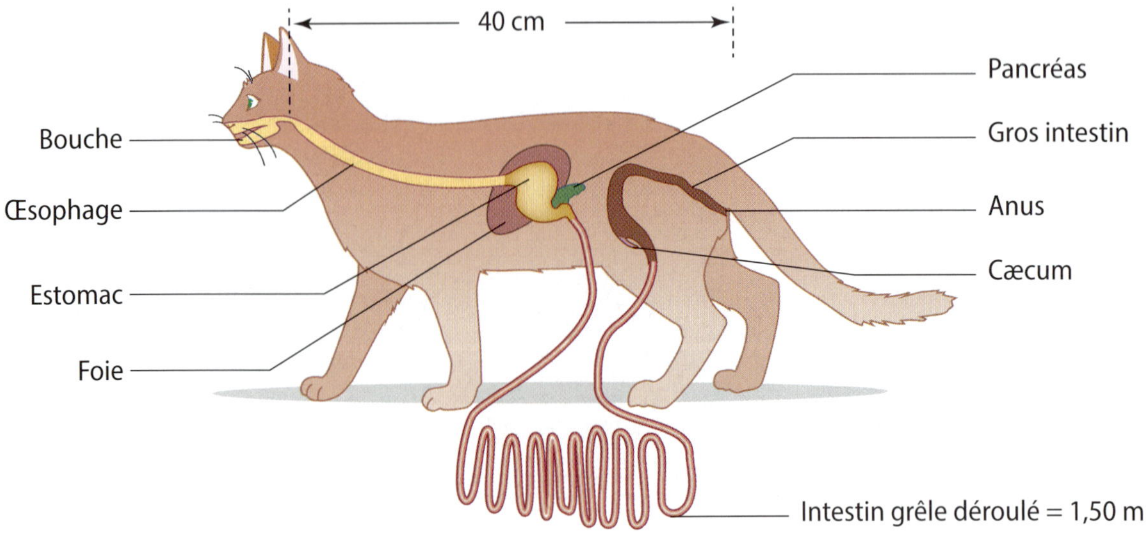

Doc. 2 Schéma de l'organisation du système digestif d'un zoophage, le chat

Compétence travaillée :
D4. Représenter des données sous différentes formes et choisir celle qui est adaptée à la situation de travail.

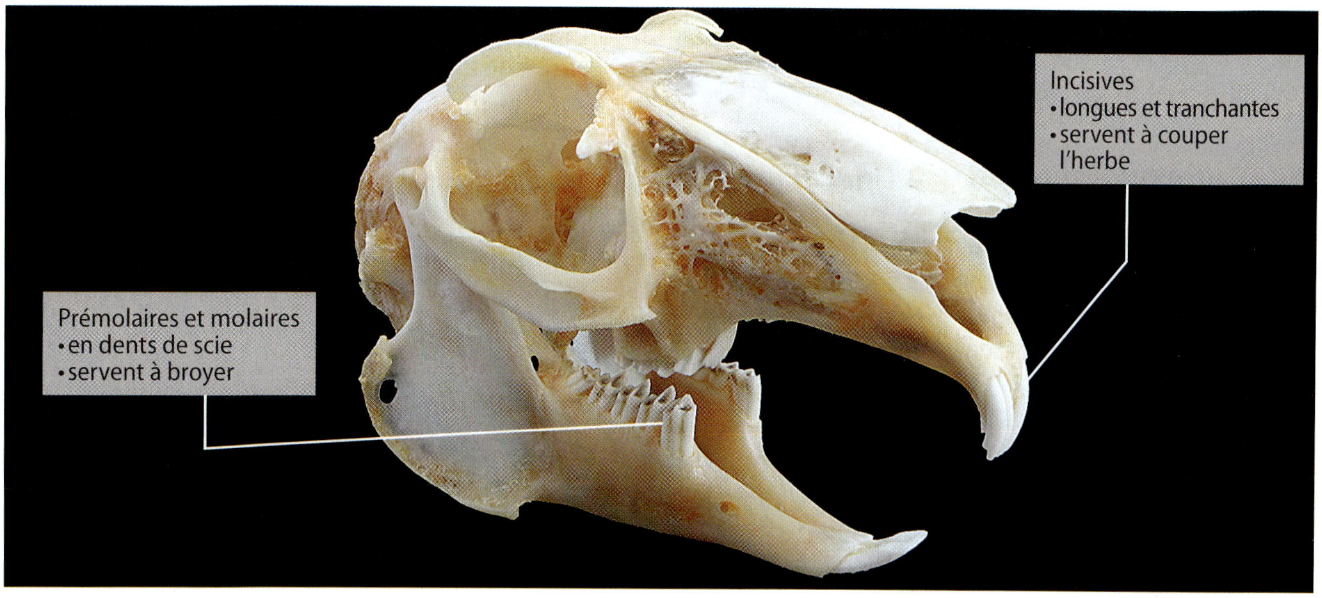

Doc. 3 Denture d'un phytophage, le lapin

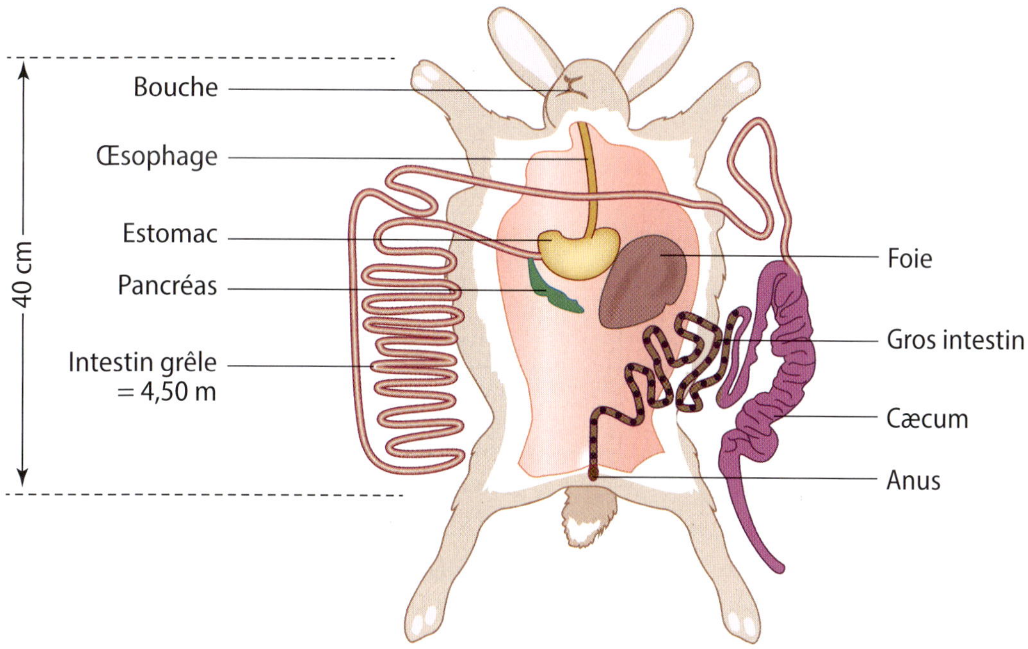

Doc. 4 Schéma de l'organisation du système digestif d'un phytophage, le lapin

Pour conclure

Comparer l'organisation du système digestif (denture et organes internes) du chat et du lapin et leur régime alimentaire.

Livret AP p. 13

Vocabulaire

- **Zoophage :** organisme ne se nourrissant que d'aliments d'origine animale.
- **Phytophage :** organisme ne se nourrissant que d'aliments d'origine végétale.

Compétence travaillée :
D4. Concevoir et mettre en œuvre un protocole expérimental.

Activité 2 Comment les aliments sont-ils transformés en nutriments ?

Les grosses molécules organiques (lipides, glucides et protides) qui composent les aliments doivent être transformées en nutriments (petites molécules organiques) pour pouvoir être absorbées au niveau de l'intestin.

Molécules constituant les aliments	Molécules constituant les nutriments
Glucide complexe (exemple : l'amidon, la cellulose)	Glucides simples (exemple : le glucose)
Protide (exemple : l'ovalbumine du blanc d'œuf)	Acides aminés (exemple : la leucine)
Lipide complexe (exemple : les triglycérides)	Acides gras (exemple : l'acide arachidonique)
Eau et ions minéraux	Eau et ions minéraux

Doc. 1 Différences entre un aliment et un nutriment

L'action d'une enzyme — manuel numérique

Les organes digestifs produisent des sucs digestifs contenant des molécules particulières : les enzymes. Le pancréas et les glandes salivaires, par exemple, produisent de l'amylase.

La couleur jaune au niveau des bandelettes test glucose signe la présence de glucose.

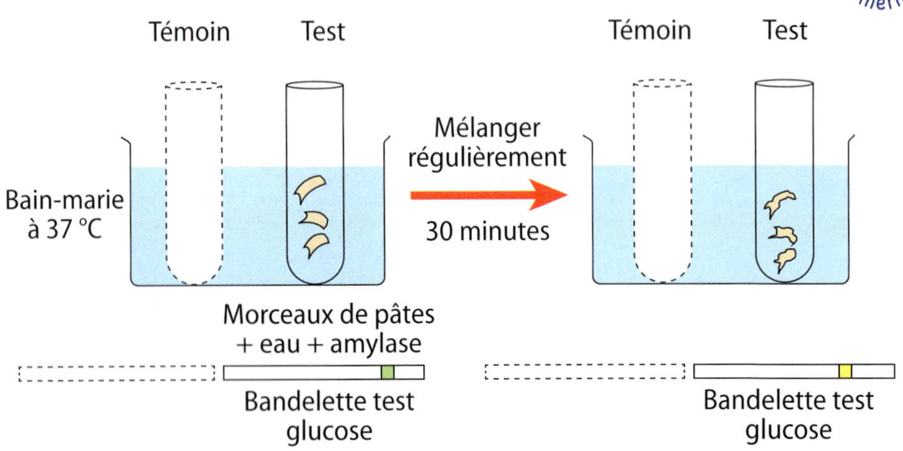

Doc. 2 Mise en évidence de l'action de l'amylase à l'aide d'une expérience de digestion *in vitro*

Pour conclure

Concevoir l'expérience témoin du **doc. 2** puis **expliquer** le rôle des enzymes dans la digestion.

Livret AP p. 13

Vocabulaire

- **Sucs :** ensemble des sécrétions produites par les organes du système digestif.
- **Pancréas :** organe du système digestif qui fabrique et libère du suc pancréatique contenant des enzymes.

Activité 3

Compétence travaillée :
D4. Proposer une ou des hypothèses pour résoudre un problème ou une question.

Comment les termites digèrent-ils le bois ?

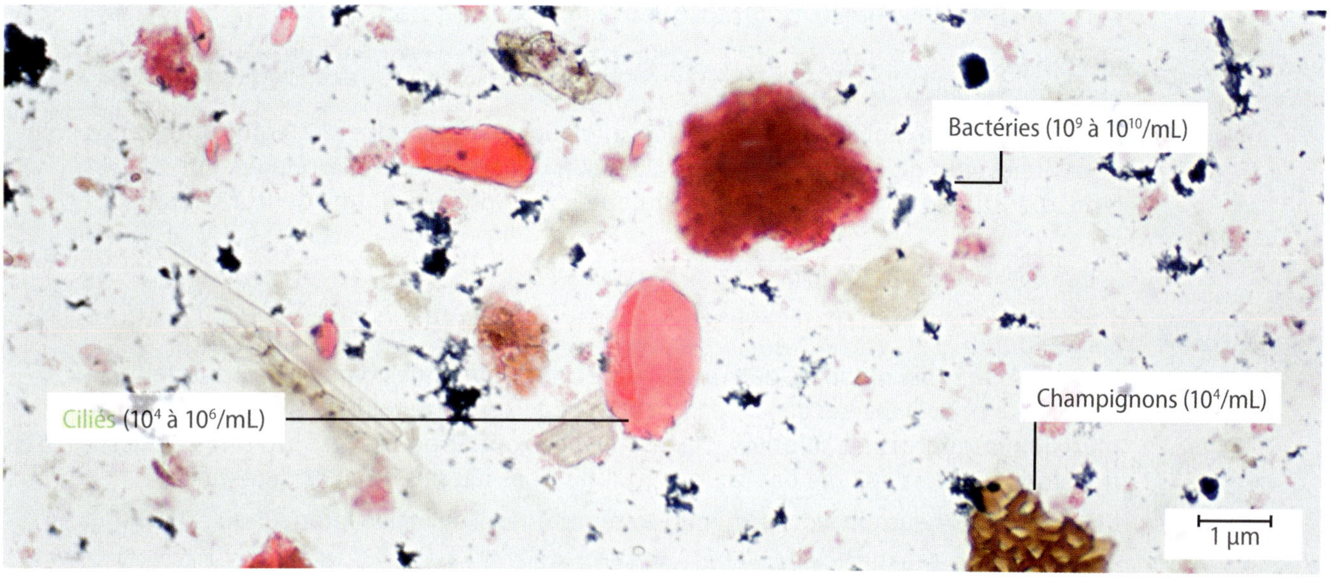

Doc. 1 Observation microscopique du **microbiote** présent dans le système digestif d'un termite, insecte ne se nourrissant quasiment que de bois

Le bois est constitué principalement de cellulose, un glucide complexe. La couleur jaune au niveau des bandelettes test glucose signe la présence de glucose.

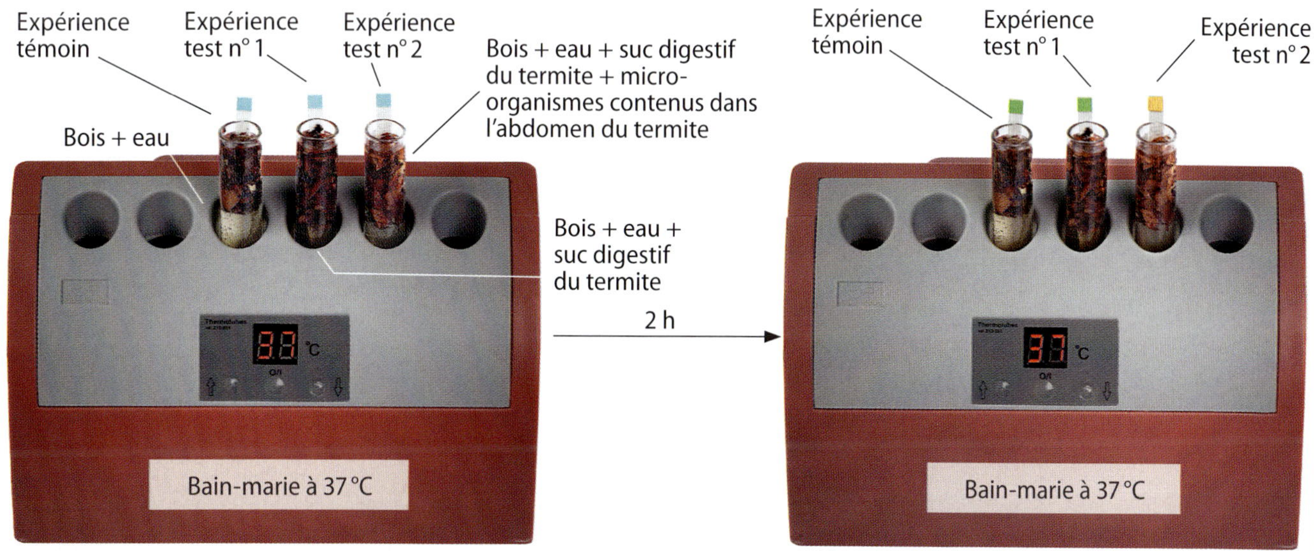

Doc. 2 Expérience de digestion *in vitro* du bois, aliment courant d'un termite

Pour conclure

Proposer une hypothèse concernant le rôle des micro-organismes dans la digestion en utilisant les résultats expérimentaux du doc. 2.

Livret AP p. 13

Vocabulaire

- **Cilié :** micro-organisme composé d'une seule cellule et possédant des cils en surface.
- **Microbiote :** ensemble des micro-organismes vivant au contact d'un organisme.

Bilan

... par le texte

Activité 1 Des stratégies différentes pour se nourrir

- Les animaux prélèvent leur nourriture dans leur milieu de vie.
- Deux grands **régimes alimentaires** existent, en fonction de l'origine de la matière organique consommée : le régime **zoophage** et le régime **phytophage**.
- En fonction de ce régime alimentaire, les animaux possèdent des stratégies différentes pour prélever et digérer la nourriture. De façon générale, les phytophages ont un système digestif plus complexe et plus long que les zoophages, et une denture adaptée.

Activité 2 Le rôle des enzymes dans la digestion

- Les **aliments** sont composés de grosses molécules organiques (lipides, glucides et protides). Pour pouvoir passer dans le sang, celles-ci doivent être transformées en molécules plus simples, petites et solubles. Ces molécules sont appelées les **nutriments**. Cette transformation est assurée par les **enzymes** libérées par des organes digestifs.
- Ces nutriments pourront alors passer du système digestif au milieu intérieur qu'est le sang.

Activité 3 L'importance des micro-organismes

- Beaucoup d'animaux ne peuvent pas digérer ce qu'ils mangent sans l'intervention de micro-organismes. En effet, seuls ces derniers libèrent les enzymes nécessaires à la formation des nutriments. Ainsi, des micro-organismes sont nécessaires au bon fonctionnement du système digestif d'un animal. C'est le **microbiote**.

À savoir :

	Activités	Exercices
Relier des systèmes digestifs à des régimes alimentaires (phytophages, zoophages).	1	5 6
Expliquer la transformation des aliments en nutriments lors de la digestion, sous l'action d'enzymes, et le passage des nutriments vers le milieu intérieur.	2	4 7
Relier la présence de micro-organismes dans le système digestif à certaines caractéristiques de la digestion.	3	4 8

… par l'image

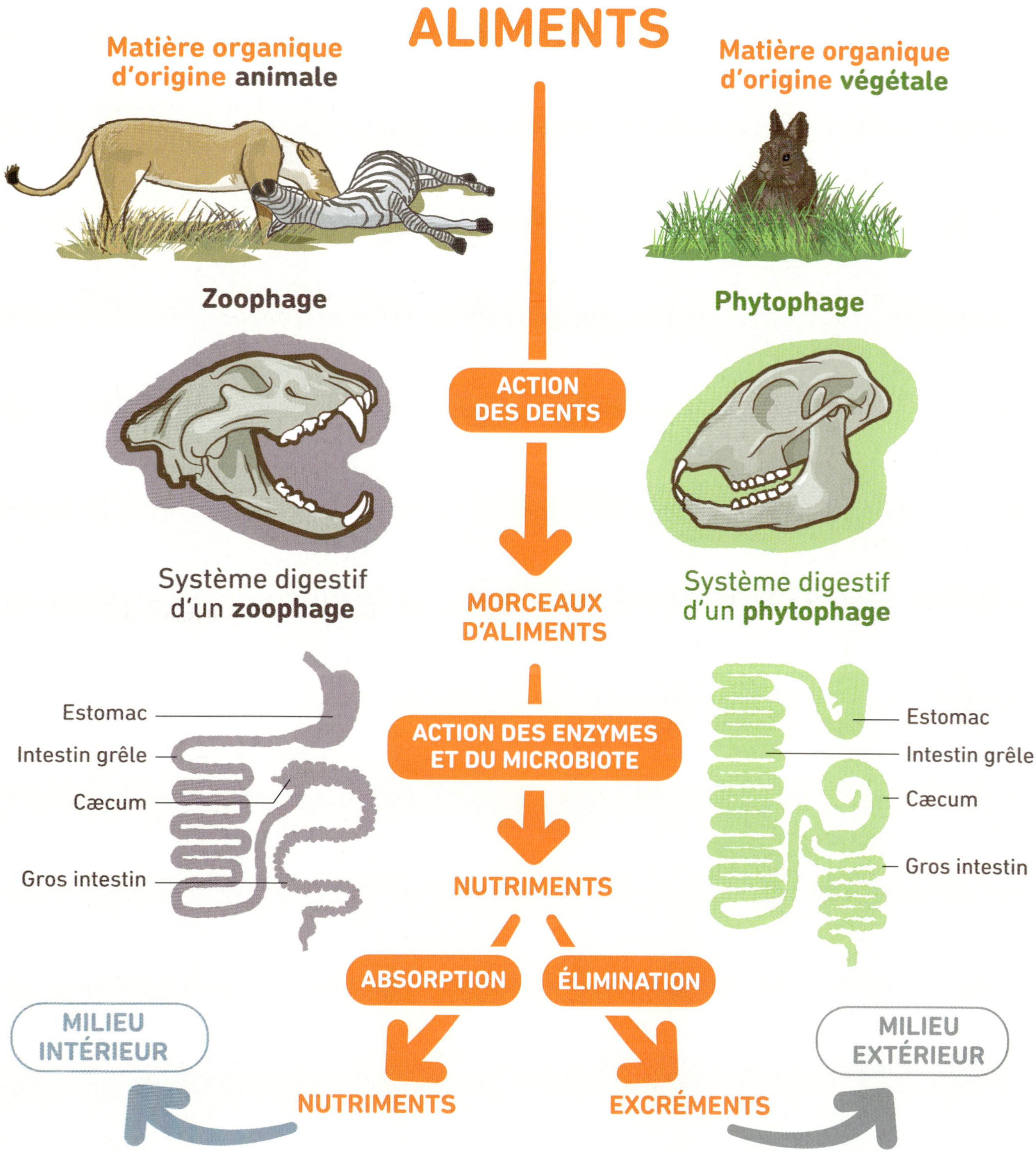

Mots à savoir définir

régime alimentaire • zoophage • phytophage • aliment • nutriment • enzyme • microbiote

Exercer ses compétences

manuel numérique QCM 2

1 QCM 1 Choisir la proposition correcte.

	A	B	C	D	En cas de doute, lire
1. La denture d'un carnivore est adaptée à :	son régime alimentaire.	son milieu de vie.	la saison.	sa taille.	1 p. 140
2. Les aliments avalés par un chat entrent par la bouche puis passent successivement dans :	l'estomac, l'intestin grêle, le gros intestin et sortent par l'anus.	l'œsophage, l'estomac, le foie, l'intestin grêle, le gros intestin et sortent par l'anus.	l'œsophage, l'estomac, le foie, l'intestin grêle et sortent par le gros intestin.	l'œsophage, l'estomac, l'intestin grêle, le gros intestin et sortent par l'anus.	1 p. 140
3. Un animal phytophage consomme :	de la matière organique d'origine végétale.	de la matière organique d'origine animale.	des matières organiques d'origine animale et végétale.	de la matière organique mixte.	1 p. 140
4. Le système digestif d'un phytophage :	possède un seul estomac.	est composé de plusieurs poches.	est composé d'un intestin généralement plus petit que celui des zoophages.	ne contient aucun micro-organisme.	1 p. 140 3 p. 143
5. La transformation des glucides par les enzymes donne :	des nutriments de type acide aminé.	des nutriments de type glucose.	des nutriments de type acide gras.	des nutriments de type glycérol.	2 p. 142

▶ Voir corrigés p. 413

2 D1. Définir

Définir les termes suivants :
a. régime alimentaire ; b. microbiote ; c. enzyme.

3 D1. Rédiger

Rédiger une phrase à l'aide des mots suivants :
a. zoophage, crocs, carnivores, proies, capturer ;
b. amylase, pâtes, glucides, enzymes, nutriments, glucose ;
c. cellulose, digestion, phytophages, micro-organismes.

4 D1. Représenter des données sous différentes formes et choisir celle qui est adaptée à la situation de travail

La cellulose peut être transformée en glucose sous l'action d'une enzyme, la cellulase. La plupart des animaux, quel que soit leur régime alimentaire, ne produisent pas cette enzyme et sont donc incapables de digérer la cellulose des végétaux qu'ils consomment. La cellulase provient des micro-organismes présents dans le système digestif des phytophages.

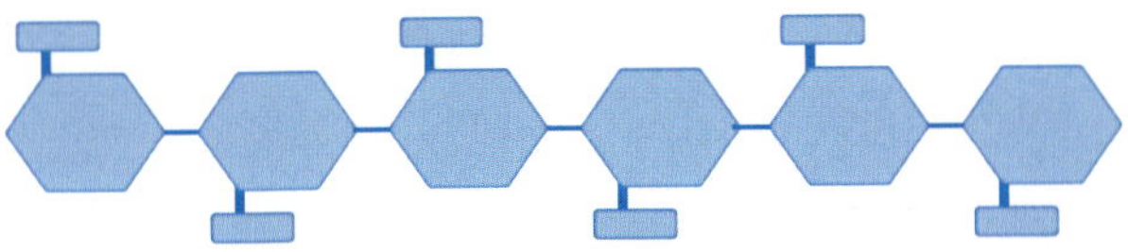

Schéma simplifié de la cellulose

1. **Réaliser** un schéma illustrant l'action de la cellulase sur la cellulose.
2. **Préciser** l'origine de la cellulase présente dans le système digestif des phytophages.

5 D1. Lire et exploiter des données présentées sous différentes formes

Dans le cæcum et la portion supérieure du gros intestin, le microbiote digère les végétaux.

1. **Citer** les organes du système digestif par lesquels vont passer les aliments.

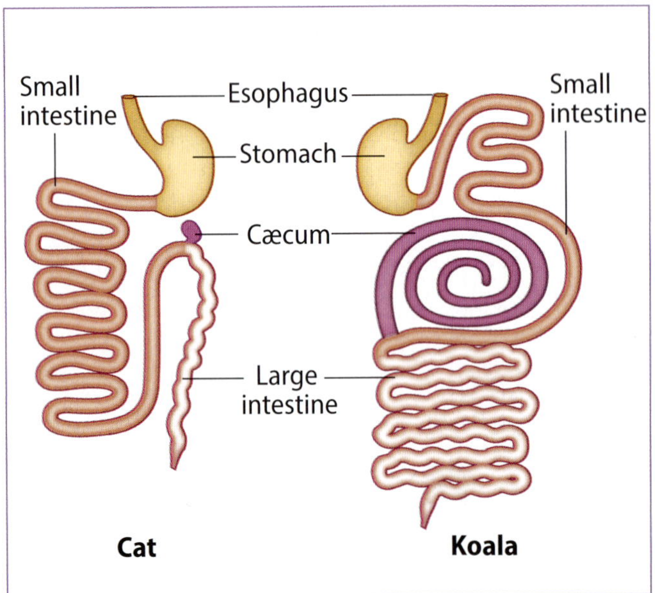

Doc. 1 Basic diagram of the digestive system of a cat and a koala

2. **Préciser** les différences visibles entre le système digestif phytophage du koala et celui, zoophage, du chat.
3. **Donner** une explication à ces différences.

6 résolu D4. Interpréter des résultats et en tirer des conclusions

Les serpents sont des carnivores qui avalent entièrement leurs proies sans les mâcher au préalable. Certains d'entre eux peuvent ouvrir de façon spectaculaire leurs mâchoires grâce à un crâne articulé : les mâchoires supérieures et inférieures peuvent en effet se déplacer indépendamment l'une de l'autre et par rapport au reste du crâne. Les dents des serpents sont longues, pointues et orientées vers l'arrière.
Cette denture leur permet d'attraper, de maintenir et d'avaler des animaux pouvant être de taille supérieure à leur propre diamètre.

Doc. 1 Couleuvre attrapant un crapaud

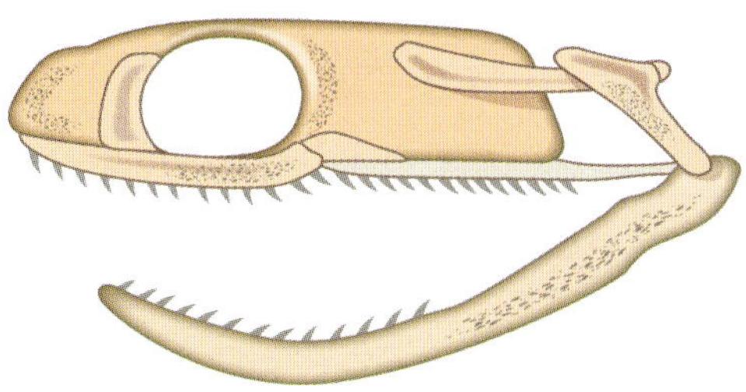

Doc. 2 Dessin des mâchoires d'une couleuvre

Expliquer en quoi ces mâchoires sont adaptées au régime alimentaire de l'animal.

Livret AP p. 13

7 D4. Concevoir une expérience

1. **Concevoir** un protocole expérimental permettant de vérifier si une enzyme, la peptidase est capable de digérer une protéine présente dans le blanc d'œuf.

8 Tâche complexe D4. Proposer une hypothèse pour résoudre un problème

Le lapin mange de l'herbe qu'il est incapable de digérer. Ce sont les bactéries symbiotiques présentes dans son cæcum qui assurent ce rôle. Le cæcum étant situé à la fin du système digestif, beaucoup de nutriments n'ont pas le temps d'être assimilés par l'organisme avant d'être éliminés sous forme de crottes par l'anus.

Consigne : **Proposer** une hypothèse expliquant l'intérêt pour le lapin d'ingérer ces crottes molles.

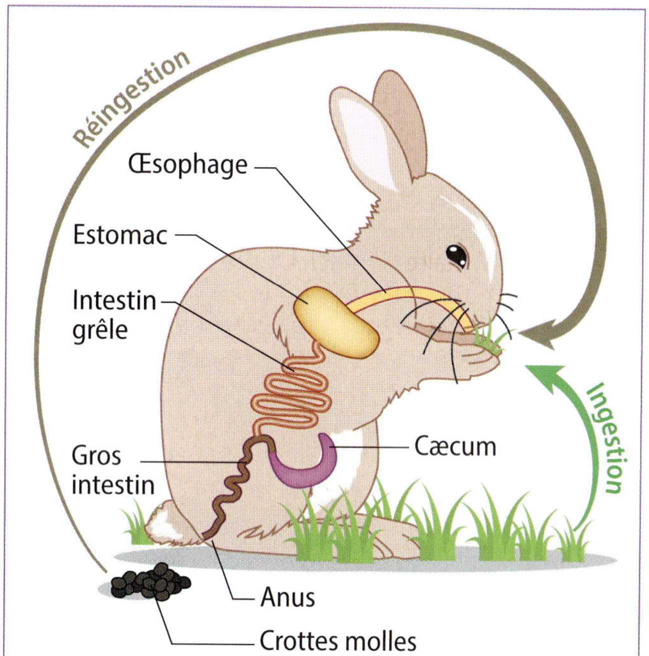

Doc. 1 Cæcotrophie du lapin

Doc. 2 Crottes sèches et crottes molles en grappes du lapin

Activité 1

Compétence travaillée :
D2. Utiliser des logiciels d'acquisition de données, de simulation et des bases de données.

Comment une cellule produit-elle l'énergie nécessaire à son fonctionnement ?

Pour mettre en évidence les échanges gazeux cellulaires, on mesure, à l'aide d'un dispositif ExAO, la concentration en dioxygène et en dioxyde de carbone dans le milieu de vie d'une population de levures, organismes unicellulaires.

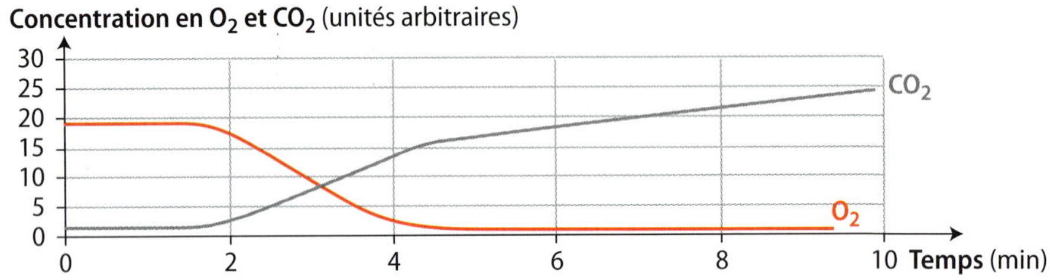

Variation des concentrations de dioxygène et de dioxyde de carbone dans le milieu de vie des levures au cours du temps

Doc. 1 Mise en évidence des échanges gazeux cellulaires

Pour leur croissance, les levures utilisent du glucose, matière organique qu'elles prélèvent dans leur milieu. On observe la croissance d'une population de levures à l'aide de lames de comptage. On en déduit alors les besoins nutritifs des cellules.

Milieu	Résultat
Eau distillée + O_2	Aucune croissance des levures
Eau distillée + matière minérale + O_2	Aucune croissance des levures
Eau distillée + matière minérale + glucose + O_2	Croissance des levures Production de CO_2

Doc. 2 Mise en évidence des besoins nutritifs des levures

La respiration cellulaire permet à la cellule de produire son énergie pour fonctionner.

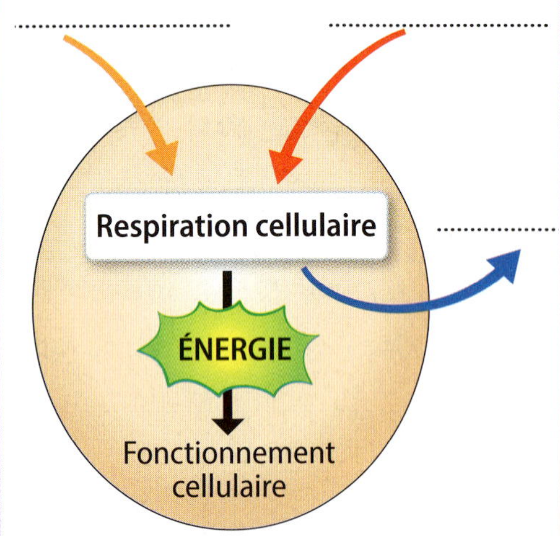

Doc. 3 Schéma (à compléter) de la respiration cellulaire

Pour conclure

Analyser les résultats expérimentaux des doc. 1 et 2 puis **compléter** le schéma du doc. 3.

▸ Livret AP p. 14

Vocabulaire

- **Concentration :** quantité de molécules pour un volume donné.
- **Unicellulaire :** organisme composé d'une seule cellule.
- **Glucose :** molécule organique simple.

Activité 2

Compétence travaillée :
D1. Lire et exploiter des données présentées sous différentes formes.

Comment les animaux assurent-ils les besoins en nutriments de leurs cellules ?

L'alimentation fournit à l'organisme du glucose, un nutriment essentiel à son fonctionnement. Cet apport est ponctuel ; pourtant l'utilisation du glucose est continue.

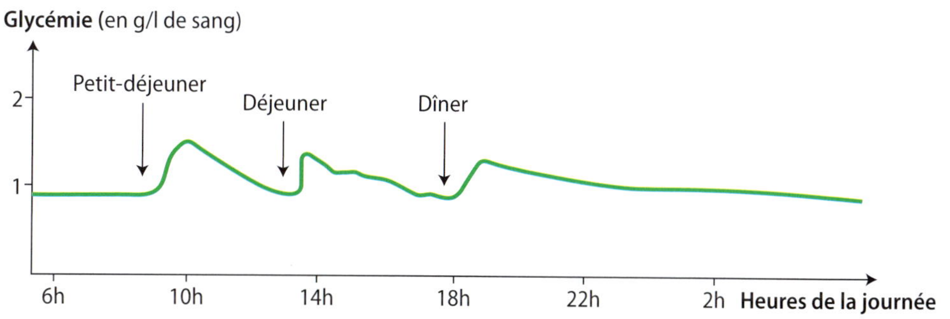

Doc. 1 Variation de la glycémie d'un humain pendant 24 h

Certains nutriments non consommés par les cellules sont stockés sous forme de molécules de réserve, qui sont utilisées en fonction des besoins de l'organisme. Chez les animaux, il existe deux types de réserves : les réserves glucidiques, dans le foie, et les réserves lipidiques, dans les tissus adipeux.

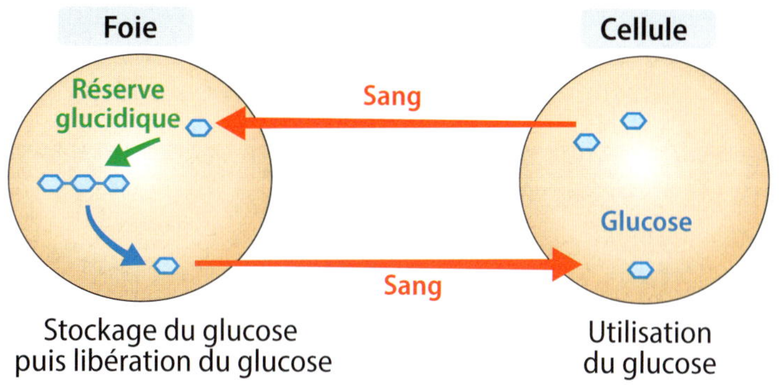

a Le rôle du foie dans le stockage et la libération de glucose

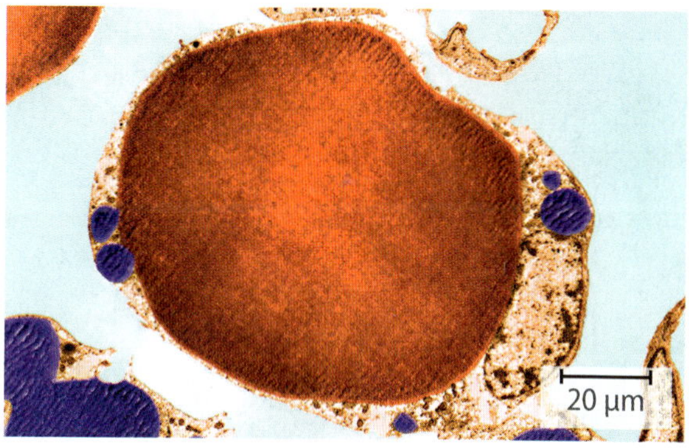

b Photographie d'une cellule de réserve lipidique humaine au MET

Doc. 2 Stockage à court et moyen terme des nutriments non utilisés chez les animaux

En automne, les marmottes mangent énormément pour constituer des réserves de graisse. Les graisses stockées représentent alors un tiers de la masse de l'animal. En hiver, elles entrent en vie ralentie et hibernent. Elles cessent complètement de s'alimenter. Les besoins cellulaires sont assurés par le déstockage progressif de nutriments à partir des réserves de graisses.

Doc. 3 Un exemple de stockage à long terme de nutriments chez la marmotte

Pour conclure

Expliquer quels mécanismes permettent aux animaux de couvrir les besoins cellulaires continus en nutriments.

Livret AP p. 14

Vocabulaire

- **Glycémie :** quantité de glucose dans le sang (valeur moyenne : 1 g/L de sang).
- **Réserves lipidiques :** molécules composant la graisse.
- **Tissu :** ensemble de cellules ayant une même fonction dans l'organisme.
- **MET :** Microscopie Électronique à Transmission.

Activité 3

Comment la structure des organes respiratoires favorise-t-elle l'entrée de dioxygène ?

Une différence de concentration entre deux milieux entraîne un mouvement des molécules du milieu le plus concentré vers le milieu le moins concentré, c'est la diffusion.

Pour certains animaux, ce processus suffit à l'entrée du dioxygène à l'intérieur de l'organisme (au niveau de la peau).

Chez d'autres, des organes respiratoires présentent des surfaces d'échanges qui favorisent cette diffusion. Pour être une surface d'échange efficace, l'organe doit être fin, étendu et vascularisé.

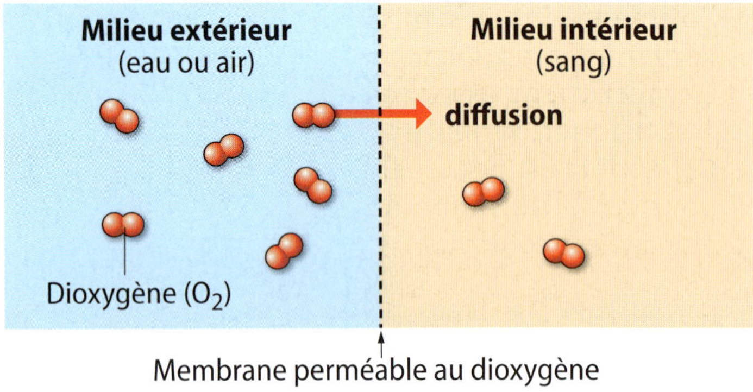

Schéma illustrant le principe de diffusion

Doc. 1 Mécanisme du passage du dioxygène du milieu extérieur au sang

Les mouvements ventilatoires du poisson

a Mouvements ventilatoires du poisson

Les mouvements ventilatoires du poisson assurent un renouvellement constant de l'eau au contact direct des branchies. Celles-ci sont fortement vascularisées et leur paroi qui sépare les capillaires sanguins présents dans les filaments branchiaux du milieu extérieur est très fine et étendue.

b Protocole de dissection d'une tête de truite

- Placer la tête de la truite sur le côté et découper l'opercule pour découvrir les branchies.
- Extraire une branchie en sectionnant l'arc osseux à sa base.
- Déposer la branchie dans un verre de montre, avec de l'eau.
- Observer la branchie à l'aide d'une loupe binoculaire afin de retrouver quelques caractéristiques qui favorisent les échanges gazeux.

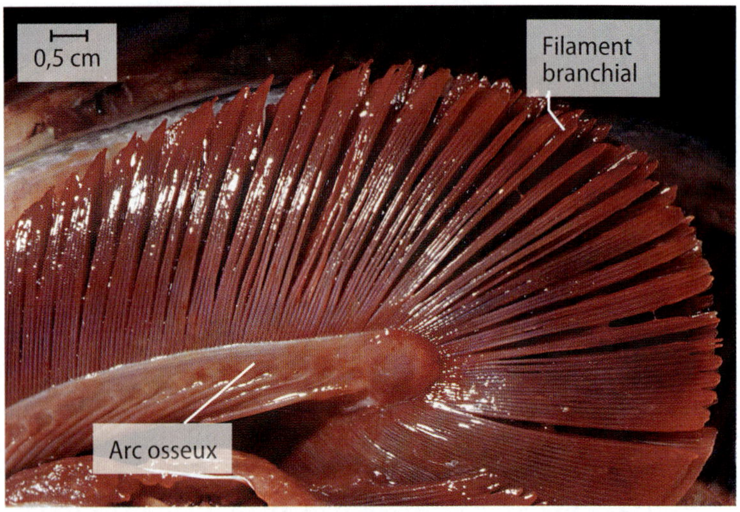

c Photographie d'une branchie observée à la loupe binoculaire G : x 10

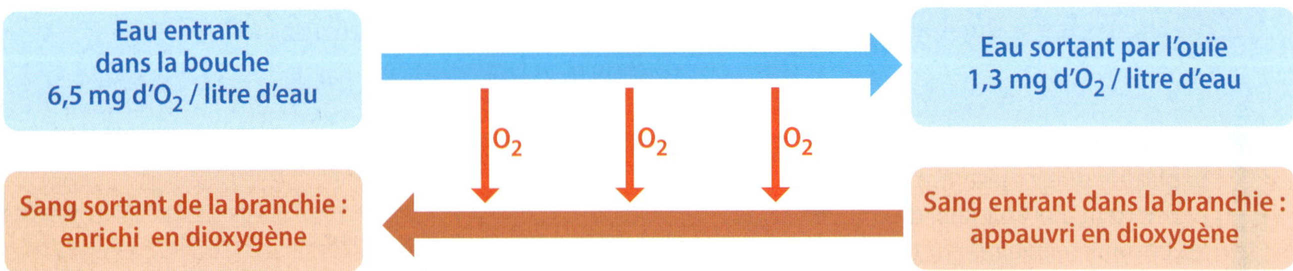

Doc. 2 Structure d'une branchie permettant l'entrée de dioxygène chez la truite

Les mouvements ventilatoires de l'Homme assurent un renouvellement constant de l'air au contact direct des alvéoles pulmonaires.

Si les alvéoles pulmonaires étaient lissées, leur surface totale atteindrait de 60 à 90 m², soit l'équivalent d'un demi terrain de tennis.

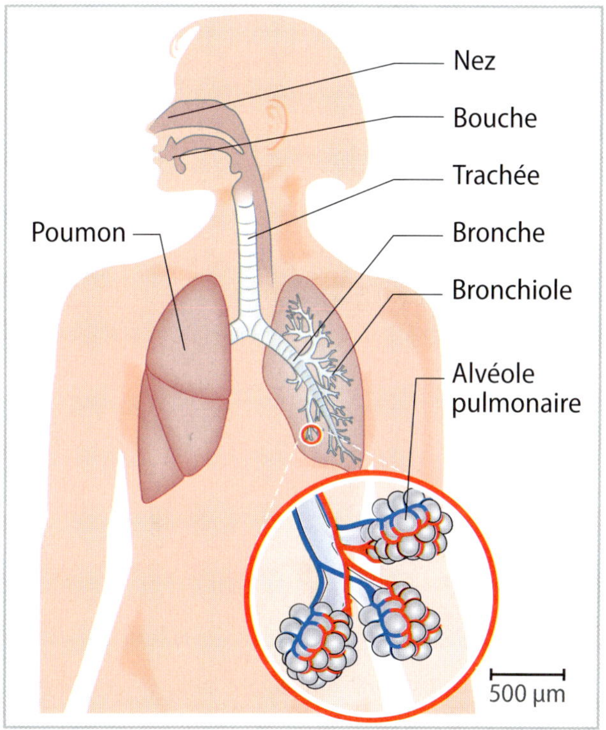

ⓐ Schéma du système respiratoire humain

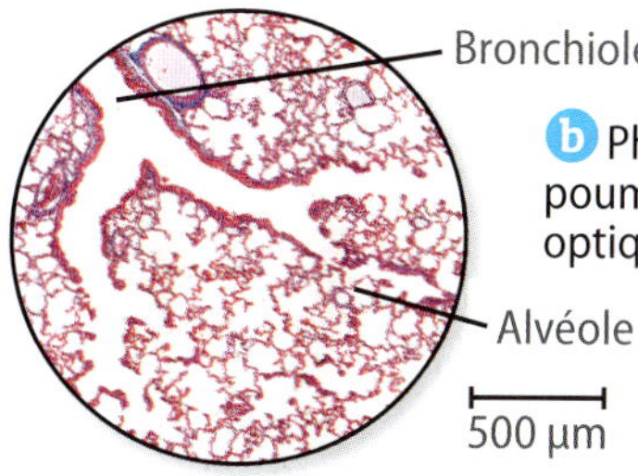

ⓑ Photographie d'une coupe de poumon observée au microscope optique

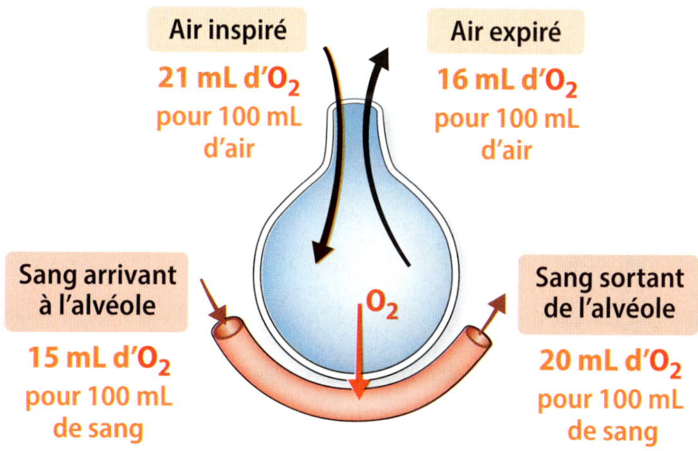

ⓒ Schéma d'une alvéole pulmonaire

Doc. 3 Organisation du système respiratoire permettant l'entrée de dioxygène chez l'humain

Les mouvements ventilatoires du criquet

ⓐ Mouvements ventilatoires du criquet

Les stigmates permettent l'entrée et la sortie de l'air. Cet air circule directement, grâce à des mouvements ventilatoires, jusqu'aux cellules par les trachées, tubes blancs nacrés.

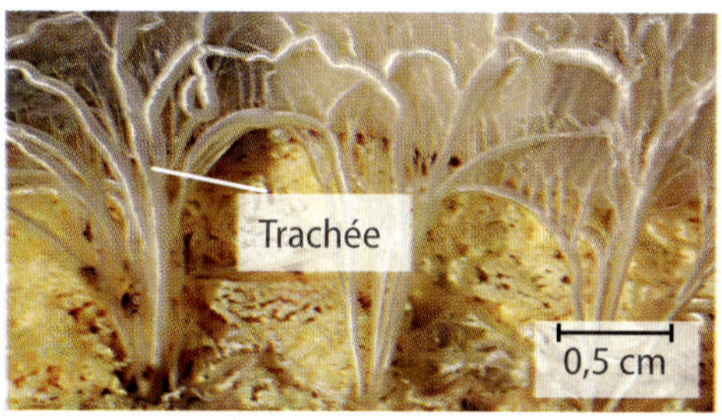

ⓑ Trachées au niveau de l'abdomen d'un criquet observés à la loupe binoculaire

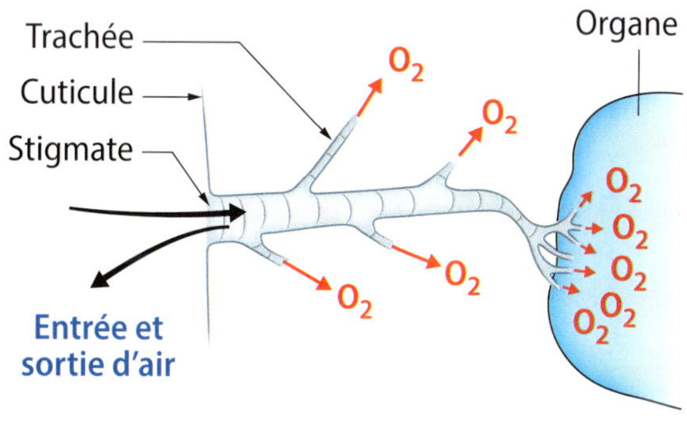

ⓒ Croquis du fonctionnement du système trachéen

Doc. 4 Organisation du système respiratoire permettant l'entrée de dioxygène chez le criquet

Pour conclure

Expliquer comment les différents organes et mouvements ventilatoires des animaux permettent, quel que soit leur milieu de vie, une absorption du dioxygène.

▸ Livret AP p. 14

Vocabulaire

- **Vascularisé :** qui contient des vaisseaux sanguins.
- **Mouvement ventilatoire :** mouvement du corps de l'animal lui permettant de faire circuler l'air ou l'eau jusqu'aux organes qui permettent l'entrée de dioxygène dans l'organisme.

Activité

4 Comment les animaux éliminent-ils leurs déchets ?

Compétence travaillée :
D4. Interpréter des résultats et en tirer des conclusions.

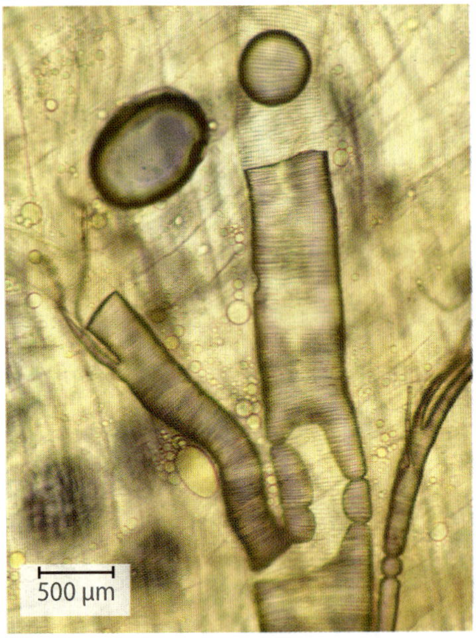

ⓐ Trachées de criquet vues au microscope optique

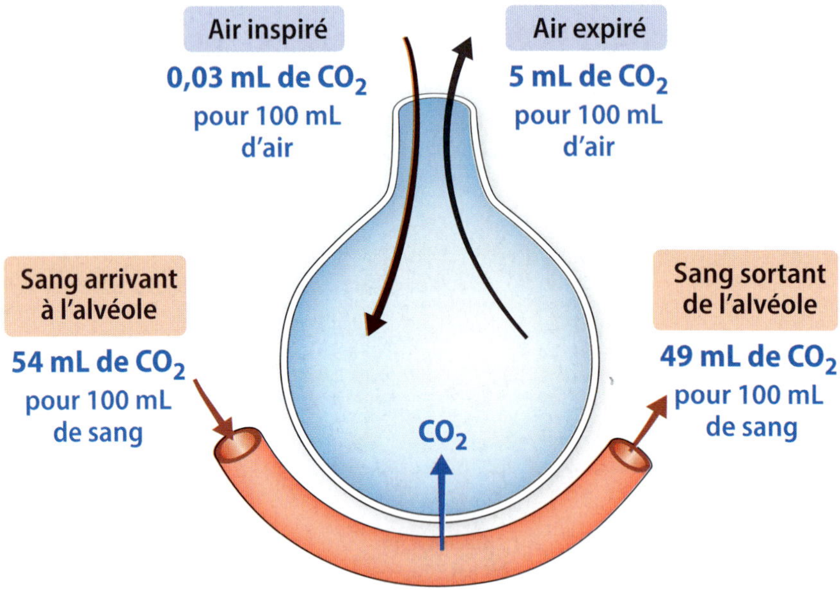

ⓑ Schéma d'une alvéole pulmonaire

Doc. 1 Élimination du dioxyde de carbone : un déchet toxique pour les organismes animaux

Pour éliminer les déchets autres que le CO_2, les vertébrés possèdent un système excréteur, composé d'un ou de deux reins qui filtrent le sang.

Une partie des animaux éliminent ces déchets sous forme d'urine.

Chez d'autres, comme les oiseaux, ces déchets sont mélangés avec les déchets issus de la digestion au niveau du cloaque. Ils sont ensuite évacués sous forme de fiente.

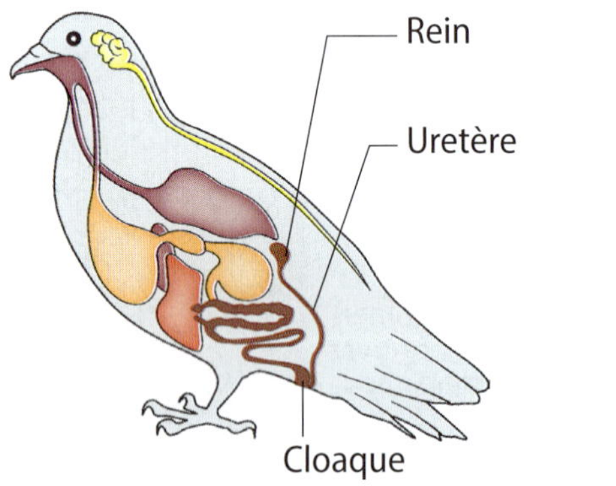

Organisation du système excréteur d'un oiseau

Doc. 2 Élimination des autres déchets par un système excréteur

Pour conclure

Expliquer comment l'organisme élimine les déchets issus du fonctionnement cellulaire. ▸ Livret AP p. 14

Vocabulaire

- **Cloaque :** orifice intestinal et urinaire (et génital) des oiseaux.

Activité 5

Comment les organes impliqués dans la nutrition animale sont-ils reliés ?

Compétence travaillée :
D5. Appréhender différentes échelles spatiales d'un phénomène ou d'une fonction.

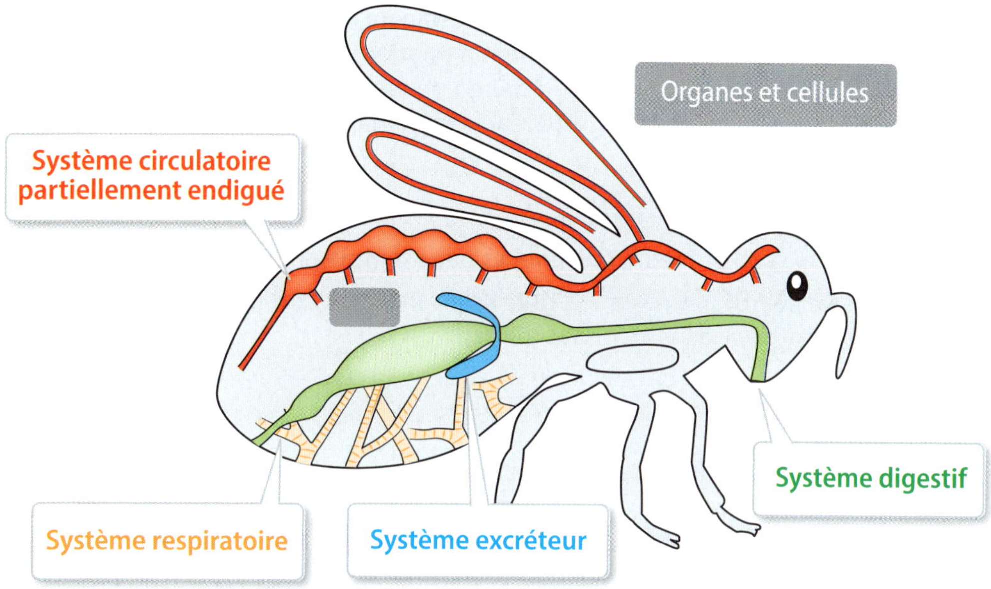

Doc. 1 Système circulatoire partiellement endigué d'un insecte

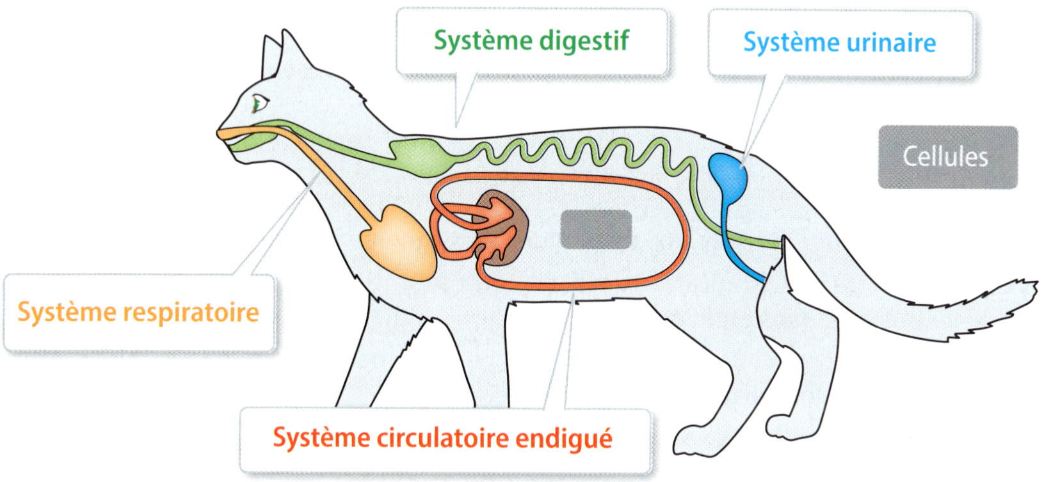

Doc. 2 Système circulatoire endigué d'un vertébré (mammifère)

Pour conclure

Recopier et **compléter**, à l'aide des informations des activités précédentes, les **doc. 1** et **2**, pour relier les besoins des cellules animales et le rôle des systèmes de transport dans l'organisme.

▸ Livret AP p. 14

Vocabulaire

- **Endiguer :** contenir un liquide (ici le sang) dans un circuit (ici le système circulatoire).

Bilan

... par le texte

Activité 1 Les besoins des cellules animales

- Pour fonctionner, une cellule animale a besoin de matière et d'énergie. Pour produire de l'énergie, la cellule utilise des nutriments (matière organique) et du dioxygène (matière minérale) qu'elle prélève dans son milieu de vie et dans lequel elle rejette des déchets (dont le dioxyde de carbone). Cette réaction chimique est appelé la **respiration cellulaire**.

Activité 2 Le stockage des nutriments

- Les animaux stockent leurs nutriments par exemple dans des **tissus** de stockage.
- Chez les vertébrés, les **réserves** glucidiques se trouvent dans le foie. Les réserves lipidiques se trouvent dans les tissus adipeux.

Activité 3 Les surfaces d'échange respiratoire

- Le prélèvement du dioxygène s'effectue au niveau d'**organes respiratoires** : branchies, poumons et trachées.
- Ces organes possèdent une **surface d'échange** abondamment vascularisée et au contact direct du milieu de vie, ce qui favorise la diffusion du dioxygène du milieu de vie au sang.
- Les mouvements ventilatoires permettent de maintenir une différence de concentration en dioxygène entre les milieux de vie et le sang.

Activité 4 L'élimination des déchets cellulaires

- Le fonctionnement cellulaire entraîne la production de **déchets** libérés dans le sang.
- Le dioxyde de carbone est rejeté avec l'air expiré au niveau du système respiratoire tandis que les autres déchets sont éliminés par le **système excréteur** qui filtre le sang.

Activité 5 Les systèmes de transport dans l'organisme

- Il existe, chez les animaux, deux types de systèmes circulatoires :
  – les **systèmes circulatoires partiellement endigués**, dans lesquels le sang circule librement dans tout l'organisme ;
  – les **systèmes circulatoires endigués**, qui permettent la circulation du sang dans un système clos reliant les organes entre eux.

À savoir :

	Activités	Exercices
Expliquer que les cellules animales utilisent de la matière organique et de la matière minérale pour produire leur propre matière organique.	1	4
Relier le passage du dioxygène des milieux de vie au niveau des systèmes respiratoires aux caractéristiques des surfaces d'échanges.	3	6
Relier les systèmes de transport aux lieux d'utilisation et de stockage des nutriments.	2 5	7
Relier les systèmes de transport et l'élimination des déchets produits au cours du fonctionnement cellulaire.	4 5	5

... par l'image

manuel numérique

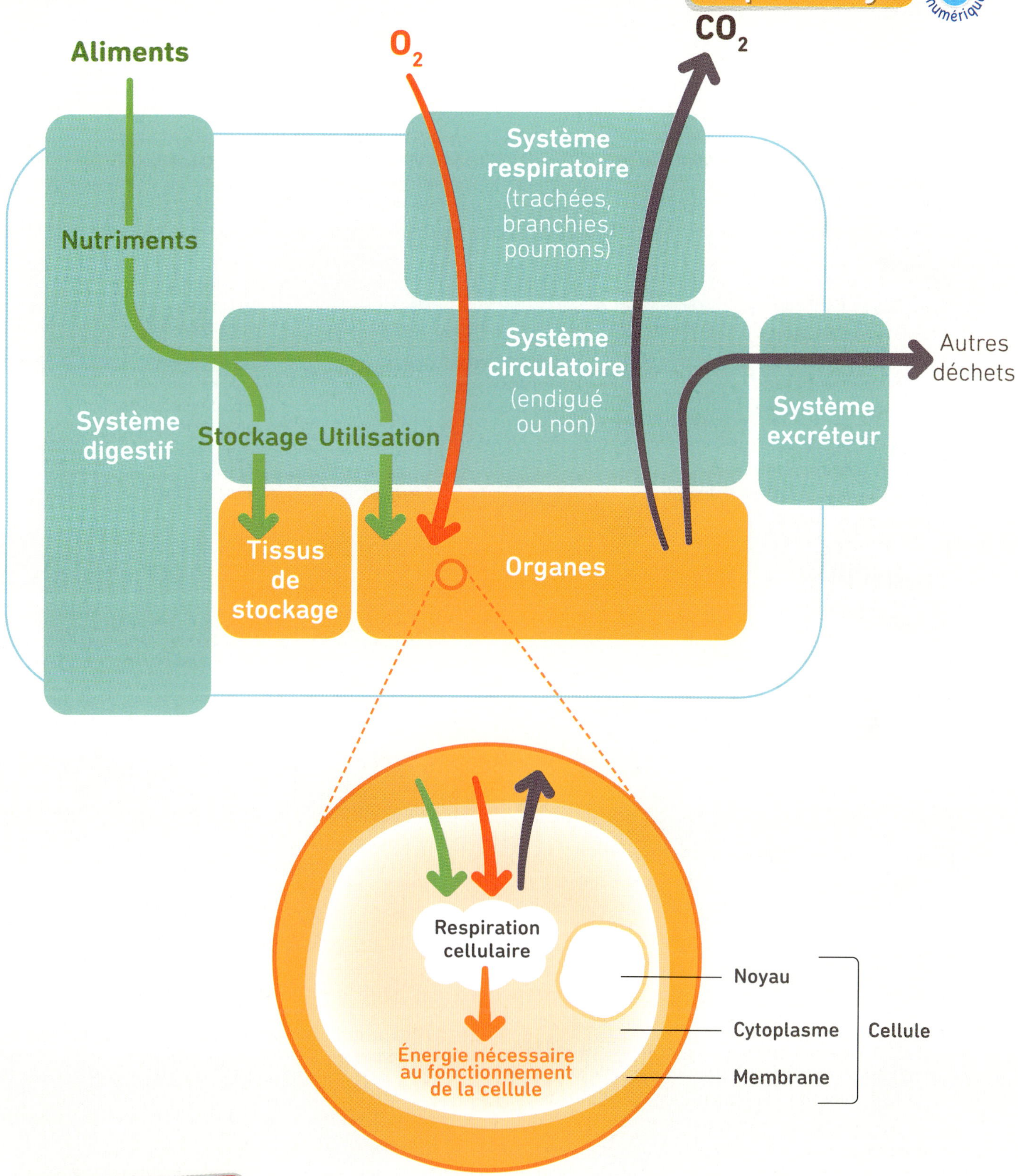

Mots à savoir définir

respiration cellulaire • tissus • réserves • organe respiratoire • surface d'échange • déchet • système excréteur • système circulatoire partiellement endigué • système circulatoire endigué

Exercer ses compétences

manuel numérique QCM 2

1 QCM 1 Choisir la proposition correcte.

	A	B	C	D	En cas de doute, lire
1. Pour sa survie, une cellule animale a besoin :	uniquement de matière minérale.	uniquement d'eau.	uniquement de matière organique.	de matière minérale et de matière organique.	1 p. 148
2. Pour assurer un apport continu en glucose aux cellules, l'organisme :	le stocke sous forme de glucose dans le foie.	le stocke sous forme de graisse dans le foie.	le stocke sous forme de glycogène dans le foie.	s'alimente en continu.	2 p. 149
3. Chez l'Homme, pour passer de la bouche aux alvéoles pulmonaires, l'air passe par :	la trachée, les bronches et les bronchioles.	les branchies, les bronches et les bronchioles.	la trachée, les bronchioles et les bronches.	l'œsophage, les bronches et les bronchioles.	3 p. 150
4. Les déchets cellulaires de l'organisme des vertébrés :	sont recyclés par les cellules pour être réutilisés.	s'accumulent dans le gros intestin pour être éliminés avec les excréments.	circulent et restent longtemps dans le sang.	peuvent devenir toxiques, voire mortels s'ils s'accumulent en trop grande quantité.	4 p. 152
5. Dans un système circulatoire endigué, les organes communiquent via :	les nerfs.	la circulation sanguine.	les muscles.	le contact direct.	5 p. 153

▶ Voir corrigés p. 413

2 D1. Définir

Définir les termes suivants :
a. organe respiratoire ;
b. respiration cellulaire ;
c. système circulatoire endigué.

3 D1. Rédiger

Rédiger une phrase à l'aide des mots suivants :
a. animal, branchie, eau, dioxygène, sang, cellule ;
b. dioxyde de carbone, déchet, cellule, sang, air expiré.

4 D4. Concevoir une expérience pour la tester

Des élèves cherchent à mettre en évidence les échanges gazeux réalisés par une paramécie, organisme unicellulaire. L'hypothèse à tester est : la paramécie prélève du dioxygène et rejette du dioxyde de carbone dans son milieu de vie.
Pour cette expérience, ils disposent :
- d'une sonde oxymétrique reliée à un ordinateur qui mesure la quantité de dioxygène dans un milieu de vie ;
- d'une sonde de dioxyde de carbone qui mesure la quantité de dioxyde de carbone dans un milieu de vie ;
- d'une culture de paramécies dans de l'eau ;
- d'une boîte hermétique.

Le montage témoin proposé par les élèves est le suivant :

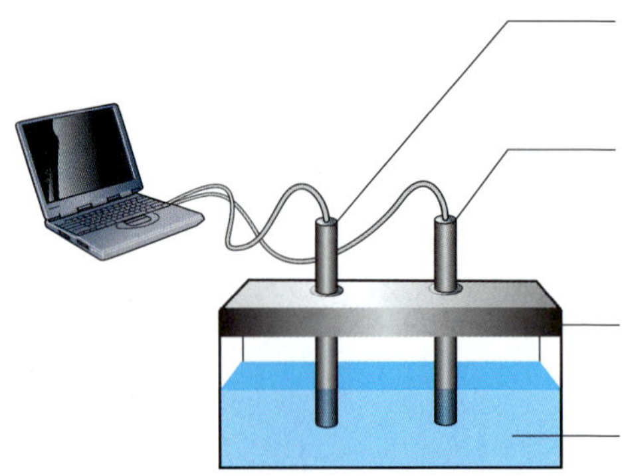

Doc. 1 Schéma du montage témoin

1. **Proposer**, à l'aide du matériel disponible, une expérience permettant de tester l'hypothèse des élèves.

5 D4. Proposer une hypothèse et concevoir une expérience pour la tester

Chez l'Homme, les reins sont situés dans l'abdomen. Une artère rénale achemine le sang jusqu'aux reins, et une veine rénale l'en fait sortir. Les reins reçoivent un litre de sang par minute et filtrent donc chacun 1 440 litres de sang par jour. L'urée est un déchet issu du fonctionnement cellulaire libéré dans le sang qui peut devenir toxique s'il n'est pas rapidement éliminé de l'organisme.

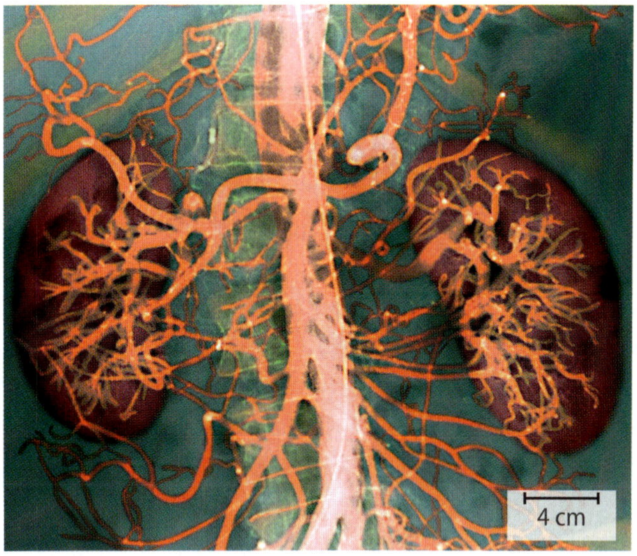

Doc. 1 Radiographie du système rénal

	Sang entrant dans le rein (g/L de sang)	Sang sortant du rein (g/L de sang)	Urine (g/L d'urine)
Urée	0,5	0	20 à 30
Eau	915	900	950
Nutriments	79	79	0

Doc. 2 Quantité d'urée, d'eau et de nutriments dans le sang et l'urine

1. **Comparer** les quantités d'urée, d'eau et de nutriments dans le sang entrant et le sang sortant du rein.
2. **Proposer** une hypothèse, à partir de ces observations et de la composition de l'urine, sur le rôle des reins dans l'organisme.
3. **Proposer** une expérience permettant de tester cette hypothèse.

6 D1. Représenter des données sous différentes formes et choisir celle qui est adaptée à la situation de travail

La grenouille est un animal capable de respirer dans l'air et dans l'eau. Elle possède deux organes respiratoires différents : les poumons pour la respiration aérienne et la peau pour la respiration aquatique (on parle de respiration cutanée).

1. **Utiliser** le schéma donné pour illustrer la respiration de la grenouille, en la plaçant dans l'eau, et en indiquant le mouvement des gaz respiratoires (flèche rouge pour le dioxygène, flèche bleue pour le dioxyde de carbone) du milieu de vie à l'organisme.
2. **Utiliser** le schéma donné pour illustrer la respiration de la grenouille, en la plaçant dans l'air, et en indiquant :
   - le mouvement des gaz respiratoires (utiliser le même code couleur pour les flèches) du milieu de vie à l'organisme ;
   - le mouvement de l'air (air inspiré et air expiré) par des flèches noires.
3. **Décrire** les mouvements ventilatoires que doit effectuer la grenouille dans les deux cas pour optimiser sa respiration.

7 résolu D4. Interpréter des résultats et en tirer des conclusions

Afin de mettre en évidence le rôle du pancréas dans le stockage du glucose, l'expérience suivante a été réalisée : un chien a successivement subi une pancréatectomie (ablation du pancréas), une greffe de pancréas puis une suppression de la greffe. L'évolution de sa glycémie est suivie par des analyses de sang régulières.

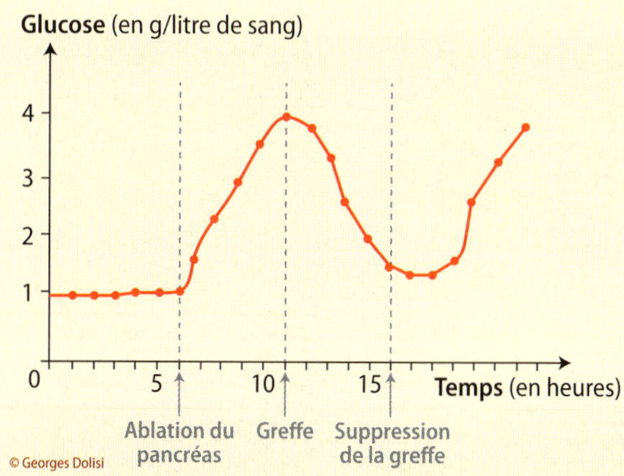

Doc. 1 Graphique illustrant l'évolution de la glycémie chez un chien ayant subi une pancréatectomie puis une greffe de pancréas

Montrer le rôle du pancréas dans le stockage des nutriments.

Livret AP p. 14

Activité

1 Quels sont les besoins des végétaux pour fabriquer de la matière organique ?

a Tube à essai contenant de l'eau iodée

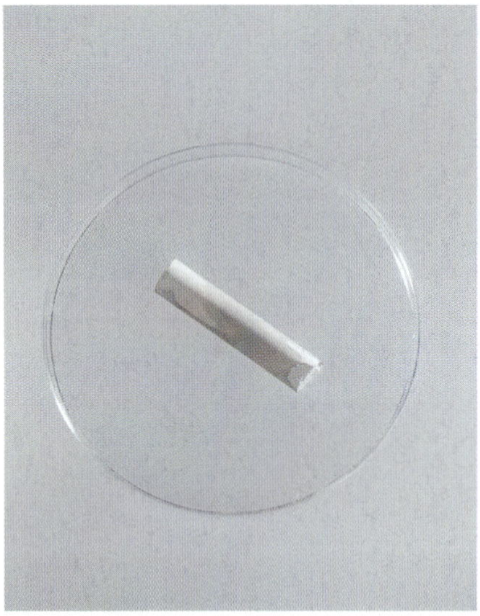

b Eau iodée sur de la craie : pas de coloration. La craie, matière minérale, ne contient pas d'amidon.

c Eau iodée sur de la pomme de terre : coloration bleu-noir. La pomme de terre contient de l'amidon, matière organique.

Doc. 1 Mise en évidence de l'amidon, molécule de matière organique fabriquée par les végétaux

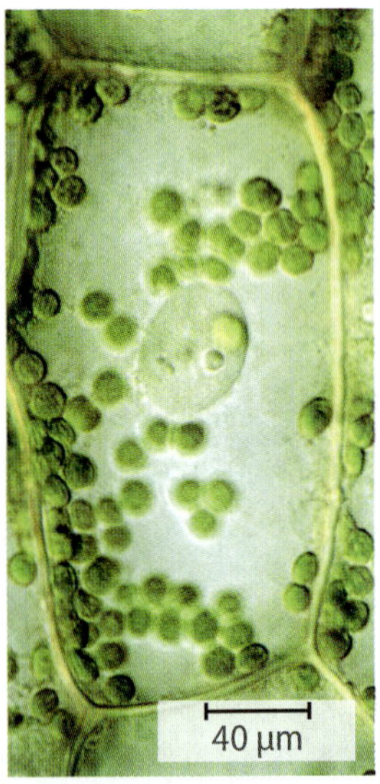

a Cellule chlorophyllienne non éclairée en présence d'eau iodée

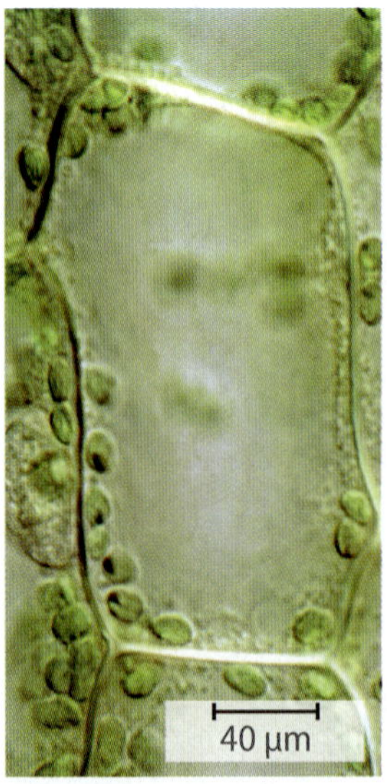

b Cellule chlorophyllienne éclairée en présence d'eau iodée

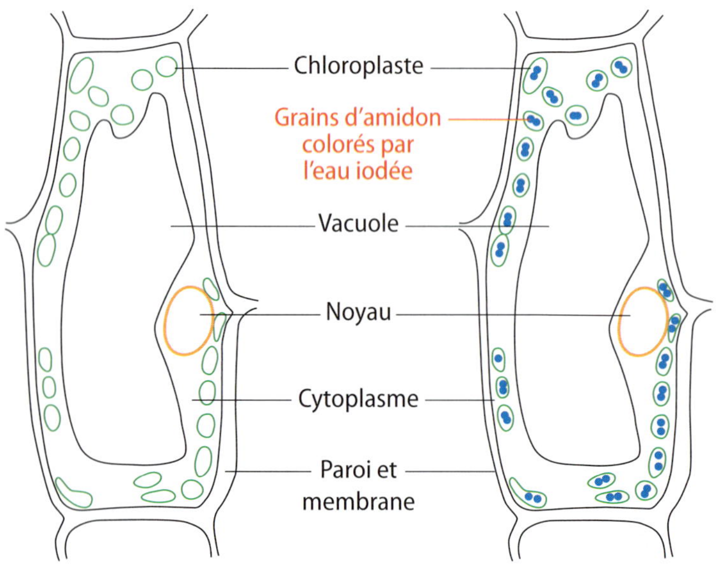

c Dessin d'interprétation

Doc. 2 Observation microscopique de cellules chlorophylliennes cultivées dans différentes conditions d'éclairement, puis colorées avec de l'eau iodée et dessin d'interprétation du résultat

Étude de la photosynthèse sur une feuille de coléus

Afin d'identifier les besoins d'une feuille de pélargonium pour la fabrication de sa matière organique, différentes conditions de culture sont réalisées.

Un premier pélargonium est mis 24 h à l'obscurité. On prélève sur cette plante une feuille.

Un deuxième pélargonium est éclairé pendant 24 h. On masque partiellement une de ses feuilles. On prélève cette feuille (a) et une autre non masquée.

a Feuille partiellement masquée

Protocole de mise en évidence de la présence d'amidon dans la feuille

- Chaque feuille est décolorée : on la fait bouillir dans de l'alcool b ;
- Quelques gouttes d'eau iodée sont déposées sur chaque feuille.

Attention, l'alcool bouillant est inflammable ! Veiller à respecter les consignes de sécurité et à réaliser cette manipulation sous hotte aspirante.

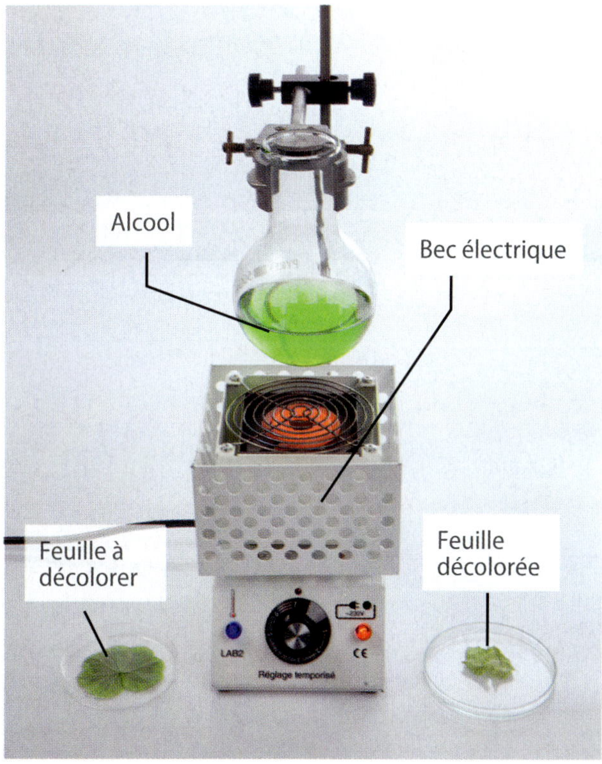

b Matériel nécessaire à la décoloration des feuilles

c Résultat pour la feuille mise à l'obscurité

d Résultat pour la feuille éclairée

e Résultat pour la feuille éclairée et partiellement masquée

Doc. 3 Expériences permettant d'identifier les besoins des feuilles pour fabriquer de la matière organique

Pour conclure

Utiliser les résultats de ces expériences pour conclure sur les besoins des cellules chlorophylliennes pour fabriquer de la matière organique.

Livret AP p. 15

Vocabulaire

- **Eau iodée :** réactif permettant de mettre en évidence la présence d'amidon.
- **Chlorophyllienne :** qui contient de la chlorophylle, molécule qui donne la couleur verte au végétal.

Activité

2 Comment l'énergie nécessaire au fonctionnement des cellules végétales est-elle produite ?

Formation de bulles en fonction de la lumière chez l'élodée

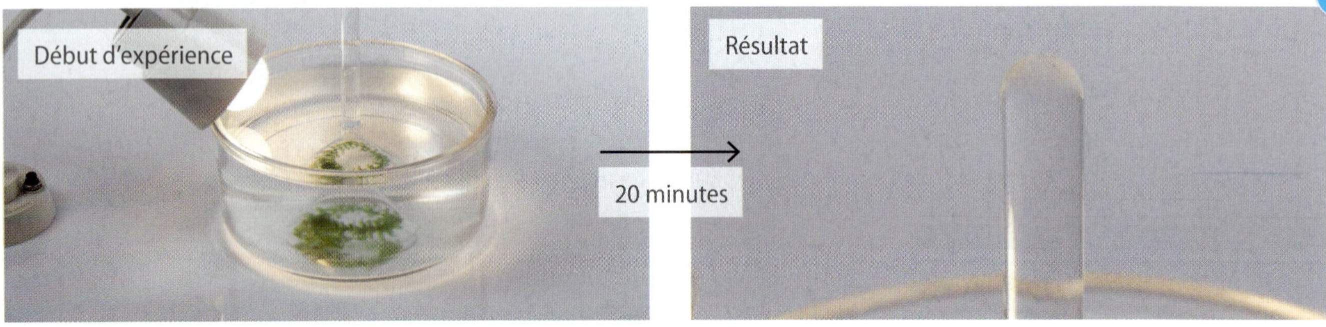

a L'élodée est plongée dans de l'eau ne contenant pas de CO_2.

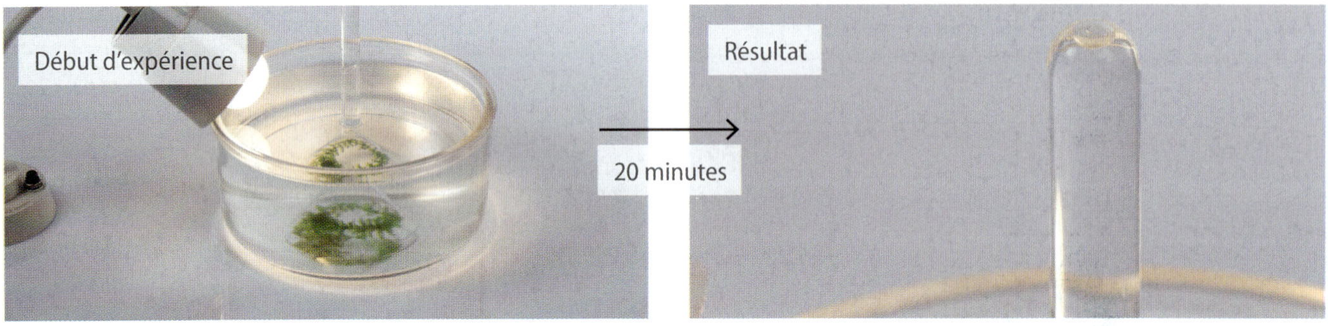

b L'élodée est plongée dans de l'eau contenant du CO_2.

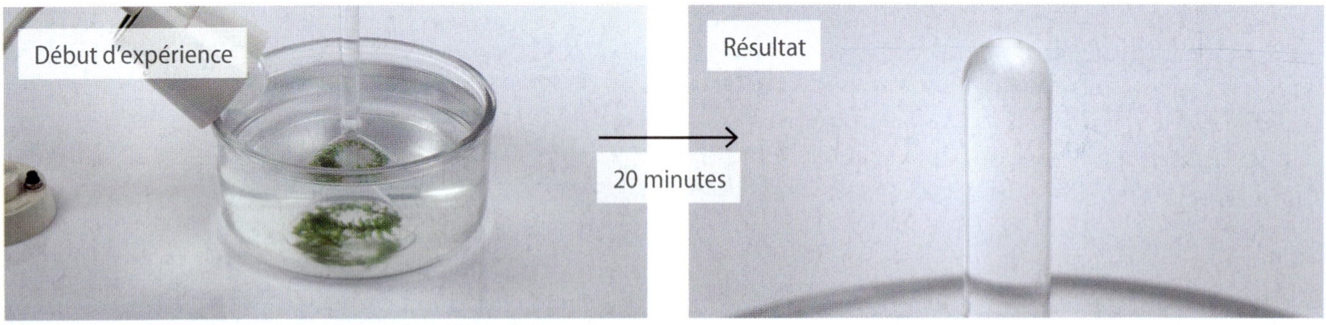

c L'élodée est plongée dans de l'eau ne contenant pas de CO_2.

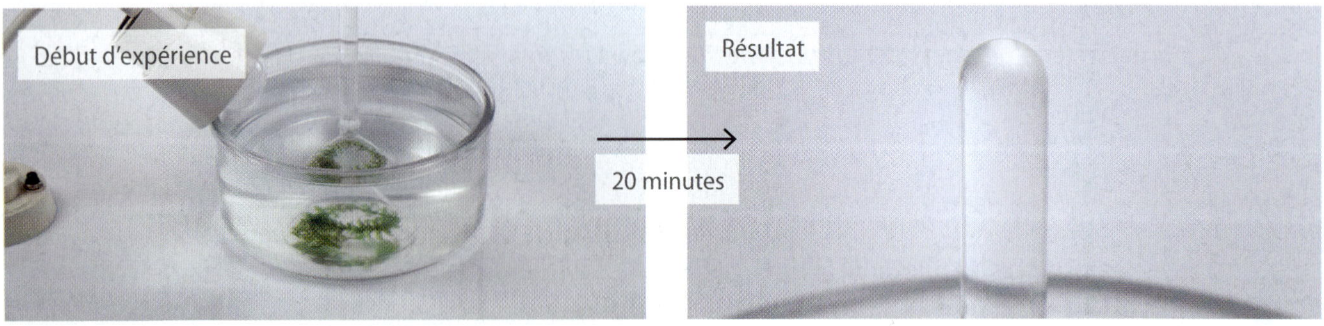

d L'élodée est plongée dans de l'eau contenant du CO_2.

Doc. 1 Observation du dégagement de gaz par une plante aquatique : l'élodée

Compétence travaillée :
D1. Représenter des données sous différentes formes et choisir celle qui est adaptée à la situation de travail.

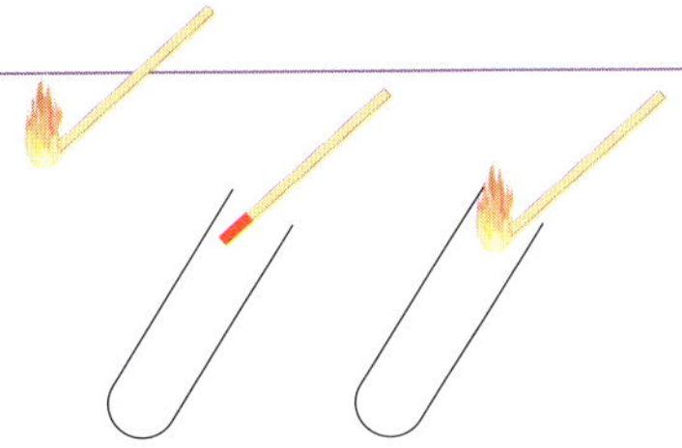

Si on plonge dans le tube une baguette de bois dont le bout est incandescent et que le bout s'enflamme, alors il y a du dioxygène (O_2) dans le tube.

Doc. 2 Caractérisation du gaz dégagé par l'élodée

On découpe finement des feuilles d'épinard et on les place dans une enceinte ExAO. On mesure la concentration en CO_2 dans le milieu en fonction du temps. Au cours des mesures, on alterne les périodes d'obscurité et de lumière.

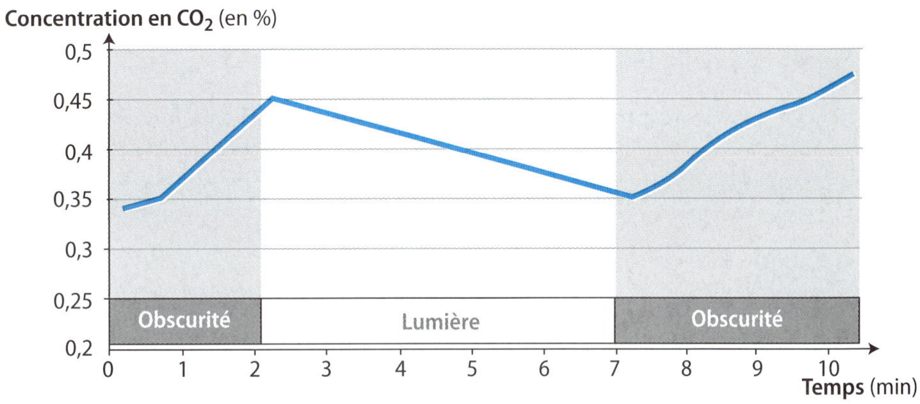

Doc. 3 Évolution au cours du temps de la concentration en CO_2 dans une enceinte contenant des feuilles d'épinard, à l'obscurité et à la lumière

La photosynthèse

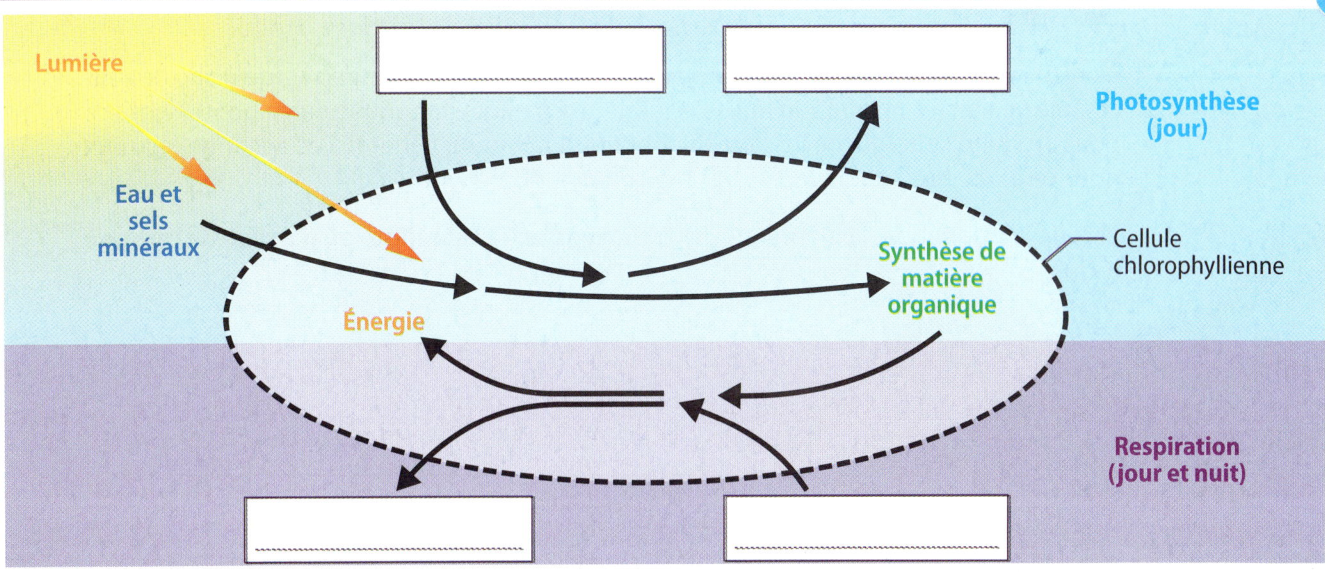

Doc. 4 Schéma montrant les réactions existant au sein d'une cellule chlorophyllienne, à la lumière et à l'obscurité

Pour conclure

Reproduire le schéma du document 4 et compléter les échanges gazeux dans une cellule chlorophyllienne lors des processus de photosynthèse et de respiration.

▸ Livret AP p. 15

Vocabulaire

- **Incandescent :** qui émet de la lumière sous l'effet d'une forte température mais qui n'a pas de flamme.
- **ExAO :** Système d'Expérimentation Assistée par Ordinateur.

Bilan

... par le texte

Activité 1 Les besoins des végétaux pour produire de la matière organique

- Les végétaux produisent de la matière organique. Une des molécules de matière organique produite par les végétaux est l'amidon, qui est mis en évidence par l'eau iodée.
- Ce processus de production de la matière organique se fait obligatoirement en présence de lumière ; il s'appelle la **photosynthèse**.
- Cette photosynthèse se réalise dans les cellules des feuilles vertes au sein d'éléments particuliers de la cellule : les chloroplastes.

Activité 2 Les échanges gazeux d'une cellule chlorophyllienne

- À l'intérieur d'une **cellule chlorophyllienne** ont lieu deux processus : la photosynthèse et la **respiration**.
- À partir d'eau, de sels minéraux et de dioxyde de carbone (CO_2), la photosynthèse assure la fabrication de la matière organique. Cette production nécessite de la lumière : elle ne peut se faire en condition naturelle que le jour.
- Lors de la photosynthèse, la plante utilise du dioxyde de carbone (CO_2) et rejette du dioxygène (O_2).
- La respiration est un processus indépendant de la lumière, elle s'effectue donc de jour comme de nuit. La respiration utilise la matière organique fabriquée par la photosynthèse pour produire l'énergie nécessaire au fonctionnement du végétal. Les échanges gazeux pour ce processus sont inversés par rapport à la photosynthèse.
- Lors de la respiration, la plante utilise du dioxygène (O_2) et rejette du dioxyde de carbone (CO_2).

À savoir :

	Activités	Exercices
• Interpréter des expériences pour comprendre les conditions de production de matière organique chez les végétaux.	1	4
• Comprendre le rôle de la lumière chez les végétaux.	1	4
• Construire et exploiter un graphique qui permet de montrer les échanges gazeux chez les végétaux.	2	6 7
• Faire un schéma montrant les échanges gazeux au cours de la photosynthèse et de la respiration chez les végétaux.	2	5

... par l'image

manuel numérique

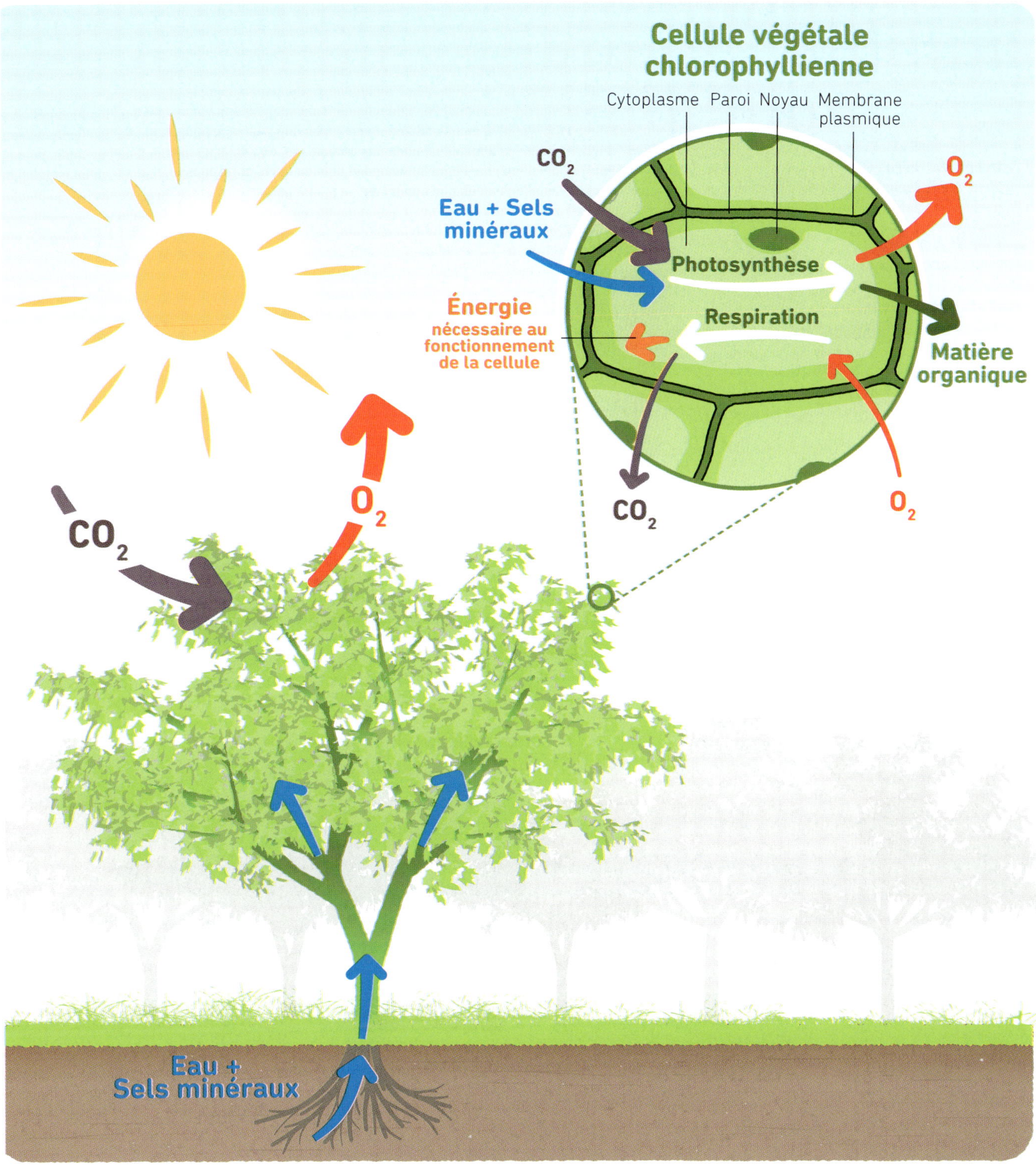

Mots à savoir définir

photosynthèse • cellule chlorophyllienne • respiration

manuel numérique QCM 2

1 QCM 1 Choisir la proposition correcte.

	A	B	C	D	En cas de doute, lire
1. L'eau iodée est un réactif de couleur :	jaune qui vire au bleu nuit en présence d'amidon.	bleu nuit qui vire au jaune en présence d'amidon.	jaune qui vire au bleu nuit en présence de CO_2.	jaune qui vire au bleu nuit en présence de O_2.	1 p. 159
2. La photosynthèse est assurée par :	les animaux.	tous les êtres vivants.	les végétaux chlorophylliens.	les végétaux et les animaux.	2 p. 160
3. La photosynthèse permet la production :	de matière minérale et le dégagement de O_2.	de matière organique et le dégagement de O_2.	de matière minérale et le dégagement de CO_2.	de matière organique et le dégagement de CO_2.	1 et 2 p. 158-160
4. Les échanges gazeux au cours de la respiration consistent à :	utiliser du O_2 et du CO_2.	utiliser du O_2 et rejeter du CO_2.	utiliser du CO_2 pour rejeter du O_2.	rejeter du CO_2 et du O_2.	2 p. 160
5. La respiration :	ne se fait pas chez les végétaux.	n'a lieu que le jour.	n'a lieu que la nuit.	a lieu le jour et la nuit.	2 p. 160

▶ Voir corrigés p. 413

2 D1. Définir

Définir les termes suivants :
a. photosynthèse ; b. respiration.

3 D1. Rédiger

Rédiger une phrase à l'aide des mots suivants :
a. matière organique, CO_2, végétaux, O_2 ;
b. matière organique, énergie, végétaux, O_2.

4 D4. Interpréter des résultats et en tirer des conclusions

L'eau iodée est un réactif qui permet, par un changement de couleur, de montrer la présence d'amidon, molécule de matière organique produite par la plante.

1. **Expliquer** l'intérêt de comparer les expériences deux à deux pour en tirer une conclusion.
2. **Comparer** les résultats de l'expérience 2 avec ceux de l'expérience 1 pour en tirer une conclusion.
3. **Comparer** les résultats de l'expérience 3 avec ceux de l'expérience 1 pour en tirer une conclusion.

	Expérience 1	Expérience 2	Expérience 3
Conditions de l'expérience	Lumière 	Lumière, cache en place durant quatre jours 	Lumière, feuille dans une enceinte sans CO_2 
Résultats après un test à l'eau iodée sur une feuille décolorée			

Doc. 1 Mise en évidence de la synthèse d'amidon selon les conditions expérimentales

5 D1. Représenter des données sous différentes formes et choisir celle qui est adaptée à la situation de travail

Les seuls éléments dont ont besoin les végétaux pour fabriquer leur matière organique sont le dioxyde de carbone de l'air, l'eau et les sels minéraux. De plus, ils utilisent la lumière pour fabriquer de la matière organique comme l'amidon. Les chloroplastes qui se trouvent dans le cytoplasme des cellules végétales captent cette énergie lumineuse. C'est dans ces chloroplastes que se fait la production d'amidon à partir de CO_2 et d'eau à l'aide de l'énergie lumineuse. Cette réaction produit du O_2 qui est rejeté par la plante. Ce mécanisme est appelé la photosynthèse.

1. **Réaliser** un schéma de la photosynthèse dans une cellule chlorophyllienne en suivant les informations de ce texte.

6 résolu D1. Lire et exploiter des données présentées sous différentes formes

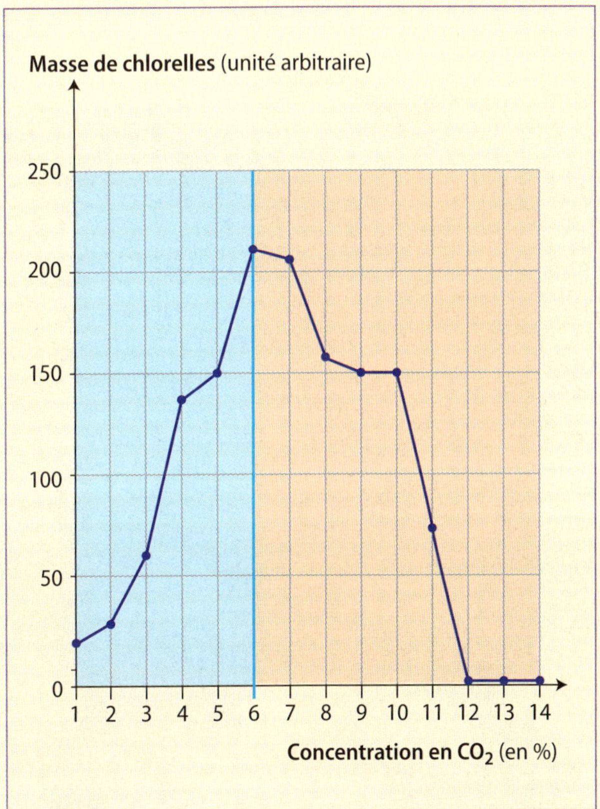

Doc. 1 Variation de la masse de chlorelle en fonction du temps

Des chlorelles (algues unicellulaires) sont placées dans différents récipients contenant le même milieu avec de l'eau et des sels minéraux. On fait varier la concentration en dioxyde de carbone (CO_2) dans chaque récipient. Pour étudier la quantité de matière organique produite, la masse de chlorelles est pesée au bout de dix jours, dans chacun des récipients.

▶ **Décrire** l'évolution de la masse des chlorelles et en **donner** ensuite une explication. ▶ Livret AP p. 15

7 D1. Représenter des données sous différentes formes et choisir celle qui est adaptée à la situation de travail

Grâce à l'ExAO, (Système d'Expérimentation Assistée par Ordinateur) on peut mesurer la quantité de O_2 et de CO_2 à l'intérieur d'une enceinte contenant des feuilles d'élodée. Au cours de cette expérience, on alterne des périodes où les feuilles sont placées successivement à la lumière ou à l'obscurité.

Voici les valeurs relevées :

Temps (en secondes)	0	60	80	100	200	220	300
Éclairement (en lux)	0		1000			0	
Quantité de O_2 (en unités arbitraires)	27	10	15	17	28	27	18
Quantité de CO_2 (en unités arbitraires)	4	14	11	10	5	4	7

Doc. 1 Tableau des mesures obtenues lors de l'expérience

1. **Réaliser** un graphique montrant l'évolution de la quantité de O_2 et de CO_2 en fonction du temps.
2. **Indiquer** sur le graphique la période éclairée et celles à l'obscurité.
3. **Décrire** l'évolution de la quantité des deux gaz lorsque l'élodée est à l'obscurité.
4. **Décrire** l'évolution de la quantité des deux gaz lorsque l'élodée est éclairée.
5. **Interpréter** les résultats obtenus.

Activité

1 Comment les plantes s'approvisionnent-elles en CO_2 et en lumière ?

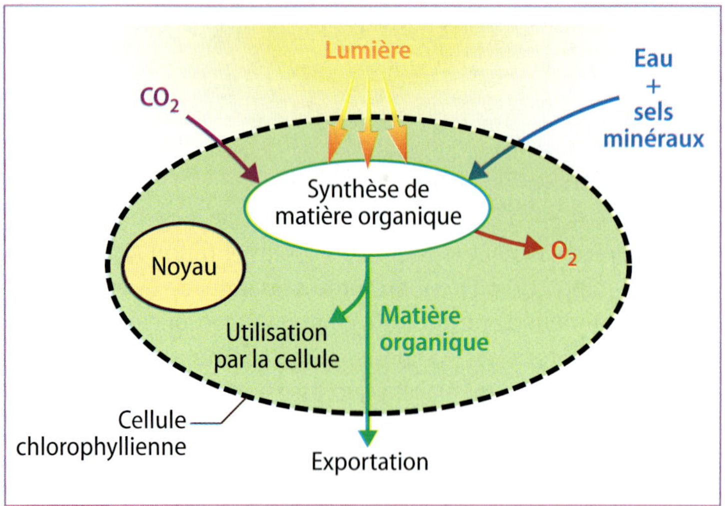

Doc. 1 Besoins nutritifs d'une cellule chlorophyllienne pour réaliser la photosynthèse

Doc. 2 La feuille, organe de la plante contenant la plupart des cellules chlorophylliennes

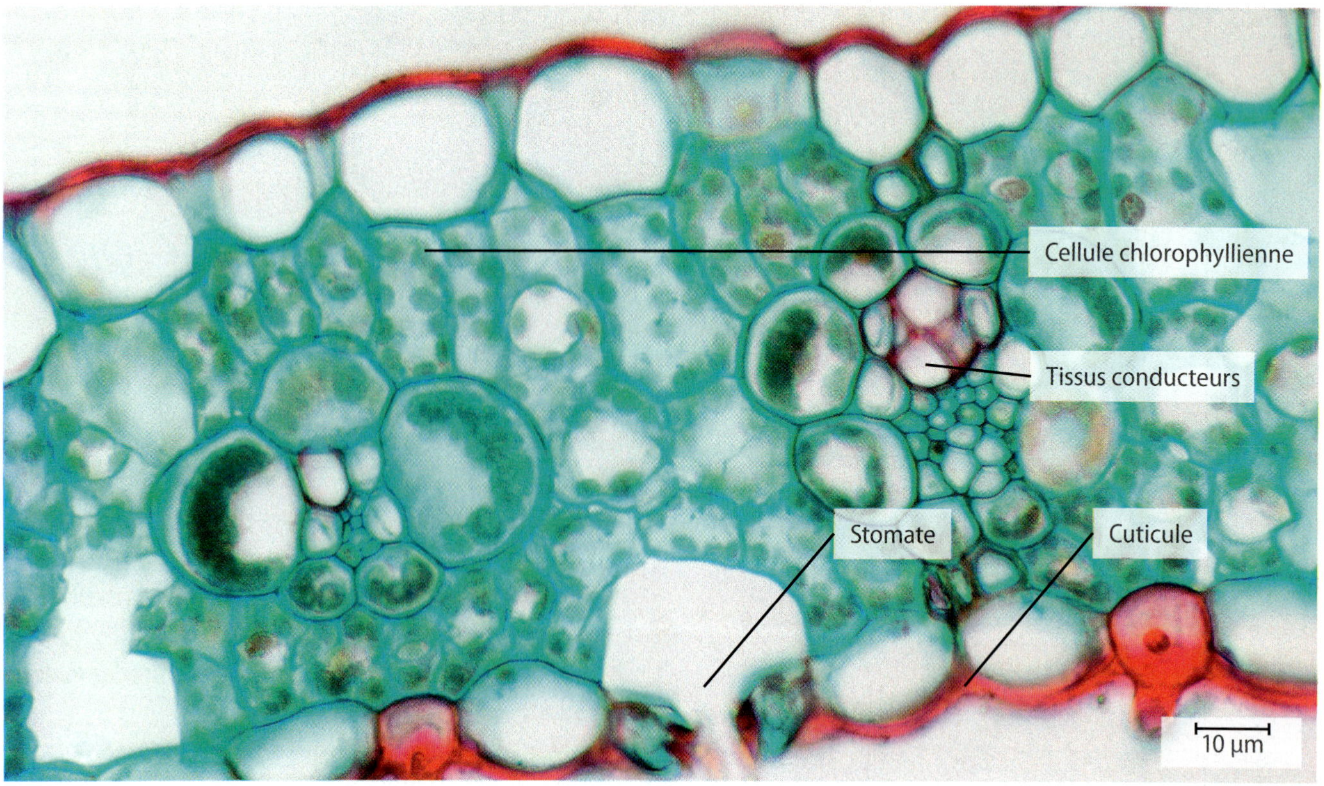

Doc. 3 Organisation d'une feuille de maïs en coupe transversale

Compétence travaillée :
D4. Utiliser des instruments d'observation, de mesures et des techniques de préparation et de collecte.

Protocole

- Prendre une feuille, face inférieure vers soi.
- Faire une entaille dans la feuille.
- Saisir le bord de la feuille entaillée avec une pince et tirer lentement l'épiderme transparent (image ci-contre).
- Déposer, sur une lame de verre, une goutte d'eau puis l'épiderme prélevé.
- Déposer une lamelle sur l'épiderme et observer au microscope optique.

Doc. 4 Protocole d'extraction de l'épiderme inférieur d'une feuille pour une observation microscopique

Les stomates sont constitués de deux cellules stomatiques capables de se déformer pour faire apparaître un trou (ostiole). Cette ouverture permet les échanges gazeux entre l'air et l'intérieur de la feuille.

Stomates vus au microscope électronique à balayage (× 4 000), fausses couleurs

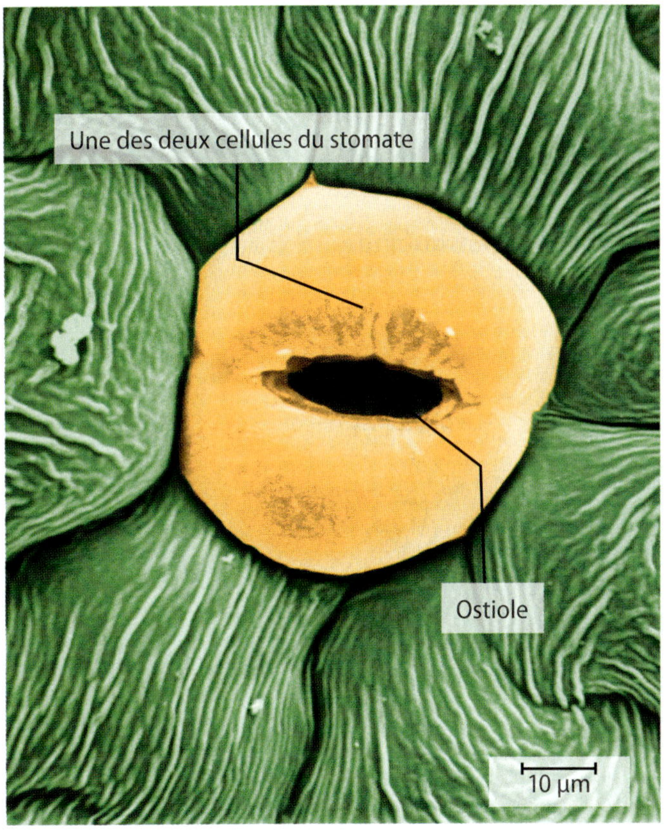

ⓐ Stomate ouvert

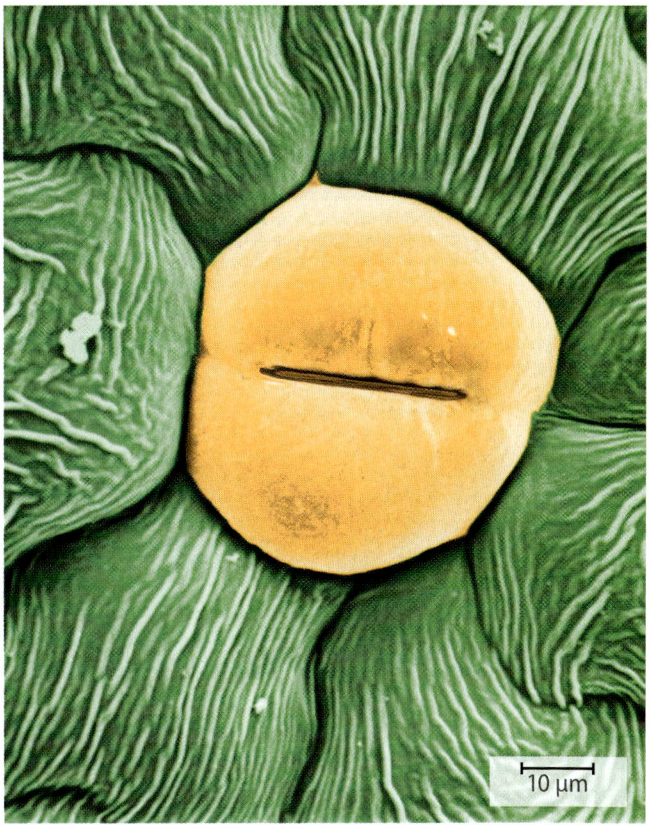

ⓑ Stomate fermé

Doc. 5 Des stomates ouverts et fermés

Pour conclure

Décrire les structures qui pourraient faciliter l'approvisionnement des cellules chlorophylliennes en dioxyde de carbone.

▸ Livret AP p. 15

Vocabulaire

- **Épiderme :** couche cellulaire superficielle située au niveau de la zone de contact entre l'organisme et son milieu.

Activité

2 Comment les plantes s'approvisionnent-elles en eau et en sels minéraux ?

Compétence travaillée :
D1. Lire et exploiter des données présentées sous différentes formes.

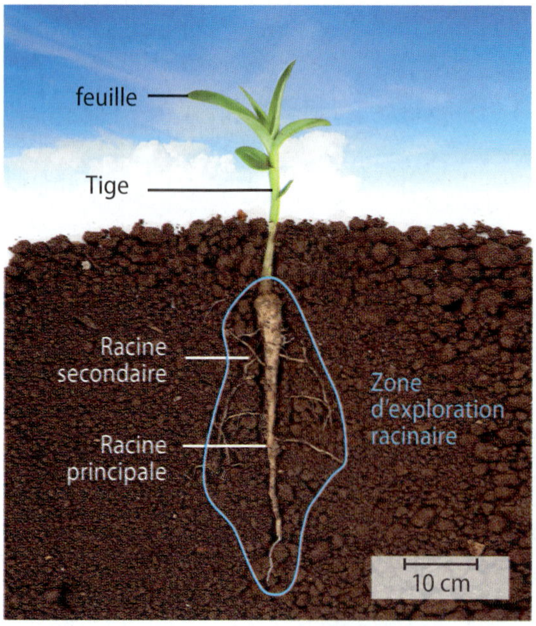

Doc. 1 Système racinaire d'une plante

Doc. 2 Extrémité d'une racine de pois chiche

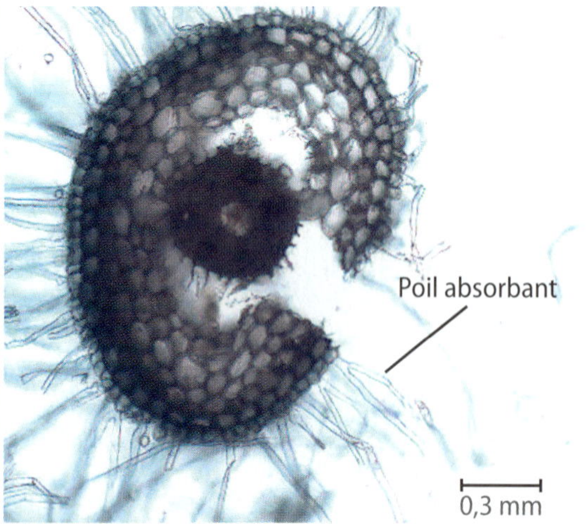

Doc. 3 Coupe transversale d'une racine de pois chiche dans la zone pilifère

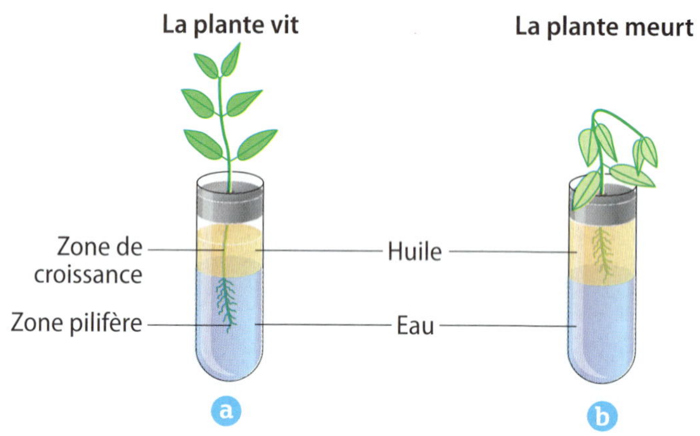

Doc. 4 Expérience de Rosène pour déterminer la surface d'échange permettant l'absorption de l'eau

Pour conclure

Décrire les structures de la plante qui favorisent l'approvisionnement en eau et en sels minéraux.

Livret AP p. 15

Vocabulaire

- **Surface d'échange :** zone de contact entre un organisme et son milieu qui permet le passage de matières ou d'énergie.

Activité 3

Compétence travaillée :
D1. Représenter des données sous différentes formes et choisir celle qui est adaptée à la situation de travail.

Comment expliquer la présence de micro-organismes associés aux racines ?

Doc. 1 Observation de mycorhizes au niveau des racines de pin

Une mycorhize est le résultat de l'association entre des champignons et les racines d'une plante. Les plantes mycorhizées sont reconnaissables par les amas blancs formés par le mycélium des champignons qui entoure les racines de la plante.

Le champignon possède une surface d'échange avec le sol très importante. Il fournit la plante en eau et en sels minéraux. Il reçoit en échange de la matière organique de la part de la plante. On parle de symbiose.

Doc. 2 L'origine des mycorhizes

Des jeunes pins maritimes sont cultivés dans des pots contenant de la terre. On mesure l'effet des mycorhizes sur la croissance de la partie aérienne (en unité arbitraire) en fonction des caractéristiques de la terre et de la présence ou non de mycorhizes au niveau des racines.

Pin cultivé / Type de terre	Croissance sans mycorhize	Croissance avec mycorhizes
Terre riche en sels minéraux	3,2	3,6
Terre ne retenant pas l'eau	0,6	2,4
Terre pauvre en sels minéraux	1,4	3,4

Doc. 3 Effet de la présence de mycorhizes sur la croissance de pins maritimes

Pour conclure

Expliquer l'intérêt pour une plante de posséder des mycorhizes.
Intégrer dans la réponse la réalisation d'un graphique à partir des données du doc. 3.

▸ Livret AP p. 15

Vocabulaire

- **Mycélium :** partie d'un champignon composée d'un ensemble de filaments, plus ou moins ramifiés.
- **Symbiose :** association à bénéfice réciproque entre deux organismes.

Activité 4 Comment le végétal transporte-t-il les éléments entre les différents organes ?

Protocole
- Couper transversalement et longitudinalement une tige de céleri plongée préalablement dans de l'eau colorée.
- Repérer les zones où l'eau est montée dans la tige.

Les parties colorées sont les tissus conducteurs de la sève brute.

La sève brute est constituée de 99 % d'eau et de 1 % de sels minéraux.

Doc. 1 Mise en évidence des zones où circule l'eau dans la tige

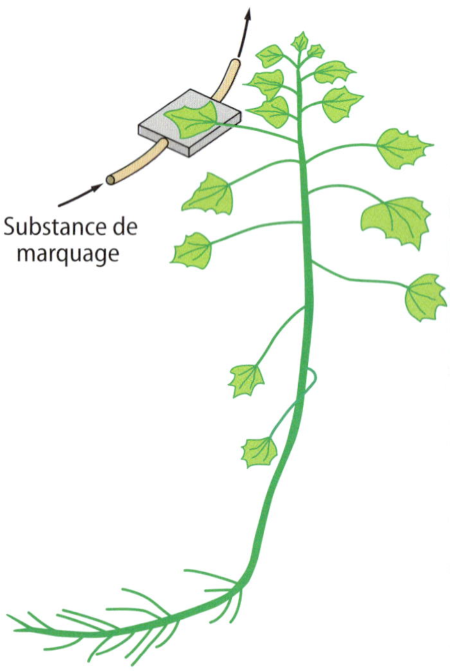

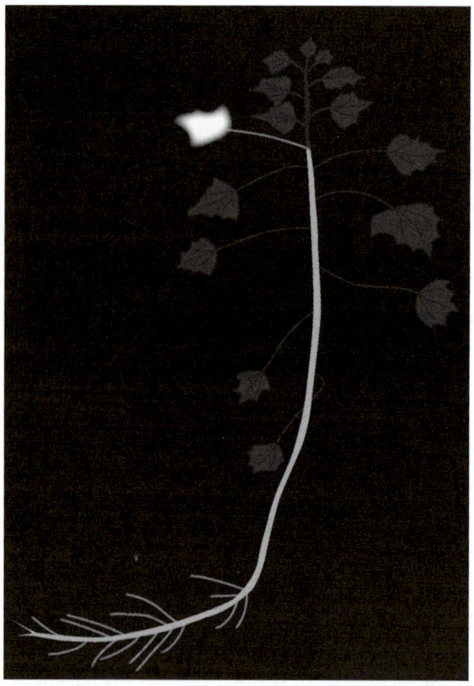

Une substance permet de marquer la matière organique issue de la photosynthèse : on place cette substance au contact d'une feuille dans des conditions de photosynthèse possible. La matière organique produite apparaît blanche sur l'image ci-contre.

Doc. 2 Devenir de la matière organique issue de la photosynthèse

Compétence travaillée :
D1. Représenter des données sous différentes formes et choisir celle qui est adaptée à la situation de travail.

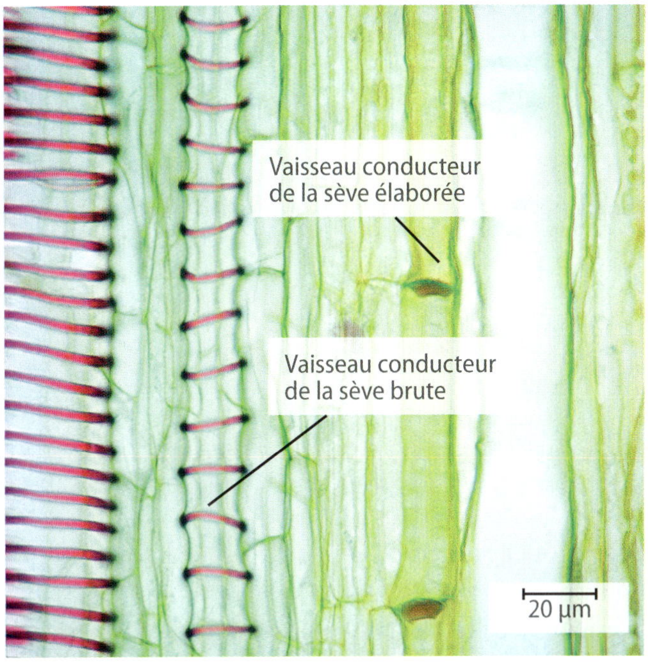

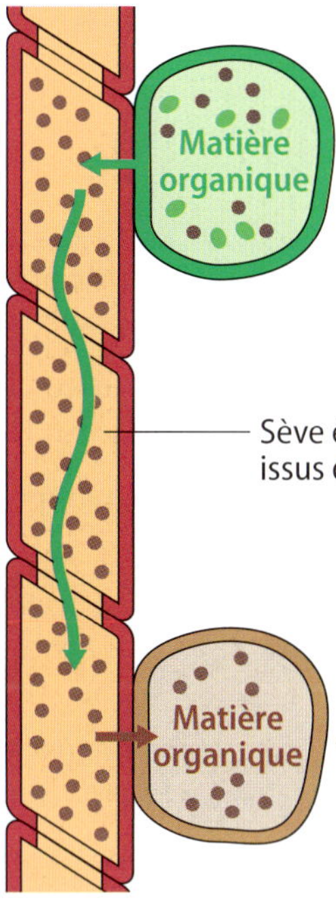

Doc. 3 Coupe longitudinale d'une tige où circule la matière organique issue de la photosynthèse

Printemps

Été

Fin de l'été

Une pomme de terre plantée au printemps permet la récolte de nombreux tubercules à la fin de l'été. Durant l'été, la partie aérienne se développe et fabrique une grande quantité de matière organique que la plante stocke dans les tubercules.

Doc. 4 Culture d'une pomme de terre

Pour conclure

Représenter, sous une forme adaptée à la situation, les relations qui existent entre les lieux de prélèvement, de production, de transport et de stockage de la matière organique dans une plante. Livret AP p. 15

Vocabulaire

- **Tubercule :** organe souterrain de stockage.

Bilan

... par le texte

Activité 1 L'approvisionnement des cellules chlorophylliennes en dioxyde de carbone et en lumière

- La croissance d'une plante nécessite notamment un approvisionnement en dioxyde de carbone (CO_2) et en lumière.
- La feuille est adaptée pour absorber le dioxyde de carbone grâce :
  - aux **stomates** qui peuvent s'ouvrir et se fermer vers l'extérieur ;
  - aux chloroplastes qui absorbent la lumière.

Activité 2 L'approvisionnement des cellules chlorophylliennes en eau et en sels minéraux

- La croissance d'une plante nécessite également un approvisionnement en eau et en sels minéraux qu'elle puise dans le sol. Le système racinaire est adapté pour ce prélèvement :
  - de nombreuses ramifications des **racines** permettent d'étendre la **surface d'échange** du sol ;
  - les **poils absorbants** des racines augmentent la surface d'absorption.

Activité 3 La symbiose des plantes avec des micro-organismes du sol

La plupart des plantes pratiquent des **symbioses** avec des micro-organismes du sol. Cela favorise l'absorption d'eau et de sels minéraux.

Activité 4 Les transports des éléments entre les différents organes

- Il existe deux types de sèves circulant au sein de la plante :
  - la **sève brute**, constituée d'eau et de sels minéraux (matière minérale) que la plante puise dans le sol. Cette sève circule dans des tissus formés de vaisseaux conducteurs des racines vers le reste de la plante.
  - la **sève élaborée**, constituée d'eau et de matière organique que la plante a produite au niveau des feuilles lors de la photosynthèse. Cette sève circule dans des tissus conducteurs différents de ceux de la sève brute. Elle est produite dans les feuilles et est distribuée aux organes de stockage et à toute cellule incapable de fabriquer de la matière organique à partir de CO_2.

À savoir :

	Activités	Exercices
• Expliquer l'approvisionnement des cellules chlorophylliennes en dioxyde de carbone et en lumière.	1	7
• Expliquer l'approvisionnement des cellules chlorophylliennes en eau et en sels minéraux.	2	6
• Expliquer que la nutrition minérale peut impliquer la symbiose avec des micro-organismes du sol.	3	4 5
• Relier les lieux de prélèvement, de production et de stockage de la matière organique, avec les systèmes de transport dans le végétal.	4	

... par l'image

manuel numérique

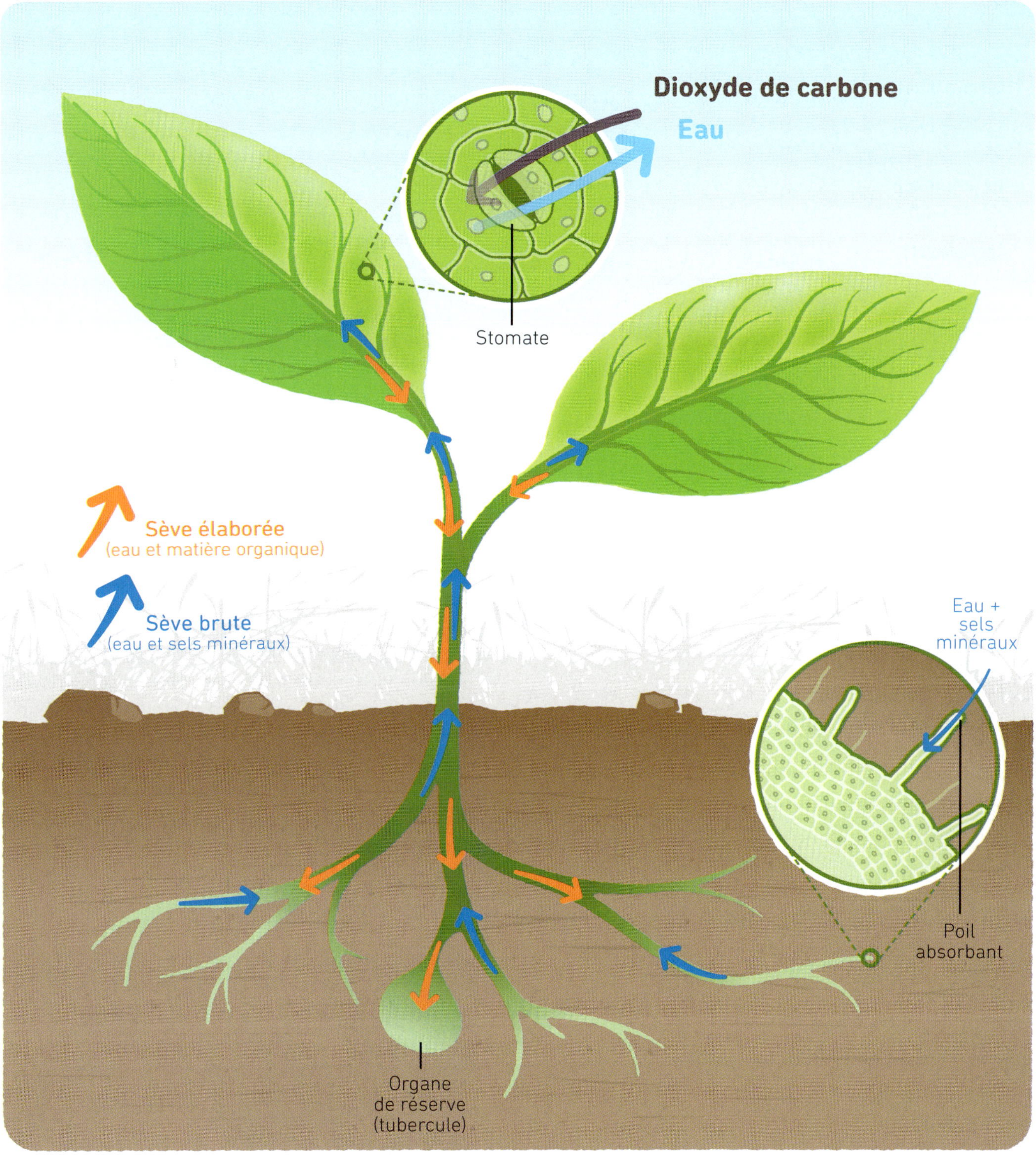

Mots à savoir définir

stomate • racine • surface d'échange • poil absorbant • symbiose • sève brute • sève élaborée

Exercer
ses compétences

manuel numérique QCM 2

1 QCM 1 Choisir la (ou les) proposition(s) correcte(s).

	A	B	C	D	En cas de doute, lire
1. Les mycorhizes :	améliorent l'absorption d'eau par les plantes.	sont des champignons.	sont des associations de deux êtres vivants.	rendent malade le végétal.	3 p. 169
2. Le végétal peut améliorer l'absorption de l'eau grâce à :	des stomates.	des ramifications nombreuses de ses racines.	des surfaces lisses au niveau de ses racines.	des mycorhizes.	2 et 3 p. 168-169
3. Les stomates :	sont situés au niveau des racines.	sont constitués de trois cellules.	permettent l'absorption d'eau, de sels minéraux et de dioxyde de carbone.	permettent l'absorption de dioxyde de carbone.	1 p. 166
4. La sève brute :	contient de la matière organique.	contient uniquement de l'eau et des sels minéraux.	remonte dans la tige en passant par les mêmes vaisseaux que la sève élaborée.	descend des feuilles aux racines.	4 p. 170
5. La sève élaborée :	emprunte les mêmes vaisseaux que la sève brute.	va toujours de bas en haut dans la plante.	va des organes qui en produisent vers ceux qui en consomment.	est produite au niveau des feuilles.	4 p. 170

▶ Voir corrigés p. 413

2 D1. Définir

Définir les termes suivants :

a. surface d'échange ;
b. poil absorbant ;
c. stomate ;
d. sève élaborée ;
e. sève brute.

3 D1. Rédiger

Rédiger une phrase à l'aide des mots suivants :

a. racine, surface d'échange, ramifications, poils absorbants, mycorhize ;
b. feuilles, imperméable, épiderme, dioxyde de carbone, stomates ;
c. sève brute, racines, feuilles, circulation.

4 D1. Proposer une ou des hypothèses pour résoudre un problème

À la fin du XVIIIe siècle, les Européens ont voulu planter des pins en Amérique pour fabriquer des mâts de bateaux. Pour cela, ils ont apporté des graines de pins et les ont plantées dans les sols américains. Les graines ont germé puis, très vite, les jeunes pins ont séché et sont morts.

1. **Proposer** une hypothèse argumentée qui expliquerait la mort des jeunes pins.

Quelques années plus tard, un botaniste a eu l'idée de planter les graines dans un peu de sol qu'il avait rapporté d'une forêt de pins d'Europe. Les pins ont alors poussé à l'endroit même où ils mouraient quelques années auparavant. Si on recommençait la même opération avec le même sol stérilisé (débarrassé de tous champignons et bactéries), les jeunes pins mouraient comme auparavant.

2. **Expliquer** quel est le besoin d'un pin pour bien pousser sur ces sols.
3. **Proposer** un agent qui pourrait permettre aux pins de pousser convenablement.

Doc. 1 Forêt de pins

5 résolu D4. Proposer une ou des hypothèses pour résoudre un problème

Depuis longtemps les cultivateurs plantent du trèfle pour enrichir des sols pauvres en sels minéraux. Le sol est ensuite retourné pour être bien mélangé avec le trèfle.

Les nodosités visibles sur les racines du trèfle contiennent des micro-organismes.

Doc. 1 Photographie des nodosités présentes sur les racines d'un trèfle

▶ **Proposer** une hypothèse à cette pratique agricole.

▸ Livret AP p. 16

6 D1. Représenter des données sous différentes formes et choisir celle qui est adaptée à la situation de travail

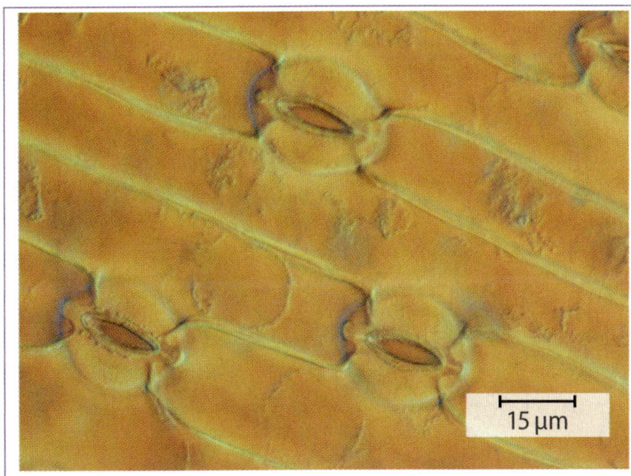

Doc. 1 Épiderme de feuille de poireau vue au microscope optique

1. **Schématiser** les échanges de gaz existant au niveau d'un stomate.
2. **Indiquer** une autre caractéristique des feuilles qui favorise la photosynthèse d'une plante.

7 D4. Interpréter des résultats et en tirer des conclusions

Doc. 1 Des pucerons vus à la loupe binoculaire

Pour vivre, le puceron a besoin de matière organique et d'eau. Il vit exclusivement sur les tiges des végétaux. Ses pièces buccales sont adaptées pour piquer la tige afin de récupérer des liquides du végétal.
Le gui est une plante qui réalise la photosynthèse. Comme il vit accroché sur leur tronc, il soutire aux arbres de l'eau et des sels minéraux.

Doc. 2 Du gui

1. **Expliquer** quel liquide végétal le puceron doit absolument récupérer et dont le gui n'a pas besoin.
2. **Expliquer** où est produit le liquide végétal essentiel à la survie du puceron.

Bilan
Attendu de fin de cycle

... par le texte

1 De la nutrition des organismes aux besoins cellulaires

- Les organismes, animaux et végétaux, prélèvent de la matière dans leur milieu afin d'apporter à leurs cellules les éléments nécessaires à leur fonctionnement.
- Les cellules animales et végétales utilisent des **nutriments** et du dioxygène pour produire leur énergie au cours de la respiration cellulaire.
- Les cellules végétales réalisent la **photosynthèse** en présence de lumière, à partir de dioxyde de carbone (CO_2), d'eau et de sels minéraux, pour produire leur matière organique.

2 La nutrition des animaux

- Les systèmes digestifs et respiratoires constituent des **surfaces d'échanges**.
- L'anatomie (denture, taille des différents organes) et le système digestif d'un animal sont adaptés à son régime alimentaire : **zoophage** ou **phytophage**.
- Le **microbiote** des zoophages est également adapté à leur alimentation. En effet, les zoophages possèdent des micro-organismes qui libèrent des **enzymes** indispensables à la digestion des végétaux et que les zoophages sont incapables de fabriquer. »
- Les enzymes découpent les molécules organiques des aliments en molécules plus petites, les nutriments, qui peuvent être directement utilisés par les cellules ou stockés.
- Les **organes respiratoires** (poumons, branchies ou trachées) permettent l'entrée du dioxygène (O_2) dans l'organisme ainsi que l'élimination du dioxyde de carbone (CO_2).

3 La nutrition des végétaux chlorophylliens

- Les systèmes racinaires et foliaires d'une plante constituent des surfaces d'échanges.
- L'eau et les sels minéraux sont prélevés dans le sol au niveau des **poils absorbants** racinaires pour former la **sève brute**.
- Le dioxygène et le dioxyde de carbone entrent et sortent de la plante au niveau des **stomates** présents sur la face inférieure des feuilles.
- La plante utilise des matières minérales prélevées (sève brute et CO_2) pour fabriquer sa matière organique en présence de lumière grâce à la photosynthèse dans les organes de synthèse que sont les feuilles vertes.

4 Le rôle des systèmes de transport dans la nutrition des organismes

- L'ensemble des organes sont reliés entre eux, que ce soit les organes de synthèse, d'utilisation, d'approvisionnement, de stockage ou d'élimination.
- Chez les animaux, les organes sont reliés par des **appareils circulatoires**, **endigués** ou **non**, qui permettent la circulation entre les organes et donc entre les cellules de l'organisme.
- Chez les végétaux, ce sont les vaisseaux et tubes conducteurs qui assurent le transport des sèves brute et **élaborée** entre tous les organes de la plante.

… par l'image

LA NUTRITION DES ORGANISMES

PRÉLÈVEMENTS

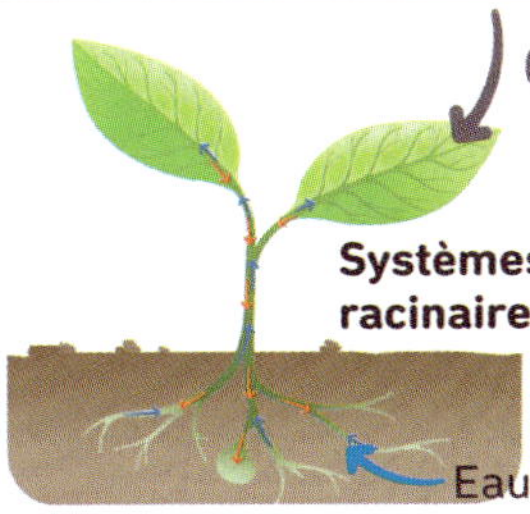

Surfaces d'échange

Interactions avec des micro-organismes

Systèmes digestif et respiratoire

PRODUCTION

de matière organique

Matière minérale — Lumière

PHOTOSYNTHÈSE

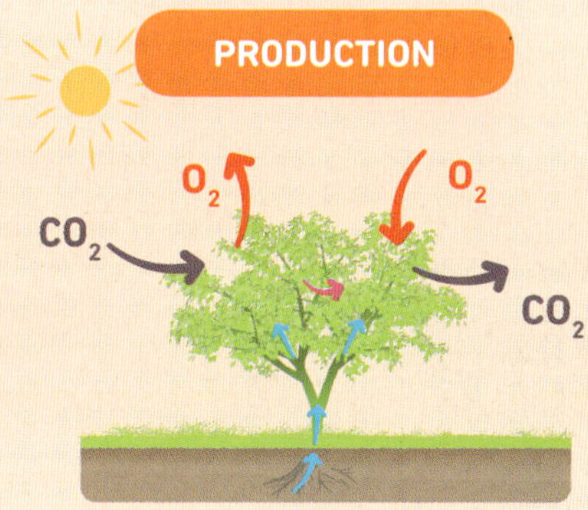

d'énergie

Matière organique — O_2

RESPIRATION

SYSTÈME DE TRANSPORT DANS L'ORGANISME

- Élimination des déchets
- Stockage
- Apport aux cellules

POUR RÉPONDRE AUX BESOINS CELLULAIRES

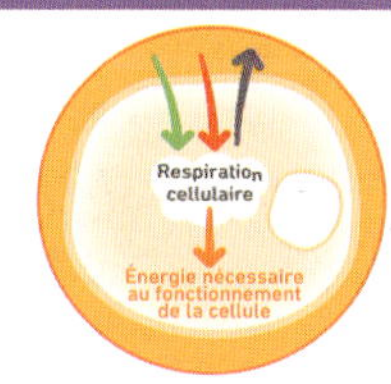

Mots à savoir définir

nutriment • photosynthèse • surface d'échange • zoophage • phytophage • microbiote • enzyme • organes respiratoires • poil absorbant • sève brute • stomate • appareil circulatoire endigué ou non • sève élaborée

Exercices
Attendu de fin de cycle

La nutrition des organismes

1 Tâche complexe D1. Lire et exploiter des données présentées sous différentes formes

La sangsue, un médicament ?

Coralie observe des sangsues dans une mare au détour d'une randonnée avec ses parents. Son père lui explique que, depuis l'Antiquité, les scientifiques utilisent les sangsues pour soigner certaines maladies.

Consigne : **Expliquer à Coralie la façon dont les sangsues peuvent digérer le sang humain et indiquer si cela permet de guérir des maladies.**

Livret AP p. 16

La sangsue, *Hirudino medicinalis*, est un ver plat qui ne se nourrit que de sang.

Elle était utilisée en médecine durant l'Antiquité pour soigner les maladies liées à un déséquilibre des « humeurs », dont le sang fait partie.

La sangsue aspire le sang et donc le « mal », ce qui permet de rééquilibrer les humeurs du malade.

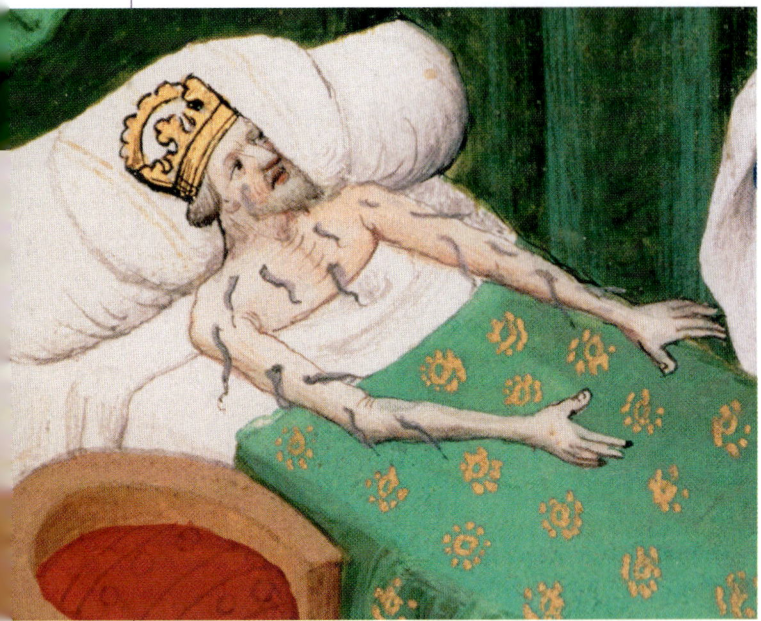

Doc. 1 Un ver au service de la médecine

Le sang ingéré est stocké dans le jabot, et ce jusqu'à trois mois. La sangsue peut donc survivre durant une longue période sans se nourrir.

Dans le système digestif d'une sangsue, on retrouve deux bactéries en grand nombre : *Aeromonas hydrophila* (en rouge) et *Pseudomonas hirudinis* (en vert).

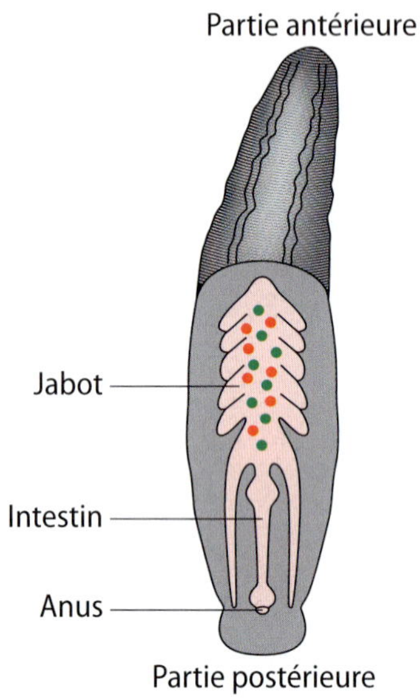

Doc. 2 Le système digestif de la sangsue

La digestion du sang dans le système digestif des sangsues est observée avec ou sans micro-organismes.

Système digestif de la sangsue stérile (sans micro-organisme)	Le sang n'est pas digéré
Système digestif non stérile de la sangsue	Le sang est digéré

Doc. 3 La digestion du sang dans le système digestif des sangsues, avec ou sans micro-organismes

2 Tâche complexe D1. Représenter des données sous différentes formes et choisir celle qui est adaptée à la situation de travail

Des gouttelettes d'eau à l'extrémité des feuilles

Valentin observe qu'il y a souvent beaucoup d'humidité dans l'air à côté d'une forêt.

Consigne : **Expliquer à Valentin d'où vient cette humidité dans l'air.**
Illustrer le texte par le schéma d'une plante où sera représenté le trajet de l'eau.

Livret AP p. 16

Des poils absorbants peuvent être visibles sur les racines des végétaux.

Doc. 1 Présence de poils absorbants sur une racine

Protocole :
- Couper une branche de céleri et observer la tranche de la branche.
- La placer dans un récipient rempli d'eau.
- Ajouter du colorant alimentaire bleu ou rouge.
- Observer la branche 24 h plus tard.
- Couper la tige transversalement et observer la tranche de la branche.

Doc. 2 Une expérience sur les branches de céleri

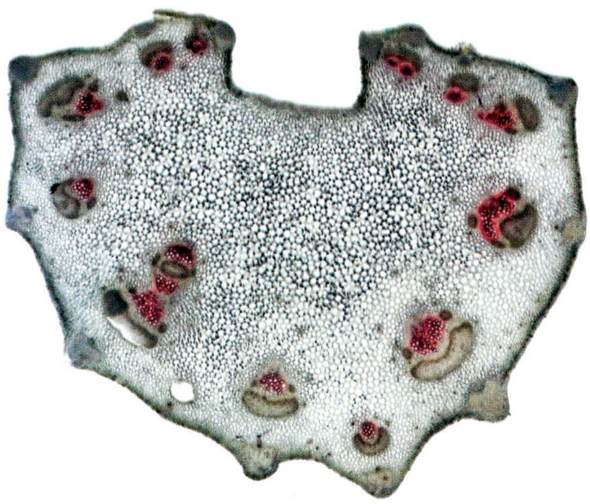

Doc. 3 Coupe transversale de tige de céleri suite à l'expérience réalisée au doc. 2

De petits orifices sont visibles sur la face inférieure des feuilles : les stomates. Lorsqu'ils s'ouvrent, la plante perd de l'eau sous forme de vapeur d'eau. Cela permet la montée de la sève brute dans la plante.

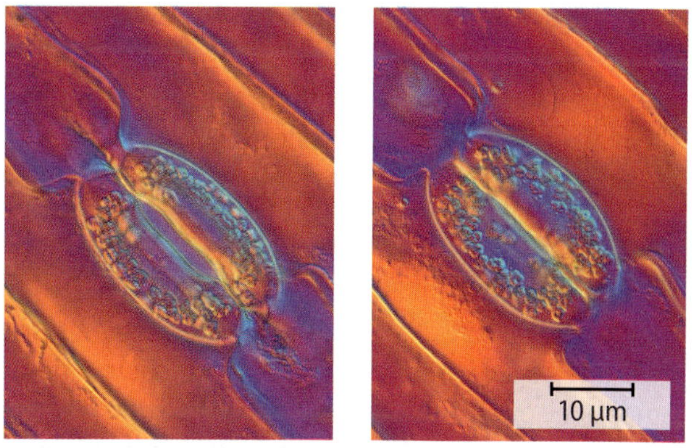

Doc. 4 Le rôle des stomates

En lien avec les parcours

PEAC

Puppy, le chien fleuri

Puppy est un West Highland Terrier géant assis devant le musée Guggenheim à Bilbao, en Espagne. Il mesure 12 m de haut, 6 m de large et 12 m de long. Il a été conçu par ordinateur par le plasticien Jeff Koons puis fabriqué par l'architecte Frank Gehry à partir de terreau et de fleurs, le tout reposant sur une structure en acier inoxydable. Un système d'irrigation interne permet aux fleurs de recevoir de l'eau et donc de ne pas faner. Cette œuvre est en évolution constante.

1. Expliquer pourquoi une œuvre végétale telle que celle-ci est une œuvre qui évolue avec le temps.
2. Situer l'œuvre dans le temps, dans l'espace et dans son contexte historique.

Puppy au printemps

Puppy en automne

Puppy, de Jeff Koons, 1992

Avenir

Anne-Laure

Interview Métier : Anne-Laure, Assistante Spécialisée Vétérinaire (ASV)

Quel métier aviez-vous envie d'exercer quand vous étiez adolescente ?
Depuis que je suis adolescente, je veux être vétérinaire car j'ai toujours aimé les animaux et j'adore la médecine.

En quoi consiste votre métier ?
Mon métier est très polyvalent : je fais de l'accueil indirect (répondre au téléphone, prise de rendez-vous ...), de l'accueil direct (accueil des clients, prise d'informations sur l'animal et le propriétaire, délivrance de médicaments...), des soins aux animaux (contention pour différents examens comme la pose de cathéters, la prise de radiographies, l'échographie...), des soins aux animaux hospitalisés, l'aide chirurgicale (préparation du site opératoire, désinfection, surveillance de l'anesthésie, mise à disposition des instruments chirurgicaux et aide chirurgicale, surveillance du réveil, entretien du matériel chirurgical...) ; tous les actes des ASV sont effectués sous la responsabilité du vétérinaire.

Qu'est-ce qui vous a conduit à exercer ce métier ?
J'ai cherché un métier dans lequel j'étais en contact avec des animaux et permettant de les soigner.

Son parcours

Pour devenir ASV, il faut avoir le baccalauréat et trouver un vétérinaire qui souhaite embaucher sur deux ans une personne entre 18 et 25 ans qui suivra une formation en alternance, une semaine de formation par mois. Ce sont le vétérinaire et l'étudiant qui payent la formation. Au bout des deux années, on obtient le diplôme reconnu d'ASV (sur contrôle continu et examens écrits et oraux pendant les deux années).

Pour en savoir plus sur ce métier, consulter le site : www.onisep.fr web

La dynamique des populations

Accouplement de phyllomédUses

Attendu de fin de cycle

Mettre en relation différents faits et établir des relations de causalité pour expliquer la dynamique des populations

Comment la manière de se reproduire influence-t-elle le nombre d'individus d'une population ?

Activité 1

Comment caractériser les reproductions sexuée et asexuée ?

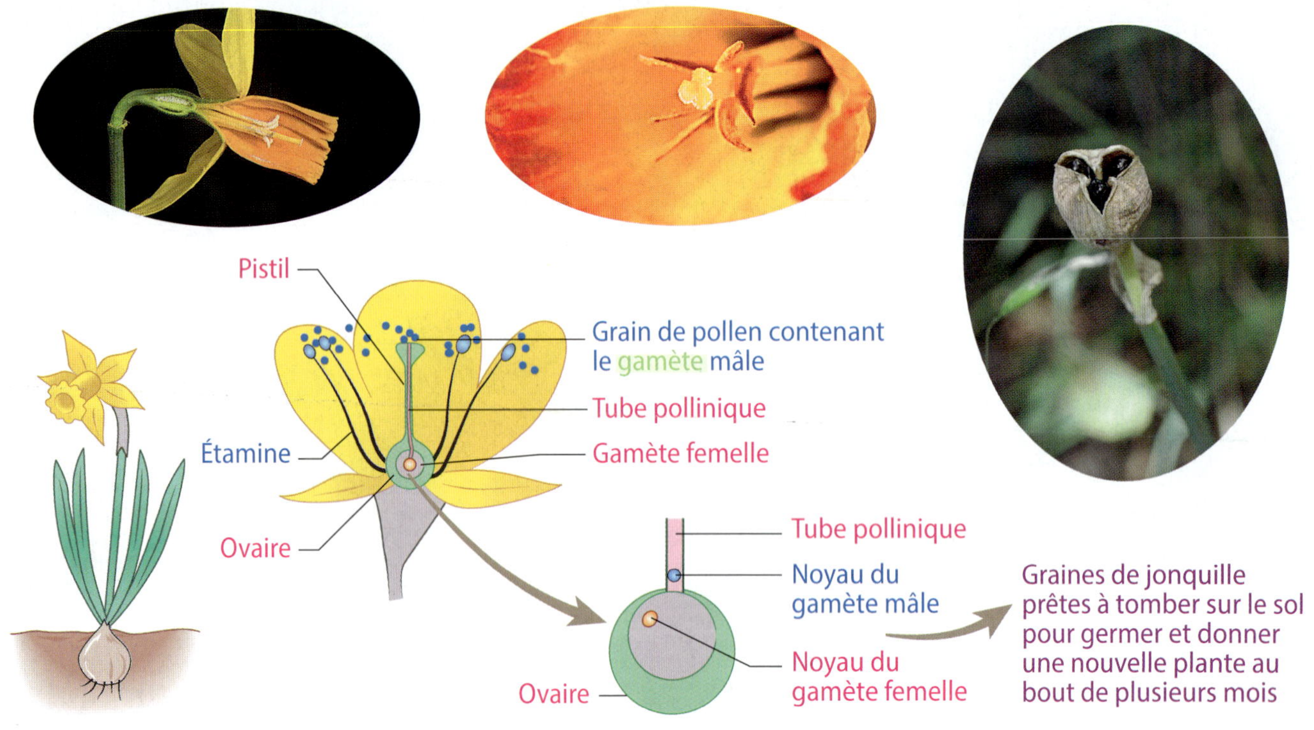

Doc. 1 Reproduction sexuée chez la jonquille, une plante à fleurs

Un accouplement permet aux spermatozoïdes (gamètes mâles) de rencontrer des ovules (gamètes femelles) situés dans l'appareil reproducteur de la femelle. Cette rencontre s'appelle la fécondation.

La femelle donnera naissance à un petit 100 jours plus tard. Ces jeunes possèderont des caractères du père et d'autres de la mère.

Doc. 2 Reproduction sexuée chez le tigre de Malaisie

Compétence travaillée :
D1. Lire et exploiter des données présentées sous différentes formes.

La division des bactéries

La reproduction des bactéries peut se faire très rapidement, par division binaire. Toutes les bactéries issues de la bactérie initiale sont identiques entre elles et à la bactérie initiale.

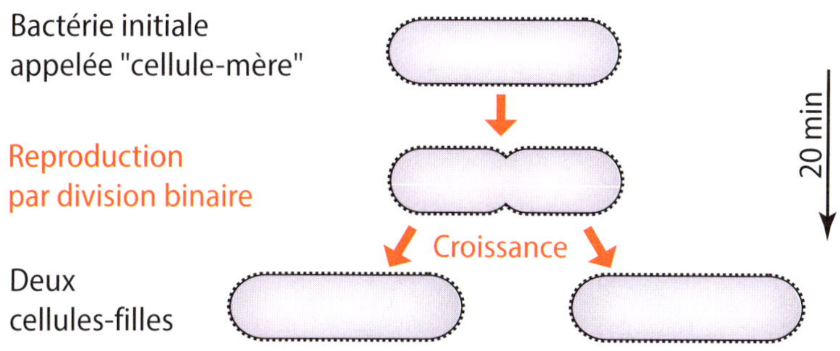

Doc. 3 Reproduction asexuée d'une bactérie par division binaire

La multiplication végétative du fraisier

Le bout du stolon s'enracine au contact du sol et donne naissance à une nouvelle plante, identique à la plante mère. Ce mode de reproduction asexuée permet une multiplication très rapide du fraisier.

Doc. 4 Reproduction asexuée du fraisier grâce à des stolons

La formation de l'ovaire chez l'hydre verte

a L'hydre, animal aquatique de quelques millimètres, se reproduit le plus souvent par bourgeonnement.

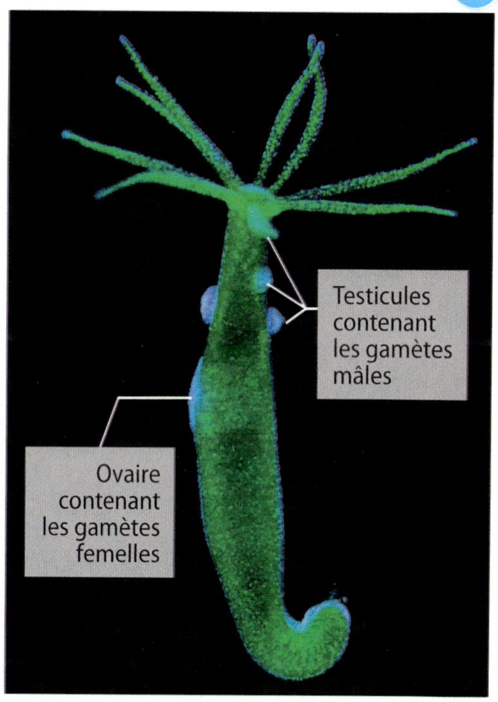

b À certains moments de sa vie, l'hydre peut produire des gamètes mâles et femelles.

Doc. 5 Reproductions sexuée et asexuée de l'hydre

Pour conclure

Comparer les caractéristiques des reproductions sexuée et asexuée.

▸ Livret AP p. 16

Vocabulaire

- **Gamète :** cellule reproductrice mâle (spermatozoïde) ou femelle (ovule).
- **Division binaire :** division des organismes unicellulaires qui se divisent en deux parties devenant des organismes indépendants l'un de l'autre.
- **Stolon :** tige aérienne permettant en s'enracinant dans le sol de former un nouvel individu.
- **Bourgeonnement :** formation d'un nouvel organisme à partir d'une partie de l'organisme de départ.

Activité 2 Quelles sont les différentes caractéristiques de la reproduction sexuée ?

La fécondation chez l'oursin

Les oursins sont des animaux vivant dans l'eau de mer. Les mâles libèrent dans leur milieu de vie une substance blanche et les femelles une substance orangée. On peut observer ce phénomène en disposant les oursins sur un bécher rempli d'eau de mer.

Oursins libérant des cellules reproductrices dans des béchers d'eau de mer

Doc. 1 Observation des cellules reproductrices de l'oursin

Si on mélange une goutte de chaque substance mâle et femelle du **doc. 1**, alors on peut observer la fécondation de l'oursin *in vitro* à l'aide d'un microscope optique. Comme la fécondation a lieu dans un milieu extérieur à l'organisme, on dit que c'est une fécondation externe.

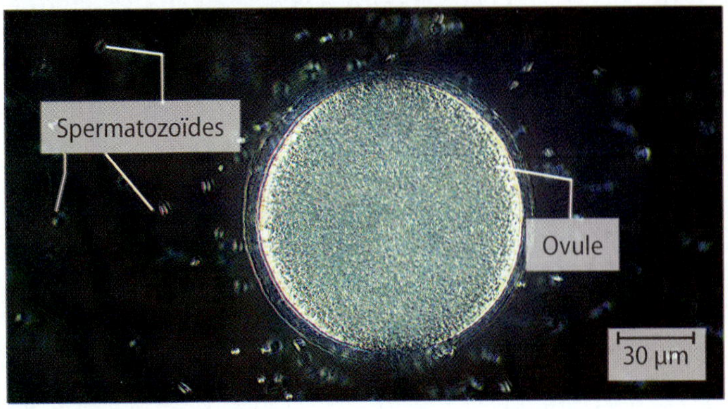

a Photographie montrant la rencontre de l'ovule avec les spermatozoïdes

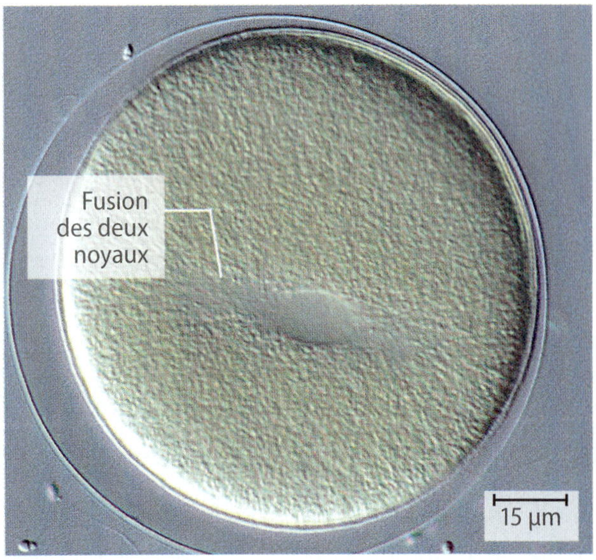

b Photographie de la cellule-œuf issue de la fécondation

Doc. 2 Observation de la fécondation chez l'oursin

Compétence travaillée :
D1. Représenter des données sous différentes formes et choisir celle qui est adaptée à la situation de travail.

Un accouplement permet aux spermatozoïdes de rencontrer un ovule situé dans les trompes de la femelle. Un spermatozoïde s'unira avec l'ovule. Le développement de l'embryon se fait dans l'utérus de la jument. On dit que le cheval est vivipare.

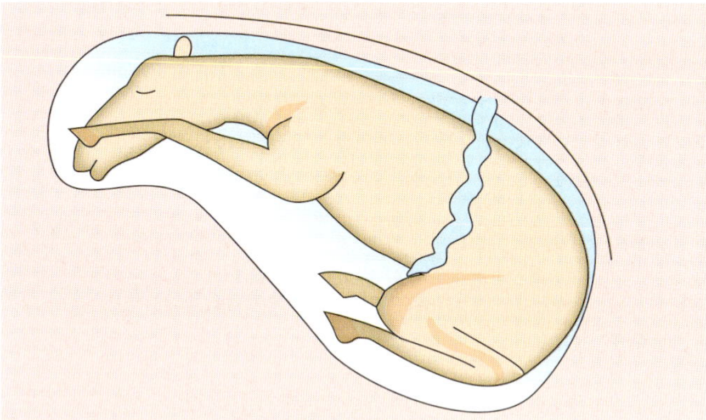

a Embryon dans l'utérus de la jument

b Poulain se dégageant de la poche de naissance

Doc. 3 Les modalités de la reproduction sexuée chez le cheval

La reproduction de la poule ("C'est pas sorcier")

Chez la poule, la fécondation est interne. Le développement de l'embryon se fait dans l'œuf. On dit que la poule est ovipare.

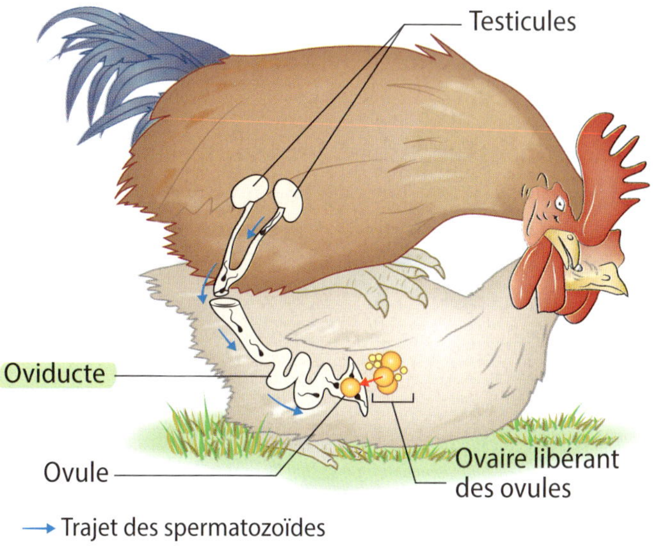

Poussin se dégageant de son œuf après éclosion

Doc. 4 Les modalités de la reproduction sexuée chez la poule

Pour conclure

Définir les différentes modalités de la reproduction sexuée en utilisant les termes suivants : *ovipare*, *vivipare*, *fécondation interne*, *fécondation externe*.

Livret AP p. 16

Vocabulaire

- ***In vitro* :** observé en laboratoire, dans des conditions artificielles.
- **Oviducte :** conduit par lequel sont acheminées les ovules.

Bilan

... par le texte

Activité 1 Les différents modes de reproduction

- La **reproduction asexuée** permet la formation rapide d'êtres vivants identiques à leur parent unique.
- Chez les végétaux, la reproduction asexuée est aussi appelée **multiplication végétative**. Les nouvelles plantes se forment à partir d'organes produits par la plante de départ. Elle peut, par exemple, produire des tiges aériennes que l'on appelle des stolons.
- Chez certains animaux, elle se réalise par bourgeonnement.
- Chez les organismes unicellulaires, elle se fait par division binaire : la cellule se divise en deux, et chaque partie devient un organisme distinct.
- La reproduction sexuée est caractérisée par la mise en jeu de cellules reproductrices ou gamètes. Un gamète mâle et un gamète femelle s'unissent lors de la fécondation. Cette union donne naissance à une cellule-œuf qui est à l'origine d'un nouvel organisme. Le nouvel organisme formé est différent de ses parents même s'il partage avec eux de nombreuses caractéristiques communes.

Activité 2 Les différentes modalités de reproduction sexuée chez les animaux

- Chez certains animaux, la rencontre des cellules reproductrices se fait hors de l'organisme. On parle de **fécondation externe**. Chez d'autres animaux, cette rencontre se déroule à l'intérieur de l'organisme femelle. On parle de **fécondation interne**.
- La fécondation donne une cellule-œuf qui, par divisions successives, donnera un embryon. Si cet embryon se développe dans un œuf, on parle d'**oviparité**. Si l'embryon se développe dans l'organisme femelle et donne naissance directement à un jeune, on parle de **viviparité**.

À savoir :	Activités	Exercices
• Distinguer la reproduction asexuée de la reproduction sexuée.	1	4 6
• Distinguer la fécondation externe de la fécondation interne.	2	5 7
• Distinguer l'oviparité de la viviparité.	2	5 7

... par l'image

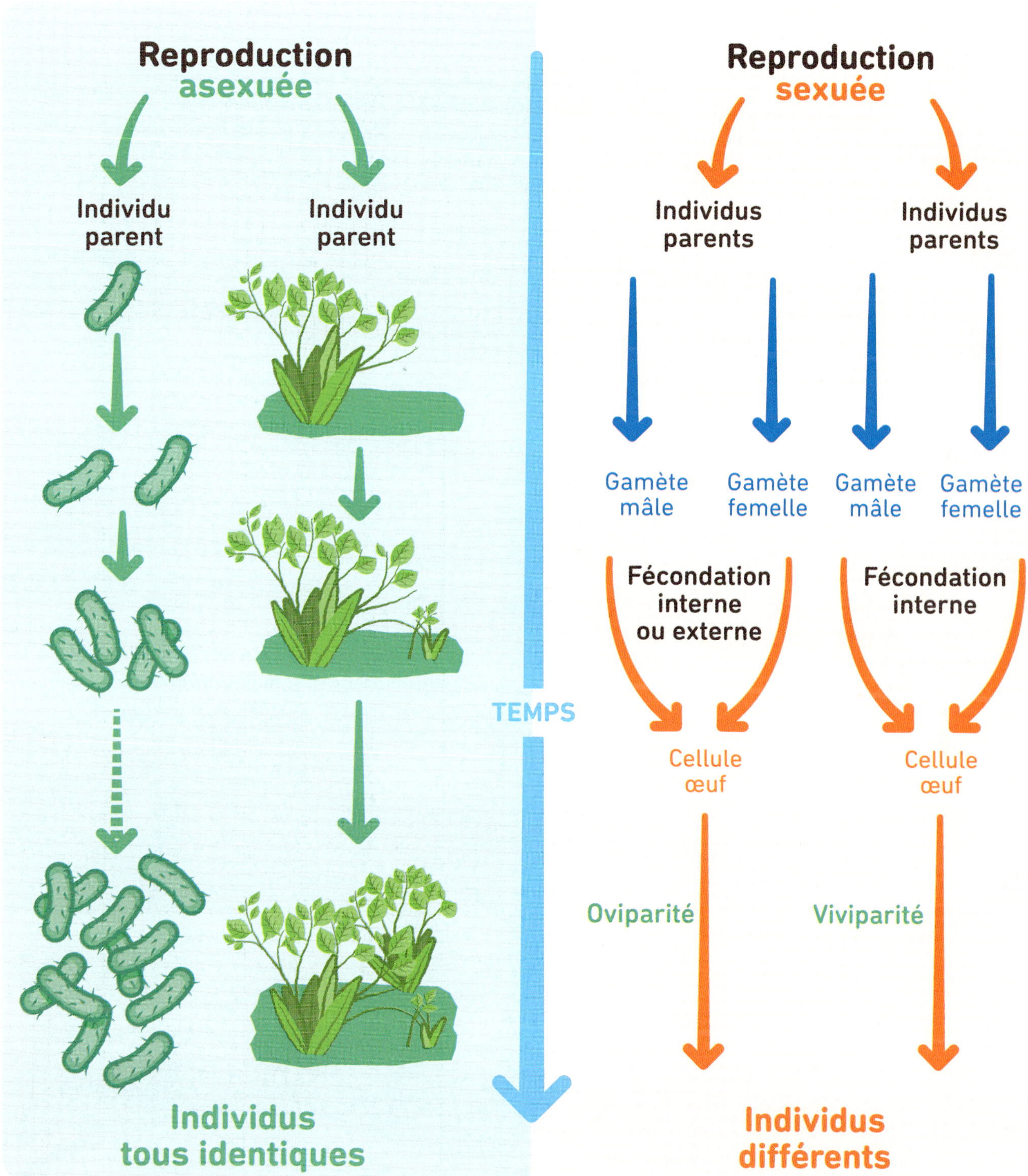

Mots à savoir définir

reproduction asexuée • multiplication végétative • fécondation externe • fécondation interne • oviparité • viviparité

Exercer
ses compétences

manuel numérique QCM 2

1 QCM 1 Choisir la proposition correcte.

	A	B	C	D	En cas de doute, lire
1. La reproduction sexuée :	produit des êtres vivants identiques à celui de départ.	a comme caractéristique principale la fécondation.	n'a lieu que chez les animaux.	est toujours caractérisée par un accouplement.	1 p. 182
2. La reproduction asexuée :	n'a lieu que chez les femelles.	a comme caractéristique principale la fécondation.	n'a lieu que chez les végétaux.	produit des êtres vivants identiques à celui de départ.	1 p. 182
3. La fécondation :	est la rencontre du mâle et de la femelle.	est l'union des gamètes mâles et femelles.	a toujours lieu à l'extérieur de l'organisme.	est interne chez l'oursin.	1 p. 182
4. L'oviparité :	est une modalité de reproduction sexuée que n'utilisent que les oiseaux.	ne se produit qu'en milieu terrestre.	est caractérisée par le développement de l'embryon dans un œuf.	est caractérisée par le développement de l'embryon dans l'organisme parental.	2 p. 184
5. La fécondation interne :	a lieu à l'intérieur d'un organisme parental.	est caractérisée par le développement de l'embryon dans un œuf.	a lieu à l'extérieur de l'organisme.	a lieu dans le milieu aquatique.	2 p. 184

▶ Voir corrigés p. 413

2 D1. Définir

Définir les termes suivants :
a. reproduction asexuée ;
b. fécondation externe ;
c. viviparité.

3 D1. Rédiger

Rédiger une phrase à l'aide des mots suivants : reproduction asexuée ; fécondation ; cellules reproductrices.

4 résolu D5. Appréhender différentes échelles de temps géologique et biologique

Dans une bouteille de lait, s'est glissée une bactérie. Cette bouteille de lait a été laissée hors du réfrigérateur pendant six heures. Toutes les conditions sont réunies pour que cette bactérie puisse se multiplier. La multiplication bactérienne s'effectue par simple division d'une bactérie en deux. Dans ces conditions, la bactérie se divise toutes les 20 minutes. Cette bactérie devient néfaste pour l'organisme si la quantité ingérée est très importante (plus de 100 000).

▶ **Trouver** au bout de combien de temps le nombre de bactéries dans la bouteille est tel qu'un individu qui boirait ce litre de lait tomberait malade.

▶ Livret AP p. 16

5 D4. Communiquer sur ses démarches, ses résultats et ses choix, en argumentant

Voici quatre photographies montrant, dans le désordre, les différentes étapes de la reproduction du saumon atlantique.

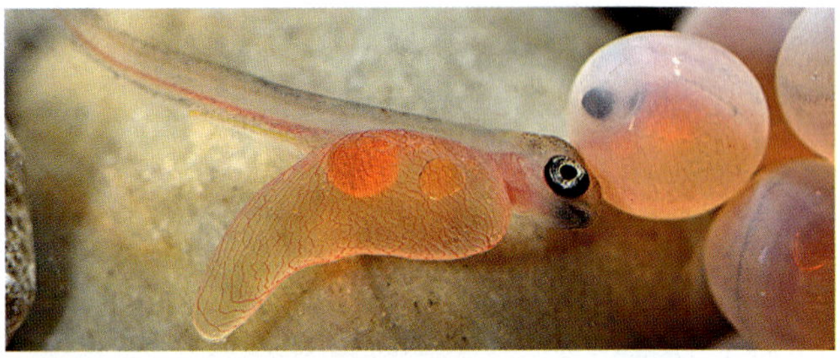

1 Œufs et larves de saumon atlantique

2 Prélèvement d'ovules de saumon atlantique

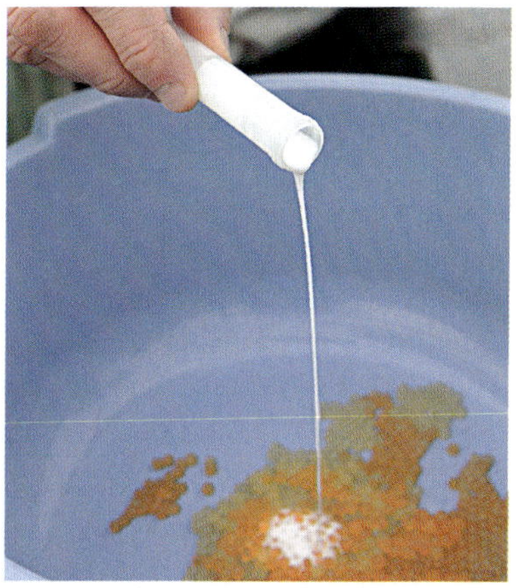

3 Fécondation artificielle de saumon atlantique

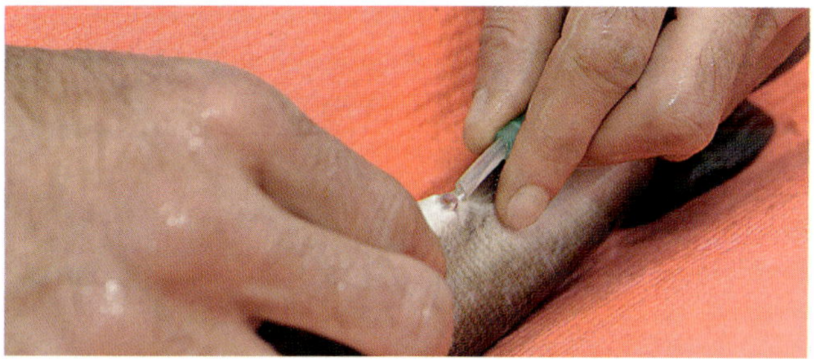

4 Prélèvement de la laitance (liquide produit par les mâles contenant les spermatozoïdes) d'un saumon atlantique mâle

1. **Remettre** dans l'ordre chronologique les différentes photographies.
2. **Dire** quelles sont les modalités de la reproduction du saumon atlantique en justifiant la réponse.

6 D4.Communiquer sur ses démarches, ses résultats et ses choix, en argumentant

La reproduction du tatou est assez unique. La cellule-œuf est capable de rester jusqu'à sept mois dans l'utérus avant de commencer son développement si la mère n'est pas correctement alimentée. Mais ce n'est pas tout : à partir de cette cellule-œuf il se formera quatre embryons identiques.

1. **Expliquer** pourquoi la reproduction du tatou est à la fois une reproduction sexuée et une multiplication asexuée.

Doc. 1 Deux tatous

7 D1.Lire et exploiter des données présentées sous différentes formes

Construire un tableau qui présente les modalités de reproduction sexuée (type de fécondation et mode de reproduction) des trois espèces ci-dessous.

1 Accouplement d'escargots de Bourgogne

Œufs d'escargots de Bourgogne

2 Accouplement du springbok

Naissance d'un jeune springbok

3 Émission des ovules et des spermatozoïdes du corail dans son milieu de vie

Larves de corail

Activité

Compétence travaillée :
D1. Lire et exploiter des données présentées sous différentes formes.

1 Comment des populations se maintiennent-elles dans un milieu ?

La daphnie, ou puce d'eau, connaît deux modes de reproduction.

Lorsque les conditions du milieu sont favorables, les femelles produisent, sans fécondation, environ une cinquantaine d'œufs par semaine.

Lorsque les conditions de vie deviennent défavorables, les daphnies donnent naissance à deux œufs par reproduction sexuée.

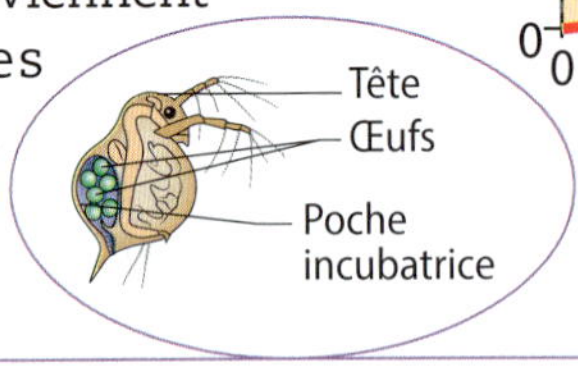

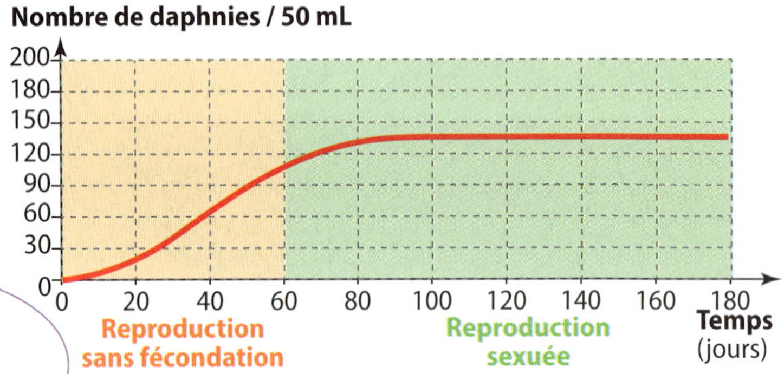

Doc. 1 Dynamique de la population de daphnies dans un élevage où le milieu nutritif de départ n'a pas été changé, en fonction du temps

Espèce / Caractéristique de la reproduction	Truite d'eau douce	Cygne	Blaireau

Milieu de reproduction	Aquatique	Terrestre	Terrestre
Type de fécondation	Externe	Interne	Interne
Fécondité	5 000 à 40 000 œufs par ponte (ovipare)	4 à 8 œufs par ponte (ovipare)	1 à 5 petits (vivipare)
Protection des œufs et/ou des petits	Aucune	Couvaison des œufs, nourrissage et défense	Gestation, allaitement, défense
Mortalité (pourcentage de pertes)	Plus de 99 %	10 %	37 %

Doc. 2 Tableau montrant les caractéristiques de la reproduction sexuée chez trois espèces

Pour conclure

Rédiger un texte expliquant les différentes stratégies mises en œuvre par les espèces pour se maintenir dans leur milieu de vie.

▸ Livret AP p. 16

Vocabulaire

Daphnie : petit crustacé d'eau douce.
Population : groupe d'individus d'une même espèce rencontrés dans un lieu donné à un moment donné.
Fécondité : nombre d'œufs ou de petits par femelle.
Gestation : synonyme de grossesse.

Activité

Compétence travaillée :
D4. Interpréter des résultats et en tirer des conclusions.

2 Comment exploiter le mode de reproduction des plantes pour les cultiver ?

La canne à sucre ("C'est pas sorcier")

La canne à sucre est une plante à fleurs, elle produit donc des graines mais sa culture se fait essentiellement grâce à la reproduction asexuée par bouturage. Le bouturage consiste à enterrer horizontalement des parties de tiges dans la terre. Ces boutures donnent de nouvelles plantes qui conservent les mêmes caractéristiques que celles de la plante initiale.

Doc. 1 Plantation de boutures de canne à sucre dans un champ à la Réunion

Au début du XXe siècle, une maladie, la mosaïque, a provoqué une destruction massive des plants de canne à sucre obtenus par bouturage. Les scientifiques ont alors utilisé la reproduction sexuée pour obtenir des cannes à sucre possédant la capacité de résister au virus responsable de la maladie. Après de nombreux essais, ils ont sélectionné les plus résistantes à la maladie, puis les ont multipliées par bouturage.

Doc. 2 La reproduction sexuée au secours de la canne à sucre

La variété obtenue est résistante au virus de la mosaïque mais est aussi plus sucrée.

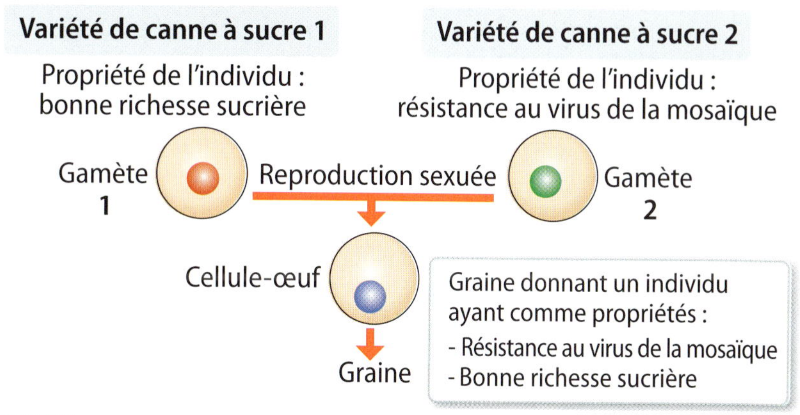

Doc. 3 Obtention par reproduction sexuée d'une nouvelle variété de canne à sucre

Pour conclure

Construire un tableau présentant les avantages et les inconvénients de l'utilisation des deux modes de reproduction pour cultiver la canne à sucre.

Livret AP p. 17

Activité

3 Comment les conditions du milieu influencent-elles la reproduction ?

L'Échenilleur de La Réunion, ou Tuit-Tuit, est un oiseau de la famille des passereaux, ne vivant que sur une petite partie de l'île de La Réunion (le massif de la Roche Écrite). Il est en danger critique d'extinction.

Il pond un à trois œufs de couleur bleu pâle taché de rouge foncé par an.

Doc. 1 L'Échenilleur de La Réunion

La principale cause du déclin du Tuit-Tuit est la prolifération du rat noir qui grimpe aux arbres, ce qui lui permet d'attaquer les nids. Des campagnes de piégeage du rongeur ont donc été menées.

	Succès reproducteur (nombre moyen de couples ayant pondu par rapport au nombre total de couples)
Zone avec contrôle des prédateurs	Quatre couples sur cinq ont produit des jeunes.
Zone sans contrôle des prédateurs	Un couple sur trois a produit des jeunes.

Doc. 2 Comparaison de la fécondité du Tuit-Tuit dans deux zones de La Réunion en 2003

Le Tuit-Tuit

En 2004, on s'est rendu compte que les Tuit-Tuit étaient aussi attaqués par des chats dont le nombre avait fortement augmenté car ils se nourrissaient des déchets laissés par les visiteurs sur le site du massif de la Roche Écrite.

Des campagnes de sensibilisation ont donc été menées pour ramasser et évacuer les déchets. Le nombre de chats a fortement diminué sur le site à partir de 2006.

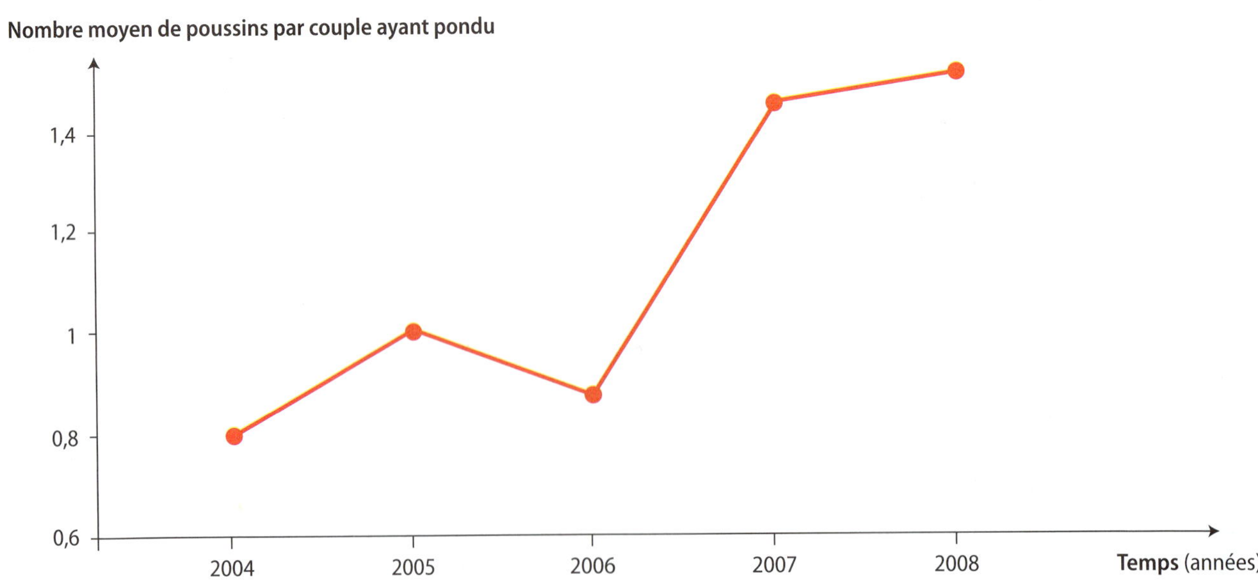

Doc. 3 Graphique montrant l'évolution du succès reproducteur du Tuit-Tuit entre 2004 et 2008

Compétence travaillée :
D5. Identifier les impacts des activités humaines sur l'environnement à différentes échelles.

Le pétrel de Barau est une espèce endémique de l'île de la Réunion.

Ses zones de reproduction sont situées essentiellement entre 2 000 et 2 800 mètres d'altitude, sur les plus hauts sommets de l'île. Un seul œuf par couple est pondu par an.

Doc. 4 Le pétrel de Barau

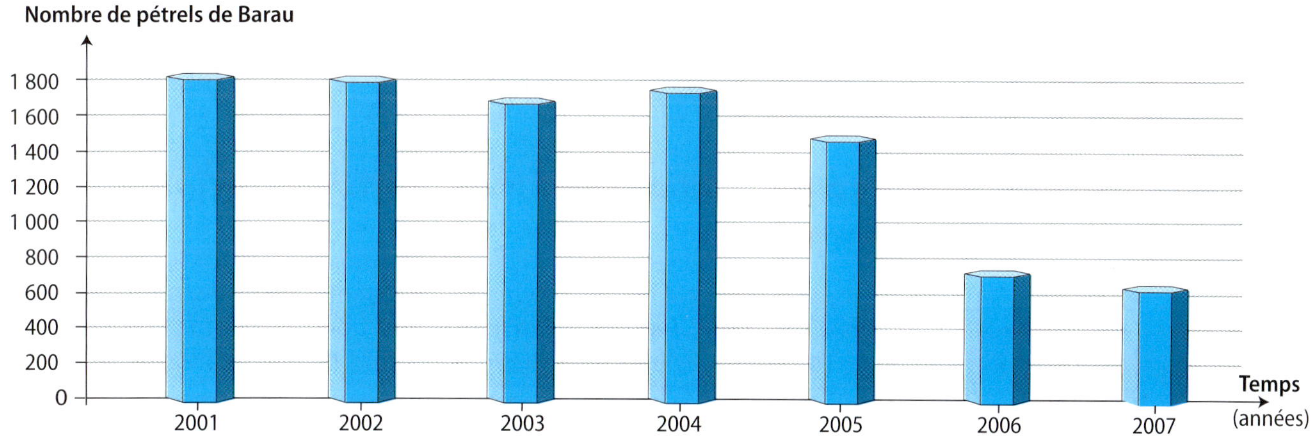

Doc. 5 Dynamique de la population du pétrel de Barau entre 2001 et 2007 sur l'île de La Réunion

Préservation des pétrels de Barau à La Réunion

Lors de leur premier envol, les jeunes pétrels se repèrent grâce à la Lune. L'éclairage urbain les attire en ville et les pétrels ne parviennent plus alors à s'envoler vers la côte. Ils sont ainsi exposés aux prédateurs.

L'éclairage urbain a particulièrement augmenté entre 2005 et 2006.

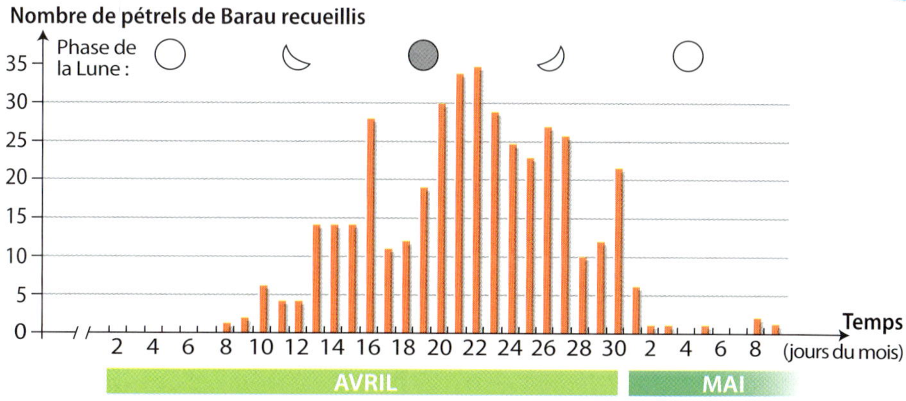

Doc. 6 Nombre de pétrels de Barau retrouvés au sol en fonction des phases de la Lune

Pour conclure

Indiquer comment les conditions du milieu peuvent avoir une influence sur la reproduction des espèces étudiées.

▸ Livret AP p. 17

Vocabulaire

En danger critique d'extinction : qui risque de disparaître dans les cinq prochaines années.
Endémique : se dit d'une espèce vivant dans une seule zone géographique.

Bilan

... par le texte

Activité 1 Modalité de reproduction et dynamique de la population

- La dynamique d'une **population**, c'est-à-dire la variation au cours du temps du nombre d'individus qui la constitue, dépend principalement de deux facteurs : la **fécondité** et la mortalité. Par exemple, si la fécondité est plus forte que la mortalité, la population grandit.
- La **mortalité** est le nombre d'individus morts sur un an par rapport à la population totale.
- Certaines populations à fécondation externe produisent un nombre très important d'œufs. Le plus souvent, les adultes n'en prennent pas soin. Les petits doivent faire face, seuls, au milieu extérieur. La forte mortalité est alors compensée par la forte fécondité.
- D'autres populations à fécondation interne produisent moins d'œufs ou de jeunes, mais les protègent davantage. Par exemple, chez les vivipares, c'est l'organisme maternel qui protège l'embryon, ce qui diminue la mortalité.
- On peut donc relier la dynamique d'une population à ses modalités de reproduction.

Activité 2 Effet du mode de reproduction sur les caractéristiques de la descendance

- Dans la reproduction asexuée, un seul individu joue le rôle de parent. Les descendants seront tous identiques à ce parent. Ce type de reproduction donne naissance à une population homogène. Par exemple, la canne à sucre est reproduite de façon asexuée par les agriculteurs pour obtenir des plantes toutes identiques.
- La reproduction sexuée nécessite deux parents. Ses mécanismes permettent de produire des individus différents tout en maintenant les caractéristiques de l'espèce. Par exemple, lorsque l'on veut obtenir des cannes à sucre avec des caractéristiques différentes, il faut alors utiliser la reproduction sexuée.

Activité 3 Influence du milieu sur la dynamique des populations

- Certains éléments du milieu modifient la fécondité et la mortalité d'une population. Ils vont alors influencer la dynamique de la population. Par exemple, si la disponibilité de la nourriture augmente, la fécondité est plus forte et la taille de la population augmente. La présence d'un nombre plus ou moins grand de prédateurs, les conditions de vie (température, lumière...) influencent également la dynamique de la population.
- En modifiant les milieux de vie, les activités humaines perturbent la reproduction sexuée des êtres vivants.

À savoir :	Activités	Exercices
Montrer comment une espèce maintient la taille de sa population grâce à différentes modalités de reproduction.	1	4 7 8
Reconnaître les avantages et les inconvénients des différents modes de reproduction pour la culture à grande échelle.	2	4
Montrer l'influence de la quantité des ressources alimentaires sur la reproduction sexuée.	3	8
Montrer l'influence de la quantité de prédateurs sur la fécondité d'une espèce.	3	5 6

… par l'image

manuel numérique

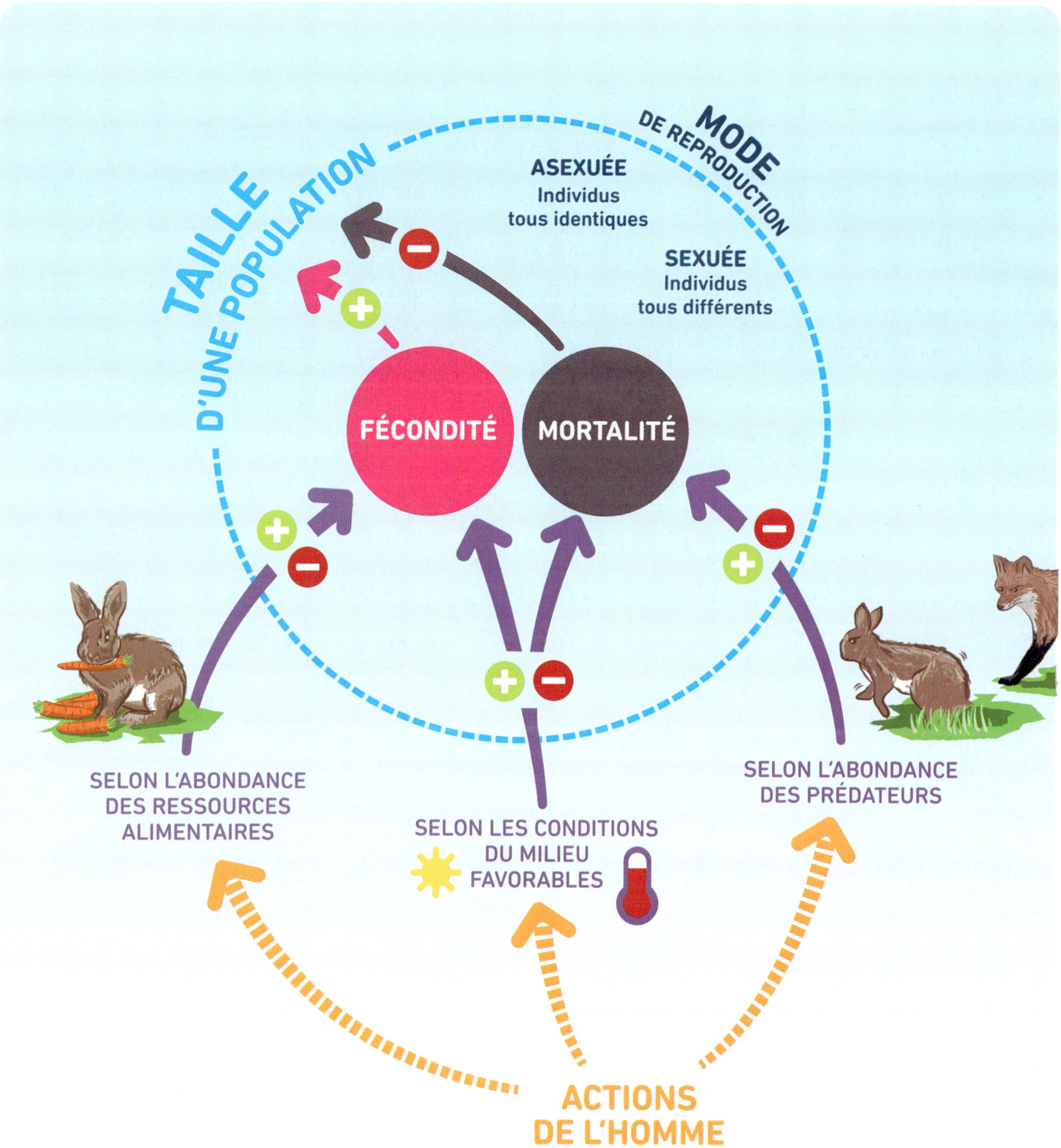

Mots à savoir définir

population • fécondité • mortalité

Exercer ses compétences

manuel numérique QCM 2

1 QCM 1 Choisir la proposition correcte.

	A	B	C	D	En cas de doute, lire
1. Une population d'êtres vivants :	regroupe plusieurs espèces.	peut vivre à plusieurs endroits.	est un ensemble d'individus d'une même espèce.	se compte sur plusieurs générations.	1 p. 190
2. Les individus vivipares :	ont une fécondité forte.	ont une fécondité faible.	s'occupent moins de leurs petits que les ovipares.	ont une fécondation externe.	1 p. 190
3. Les individus ovipares :	ont une fécondité faible.	ont une mortalité des jeunes forte.	s'occupent plus de leurs petits que les vivipares.	ne vivent qu'en milieu aquatique.	1 p. 190
4. Le succès de la reproduction ne dépend pas :	des ressources alimentaires du milieu.	de la relation de prédation qui existe entre les espèces.	des changements des facteurs physico-chimiques de l'environnement.	de la Lune.	3 p. 192
5. La reproduction asexuée :	permet une augmentation rapide du nombre des individus.	permet de produire des individus tous différents.	n'est pas utilisée dans la culture des végétaux.	n'existe que chez la canne à sucre.	2 p. 191

▶ Voir corrigés p. 413

2 D1. Définir

Définir les termes suivants :
a. population ; b. fécondité ; c. biodiversité.

3 D1. Rédiger

Rédiger une phrase à l'aide des mots suivants :

a. nourriture, espèce, fécondité ;
b. ovipare, protection, fécondité.

4 D1. Lire et exploiter des données présentées sous différentes formes

La Belle de Fontenay était une variété de pomme de terre très cultivée au début du xxe siècle. Plusieurs infections virales et bactériennes ont failli entraîner sa disparition après la Seconde Guerre mondiale.
Pour éviter cette disparition, on a prélevé des fragments de racine non infectés que l'on a cultivés en milieu stérile sur gélose. On appelle cette technique la multiplication artificielle *in vitro*, illustrée dans le document ci-contre. Elle a permis de sauver la variété menacée.

1. **Déterminer** quel mode de reproduction (sexuée ou asexuée) a permis de sauver la Belle de Fontenay et **justifier** la réponse.
2. **Expliquer** quel est l'autre avantage de la multiplication artificielle *in vitro*.

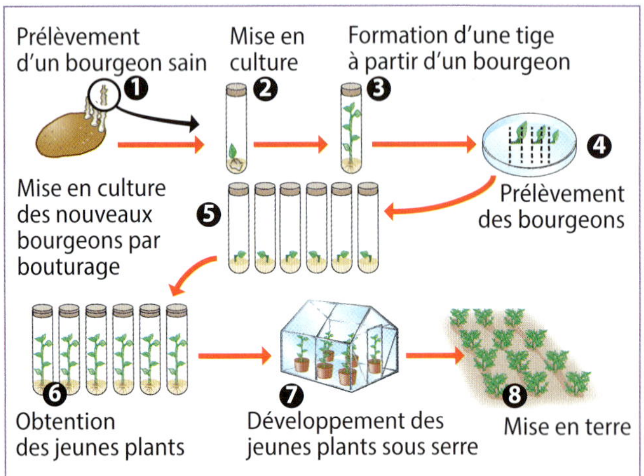

Doc. 1 Multiplication artificielle *in vitro*

5 D1. Lire et exploiter des données présentées sous différentes formes

Doc. 1 Poissons-clowns protégeant leurs œufs

Les poissons-clowns fertilisent leurs œufs à proximité d'une anémone de mer. Celle-ci étant venimeuse, elle protège les œufs des prédateurs. Le mâle reste à proximité du nid jusqu'à l'éclosion. Il chasse les espèces prédatrices, enlève les œufs morts et débarrasse le nid des déchets qui s'y déposent. Après l'éclosion, les deux parents fournissent la nourriture nécessaire au développement des petits. 16 % des œufs fertilisés donnent des jeunes. Ce pourcentage est très important en comparaison de celui d'autres espèces ovipares.

1. **Préciser** les modalités de reproduction du poisson-clown.
2. **Relever** les différentes protections que les parents poisson-clown mettent en place pour protéger leurs petits.

6 résolu D1. Lire et exploiter des données présentées sous différentes formes

L'Isle Royale se trouve au nord-ouest du lac Supérieur, situé en Amérique du Nord. Sur cette île cohabitent des loups et des élans appelés « orignaux ». Ces derniers sont chassés par les loups.

En 1979, les humains introduisent par inadvertance un chien porteur d'un virus. Ce chien contamine alors des loups, ce qui entraîne la mort d'un grand nombre d'entre eux.

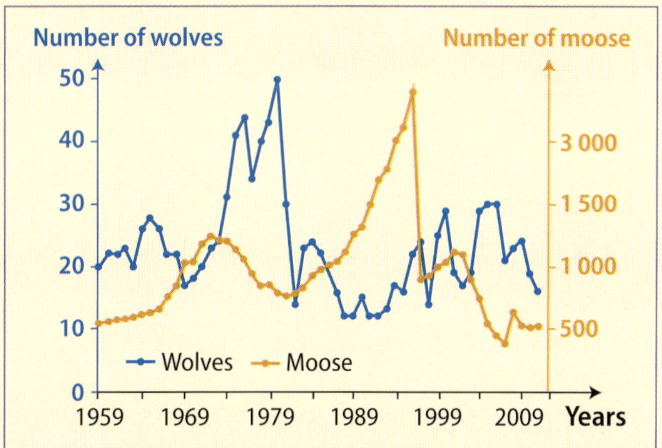

Doc. Moose and Wolves' population evolution

1. **Décrire** les dynamiques des populations d'orignaux et de loups entre 1969 et 1974.
2. **Expliquer** la dynamique de ces deux populations.
3. **Expliquer** l'effet sur la population d'orignaux de l'épidémie touchant les loups à partir de 1979.

▸ Livret AP p. 17

7 D1. Proposer une ou des hypothèses pour résoudre un problème

La pyramide des âges indique le pourcentage d'individus d'une population dans chacun des groupes d'âges. Elle est très utile car elle permet de prévoir la taille future d'une population. Le taux d'accroissement annuel de la population de l'Afghanistan était approximativement de 2,6 %, alors que celui de l'Italie était nul. Une représentation en forme de pyramide indique une forte fécondité car la population jeune est plus importante que la population plus âgée.

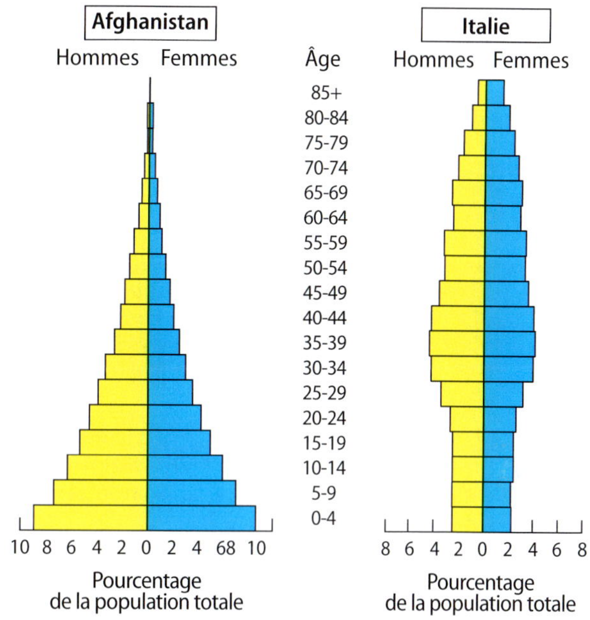

1. **Expliquer** grâce à sa définition pourquoi le terme « population » est ici bien applicable à la population humaine grâce à sa définition.
2. **Faire la relation** entre la fécondité d'une population et l'évolution prévisible de sa taille.
3. **Émettre** une hypothèse pour expliquer la différence de fécondité entre l'Afghanistan et l'Italie.

8 D4. Interpréter des résultats et en tirer des conclusions

Aux Pays-Bas, des scientifiques ont étudié chez les faucons crécerelles l'effet de la taille de la couvée sur la survie des parents durant l'hiver suivant. Le mâle et la femelle s'occupent tous deux des petits.

1. **Tirer une conclusion** à cette étude.

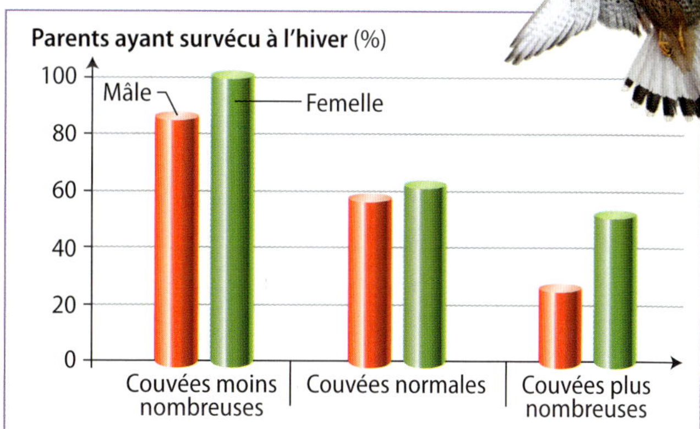

Doc. 1 Pourcentage de survie des parents selon la taille de la couvée

Bilan
Attendu de fin de cycle

... par le texte

1 Les modes de reproduction

- La **reproduction asexuée** permet à différents organismes vivants de se reproduire très rapidement. Comme tous les individus sont issus d'un seul parent, ils sont tous identiques et réagissent de la même manière à un changement du milieu.
- La **reproduction sexuée** implique la rencontre de deux cellules reproductrices : un ovule et un spermatozoïde. Les noyaux de ces deux gamètes s'unissent lors de la **fécondation** et forment la cellule-œuf, première cellule de l'embryon. Ces gamètes contiennent chacun la moitié du patrimoine héréditaire du nouvel individu formé. Ainsi, la reproduction sexuée produit de nouveaux individus différents de leurs parents. Si le milieu de vie change, certains individus, de par leurs particularités, seront plus à même de survivre dans le nouveau milieu.

2 Les modalités de la reproduction sexuée

- Chez de nombreuses espèces aquatiques, la fécondation est **externe** et se caractérise par une grande production de cellules reproductrices. Parmi elles, beaucoup vont mourir.
- Chez de nombreuses espèces vivant en milieu terrestre, la fécondation est **interne** et nécessite un accouplement.
- Le développement de l'embryon peut se faire de deux manières :
  - soit à l'extérieur de l'organisme. Il est alors protégé dans un œuf : c'est l'**oviparité**,
  - soit à l'intérieur de l'appareil reproducteur, ce qui lui permet d'être protégé des pressions exercées par le milieu extérieur : c'est la **viviparité**.

3 La dynamique des populations et reproduction

- Un groupe d'individus d'une même espèce rencontré à un endroit donné à un moment donné constitue une **population**. Le nombre de ces individus peut varier en fonction du temps car il est lié à la **fécondité** de l'espèce en question.
- La fécondité est le nombre de descendants par individu. Elle dépend :
  - de la pression de prédation qui est exercée dans le milieu ;
  - de la pression alimentaire c'est-à-dire de la quantité de nourriture disponible dans le milieu ;
  - de la pression exercée par les conditions physico-chimiques du milieu ;
  - de la pression exercée par l'activité humaine.

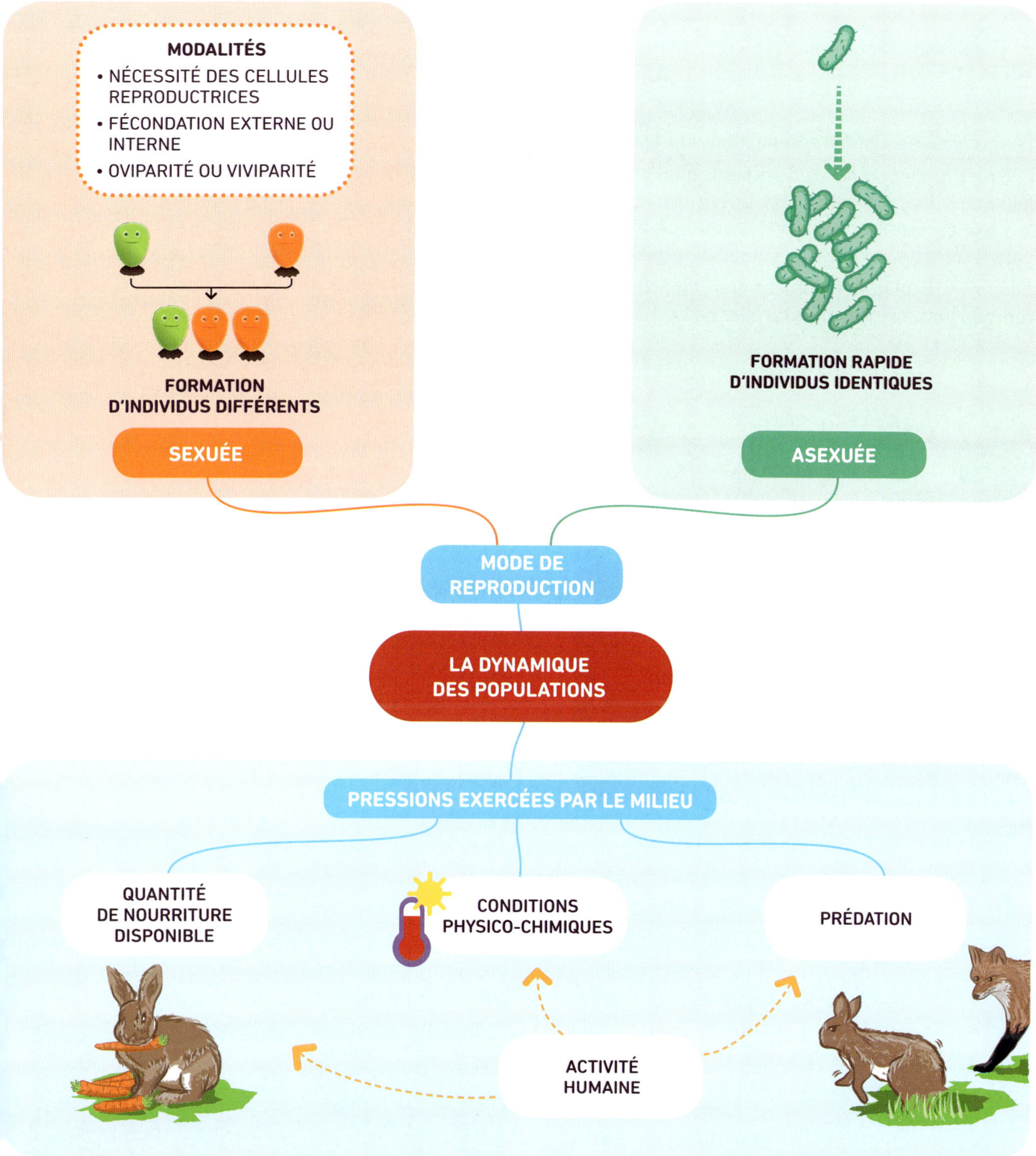

Mots à savoir définir

reproduction asexuée • reproduction sexuée • fécondation externe • fécondation interne • oviparité • viviparité • population • fécondité

Exercices
Attendu de fin de cycle

La dynamique des populations

1 Tâche complexe **D1. Représenter des données sous différentes formes et choisir celle qui est adaptée à la situation de travail**

Les particularités de la reproduction chez la limace rouge

La limace rouge ou *Arion rufus* est celle que l'on peut rencontrer le plus facilement dans les jardins et forêts de France. Sa couleur varie du gris-noir au rouge chez des individus qui font pourtant partie de la même espèce. Pendant la période de reproduction, au printemps ou à l'automne, la rencontre des partenaires est favorisée par la production de molécules odorantes particulières.

Consigne : **Expliquer comment deux limaces peuvent avoir une descendance par un mode de reproduction sexuée, alors qu'elles ne s'échangent que des spermatozoïdes.**

Livret AP p. 17

La reproduction des limaces

Doc. 1 Accouplement de limaces rouges

Juste avant l'accouplement, les limaces se frôlent, s'enduisent de mucus et tournent l'une autour de l'autre.

Puis les corps des limaces, orientés à l'opposé l'un de l'autre, forment un cercle plus ou moins fermé autour d'une partie translucide et bleutée de chaque appareil reproducteur sorti du corps. Il s'y trouve notamment les sacs spermatiques qui contiennent les spermatozoïdes.

L'accouplement ne dure que quelques secondes, pendant lesquelles les deux individus se transfèrent l'un l'autre le contenu de leur sac spermatique.

Doc. 2 L'échange de gamètes

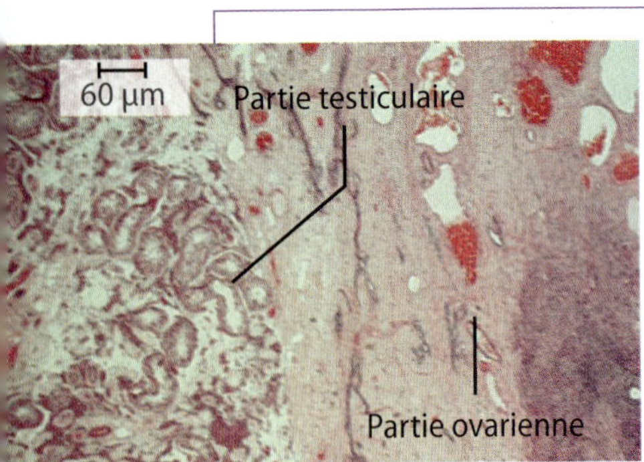

L'ovotestis est un organe de l'appareil reproducteur de la limace.

Cet organe produit des gamètes mâles et femelles de façon différée dans le temps : il produit d'abord des spermatozoïdes, puis, quelques jours après l'accouplement, il produit des ovules.

Doc. 3 Coupe d'ovotestis de limace vue au microscope optique

Quinze jours à plusieurs semaines après l'accouplement, chaque individu peut pondre jusqu'à 500 œufs fécondés.

Doc. 4 Limace en train de pondre

2 Tâche complexe — D1. Lire et exploiter des données présentées sous différentes formes

La reproduction du thysochromis dans les marais de Tanoé-Ehy, en Côte d'ivoire

Dans la forêt des marais Tanoé-Ehy (FMTE) en Côte d'Ivoire, siège d'une importante activité de pêche artisanale, le thysochromis fait partie des poissons régulièrement capturés.

Le poisson thysochromis

Consigne : Expliquer pourquoi il est suggéré aux pêcheurs de la forêt des marais de ne pas pêcher d'avril à juin.

Livret AP p. 17

Il existe deux saisons des pluies dans cette partie de la Côte d'Ivoire. La première, plus importante, s'étend d'avril à août, et la seconde du mois d'octobre au mois de janvier.

La saison des pluies apporte une quantité importante de matières organiques et de nutriments dissous dans les milieux aquatiques, rendant ces derniers plus riches à cette saison, comparativement aux saisons sèches.

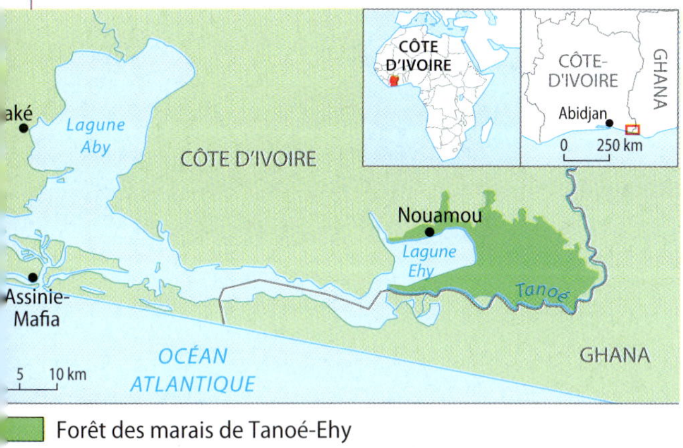

Doc. 1 L'aire de vie du thysochromis en Côte d'Ivoire

Une augmentation de la quantité de dioxygène dans le milieu augmente la reproduction des femelles.

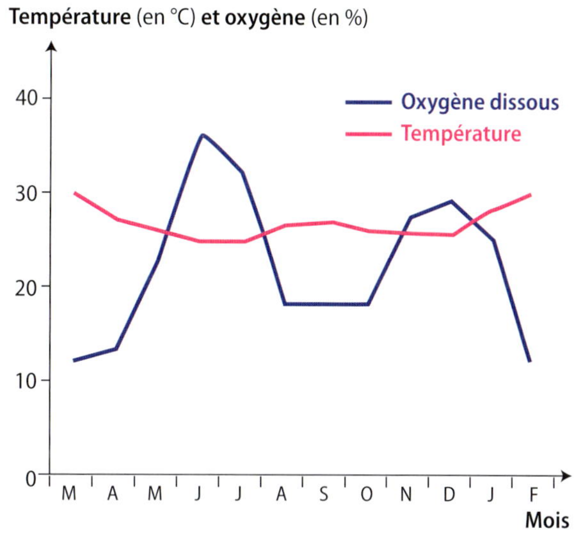

Doc. 2 Évolution de la température et de la concentration de dioxygène dissous dans le milieu de vie du thysochromis

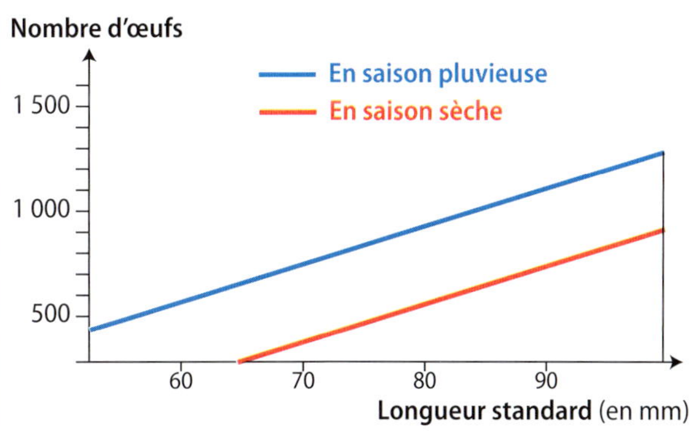

Doc. 3 Évolution de la fécondité du thysochromis en fonction de sa taille à deux saisons différentes

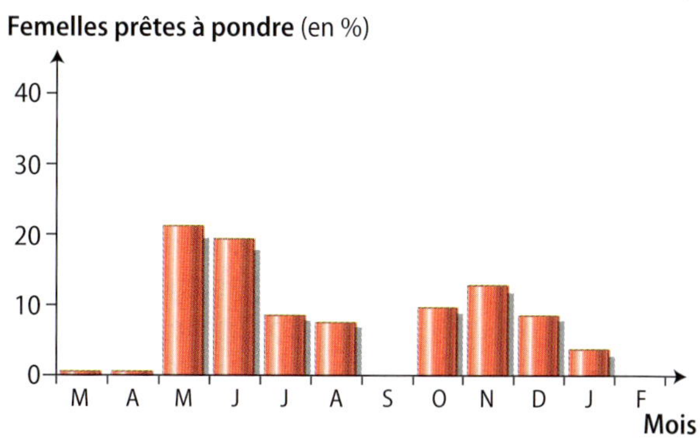

Doc. 4 Variations mensuelles du pourcentage de femelles prêtes à pondre

En lien avec les parcours

Parcours citoyen

La science participative

Les refuges de la LPO (Ligue pour la Protection des Oiseaux) s'inscrivent dans une démarche éco-citoyenne. Ils s'adressent aux particuliers, aux établissements scolaires, aux enseignants, aux élus, aux chefs d'entreprises, aux associations… et constituent un réseau actif en faveur de la biodiversité de proximité.

web Site de la LPO

BirdLab, la première opération de sciences participatives associant jeu et observation sur smartphone

Première opération de sciences participatives associant jeu et observation sur smartphone, *BirdLab* est un jeu mobile permettant de collecter des informations sur les comportements de nourrissage des oiseaux en hiver. Il n'est pas nécessaire de savoir reconnaître les espèces : téléchargez l'application *BirdLab* sur un smartphone ou une tablette, installez deux mangeoires dans votre établissement et vous êtes prêts pour participer !

1 Expliquer grâce à ce texte ce que sont les sciences participatives.

2 Expliquer l'objectif de ces sciences participatives.

Avenir

Interview Métier : Cédric, responsable végétal d'une jardinerie

Quel métier aviez-vous envie d'exercer quand vous étiez adolescent ?
Je voulais devenir jardinier… mais à l'époque ce n'était pas un métier. J'ai pourtant continué dans cette voie.

En quoi consiste votre métier ?
Je sélectionne les gammes de produits de plantes en me tenant au courant des nouvelles collections, des goûts et des habitudes des clients pour les conseiller. Je supervise les achats et les ventes. Je suis responsable de la mise en rayon.

Qu'est-ce qui vous a conduit à exercer ce métier ?
C'est une passion depuis l'enfance, qui m'est venue en observant mes grands-parents agriculteurs. Plus tard, j'ai suivi mon cœur et maintenant je fais un métier qui me donne beaucoup de satisfactions.

Quelles sont les qualités requises pour exercer ce métier ?
Il faut être doué pour la relation avec le client. Il faut s'intéresser aux différentes plantes et connaître leurs caractéristiques.

Son parcours

Après un BEP horticulture après la troisième, j'ai continué vers un BAC professionnel que j'ai ensuite prolongé par un BTS horticulture et légumière en apprentissage. J'ai été embauché juste après mon apprentissage.

Pour en savoir plus sur ce métier, consulter le site : www.onisep.fr web

La diversité génétique des individus

Attendu de fin de cycle

Mettre en relation différents faits et établir des relations de causalité pour expliquer la diversité génétique des individus

Champs de tulipes en Hollande

Comment expliquer la diversité des individus au sein d'une espèce et la stabilité de cette espèce au cours des générations ?

Activité 1

Compétence travaillée :
D4. Formuler un problème scientifique.

Comment identifier un individu au sein d'une espèce ?

Doc. 1 Photographie d'une famille d'individus de l'espèce humaine

Un élément héréditaire, c'est-à-dire qui est transmis de génération en génération, et qui varie d'un individu à l'autre est appelé caractère. Ici, il s'agit de la forme de l'oreille.

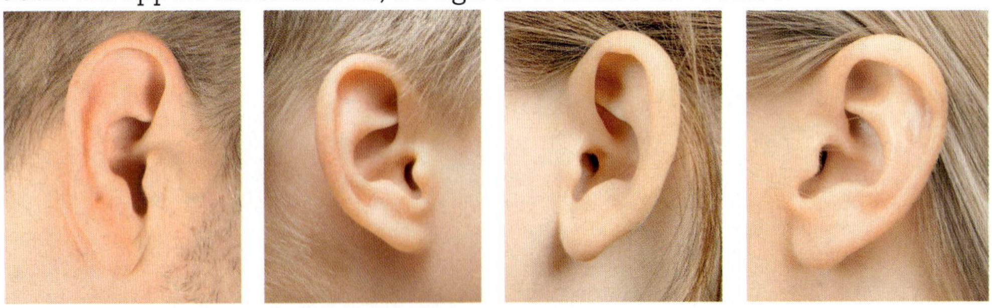

Doc. 2 Photographies des lobes des oreilles d'une famille

Pour conclure

Identifier quelques caractères héréditaires à l'espèce humaine, puis décrire les formes variables d'un caractère chez la famille présentée.

Formuler le problème scientifique que pose l'étude des doc. 1 et 2.

Livret AP p. 17

Vocabulaire

- **Appartenance à une espèce :** implique l'existence de caractères partagés, la capacité à se reproduire et l'obtention d'une descendance fertile.

Activité 2

Compétence travaillée :
D4. Interpréter des résultats et en tirer des conclusions.

Quelles sont les règles de transmission des caractères ?

Vers 1860, dans le jardin d'un monastère à Brünn, en Autriche, Gregor Mendel utilise la couleur des fleurs de plants de pois pour suivre la transmission de caractères sur plusieurs générations.

Ce moine croise des plants de pois possédant une forme variable d'un caractère : la couleur de la fleur (doc. 2 à 4).

À cette époque, pour expliquer l'hérédité des caractères, l'hypothèse était celle de la transmission des caractères par « mélange », un peu comme le mélange de peinture bleue et de peinture jaune donne de la peinture verte.

Doc. 1 Les expériences de Gregor Mendel pour déterminer les règles de transmission des caractères

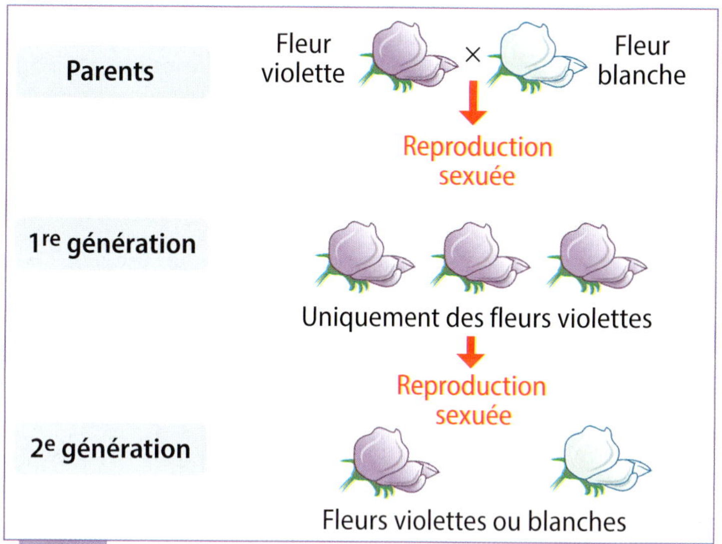

Doc. 2 Résultats des croisements entre des plants de pois possédant une forme variable de la couleur de la fleur

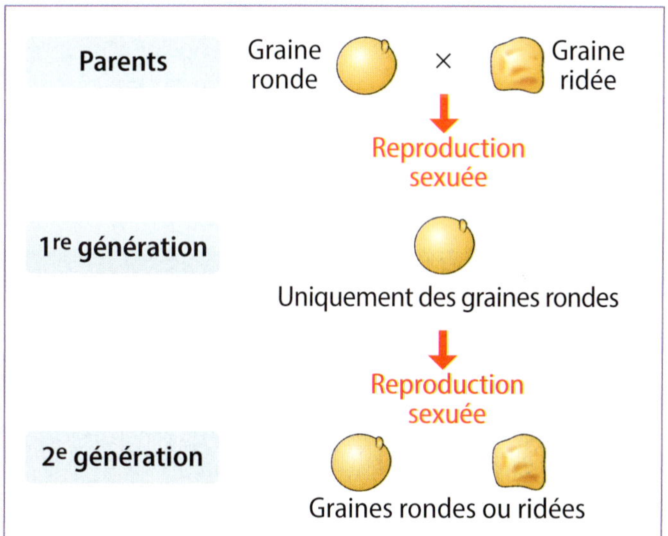

Doc. 3 Résultats des croisements entre des plants de pois possédant une forme variable de la surface de la graine

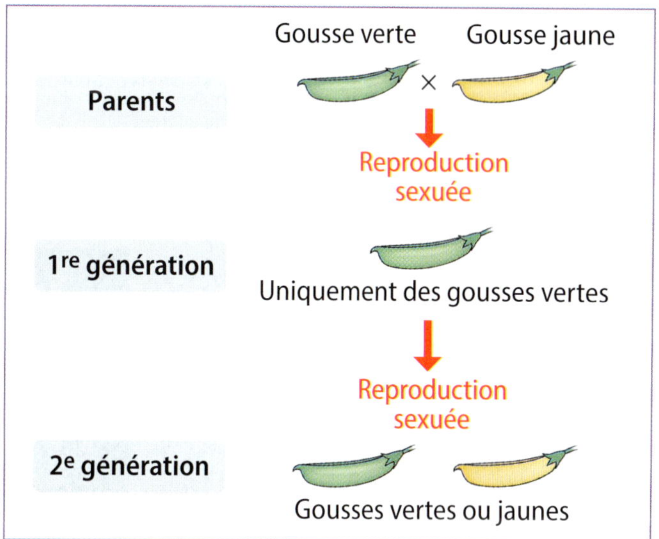

Doc. 4 Résultats des croisements entre des plants de pois possédant une forme variable de la couleur de la gousse

Pour conclure

Interpréter les résultats des croisements (doc. 2, 3 et 4) et conclure sur les caractéristiques de la transmission des caractères d'une génération à l'autre.

Livret AP p. 17

Vocabulaire

- **Hérédité :** transmission des caractères d'un être vivant à ses descendants.

Activité

3 Quelle est la localisation des informations héréditaires transmises ?

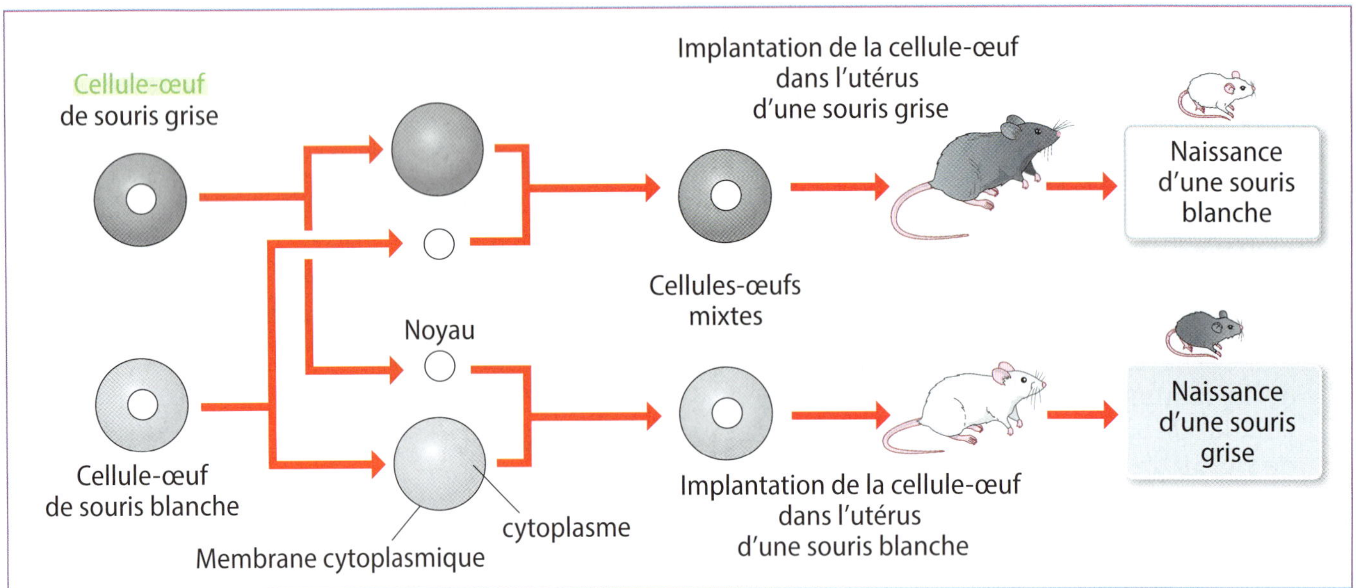

Doc. 1 Expérience de transferts de noyaux de cellules de souris

Dans les noyaux des cellules, il est possible d'observer des structures microscopiques, les chromosomes. Ce sont des bâtonnets de quelques micromètres que l'on peut mettre en évidence par coloration, après éclatement de la cellule et de son noyau. Le nombre de chromosomes est le même dans toutes les cellules d'un même individu.

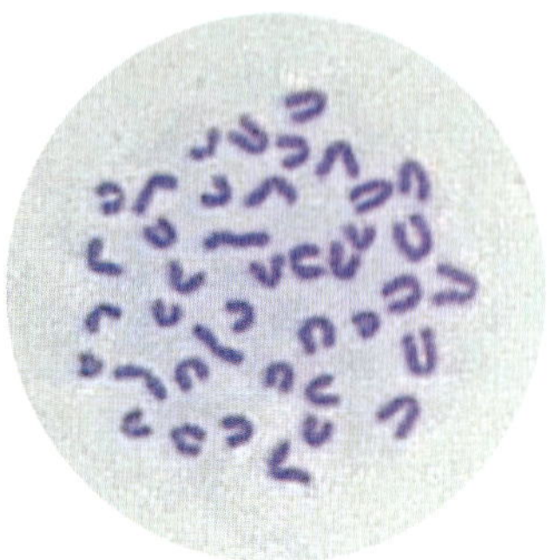

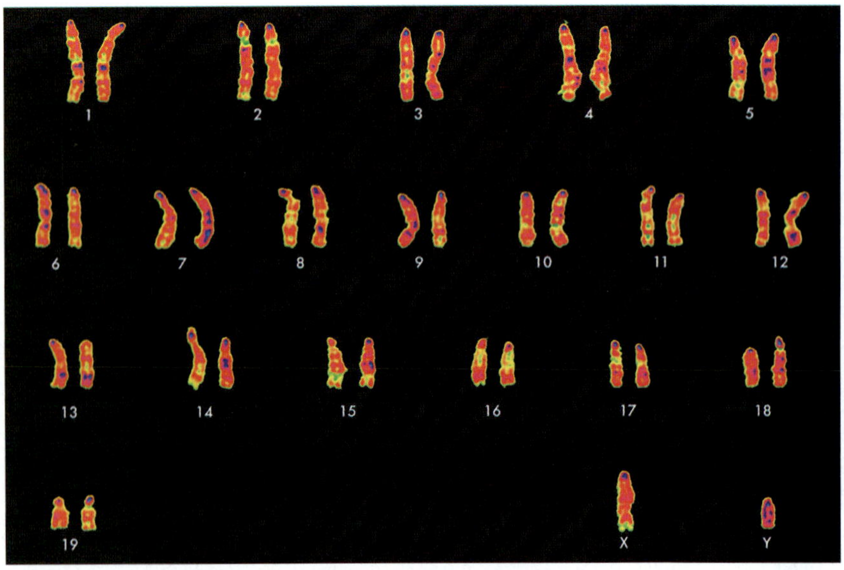

Doc. 2 Caryotype de souris (avant et après arrangement standard de l'ensemble des chromosomes)

Compétence travaillée :
D1. Lire et exploiter des données présentées sous différentes formes.

On sait depuis 1960 que le chromosome Y est impliqué dans la détermination du sexe masculin chez les mammifères. La comparaison des chromosomes sexuels de nombreux individus a permis de localiser sur le chromosome Y un des gènes qui détermine la mise en place du sexe masculin.

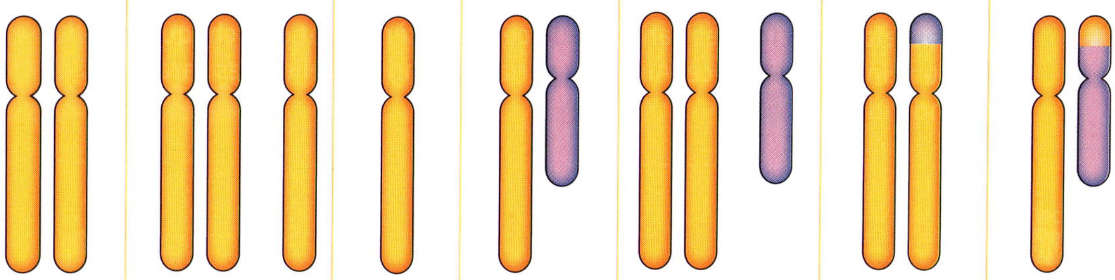

Individu	A	B	C	D	E	F	G
Chromosomes sexuels	X X	X X X	X	X Y	X X Y	X X	X Y
Apparence sexuelle	Femelle	Femelle	Femelle	Mâle	Mâle	Mâle	Femelle

Doc. 3 Relation entre un caractère et une portion de chromosome

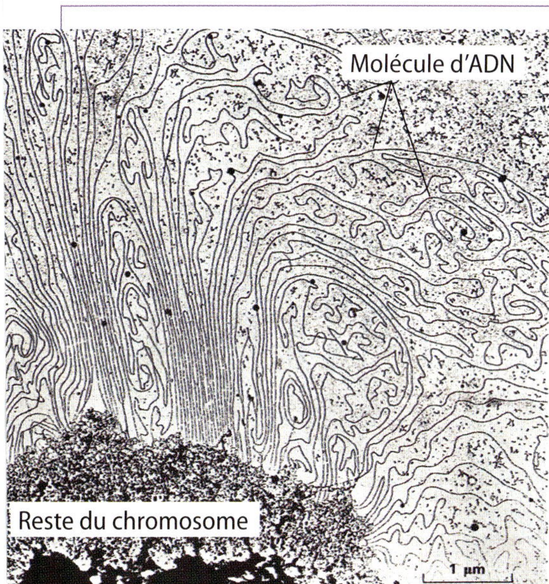

Photographie obtenue après un traitement particulier provoquant la désorganisation du chromosome

Doc. 4 Relation entre chromosome et ADN

La transgénèse est une technique permettant de transférer un gène d'un organisme à un autre.

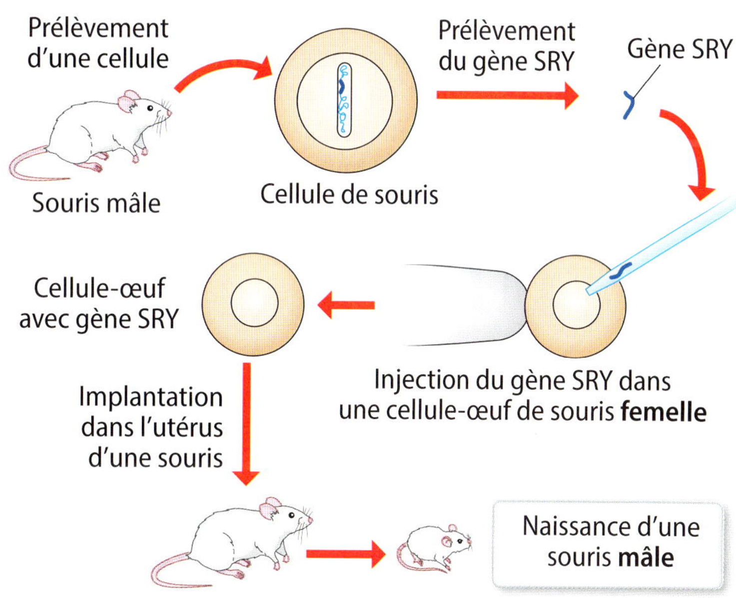

Doc. 5 Relation entre ADN et caractère

Pour conclure

Rédiger un paragraphe présentant la localisation et le support des caractères héréditaires transmis de génération en génération.

▸ Livret AP p. 18

Vocabulaire

- **Cellule-œuf :** cellule provenant de la fécondation d'un spermatozoïde avec un ovule.
- **Caryotype :** arrangement standard de l'ensemble des chromosomes d'une cellule, à partir d'une prise de vue réalisée au microscope.
- **Gène :** portion de chromosome responsable de la présence d'un caractère.

Exercer ses compétences

manuel numérique QCM 2

1 QCM 1 Choisir la proposition correcte.

	A	B	C	D	En cas de doute, lire
1. Les caractères propres à une espèce sont partagés :	par quelques individus.	par une partie des individus.	par la moitié des individus.	par l'ensemble des individus.	1 p. 204
2. Les individus d'une même espèce possèdent :	un même caractère.	les mêmes caractères.	des formes variables des caractères.	de l'ADN provenant du sang de leurs parents.	2 p. 205
3. Les chromosomes sont constitués :	d'ADN.	de cellules.	d'organismes.	d'informations génétiques.	3 p. 206
4. La transgénèse consiste à :	transférer un organe d'un individu à un autre.	transférer une cellule d'un individu à un autre.	transférer le noyau d'une cellule d'un individu à un autre.	transférer un gène d'une cellule à une autre cellule.	3 p. 206
5. Un gène est :	un chromosome.	une portion de chromosome.	un caractère.	situé dans le cytoplasme.	3 p. 206

▶ Voir corrigés p. 413

2 D1. Définir

Définir les termes suivants :
a. chromosome ; b. caractère ; c. ADN.

3 D1. Rédiger

Rédiger une phrase à l'aide des mots suivants :
a. caractères, sans modification, générations ;
b. cellules, héréditaires, noyau, informations.

4 D1. Rédiger

Rédiger un texte décrivant une série d'expériences permettant de localiser l'information responsable des caractères héréditaires dans la cellule.

5 D4. Communiquer sur ses démarches, ses résultats et ses choix, en argumentant

Doc. 1 Des escargots petit-gris

1. **Identifier** deux caractères héréditaires du petit gris, une espèce d'escargot.
2. **Décrire** les formes variables d'un caractère héréditaire.

6 résolu Tâche complexe D1. Lire et exploiter des données représentées sous différentes formes

Consigne : Rédiger un texte argumenté montrant que les chromosomes d'un individu sont impliqués dans ses caractères.

En 1866, le Dr John Langdon-Down décrit de façon détaillée des personnes présentant une série de caractères particuliers : petite taille, visage arrondi, yeux en amande, cou court, petites mains et déficience intellectuelle. Il faut attendre 1959 pour identifier l'origine chromosomique du syndrome qualifié de « syndrome de Down ». Ces individus présentent tous la même anomalie du caryotype.

Doc. 1 Caractères du « syndrome de Down »

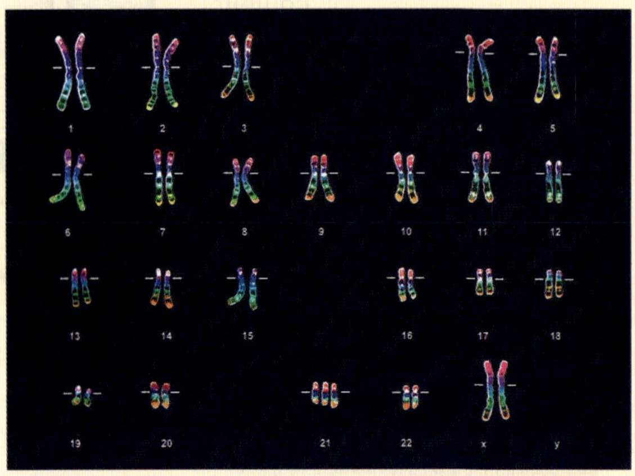

Doc. 2 Caryotype d'une personne ayant le « syndrome de Down »

▶ Livret AP p. 18

7 D4. Interpréter des résultats et en tirer des conclusions

L'acétabulaire est une algue formée d'une seule cellule. Le noyau de cette cellule se trouve dans le pied de l'algue.

Chez les acétabulaires, il existe des différences morphologiques : certaines possèdent un chapeau à bord dentelé, d'autres un chapeau à bord régulier. Ces différences morphologiques s'observent de génération en génération.

On réalise différentes expériences :

– Expérience A : Lorsque l'on coupe la tige d'une acétabulaire à chapeau régulier, le pied contenant le noyau fabrique un nouveau chapeau régulier. En revanche, le chapeau coupé meurt sans fabriquer un nouveau pied.

– Expérience B : On recommence l'expérience A et on remplace le cytoplasme de l'acétabulaire à chapeau régulier par du cytoplasme provenant d'une acétabulaire à chapeau denté. Le pied reforme un chapeau à bord régulier.

– Expérience C : On recommence l'expérience A et on remplace le noyau de l'acétabulaire à chapeau régulier par un noyau provenant d'une acétabulaire à chapeau denté. Le pied reforme un chapeau denté.

1. **Indiquer**, pour chaque expérience, ce que l'on cherche à tester.
2. **Rédiger** une conclusion à partir de l'ensemble des résultats de ces expériences.

Doc. 1 Des acétabulaires à chapeau régulier

8 D4. Communiquer sur ses démarches, ses résultats et ses choix, en argumentant

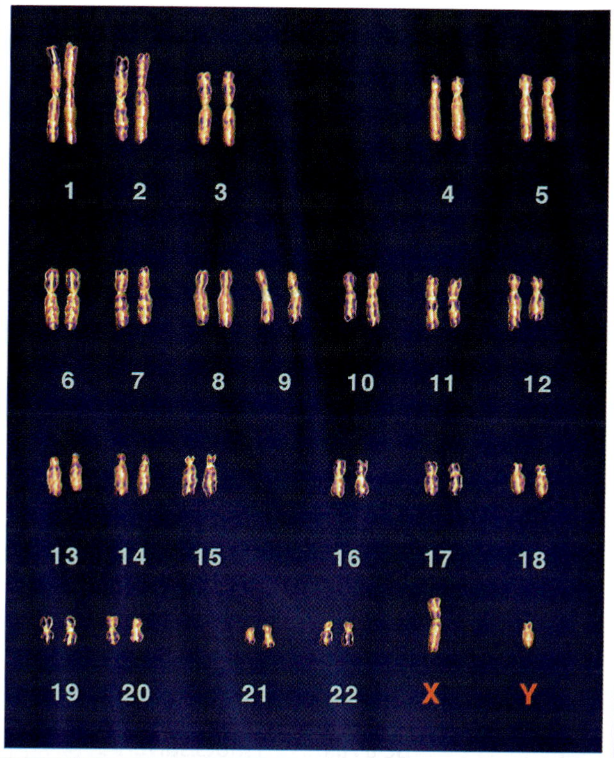

Doc. 1 Photographie 1

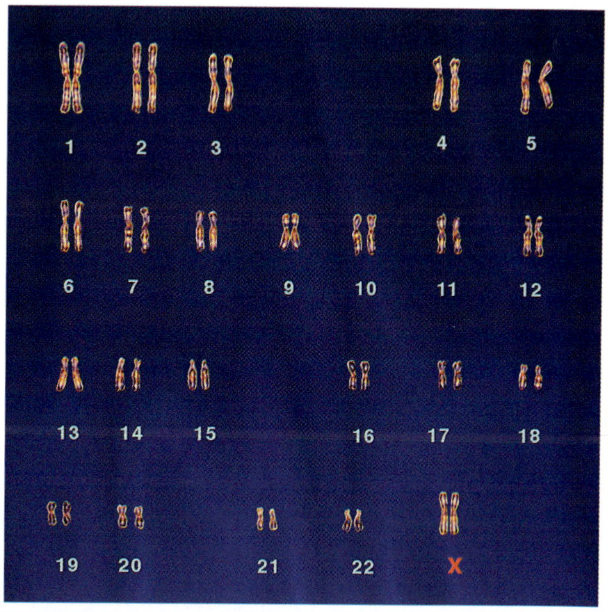

Doc. 2 Photographie 2

1. **Donner** le nom des structures photographiées et rangées sur ces deux documents.
2. **Donner** le nom associé à ces photographies.
3. **Préciser** en quoi ces deux photographies donnent des informations sur le sexe des individus.

Activité

1 Comment un gène peut-il déterminer les variations d'un caractère héréditaire ?

Le phénotype « couleur de la fleur de pois », caractère héréditaire, est déterminé par un gène porté par un chromosome. Les cellules de fleur de pois possèdent deux exemplaires du gène responsable de ce phénotype, un sur chaque chromosome. Ce gène existe sous deux versions appelées **allèles du gène** : allèle de la couleur blanche des fleurs ou allèle de la couleur violette.

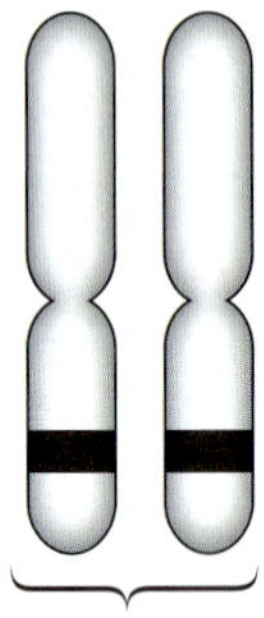

Paire de chromosomes sur lesquels est localisé le gène de la couleur des fleurs

Phénotype de la fleur de pois	Génotype de la fleur de pois
Couleur violet foncé 	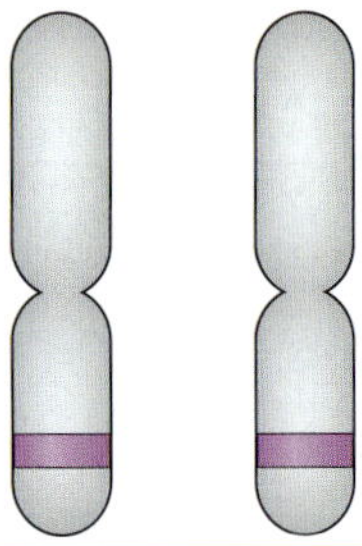
Couleur violet clair 	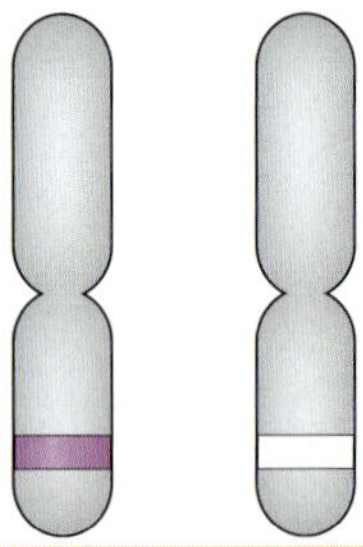
Couleur blanche 	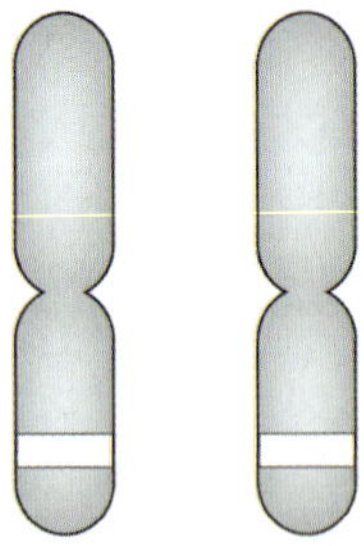

Doc. 1 Origine de la couleur des fleurs de pois

Compétence travaillée :
D4. Communiquer sur ses démarches, ses résultats et ses choix en argumentant.

Le phénotype « couleur du pelage » du chat domestique est déterminé par le gène TRP1 responsable de trois types de coloration du poil. Ce gène existe sous trois versions :
- l'allèle B (black) qui induit une robe noire ;
- l'allèle b (brown) pour la robe chocolat ;
- l'allèle bl (brown light) responsable de la couleur cannelle.

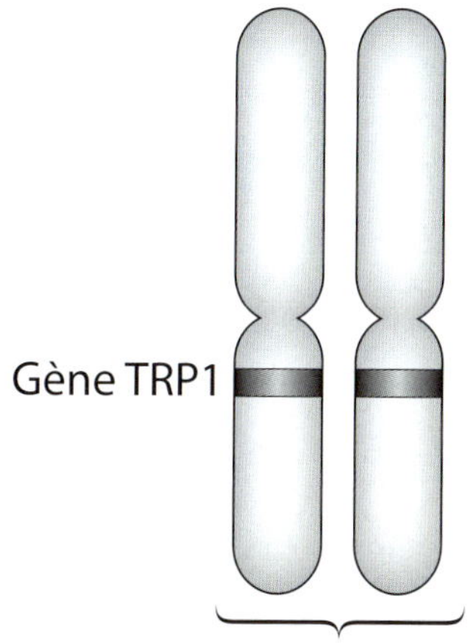

Paire de chromosomes sur lesquels est localisé le gène TRP1

Phénotypes du chat domestique	Génotypes du chat domestique
	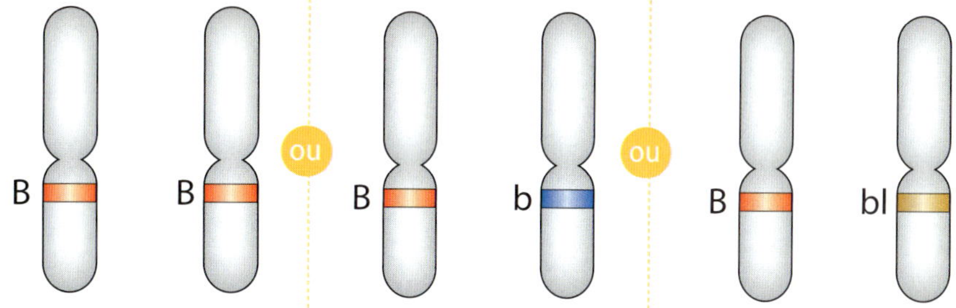
	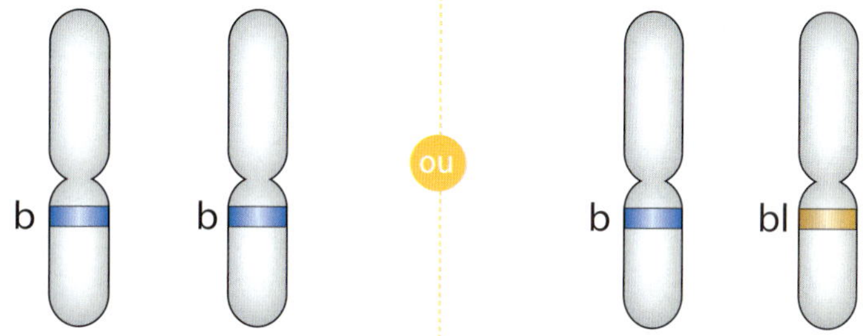
	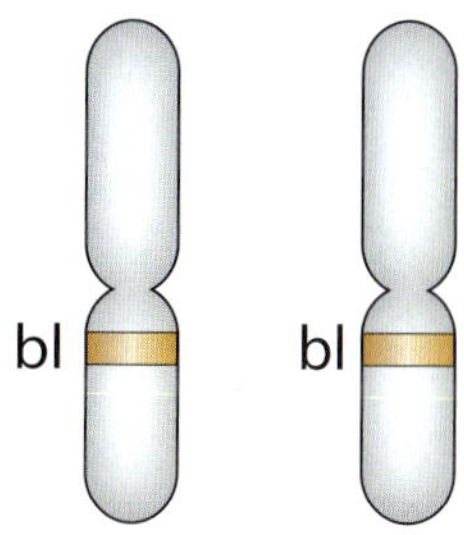

Doc. 2 Origine de la couleur du pelage des chats domestiques

Pour conclure
Expliquer comment un phénotype peut être déterminé par plusieurs génotypes.

▸ Livret AP p. 18

Vocabulaire
- **Phénotype :** ensemble des caractères observables d'un individu. Ici, le phénotype est considéré au niveau d'un seul caractère.
- **Génotype :** ensemble des allèles des gènes d'un individu.

Activité

2 Comment le phénotype peut-il être modifié sans variation du génotype ?

Les levures sont des champignons microscopiques unicellulaires.
On réalise deux cultures de levures « ade2 » en présence ou en absence de dioxygène dans le milieu.

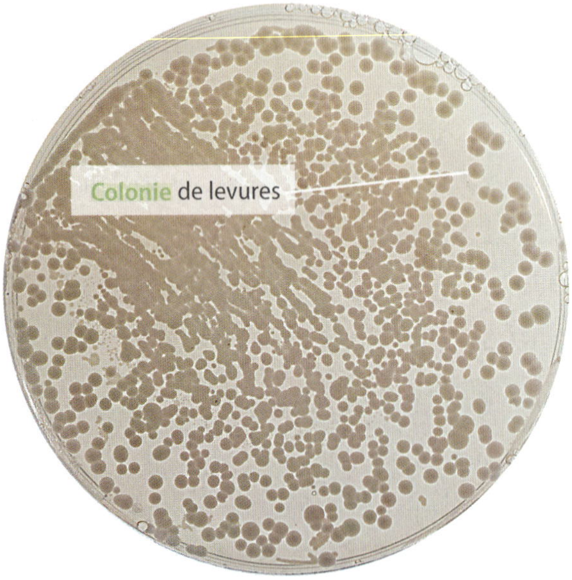

Boîte de Pétri contenant des levures « ade2 » en absence de dioxygène

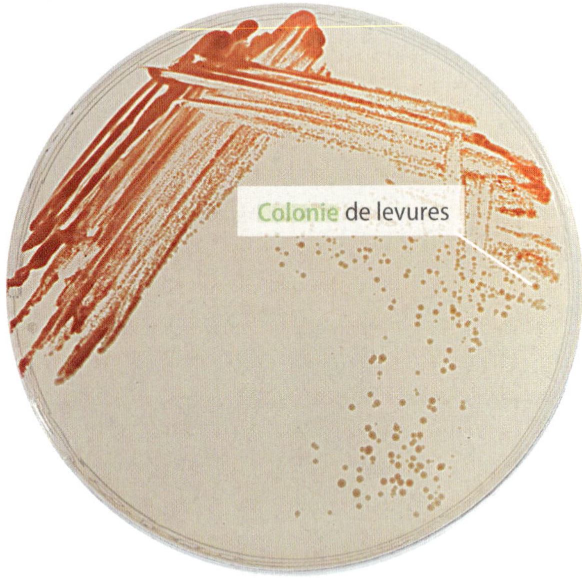

Boîte de Pétri contenant des levures « ade2 » en présence de dioxygène

Doc. 1 Le phénotype « couleur des levures »

Un port en drapeau **a** est la forme que prend un arbre sous l'effet d'un vent fort soufflant toujours dans la même direction. Si une graine de cet arbre est plantée dans une zone peu ventée, elle donnera un arbre aux branches dressées **b**.

a Pin maritime en zone ventée

b Pin maritime en zone faiblement ventée

Doc. 2 Le phénotype « forme du pin maritime »

Compétence travaillée :
D4. Proposer une ou des hypothèses pour résoudre un problème.

Le bronzage est une modification de la pigmentation de la peau suite à une exposition au soleil. Il disparaît avec le renouvellement des cellules de la peau.

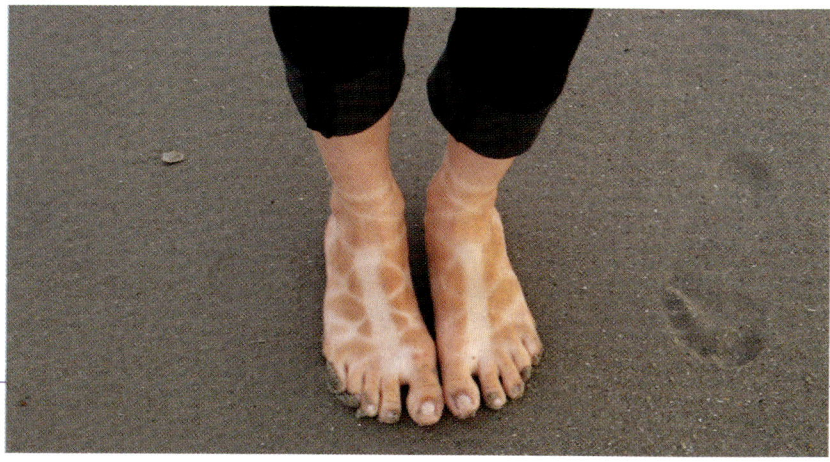

Doc. 3 Le phénotype « couleur de la peau »

ⓐ Nid d'œufs de tortue verte

Température du nid	Hormones produites	Organes reproducteurs formés	Sexe de la tortue
25°C	Testostérone	Testicules	Mâle
30°C	Œstrogène	Ovaires	Femelle

ⓑ Tableau de détermination du sexe des tortues vertes

Doc. 4 Le phénotype « sexe des tortues vertes »

Pour conclure

Formuler une hypothèse sur l'origine de la modification des phénotypes sans variation du génotype, à partir des exemples proposés.

▸ Livret AP p. 18

Vocabulaire

- **Colonie (de levures) :** amas de levures qui se sont multipliées.
- **Pigmentation :** coloration particulière de la peau par un pigment, la mélanine.
- **Testostérone :** hormone sexuelle mâle.
- **Œstrogène :** hormone sexuelle femelle.

Bilan

... par le texte

Activité 1 Du génotype au phénotype d'un individu

- Chaque chromosome contient de nombreux **gènes**. Chaque gène est porteur d'une information génétique. Il occupe une place précise sur un chromosome et détermine un caractère héréditaire. Tous les individus d'une même espèce possèdent, sur les mêmes chromosomes, les mêmes gènes. Ces gènes déterminent l'ensemble des caractères de l'individu c'est-à-dire le **phénotype**.
- Les deux chromosomes d'une même paire portent aux mêmes endroits les mêmes gènes : il y a donc deux exemplaires de chaque gène. Chaque exemplaire porte, soit les mêmes informations, soit des informations différentes. Ces diverses versions de ce gène sont nommées **allèles**.
- Dans le cas où un individu possède deux allèles différents pour un même gène, cela peut engendrer une variation individuelle du phénotype par rapport à celui qui possède les deux mêmes allèles. Ainsi, les variations des caractères s'expliquent par les versions différentes que les gènes peuvent avoir. L'ensemble des allèles d'un individu forme son **génotype**. L'expression du génotype est à l'origine du phénotype d'un être vivant.

Activité 2 Les modifications du phénotype par l'environnement

- Des éléments de l'environnement, tels que la température, le vent, les UV, la teneur en dioxygène du milieu, influent sur le phénotype des individus qui y sont exposés et le modifient.
- Ces modifications ne sont pas transmises à la descendance. Le phénotype d'un individu est donc le résultat de l'interaction entre son génotype et l'action de l'environnement.

À savoir :	Activités	Exercices
Argumenter sur le lien qui existe entre le génotype et le phénotype.	1	4 7
Expliquer le lien entre allèles et expression des caractères.	1	4 7
Mettre en évidence l'impact de l'environnement sur le phénotype.	2	5 6 7

... par l'image

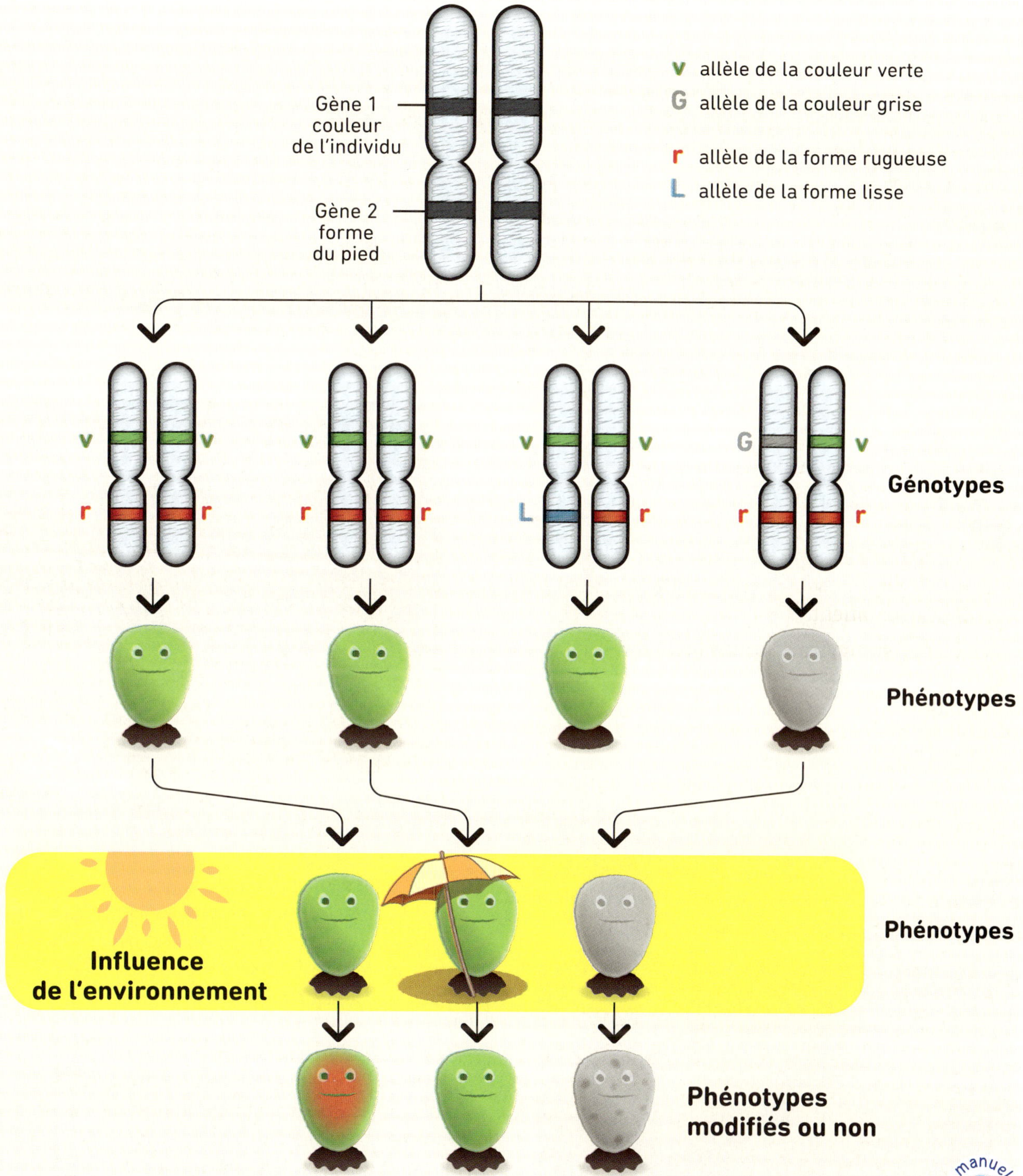

Du génotype au phénotype et influence de l'environnement

Mots à savoir définir

gène • phénotype • allèle • génotype

Exercer ses compétences

manuel numérique QCM 2

1 QCM 1 Choisir la proposition correcte.

	A	B	C	D	En cas de doute, lire
1. Chez un individu, les allèles d'un gène sont :	toujours identiques.	toujours différents.	identiques ou différents.	des portions de lipides.	1 p. 212
2. Le génotype est l'ensemble :	des gènes.	des allèles.	des protéines.	des glucides.	1 p. 212
3. La forme en drapeau d'un arbre est due à :	l'action du sel de mer.	l'expression du génotype.	l'action de l'homme.	l'action du vent.	2 p. 214
4. Les caractères d'un individu dépendent uniquement :	de l'environnement dans lequel il vit.	des gènes qu'il possède.	des allèles qu'il possède.	des gènes et de l'environnement.	1 et 2 p. 212 et 214
5. Le bronzage :	se transmet à la descendance.	est irréversible.	ne se transmet pas à la descendance.	est le résultat de l'expression d'un gène.	2 p. 214

▶ Voir corrigés p. 413

2 D1. Définir

Définir les termes suivants :

a. génotype ; b. phénotype ; c. allèle.

3 D1. Rédiger

Rédiger une phrase à l'aide des mots suivants :

a. gènes, allèles, génotype ;

b. phénotype, environnement, modification.

4 D1. Représenter des données sous différentes formes et choisir celle qui est adaptée à la situation de travail

En 1904, James Herrick, médecin de Chicago, examine un jeune étudiant originaire de l'île de Grenade, hospitalisé pour des essoufflements, de la fièvre et des vertiges. L'étude microscopique de son sang permet d'observer la forme de ses globules rouges (ou hématies). Cette maladie est appelée drépanocytose (du grec *drepnos*, faucille).

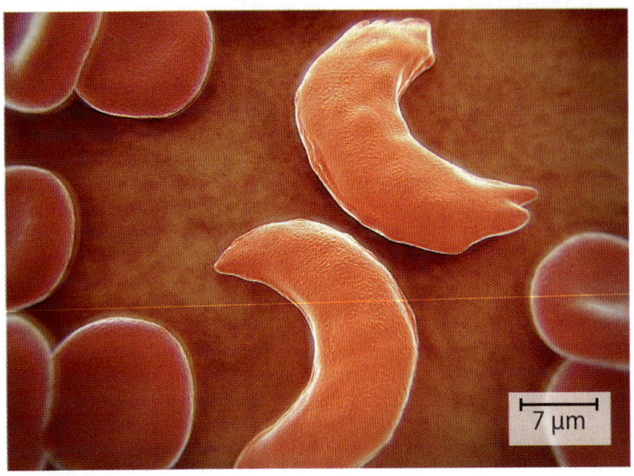

Doc. 1 Hématies en forme de croissant ou de faucille observées au MEB

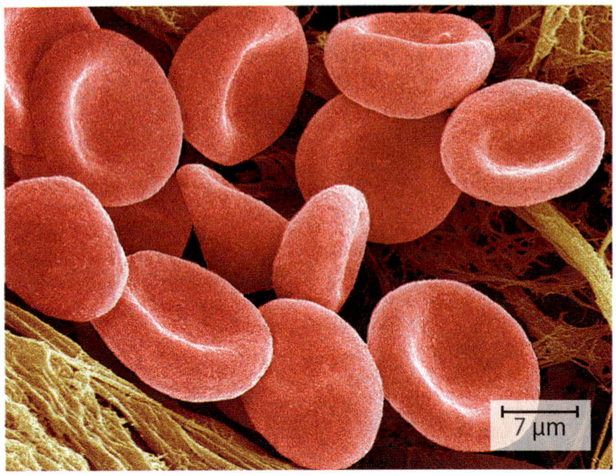

Doc. 2 Hématies en forme de disques biconcaves observées au MEB

Les hématies contiennent une protéine nécessaire au transport du dioxygène, l'hémoglobine. Quand cette protéine est anormale, les hématies sont déformées. L'existence d'un gène Hb permet la synthèse de l'hémoglobine. Ce gène existe sous deux allèles, HbA, pour la synthèse d'une hémoglobine normale, et HbS pour une hémoglobine anormale. Les individus malades sont porteurs de deux allèles HbS, et les individus sains d'au moins un allèle HbA.

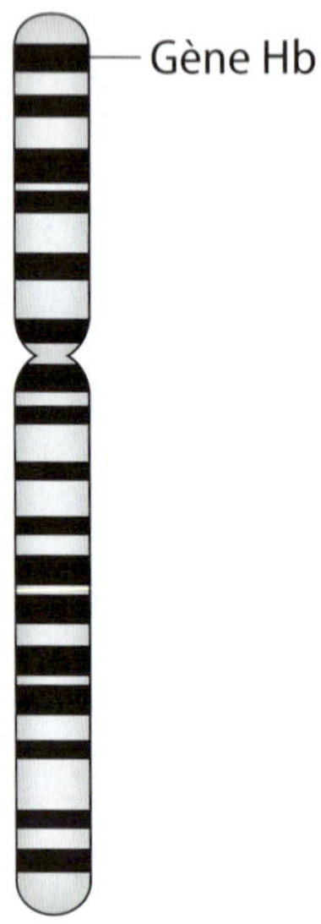

Carte génétique du chromosome 11

1. **Représenter** sous une forme adaptée à la situation les génotypes possibles d'un individu atteint par cette maladie et ceux d'un individu non malade.

5 D1. Lire et exploiter des données présentées sous différentes formes

La sagittaire (*Sagittaria latifolia*) est une plante aquatique dont les feuilles diffèrent par leur aspect. Lorsqu'une nouvelle feuille se forme, sa morphologie est fonction des conditions du milieu et ne sera plus modifiée.

1. **Décrire** les différents aspects des feuilles en fonction du milieu.
2. **Montrer** que l'aspect des feuilles de la sagittaire dépend d'un facteur environnemental et le nommer.

Doc. 1 Deux individus de Sagittaire dans deux milieux différents

6 D4. Proposer une ou des hypothèses pour résoudre un problème

An himalayan rabbit experience has been made to show how gene expression in an organism could be modified according to environmental interaction.
Procedure : shaved area onto which an ice pack was applied. The new fur that grew under the artificially low temperature is black.

1. **Make** an hypothesis to solve the problem.

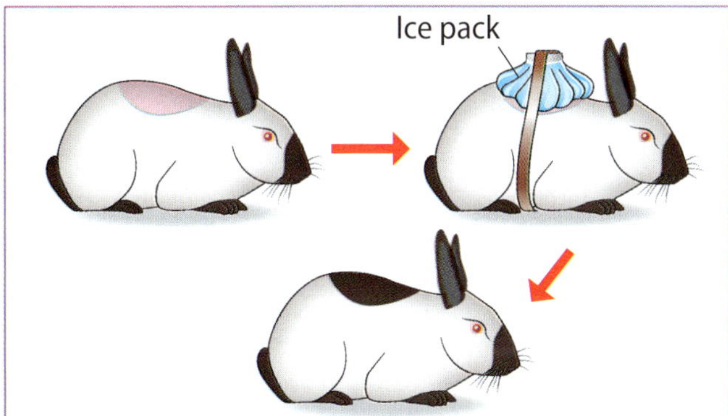

Doc. 1 Experimental procedure on himalayan rabbit

7 résolu D4. Communiquer sur ses démarches, ses résultats et ses choix en argumentant

La phénylcétonurie est une maladie génétique. L'individu atteint est incapable d'utiliser un des acides aminés de son alimentation : la phénylalanine. Cet acide aminé s'accumule alors dans le sang et se transforme en substances toxiques pour les cellules nerveuses. Cette maladie se traduit par un retard mental chez l'enfant non soigné.

La phénylalanine est normalement dégradée par une substance produite grâce au gène de la PAH, situé sur la paire de chromosomes n°12. Il existe deux allèles pour ce gène PAH, l'allèle PAH^+ et l'allèle PAH^-. Seuls les enfants porteurs des deux allèles PAH^- développent la maladie.

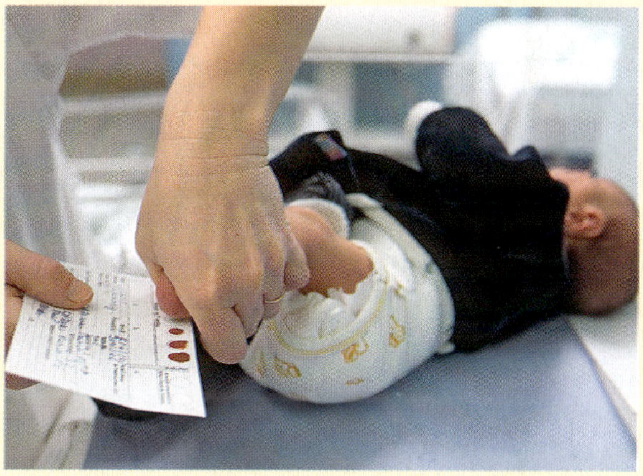

Un dépistage, le test de Guthrie, est réalisé à la naissance. Si le test est positif, un régime alimentaire sans phénylalanine est mis en place, ce qui évite notamment l'apparition du retard mental.

Depuis 2006, il est obligatoire de signaler la présence de phénylalanine sur les étiquettes des denrées alimentaires.

SE BOIT TRÈS FRAIS

BOISSON RAFRAÎCHISSANTE AUX EXTRAITS VÉGÉTAUX, AVEC ÉDULCORANTS.
Ingrédients : eau gazéifiée ; colorant : caramel (E150d) ; acidifiant : acide phosphorique et citrate de sodium ; édulcorant : aspartame, acésulfame-k ; extraits végétaux ; caféine.
Contient une source de phénylalanine.

▶ **Donner** des arguments pour appuyer le fait que le phénotype dépend du génotype et de l'environnement.

▶ Livret AP p. 18

Activité

1 Comment la multiplication cellulaire permet-elle de maintenir le caryotype ?

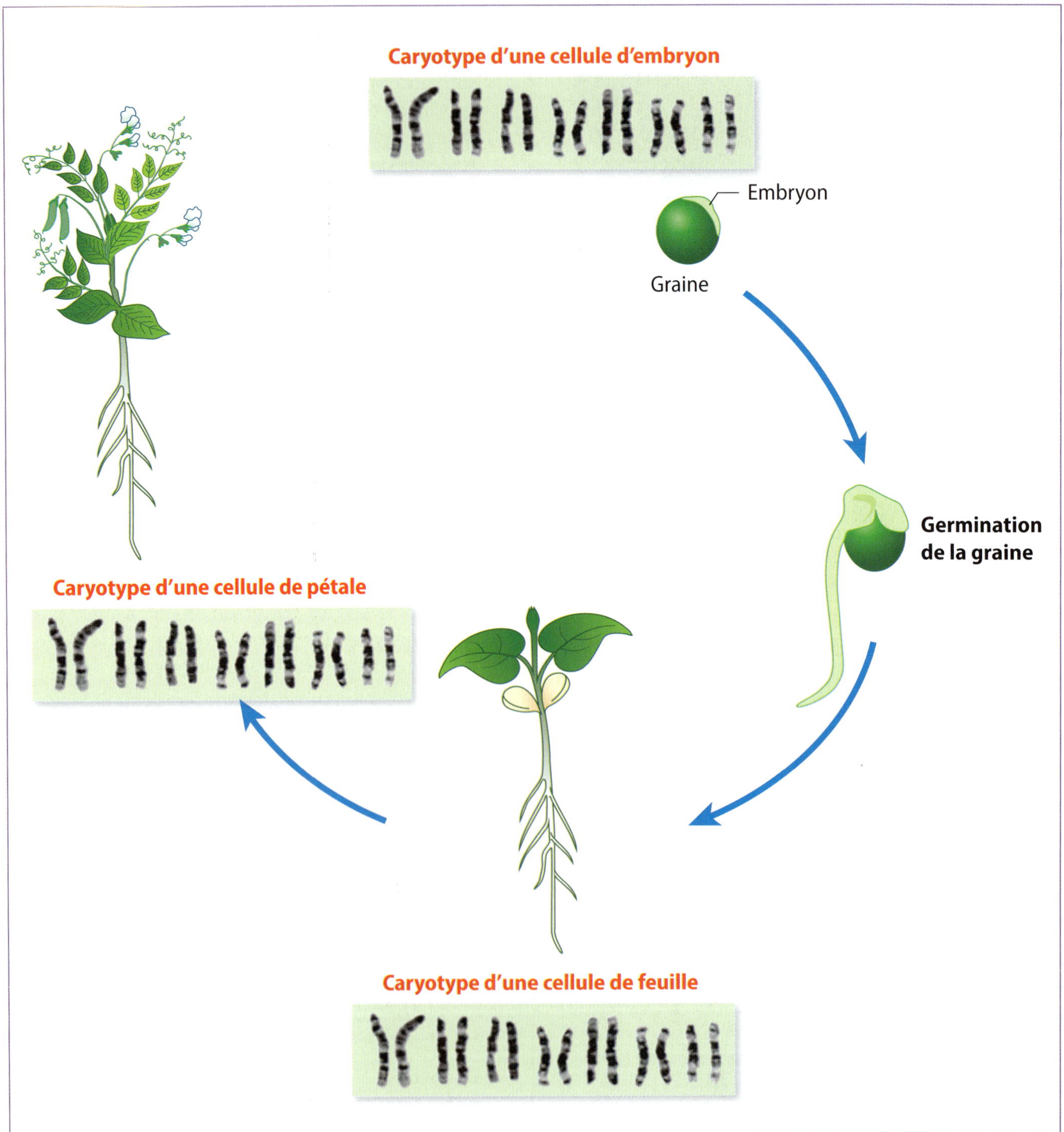

Doc. 1 Le caryotype des différentes cellules du pois lors de son cycle de développement

Compétence travaillée :
D5. Appréhender différentes échelles spatiales d'un phénomène ou d'une fonction.

La mitose

Étapes suivies par une cellule qui va se multiplier	Observations microscopiques d'une cellule*	Modélisation d'une paire de chromosomes contenue dans le noyau
Cellule au repos	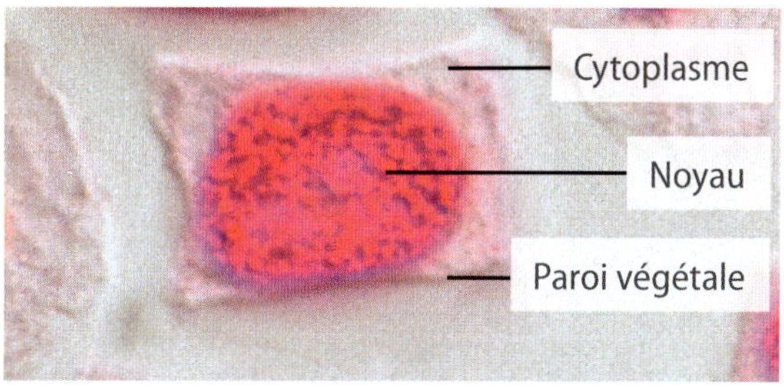	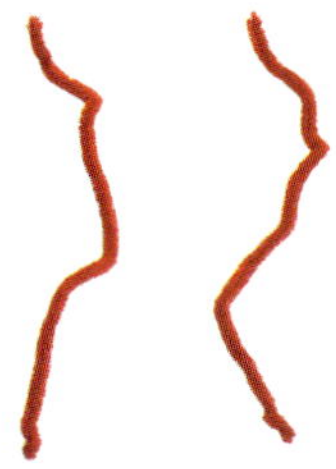
Copie de l'ADN	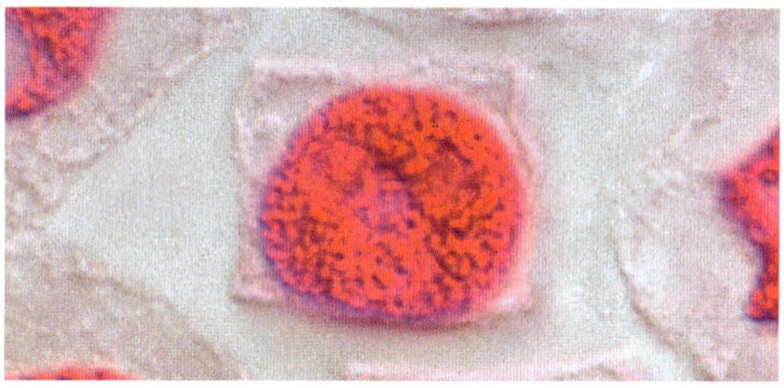	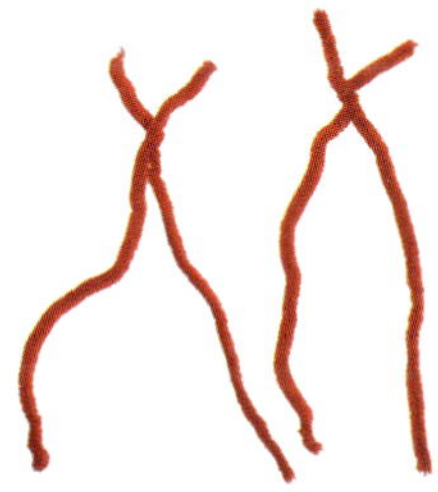
Mitose	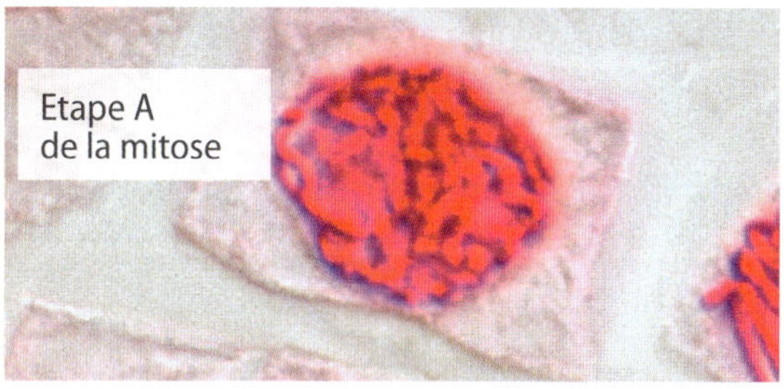	
	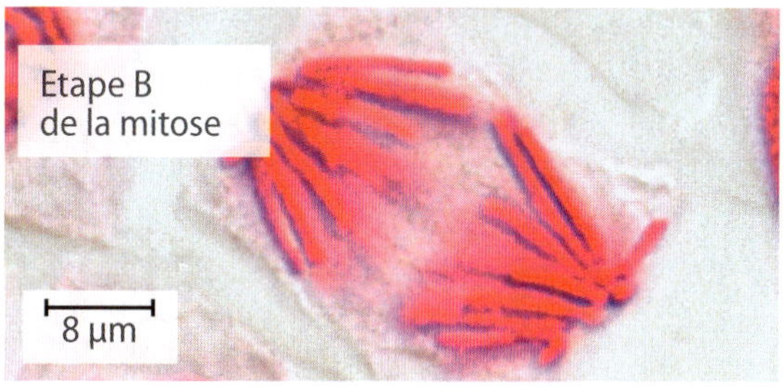	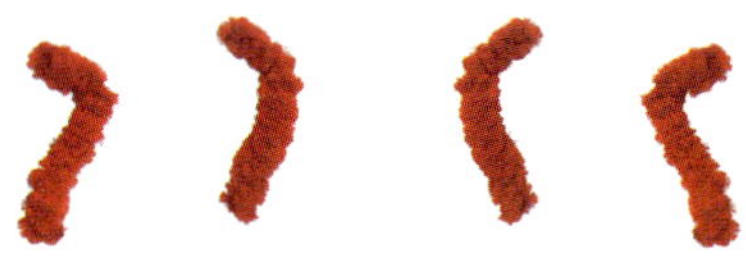

*Racine de Jacinthe (microscope optique, coloration Feulgen)

Doc. 2 Les étapes de la multiplication d'une cellule

Pour conclure

Réaliser des schémas annotés montrant comment le caryotype est conservé entre une cellule d'embryon de pois et les cellules de la feuille.

Livret AP p. 19

Vocabulaire

- **Mitose :** ensemble des étapes de la multiplication cellulaire permettant le passage d'une cellule initiale à deux cellules.

Activité

2 Comment la formation des gamètes participe-t-elle à la diversité génétique ?

a Un taureau noir

b Caractères associés à la robe du taureau noir

La robe du taureau *Bos taurus* peut être d'aspect uni ou tacheté, de couleur noire ou rousse.

Chaque caractère est déterminé par un gène :

- le caractère aspect de la robe est déterminé par le gène A qui possède l'allèle robe « unie » (U) et l'allèle robe « tachetée » (t) ;
- le caractère couleur de la robe est déterminé par le gène B qui possède l'allèle couleur « noire » (N) et l'allèle couleur « rousse » (r).
- les gènes A et B sont portés par deux paires de chromosomes différentes.

c Caryotype d'une cellule de peau du taureau noir

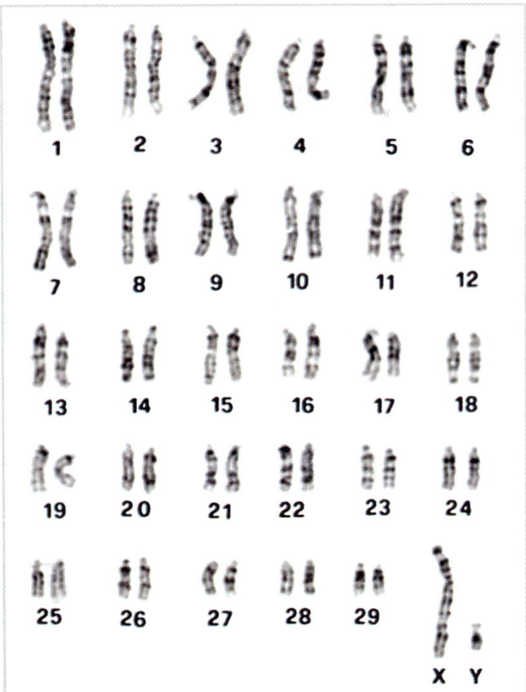

d Caryotype d'un spermatozoïde du taureau noir

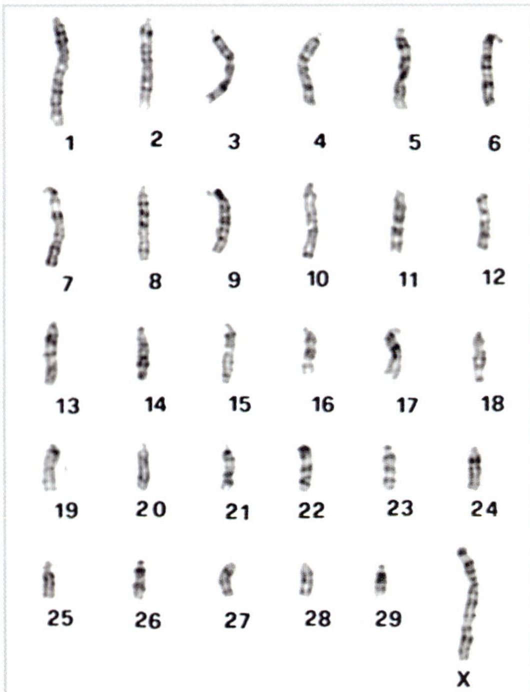

e Spermatozoïdes de taureau noir

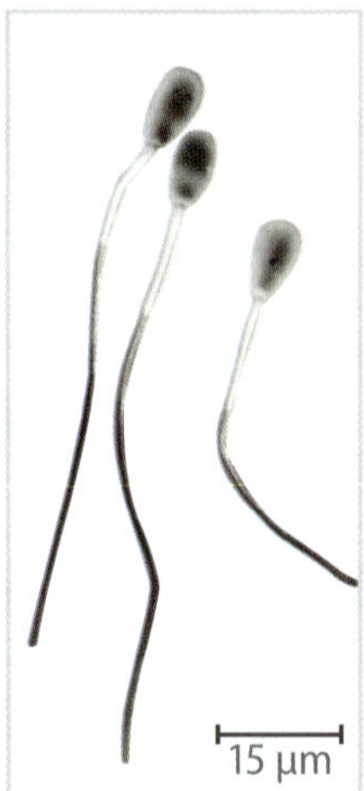

Doc. 1 Le taureau noir, *Bos taurus*

La méiose

Avant la méiose, les chromosomes simples deviennent des chromosomes doubles.

Principales étapes de la méiose d' une cellule	Modélisation de deux paires de chromosomes contenues dans le noyau	
① Une cellule 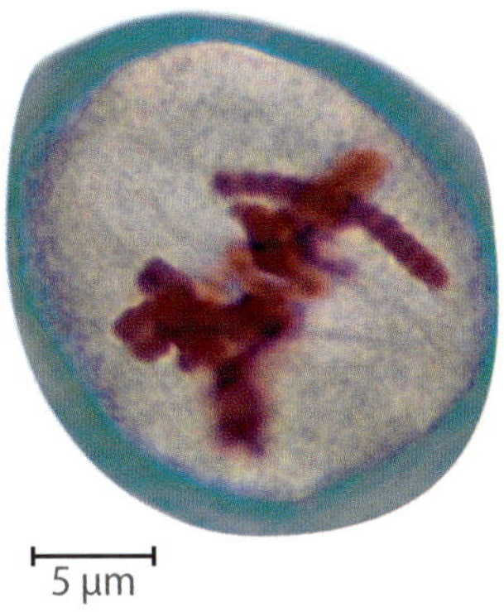	Paire de chromosomes portant le gène A 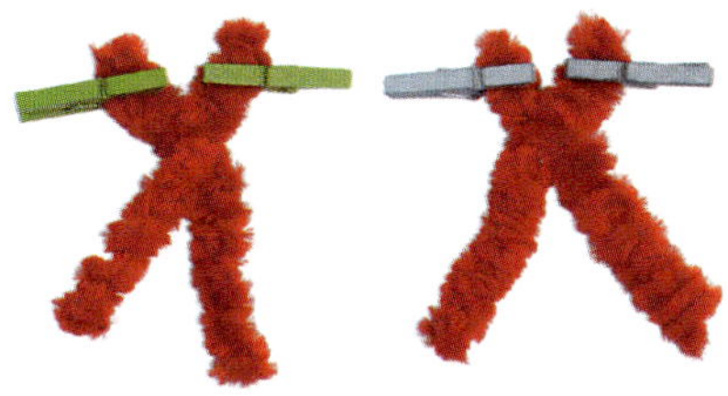	Paire de chromosomes portant le gène B 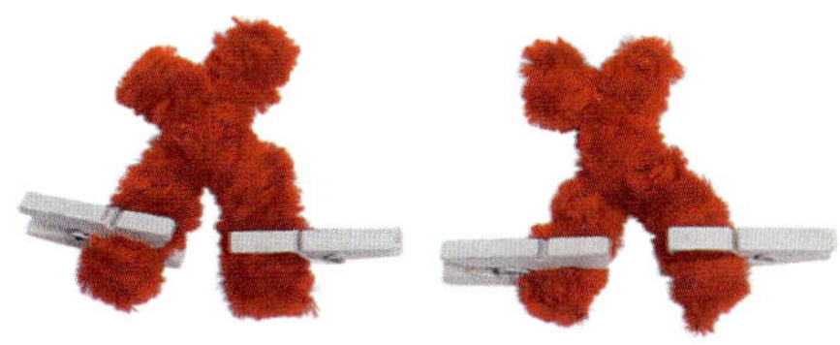
② Deux cellules 		
③ Quatre futures cellules 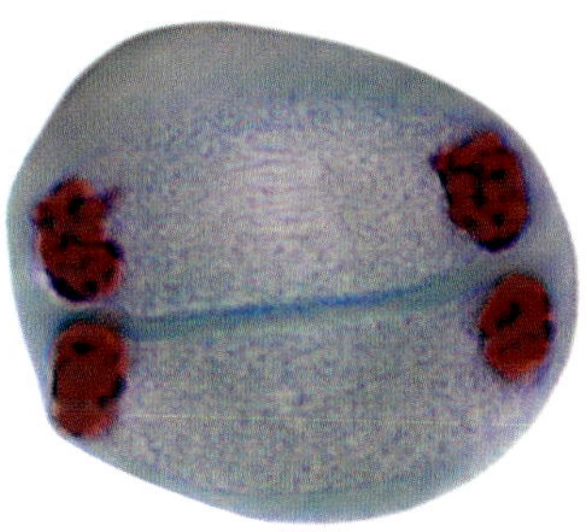	 	 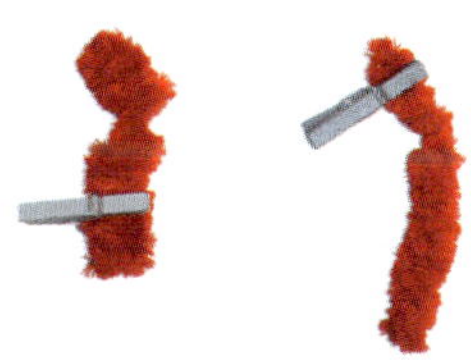

Doc. 2 Les étapes de la formation des gamètes chez le taureau noir

Pour conclure

Dessiner les étapes de la méiose d'une cellule comprenant les deux paires de chromosomes porteuses des gènes A et B afin d'expliquer la diversité des gamètes produits par le taureau.

▸ Livret AP p. 19

Vocabulaire

- **Méiose :** mécanisme de formation des gamètes.

Activité 3

Comment la fécondation crée-t-elle de la diversité génétique ?

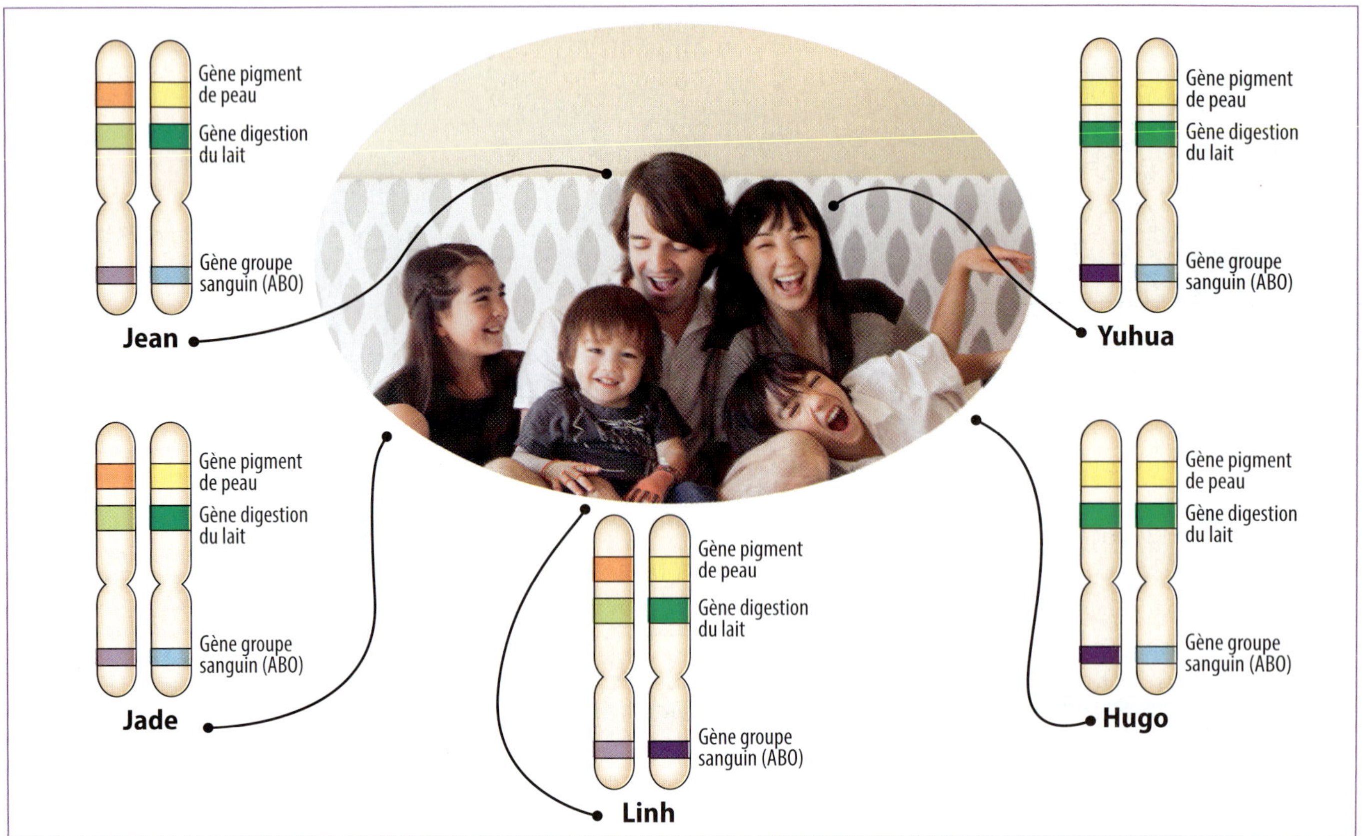

Doc. 1 La paire de chromosomes n°9 de chaque membre d'une famille

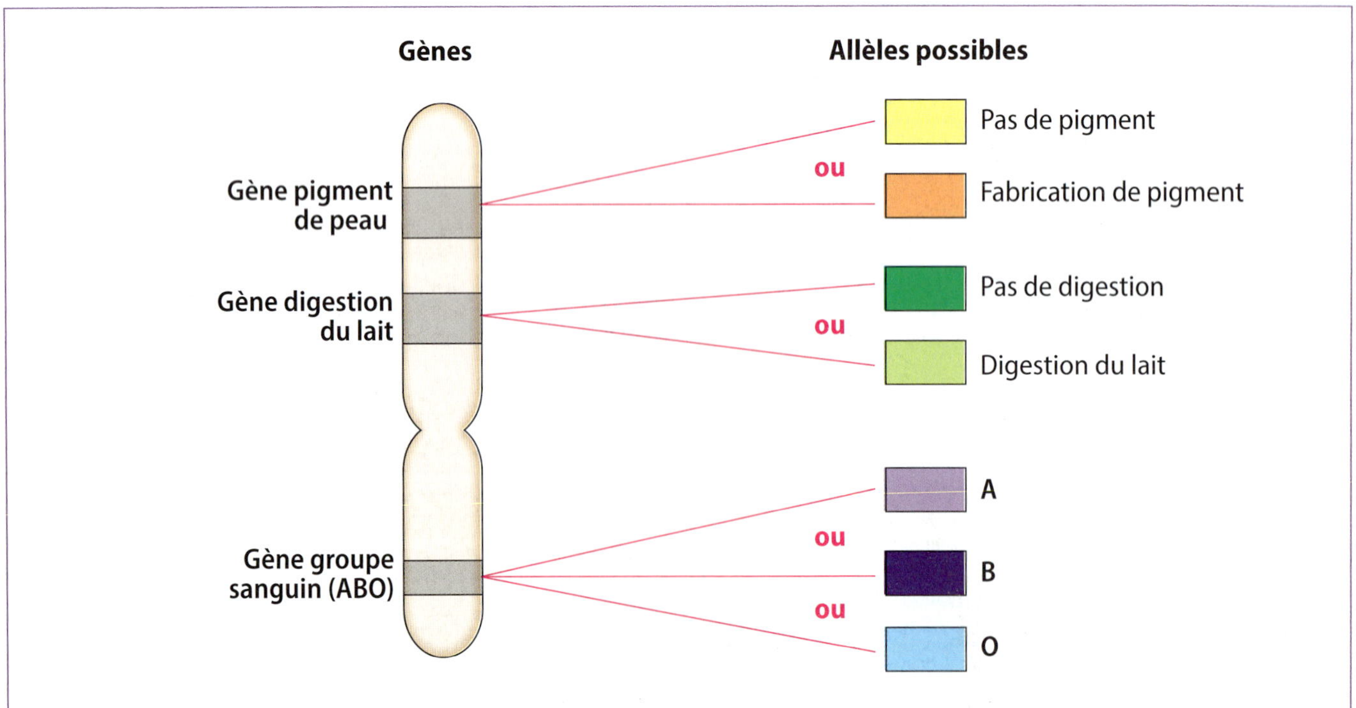

Doc. 2 Les différents allèles de trois gènes du chromosome 9

Compétence travaillée :
D4. Communiquer sur ses démarches, ses résultats et ses choix, en argumentant.

Lors de la fécondation, parmi des millions de spermatozoïdes, seul l'un d'entre eux rencontre un ovule. Le noyau de ce spermatozoïde fusionne au hasard avec le noyau de l'ovule.
> Voir p. 184, doc. 2, la fécondation chez l'oursin.

Chaque individu possède des milliers de gènes présents chacun en deux exemplaires qui peuvent différer. Cette caractéristique permet une grande diversité génétique des gamètes et donc des cellules-œufs.

Ce tableau de croisement permet de schématiser les cellules-œufs possibles d'un couple.

Tableau de croisement

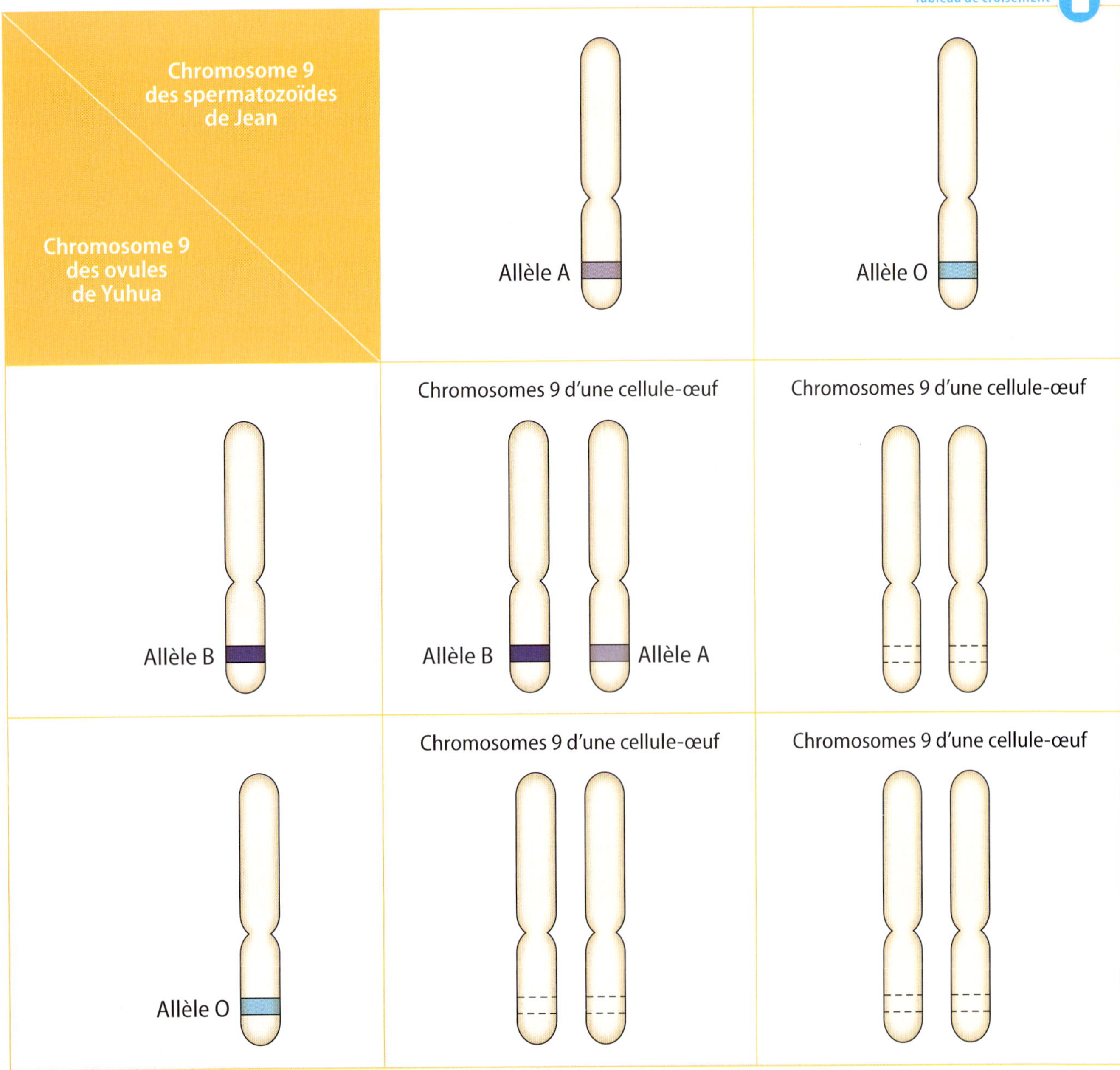

Doc. 3 Tableau des différentes combinaisons possibles pour le gène ABO

Pour conclure

Recopier le tableau et compléter les allèles du gène ABO sur les chromosomes n°9 des possibles cellules-œufs du couple (**doc. 3**) en indiquant les prénoms des enfants puis **expliquer** pourquoi les trois enfants de la famille ont des groupes sanguins différents.

▸ Livret AP p. 19

Bilan

... par le texte

Activité 1 Mitose et stabilité génétique des cellules d'un individu

- La multiplication cellulaire, ou **mitose**, est le mécanisme permettant à une cellule initiale de donner deux cellules génétiquement identiques. Ce phénomène permet d'obtenir les milliards de cellules identiques génétiquement constituant un organisme à partir d'une unique cellule-œuf.
- Avant une multiplication cellulaire, les chromosomes simples deviennent des chromosomes doubles.
- Pendant la multiplication cellulaire, chaque chromosome double se sépare en deux chromosomes simples.
- À la fin de toute multiplication cellulaire, les deux cellules formées possèdent ainsi un même lot de chromosomes simples, génétiquement identique à celui de la cellule mère.

Activité 2 Méiose et diversité des caractères hérités

- Toute cellule de l'organisme contient plusieurs paires de chromosomes, à l'exception des gamètes qui ne contiennent qu'un seul chromosome issu de chaque paire.
- Chaque gamète est issu par **méiose** d'une cellule initiale. Ce mécanisme sépare les chromosomes d'une même paire. Cette séparation se faisant au hasard, les allèles subissent un **brassage**, et un grand nombre de gamètes génétiquement différents est alors possible.
- Dans le cas de l'espèce humaine, le nombre de cellules reproductrices génétiquement différentes que l'on peut obtenir avec 23 paires de chromosomes est de 2^{23}, soit plus de 8 millions.

Activité 3 Fécondation et diversité des caractères hérités

- À l'issue de la fécondation, le caryotype de l'espèce et les paires de chromosomes sont rétablis. Pour chaque paire, un chromosome est d'origine maternelle, l'autre est d'origine paternelle.
- La rencontre du spermatozoïde et de l'ovule se fait au hasard et conduit à un grand nombre de combinaisons possibles de l'information génétique dans la cellule-œuf. Il y a alors brassage des allèles à l'origine d'une cellule-œuf unique.
- Avec 23 paires de chromosomes chez l'espèce humaine, on peut obtenir 8 millions x 8 millions soit environ 64 000 milliards de cellules-œuf génétiquement différentes.

À savoir :	Activités	Exercices
Expliquer que toutes les cellules d'un individu possèdent le même nombre de chromosomes par noyau à l'issue de la mitose.	1	4 5
Expliquer que lors de la formation des gamètes (méiose) l'information génétique est brassée, ce qui crée une diversité des caractères.	2	6 7
Expliquer que lors de la formation de la cellule-œuf (fécondation) l'information génétique est brassée, ce qui crée une diversité des caractères.	3	6 7
Expliquer que les gènes déterminant les caractères sont transmis par la méiose et la fécondation.	2 3	6 7

... par l'image

manuel numérique

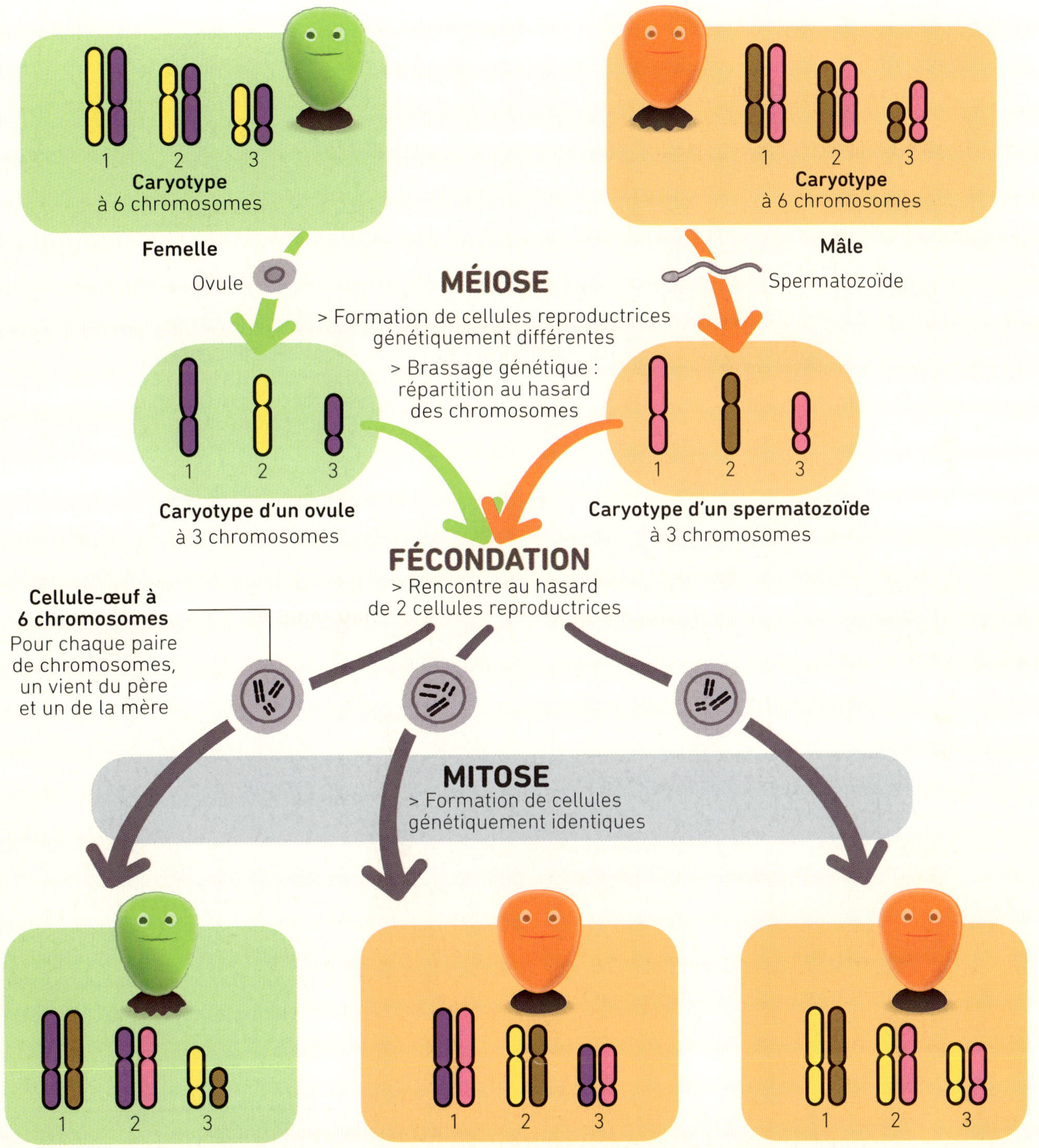

Caryotypes de toutes les cellules de chaque individu

Mots à savoir définir

mitose • méiose • brassage

Exercer ses compétences

manuel numérique QCM 2

1 QCM 1 Choisir la proposition correcte.

	A	B	C	D	En cas de doute, lire
1. À l'issue de la mitose, les cellules obtenues possèdent :	le même nombre de chromosomes.	deux fois plus de chromosomes.	deux fois moins de chromosomes.	des chromosomes différents.	1 p. 220
2. La mitose permet d'obtenir :	des cellules génétiquement différentes.	des cellules génétiquement identiques.	des gamètes.	des chromosomes doubles.	1 p. 220
3. À l'issue de la méiose, les cellules obtenues possèdent :	le même nombre de chromosomes.	deux fois plus de chromosomes.	deux fois moins de chromosomes.	les mêmes chromosomes.	2 p. 222
4. La méiose permet d'obtenir :	des cellules génétiquement différentes.	des cellules génétiquement identiques.	des cellules-œufs.	des chromosomes doubles.	2 p. 222
5. La fécondation :	ne se fait pas au hasard.	permet de diminuer la diversité des caractères hérités.	permet la stabilité de l'information génétique au cours des générations.	permet d'amplifier la diversité des caractères hérités.	3 p. 224

▶ Voir corrigés p. 413

2 D1. Définir

Définir les termes suivants :
a. mitose ; b. méiose.

3 D1. Rédiger

Rédiger une phrase à l'aide des mots suivants :

a. deux cellules filles, mitose, cellule, génétiquement identique ;
b. gamètes, méiose, génétiquement différents ;
c. méiose, fécondation, diversité génétique.

4 D1. Lire et exploiter des données présentées sous différentes formes

Julia a cultivé des cellules de peau de grenouille dans un milieu nutritif où elles peuvent se multiplier. Par une technique appropriée, elle dose la quantité de matériel génétique contenue dans une seule cellule de cette culture. Julia obtient les résultats suivants :

Temps (en heures)	2	6	10	11	13	16	18	21	22	24
Quantité de matériel génétique (en unités arbitraires)	3	3	3	4	5	6	6	6	3	3

Doc. 1 Quantité de matériel génétique dans une cellule en fonction du temps

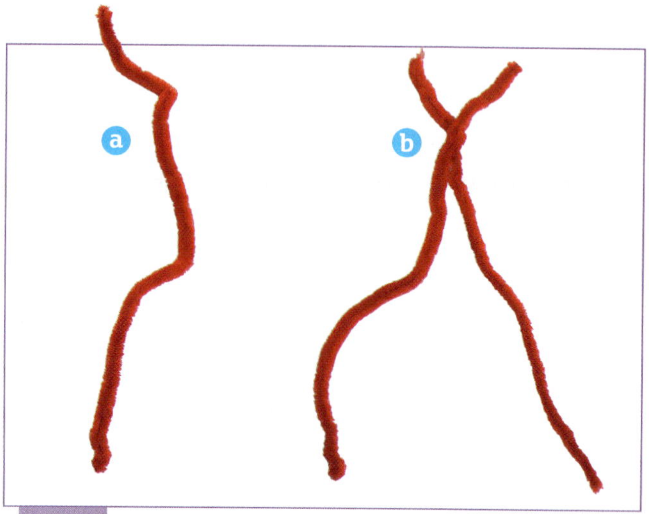

Doc. 2 Chromosomes simple a et double b

1. **Construire** le graphique de l'évolution de la quantité de matériel génétique dans une cellule au cours du temps.
2. **Repérer** sur le graphique le moment où l'ADN est copié et celui de la mitose.
3. **Préciser** l'aspect des chromosomes à chaque période repérée et placer les modèles du doc. 2 au moment correspondant sur le graphique.

5 D4. Communiquer sur ses démarches, ses résultats et ses choix, en argumentant

La drosophile, petite mouche d'environ 4 mm de long, est attirée par les fruits trop mûrs où elle pond ses œufs. Cet animal, qui se reproduit très vite et prend peu de place, est facile à élever ; c'est donc un outil d'observation intéressant pour le généticien.

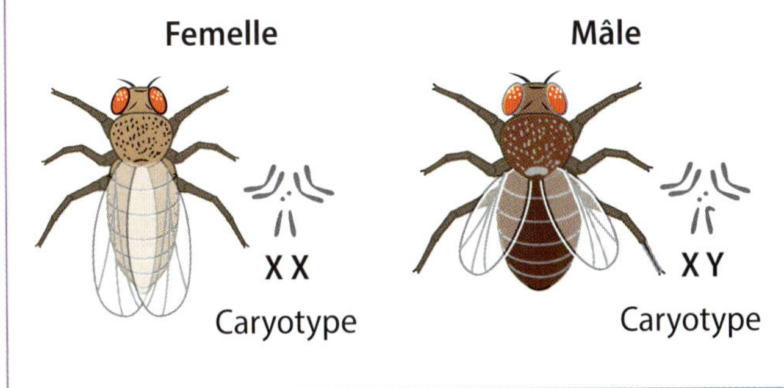

Doc. 1 Caryotype de deux cellules de drosophiles femelle et mâle

1. **Expliquer** s'il s'agit du caryotype d'un gamète ou d'une autre cellule de la drosophile.
2. **Préciser** le nombre de chromosomes des cellules-œufs à l'origine de ces deux animaux.

6 D1. Lire et exploiter des données présentées sous différentes formes

1. **Repérer**, parmi les cellules numérotées, celles au repos et en cours de multiplication.
2. **Expliquer**, pour les cellules en mitose, les évènements chromosomiques qui s'y déroulent.

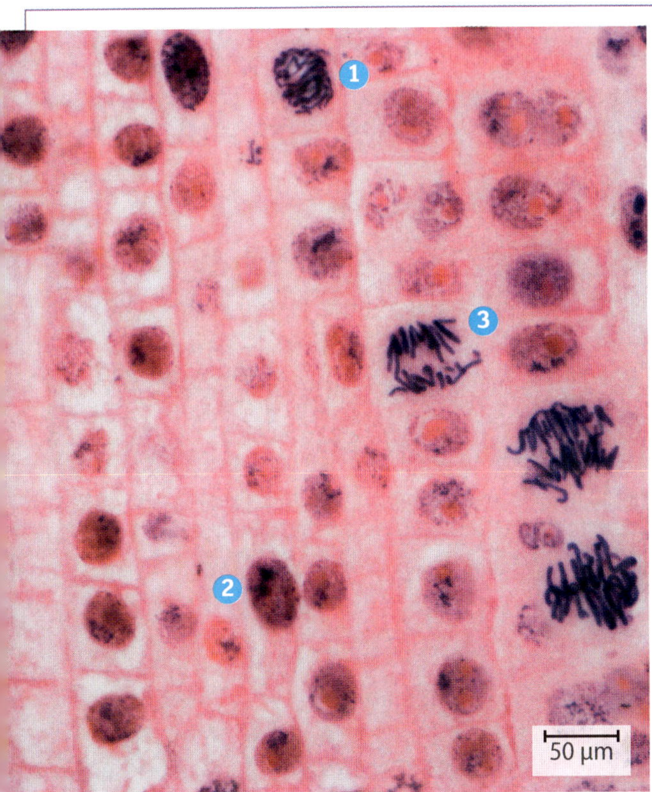

Doc. 1 Micrographie de cellules d'une pointe de racine d'oignon

7 résolu — Tâche complexe — D5. Appréhender différentes échelles spatiales d'un phénomène

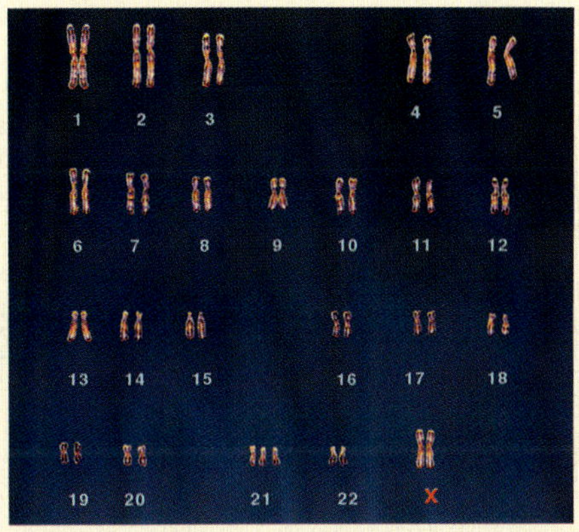

Doc. 1 Caryotype d'une fille atteinte du syndrome de Down

Les individus atteints par ce syndrome présentent les caractères suivants : face souvent aplatie et ronde, yeux écartés mais surtout une déficience intellectuelle plus ou moins prononcée.

Doc. 2 Symptômes du syndrome de Down

Lors de la formation des ovules, une mauvaise répartition des chromosomes peut survenir. Pour simplifier la schématisation, seules deux paires de chromosomes ont été représentées, dont les chromosomes sexuels dans des ovules obtenus après une méiose.

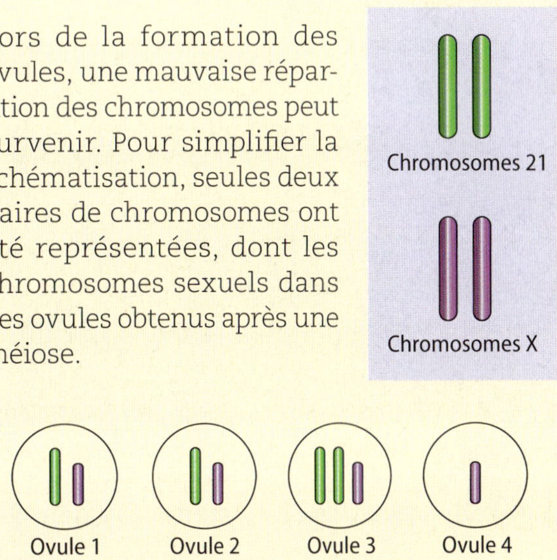

Doc. 3 La formation d'ovules suite à une mauvaise répartition des chromosomes

Consigne : Expliquer le caryotype de la jeune fille ayant le syndrome de Down mais dont les parents ne présentent aucune anomalie.

Livret AP p. 19

Activité

1 Comment définir la biodiversité ?

a La carrière de Cormeilles-en-Parisis se compose d'une mosaïque de petits habitats. Cette variété de milieux favorise la diversité biologique locale.

b Zone de remblai

c Bassin

Doc. 1 Diversité des écosystèmes au sein d'une ancienne carrière

Milieu \ Caractéristique	Type de milieu	Ensoleillement	Température	Vent
Remblai	aérien	fort	entre 3 °C et 16 °C	fort
Bassin	aquatique	faible	entre –5 °C et 35 °C	absent

Doc. 2 Caractéristiques des deux habitats

Compétence travaillée :
D1. Lire et exploiter des données présentées sous différentes formes.

Environ 300 espèces animales et plus de 1 000 espèces végétales vivent et se reproduisent dans la carrière de Cormeilles-en-Parisis.

ⓐ Quelques espèces caractéristiques du bassin

Lentille d'eau

Crapaud

Demoiselle

ⓑ Quelques espèces caractéristiques des remblais

Coquelicot

Escargot petit gris

Moineau

Doc. 3 Diversité des espèces dans deux milieux de la carrière

Les couleurs ou la forme des ornementations sont influencées par les informations génétiques que possède l'individu.

Doc. 4 Diversité des individus parmi une espèce d'escargot et une espèce de demoiselle

Pour conclure
Décrire les différents niveaux de la biodiversité.
▸ Livret AP p. 19

Vocabulaire
- **Remblai :** masse de terre rapportée pour combler les vides créés par l'exploitation.
- **Écosystème :** ensemble dynamique d'organismes vivants qui interagissent entre eux et avec le milieu dans lequel ils vivent.
- **Ornementation :** ici, décorations visibles sur la coquille.

Activité 2

Compétence travaillée :
D1. Représenter des données sous différentes formes et choisir celle qui est adaptée à la situation de travail.

Comment expliquer l'apparition d'un nouveau caractère dans une population ?

Dans des élevages de drosophiles aux yeux rouges, on peut voir apparaître des individus « mutants » aux yeux blancs.

Mouche « sauvage » aux yeux rouges

Mouche « mutante » aux yeux blancs

Doc. 1 Apparition d'un nouveau caractère

Lors de la multiplication cellulaire, le génotype est copié. Cette copie peut comporter des erreurs appellées mutations. Une mutation peut aussi avoir lieu par l'action de facteurs de l'environnement sur l'ADN, ce sont les agents mutagènes.

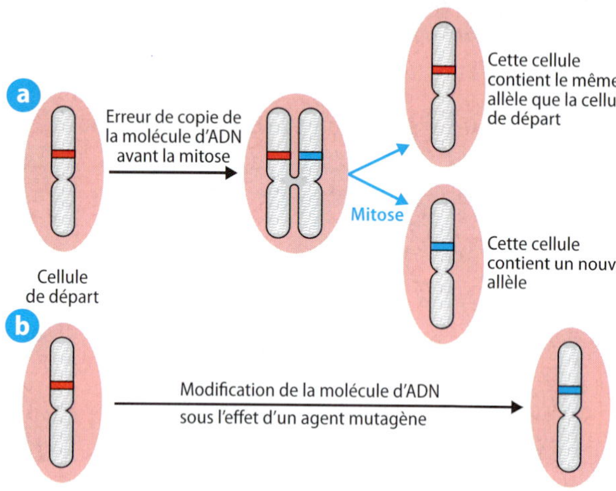

Doc. 2 Deux causes possibles de l'apparition d'un mutant

Mutation d'un gène dans une cellule somatique	Mutation d'un gène dans une cellule germinale
Le nouvel allèle est transmis aux descendants cellulaires.	Le nouvel allèle est présent dans quelques gamètes (spermatozoïdes ou ovules).
Il modifie le fonctionnement des cellules concernées.	Il peut faire partie d'une cellule-œuf si un tel gamète participe à la fécondation.
Le nouvel allèle reste à l'échelle de l'individu.	Le nouvel allèle se répand dans l'ensemble de la population.

Doc. 3 Devenir d'un nouvel allèle dans une cellule somatique et une cellule germinale

Pour conclure

Réaliser, sous une forme adaptée, une production présentant les étapes aboutissant à l'apparition d'une population de mouches à yeux blancs à partir d'une population de mouches à yeux rouges.

Livret AP p. 20

Vocabulaire

- **Mutation :** modification de l'information génétique porteé par l'ADN, à l'origine d'un nouvel allèle.
- **Cellule somatique :** cellule ne donnant pas de cellules reproductrices.
- **Cellule germinale :** cellule à l'origine des gamètes (cellules reproductrices).

Activité

3 Comment la biodiversité évolue-t-elle ?

Compétence travaillée :
D4. Interpréter des résultats et en tirer des conclusions.

La phalène du bouleau est un papillon de nuit de 15 mm de long. Les phalènes sont les proies de certains oiseaux. Le jour, ce papillon se pose sur le tronc du bouleau où il est très peu visible.

La couleur des ailes de ce papillon est un caractère héréditaire lié à un gène.

La phalène du bouleau sur un tronc de bouleau

Doc. 1 La phalène du bouleau

La révolution industrielle, qui s'est étendue sur toute la deuxième moitié du XIXe siècle, a été caractérisée par le développement de la machine à vapeur, dont la source d'énergie est le charbon. La combustion du charbon libère beaucoup de poussières noircissant les troncs des arbres environnants.

Une phalène du bouleau aux ailes sombres a été signalée pour la première fois en 1848 près de Manchester, ville industrielle de Grande-Bretagne. Cent ans plus tard, les phalènes étaient, pour 90 % d'entre elles, à ailes noires.

Le phénotype à ailes sombres de la phalène du bouleau sur un tronc de bouleau noirci par la suie

Doc. 2 L'effet de la révolution industrielle sur la population de phalènes du bouleau

Bernard Kettlewell (1907-1979), médecin et généticien anglais, réalise en 1955 une expérience afin de déterminer l'origine de la variation de la biodiversité de la population de phalènes du bouleau. Il pose le matin des phalènes sur des troncs de bouleau plus ou moins foncés et revient le soir pour observer les phalènes encore présentes.

Milieu	Troncs foncés		Troncs clairs	
Phénotype	Ailes claires	Ailes sombres	Ailes claires	Ailes sombres
Nombre déposé	201	601	496	473
Nombre observé le soir	34	205	62	30

Doc. 3 Résultats obtenus par Kettlewell

Pour conclure

Expliquer l'évolution de la biodiversité de la population de phalènes du bouleau au cours du temps.

Livret AP p. 20

Vocabulaire

- **Bouleau :** arbre dont le tronc est blanc.
- **Suie :** matière noire déposée par la fumée.

Bilan

... par le texte

Activité 1 La biodiversité

La **biodiversité** est décrite à trois échelles différentes :

- la diversité des écosystèmes : chaque écosystème est un ensemble particulier d'espèces dans un environnement lui aussi particulier.
- la diversité des espèces au sein d'un écosystème (spécifique).
- la diversité des individus constituant une espèce (intraspécifique).

Activité 2 L'origine d'un nouveau caractère dans une population

- L'étude de plusieurs populations d'individus permet de constater l'apparition de nouveaux caractères héréditaires au fil des générations. L'apparition d'un nouveau caractère est due à une modification de l'information génétique.
- L'apparition de cette nouvelle information génétique peut être expliquée par une erreur survenue lors de la copie de l'ADN. On parle de **mutation**. Cette mutation est à l'origine de l'apparition d'un nouvel allèle. Certains agents mutagènes peuvent augmenter l'apparition d'une mutation.
- Si cette mutation a lieu dans une **cellule germinale** qui participe à la fécondation, le nouvel allèle pourra être transmis à la descendance. Ce n'est pas le cas si cette mutation intervient dans une **cellule somatique**.

Activité 3 De la diversité génétique à la biodiversité

- La diversité génétique des organismes s'explique par l'apparition de mutations à l'origine de l'apparition de nouveaux allèles. Elle s'explique également par les mécanismes de la méiose et de la fécondation à l'origine d'un brassage génétique et de la formation de nouvelles combinaisons de caractères qui n'existaient pas chez les parents.
- Selon le milieu dans lequel il vit, le génotype de chaque individu lui confère une aptitude plus ou moins bonne à se reproduire. Cette pression du milieu sur les populations est à l'origine d'une évolution de la diversité génétique. La diversité génétique et la biodiversité sont donc des processus dynamiques.

À savoir :	Activités	Exercices
Décrire les différents niveaux de la biodiversité.	1	4
Relier l'apparition de nouveaux allèles à l'existence de mutations.	2	5 6 8
Décrire l'évolution de la biodiversité.	3	6 7

... par l'image

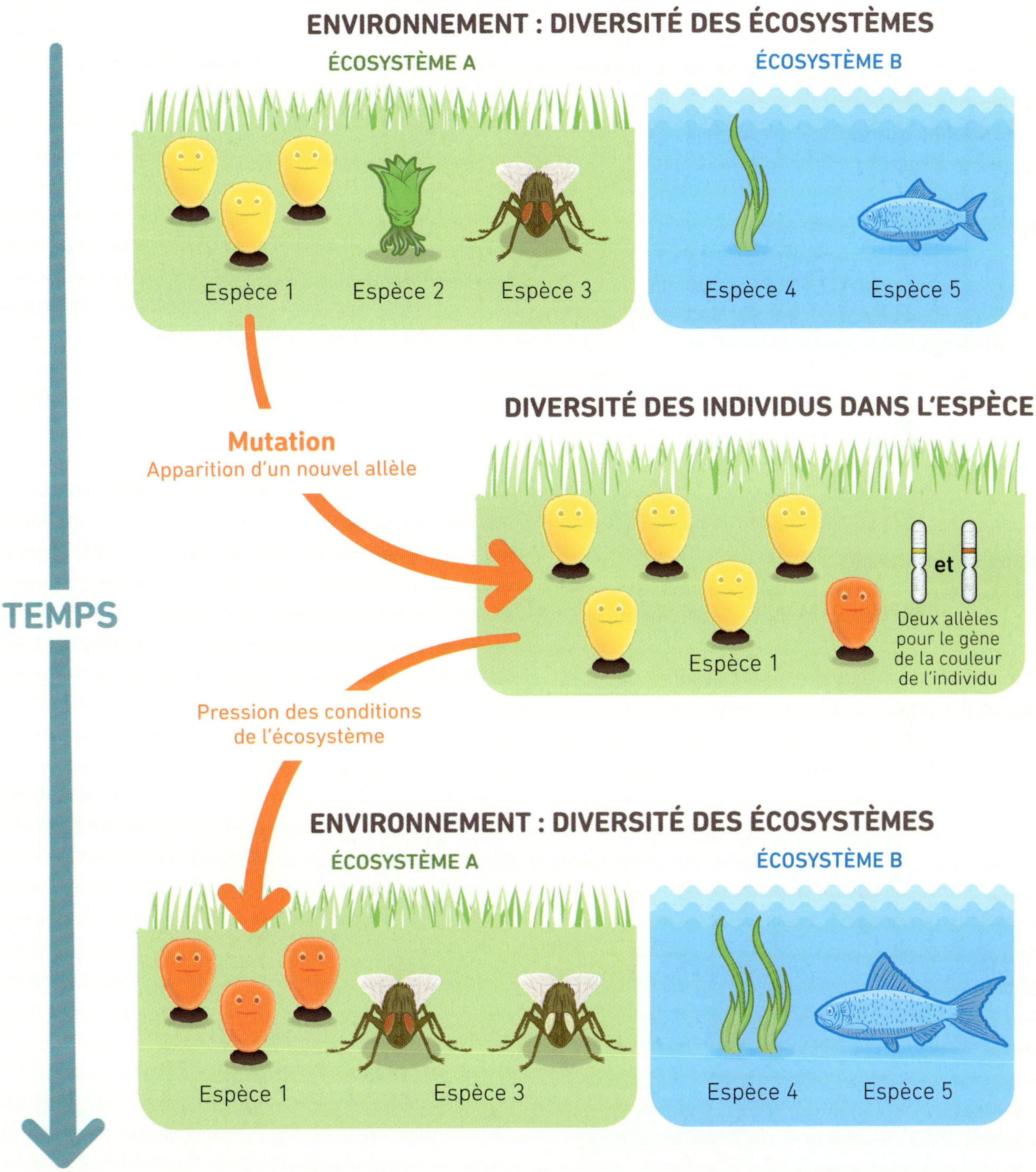

Mots à savoir définir

biodiversité • mutation • cellule germinale • cellule somatique

Exercer
ses compétences

manuel numérique QCM 2

1 QCM 1 Choisir la (ou les) proposition(s) correcte(s).

	A	B	C	D	En cas de doute, lire
1. **La biodiversité correspond :**	aux variations des conditions entre deux écosystèmes.	à l'abondance d'individus différents appartenant à une espèce.	à l'abondance d'espèces différentes présentes dans un écosystème.	au nombre d'individus présents dans un écosystème.	1 p. 230
2. **Un nouvel allèle apparaît dans une population :**	pour faire apparaître un nouvel individu.	pour s'adapter aux conditions du milieu.	pour développer un nouveau caractère.	cela peut engendrer un nouveau caractère.	3 p. 233
3. **Un nouvel allèle apparu chez un individu sera transmis à sa descendance :**	s'il apparaît dans une cellule somatique.	s'il apparaît par mitose.	s'il est présent dans plusieurs cellules somatiques.	s'il est présent dans un gamète qui participe à une fécondation.	2 p. 232
4. **Un agent mutagène :**	copie un gène.	double le nombre de chromosomes.	n'agit que sur les cellules somatiques.	augmente l'apparition de mutations.	2 p. 232
5. **La mutation d'un gène :**	est toujours avantageuse pour l'individu.	n'a jamais d'effet.	est à l'origine de la diversité des individus.	est toujours désavantageuse pour l'individu.	3 p. 233

▶ Voir corrigés p. 413

2 D1. Définir

Définir les termes suivants :
a. biodiversité ; b. mutation ; c. cellule germinale.

3 D1. Rédiger

Rédiger une phrase à l'aide des mots suivants :
a. biodiversité spécifique, espèce, écosystème ;
b. mutation, cellule germinale, allèle, population ;
c. biodiversité intraspécifique des individus, espèce, écosystème, variation, conditions du milieu.

4 résolu D1. Représenter des données sous différentes formes et choisir celle qui est adaptée à la situation de travail

Doc. 1 Un humain et un chien au bord d'une rivière

1. **Rappeler** les trois échelles de définition de la biodiversité.
2. **Indiquer** quelle échelle de biodiversité est la moins visible sur cette image.
3. **Indiquer** les différentes échelles de biodiversité visibles sur cette photographie.

5 résolu D4. Interpréter des résultats et en tirer des conclusions

Staphylococcus aureus est une bactérie pathogène qui peut causer diverses maladies chez les humains, allant des affections qui évoluent spontanément vers la guérison à des pathologies mortelles. Ces bactéries se multiplient très rapidement grâce à un mode de reproduction asexuée : une bactérie qui se divise par division binaire engendre deux bactéries génétiquement identiques à la première. En Grande-Bretagne, deux ans après le début de l'utilisation de la méticilline*, les premières bactéries résistantes à la méticilline, les SARM, sont découvertes. Elles occupent à présent un pourcentage important de la population de *Staphylococcus aureus*. On a pu trouver l'information génétique responsable de cette résistance en comparant le génotype d'une bactérie résistante à celui d'une bactérie sensible à cet antibiotique.

*Méticilline : antibiotique utilisé à partir de 1959 pour lutter contre les bactéries Staphylocoques.

Doc. 1 Apparition des SARM

▶ **Expliquer** l'apparition des SARM et leur extension rapide dans la population bactérienne.

▶ Livret AP p. 20

6 D5. Appréhender différentes échelles spatiales d'un phénomène ou d'une fonction

La mucoviscidose est une maladie génétique héréditaire dont la prise en charge a bénéficié ces dernières années d'améliorations conséquentes. Cette affection de longue durée atteint différents organes. Cette maladie est liée à l'expression d'un gène, appelé CFTR, localisé sur le chromosome 7. L'allèle V1 de ce gène permet la fabrication d'une protéine qui régule la viscosité du mucus. La possession d'un seul allèle de ce type suffit à produire un mucus tout à fait convenable pour être en bonne santé. Il existe un allèle V2 du gène CFTR. Si un individu possède deux allèles V2, le mucus produit sera trop visqueux, ce qui provoquera un encombrement permanent des voies respiratoires et digestives et de multiples infections. On considère que l'allèle V1 du gène était présent dans la population humaine avant l'allèle V2.

Doc. 1 Les causes génétiques de la mucoviscidose

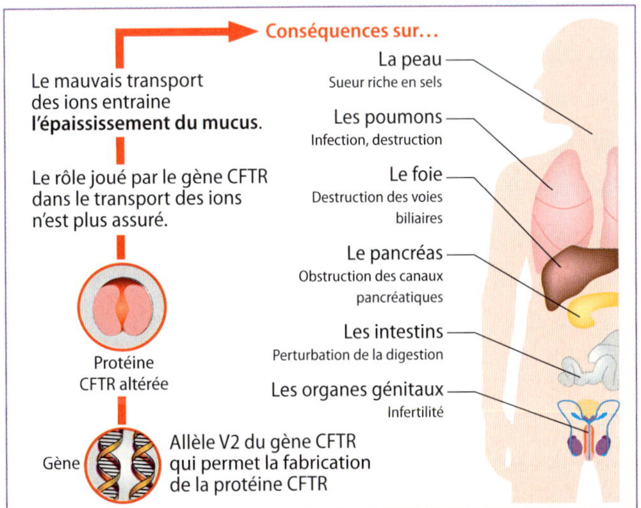

Doc. 2 Du génotype au phénotype mucoviscidaire

1. **Expliquer** par quel phénomène est apparu l'allèle V2 du gène CFTR.
2. **Déterminer** si le premier porteur de l'allèle V2 dans toutes ses cellules était malade.
3. **Décrire** les évènements qui permettent de passer d'un individu porteur d'un allèle V2 à plusieurs individus au sein de la population humaine.

7 D4. Proposer une ou des hypothèses pour résoudre un problème

Depuis des années, l'humain vaporise des insecticides autour de Montpellier afin de préserver le littoral des invasions de moustiques.

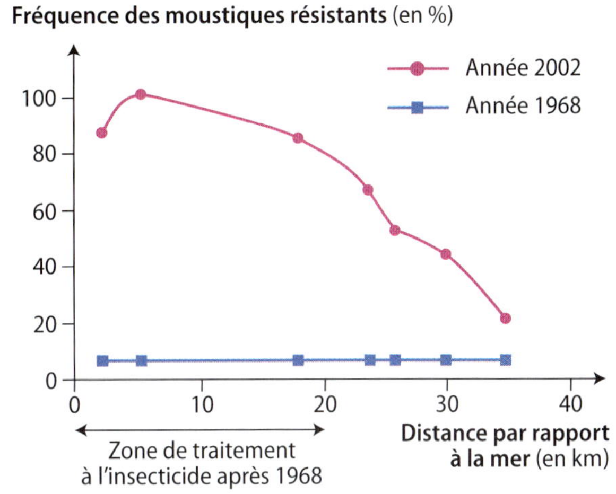

Doc. 1 Fréquence des moustiques résistants en fonction de la localisation de la population

1. **Décrire** l'évolution de la fréquence de moustiques résistants selon la distance à la mer et le traitement à l'insecticide.
2. **Expliquer** la distribution des populations de moustiques résistants sachant que les traitements à l'insecticide ne peuvent en aucun cas être responsables de l'apparition du nouvel allèle conférant la résistance.
3. **Proposer** une hypothèse qui expliquerait le caractère « résistance aux insecticides » de certains moustiques.

8 D1. Représenter des données sous différentes formes et choisir celle qui est adaptée à la situation de travail

Le PVC, matériau plastique couramment utilisé, contient des substances de catégorie 1B.

L'Agence nationale de sécurité sanitaire de l'alimentation, de l'environnement et du travail a référencé des substances mutagènes auxquelles nous sommes exposés chaque jour. Il en existe trois catégories :

- 1A : capacité d'induire des mutations dans les cellules germinales avérée.
- 1B : capacité d'induire des mutations dans les cellules germinales supposée.
- 2 : substances suspectées.

1. **Expliquer** que la réglementation interdit le stockage d'aliments ou de boissons dans des récipients faits de PVC.

Bilan
Attendu de fin de cycle

... par le texte

1 Du génotype au phénotype

- Chaque individu d'une même espèce est caractérisé par un ensemble de **caractères** qui sont à la fois des caractères propres à l'espèce et des caractères issus de variations individuelles qui font de lui un individu unique.
- Ces caractères héréditaires sont le résultat de l'expression d'une information génétique située dans les paires de **chromosomes** du noyau des cellules de l'être vivant. Chaque chromosome est constitué d'une molécule d'**ADN** dont certaines portions, appelées **gènes**, sont responsables de la mise en place des caractères héréditaires. Les deux chromosomes d'une paire portent, au même endroit, le même gène.
- Il existe pour chaque gène de nombreuses versions, appelées **allèles**. Chaque individu possède chaque gène en deux exemplaires, dont les versions peuvent être identiques ou différentes. L'ensemble des allèles d'un individu, qui constitue son **génotype**, détermine l'ensemble de ses caractères, c'est-à-dire son **phénotype**.
- Les variations de phénotype chez les différents individus d'une même espèce sont dues aux différents allèles et à l'environnement.

2 La stabilité et la diversité génétique des individus

- Toutes les cellules d'un être vivant, sauf les cellules reproductrices, ont le même caryotype que celui de la cellule-œuf dont elles sont issues. La transmission de l'information génétique d'une cellule initiale aux deux cellules s'effectue par une copie des chromosomes, puis par leur séparation en deux lots égaux de chromosomes lors de la **mitose**.
- Les cellules reproductrices sont issues de la **méiose** au cours de laquelle les chromosomes de chaque paire sont séparés. Ceci réduit de moitié le nombre de chromosomes par gamète. La fécondation, par fusion des gamètes, rétablit ensuite le caryotype caractéristique de l'espèce.
- Le hasard de la répartition des chromosomes au cours de la méiose et de la fusion des gamètes lors de la fécondation permet la formation d'un individu unique. Méiose et fécondation sont donc à l'origine d'un **brassage** de l'information génétique et de la diversité des organismes issus de la reproduction sexuée.

3 La diversité génétique et la biodiversité, des processus dynamiques

- L'apparition de nouveaux allèles au sein d'une population est le résultat de **mutations**. Lorsqu'une mutation a lieu dans une cellule reproductrice, elle est transmise à la descendance et est source d'une diversité génétique des organismes. Selon le milieu de vie de l'individu, son génotype est favorable ou non à sa reproduction. On parle de « pression de l'environnement », mécanisme à l'origine d'une modification de la diversité génétique.
- La diversité génétique induit une biodiversité à l'échelle des allèles, des espèces et des **écosystèmes**. Les modifications au cours du temps de la diversité génétique et de la biodiversité en font des processus dynamiques.

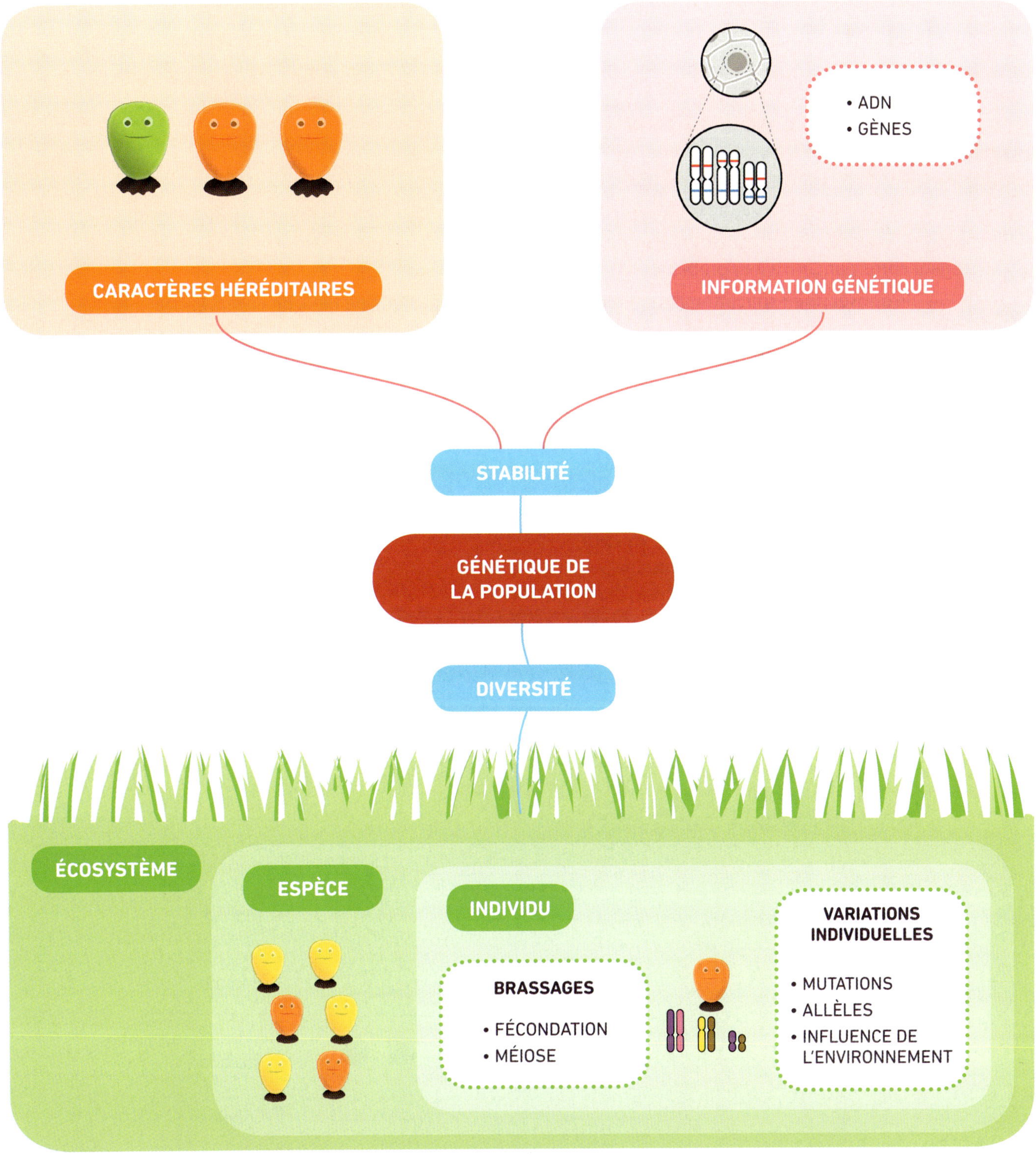

Mots à savoir définir

caractère • chromosome • ADN • gène • allèle • génotype • phénotype • mitose • méiose • brassage • mutation • écosystème • biodiversité

Exercices
Attendu de fin de cycle

La diversité génétique des individus

1 Tâche complexe **D4. Communiquer sur ses démarches, ses résultats et ses choix, en argumentant**

La myopathie de Duchenne

Les parents de Félix souhaiteraient comprendre pourquoi leur fils est atteint de la myopathie de Duchenne alors qu'eux et leurs autres enfants, Sabrina et Simon, ne sont pas touchés par cette maladie.

Ils consultent un médecin qui construit un arbre généalogique de la famille puis réalise un tableau de croisement correspondant à leur problème.

Consigne : **Proposer une explication illustrée qui permettra aux parents de Félix de comprendre la situation.**

▸ Livret AP p. 20

La myopathie de Duchenne est une maladie qui touche les garçons à 99,9 %. Les malades ne synthétisent pas, ou de façon incorrecte, une protéine musculaire, la dystrophine, ce qui entraîne des faiblesses musculaires avec une destruction des cellules musculaires. La myopathie de Duchenne est due à la transmission d'un allèle, noté d, du gène de la dystrophine porté par le chromosome X.

Doc. 1 La myopathie de Duchenne

Ovule de la mère / Spermatozoïde du père	*D* (allèle sain)	*d* (allèle défectueux)
D (allèle sain)		
D (allèle sain)		

Doc. 2 Ébauche de tableau de croisement

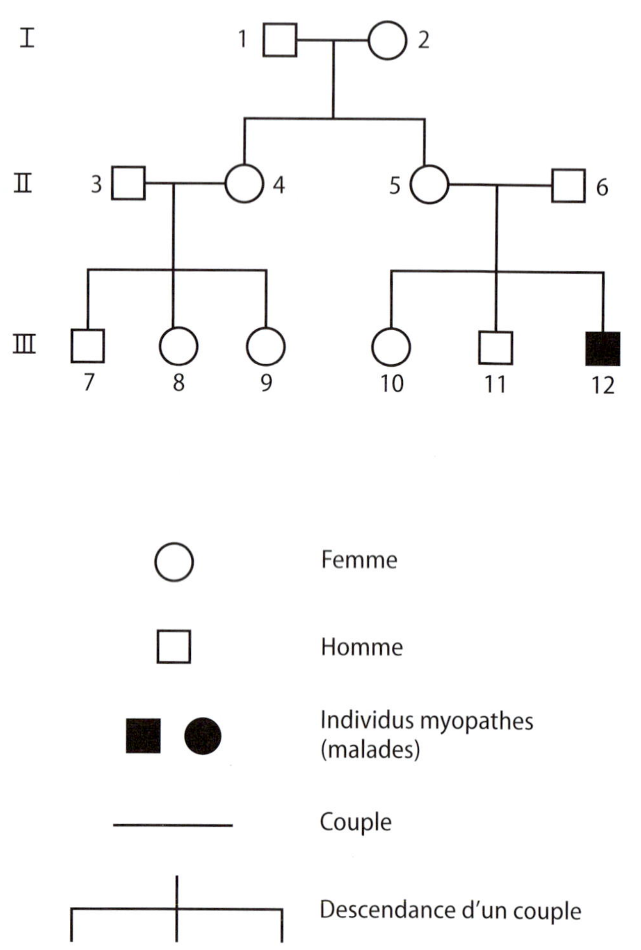

Doc. 3 Arbre généalogique de la famille de Félix depuis ses grands-parents maternels

2 Tâche complexe **D4. Interpréter des résultats et en tirer des conclusions**

La conservation de l'information génétique au cours des multiplications successives

C'est à partir de la cellule-œuf qu'un individu se construit, grâce à des multiplications cellulaires successives.

▶ Consigne : **Identifier les deux mécanismes permettant la conservation de l'information génétique au cours des multiplications successives.**

▶ Livret AP p. 20

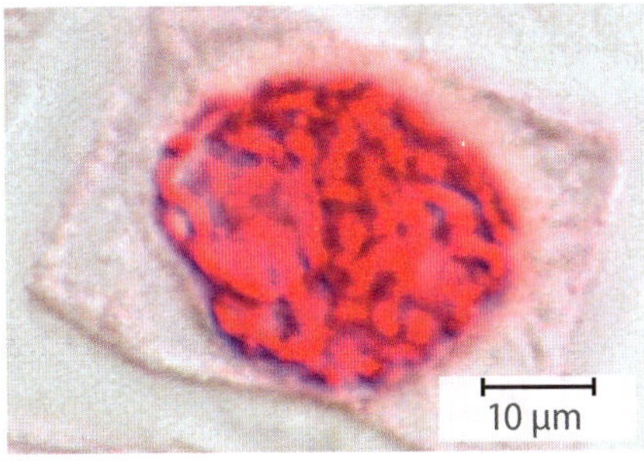

ⓐ Cellule se préparant à se multiplier

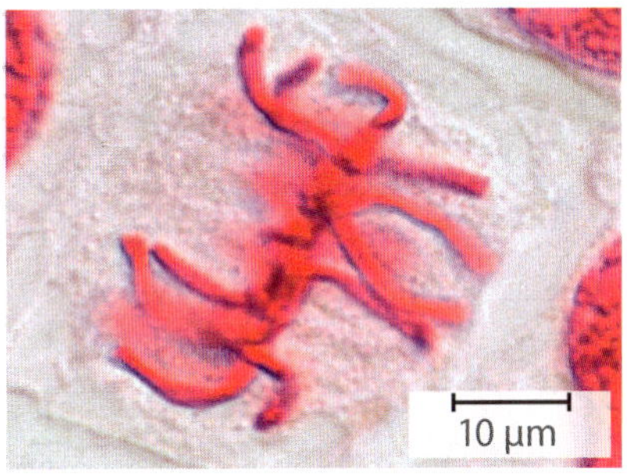

ⓑ Cellule en cours de multiplication

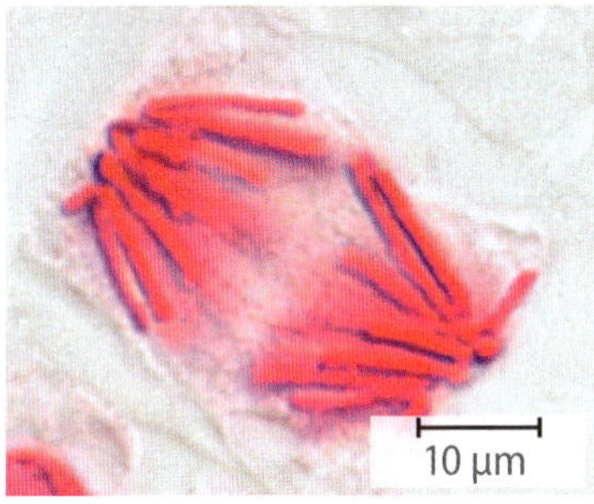

ⓒ Cellule en fin de multiplication

Doc. 1 Photographies des différentes étapes de la multiplication cellulaire

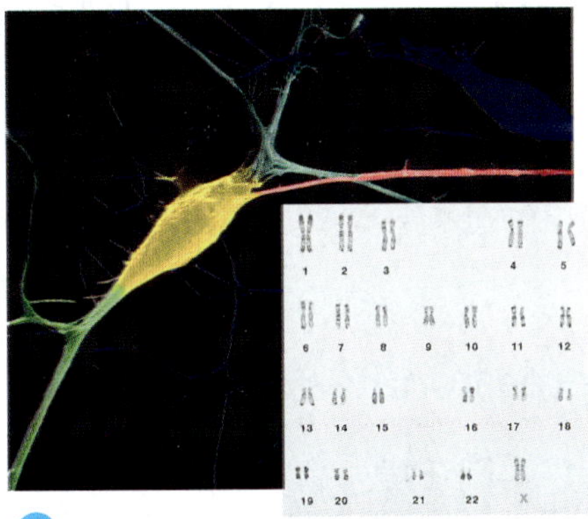
ⓐ Cellules nerveuses

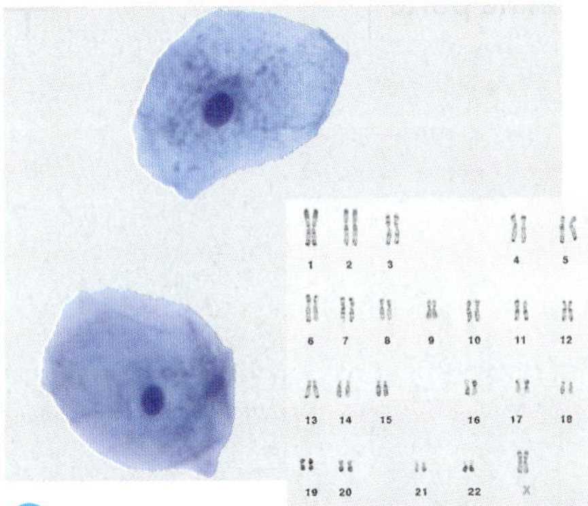
ⓑ Cellules de la bouche

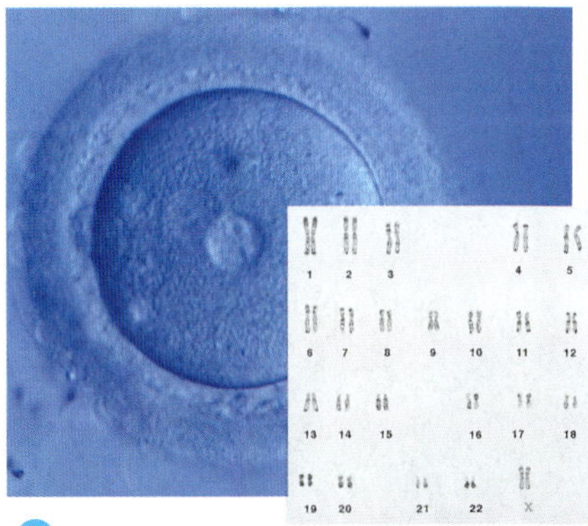
ⓒ Cellule-œuf

Doc. 2 Caryotypes de différentes cellules provenant d'une même cellule-œuf

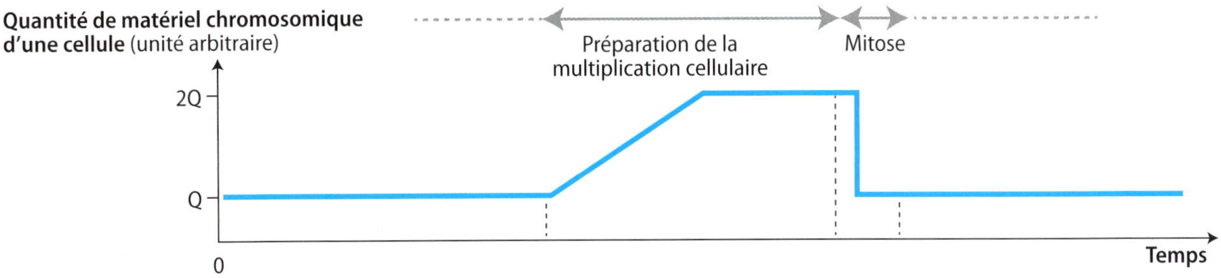

Doc. 3 Étude de l'évolution de la quantité de matériel chromosomique avant, pendant et après une multiplication cellulaire

En lien avec les parcours

Parcours citoyen

Détecter une fraude grâce à la génétique

Une fraude commise à l'échelle européenne a fait passer de la viande de cheval pour de la viande de bœuf. Portant sur environ 4,5 millions de plats préparés, elle a touché des dizaines de millions de consommateurs.

Le motif est essentiellement économique, la viande de cheval étant moins chère à l'achat par le consommateur que la viande bovine.

En 2012, un inspecteur sanitaire irlandais constate un problème d'étiquetage et d'emballage sur un stock de viande surgelée d'origine polonaise. Lors de l'enquête qui suit cette découverte, un laboratoire d'analyses détecte de l'ADN de cheval dans des steaks hachés « pur bœuf » vendus dans les îles britanniques. La réalisation d'un caryotype aurait aussi permis d'arriver aux mêmes conclusions : un caryotype de cheval possède 64 chromosomes, tandis que celui de la vache en possède 60.

Le scandale éclate finalement en janvier 2013, faisant la une des journaux. Quatre personnes sont mises en examen. Elles sont poursuivies notamment pour escroquerie en bande organisée, faux et usage de faux et tromperie sur une marchandise.

1 **Rechercher** ce que veut dire « escroquerie en bande organisée », « faux et usage de faux » et « tromperie sur une marchandise ».

2 **Justifier** le rôle de la loi dans cet exemple.

Avenir

Interview Métier : Marion, contrôleur de la répression des fraudes au sein de la DGCCRF

En quoi consiste votre métier ?
Je suis chargée de vérifier que les professionnels respectent la réglementation en termes d'information du consommateur, d'hygiène et de sécurité. Je suis amenée à contrôler des étiquetages de denrées alimentaires ainsi que l'information qui est donnée aux consommateurs dans les établissements, et à veiller au respect de l'hygiène et à la sécurité des aliments.

Qu'est-ce qui vous a conduit à exercer ce métier ?
Je souhaitais exercer un métier dans lequel je puisse allier le travail de terrain (enquête dans les entreprises) et de bureau (rédaction des suites et comptes-rendus).

Quelles sont les qualités requises pour exercer ce métier ?
Il faut être curieux, rigoureux, organisé, aimer le contact avec les professionnels et surtout, avoir le goût de l'enquête.

Son parcours

Après un baccalauréat scientifique spécialité physique-chimie, j'ai obtenu une licence de biologie et un Master 1 en Sciences de la vie et de la Terre. Le concours de contrôleur est accessible directement après le Baccalauréat, et celui d'inspecteur après une licence.

Pour en savoir plus sur ce métier, consulter le site : www.onisep.fr

Parenté et évolution des êtres vivants

Attendu de fin de cycle

Mettre en relation différents faits et établir des relations de causalité pour expliquer la parenté et l'évolution des êtres vivants

Collection d'insectes, mites, papillons, scarabées du monde entier (Musée d'Histoire naturelle de l'Université d'Oxford, Royaume-Uni)

Comment expliquer la parenté entre les êtres vivants et leur évolution au cours du temps ?

Activité

1 Comment établir les relations de parenté entre espèces ?

Caractère / Espèce	Crâne et vertèbres	Fenêtre mandibulaire	Plumes	1 seul os à la mâchoire inférieure
Chat domestique	Présents	Absente	Absentes	Présente
Mésange charbonnière	Présents	Présente	Présentes	Absente
Crocodile de Nil	Présents	Présente	Absentes	Absente

D'après le logiciel **Phylogène**, *collection « Vertébrés actuels/fossiles »*

L'espèce Mésange charbonnière possède des caractères que ne possèdent pas le chat et le crocodile, comme les plumes. Elle partage des caractères avec le crocodile, comme la fenêtre mandibulaire. On peut supposer que ce caractère partagé est hérité d'un ancêtre commun qui le leur a transmis.

Doc. 1 Caractères de quelques vertébrés actuels

À partir des caractères partagés, il est possible d'établir des relations de parenté entre les espèces et de représenter ces relations par un arbre de parenté :

- Il est constitué de branches symbolisant les générations qui se sont succédées.
- En suivant les branches menant à une espèce, on peut connaître les caractères qu'elle possède.
- Plusieurs branches sont liées par un nœud symbolisant l'ancêtre commun. Il possède des caractères propres et des caractères partagés avec les espèces dérivant de ce nœud.

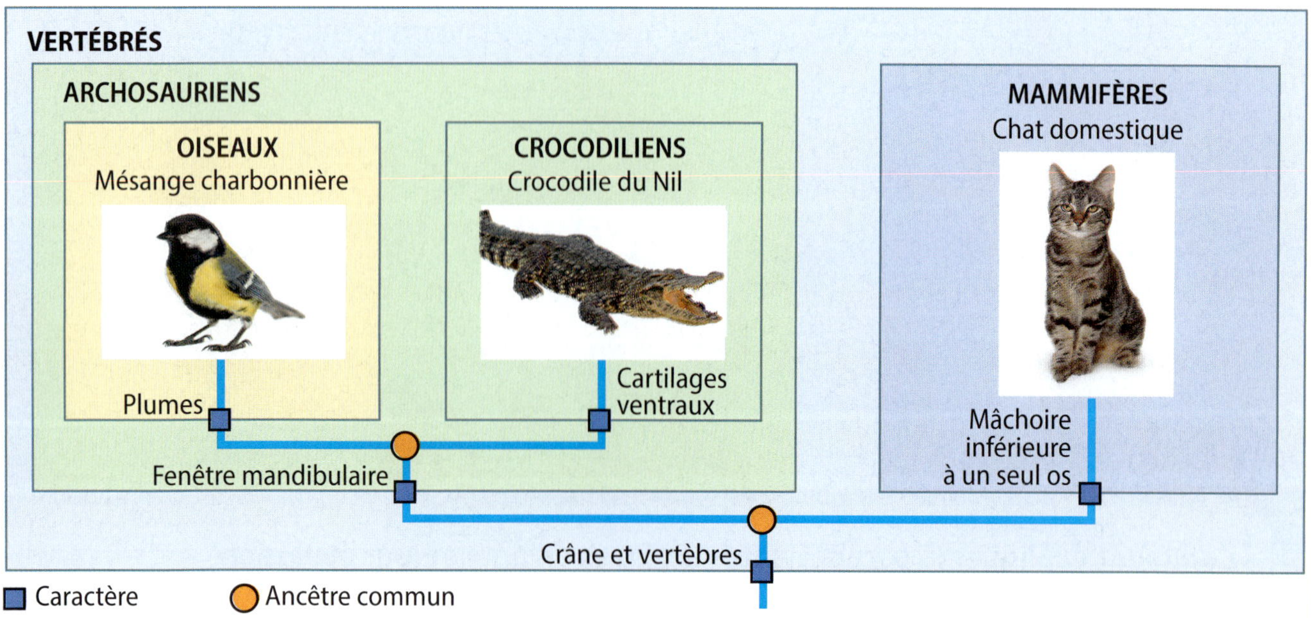

Doc. 2 Ensembles emboîtés et arbre de parenté de quelques vertébrés actuels

Compétence travaillée :
D4. Communiquer sur ses démarches, ses résultats et ses choix en argumentant.

	Crâne et vertèbres	Fenêtre mandibulaire	Plumes	1 seul os à la mâchoire inférieure
Archeopteryx	Présents	Présente	Présentes	Absente
Megazostrodon	Présents	Absente	Absentes	Présente
Ichtyostega	Présents	Absente	Absentes	Absente

*Ma : millions d'années

D'après le logiciel **Phylogène**, *collection « Vertébrés actuels/fossiles »*

Doc. 3 Caractères de quelques animaux fossiles

L'arbre de parenté montre une apparition de caractères propres à chaque groupe d'espèces.

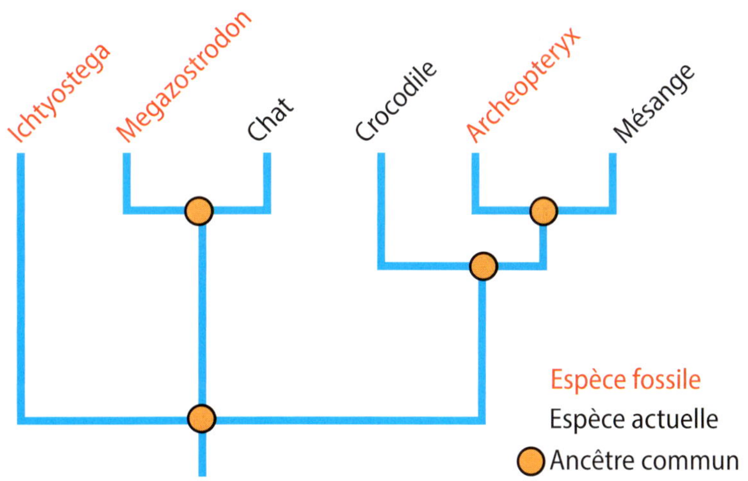

Doc. 4 Arbre de parenté de quelques espèces actuelles et fossiles

Pour conclure

Positionner, à l'aide des **doc. 1** à **3**, les caractères des espèces actuelles et fossiles sur l'arbre de parenté du **doc. 4** afin d'argumenter en faveur de leur parenté.

▸ Livret AP p. 20

Vocabulaire

- **Caractère :** structure (attribut) portée par des organismes.
- **Fenêtre mandibulaire :** ouverture existant sur la mâchoire inférieure de certains vertébrés.
- **Fossile :** trace d'un organisme dans une roche formée à une période géologique antérieure à la période actuelle.

Activité 2

Comment mettre en évidence l'histoire évolutive de groupes d'êtres vivants ?

Les stromatolithes sont parmi les plus anciens fossiles connus. Certains sont âgés de 3,5 milliards d'années (Ga). Ces structures, qui se forment encore aujourd'hui, sont produites par des bactéries, les cyanobactéries, qui vivent dans des eaux chaudes. Les bactéries sont des êtres vivants dont les cellules ne comportent pas de noyau. L'ADN baigne dans le cytoplasme.

Stromatolithes fossiles a et actuels b (Australie)

Doc. 1 Les plus anciennes traces de vie : les bactéries

Laminaire, algue brune

Les **algues** sont des eucaryotes c'est-à-dire que leurs cellules possèdent un noyau. Elles sont pluricellulaires et capables de fabriquer leur matière organique à partir de matière minérale. Elles ne possèdent pas de racines.

Souris des bois

Les **animaux** sont des eucaryotes pluricellulaires. Ils possèdent des yeux ainsi qu'une bouche qui leur permet de se nourrir par ingestion.

Les **champignons** sont des eucaryotes. Ils se nourrissent par absorption et non par ingestion comme les animaux. Ils n'ont pas de racines.

Bonnet d'ange

Les **plantes** sont des eucaryotes pluricellulaires capables de fabriquer leur matière organique à partir de matière minérale. Elles sont fixées au sol par des racines.

Séneçon vulgaire

Doc. 2 Quelques caractères de grands groupes d'êtres vivants eucaryotes

Compétence travaillée :
D5. Situer l'espèce humaine dans l'évolution des espèces.

Homme habile

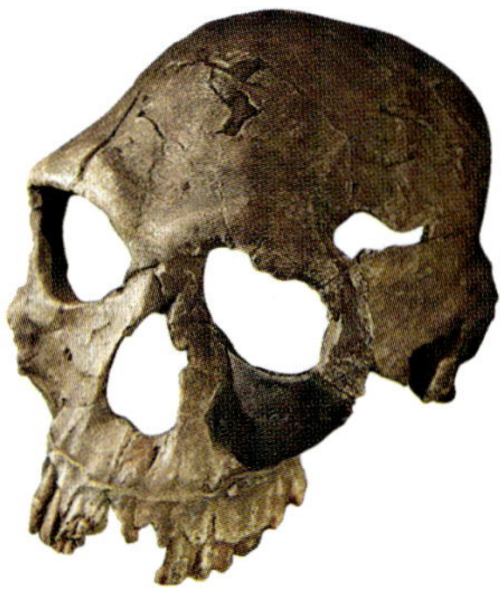

Crâne d'Homme habile
(-2,4 Ma* à -1,6 Ma)

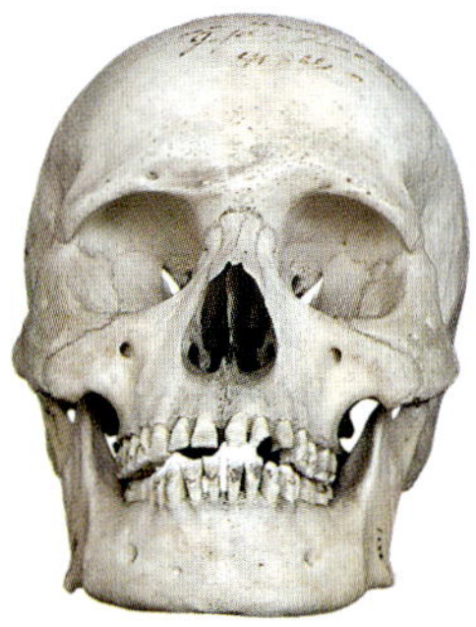

Crâne d'Homme actuel

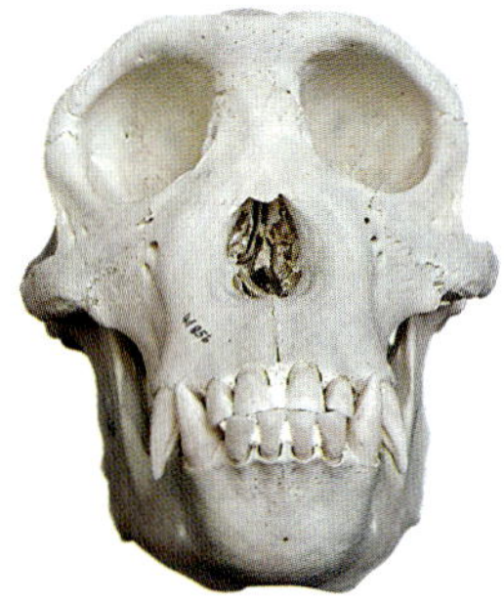

Crâne de Chimpanzé

Caractère / Espèce	Vertèbres	Terminaison des doigts	Coccyx	Bourrelets sus-orbitaires	Capacité crânienne
Chimpanzé *(Pan troglodytes)*	présentes	ongles	présent	présent	400 cm^3
Homme habile *(Homo habilis)*	présentes	ongles	présent	présent	750 cm^3
Homme actuel *(Homo sapiens)*	présentes	ongles	présent	absent	1 400 cm^3

*Ma : millions d'années

Doc. 3 Quelques caractères de primates actuels et fossiles

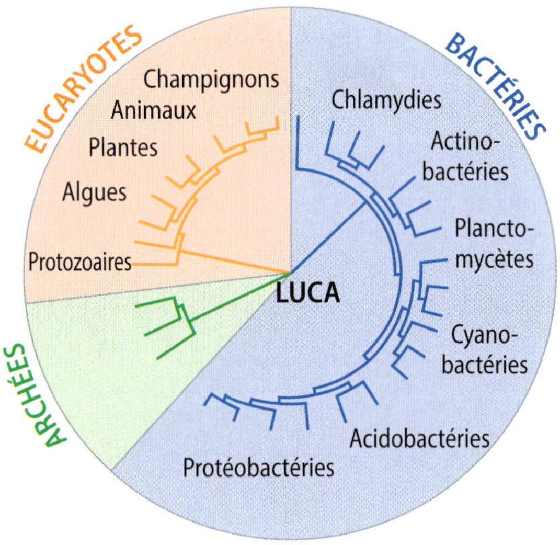

Cet arbre représente de façon simplifiée les liens de parenté entre l'ensemble des êtres vivants depuis l'apparition de la vie. LUCA (*Last Universal Common Ancestor*, qui signifie « dernier ancêtre commun universel » en anglais) est l'ancêtre commun théorique de toutes les espèces vivantes actuelles. Cet arbre sans tronc est représenté sous la forme d'un buisson sphérique.

« Tous les êtres vivants sont apparentés à des degrés plus ou moins variés, mais ils sont séparés de LUCA [...]. Il n'existe pas d'êtres vivants actuels plus primitifs ou plus évolués que d'autres. Les différences observées entre organismes actuels reflètent une évolution qui a suivi des chemins différents. »

D'après Céline Brochier-Armanet, Professeur des universités, Laboratoire de Biométrie et Biologie Évolutive, CNRS

Doc. 4 Arbre du vivant simplifié

Pour conclure

Trouver des arguments pour dire que les groupes d'êtres vivants ont des liens de parenté au cours d'une histoire évolutive.
Justifier le fait qu'*Homo sapiens* appartienne au groupe des primates et au groupe des animaux.

▸ Livret AP p. 20

Vocabulaire et étymologie

- **Stromatolithe :** du grec *stroma*, « tapis » et *lithos*, « roche ».
- **Eucaryote :** du grec *eu*, « vrai » et *karuon*, « noyau » ; dont les cellules possèdent un noyau.
- **Coccyx :** os formé par plusieurs vertèbres soudées, situé en continuité de la colonne vertébrale.
- **Bourrelet sus-orbitaire :** épaississement osseux situé au-dessus des orbites.
- **Primates :** groupe de mammifères possédant des yeux frontaux vers l'avant de la face et des membres à cinq doigts avec des ongles.
- **Archées :** êtres vivants unicellulaires dont les cellules, dépourvues de noyau, ont une membrane et une paroi.

Bilan

... par le texte

Activité 1 Établir des relations de parenté entre espèces actuelles et fossiles

- Les scientifiques réunissent dans un même groupe les êtres vivants actuels et fossiles qui possèdent des **caractères partagés**. Les groupes ainsi constitués sont emboîtés. On obtient alors une **classification** des êtres vivants.

  Ces ressemblances conduisent à imaginer une parenté entre les espèces. On peut donc dire qu'elles possèdent un **ancêtre commun**.

- Ces liens de parenté sont représentés par un **arbre de parenté** ou arbre phylogénique. Les branches symbolisent les nombreuses générations successives marquées par l'apparition d'un caractère nouveau spécifique à un groupe ou à une espèce.

  On place l'espèce possédant ce nouveau caractère à l'extrémité de la branche. Chaque embranchement ou nœud marque la présence d'un ancêtre commun.

Activité 2 Des liens de parenté au cours d'une histoire évolutive

- Les liens de parenté établis entre des êtres vivants mènent à une représentation, celle de l'arbre de la vie. Elle est le reflet d'une histoire évolutive et définit les grands groupes d'êtres vivants.
- *Homo sapiens*, unique représentant actuel du groupe *Homo*, possède une histoire évolutive comme toutes les espèces des groupes. L'apparition de notre espèce est très récente comparée à l'échelle des temps géologiques.

À savoir :

	Activités	Exercices
Argumenter le degré de parenté entre des organismes actuels et/ou fossiles à partir des caractères partagés.	1	4 5 6 7
Argumenter l'histoire évolutive de grands groupes d'êtres vivants et d'*Homo sapiens* en exploitant différents faits.	2	5 6

... par l'image

manuel numérique

Une classification en ensembles emboîtés

L'arbre de parenté : représentation d'une histoire évolutive

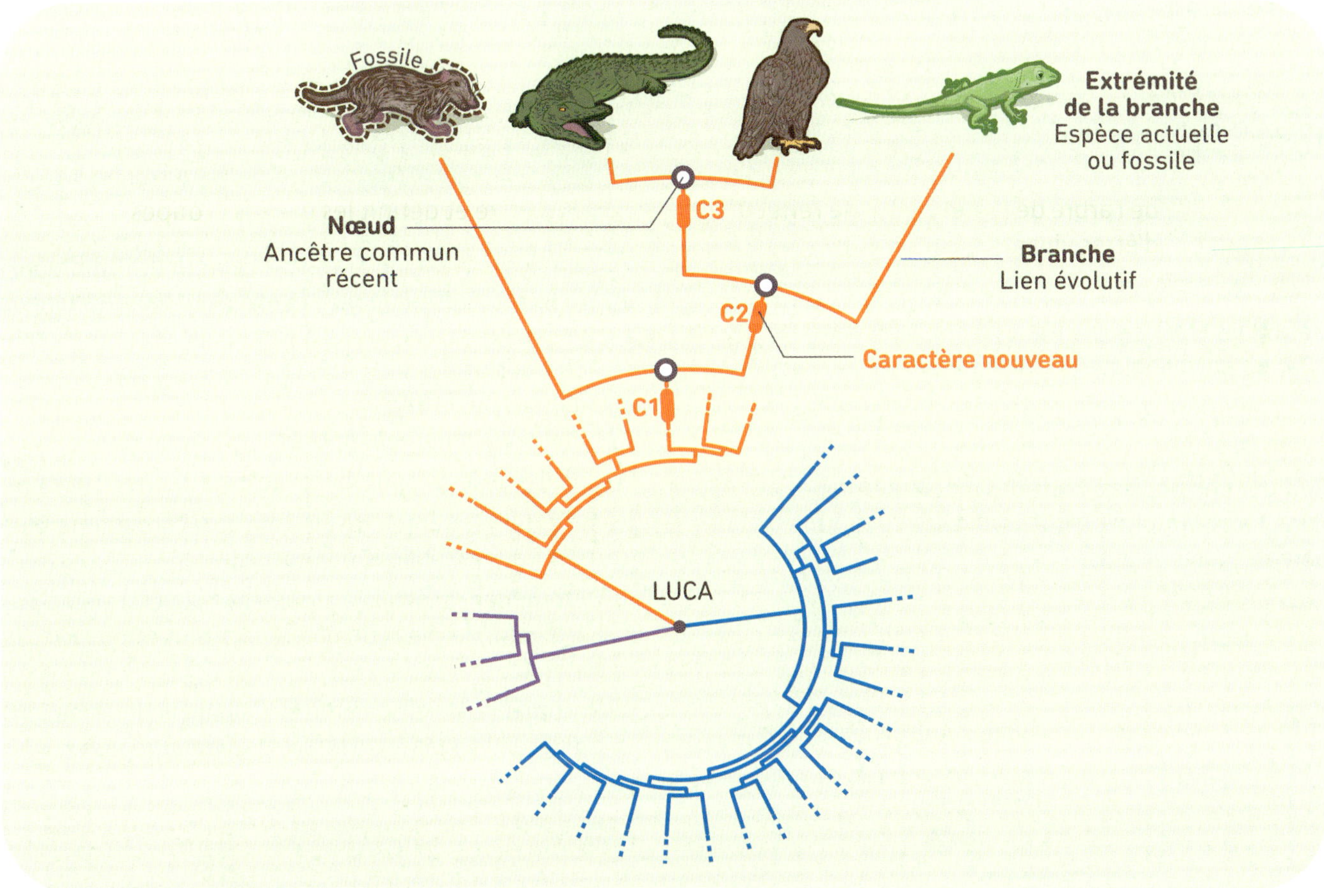

Mots à savoir définir

caractère partagé • classification • ancêtre commun • arbre de parenté

Exercer
ses compétences

manuel numérique QCM 2

1 QCM 1 Choisir la proposition correcte.

	A	B	C	D	En cas de doute, lire
1. On peut établir un arbre de parenté :	en disposant toujours les êtres vivants les plus simples avant les plus perfectionnés.	en utilisant des caractères partagés par plusieurs êtres vivants.	en utilisant uniquement les milieux de vie des êtres vivants.	en disposant toujours les êtres vivants les plus perfectionnés avant les plus simples.	1 p. 244
2. Si un caractère est partagé par trois espèces A, B, C on peut dire que :	A et B ont un ancêtre commun mais pas forcément C.	A, B et C ont un ancêtre commun.	B et C ont un ancêtre commun mais pas forcément A.	A et C ont un ancêtre commun mais pas forcément B.	1 p. 244
3. Sur un arbre de parenté, les espèces fossiles :	se placent au bout des branches.	se placent sur les nœuds.	ne peuvent apparaître.	se placent au bas de l'arbre.	1 p. 245
4. Sur un arbre de parenté, deux espèces sont d'autant plus apparentées :	que leur dernier ancêtre commun est récent.	que leur dernier ancêtre commun est ancien.	qu'elles n'ont pas d'ancêtre commun.	qu'elles n'ont qu'un ancêtre commun.	1 p. 245
5. L'espèce *Homo sapiens* actuelle :	descend du chimpanzé.	descend d'*Homo habilis*.	partage un ancêtre commun avec *Homo habilis* et le chimpanzé.	ne peut partager aucun ancêtre commun avec le chimpanzé.	2 p. 246

▶ Voir corrigés p. 413

2 D1. Définir

Définir les termes suivants :
a. arbre phylogénique ; b. parenté.

3 D1. Rédiger

Rédiger une phrase à l'aide des mots suivants :
Caractères morphologiques ; ancêtre commun ; lien de parenté ; êtres vivants.

4 D4. Communiquer sur ses démarches, ses résultats et ses choix en argumentant

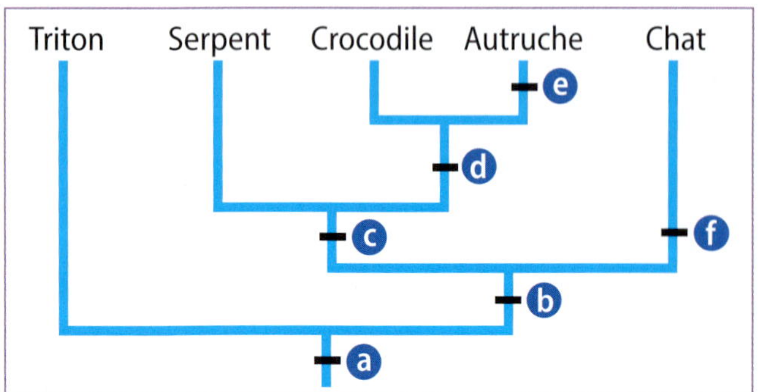

Doc. 1 Arbre de parenté de quelques vertébrés

Les caractères sont représentées par des lettres :
a : deux vertèbres cervicales spécialisées ;
b : amnios (enveloppe protectrice autour de l'embryon) ;
c : deux fenêtres temporales (ouverture dans le crâne) ;
d : membranes nictitantes (troisième paupière transparente ou translucide) ;
e : plumes ou duvet ;
f : une seule fenêtre temporale.

À partir des seules informations extraites de l'arbre de parenté :

1. **Indiquer** les caractères de l'ancêtre commun le plus récent du crocodile et de l'autruche ;
2. **Déterminer**, de manière argumentée, quel(s) animal(ux) partage(nt) les liens de parenté les plus étroits avec le serpent.
3. **Recopier** l'arbre de parenté en utilisant les informations du doc. 2 et y placer le fossile de *Sinosauropteryx*.

Caractère	*Sinosauropteryx* (-130 à -125 Ma)
Nombre de vertèbres cervicales spécialisées	deux
Amnios	présent
Nombre de fenêtres temporales	deux
Membrane nictitante	présente
Plumes ou duvet	présent(es)

Doc. 2 Les caractères du *Sinosauropteryx*

5 Tâche complexe ■□□ D5. Situer l'espèce humaine dans l'évolution des espèces

Un groupe d'élèves doit réaliser un devoir sur la place de l'Homme dans l'évolution. Arthur dit que l'Homme descend du singe, Shaïma dit qu'ils ont un ancêtre commun. Quel élève a raison ?

▶ **Consigne : Justifier** la réponse à l'aide des documents proposés.

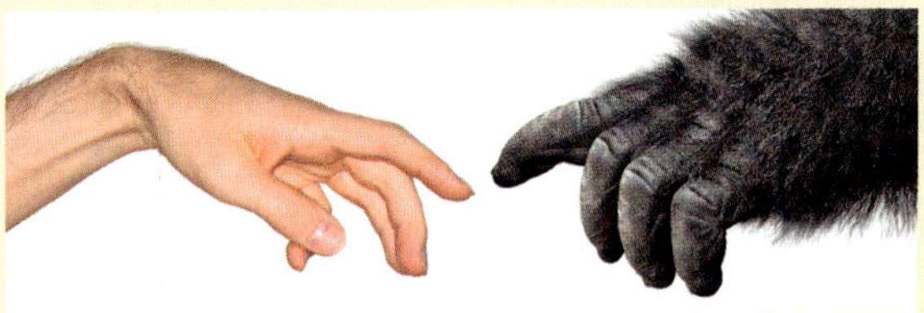

Doc. 1 Les mains d'un homme et d'un gorille : la présence d'ongles, caractère des primates

This illustration compares the crania of a *Gorilla beringei*, *Australopithecus africanus*, and *Homo sapiens*.

Species / Characteristic	*Gorilla beringei*	*Australopithecus africanus*	*Homo sapiens*
Age	4 millions BP* to now	4 millions BP to 3 millions BP	1 hundred and 20 thousand BP to now
Crania capacity	350 cm^3	400 cm^3	1 450 cm^3
Shaped of the jaw	U shaped 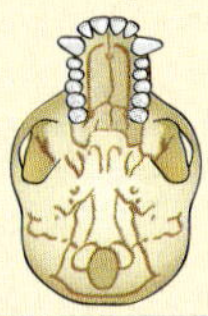	V shaped 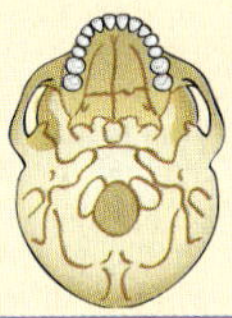	V shaped 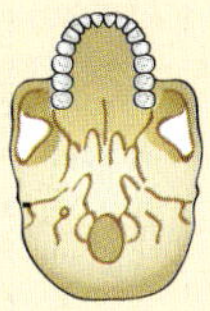

*BP : « Before Present », avant 1950

Doc. 2 Fossilized and contemporary primates characteristics

« On sait que les singes ont évolué en même temps que nous. Ils ne sont pas plus, pas moins évolués que nous. Les chimpanzés et les bonobos sont plus proches de nous que les gorilles. [...] Nous, les chimpanzés, les bonobos, avons un dernier ancêtre commun à partir duquel nous nous sommes séparés [...] il y a 6 ou 7 millions d'années. »

Doc. 3 Entretien avec Pascal Picq, paléo-anthropologue (RFI, 2001)

6 résolu ■□□ D4. Interpréter des résultats et en tirer des conclusions

Les éléphants d'Asie (*Elephas*) et d'Afrique (*Loxodonta*) sont les seuls représentants actuels de la lignée des Proboscidiens (du grec *proboskis*, qui signifie « trompe »). Avec les données sur les espèces actuelles et fossiles, on peut réaliser cet arbre de parenté :

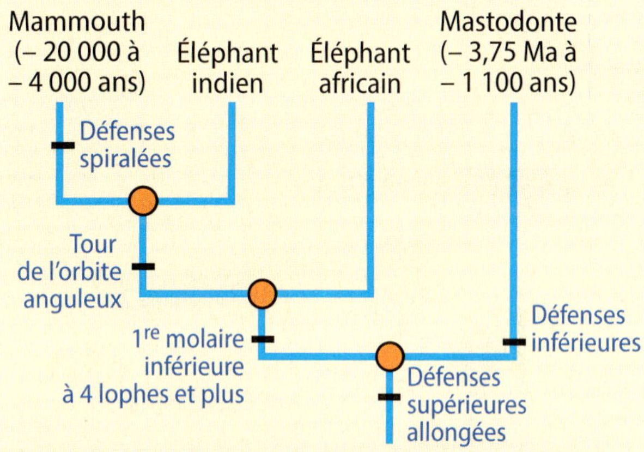

Lophes : crêtes sur les dents masticatrices

▶ **Déterminer**, de manière argumentée, si l'ancêtre des éléphants actuels (indiens et africains) est le mammouth.

Livret AP p. 21

7 ■□□ D1. Lire et exploiter des données présentées sous différentes formes

Espèce / Caractère	Polypode vulgaire	Cèdre du Liban	Lys blanc
Racines	présentes	présentes	présentes
Graines	absentes	présentes	présentes
Fleurs	absentes	absentes	présentes
Cônes	absentes	présentes	absentes

Doc. 1 Les caractères de trois espèces végétales

1. **Indiquer** le caractère que possède l'ancêtre commun de ces trois espèces végétales.
2. **Nommer** le caractère nouveau que possèdent le Cèdre du Liban et le Lys blanc.

Activité

1 Comment la biodiversité évolue-t-elle au cours du temps ?

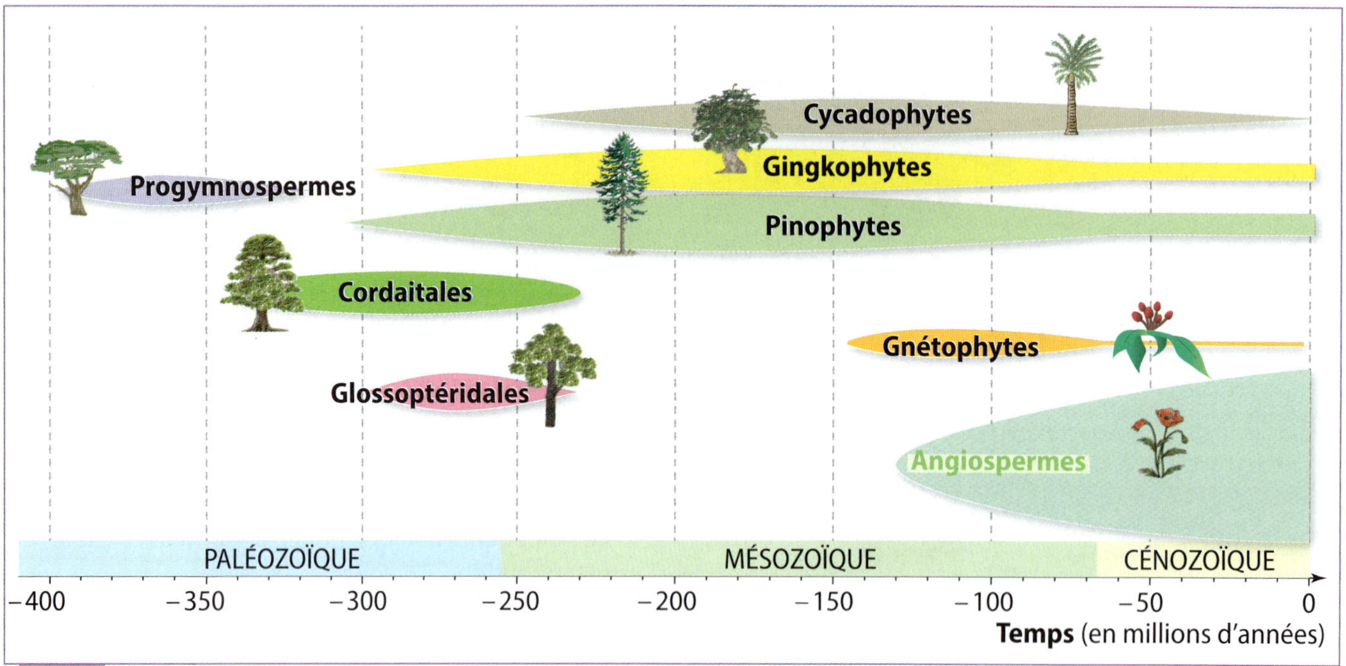

Doc. 1 Évolution de la biodiversité des plantes à graines au cours des temps géologiques*

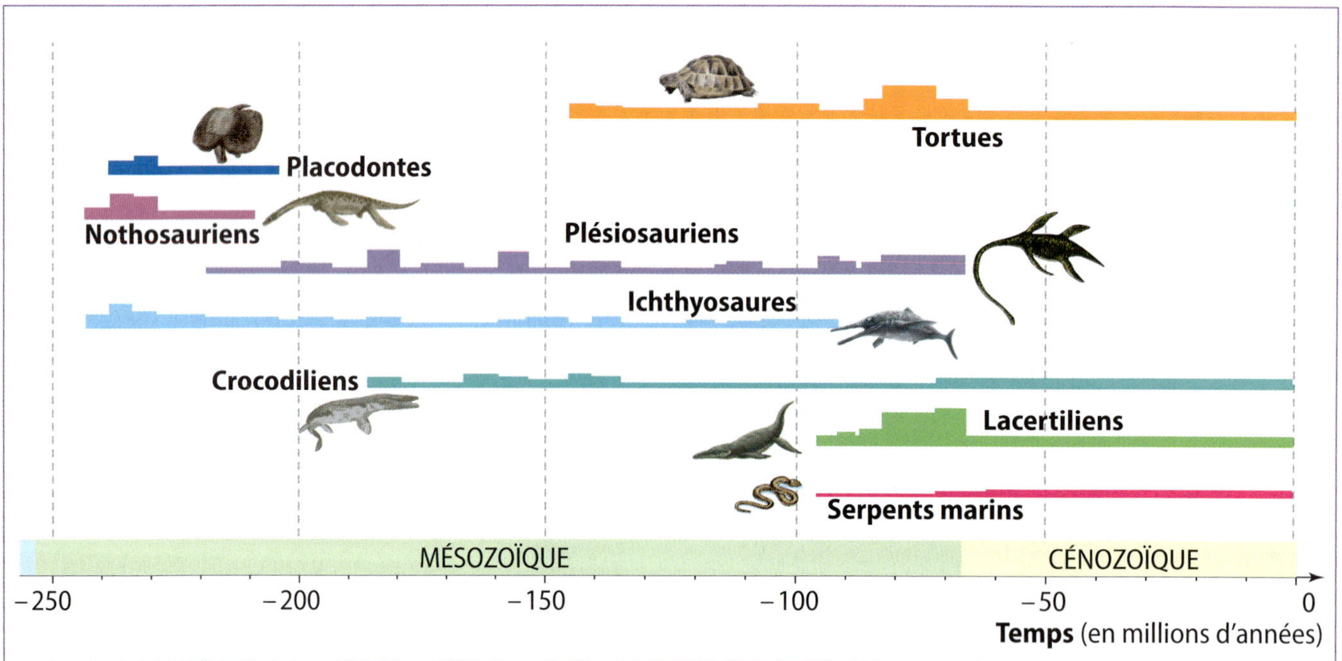

Doc. 2 Évolution de la biodiversité des reptiles marins au cours des temps géologiques*

*Plus la surface colorée est importante, plus le nombre d'espèces est élevé.

Compétence travaillée :
D5. Appréhender différentes échelles de temps géologique et biologique.

L'archipel des Galápagos, à l'est de l'océan Pacifique, abrite plus d'une douzaine d'espèces de passereaux, les géospizes. Les plus importantes différences entre ces espèces se trouvent dans la taille et la forme du bec. L'espèce ayant donné les géospizes actuels a colonisé l'archipel il y a environ 2,3 millions d'années. Aujourd'hui, plusieurs de ces espèces sont considérées comme en danger d'extinction, menacées par les prédateurs introduits (chats, rats et chiens) et la dégradation de leur habitat.

a Le bec du géospize à gros bec *(Geospiza magnirostris)* lui permet de manger des graines.
b Le bec effilé du géospize des cactus *(Geospiza scandens)* lui permet de manger la pulpe des cactus.
c Le bec étroit et pointu du géospize olive (*Certhidea olivacea*) lui permet de manger des insectes.

Doc. 3 Diversité des géospizes vivant sur l'archipel des Galápagos

En choisissant tels ou tels caractères de la moutarde sauvage, les cultivateurs ont obtenu des plantes très différentes (chou de Bruxelles, chou-rave ou brocoli). Cette domestication a débuté il y a environ 7 000 ans.

Moutarde sauvage
0,60 m à 1,50 m*

Chou de Bruxelles
0,60 m à 1,50 m*

Chou-rave
0,25 m

Brocoli
0,50 m à 0,80 m*

*Taille de la plante

Doc. 4 Domestication de la moutarde sauvage par l'Homme

Le métro de Londres est vieux de plus d'un siècle. Des moustiques vivent exclusivement dans les galeries du métro. Ils ne sont plus capables de se reproduire avec les moustiques vivant en surface, même lorsque l'on tente l'expérience en laboratoire.

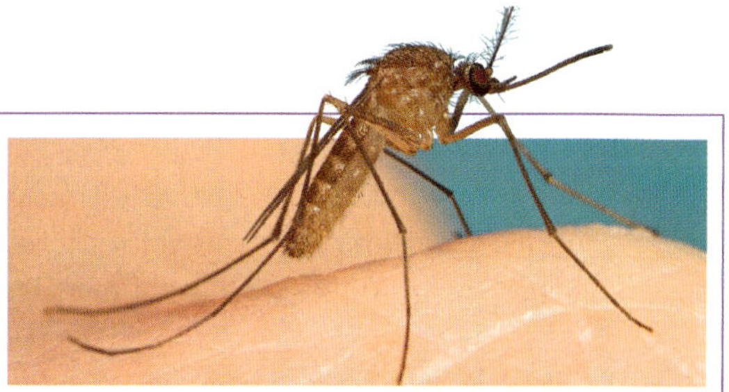

Doc. 5 Naissance d'une nouvelle espèce de moustique dans le métro de Londres

Pour conclure

Déterminer les différents événements qui conduisent, à l'échelle des temps géologique et biologique, à l'évolution des groupes d'êtres vivants.

Livret AP p. 21

Vocabulaire

- **Angiospermes :** plantes à fleurs qui donnent des fruits porteurs de graines.
- **Évolution :** elle correspond aux modifications des espèces vivantes au cours du temps.
- **Domestication :** transformation de caractères et de comportements héréditaires d'une espèce au contact de l'Homme.

Activité

2 Quel principe permet d'expliquer l'évolution des espèces ?

L'intégralité du discours de Georges Cuvier web

« *On sait que la girafe [...] vit dans des lieux où la terre [...] l'oblige de brouter le feuillage des arbres, et de s'efforcer continuellement d'y atteindre. Il est résulté de cette habitude, soutenue, depuis longtemps, dans tous les individus de son espèce, que ses jambes de devant sont devenues plus longues que celles de derrière, et que son col s'est tellement allongé, que la girafe [...] élève sa tête et atteint à six mètres de hauteur [...]* ».

Extrait de *Philosophie zoologique*, 1809, Jean-Baptiste Lamarck (1774-1829)

J.-B. Lamarck, naturaliste français, estime que le vivant se modifie sous l'effet des circonstances, et que ces modifications se transmettent aux descendants.

a Position de J.-B. Lamarck

« *Pourquoi les espèces actuelles, me dira-t-on, ne seraient-elles pas des modifications de ces espèces anciennes que l'on trouve parmi les fossiles, modifications qui auraient été produites [...] par la longue succession des années ? [...] On peut leur répondre, dans leur propre système, que si les espèces ont changé par degrés, on devrait trouver des traces de ces modifications graduelles et que jusqu'à présent cela n'est point arrivé.* »

Extrait de *Discours sur les révolutions de la surface du globe*, 1825, Georges Cuvier (1769-1832)

G. Cuvier, anatomiste français, interprète les espèces comme des créations divines, apparues à l'occasion de catastrophes.

Il dit que les espèces sont fixes et n'ont pas de lien de parenté entre elles.

b Position de G. Cuvier

Doc. 1 La position des scientifiques vis-à-vis de l'évolution des espèces avant Darwin

« *Mais, si des variations utiles à un être organisé quelconque se présentent quelquefois, assurément les individus qui en sont l'objet ont la meilleure chance de l'emporter dans la lutte pour l'existence ; puis, en vertu du principe si puissant de l'hérédité, ces individus tendent à laisser des descendants ayant le même caractère qu'eux. J'ai donné le nom de* **sélection naturelle** *à ce principe.* »

Extrait de *L'Origine des espèces*, 1859, Charles Darwin (1809-1882) [Traducteur : Edmond Barbier]

Doc. 2 L'évolution des espèces selon Darwin

Objection ! « *L'évolution, ce n'est qu'une "théorie" parmi d'autres, et elle n'est pas prouvée.* »

Dans les sciences, le mot « théorie » désigne un ensemble de connaissances apportant une explication. Une théorie scientifique se distingue par le fait que son élaborateur se donne les moyens de la réfuter en la testant. Or, 150 ans de travaux scientifiques n'ont pas réussi à invalider la théorie de l'évolution mais l'ont affinée et complétée. Cependant, il reste des points de discussions, des imprécisions et des compléments à apporter. La théorie de l'évolution continue donc de s'enrichir des travaux des chercheurs.

D'après www.sciencesetavenir.fr, 24/02/2016

Doc. 3 Une objection courante faite à l'encontre de la théorie de l'évolution

Compétence travaillée :
D4. Identifier par l'histoire des sciences et des techniques comment se construit un savoir scientifique.

Dans une population de girafes, certaines naissent avec un cou légèrement plus long.

Elles accèdent alors à plus de feuilles. Mieux nourries, elles auront plus de chances de se reproduire et de donner une descendance à laquelle elles pourront transmettre cette particularité du cou le plus long.

Doc. 4 Variabilité, environnement et sélection chez la girafe

En 1976 et 1977, une sécheresse importante dans l'archipel des Galápagos a provoqué une raréfaction des graines tendres, aliment principal des individus de l'espèce *Geospiza fortis*. Beaucoup d'individus à petits becs, défavorisés, sont morts alors que les individus à gros becs ont pu manger et se sont reproduits.

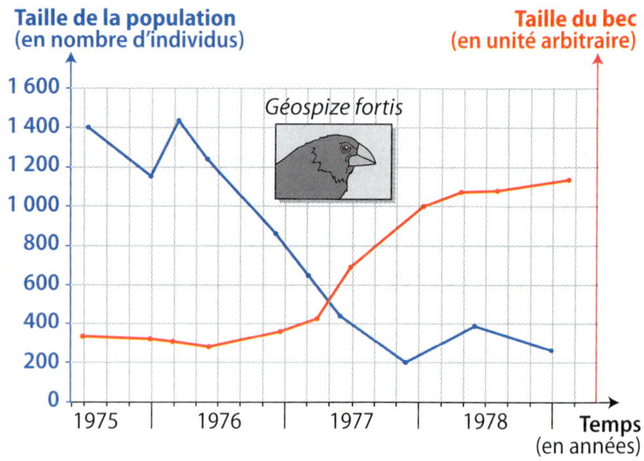

Doc. 5 Variabilité, environnement et sélection chez le géospize

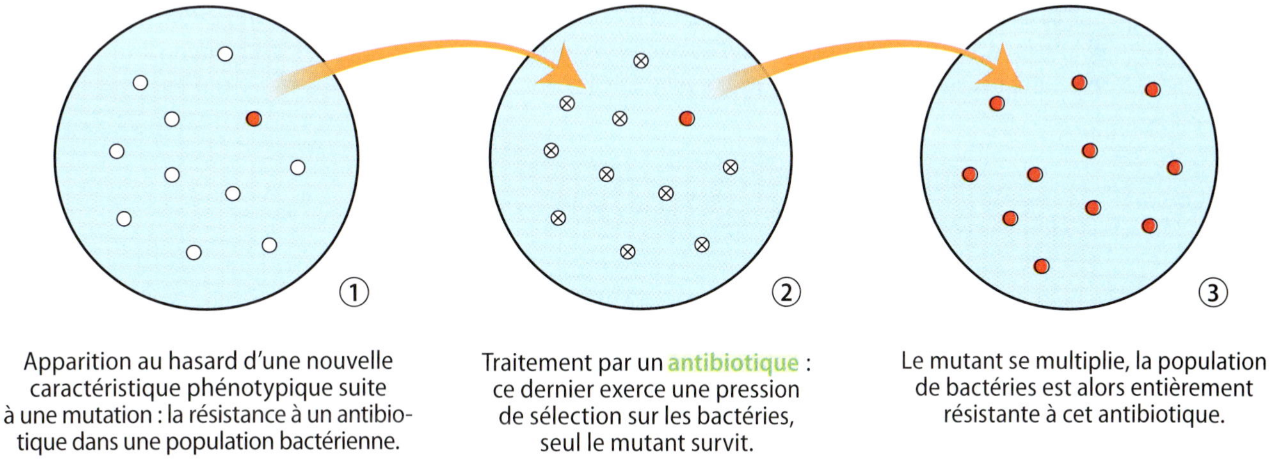

Schéma représentant l'apparition de la résistance d'une bactérie à un antibiotique

Doc. 6 Acquisition d'une caractéristique phénotypique nouvelle

Pour conclure

Expliquer comment le « principe » de Darwin et des études plus récentes permettent de justifier l'existence d'un grand cou chez la girafe.

▸ Livret AP p. 21

Vocabulaire

- **Réfuter :** rejeter ce qui est affirmé.
- **Raréfaction :** diminution de la disponibilité d'une chose particulière.
- **Antibiotique :** substance pouvant tuer des bactéries ou stopper leur développement.

Bilan

... par le texte

Activité 1 Des espèces qui évoluent

- Il y a environ 3,8 milliards d'années, la vie est apparue sur Terre. Les premiers êtres vivants auraient été des bactéries (module 22).
- La découverte de fossiles montre que, depuis cette époque, on a assisté à une **diversification** de la vie au cours du temps. Des espèces sont apparues, d'autres ont disparu. En permanence, des espèces se modifient ou se raréfient.
- Ces observations montrent l'**évolution** des groupes d'êtres vivants.

Activité 2 Les mécanismes de l'évolution

- Au sein d'une population, chaque individu possède des caractères phénotypiques qui lui sont propres et sont le fruit du hasard de la reproduction sexuée.
- Dans un environnement donné, certains de ces caractères confèrent un avantage à certains individus, comme par exemple :
  – une meilleure résistance à un facteur du milieu ;
  – un meilleur accès à la nourriture.
  Ainsi ces individus auront plus de chance d'avoir un nombre plus important de descendants par rapport au reste de la population.
- Cette différence du nombre de descendants conduit à une modification, une évolution de la biodiversité des populations d'espèces vivantes au cours du temps. Darwin a nommé ce mécanisme « la **sélection naturelle** ».

À savoir :	Activités	Exercices
• Argumenter par des faits l'idée de l'évolution des groupes d'êtres vivants.	1	5
• Expliquer le lien entre modifications de la biodiversité au cours des temps géologiques avec l'idée d'évolution.	1	5
• Expliquer le rôle de la sélection naturelle dans l'évolution des espèces.	2	6
• Expliquer comment un caractère confère un avantage dans un milieu donné par le hasard de la reproduction.	2	4 7

… par l'image

manuel numérique

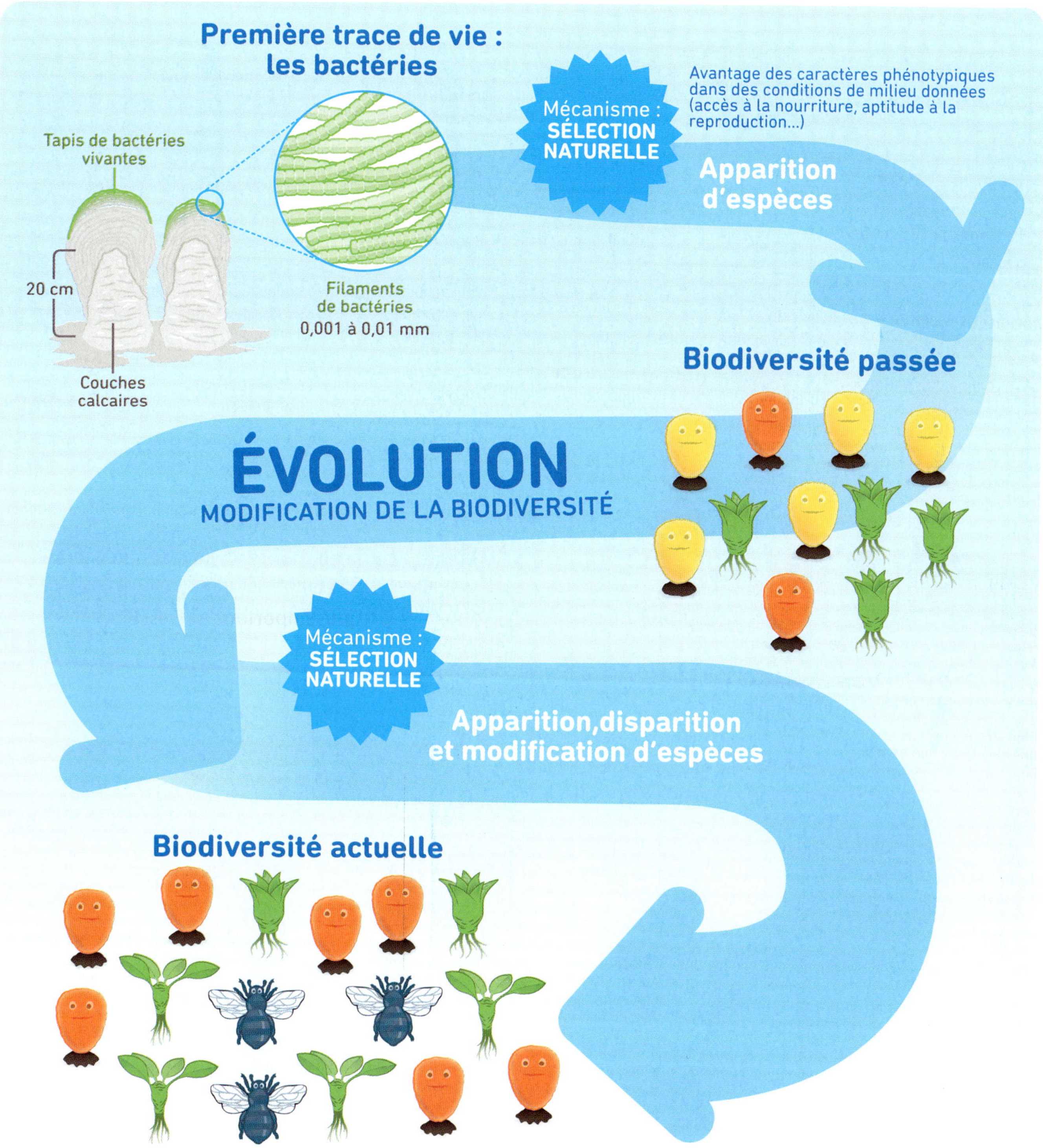

Mots à savoir définir

diversification • évolution • sélection naturelle

manuel numérique QCM 2

1 QCM 1 Choisir la proposition correcte.

	A	B	C	D	En cas de doute, lire
1. Les espèces évoluent :	sans modification de caractères.	elles apparaissent, changent et disparaissent.	uniquement quand une autre espèce disparaît.	en accumulant de plus en plus de caractères.	1 p. 252
2. Les groupes végétaux :	sont apparus tous en même temps.	ayant existé existent toujours.	ont pour certains disparu alors que d'autres sont apparus.	se sont peu diversifiés.	1 p. 252
3. La théorie de l'évolution s'établit d'après :	des opinions.	des croyances.	des inventions.	des faits.	2 p. 254
4. La sélection naturelle :	favorise les caractères conférant un désavantage.	favorise les caractères conférant un avantage.	dépend uniquement des caractères de l'individu.	dépend uniquement des conditions du milieu.	2 p. 254
5. Les données génétiques montrent que :	la théorie de l'évolution est confirmée.	la sélection naturelle n'est pas due au hasard.	les mutations n'offrent jamais d'avantages à l'individu.	seul le milieu intervient.	2 p. 254

▶ Voir corrigés p. 413

2 D1. Définir

Définir les termes : **a.** sélection naturelle ; **b.** évolution.

3 D1. Rédiger

Rédiger une phrase à l'aide des mots suivants : sélection naturelle, conditions du milieu, caractère.

4 résolu D5. Appréhender les différentes échelles de temps géologique et biologique

On retrace l'histoire évolutive supposée de quelques groupes d'oiseaux. Plus la surface bleue est importante, plus le nombre d'espèces est élevé.

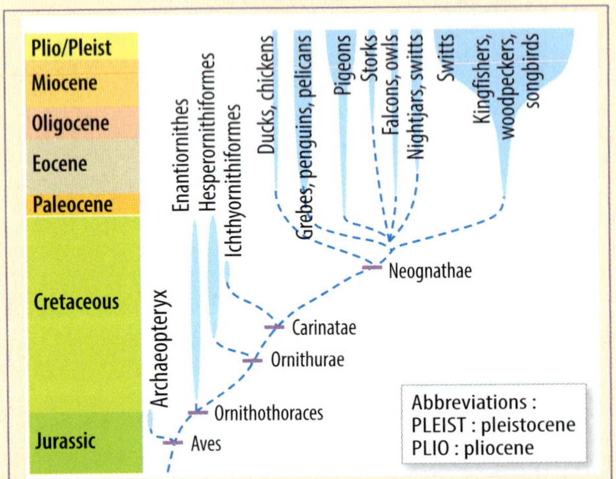

Doc. 1 Phylogenetic tree of the birds showing the relative importance of the differents groups through time

▶ **Montrer** comment l'arbre phylogénétique permet de valider l'affirmation selon laquelle les espèces d'oiseaux ont évolué au cours des temps géologiques.

▶ Livret AP p. 21

5 D1. Lire et exploiter des données présentées sous différentes formes

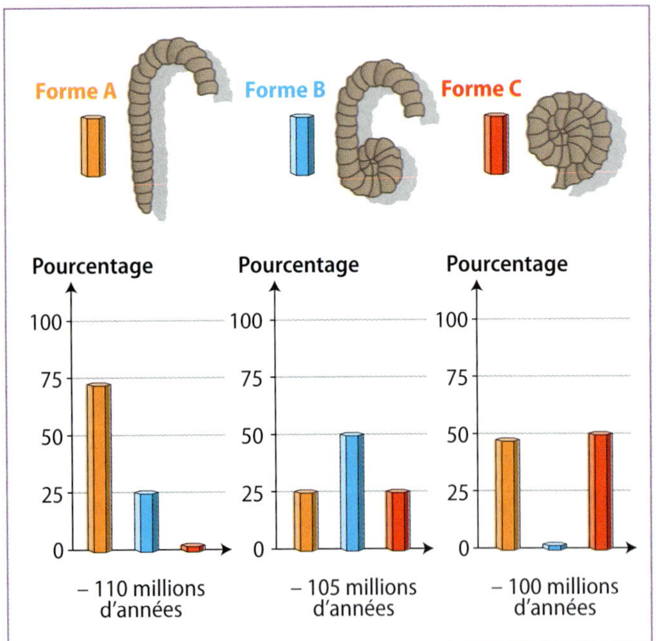

Doc. 1 Pourcentage des trois formes d'ammonites à trois époques différentes

Dans des roches ont été trouvées des formes différentes d'ammonites, fossiles de mollusques.

1. **Donner** la ou les formes les plus courantes il y a 110 ; 105 et 100 millions d'années.
2. **Expliquer** comment ont évolué les individus du groupe des ammonites.

6 Tâche complexe D4. Interpréter des résultats et en tirer des conclusions

Certaines espèces de papillons de la forêt amazonienne présentent de fortes ressemblances entre elles. Cette ressemblance est qualifiée de mimétisme. Ainsi, *Dismorphia theucharita*, comestible pour les oiseaux, ressemble à *Napeogenes sylphis*, toxique pour les oiseaux.

Doc. 1 Mimétisme des deux espèces de papillon

- ▶ 1re étape : une expérience est menée dans une serre d'élevage contenant des *Napeogenes sylphis* et d'autres papillons comestibles d'apparence nettement différente. Des oiseaux qui n'ont jamais été mis en contact avec des *Napeogenes sylphis* sont lâchés dans la serre. On constate que les oiseaux chassent et consomment de moins en moins de *Napeogenes sylphis*, qui les font vomir. Après deux ou trois mauvaises expériences. Les oiseaux ne les chassent plus.
- ▶ 2e étape : on remplace, dans la serre, les *Napeogenes sylphis* par des papillons de l'espèce *Dismorphia theucharita*. Les oiseaux ne les chassent pas.

1. **Expliquer** comment le principe de la sélection naturelle permet de fournir une explication à ce phénomène de mimétisme.

7 Tâche complexe D4. Identifier par l'histoire des sciences et des techniques comment se construit un savoir scientifique

1. **Montrer** que les données scientifiques récentes valident la théorie de Darwin.
2. **Préciser** quel principe est confirmé ici.

Darwin publie sa théorie de l'évolution dans son ouvrage *L'Origine des espèces*, en 1859. Cette théorie repose sur différents principes :
a. les espèces dérivent les unes des autres, une espèce « ancêtre » pouvant générer diverses espèces « filles » ;
b. au sein d'une même espèce, les individus sont divers. Cette diversité peut être transmise aux descendants ;
c. dans les milieux, certains caractères favorisent certains individus. Ceux-ci survivent et augmentent en nombre. C'est le mécanisme de la sélection naturelle. Ce processus, selon Darwin, prend plusieurs centaines de milliers d'années.

Doc. 1 Darwin et la théorie de l'évolution

Les antibiotiques ne sont efficaces que sur les bactéries, dont ils bloquent la croissance, et n'ont aucun effet sur les champignons et les virus. Largement utilisés depuis la Seconde Guerre mondiale, ils ont permis de faire reculer la mortalité associée aux maladies infectieuses comme la tuberculose ou la peste au cours du XXe siècle.

L'efficacité remarquable des antibiotiques s'est accompagnée de leur utilisation massive et répétée, parfois de façon inappropriée à la bonne santé humaine et animale.

Certaines bactéries sont naturellement résistantes à des antibiotiques. On parle de résistance innée : leur patrimoine génétique les rend insensibles à ces antibiotiques. D'autres bactéries, qui n'étaient auparavant pas résistantes, le deviennent suite à une mutation génétique affectant le chromosome de la bactérie.

Comme la reproduction d'une bactérie est très rapide (moins de 20 minutes la plupart du temps), les bactéries résistantes vont très vite transmettre cette résistance à leurs descendants. La population de bactéries sera ainsi de plus en plus résistante puisque de plus en plus d'individus porteront le gène de résistance.

Doc. 2 Résistance aux antibiotiques des bactéries

Bilan
Attendu de fin de cycle

... par le texte

1 Des relations de parenté entre les êtres vivants

- Les espèces actuelles et fossiles sont classées en groupes emboîtés en fonction de **caractères partagés**. Cet emboîtement constitue une **classification** du vivant.

  On identifie ainsi des relations de parenté entre des espèces qui possèdent un **ancêtre commun**. Ce dernier leur a transmis les caractères partagés. Les liens de parenté sont représentés sous la forme d'un **arbre de parenté**.

  Les degrés de parenté entre des organismes actuels et/ou fossiles nous permettent de montrer qu'il existe une histoire évolutive des grands groupes d'êtres vivants.

- L'Homme actuel partage des caractères avec d'autres espèces, il s'inscrit dans cette histoire évolutive. *Homo sapiens* est le seul représentant actuel de cette lignée humaine qui est riche en espèces fossiles. À l'échelle des temps géologiques, l'apparition de l'espèce humaine est très récente.

2 L'évolution du vivant et ses mécanismes

- L'étude des biodiversités passée et actuelle montre qu'au cours des temps géologiques les populations subissent des changements. En effet, des groupes d'êtres vivants se **diversifient**, certains disparaissent, d'autres apparaissent.

- Cette **évolution** a débuté il y a 3,8 milliards d'années avec les premières traces de vie identifiées aujourd'hui.

  Lors de la reproduction, par l'effet du hasard, certains individus vont posséder des caractéristiques de leur phénotype, qui leur sont propres.

  Selon les conditions d'un milieu donné, l'individu porteur d'un caractère avantageux sera plus apte à se reproduire et ainsi à perpétuer sa descendance tout en lui transmettant ce nouveau caractère avantageux.

  Ce mécanisme qui mène à une évolution de la biodiversité à l'échelle des temps géologiques est appelé **sélection naturelle**.

... par l'image

Fossiles

Actuelles

CLASSIFICATION DES ESPÈCES

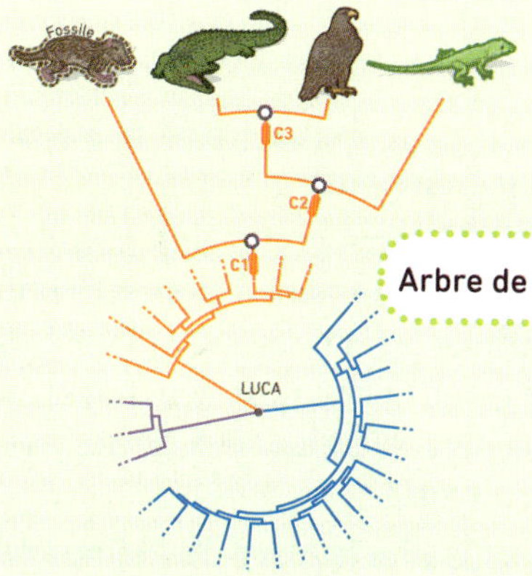

Arbre de parenté

PARENTÉ

CARACTÈRES PARTAGÉS

ÉVOLUTION DES ÊTRES VIVANTS

MÉCANISMES DE L'ÉVOLUTION

À L'ÉCHELLE DES INDIVIDUS

REPRODUCTION

HASARD DES BRASSAGES

SÉLECTION NATURELLE

CONDITIONS DU MILIEU

À L'ÉCHELLE DES ESPÈCES

CARACTÈRES DES ESPÈCES

APPARITION

DIVERSIFICATION

DISPARITION

Mots à savoir définir

caractère partagé • classification • ancêtre commun • arbre de parenté • diversification • évolution • sélection naturelle

Exercices
Attendu de fin de cycle

Parenté et évolution des êtres vivants

1 Tâche complexe D4. Communiquer sur ses démarches, ses résultats et ses choix, en argumentant

La place du Chimpanzé

La place de l'Homme et des chimpanzés n'a cessé d'interroger les scientifiques dès les premières classifications. Le premier à classer l'Homme parmi les primates est le suédois Carl Von Linné, en 1758. Il attribue le nom savant d'*Homo sapiens* à l'Homme actuel et d'*Homo troglodytes* (Homme des cavernes) au Chimpanzé. Cependant, en 1767, c'est au français Buffon que revient l'idée de placer l'Homme à part. Il faudra deux siècles pour que l'Homme soit à nouveau classé parmi les primates avec le Chimpanzé.

Consigne : **Justifier la place du Chimpanzé parmi les primates avec l'Homme, mais en dehors du groupe *Homo* auquel appartient l'espèce humaine.**

Livret AP p. 22

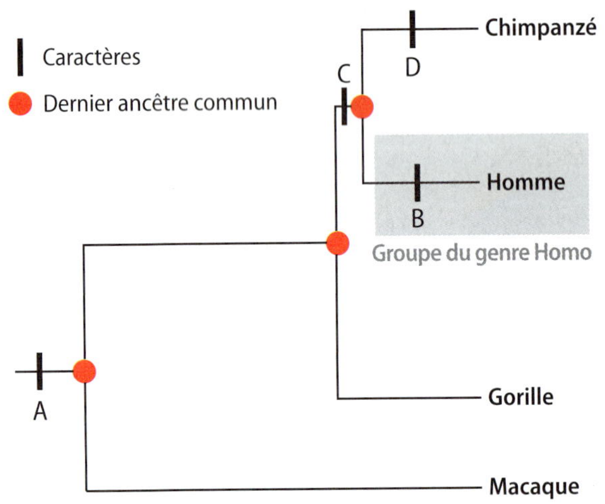

Caractères du groupe des primates (A)
- Pouce de la main opposable aux autres doigts
- Yeux placés en avant de la face

Caractères propres au groupe des humains (genre *Homo*) (B)
- Bipédie permanente (action de se déplacer debout en prenant appui sur deux membres postérieurs)
- Colonne vertébrale emboîtée sous le crâne grâce à un trou occipital avancé

Caractère commun au chimpanzé et à l'Homme (C)
- Bipédie non prolongée possible

Caractère propre au groupe des chimpanzés (D)
- Gène de la pseudo-globine avec des caractéristiques propres aux seuls chimpanzés.

Doc. 1 Arbre de parenté de quelques primates (d'après le logiciel *Phylogène*)

a Fossile d'*Homo habilis* b Squelette de pied d'un chimpanzé

Le fossile d'*Homo habilis* (de -2,6 à -1,6 Ma) découvert en Tanzanie a a permis de reconstituer l'anatomie du pied : le gros orteil est court et accolé aux autres orteils, comme chez toutes les espèces du genre *Homo*.

Doc. 2 Comparaison de l'organisation du pied chez *Homo habilis* et chez le Chimpanzé

Le trou occipital en position avancée est associé au redressement de la colonne vertébrale et est un caractère qui témoigne d'une bipédie permanente.

D'après « *Aux origines de l'humanité* » d'Yves Coppens et Pascal Picq, 2001

Doc. 3 Comparaison de la position du trou occipital chez *Homo habilis* et chez le Chimpanzé

2 Tâche complexe D1. Lire et exploiter des données présentées sous différentes formes

Des espèces de souris à Madère

Il y a plus de mille ans, à bord de drakkars vikings, puis avec les colons portugais en 1419, des souris sont arrivées sur l'île de Madère située au large du Portugal dans l'océan Atlantique.

▶ Consigne : **Proposer un scénario qui expliquerait l'existence de cette biodiversité de souris sur l'île de Madère et montrer que ce scénario s'inscrit dans une histoire évolutive.**

▸ Livret AP p. 22

Madère est une île volcanique qui présente un relief élevé, et les souris ne sont pas montagnardes ! Elles se sont ainsi retrouvées divisées en six populations isolées vivant dans les vallées. Génétiquement, elles ressemblent étroitement à la souris commune (*Mus musculus*) du Portugal mais certaines parties de leur ADN présentent de fortes similitudes avec celles peuplant la Scandinavie et l'Europe du Nord. Les individus issus de croisement entre des souris de vallées différentes sont stériles.

Doc. 1 Des populations de souris

Chaque symbole de couleur indique la présence d'une population de souris génétiquement différente des autres.

Doc. 2 Géographie de l'île de Madère et répartition des populations de souris

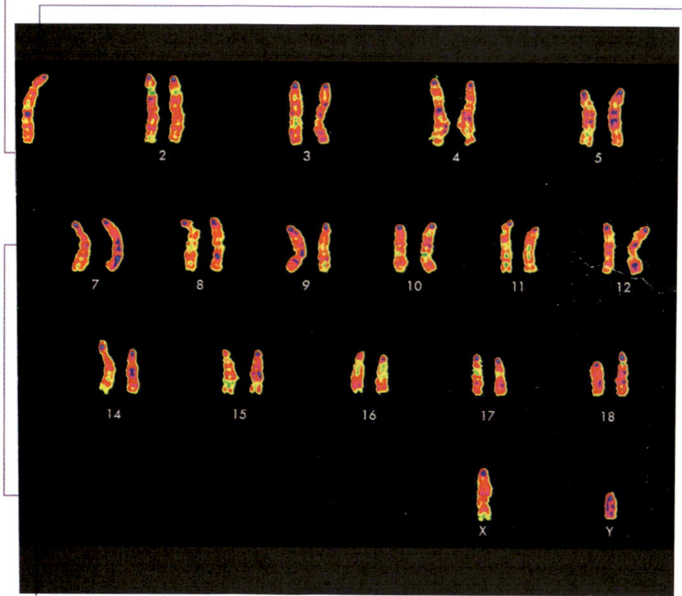

Doc. 3 Caryotype de la souris commune (*Mus musculus*)

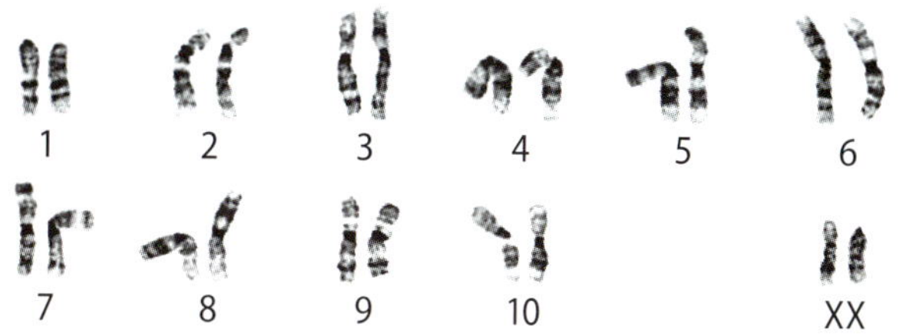

ⓐ Population de souris représentées par des points rouges

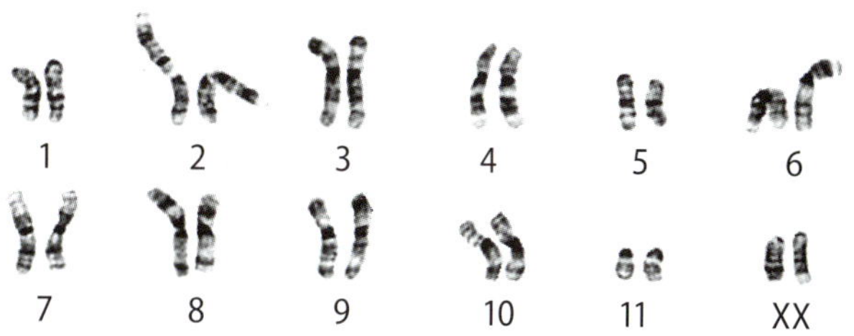

ⓑ Population de souris représentées par des points verts

Doc. 4 Caryotypes des populations de souris de l'île de Madère

Vu au cycle 3

Le corps humain et la santé

Besoins et dépenses énergétiques

L'activité sportive nécessite de l'énergie

Garçons	Filles
10-12 ans : 10 800	10-12 ans : 9 800
13-15 ans : 12 100	13-15 ans : 10 400
16-19 ans : 12 800	16-19 ans : 9 700

Énergie dépensée (en kilojoules par 24 heures)

Les activités sportives sont possibles grâce à notre système nerveux qui permet de recevoir des informations du milieu extérieur et de commander les muscles.

L'activité physique entraîne des dépenses énergétiques supplémentaires.

Un petit déjeuner français

Un petit déjeuner japonais

Les aliments que nous consommons lors des repas nous apportent de l'énergie. Nos dépenses énergétiques dépendent de l'âge, de notre activité physique et des conditions du milieu.

Le développement et la reproduction

Un humain acquiert sa capacité à se reproduire au cours de la puberté.

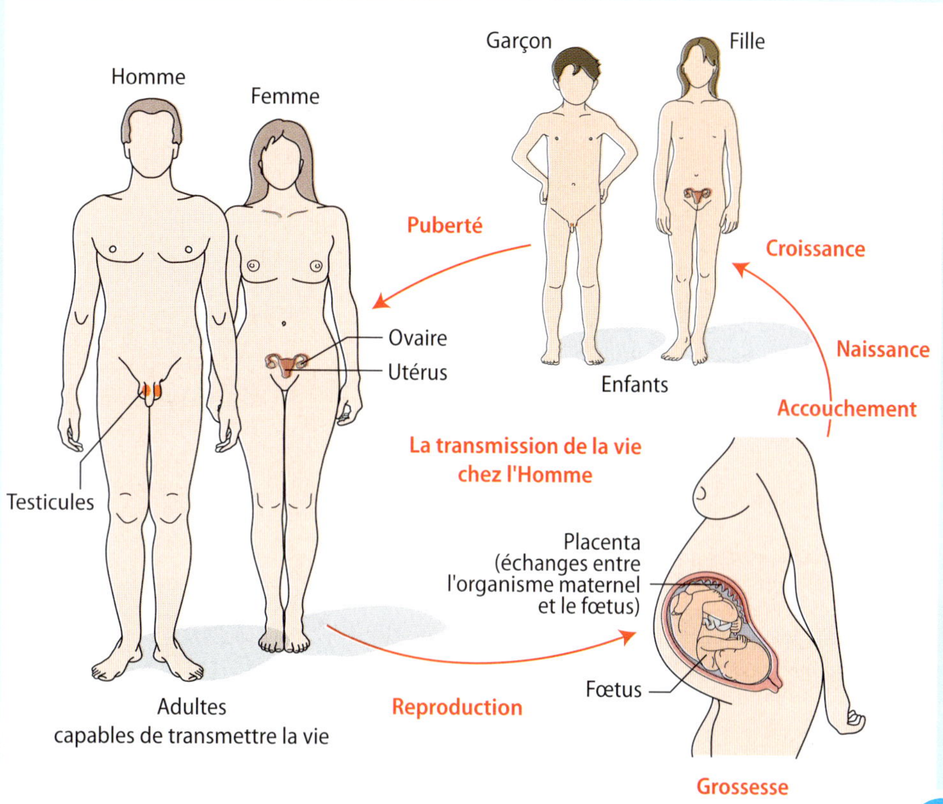

Le cycle de développement dans l'espèce humaine

Les micro-organismes dans notre environnement

L'environnement contient de nombreux micro-organismes : certains sont à éliminer, par des mesures d'hygiène (lavage de mains…), alors que d'autres sont utilisés pour la production de certains aliments.

Se laver les mains, un geste important.

Le fromage et le pain proviennent d'une transformation biologique.

Tester ses connaissances du cycle 3

Trouver la proposition exacte pour chaque question.

1 Le fonctionnement du corps humain nécessite :
a. de l'activité physique.
b. des apports alimentaires.
c. de dormir.
d. de travailler.

2 Les micro-organismes tels que les bactéries :
a. sont tous mauvais pour notre organisme.
b. sont absents sur notre peau.
c. peuvent être tués par une température très forte.
d. se développent très bien à basses températures.

3 Les besoins énergétiques d'un humain ne dépendent pas :
a. de son âge.
b. de son sexe.
c. de ce qu'il mange.
d. de son activité physique.

4 Les besoins en énergie des organes :
a. sont discontinus.
b. sont assurés par les aliments qui passent dans le sang.
c. sont assurés par les nutriments qui passent dans le sang.
d. ne dépendent pas de l'activité physique effectuée par un individu.

5 Le système nerveux est constitué :
a. du système digestif.
b. du cerveau.
c. des muscles.
d. des organes des sens.

6 La puberté est :
a. le moment où les caractères sexuels secondaires apparaissent.
b. seulement chez les filles.
c. seulement chez les garçons.
d. le seul moment où il y a une poussée de croissance.

7 Le premier stade de développement d'un être humain se fait à partir :
a. d'un ovule.
b. d'un spermatozoïde.
c. d'une cellule-œuf.
d. d'un fœtus.

8 L'Homme utilise des micro-organismes pour :
a. transformer l'eau en vin.
b. transformer le lait en fromage.
c. transformer le lait en fromage blanc.
d. transformer le plomb en or.

L'activité musculaire et nerveuse dans l'organisme humain

Attendu de fin de cycle

Expliquer l'activité musculaire et nerveuse dans l'organisme humain, jusqu'au niveau moléculaire, et les relier aux enjeux liés aux comportements responsables individuels et collectifs en matière de santé

Départ des athlètes au 10 000 mètres hommes au J.O. de Rio (13/08/2016)

Que se passe-t-il dans notre corps lorsqu'on fait un mouvement ?

Activité 1

Comment notre système cardio-ventilatoire s'adapte-il lors d'un effort physique ?

Adolescents en plein effort lors d'un marathon

Doc. 1 La course de demi-fond, un effort physique pratiqué régulièrement en EPS

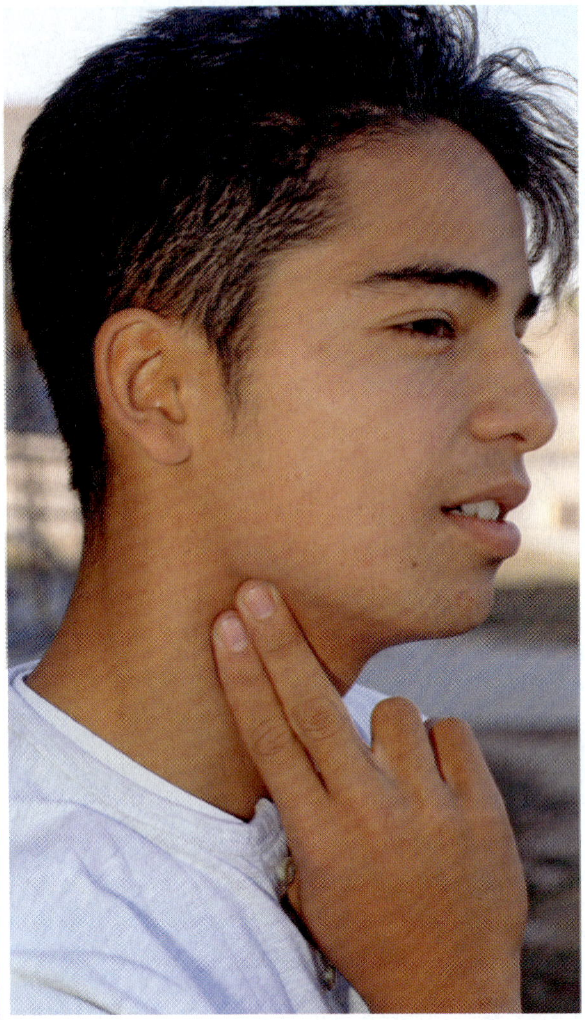

Prise de pouls au niveau de l'artère carotidienne

Mesures moyennes des fréquences cardiaques des élèves d'une classe :

	Fréquences cardiaques (batt/min)	
	Au repos	Après un effort
Filles	73	143
Garçons	80	155

Doc. 2 Mise en évidence des modifications cardiaques lors d'un effort physique

Compétence travaillée :
D1. Lire et exploiter des données présentées sous différentes formes.

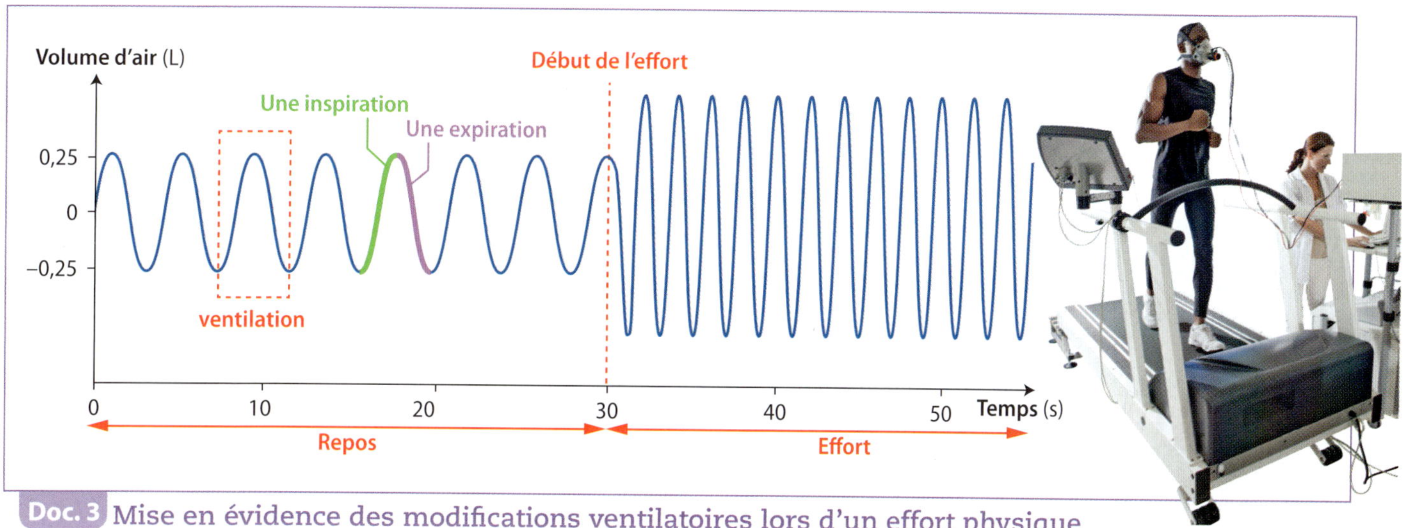

Doc. 3 Mise en évidence des modifications ventilatoires lors d'un effort physique à l'aide d'un dispositif ExAO (Expérimentation Assistée par Ordinateur)

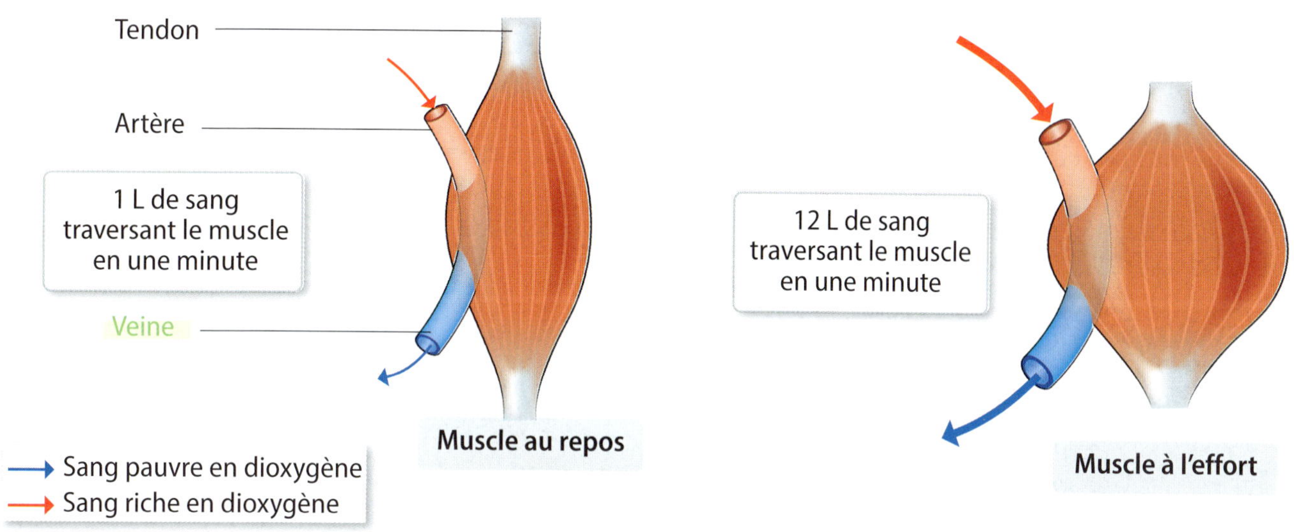

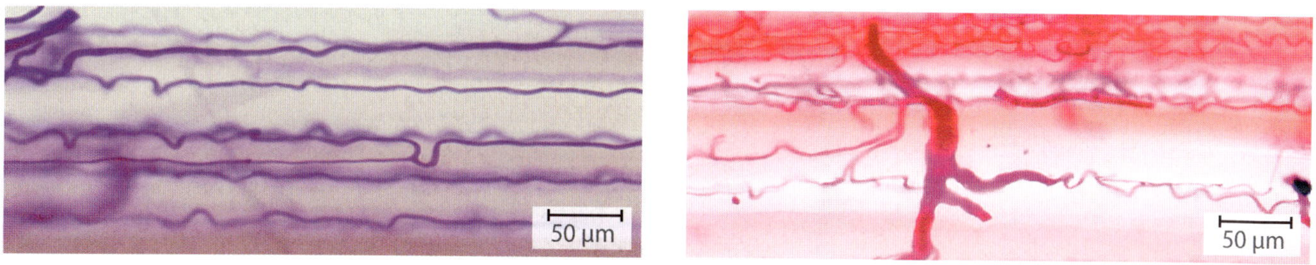

Capillaires du muscle au repos

Capillaires du muscle pendant un effort physique

Doc. 4 Variations des volumes sanguins traversant le muscle en une minute

Pour conclure

Décrire les différentes modifications provoquées par un effort physique.

▸ Livret AP p. 22

Vocabulaire

- **Artère :** vaisseau sanguin dans lequel circule le sang du cœur aux organes.
- **Fréquence cardiaque :** nombre de battements du cœur par unité de temps.
- **Veine :** vaisseau sanguin dans lequel circule le sang des organes au cœur.
- **Capillaire :** vaisseau sanguin de petit diamètre dans un organe.

Activité 2

Comment expliquer les modifications cardio-ventilatoires lors de l'effort ?

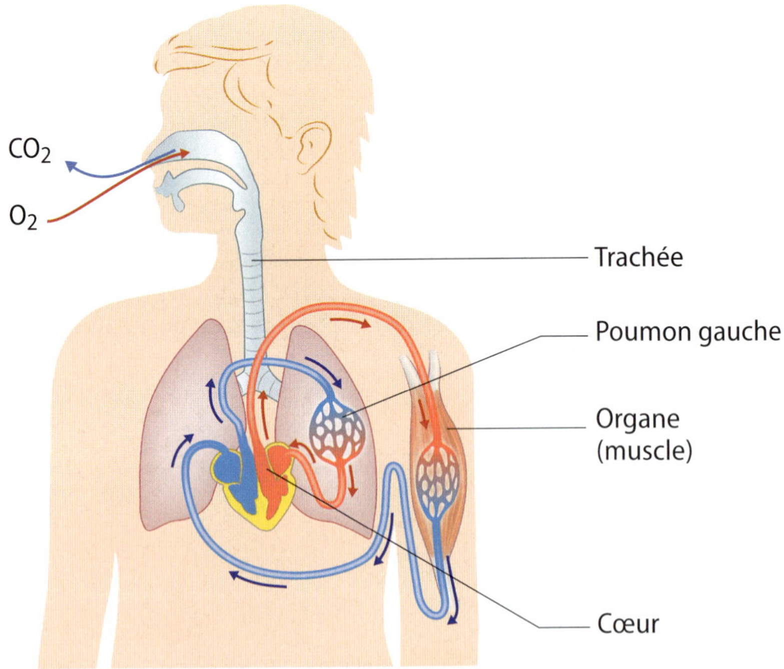

Doc. 1 Schéma simplifié de la circulation sanguine

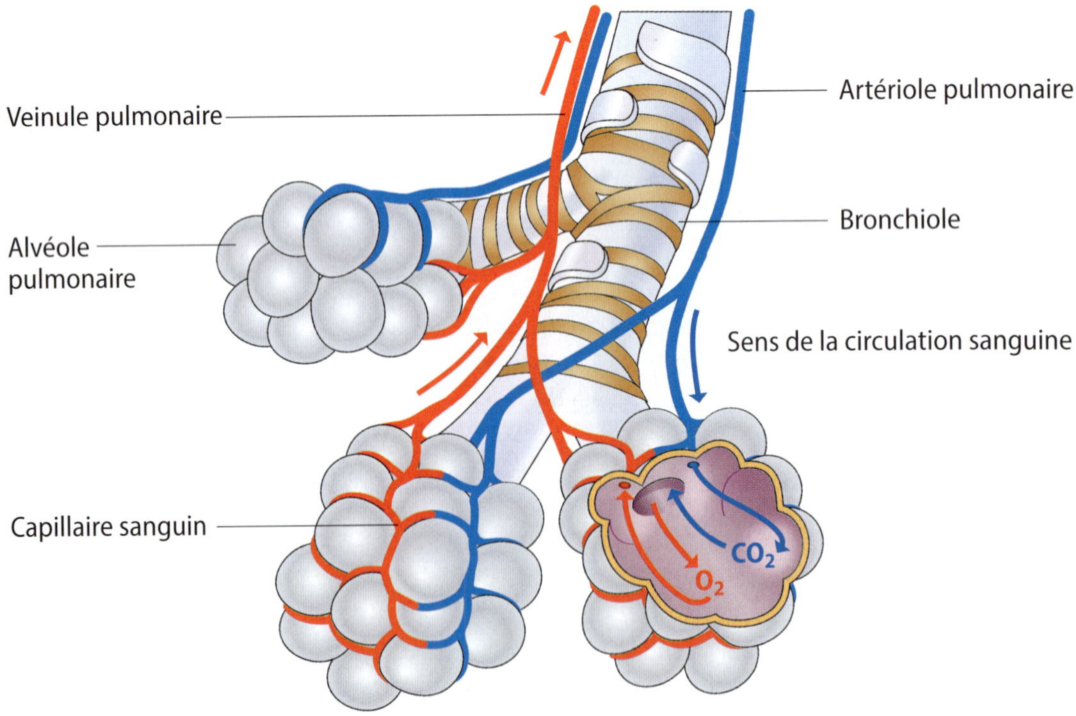

Doc. 2 Schéma de trois sacs alvéolaires

Compétence travaillée :
D4. Interpréter des résultats et en tirer des conclusions.

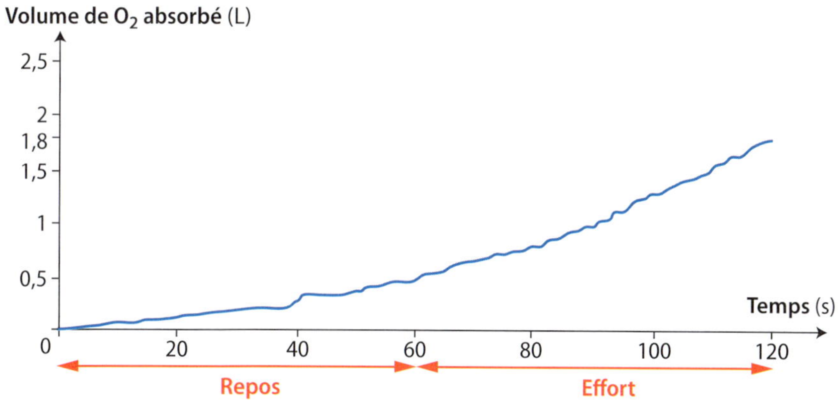

À l'aide d'un dispositif ExAO, il est possible de mesurer le volume de dioxygène cumulé au cours de l'expérimentation.

Doc. 3 Volume de dioxygène absorbé par le sang au niveau de l'alvéole, pendant 120 s, en fonction de l'activité

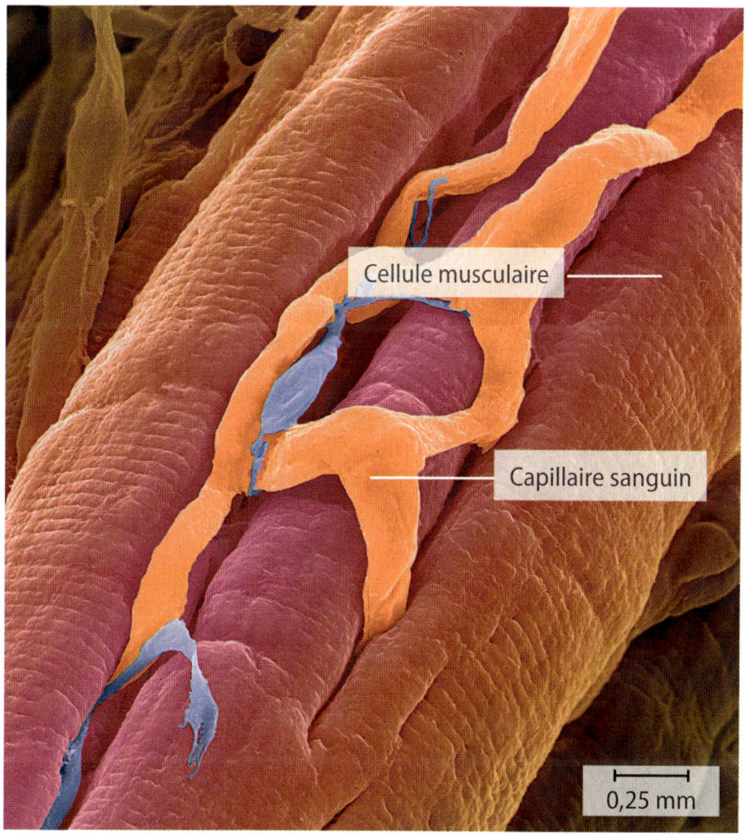

Photo de cellules musculaires (microscope électronique, fausses couleurs).

Lors d'un effort physique, le muscle en activité produit plus d'énergie que lorsqu'il est au repos.

Composition du sang **entrant** dans une cellule musculaire en fonction de l'activité.

Concentrations pour 100 mL de sang	Au repos	À l'effort
Dioxygène (mL)	20	20
Glucose (mg)	90	90

Composition du sang **sortant** d'une cellule musculaire en fonction de l'activité.

Concentrations pour 100 mL de sang	Au repos	À l'effort
Dioxygène (mL)	15	5
Glucose (mg)	80	50

Doc. 4 Les échanges entre le sang et les cellules musculaires

Pour conclure

Expliquer à l'échelle cellulaire les modifications constatées lors d'un effort physique.

Livret AP p. 22

Vocabulaire

- **Alvéole pulmonaire :** dans le poumon, petit sac aérien poreux où se déroulent les échanges gazeux avec le sang.

Bilan

... par le texte

Activité 1

Des modifications cardio-ventilatoires au cours d'un effort physique à l'échelle des organes

- Après un effort physique, on a chaud, on est rouge et on transpire. On ressent son cœur battre plus vite et on est essoufflé.
- Ces modifications cardio-ventilatoires s'expliquent par une augmentation de la ventilation et une augmentation de la fréquence cardiaque. Cette dernière permet un apport plus important de sang aux muscles en activité.

Activité 2

Des modifications cardio-ventilatoires au cours d'un effort physique à l'échelle des cellules

- L'augmentation de la ventilation permet un passage plus important du dioxygène des poumons vers le sang.
- L'augmentation de la fréquence cardiaque permet de transporter plus de dioxygène des poumons aux cellules musculaires et également un apport plus important en glucose.
- Lors d'un effort physique, des modifications cardio-ventilatoires permettent donc un apport plus important de dioxygène et de glucose aux cellules musculaires.
- Au cours d'un effort physique, le besoin en énergie des cellules musculaires qui se contractent est plus important. Les cellules produisent leur énergie grâce à une réaction chimique entre le dioxygène et le glucose. L'augmentation de la ventilation et de la fréquence cardiaque permettent ainsi de répondre aux besoins plus importants des muscles.

À savoir :	Activités	Exercices
• Identifier les variations de la fréquence cardiaque et de la ventilation au cours d'un effort physique.	1	7 8
• Identifier les modifications vasculaires au cours d'un effort physique .	1 2	4 5 6
• Expliquer les modifications cardio-ventilatoires à l'échelle cellulaire au cours d'un effort physique.	2	8

… par l'image

Individu au repos

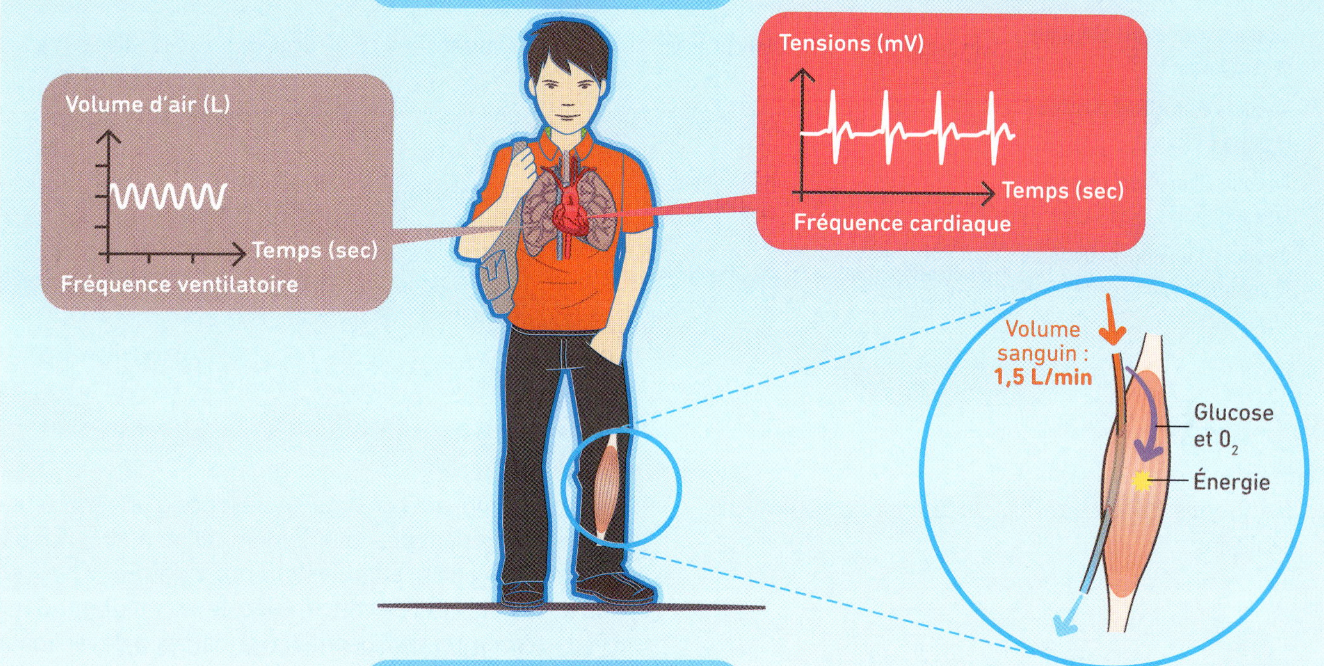

Individu en activité

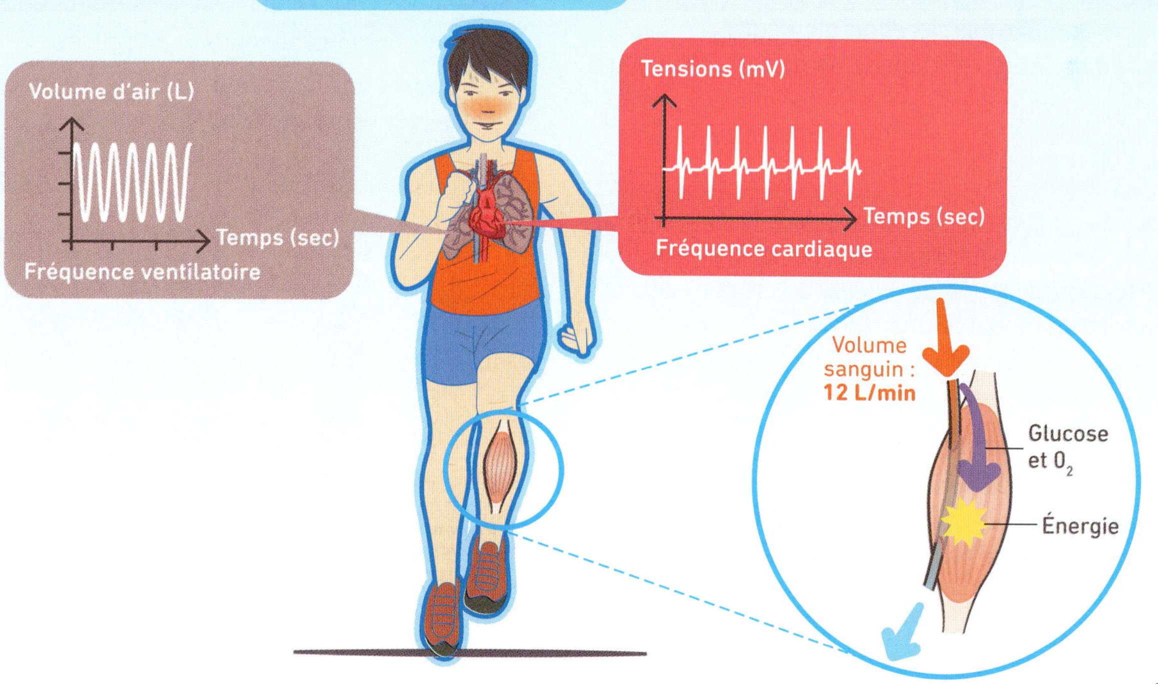

L'adaptation cardio-ventilatoire lors de l'effort

Mots à savoir définir

fréquence cardiaque • ventilation • capillaire

Exercer ses compétences

1 QCM 1 Choisir la proposition correcte.

QCM 2

	A	B	C	D	En cas de doute, lire
1. Au cours d'un effort physique, la fréquence cardiaque :	diminue.	augmente.	devient nulle.	reste constante.	1 p. 272
2. Au cours d'un effort physique, la ventilation :	augmente.	devient nulle.	reste constante.	diminue.	1 p. 273
3. Au cours d'un effort physique le muscle utilise :	moins de glucose.	plus de protéines.	plus de glucose.	plus de lipides.	2 p. 275
4. Au cours d'un effort physique les capillaires :	sont moins nombreux.	contiennent plus de sang.	sont plus nombreux.	contiennent moins de sang.	1 p. 273
5. Au cours d'un effort physique, le volume de dioxygène absorbé :	est plus important qu'au repos.	est plus faible qu'au repos.	est identique à celui du repos.	devient nul.	2 p. 275

▶ Voir corrigés p. 413

2 D1. Définir

Définir les termes suivants :
a. fréquence cardiaque ; **b.** artère ; **c.** ventilation ; **d.** capillaire.

3 D1. Rédiger

Rédiger une phrase à l'aide des mots suivants :

a. activité physique, fréquence cardiaque, repos ;
b. volume sanguin, muscle, effort physique ;
c. cellule musculaire, effort physique, glucose, dioxygène.

4 D4. Interpréter des résultats et en tirer des conclusions

Les muscles prélèvent du glucose dans le sang afin de produire de l'énergie nécessaire à leur fonctionnement. On étudie la consommation de glucose au cours d'exercices physiques de différentes intensités.

1. **Décrire** les variations de la quantité de glucose consommée au cours d'un exercice physique.
2. **Comparer** les variations de la consommation de glucose en fonction du type d'activité.
3. **Émettre** une hypothèse sur les variations de la consommation de glucose en fonction du type d'activité.

Temps (min)	0	5	10	20
Exercice faible	36	52	135	144
Exercice modéré	36	86	225	250
Exercice intense	36	230	648	675

Doc. 1 Consommation de glucose (mg/min) en fonction du temps

5 D4. Proposer une ou des hypothèses pour résoudre un problème

Des chercheurs ont constaté la présence d'une molécule, l'ecdystérone, dans des compléments alimentaires pris par des sportifs voulant stimuler leur musculature.
Afin de tester l'effet de cette molécule, ils ont donné 5 mg d'ecdystérone par jour, pendant 3 semaines, à des animaux de laboratoire.

1. **Comparer** les volumes de sang contenus dans les différents organes, au repos et en activité.
2. **Proposer** une hypothèse pour expliquer les variations observées entre le repos et l'exercice.

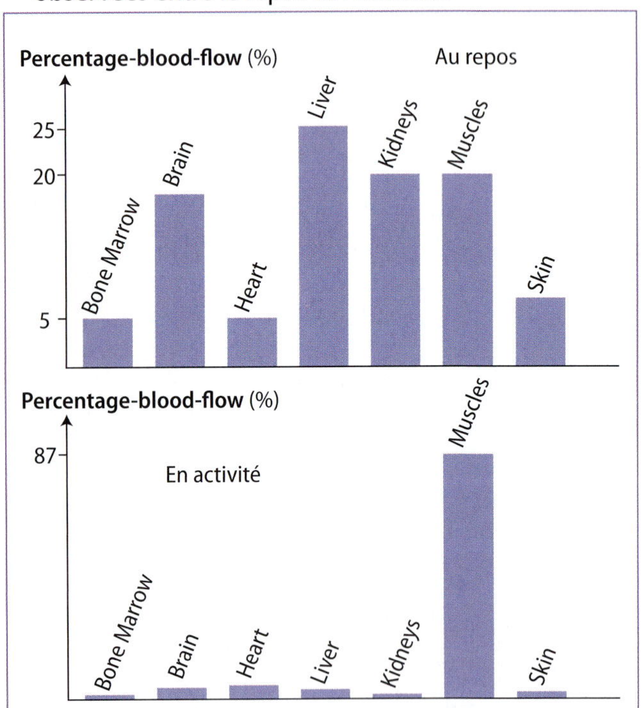

Doc. 1 Répartition du volume sanguin au repos et en activité chez les animaux

6 D4. Interpréter des résultats et en tirer des conclusions

1. **Comparer** l'évolution de la consommation du dioxygène au cours du temps en fonction du type d'activité.
2. **Expliquer** la modification du volume de dioxygène consommé en fonction du type d'effort.

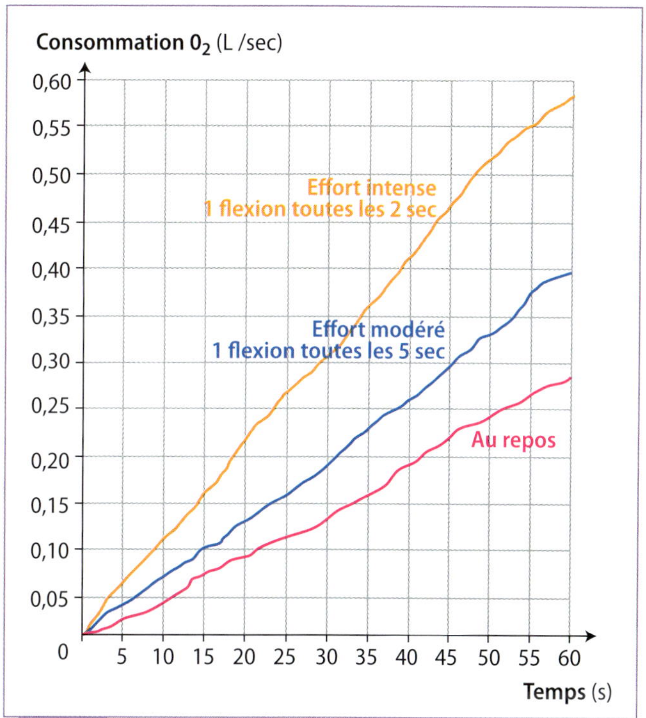

Doc. 1 Volume de O_2 consommé en fonction du temps et de l'activité

7 D4. Proposer une ou des hypothèses pour résoudre un problème

Les cellules produisent, grâce à une réaction chimique, de l'énergie à partir du glucose et du dioxygène. Une partie de l'énergie est utilisée par les muscles, une autre est dégagée sous forme de chaleur. On a mesuré le dégagement de chaleur d'un culturiste au cours d'un effort physique. La couleur rouge correspond à un fort dégagement de chaleur à l'opposé de la couleur bleue.

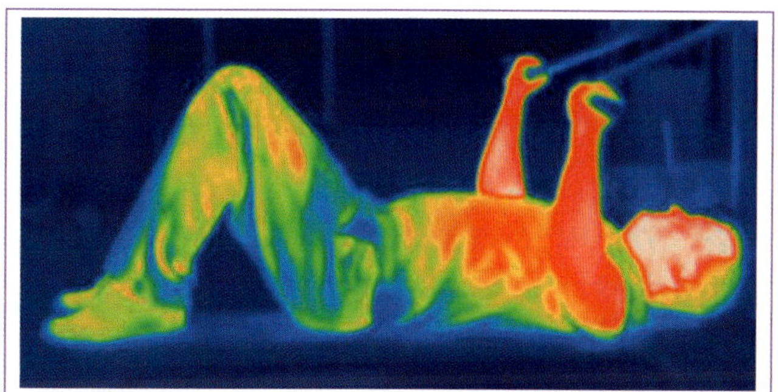

Doc. 1 Thermographie d'un culturiste

1. **Proposer** une hypothèse pour expliquer les différences de couleur de la thermographie ci-dessus.

8 résolu D4. Interpréter des résultats et en tirer des conclusions

Pour fonctionner, les muscles ont besoin d'énergie qu'ils produisent à partir de glucose et de dioxygène.

Consigne : Expliquer la relation entre l'énergie, le glucose et le dioxygène en fonction de l'activité de l'individu.

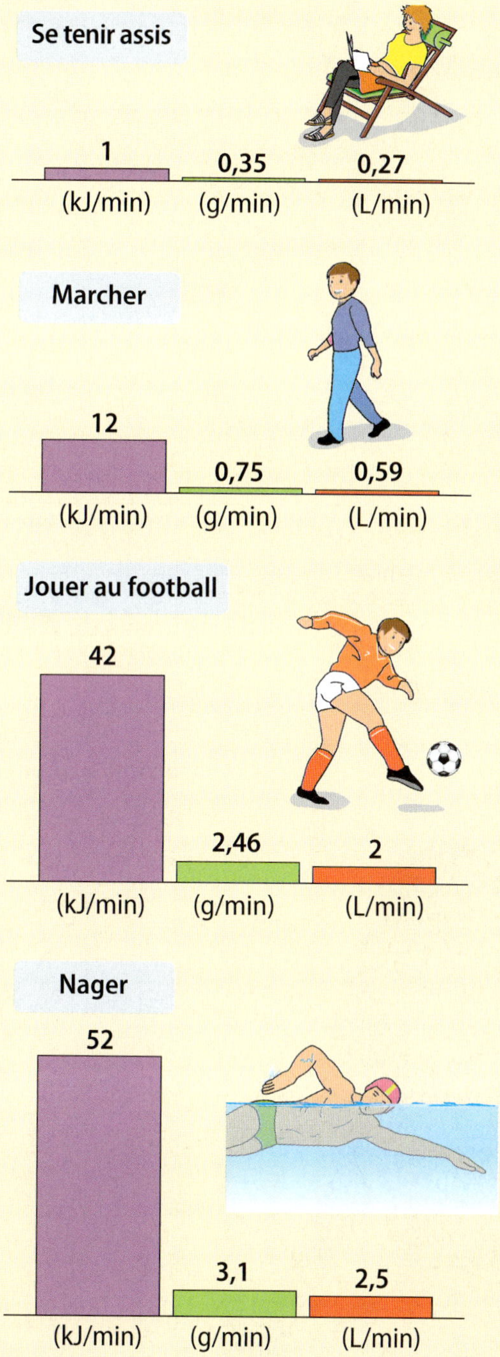

- Énergie produite (en kJ/min)
- Glucose utilisé par les muscles (en g/min)
- Dioxygène utilisé par les muscles (en L/min)

Livret AP p. 22

Activité 1

Pourquoi n'est-il pas possible de dépasser certaines limites lors d'un effort ?

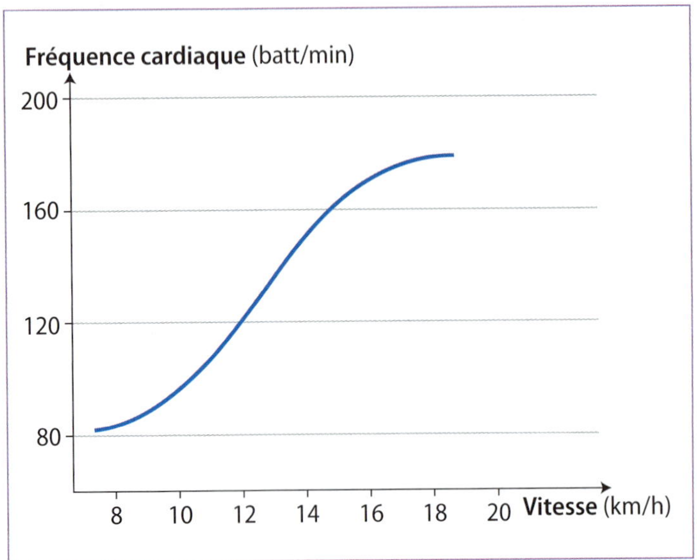

Doc. 1 Variation de la fréquence cardiaque d'une personne en fonction de sa vitesse de course

Fréquence cardiaque (batt/min) \ Personne	Sédentaire	Sportif
Avant l'effort	73	63
Pendant l'effort	174	152

Doc. 3 Fréquence cardiaque en fonction de l'activité physique et de l'entraînement sportif

Vitesse de course (km/h)	9	12	15	16	17
Volume d'air ventilé (L/min)	30	59	100	100	100

Doc. 4 Évolution du volume d'air ventilé d'un sportif en fonction de sa vitesse

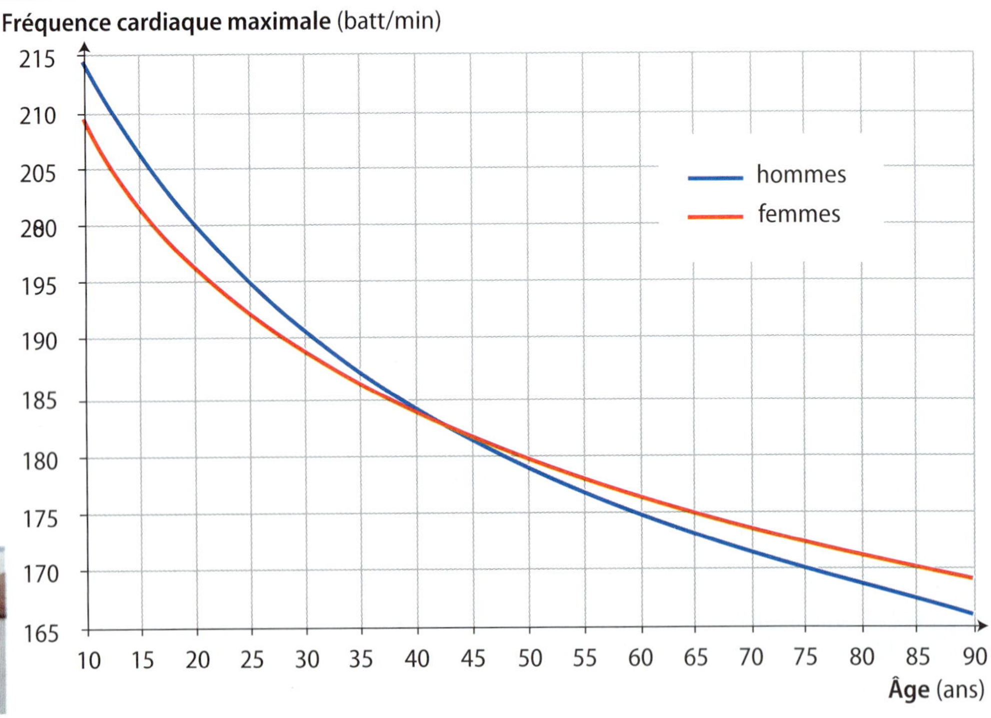

Doc. 2 Variation de la fréquence cardiaque maximale en fonction de l'âge et du sexe

Compétence travaillée :
D1. Lire et exploiter des données présentées sous différentes formes.

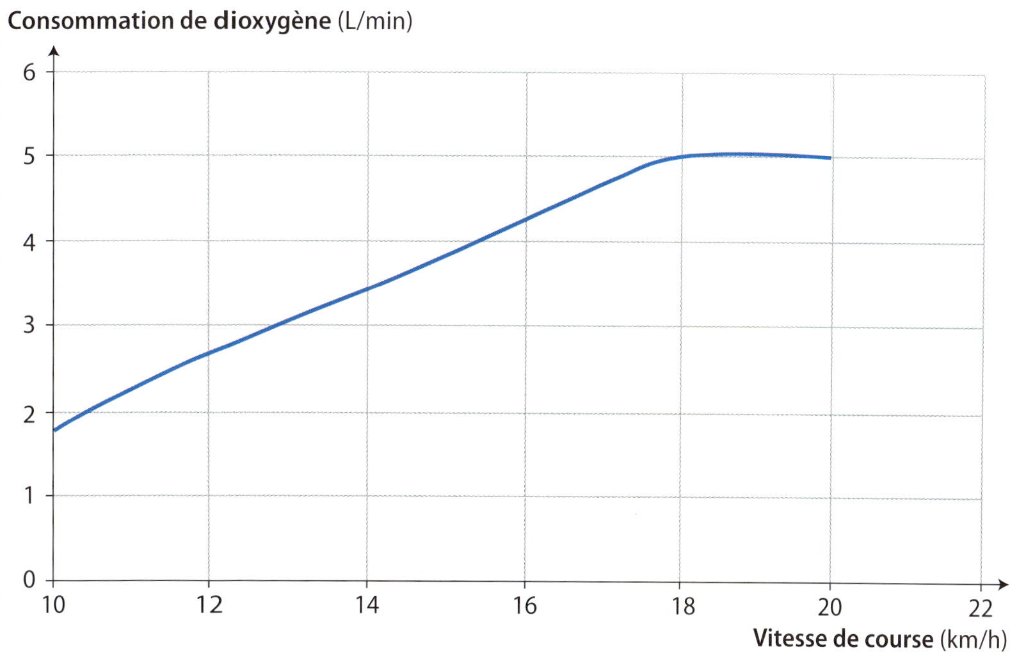

Doc. 5 Consommation de dioxygène d'un individu en fonction de sa vitesse de course à pied

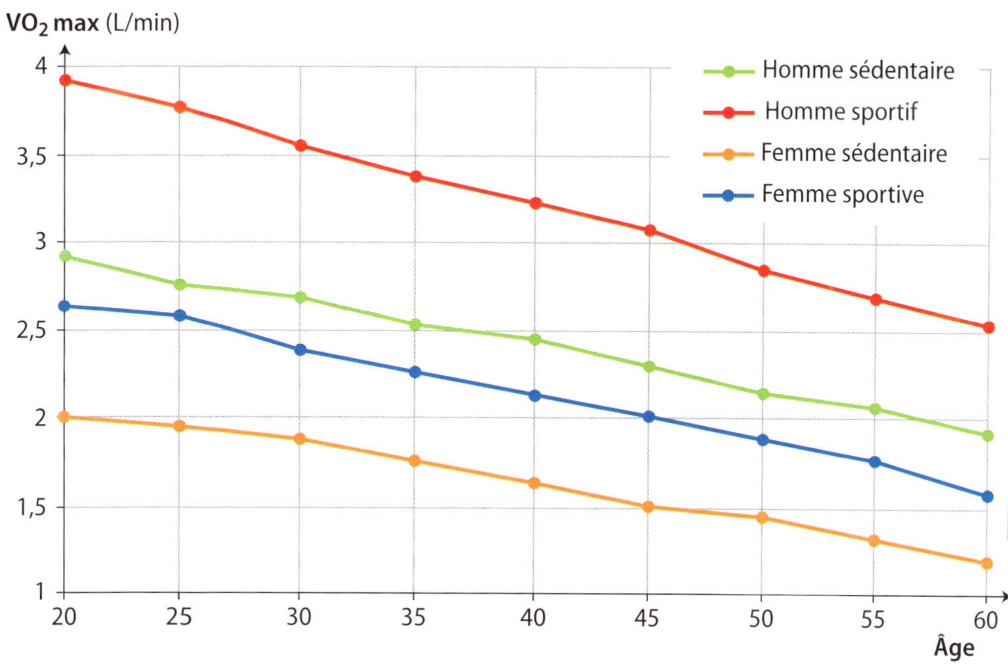

Doc. 6 Variation du VO_2 max en fonction de l'entraînement sportif, du sexe et de l'âge des individus

Pour conclure

Identifier les caractéristiques de l'organisme à l'origine des limites à l'effort.

▸ Livret AP p. 22

Vocabulaire

- **Sédentaire :** qui effectue peu d'activité physique.
- **VO_2 max :** volume maximal de dioxygène par unité de temps.

Activité

2 Comment le cerveau traite-il les messages reçus ?

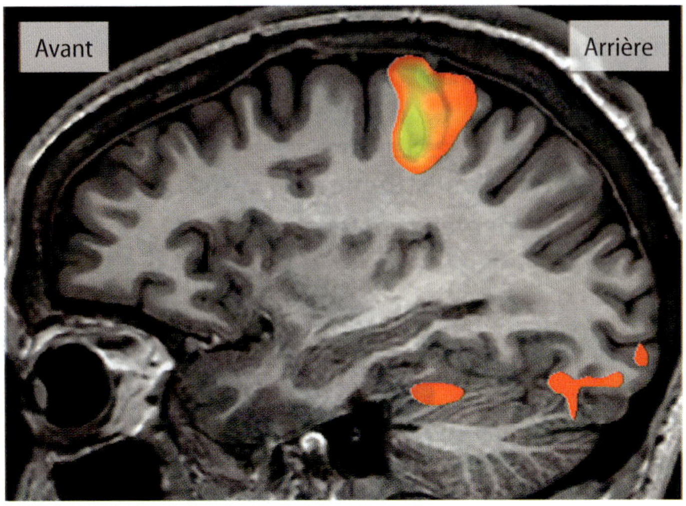

ⓐ Activité cérébrale lors de la prise d'un objet avec une main

L'IRM (Imagerie par Résonance Magnétique fonctionnelle) est une technique d'imagerie médicale permettant de visualiser une zone active du cerveau repérable par une couleur allant du jaune au rouge.

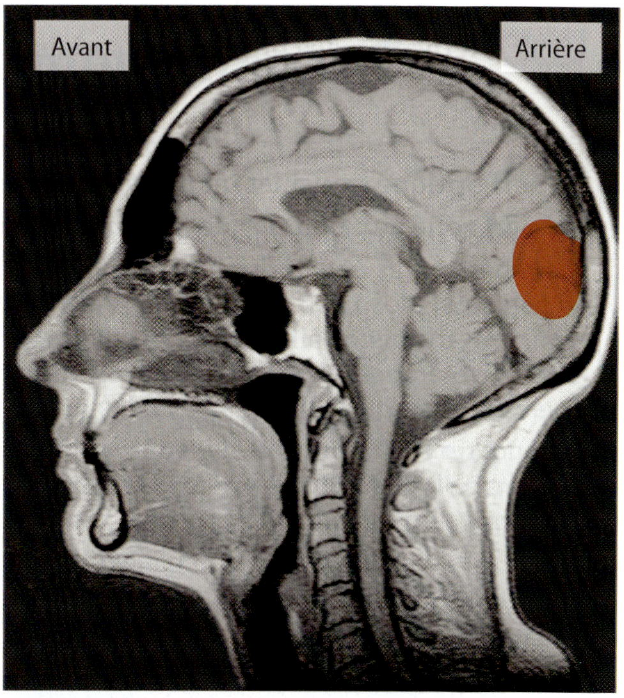

ⓑ Activité cérébrale lors de la lecture d'un texte

Doc. 1 Identification de zones du cerveau spécialisées dans une fonction

Le cerveau est organisé en régions, appelées aires, qui sont spécifiques à une action.

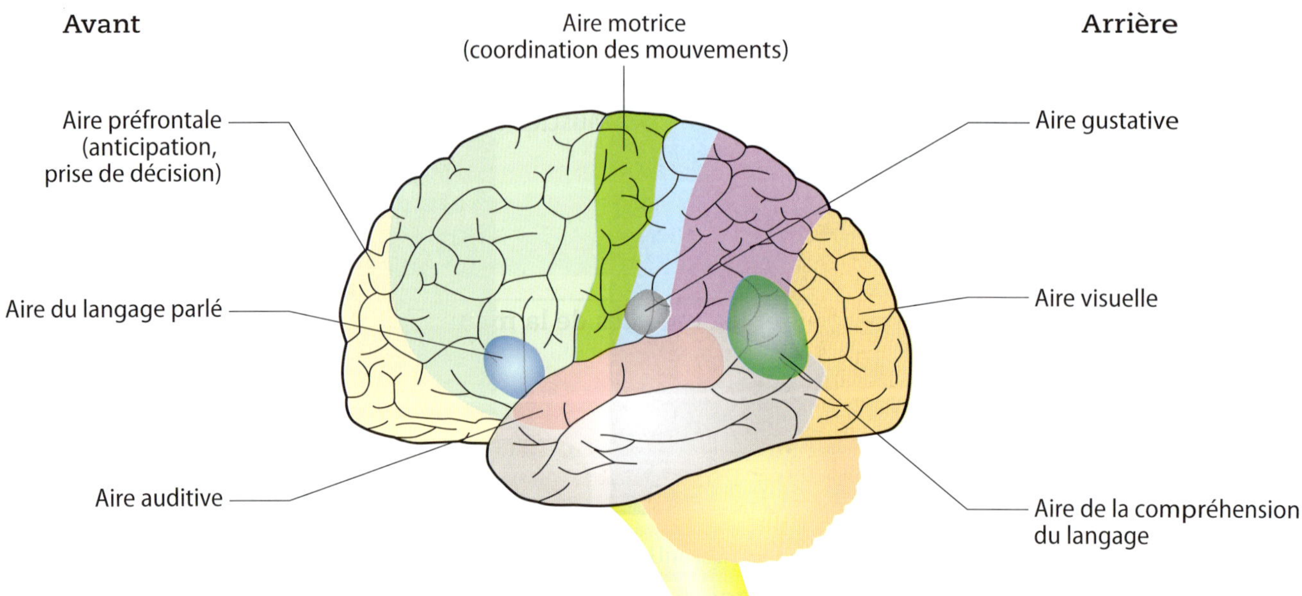

Doc. 2 Les aires spécialisées du cerveau

Compétence travaillée :
D4. Interpréter des résultats et en tirer des conclusions.

Pour marquer un panier, le joueur prend en compte le défenseur qui lui fait face, la localisation du panier et les conseils criés par ses coéquipiers.

Le cerveau reçoit des informations de différents organes des sens qu'il traite pour élaborer une réponse qui soit adaptée à la situation. Les muscles effecteurs recevant le message nerveux se contractent.

Doc. 3 Le cheminement des informations lors d'un match de basket

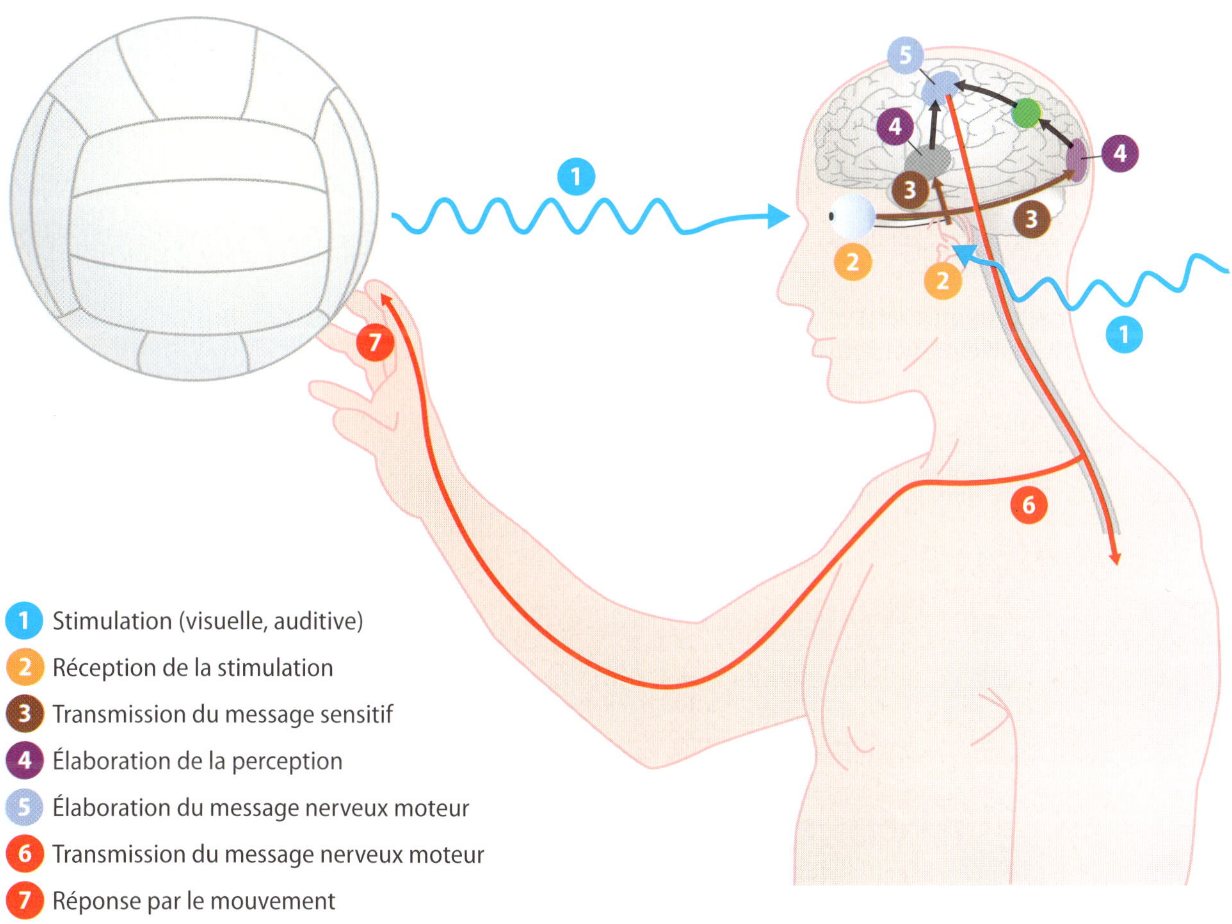

Doc. 4 Les étapes du traitement des messages reçus par le cerveau lors d'un match de basket

Pour conclure

Expliquer comment le cerveau traite les différents messages sensoriels puis élabore des réponses pour réaliser un mouvement.

Livret AP p. 23

Activité 3

Comment se réalise la communication nerveuse à l'échelle cellulaire ?

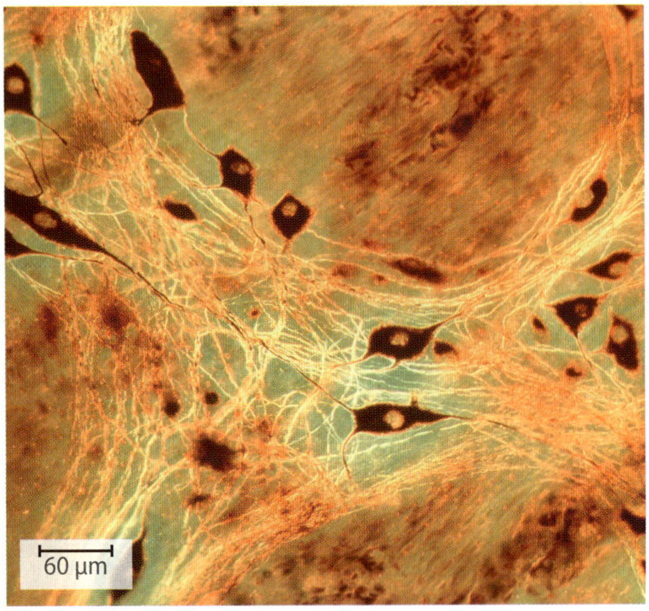

a Neurones vus au microscope optique

Les neurones, cellules nerveuses, localisées notamment dans le cerveau, véhiculent un message nerveux de nature électrique. Ils sont en contact les uns avec les autres.

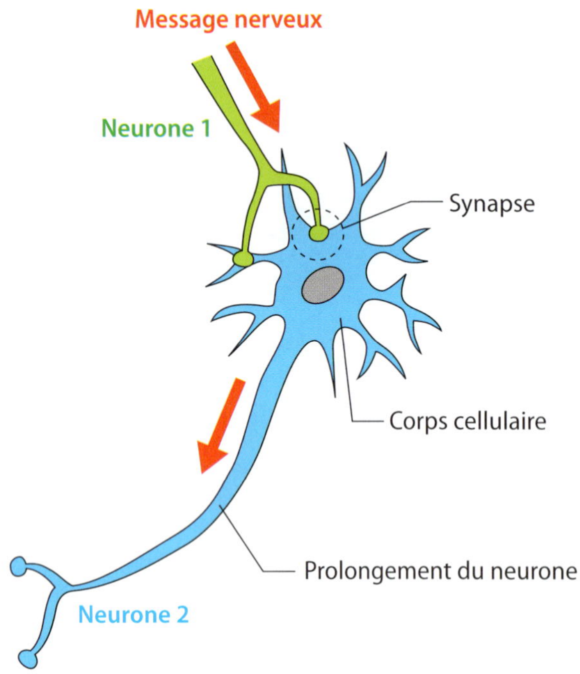

b Schéma du contact entre deux neurones

Doc. 1 Des cellules nerveuses connectées en réseau

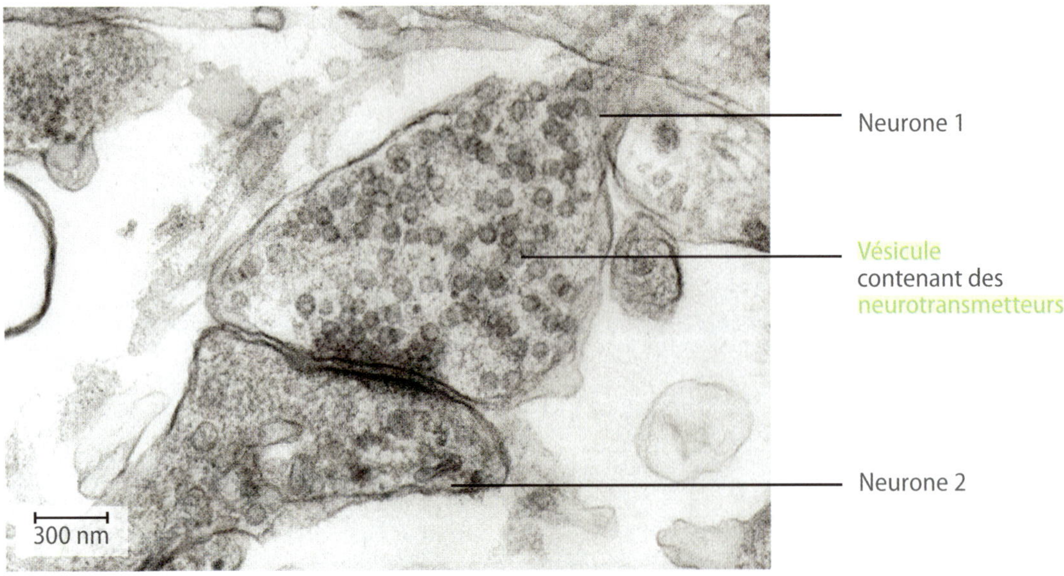

Doc. 2 La synapse, zone de contact entre deux neurones (MET)

Compétence travaillée :
D4. Proposer une ou des hypothèses pour résoudre un problème.

Le fonctionnement d'une synapse — manuel numérique

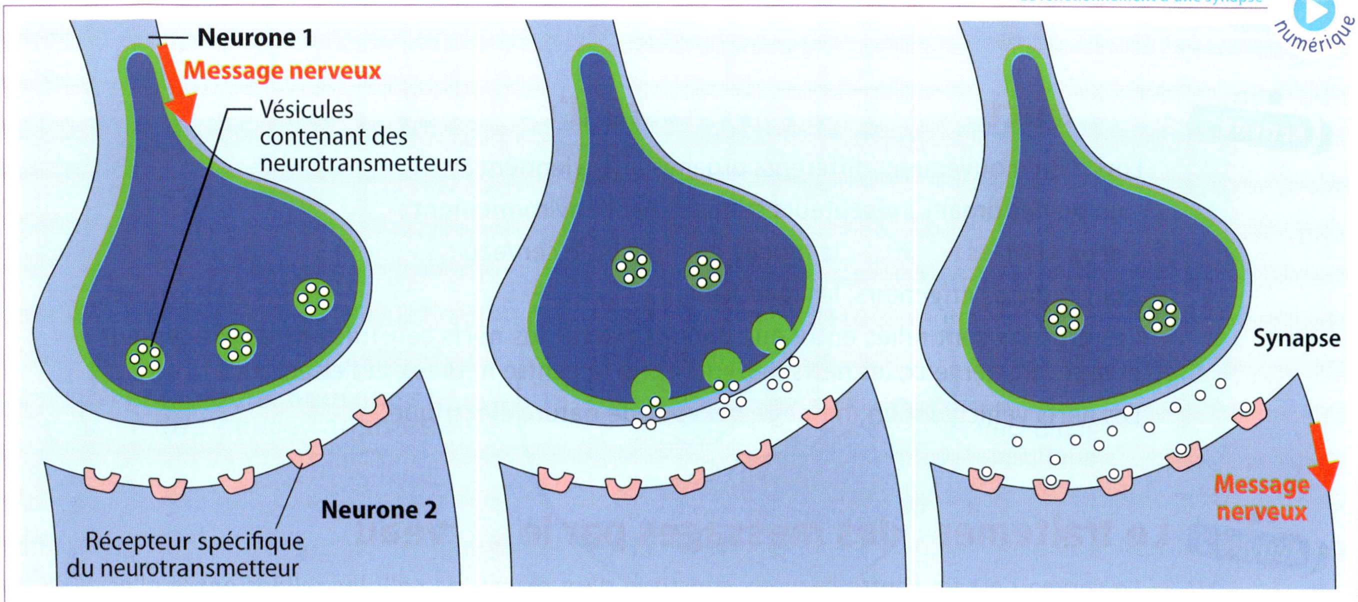

Doc. 3 Le transfert d'un message nerveux d'un neurone à l'autre

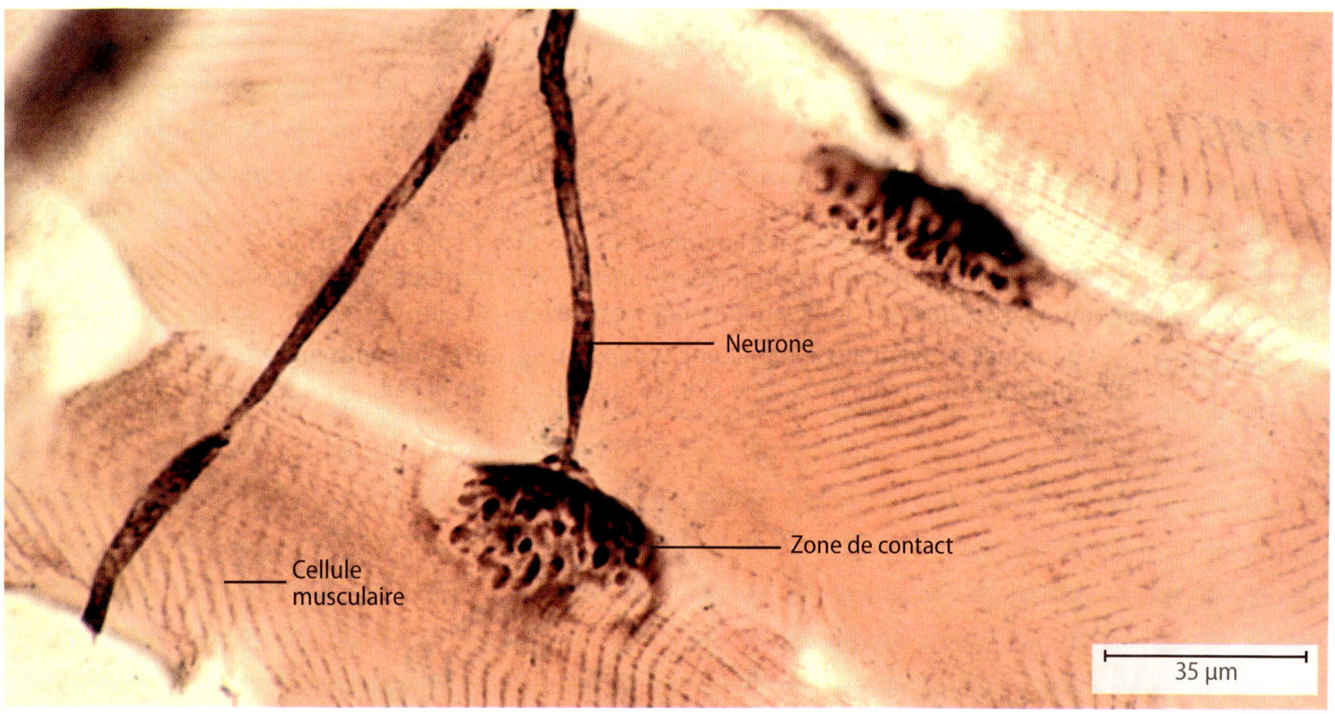

Doc. 4 La synapse neuromusculaire, zone de contact entre un neurone et une cellule musculaire (MEB)

Pour conclure

Rédiger, à partir des documents étudiés, une hypothèse sur la communication entre deux cellules au niveau d'une synapse.

▸ Livret AP p. 23

Vocabulaire

- **Vésicule :** élément d'une cellule en forme de sac contenant une molécule, ici le neurotransmetteur.
- **Neurotransmetteur :** molécule libérée par un neurone qui va se fixer sur des récepteurs spécifiques au niveau d'une synapse.

Exercer ses compétences

manuel numérique QCM 2

1 QCM 1 Choisir la proposition correcte.

	A	B	C	D	En cas de doute, lire
1. Les drogues agissent :	sur les récepteurs sensoriels.	sur les nerfs.	au niveau des synapses.	sur les organes effecteurs.	2 p. 300
2. Écouter régulièrement de la musique à un niveau trop élevé :	peut détruire une partie du nerf auditif.	peut détruire une partie des récepteurs.	peut détruire une partie des neurones cérébraux.	n'a jamais d'effet.	1 p. 298
3. Le manque de sommeil :	n'a aucune conséquence sur l'individu.	provoque uniquement les yeux rouges.	diminue le fonctionnement du système nerveux.	augmente la réflexion.	1 p. 298
4. Fumer :	a des conséquences uniquement individuelles.	a des conséquences uniquement collectives.	n'a aucune conséquence.	a des conséquences individuelles et collectives.	3 p. 301
5. Pratiquer des jeux vidéo :	n'a aucune conséquence.	a uniquement des conséquences individuelles.	a des conséquences individuelles et collectives.	a uniquement des conséquences familiales.	3 p. 301

▶ Voir corrigés p. 413

2 D1. Définir

Définir les termes suivants :
a. drogue ;
b. addiction.

3 D1. Rédiger

Rédiger une phrase à l'aide des mots suivants :
a. fatigue, organes effecteurs, cerveau ;
b. bruit, audition, récepteurs sensoriels.

4 résolu D4. Interpréter des résultats et en tirer des conclusions

La dopamine est le neurotransmetteur du plaisir. Lorsqu'il en produit en grande quantité, l'individu ressent un bien-être physique et mental. Le THC est la substance active présente dans le cannabis qui provoque une augmentation de la libération de la dopamine dans le cerveau.
La libération de dopamine a été étudiée chez des rats après une injection de THC à des doses provoquant un comportement addictif chez le rat.
La naloxone est une molécule qui peut être utilisée pour arrêter progressivement la prise de certaines drogues, dont le cannabis.

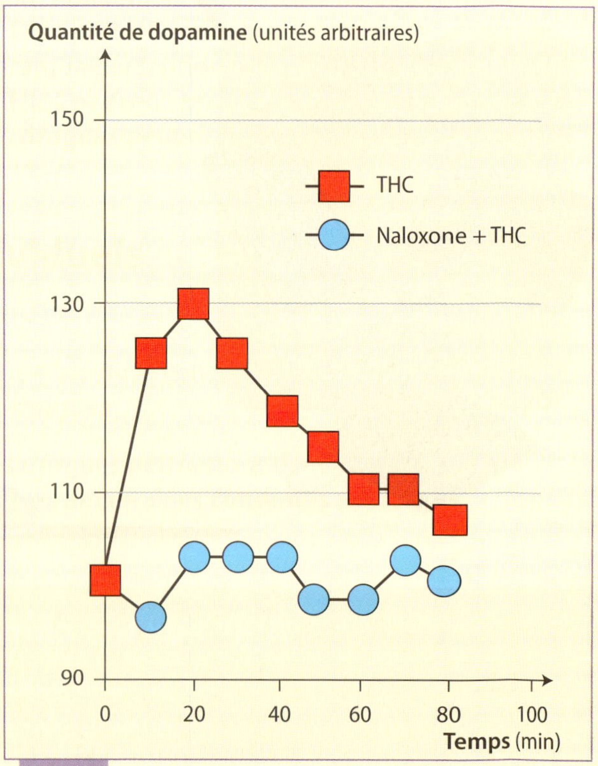

Doc. 1 Quantité de dopamine libérée en fonction du temps après l'injection de molécules différentes

1. **Indiquer** quels sont les effets du THC.
2. **Expliquer** l'intérêt de prendre de la naloxone dans le cadre d'un arrêt progressif de cannabis.

▶ Livret AP p. 24

5 D1. Lire et exploiter des données présentées sous différentes formes

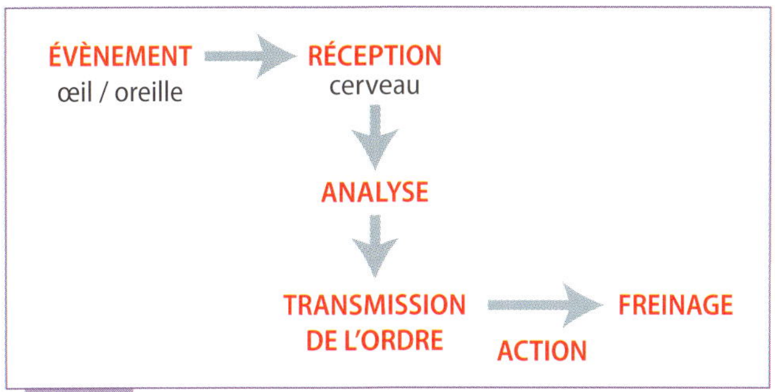

Doc. 1 Circuit du message nerveux lors d'une réaction de freinage à une stimulation de danger en voiture

Le temps de réaction de freinage est de :
- une seconde si on est en reposé ;
- deux secondes si on est fatigué ou si on a conduit plus de deux heures sans s'arrêter ;
- trois secondes si on a consommé de l'alcool ou fumé un joint de cannabis.

Durant ce temps de réaction, le véhicule continue de rouler toujours à la même vitesse.

Doc. 2 Temps de réaction de freinage

1. **Calculer** la distance parcourue pendant le temps de réaction en fonction de l'état de l'individu et de sa vitesse : 50, 90 et 130 km/h.
2. **Expliquer** les directives publiques conseillant de s'arrêter toutes les deux heures sur la route et les interdictions d'alcool et de cannabis au volant.

6 D4. Interpréter des résultats et en tirer des conclusions

Un implant cochléaire est un dispositif médical électronique destiné à restaurer l'audition de personnes atteintes d'une perte d'audition sévère à profonde. Il transforme les informations auditives en signal électrique au niveau de l'oreille moyenne.

Fonctionnement du dispositif

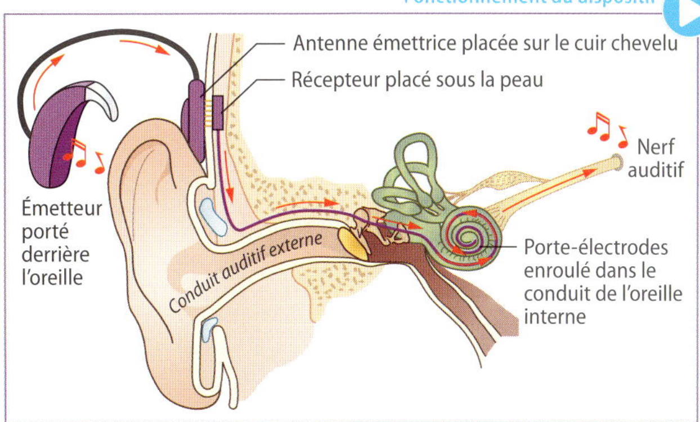

Doc. 1 Fonctionnement d'un implant cochléaire

1. **Expliquer** l'intérêt de transformer les informations auditives en signaux électriques.
2. **Expliquer** l'emplacement des électrodes dans l'oreille interne.

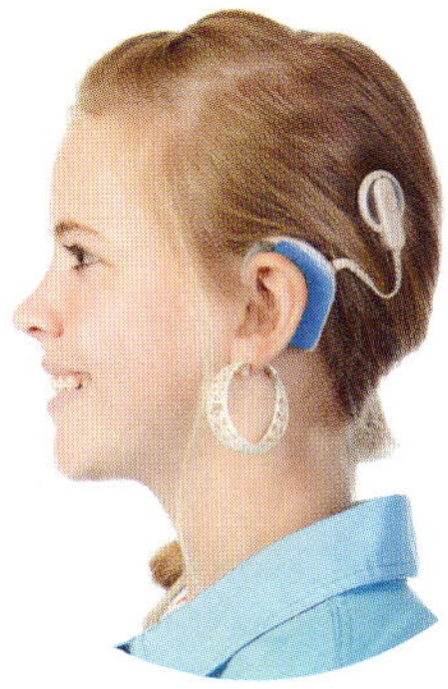

7 D4. Proposer une ou plusieurs hypothèses pour résoudre un problème

La caféine, drogue agissant sur le comportement, est couramment consommée dans de nombreux pays sous forme de café, thé ou de boissons de type cola. Le café en contient de 65 à 110 mg par tasse, le thé de 40 à 60 mg par tasse, et les boissons de type cola environ 40 mg par verre.

La caféine se fixe sur des récepteurs des synapses des neurones du cerveau, provoquant une stimulation cérébrale.

Des expériences ont été menées sur des soldats avec peu de sommeil. On leur a donné des doses différentes de caféine. Ils se sont ensuite entraînés au tir sous l'ordre d'un instructeur.

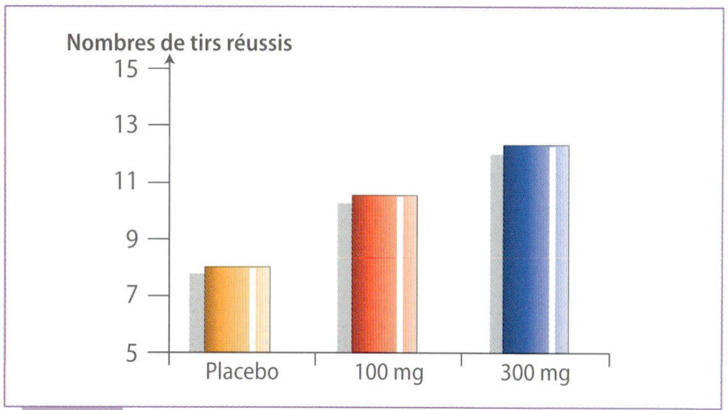

Doc. 1 Nombre de tirs réussis en fonction de la dose de caféine reçue

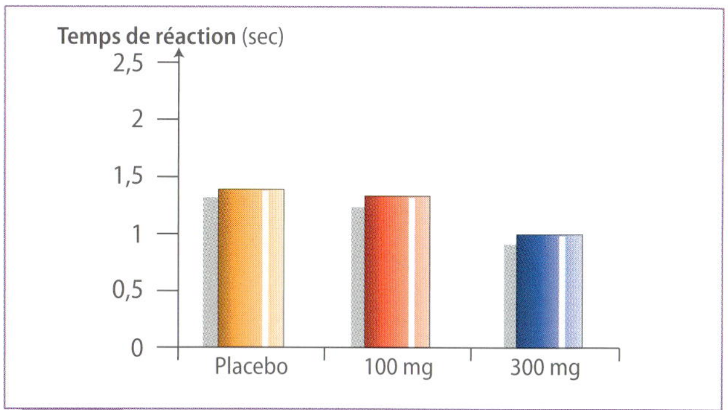

Doc. 2 Temps de réaction entre l'ordre et le tir effectué en fonction de la dose de caféine reçue

1. **Préciser** les conséquences de la caféine sur les soldats.
2. **Émettre** une hypothèse sur l'intérêt de donner de la caféine aux soldats pendant les combats.

Bilan
Attendu de fin de cycle

... par le texte

1 L'effort physique et les limites physiologiques

- Différentes modifications s'effectuent au cours d'un effort physique :
  – les **fréquences cardiaque** et **ventilatoire** augmentent ;
  – le volume sanguin arrivant aux muscles augmente.
- Ces variations sont liées aux besoins en énergie accrus pour le fonctionnement des muscles en relation avec un apport plus important de dioxygène et de glucose transportés par le sang.
- Chaque individu rencontre ses propres limites à l'effort qui dépendent de son VO_2max et de ses capacités pulmonaire et cardiaque. L'entraînement permet d'augmenter ses capacités mais seulement jusqu'à une certaine limite.
- Avoir une bonne hygiène de vie, comme un sommeil suffisant et une bonne alimentation ainsi qu'un entraînement sportif responsable, sans **dopage** ni surentraînement, permettent un bon fonctionnement cardio-ventilatoire.

2 Le fonctionnement du système nerveux et sa préservation

- Différents organes interviennent dans la commande du mouvement :
  – les récepteurs stimulés par l'environnement ;
  – les **centres nerveux** (cerveau et moelle épinière) ;
  – les effecteurs (muscles).
- Le **message nerveux** est transmis par des **nerfs** sensitifs et moteurs entre les différents organes.
- Le cerveau traite les différentes informations qui lui parviennent dans des aires spécialisées constituées de **neurones**. Ces neurones sont reliés entre eux par des synapses où la communication s'effectue via des neurotransmetteurs.
- L'activité nerveuse peut être perturbée par différents facteurs comme le manque de sommeil, l'ingestion de drogues ou l'addiction aux jeux vidéo.
- Afin de protéger la santé des individus et la collectivité, des lois ont été votées, et des campagnes de prévention contre les addictions sont régulièrement réalisées.

... par l'image

manuel numérique

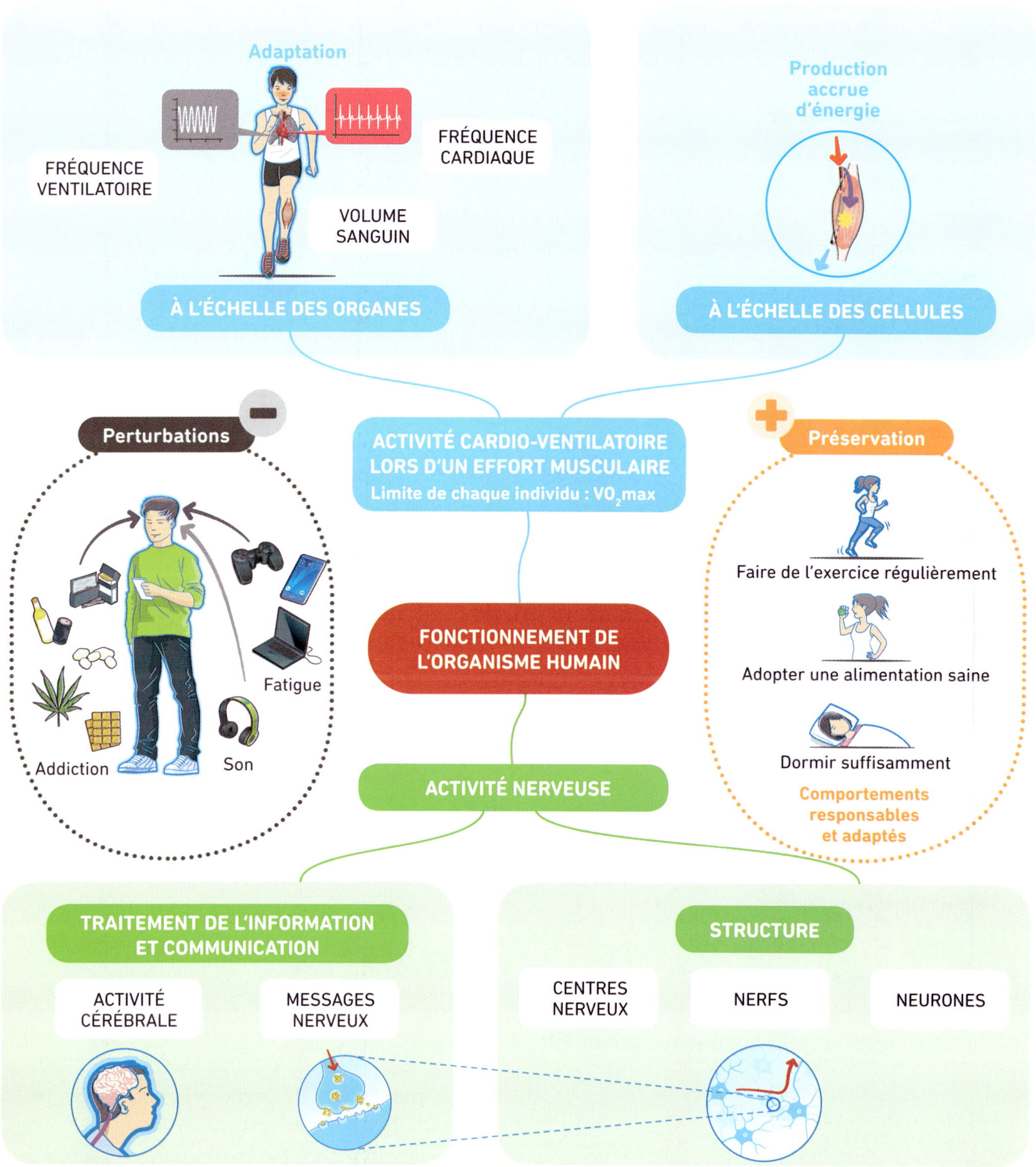

Mots à savoir définir

fréquence cardiaque • ventilation • dopage • centre nerveux • message nerveux • nerf • neurone

L'activité musculaire et nerveuse dans l'organisme humain

1 Tâche complexe — D1. Lire et exploiter des données présentées sous différentes formes

Arthur a plus de chance d'arriver avant Victor

Deux collégiens sont inscrits au cross de l'école. Arthur ne fume pas, à la différence de Victor.

Consigne : **Rédiger un texte argumenté pour expliquer qu'Arthur a plus de chance d'arriver avant Victor.**

Livret AP p. 24

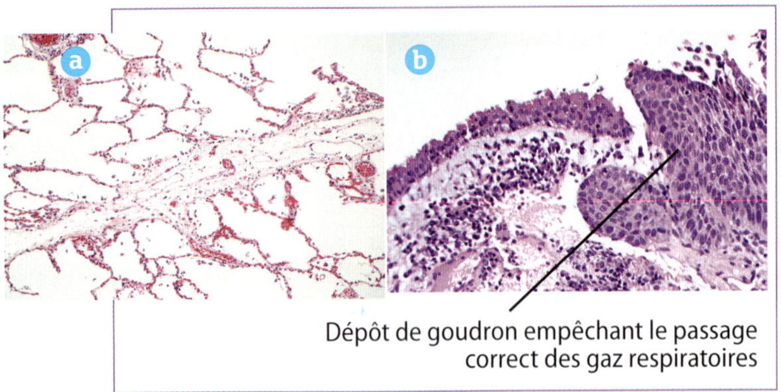

Doc. 1 Coupe transversale de poumons sain ⓐ et de poumons de fumeur ⓑ

	Volume de dioxygène en mL dans 100 mL de sang
Au repos	
Sang entrant dans le muscle	20
Sang sortant du muscle	15
À l'effort	
Sang entrant dans le muscle	20
Sang sortant du muscle	2

Doc. 2 Échanges sanguin au niveau d'un muscle

Volume de gaz en mL pour 100 mL de sang	Dioxygène	Dioxyde de carbone
Fumeur	11	64
Non-fumeur	20	49

Doc. 3 Bilans gazeux chez un fumeur et un non-fumeur (au repos)

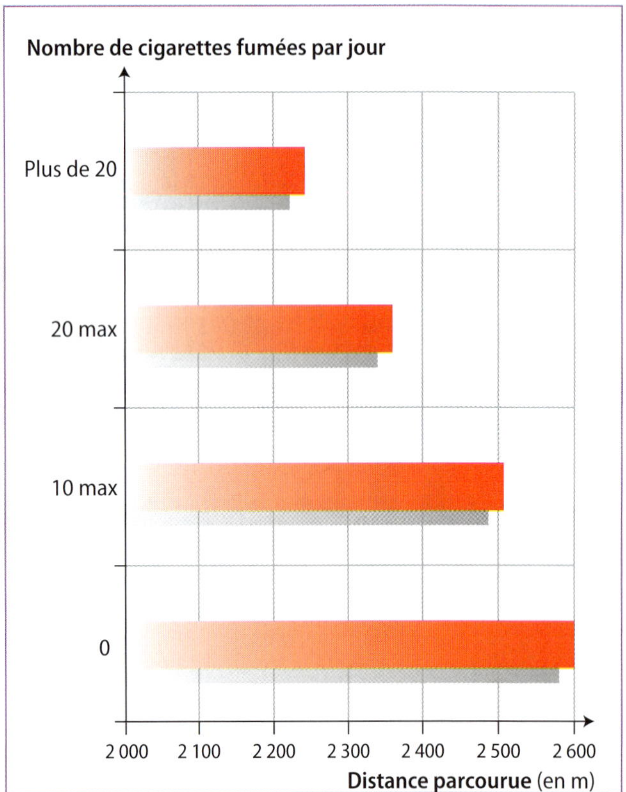

Doc. 4 Distance moyenne parcourue en 12 minutes en fonction du nombre de cigarettes fumées par jour

- Le **monoxyde de carbone** se fixe dans les hématies à la place du dioxygène.
- La **nicotine** accélère la fréquence cardiaque et favorise la formation de caillots sanguins dans les artères.
- Le **goudron** imprègne les alvéoles et les artères, réduisant le diamètre de ces dernières.

Doc. 5 Quelques composants d'une cigarette et leurs effets

2 Tâche complexe D4. Fonder ses choix de comportement responsable vis-à-vis de sa santé ou de l'environnement sur des arguments scientifiques

L'intérêt des règles d'hygiène de vie

Aurélien, élève de 4e, a 13 ans. Le lundi matin, en cours des S.V.T., il baille et maintient ses yeux ouverts avec difficulté. Il a du mal à se concentrer et lutte pour ne pas s'endormir sur sa table. Ses résultats scolaires diminuant, le professeur décide de le signaler à l'infirmière.

▶ Consigne : **Rédiger un texte argumenté pour expliquer à Aurélien certaines règles d'hygiène de vie qu'il devrait respecter pour être en forme.**

▶ Livret AP p. 24

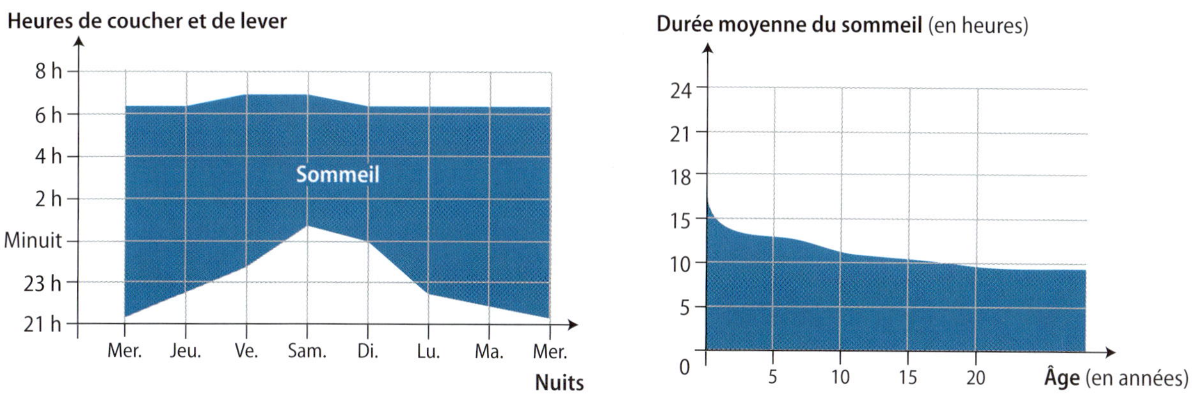

a Sommeil hebdomadaire d'Aurélien

b Sommeil recommandé pour les enfants et les adolescents

Doc. 1 Temps de sommeil comparés

Doc. 2 Les soirées d'Aurélien après le repas (Illustration de Jacques Azam)

En absence de lumière, le cerveau libère de la mélatonine, hormone responsable de l'endormissement et du sommeil.

Le jour, la concentration en mélatonine est basse, nous restons éveillés.

Doc. 3 La mélatonine, l'hormone du rythme biologique

Les conséquences possibles des anomalies du sommeil chez les adolescents :
- une irritabilité augmentée, colères fréquentes et insolence ;
- des troubles de la concentration, de l'attention et de la mémorisation ;
- un manque de lucidité vis-à-vis des actes commis ;
- une prise de poids ;
- une augmentation du risque d'anxiété ou de dépression.

Ces effets disparaissent lorsque l'adolescent peut dormir suffisamment avec des horaires compatibles avec son activité.

Doc. 4 Extrait du carnet du sommeil de l'INSV (Institut National du Sommeil et de la Vigilance)

En lien avec les parcours

Parcours santé

Des numéros d'aide pour la santé de chacun

1 Rechercher d'autres structures d'informations ou d'aides sur des problèmes de santé.

2 Réaliser un support de communication donnant des informations pour se diriger vers une structure adéquate en cas de besoin.

Avenir

Interview Métier : Eleni, psychiatre

Eleni, psychiatre

Quel métier aviez-vous envie d'exercer quand vous étiez adolescente ?
Je voulais être enseignante à l'école primaire comme mon père. J'ai modifié mes vœux au lycée après réflexion sur mes goûts personnels.

En quoi consiste votre métier ?
Je soigne les personnes qui ont des pathologies psychologiques et qui nécessitent la prescription de médicaments. Je travaille dans un centre spécialisé en équipe avec des psychologues ou du personnel d'autres horizons pour le suivi de patients.

Qu'est-ce qui vous a conduit à exercer ce métier ?
C'est l'envie d'aider les gens en difficulté mais aussi une certaine reconnaissance des patients pour mon travail. Cette spécialité offre une grande part de mystère à découvrir encore. C'est cela qui me passionne, ce métier mêle science et intuition.

Son parcours

La psychiatrie est une spécialité de la médecine. À l'issue d'un bac scientifique de préférence, il faut entrer en faculté de médecine pour passer le concours. Après six ans d'études, l'étudiant choisit sa spécialité et poursuit ses études pendant quatre ou cinq ans, puis soutient une thèse afin de pouvoir exercer.

Pour en savoir plus sur ce métier, consulter le site : www.onisep.fr web

L'alimentation humaine et la digestion

Attendu de fin de cycle

Expliquer l'alimentation humaine et la digestion jusqu'au niveau moléculaire et les relier aux enjeux liés aux comportements responsables individuels et collectifs en matière de santé

Villosités de l'intestin grêle

Comment expliquer la digestion et l'importance de l'alimentation pour la santé ?

Compétence travaillée :
D4. Proposer une ou des hypothèses pour résoudre un problème.

Activité 1 Comment expliquer la transformation des aliments dans le système digestif ?

manuel numérique Le brassage de l'estomac

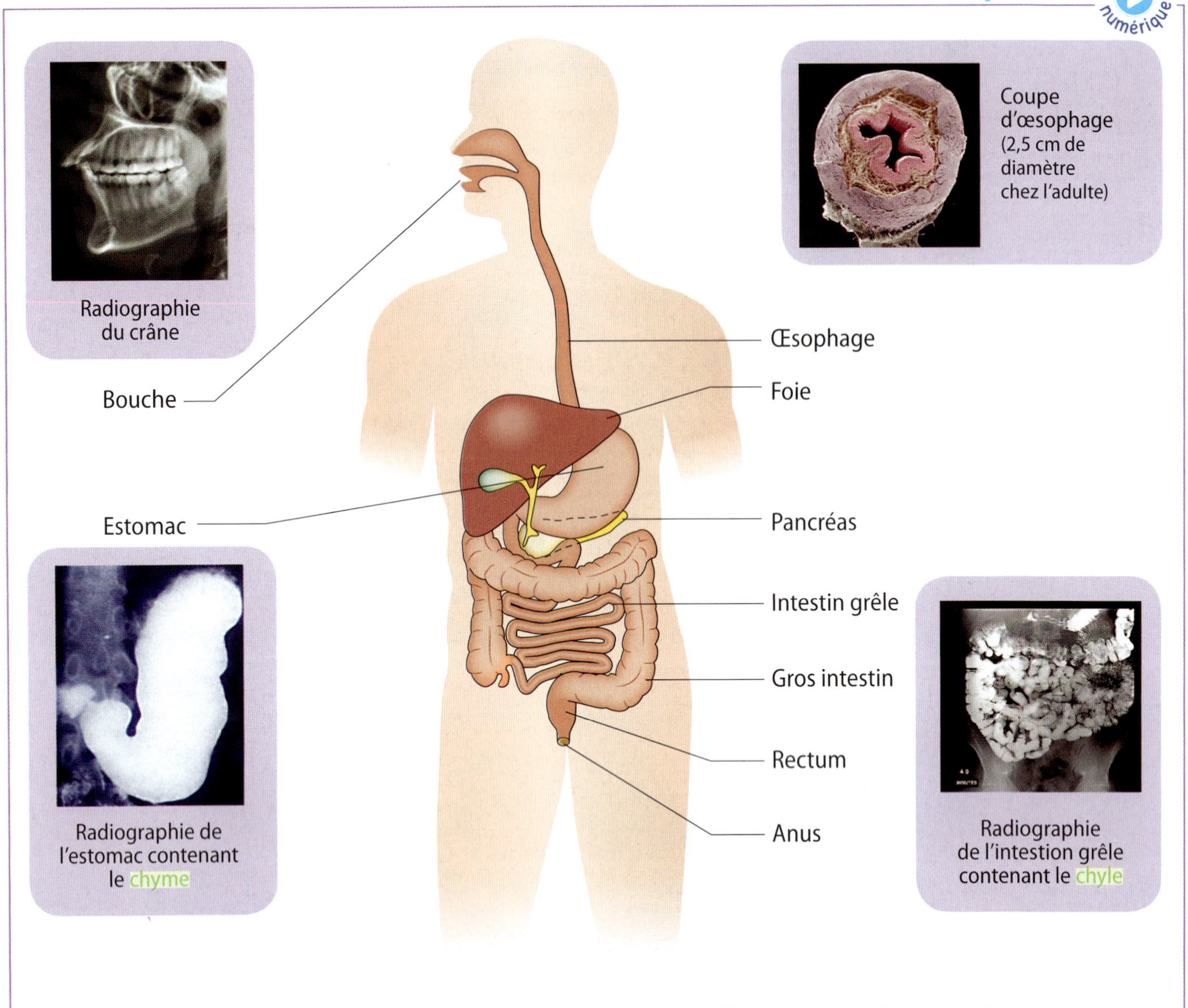

Doc. 1 Les différents organes du système digestif

Pour conclure
Décrire la transformation des aliments au cours de leur trajet dans le système digestif.
Proposer des hypothèses pour expliquer ces observations.

▸ Livret AP p. 24

Vocabulaire
- **Chyme :** aliments partiellement digérés contenus dans l'estomac.
- **Chyle :** aliments digérés contenus dans l'intestin grêle.

Activité 2

Compétence travaillée :
D4. Identifier et choisir des outils et des techniques pour mettre en œuvre une démarche scientifique.

Comment les découvertes scientifiques ont-elles dévoilé les mécanismes de la digestion ?

À partir du XVIIe siècle, les scientifiques s'interrogent sur le mécanisme de digestion.

Giovanni Borelli (1608-1679), biologiste italien, émet l'hypothèse que la digestion serait un phénomène mécanique et que les aliments seraient digérés par simple broyage au cours de leur trajet dans le système digestif.

Doc. 1 La digestion selon Borelli

René-Antoine Ferchault de Réaumur (1683-1757), physicien et naturaliste français, ne croit pas à la théorie de Borelli. Il réalise une série d'expériences en 1752 sur la digestion des rapaces dont voici le récit :

« Je plaçai dans un gros tube en fer blanc ouvert aux deux bouts, un morceau de viande. Le tube ainsi garni fut donné à une buse pour son premier déjeuner. Ce ne fut que le lendemain que je trouvais le tube qu'elle venait de rendre : il avait toute sa rondeur, on ne découvrait sur sa surface extérieure aucune trace de frottements. Le morceau de viande avait été réduit peut-être au quart de son premier volume ; ce qui en restait était couvert par une espèce de bouillie venue probablement de celles de ses parties qui avaient été dissoutes. »

Doc. 2 La digestion selon Réaumur

La démarche scientifique — manuel numérique

Lazzaro Spallanzani (1729-1799), scientifique italien, reprend les travaux de Réaumur et émet l'hypothèse que la digestion serait un phénomène chimique. Voici le schéma de son expérience réalisée à partir de liquide provenant de son estomac (suc gastrique) et les résultats obtenus.

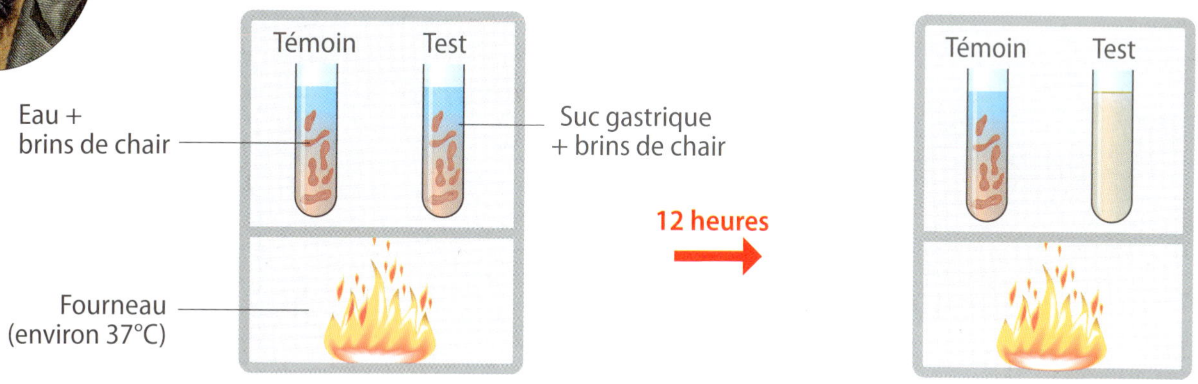

Doc. 3 La digestion selon Spallanzani

Pour conclure

Réaliser une frise chronologique mettant en évidence les hypothèses scientifiques successives.

▸ Livret AP p. 24

Vocabulaire

- **Suc gastrique :** substance libérée par l'estomac et contenant des enzymes.

Compétence travaillée :
D1. Lire et exploiter des données présentées sous différentes formes.

Activité

3 À quel niveau le glucose passe-t-il du système digestif au sang ?

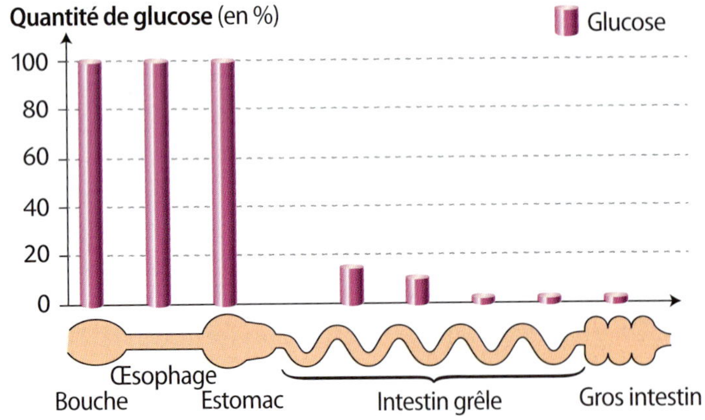

Doc. 1 Suivi de la quantité de glucose dans chaque organe en pourcentage de glucose ingéré

Organe \ Quantité de glucose (mg)	Dans 100 mL de sang entrant	Dans 100 mL de sang sortant
Estomac	90	90
Intestin grêle	90	180
Gros intestin	90	90

Doc. 2 Quantité de glucose (en mg) dans le sang entrant et sortant des organes du système digestif

La digestion

L'intestin est un long tube d'environ 6 m de long pour 4,5 cm de diamètre. Sa surface interne est très plissée. La surface de chaque pli porte de nombreuses villosités intestinales. Ces différents niveaux de replis augmentent considérablement la surface de l'intestin. On estime cette surface à 250 m². Sans compter la surface des plis, la surface intestinale est de 0,5 m². De nombreux capillaires sanguins sont localisés dans les villosités intestinales.

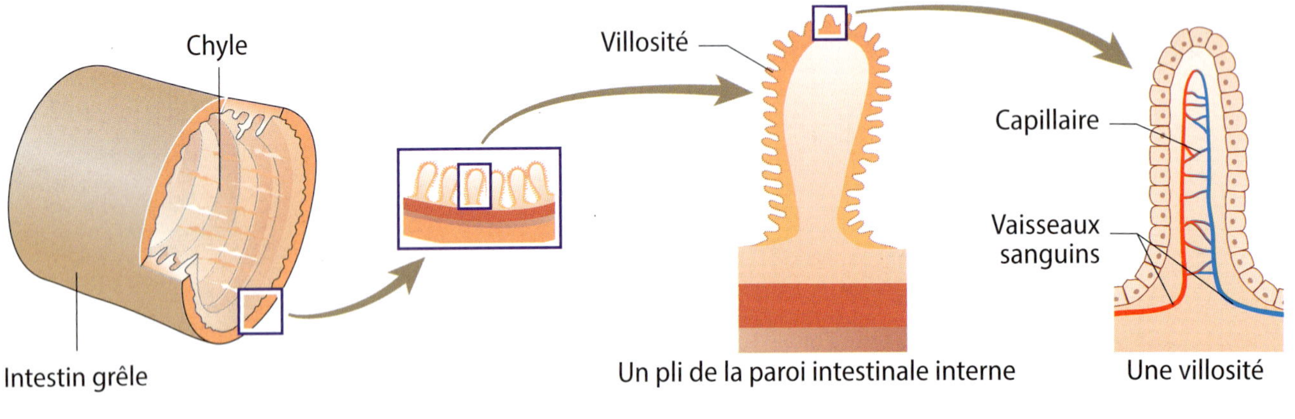

Doc. 3 Organisation de l'intestin grêle

Pour conclure

Déterminer quel organe du système digestif permet le passage du glucose dans le sang et en **préciser** les caractéristiques.

Livret AP p. 24

Vocabulaire

- **Glucose :** nutriment issu de la digestion des glucides.
- **Villosité :** repli de la paroi intestinale.

Activité

Compétence travaillée :
D4. Interpréter des résultats et en tirer des conclusions.

4 Quels rôles jouent les micro-organismes intestinaux ?

Le système digestif humain abrite de nombreux micro-organismes. Certains assurent la digestion d'aliments grâce à un ensemble d'enzymes dont l'organisme humain n'est pas pourvu. Ils participent à la synthèse de certaines vitamines et à l'absorption de minéraux comme le calcium et le magnésium.

Notre microbiote intestinal en quelques chiffres :

- 10^{14} bactéries
- Quelques centaines de grammes
- 10 fois le nombre de nos cellules
- Environ 1 000 espèces bactériennes différentes
- 80 % des espèces du microbiote propres à chaque individu
- Trois groupes majeurs dans la population humaine

Doc. 1 Le microbiote intestinal : un rôle à part entière

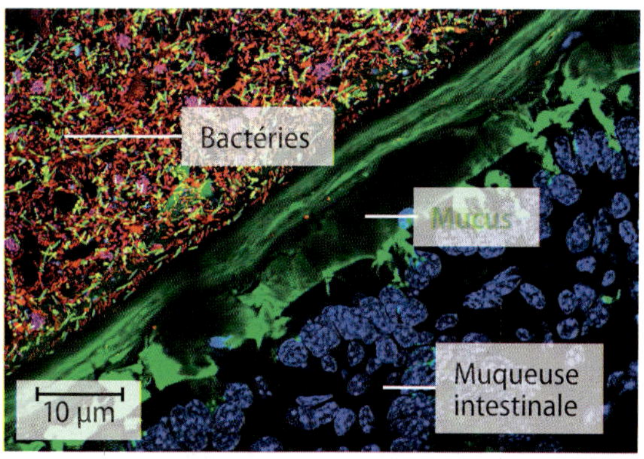

Doc. 3 Coloration par fluorescence d'une coupe de l'intestin

Manuel numérique : Le microbiote intestinal

L'expérience présentée ci-dessous permet de mettre en évidence l'importance du microbiote dans la régulation des graisses.

Lors d'un régime alimentaire induisant une perte de poids, on constate que le microbiote des personnes obèses se modifie pour ressembler à celui d'une personne mince.

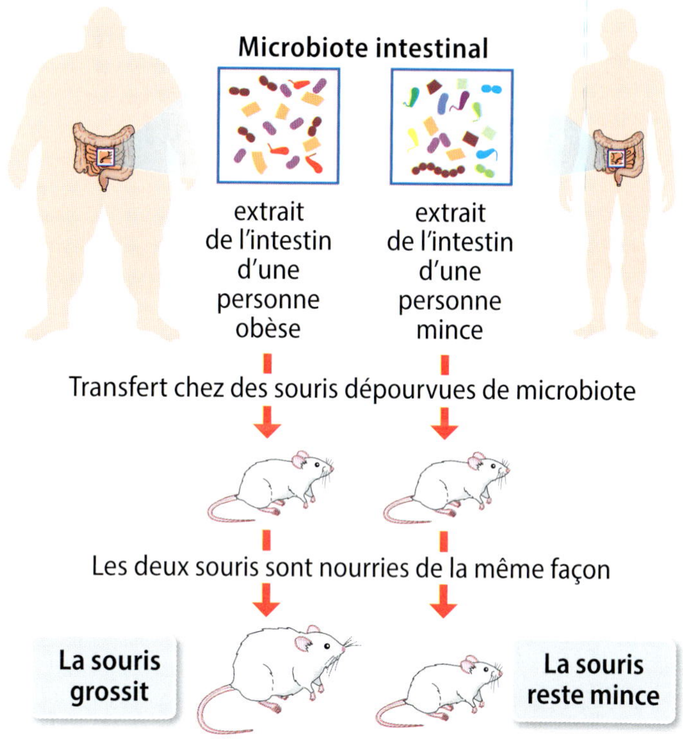

Schéma et résultat du protocole expérimental de l'expérience

Doc. 2 Lien entre le microbiote intestinal et l'obésité

Vocabulaire

- **Enzyme :** molécule présente dans le suc digestif assurant la transformation des molécules complexes alimentaires en nutriments.
- **Microbiote :** ensemble des micro-organismes (bactéries, champignons, virus) vivant au contact d'un organisme.
- **Mucus :** substance visqueuse sécrétée par les muqueuses, telles que celle de l'intestin grêle.
- **Obèse :** personne dont l'excès de graisses dans l'organisme se traduit par un excédent de masse.

Pour conclure

Expliquer les différents rôles joués par les micro-organismes qui colonisent l'intestin humain.

Livret AP p. 24

Activité

5 Comment la circulation sanguine assure-t-elle l'apport de nutriments à tous les organes ?

	Artère	Veine	Capillaire
Paroi	Épaisse et rigide	Fine et flasque	Extrêmement fine
Localisation	En profondeur dans l'organisme	Sous la peau	Dans les organes
Fonction	Transport du sang du cœur à l'organe	Transport du sang de l'organe au cœur	Échanges entre le sang et l'organe

Doc. 1 Les trois grands types de vaisseaux sanguins

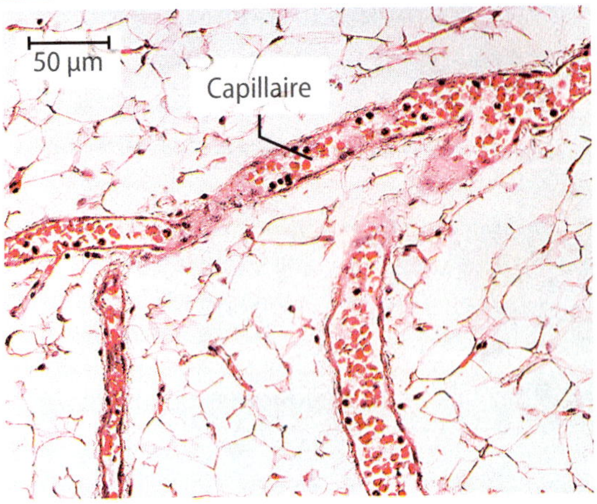

ⓐ Un capillaire observé en coupe longitudinale

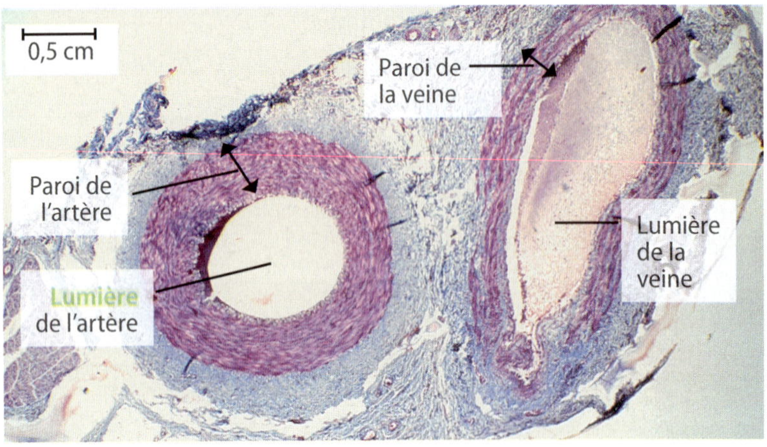

ⓑ Une artère et une veine vues en coupe transversale

Doc. 2 Photographies de coupes des trois types de vaisseaux observés au microscope optique

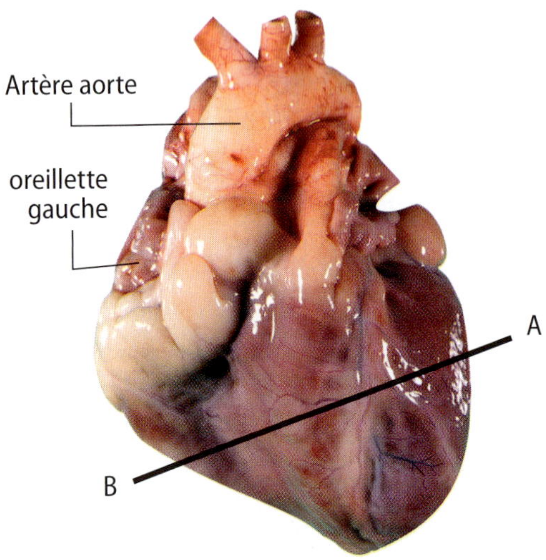

ⓐ Face ventrale du cœur

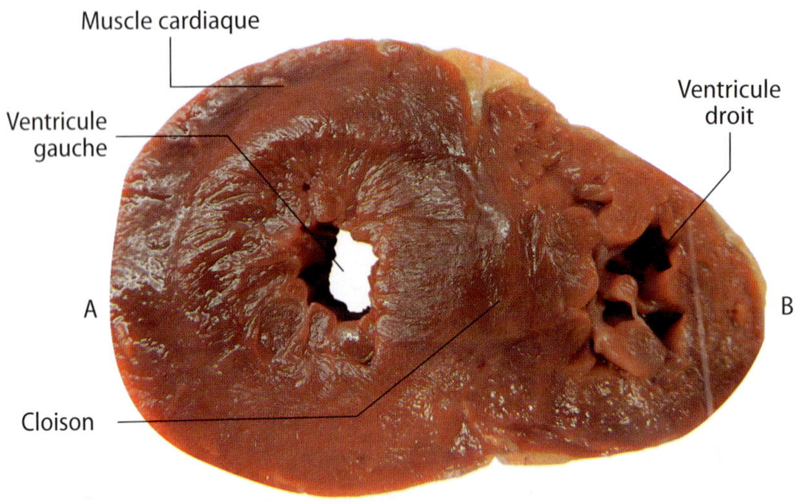

ⓑ Coupe transversale du cœur

Doc. 3 Photographies d'un cœur vu en face dorsale ⓐ et en coupe transversale ⓑ

Compétence travaillée :
D5. Appréhender différentes échelles spatiales d'un phénomène ou d'une fonction.

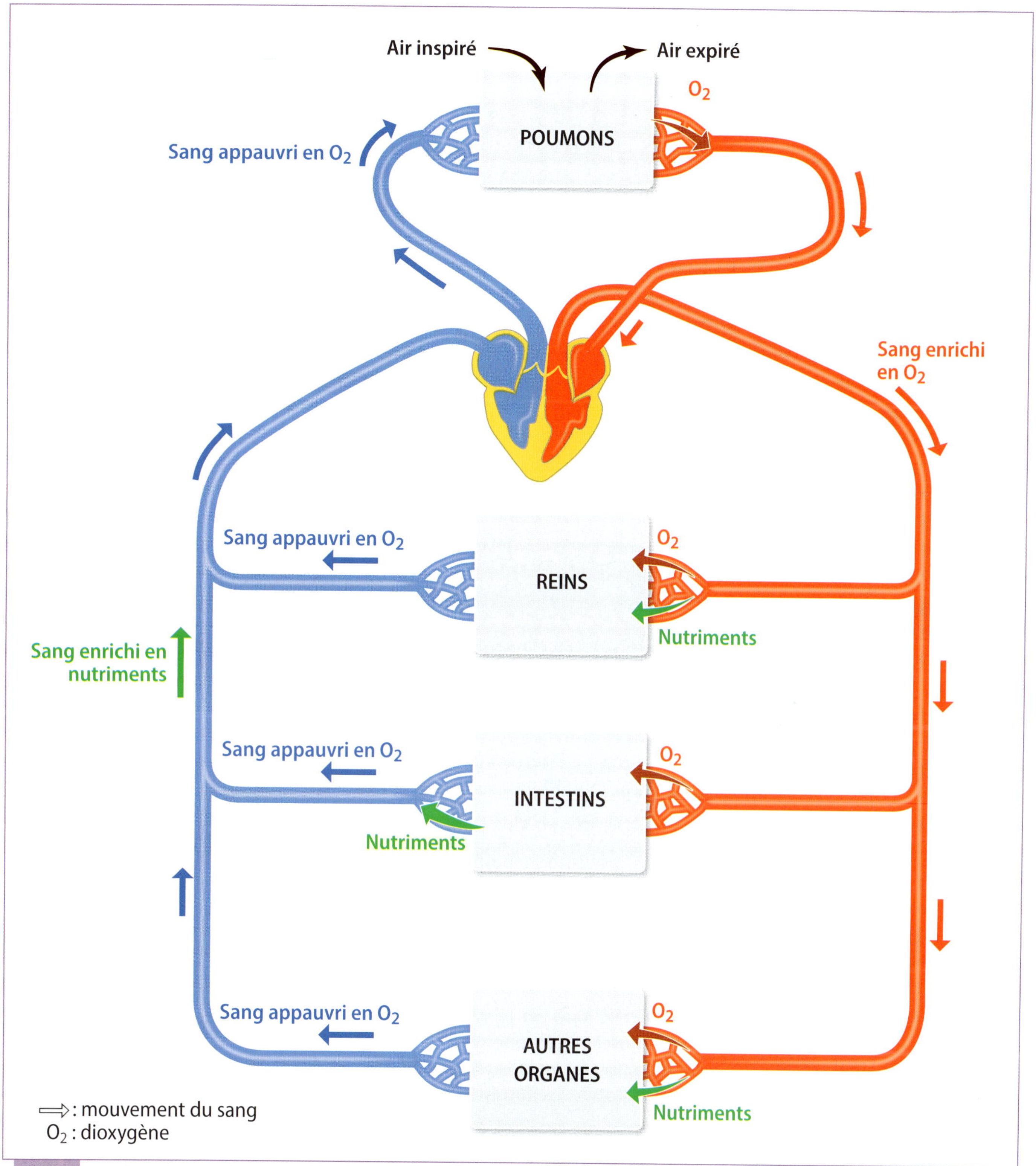

Doc. 4 La circulation sanguine à l'échelle de l'organisme

Pour conclure

Présenter le rôle du cœur dans la mise en mouvement du sang et du dioxygène et dans la distribution des nutriments aux organes.

▸ Livret AP p. 24

Vocabulaire

- **Lumière :** zone vide d'un organe creux.
- **Nutriment :** petite molécule alimentaire issue de la digestion.

Bilan

... par le texte

Activité 1 Digestion des aliments au cours de leur trajet dans le système digestif

- Les aliments entrent dans le système digestif par la bouche puis descendent dans l'œsophage pour arriver dans l'estomac. Ils passent ensuite dans l'intestin grêle, puis le gros intestin. Les résidus des aliments digérés forment dans le gros intestin les excréments et sont évacués par l'anus.

Activité 2 Des découvertes scientifiques successives amenant à construire un savoir

- Les connaissances actuelles sur le mécanisme de digestion résultent de découvertes successives ayant permis de construire les savoirs concernant la fonction de digestion.
- Depuis le XVIIe siècle, il est prouvé que les **digestions mécanique** (mastication par les dents et brassages au niveau de l'estomac et de l'intestin) et **chimique** (action des enzymes) ont une action combinée, et le rôle des enzymes digestives est connu.
- Les aliments sont transformés en **nutriments**.

Activité 3 L'absorption intestinale des nutriments

- L'intestin, grâce à sa structure plissée, possède une surface très importante. De nombreux **capillaires sanguins** sont localisés dans les villosités intestinales. Ces caractéristiques font de l'intestin une excellente **surface d'échange**.
- Les nutriments passent dans le sang (milieu intérieur) au niveau de l'intestin grêle pour rejoindre la **circulation sanguine** générale, c'est l'**absorption intestinale**.

Activité 4 Des micro-organismes indispensables à notre corps

- Le **microbiote intestinal** est composé de micro-organismes nombreux et d'espèces variées. Chaque individu a un microbiote unique et variable au cours de sa vie, en fonction notamment de son alimentation. Ce microbiote est essentiel à la santé humaine ; il intervient dans la digestion, l'absorption intestinale et le stockage des graisses.

Activité 5 La circulation sanguine

- Par ses contractions, le muscle cardiaque permet la mise en circulation du sang dans les différents vaisseaux sanguins (**artères**, **veines** et capillaires sanguins). Cette circulation générale prend en charge et distribue les nutriments et le dioxygène à l'ensemble des organes.

À savoir :

	Activités	Exercices
• Expliquer le devenir des aliments dans le tube digestif par des transformations mécaniques et chimiques.	1 2	7
• Relier la digestion des aliments en nutriments et leur absorption intestinale.	3	5
• Expliquer l'importance des micro-organismes dans la digestion et l'absorption intestinale. • Mettre en relation régimes alimentaires et microbiote intestinal.	4	6
• Mettre en relation l'absorption des nutriments, la circulation générale et la distribution des nutriments dans tout l'organisme.	5	4

... par l'image

manuel numérique

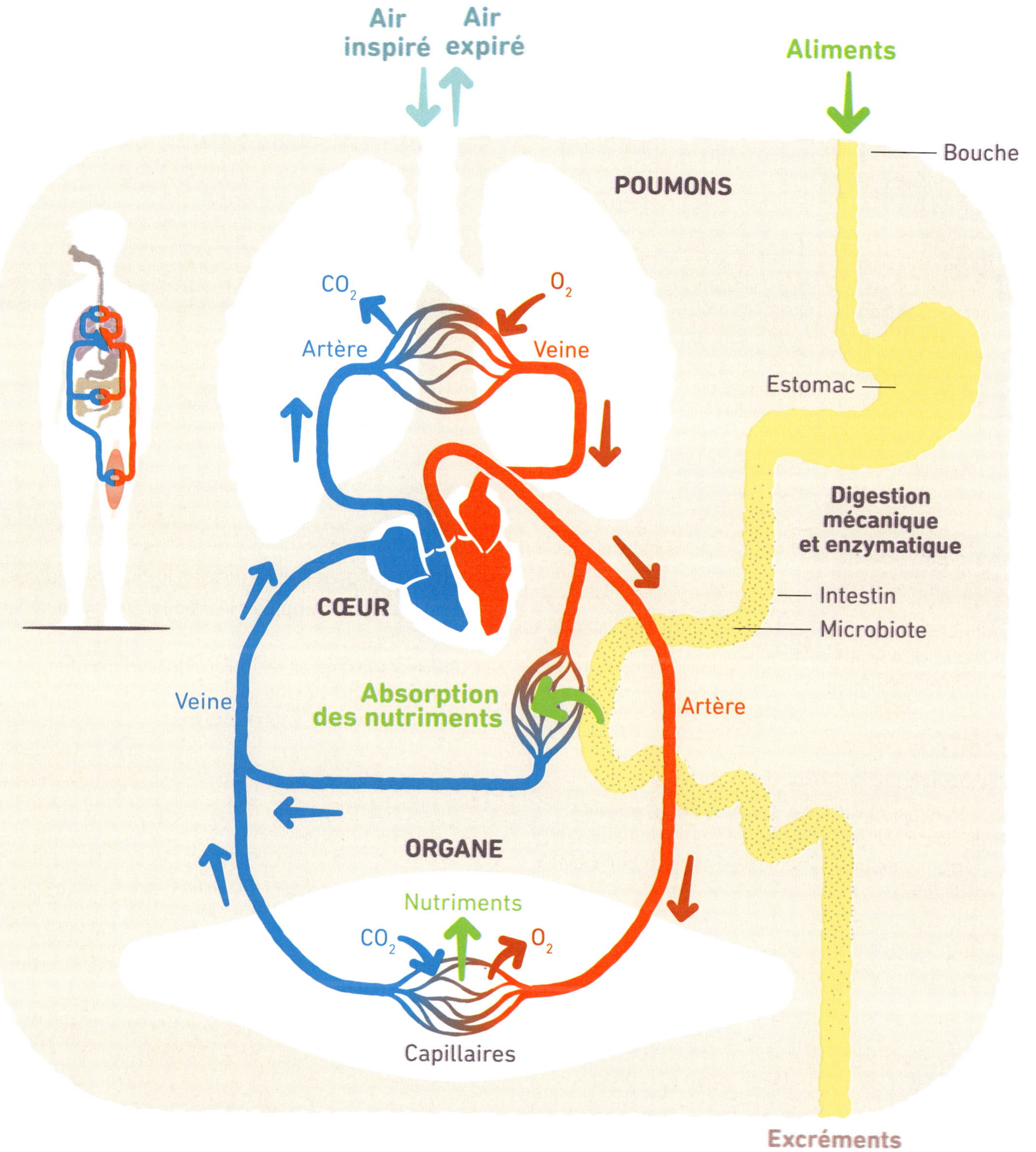

Mots à savoir définir

digestion mécanique • digestion chimique • nutriments • surface d'échange • circulation sanguine • absorption intestinale • microbiote intestinal • artères • veines • capillaires sanguins

Exercer
ses compétences

manuel numérique QCM 2

1 QCM 1 Choisir la proposition correcte.

	A	B	C	D	En cas de doute, lire
1. Le rôle des dents dans la digestion est :	quasiment nul.	de trier les aliments avant le passage dans l'estomac.	d'écraser les aliments lors de la mastication.	de rendre liquides les aliments lors de la mastication.	1 p. 312
2. Les nutriments passent dans le sang au niveau de :	la bouche.	l'œsophage.	l'estomac.	l'intestin grêle.	3 p. 315
3. Le fait que la digestion chimique est complémentaire de la digestion mécanique :	est une découverte récente (XXIe siècle).	est une découverte amorcée par des expériences datant du XVIIIe siècle.	n'est pas encore prouvé en 2017.	a été réfuté au XXIe siècle.	2 p. 314
4. Les micro-organismes vivant au sein de notre système digestif :	ont un rôle majeur dans la digestion et l'absorption intestinale.	sont pathogènes et doivent être éliminés de l'organisme.	sont inoffensifs et inutiles à notre corps.	n'existent pas. Le tube digestif est stérile.	4 p. 315
5. Les artères transportent le sang :	des organes vers le cœur.	des veines aux capillaires.	des capillaires aux veines.	du cœur vers les organes.	5 p. 316-317

▶ Voir corrigés p. 413

2 D1. Définir

Définir les termes suivants :

a. digestion mécanique ; b. microbiote intestinal ;
c. circulation sanguine.

3 D1. Rédiger

Rédiger une phrase à l'aide des mots suivants :

a. mécanique, mastication, dents, aliments, écraser ;
b. glucides, capillaires sanguins, intestin grêle, paroi, sang ;
c. micro-organismes, système digestif, microbiote, santé, essentiels.

4 D4. Communiquer sur ses démarches, ses résultats et ses choix, en argumentant

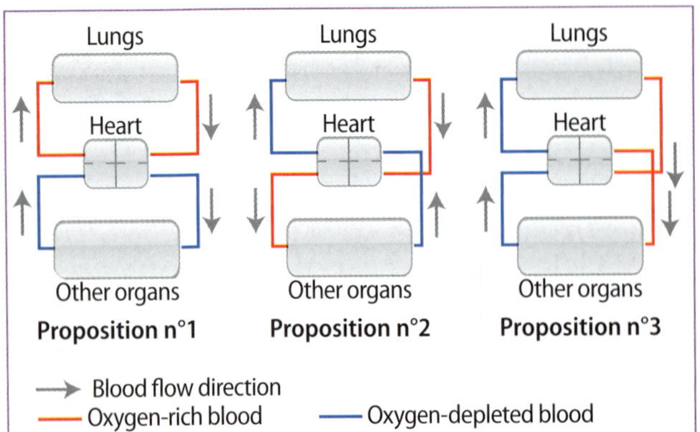

Doc. 1 Trois représentations possibles de la circulation sanguine

1. **Choisir** la représentation juste en justifiant la réponse.
2. **Reproduire** et **compléter** le schéma en y ajoutant les intestins.
3. **Préciser** si le sang est enrichi ou appauvri en nutriments :
   – avant et après les intestins ;
   – avant et après les autres organes.

5 D1. Représenter des données sous différentes formes et choisir celle qui est adaptée à la situation de travail

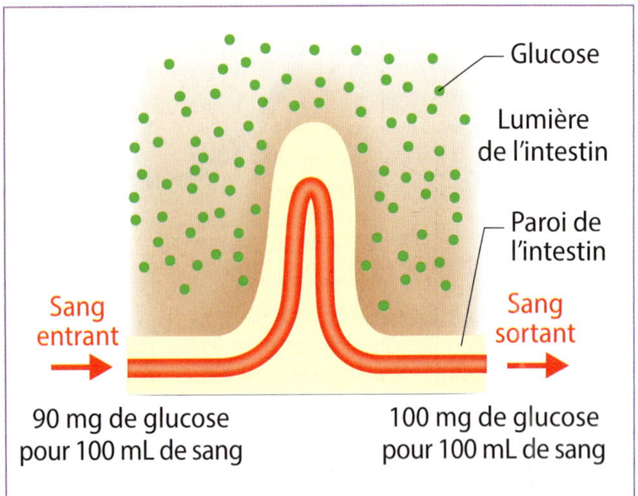

Doc. 1 Schéma fonctionnel d'une villosité intestinale

1. **Comparer** la quantité de glucose dans le sang entrant et le sang sortant de la paroi de l'intestin grêle.

2. **En déduire** ce que deviennent les nutriments présents dans la lumière de l'intestin.

3. **Reproduire** et **compléter** le schéma par des flèches représentant le trajet des nutriments.

6 D4. Interpréter des résultats et en tirer des conclusions

Des études ont permis d'étudier les variations de la diversité des bactéries composant le microbiote en fonction du régime alimentaire.

- Pendant six semaines, des souris au microbiote proche de celui de l'être humain et identiques entre elles ont été soumises à un régime riche en fibres.
- Elles ont ensuite été séparées en deux lots : un lot 1 où ce régime était maintenu, et un lot 2 où les souris ont été soumises à un régime pauvre en fibres pendant sept semaines puis à nouveau riche en fibres pendant six semaines.

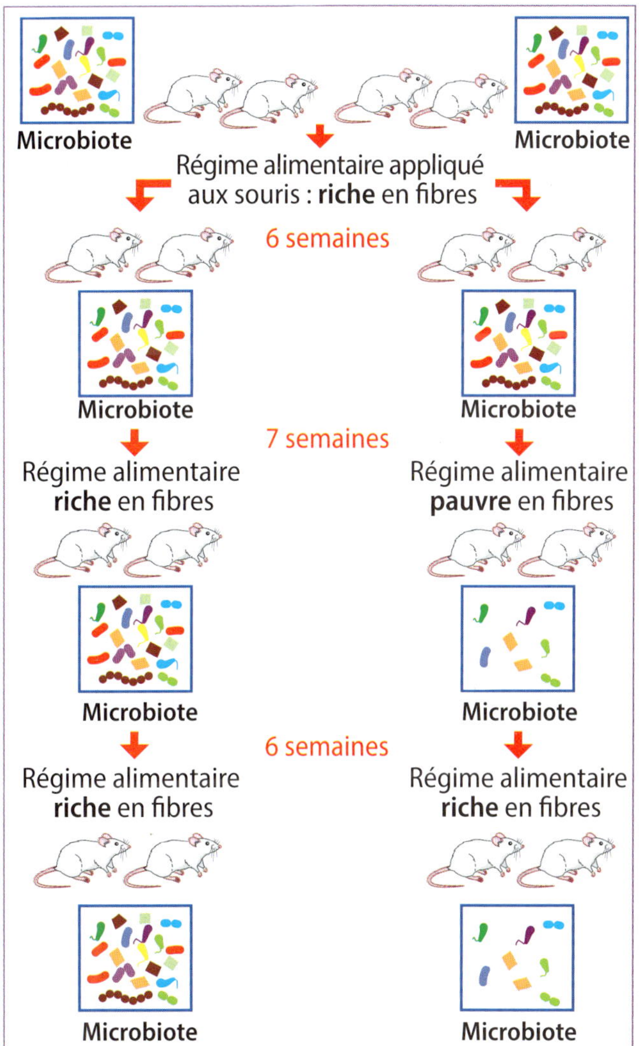

Doc. 1 Effet du régime alimentaire sur le microbiote

1. **Montrer** que l'évolution et la stabilité du microbiote d'un individu sont liées à son régime alimentaire.

7 résolu D1. Interpréter des résultats et en tirer des conclusions

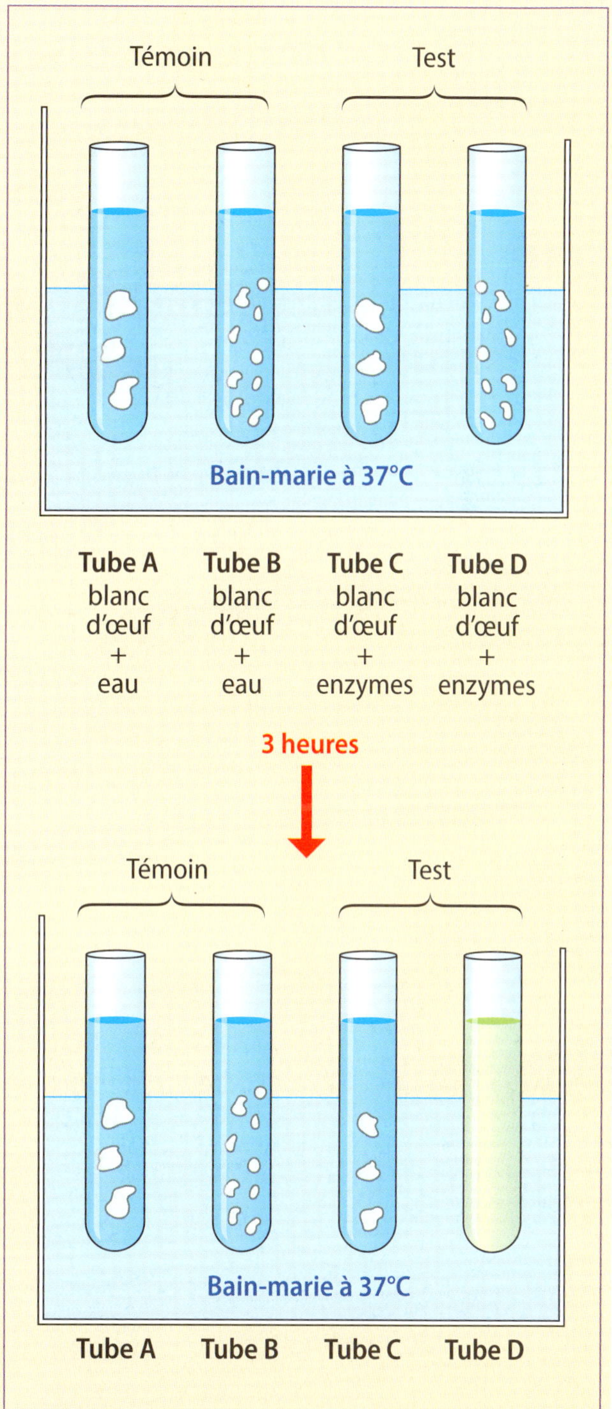

Doc. 1 Expérience de digestion *in vitro*

Consigne : Expliquer, à l'aide des résultats obtenus lors des expériences ci-dessus, que la digestion nécessite une action combinée d'une digestion chimique et d'une digestion mécanique.

Livret AP p. 25

Activité

1 Comment l'alimentation répond-elle aux besoins en énergie de l'organisme ?

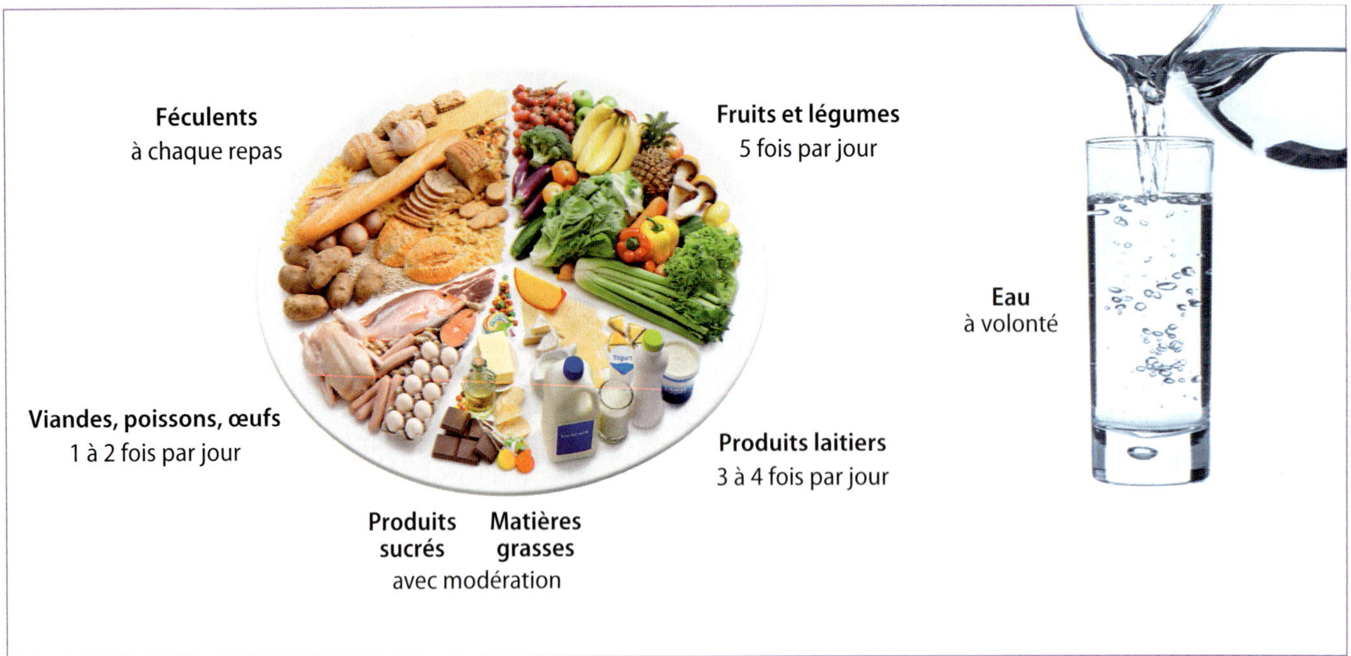

Doc. 1 Six groupes d'aliments et leur consommation journalière conseillée par l'OMS

INGRÉDIENTS : lait entier 89 % - sucre 8,7 % - ferments lactiques.

Valeurs énergétiques et nutritionnelles moyennes :	Par pot 125 g	% des RNJ*	pour 100 ml
Énergie	508 kcal	6 %	97 kcal (407 kJ)
Protéines	3,08 g	8 %	3,0 g
Glucides dont sucres	17,5 g 17,5 g	6 % 19 %	14 g 14 g
Lipides (matières grasses)	4,0 g 2,4 g	6 % 12 %	3,2 g 1,9 g
Fibre alimentaires	0 g	0 %	0 g
Sodium équivalent en sel	0,05 g 0,13 g	2 % 2 %	0,04 g 0,10 g

*Les Repères Nutritionnels Journaliers recommandés sont calculés pour un adulte avec un apport moyen de 2 000 kcal par jour.

Ingrédients PAIN GRILLÉ

Farine de blé 92 %, sucre, levure, huile de tournesol, sel, gluten de blé, acide ascorbique. Traces de lait, œufs et sésame.

Informations nutritionnelles

Valeurs nutritionnelles moyennes pour :	100 g	1 portion = 2 tranches (= 41 g)
Énergie	1 601 kJ	655 kJ
Lipides	2,5 g 0,3 g	1 g 0,1 g
Glucides dont sucres	76,1 g 6,8 g	31,2 g 2,8 g
Fibres alimentaires	5 g	2,1 g
Protides	10,3 g	4,2 g
Sel	1,53 g	0,6 g

Doc. 2 La lecture de deux étiquettes alimentaires

Compétence travaillée :
D2. Utiliser des logiciels d'acquisition de données, de simulation et des bases de données.

Certains aliments, tels que les fruits et légumes, apportent, en plus de l'énergie, une quantité importante d'eau, des vitamines et des sels minéraux. Ces éléments sont essentiels et indispensables au bon fonctionnement de l'organisme.

Doc. 3 Apports en vitamines et minéraux

Les dépenses énergétiques d'une journée comprennent :

- **L'énergie dépensée par le métabolisme de base.** Ce sont les dépenses minimales pour le seul fonctionnement de l'organisme au repos total.
- **L'énergie dépensée par les activités physiques.** Ces activités peuvent se limiter à quelques déplacements et mouvements ou inclure des activités sportives. Ce sont les dépenses les plus variables d'un individu à un autre.
- **L'énergie dépensée par les activités intellectuelles :** travailler, réfléchir, apprendre, mémoriser…

La somme de ces dépenses énergétiques représente **la dépense énergétique totale.**

Doc. 4 Dépenses énergétiques quotidiennes

Logiciel *Équilal*

Le logiciel *Équilal* permet de calculer les besoins et les dépenses énergétiques quotidiennes d'un individu.

Pages 1 à 4 : calcul du métabolisme de base

▶ Renseigner sexe, âge, masse et taille puis cliquer sur « Saisie terminée ».

Pages 5 et 6 : calcul des dépenses énergétiques quotidiennes

▶ Renseigner le niveau d'activité physique puis cliquer sur « Calculer ».

Page 7 : calcul de la ration quotidienne

▶ Pour chaque repas, sélectionner les aliments consommés puis cliquer sur « Saisie terminée ». Une analyse de la ration quotidienne est réalisée.

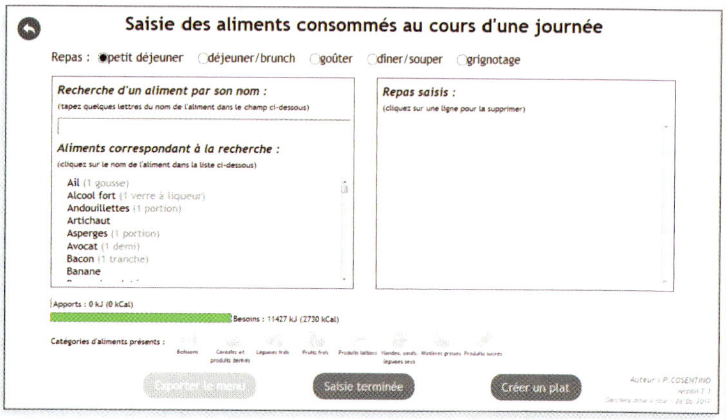

Doc. 5 Besoins et dépenses énergétiques quotidiens calculés avec le logiciel *Équilal*

Pour conclure

Établir les règles d'une alimentation équilibrée en énergie, en mettant en lien alimentation et besoins de l'organisme.

▶ Livret AP p. 25

Vocabulaire

- **OMS :** Organisation mondiale de la santé.

Activité

Compétence travaillée :
D4. Communiquer sur ses démarches, ses résultats et ses choix, en argumentant.

2 Comment des régimes alimentaires très différents peuvent-ils être équilibrés ?

Les plats qui composent les repas dépendent des habitudes culturelles des pays. Peter Menzel a photographié plusieurs familles vivant dans différents pays avec la nourriture qu'elles consomment en une semaine.

ⓐ Au Mexique, la famille Casales de Cuernavaca (deux adultes, trois enfants)

ⓑ En Italie, la famille Manzo de Palerme, en Sicile (deux adultes, trois enfants)

Doc. 1 Régimes alimentaires de deux familles vivant dans deux pays différents

Le régime alimentaire végétarien consiste à ne consommer aucune chair animale (viande, volaille, poisson et fruit de mer). Les aliments d'origine végétale contiennent moins de fer que la chair animale. Les végétariens doivent donc veiller à consommer suffisamment d'aliments d'origine végétale riches en fer pour éviter une carence, qui peut être dangereuse pour la santé.

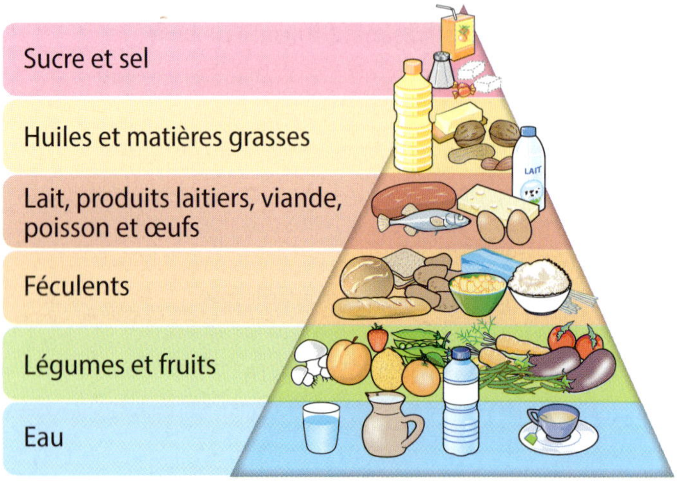

Doc. 2 Régime végétarien et carence en fer

Pour conclure

Donner des arguments pour appuyer le fait que différents régimes alimentaires peuvent contribuer à un bon équilibre alimentaire. ▸ Livret AP p. 25

Vocabulaire

- **Carence :** ici, manque d'un élément essentiel au bon fonctionnement de l'organisme.

Activité

3 Comment expliquer le danger de certains comportements alimentaires ?

Compétence travaillée :
D4. Fonder ses choix de comportement responsable vis-à-vis de sa santé ou de l'environnement sur des arguments scientifiques.

Aux États-Unis, la chanteuse Beyoncé participe à la campagne de lutte contre l'obésité des enfants, « Let's move ». Un clip a été réalisé à cette occasion.

Le programme PNNS

En France, le Programme national Nutrition Santé (PNNS) existe depuis 2001. Il vise à améliorer l'état de santé de la population en agissant sur ses habitudes alimentaires.

La loi française impose aux marques de certains produits alimentaires d'insérer les slogans suivants dans leurs publicités :

- « Pour votre santé, pratiquez une activité physique régulière » ;
- « Pour votre santé, évitez de manger trop gras, trop sucré, trop salé ».

Doc. 1 Des campagnes de prévention visant à lutter contre l'obésité mises en place dans différents pays

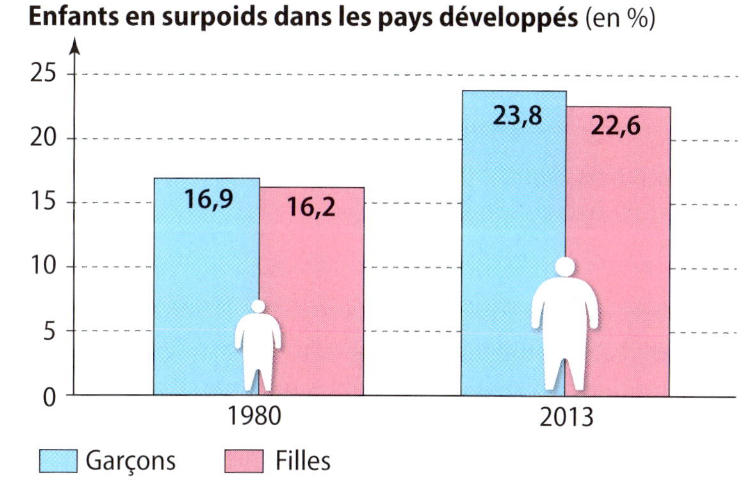

L'obésité, problème de santé majeur contre lequel lutte l'OMS, correspond à un excès de masse graisseuse dans l'organisme. L'une des causes principales est une alimentation trop riche en sucres et en graisses, associée à une pratique sportive insuffisante. D'autres facteurs peuvent également favoriser la prise de poids : facteurs génétiques, problèmes hormonaux, nature du microbiote.

Doc. 2 L'obésité dans le monde

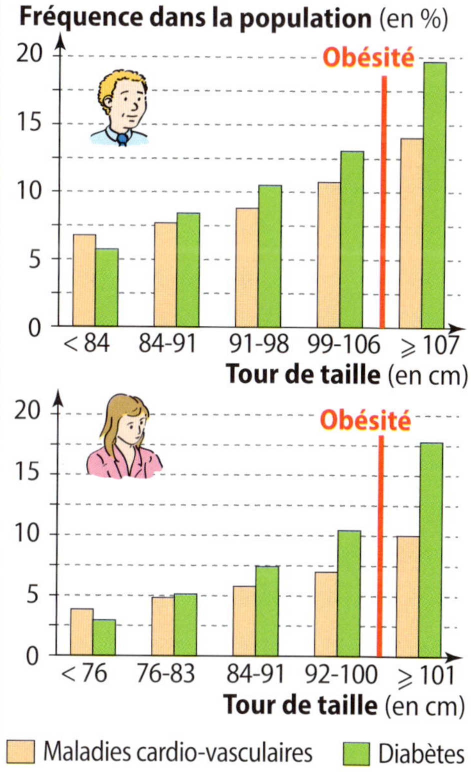

Doc. 3 Les risques liés à l'obésité

Pour conclure

Expliquer pourquoi les campagnes de prévention visant à limiter l'obésité sont importantes. ▸ Livret AP p. 25

Vocabulaire

- **OMS :** Organisation mondiale de la santé.
- **Microbiote :** ensemble des micro-organismes (bactéries, champignons, virus) vivant au contact d'un organisme.

Pour aller plus loin

Site « Manger Bouger » du PNNS : www.mangerbouger.fr/PNNS

Bilan

... par le texte

Activité 1 Valeur énergétique des aliments et besoins en énergie de l'organisme

- Il existe plusieurs **groupes d'aliments** qui se distinguent par :
  – leur nature (fruits et légumes, féculents, œufs, viandes et poissons, produits laitiers, matières grasses, sucres, boissons) ;
  – leur composition en lipides, glucides, protides, vitamines et minéraux.
- L'organisme a besoin d'énergie pour fonctionner correctement. Cette énergie est apportée par l'alimentation. Les différents groupes d'aliments n'apportent pas la même quantité d'énergie, on dit qu'ils n'ont pas la même valeur énergétique.
- Les dépenses énergétiques d'un individu sont variables : il existe des **besoins nutritionnels** de base, liés au fonctionnement de l'organisme, auxquels s'ajoutent les dépenses liées à l'ensemble des activités de l'individu.
- Avoir un bon équilibre alimentaire consiste à équilibrer ses apports et ses dépenses énergétiques pour obtenir un bilan nul.

Activité 2 Régimes alimentaires et équilibre alimentaire

- Dans un **régime alimentaire** équilibré, tous les groupes d'aliments sont représentés en quantité variable selon leurs apports en lipides, glucides, protides, vitamines et minéraux ainsi que leurs apports énergétiques.
- Une alimentation peu variée, qui ne couvre pas l'ensemble des groupes d'aliments, peut entraîner des manques et donc des problèmes de santé.

Activité 3 Habitudes alimentaires et santé

- Certaines habitudes alimentaires peuvent être dangereuses pour l'Homme.
- L'obésité est un problème de santé mondial contre lequel les états luttent à l'aide de campagnes d'informations et de prévention auprès de la population.
- La dénutrition est elle aussi un problème de santé et peut engendrer de graves dysfonctionnements de l'organisme. Elle est due à des apports insuffisants par rapport aux dépenses de base permettant à l'organisme de fonctionner.
- Une alimentation équilibrée associée à la pratique d'une activité physique modérée permet de lutter contre ces maladies.

À savoir :	Activités	Exercices
• Relier la nature des aliments (groupes d'aliments), leurs apports qualitatifs et quantitatifs aux besoins nutritionnels.	1	4
• Mettre en relation régimes alimentaires, flores intestinales et fonctionnement de l'organisme.	2	5 6
• Argumenter l'intérêt de politiques de prévention liées à l'alimentation en matière de préservation de la santé.	3	7

... par l'image

manuel numérique

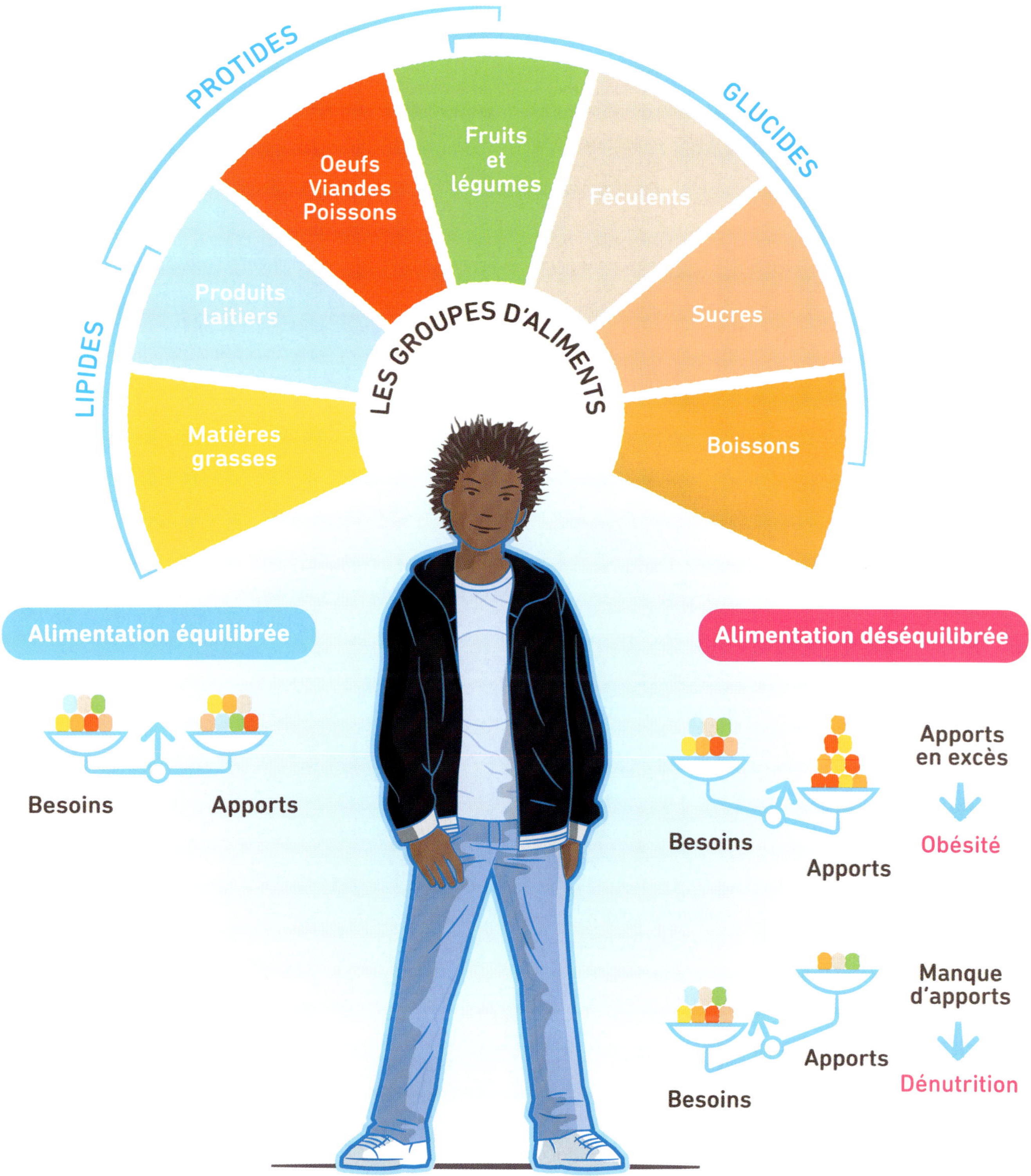

Mots à savoir définir

groupes d'aliments • besoins nutritionnels • régime alimentaire

Exercer ses compétences

manuel numérique QCM 2

1 QCM 1 Choisir la proposition correcte.

	A	B	C	D	En cas de doute, lire
1. Les féculents sont :	à consommer cinq fois par jour.	à consommer à chaque repas.	à consommer avec modération.	à consommer trois à quatre fois par jour.	1 p. 322
2. La lecture d'une étiquette alimentaire permet de :	déterminer la nature de l'aliment.	connaître l'énergie apportée par portion d'aliment consommée.	savoir quand faire du sport.	savoir à quelle fréquence consommer l'aliment.	1 p. 322
3. Le régime alimentaire d'un enfant vivant au Mexique est :	identique à celui de tous les enfants du monde.	différent de celui d'un enfant vivant en France, donc non équilibré.	différent de celui d'un enfant vivant en France mais peut être équilibré.	différent de celui d'un enfant vivant en France et est mauvais pour la santé.	2 p. 324
4. Les campagnes de sensibilisation liées à l'obésité sont :	inutiles car l'obésité est une maladie dont la fréquence diminue.	utiles car l'obésité est une maladie dont la fréquence augmente.	inutiles car l'obésité n'est pas une maladie.	utiles aux États-Unis mais pas en France.	3 p. 325
5. Une alimentation équilibrée et variée permet de :	maigrir.	grossir.	ne pas avoir à faire du sport.	diminuer les risques d'obésité.	3 p. 325

▶ Voir corrigés p. 413

2 D1. Définir

Définir les termes suivants :
a. dépenses énergétiques ; **b.** kilojoule ;
c. régime alimentaire.

3 D1. Rédiger

Rédiger une phrase à l'aide des mots suivants :

a. groupes d'aliments, nature des aliments, composition, lipides, glucides, protides ;
b. équilibré, régime alimentaire, groupes d'aliments, quantité, énergie.

4 (résolu) D4. Interpréter des résultats et en tirer des conclusions

Les dépenses énergétiques journalières d'Agathe, collégienne de 13 ans, sont en moyenne de 10 000 kJ.
Le tableau ci-dessous présente la moyenne des apports caloriques par repas d'Agathe sur un mois.

Repas	Valeurs énergétiques par repas (en kJ)
Petit déjeuner	4 101
Déjeuner	2 604
Goûter	608
Dîner	2 013

Doc. 1 Valeurs énergétiques apportées par l'alimentation d'Agathe en une journée

▶ **Déterminer** si l'alimentation quotidienne d'Agathe est énergétiquement équilibrée.

▶ Livret AP p. 25

5 D1. Lire et exploiter des données présentées sous différentes formes

Séverine et Yohann doivent choisir entre deux goûters celui qui apporte le plus d'énergie. Ils disposent pour cela des étiquettes des produits.

Énergie (pour 100 g de biscuits)	1 948 kJ
Matières grasses > dont acides gras saturés	18 g 1,9 g
Glucides > dont sucres	65 g 15 g
Fibres alimentaires	6 g
Protides	7,6 g
Sel	0,33 g

Doc. 1 Étiquette alimentaire d'un paquet de biscuits secs au miel

	Pour 100 g	Pour une barre de céréales (21,5 g)
Énergie	2 394 kJ	513 kJ
Matières grasses > dont acides gras saturés	37 g 17 g	8 g 3 g
Glucides > dont sucres	49 g 41 g	10 g 8 g
Fibres alimentaires	2 g	0,4 g
Protides	9,2 g	2 g
Sel	0,1 g	0,02 g

Doc. 2 Étiquette alimentaire d'un paquet de barres de céréales

1. **Comparer** la quantité de glucides dans 100 g de biscuits au miel et dans 100 g de barres de céréales.
2. **Calculer,** sachant qu'un biscuit pèse 10 g, l'énergie apportée par deux biscuits.
3. **Déterminer** quel goûter apporte le plus d'énergie : une barre de céréales ou deux biscuits au miel.
4. **Justifier** que l'énergie apportée par un aliment dépend de l'ensemble de ses composants.

6 D4. Proposer une ou des hypothèses pour résoudre un problème

On compare la différence de composition existant entre le microbiote d'un enfant vivant en Italie, en Europe (régime alimentaire proche de celui des enfants français) à celui d'un enfant vivant au Burkina Faso, en Afrique (régime alimentaire riche en glucides).

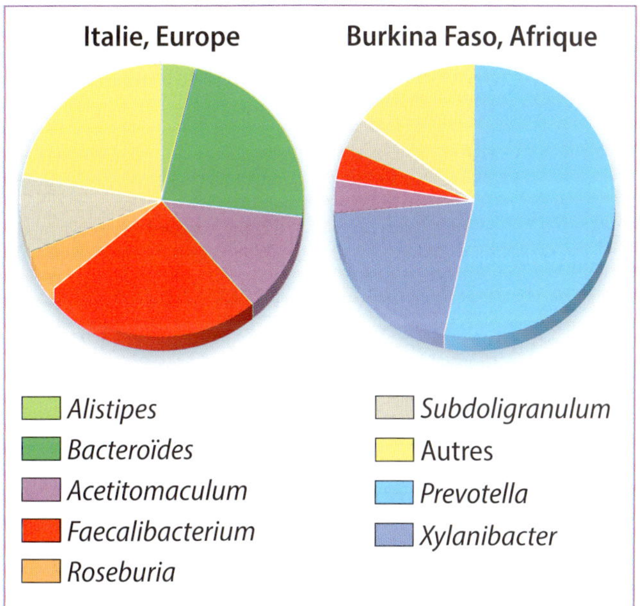

Doc. 1 Composition du microbiote de deux enfants au régime alimentaire différent

1. **Comparer** le microbiote intestinal des deux enfants.
2. **Proposer** une hypothèse permettant d'expliquer les différences de microbiote.
3. **Proposer** une expérience permettant de tester l'hypothèse émise à la question 2.

7 Tâche complexe D4. Fonder ses choix de comportement responsable vis-à-vis de sa santé ou de l'environnement sur des arguments scientifiques

Justine, collégienne de 14 ans, se trouve trop grosse et décide de faire un régime.

L'IMC se calcule en divisant la masse (en kg) par la taille au carré (en m). Justine mesure 1,55 m et pèse 41 kg.

Doc. 1 L'indice de Masse Corporelle ou IMC

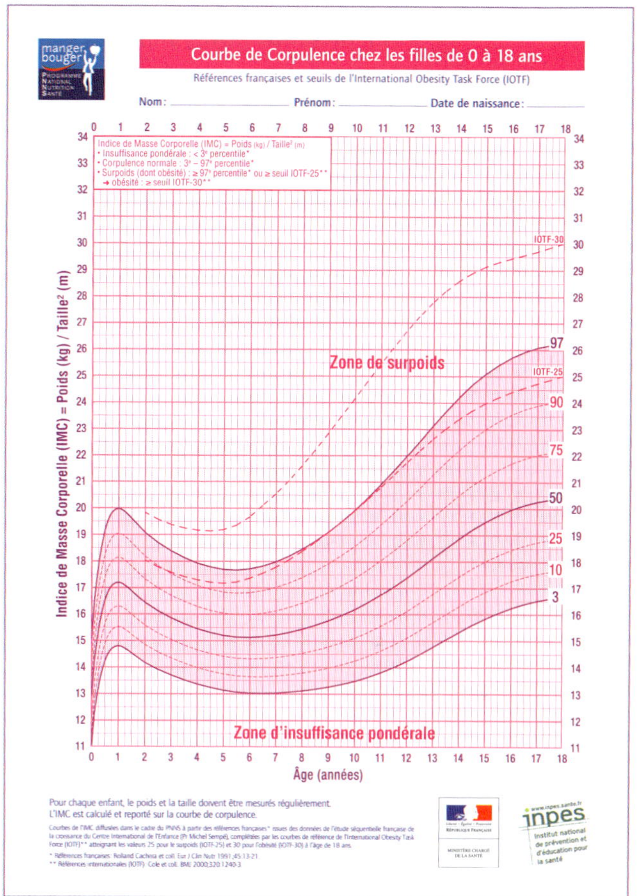

Doc. 2 Courbe de corpulence du PNNS (Programme National Nutrition Santé) pour les enfants de sexe féminin

La dénutrition est une maladie causée par des apports nutritionnels insuffisants et pouvant entraîner la maigreur.
Les symptômes caractérisant cette maladie sont : fatigue, altérations de la peau, perte de cheveux, troubles digestifs, risques plus importants face aux infections, troubles du comportement…

Doc. 3 Les dangers d'un IMC trop bas

Consigne : Expliquer à Justine, à l'aide de l'analyse des documents, pourquoi ce régime est inutile et pourrait nuire à sa santé.

Bilan
Attendu de fin de cycle

... par le texte

1 Transformations des aliments dans le système digestif

Les aliments subissent une **digestion mécanique** et une **digestion chimique** au cours de leur progression dans le système digestif.

– Les transformations mécaniques sont provoquées par la mastication dans la bouche et les mouvements des différents organes du système digestif.

– Les transformations chimiques sont assurées par l'action des enzymes issues des glandes digestives.

Ces deux actions permettent la transformation des aliments en nutriments, molécules absorbables par les cellules de l'organisme.

- L'**absorption**, c'est-à-dire le passage des nutriments du système digestif dans le sang, a lieu au niveau de l'intestin grêle, dont la structure en fait une excellente **surface d'échange**. Le **microbiote intestinal** participe à la digestion des aliments.
- Les nutriments, une fois dans le sang, sont distribués à l'ensemble des cellules de l'organisme grâce à la **circulation sanguine** dans les différents vaisseaux sanguins (**artères**, **veines**, **capillaires sanguins**). Le sang est mis en mouvement par les contractions rythmiques du cœur.

2 Alimentation et santé humaine

- Les **aliments** sont classés par **groupe** en fonction de leur composition, de leur nature et de l'énergie qu'ils contiennent.
- Un **régime alimentaire** équilibré satisfait les **besoins nutritionnels** nécessaires au fonctionnement de l'organisme.
- Le microbiote a un rôle important dans la santé humaine. Un régime alimentaire trop carencé ou mal équilibré peut modifier la composition du microbiote et être nocif pour la santé.
- Les déséquilibres alimentaires peuvent entraîner des maladies telles que l'obésité, certains diabètes, le rachitisme, le scorbut, la dénutrition. Des campagnes de prévention visent à informer la population des risques ainsi que des gestes et habitudes alimentaires à suivre pour faire diminuer la fréquence de ces maladies.

… par l'image

manuel numérique

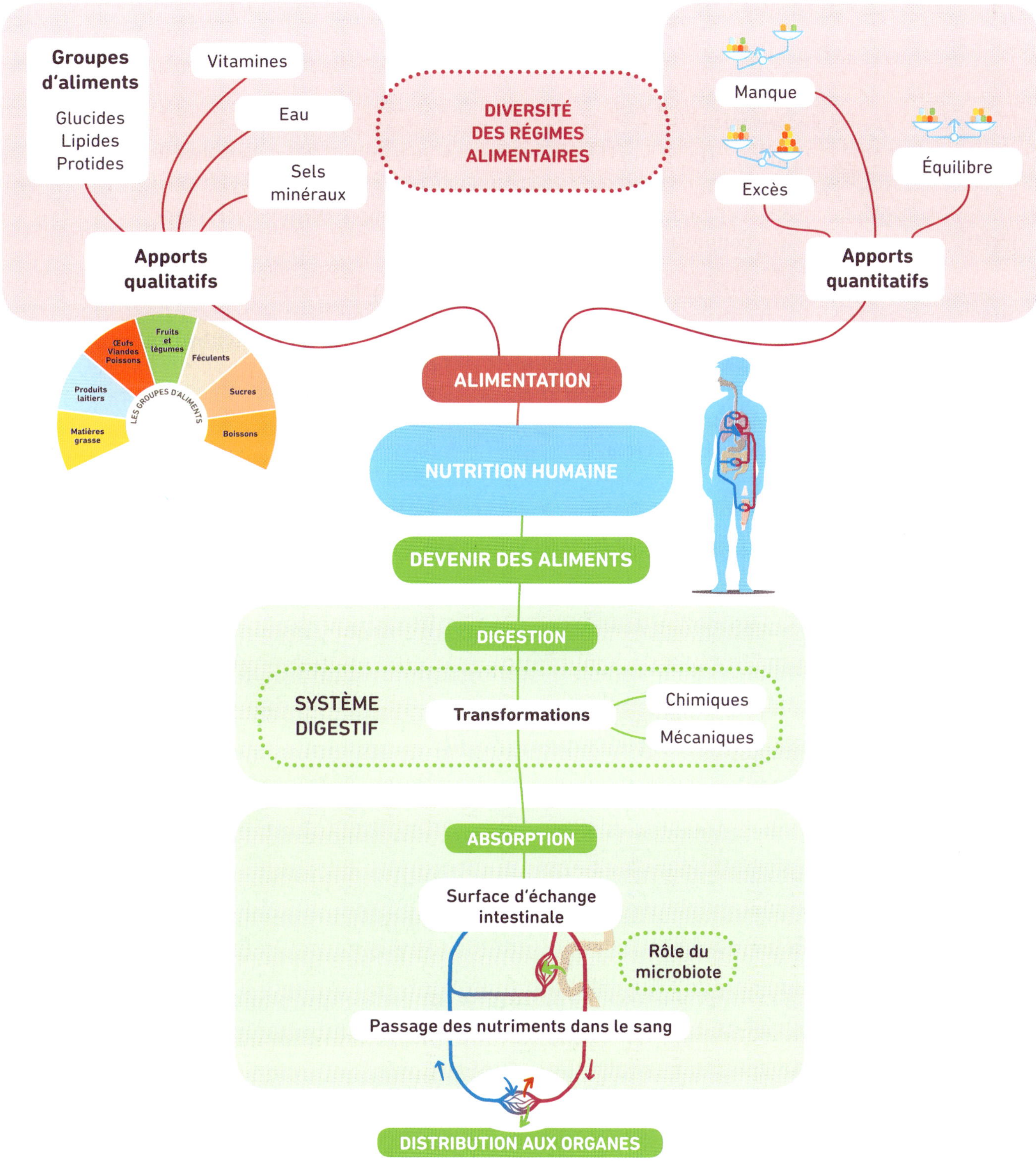

Mots à savoir définir

digestion mécanique • digestion chimique • absorption intestinale • surface d'échange • microbiote intestinal • circulation sanguine • artères • veines • capillaires sanguins • groupes d'aliments • régime alimentaire • besoins nutritionnels

L'alimentation humaine et la digestion

1 Tâche complexe **D1. Communiquer sur ses démarches, ses résultats et ses choix, en argumentant**

L'importance du microbiote humain

Sébastien est inquiet d'entendre à la radio qu'à l'intérieur de son système digestif vivent des milliards de bactéries, et qu'elles sont dix fois plus nombreuses que l'ensemble de ses propres cellules.

Consigne : **Expliquer à Sébastien pourquoi les micro-organismes composant son microbiote intestinal sont essentiels à sa bonne santé.**

Livret AP p. 26

Le fer est un élément indispensable à l'organisme, et une carence peut être dangereuse et nuire à la santé humaine. Des chercheurs de l'INRA, de l'Inserm et du CNRS ont étudié le rôle du microbiote dans l'absorption intestinale du fer, en réalisant des tests sur des rongeurs.

Rongeurs axéniques (sans microbiote)

- Stock de fer faible
- Transport de fer peu abondant vers les organes

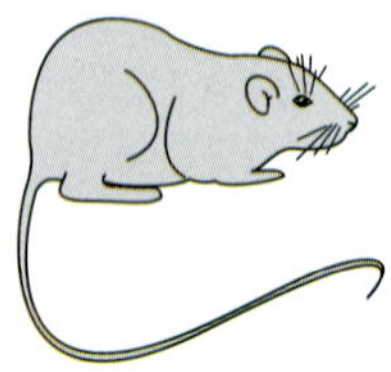

Rongeurs au microbiote de type humain

- Stock de fer important
- Transport de fer favorisé vers les organes

Doc. 1 L'absorption intestinale du fer

La dégradation des fibres alimentaires, glucides complexes présents dans les fruits, les légumes et les céréales, se fait dans le côlon (ou gros intestin). La consommation de ces fibres est reconnue pour être bénéfique à la santé humaine.

Le microbiote colique, c'est-à-dire l'ensemble des micro-organismes présents dans le côlon, apporte à l'être humain les enzymes fibrolytiques et glycolytiques qu'il ne fabrique pas.

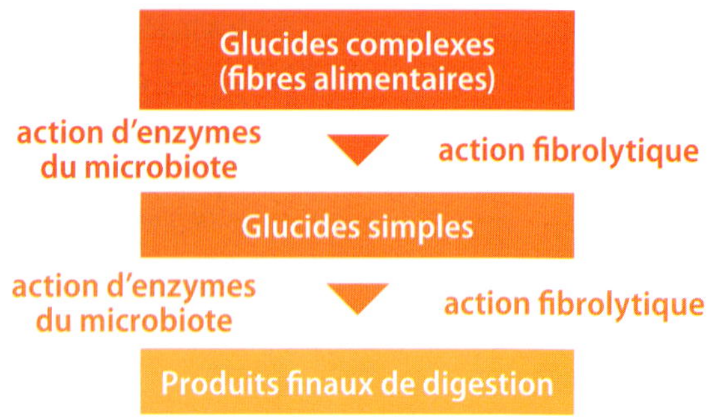

Doc. 2 Le microbiote colique

Une dysbiose correspond à un déséquilibre entre les populations bactériennes intestinales.

Maladie	Observation au niveau du microbiote
Obésité	Proportion de *Bacteroides** et de *Firmicutes** différente de celle d'une personne mince
Maladie de Crohn (maladie intestinale)	Diminution de la diversité du microbiote
Syndrome de l'intestin irritable	Augmentation de bactéries de type *Dorea** et *Ruminococcus**
Infection à *Clostridium difficile*	Forte diminution de la diversité du microbiote

*Bactéries composant le microbiote

Doc. 3 Liens entre dysbioses et microbiote

2 Tâche complexe D1. Lire et exploiter des données présentées sous différentes formes

Un régime alimentaire équilibré

Laurine doit passer une semaine dans la famille de son correspondant anglais. Elle se demande si le régime alimentaire de ce pays va lui correspondre car elle a entendu dire que les Anglais ont une alimentation différente et elle a peur de tomber malade.

Consigne : **Expliquer à Laurine que le régime alimentaire de sa famille d'accueil anglaise est tout aussi équilibré que celui qu'elle a en France.**

Livret AP p. 26

	Breakfeast	Lunch	Supper
Monday	Toast, œuf, jus de fruits	Bœuf, purée, brocolis Fraises à la crème	Soupe aux petits pois
Tuesday	Toast, œuf, jus de fruits	Roti de porc, carottes Pudding	Salade choux, carottes
Wednesday	Toast, œuf, jus de fruits	Bœuf, légumes Fruits	Poisson pané, frites
Thursday	Toast, œuf, jus de fruits	Hachis Parmentier Glace	Soupe de carottes

Doc. 1 Menus de la semaine envoyés à Laurine par son correspondant anglais

La pyramide alimentaire permet de comprendre visuellement ce qu'est une alimentation équilibrée : elle distingue les aliments à favoriser, à tolérer et ceux à modérer.

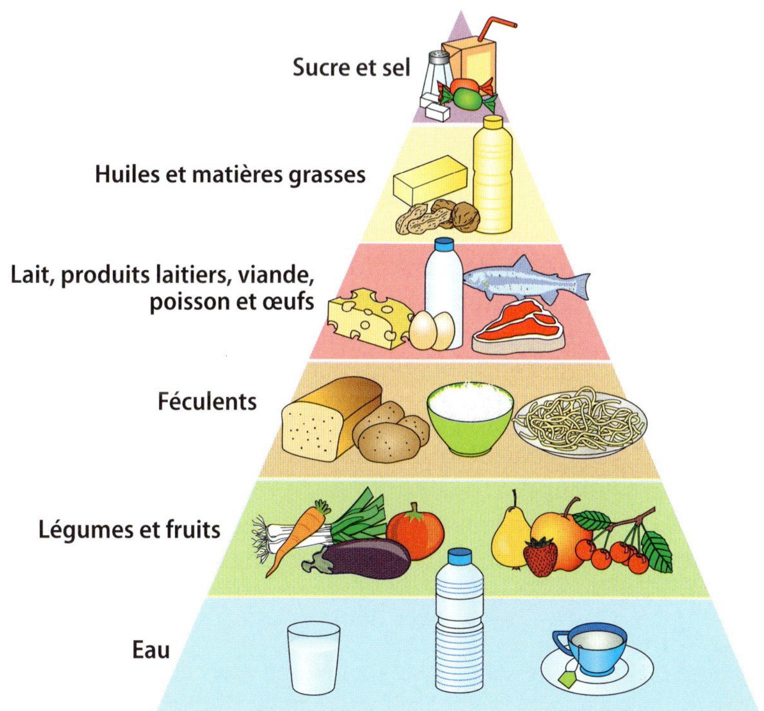

Doc. 2 La pyramide alimentaire

« Bien manger, c'est adopter une alimentation variée et équilibrée, c'est-à-dire manger de tout mais en quantités adaptées. Cela consiste à privilégier les aliments bénéfiques à notre santé (fruits, légumes, féculents, poissons, viandes...), et à limiter la consommation de produits sucrés (confiseries, boissons sucrées...), salés (gâteaux apéritifs, chips...) et gras (charcuterie, beurre, crème...).

Cet équilibre alimentaire ne se construit pas sur un repas ou sur une journée mais plutôt sur la semaine. C'est pour cela qu'il n'existe ni aliment interdit, ni aliment miracle. Tout est une question de choix et de quantité. Ainsi, un repas festif peut être compensé avec des repas plus légers et équilibrés par la suite. »

Source : mangerbouger.fr

Doc. 3 Les règles d'une alimentation équilibrée

En lien avec les parcours

PEAC — Un système digestif mécanique géant

Les aliments subissent d'importantes transformations lors de leur trajet dans le système digestif. Le plasticien belge Wim Delvoye a créé, en 2000, une machine de 12 mètres de long, 2,8 mètres de large et deux mètres de haut capable de reproduire la digestion humaine : Il l'a nommée *Cloaca*. De nombreux scientifiques ont collaboré avec l'artiste pour la conception de cette machine. Des aliments sont donnés à *Cloaca* deux fois par jour, ils passent successivement dans six cloches de verres contenant notamment des enzymes et des sucs, le tout à la température du corps humain. Après 27 heures, ce système digestif artificiel géant libère des excréments.

Il existe des versions plus compactes de *Cloaca* tel que *Mini Cloaca* qui est à l'échelle du système digestif humain. Cette œuvre fait réfléchir à la possibilité de systèmes digestifs mécaniques dans un organisme défaillant.

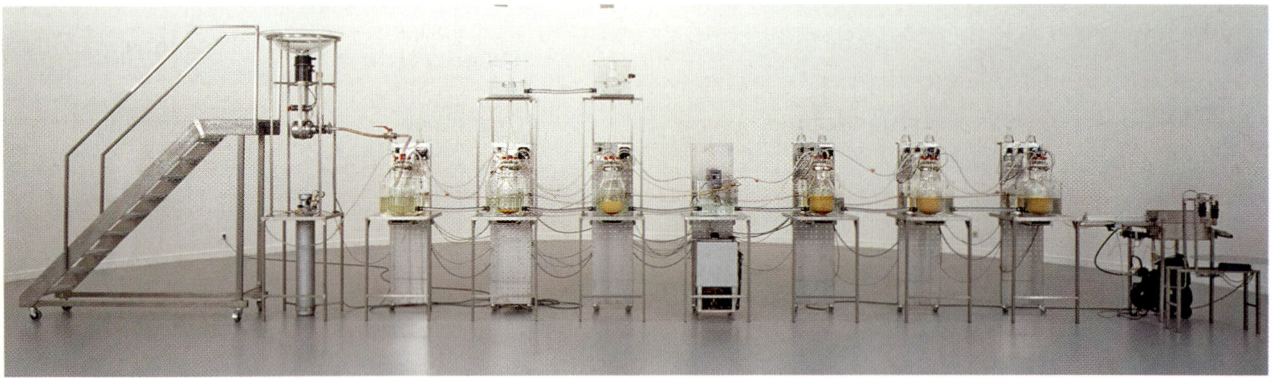

Cloaca Original, 16/09-31/12/2000, mixed media, 1 157 × 78 × H 270 cm, MUHKA, Antwerpen (Belgium)

Indiquer quel type d'action *Cloaca* ne réalise pas alors que celle-ci est essentielle à la digestion humaine.

Avenir — Interview Métier : Mathilde, diététicienne

Quel métier aviez-vous envie d'exercer quand vous étiez adolescente ?
Je pratique la danse depuis très jeune et je souhaitais exercer un métier qui se rapprochait du sport, et j'aimais bien cuisiner. La diététique permet d'allier ces deux intérêts. Une alimentation équilibrée est très importante pour avoir de bonnes performances sportives.

En quoi consiste votre métier ?
Mon métier consiste à conseiller et éduquer la population pour bien s'alimenter. On peut travailler en prévention avec des enfants mais aussi auprès de personnes souffrant de maladies qui nécessitent un régime alimentaire, comme les allergies alimentaires par exemple. Il faut donc connaître la composition des aliments et le rôle des nutriments pour l'organisme.

Qu'est-ce qui vous a conduit à exercer ce métier ?
J'aime les métiers de soins et le relationnel avec les patients, j'aime transmettre mon savoir.

Son parcours

Après un bac S, j'ai fait un BTS Diététique pour être diététicienne. Par la suite j'ai fait une licence professionnelle pour avoir plus de compétences en psychologie alimentaire et en agro-alimentaire. Aujourd'hui j'exerce à l'hôpital et j'enseigne en BTS Diététique.

Pour en savoir plus sur ce métier, consulter le site : www.onisep.fr web

L'organisme humain et le monde microbien

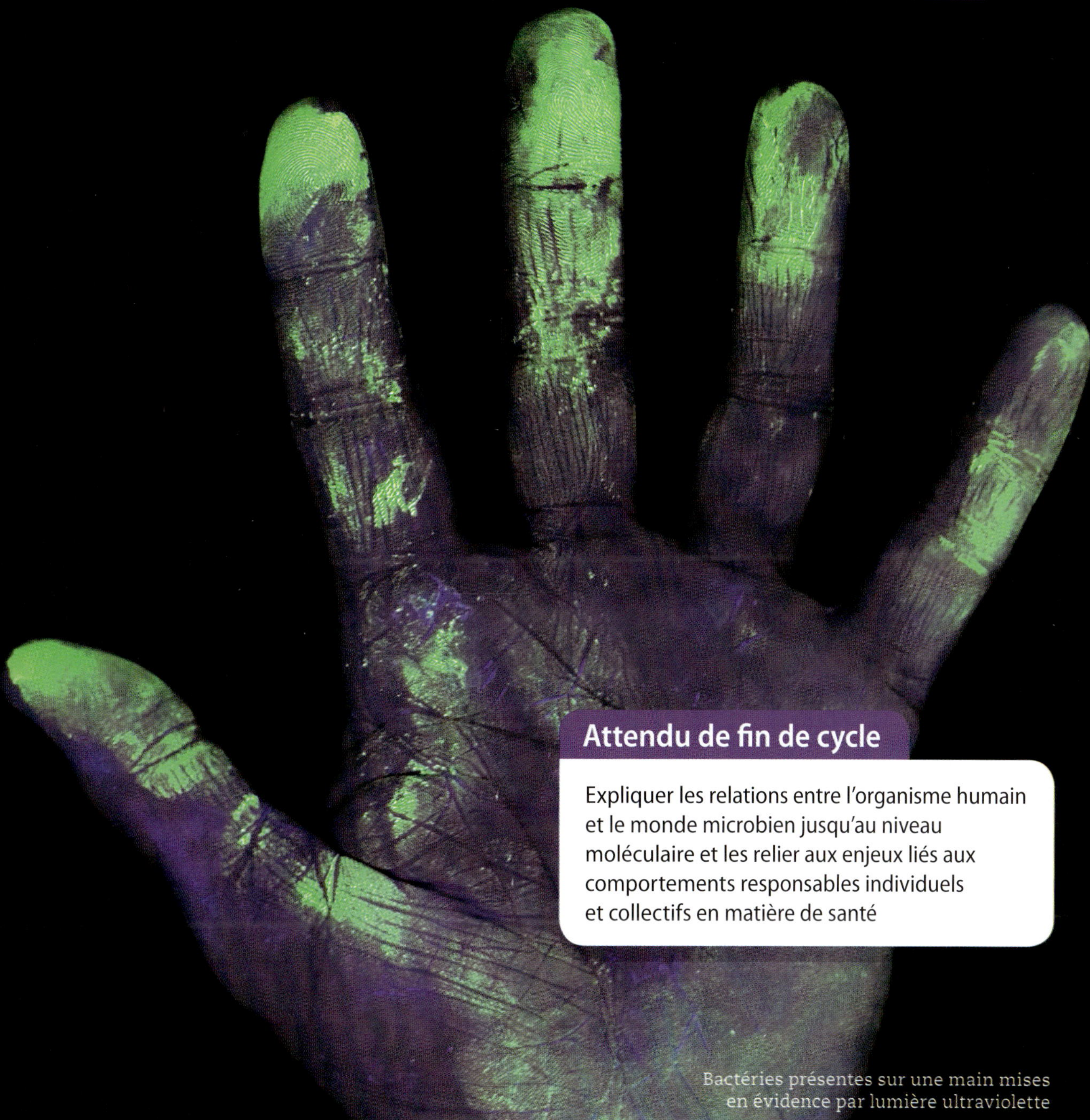

Bactéries présentes sur une main mises en évidence par lumière ultraviolette

Attendu de fin de cycle

Expliquer les relations entre l'organisme humain et le monde microbien jusqu'au niveau moléculaire et les relier aux enjeux liés aux comportements responsables individuels et collectifs en matière de santé

Comment notre organisme peut-il fonctionner correctement dans un environnement riche en micro-organismes ?

Activité 1

Quelle place les micro-organismes occupent-ils au contact de notre corps ?

On met en contact différentes zones du corps avec un milieu nutritif dans des boîtes de Pétri stériles. La boîte témoin n'a été mise au contact avec aucune zone du corps.

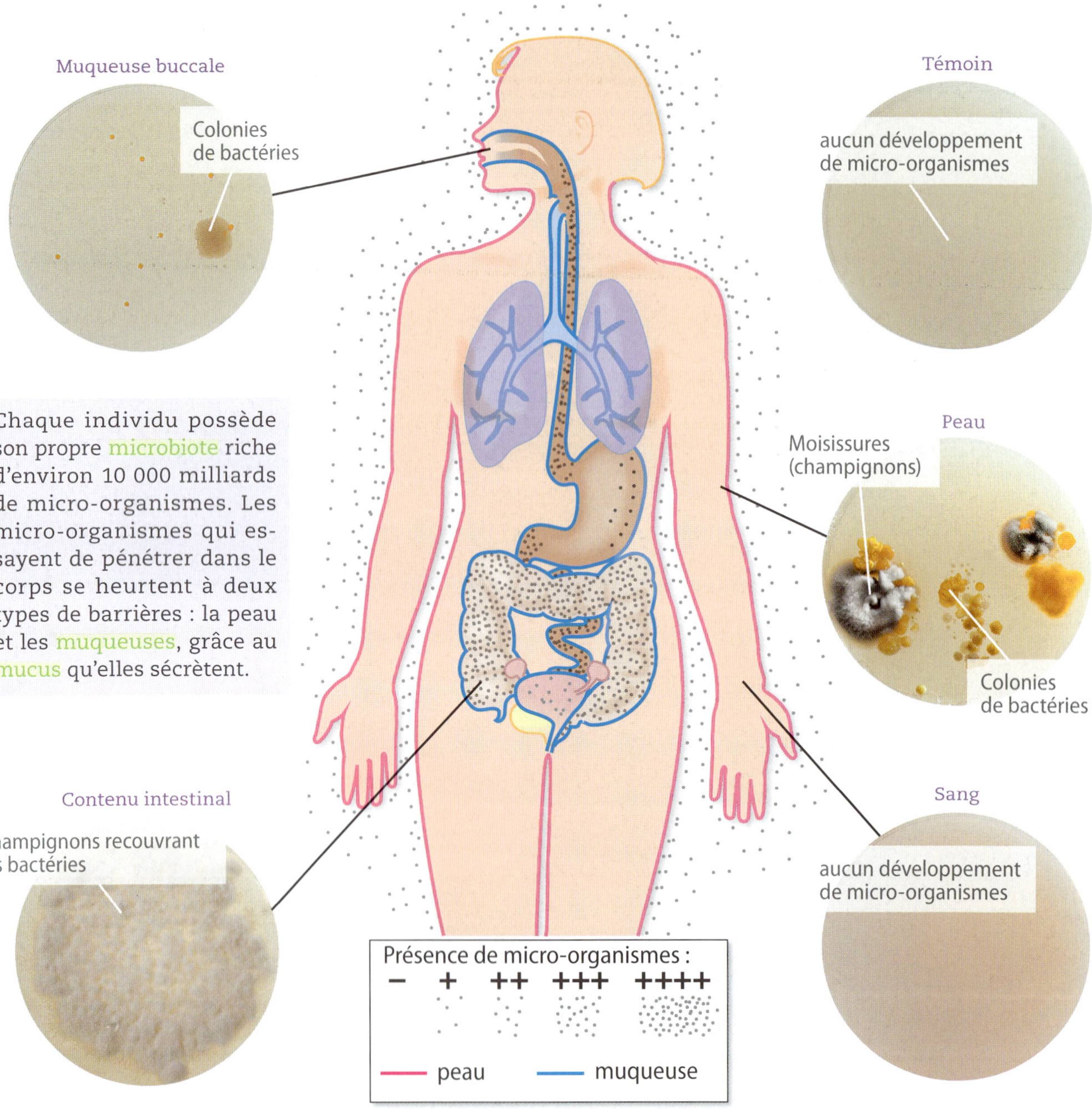

Chaque individu possède son propre microbiote riche d'environ 10 000 milliards de micro-organismes. Les micro-organismes qui essayent de pénétrer dans le corps se heurtent à deux types de barrières : la peau et les muqueuses, grâce au mucus qu'elles sécrètent.

Doc. 1 Ubiquité des micro-organismes sur les surfaces du corps

Compétence travaillée :
D4. Interpréter des résultats et en tirer des conclusions.

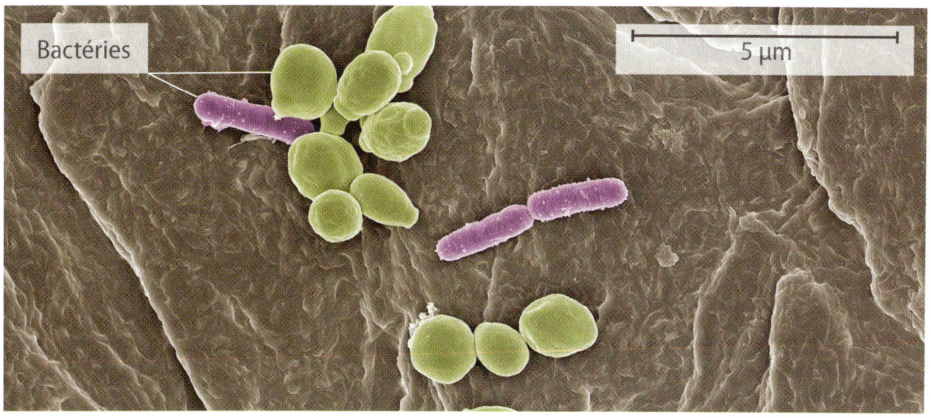

- Taille : 1 à 10 µm.
- Mode de développement : elles se nourrissent de matières organiques.
- Présentes sur les objets, dans l'eau, l'air, le sol.

Doc. 2 Microscopie électronique de deux types de bactéries (colorées en vert et violet) sur la peau

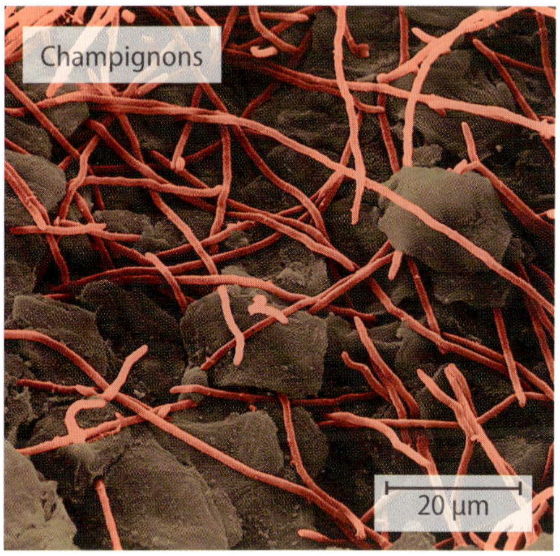

- Taille : 10 à 50 µm
- Se nourrissent de matières organiques.
- Présents sur les objets, dans l'eau, l'air, le sol.

Doc. 3 Microscopie électronique de champignons présents sur la peau

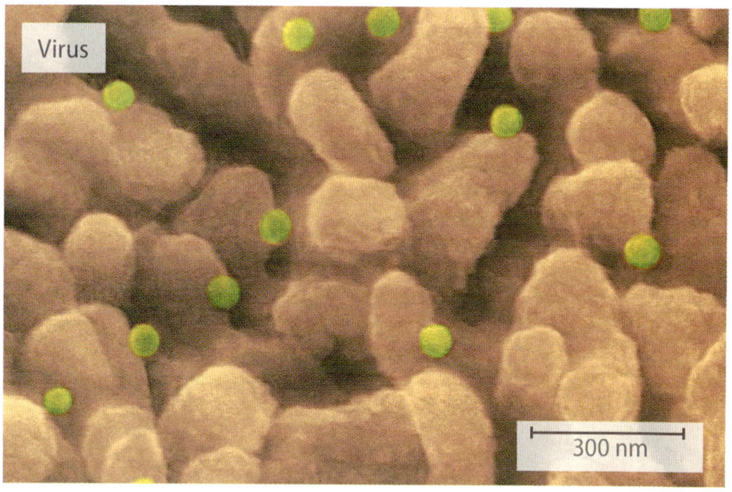

- Taille : entre 60 et 300 nm.
- Ne se nourrissent pas mais détournent le fonctionnement des cellules qu'ils infectent pour se multiplier : ce sont des parasites de cellules.
- Présents sur les objets, dans l'eau, l'air, le sol.

Doc. 4 Microscopie électronique de virus (colorés en vert) présents sur une muqueuse respiratoire

Pour conclure

Décrire la répartition et la diversité des micro-organismes au contact de notre corps.
Expliquer pourquoi, malgré leur présence, nous ne tombons pas forcément malades.

▸ Livret AP p. 26

Vocabulaire

- **Stérile :** sans micro-organisme.
- **Microbiote :** ensemble des micro-organismes au contact d'un organisme.
- **Muqueuse :** couche de cellules sécrétant des liquides, les **mucus**, qui font barrière aux micro-organismes.
- **Ubiquité :** fait d'être présent partout.
- **µm (micromètre) :** millionième de mètre (0,000 001 m).
- **nm (nanomètre) :** millième de millionième de mètre (0,000 000 001 m).

Activité

2 Comment bien soigner une blessure ?

Compétence travaillée :
D4. Fonder ses choix de comportement responsable vis-à-vis de sa santé ou de l'environnement sur des arguments scientifiques.

Les barrières de notre organisme (peau et muqueuses) empêchent l'entrée des micro-organismes. La peau possède en surface une couche de cellules mortes très protectrices. Une blessure de la peau ou un assèchement des muqueuses (mucus moins présent) peuvent permettre l'entrée des micro-organismes qui étaient jusque là inoffensifs : c'est la contamination. Les micro-organismes qui entrent trouvent facilement de quoi se nourrir, ils peuvent alors se multiplier rapidement et deviennent pathogènes : c'est l'infection.

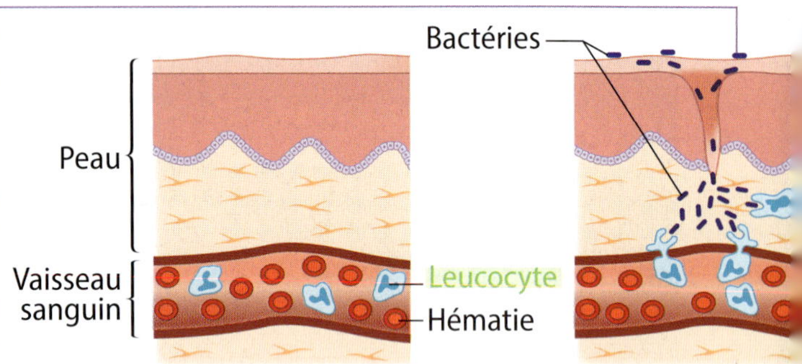

Doc. 1 Schémas de coupes de peau en bon état et de peau lésée (victime d'une plaie)

Micro-organismes	Zone de contamination possible	Effet pathogène sur l'organisme en cas de contamination
Virus de la grippe	– Muqueuses respiratoires	– Dysfonctionnement des voies respiratoires
Bactéries Salmonelles	– Muqueuses digestives	– Troubles digestifs, diarrhées, vomissements
Bactéries Staphylocoques	– Plaies au niveau de la peau – Muqueuses nasales	– Infections cutanées généralisées – Rhinites
Levures Malassezia	– Petites plaies cutanées dans les zones humides	– Boutons sur la peau

Doc. 2 Zones de contamination possibles et effets pathogènes de quelques micro-organismes

Protocole

▶ On cherche à vérifier que la chlorhexidine, un antiseptique fréquemment utilisé sur des plaies cutanées, peut stériliser la peau.

▶ Un élève a posé trois doigts sur le milieu de culture d'une boîte de Pétri : d'abord sans lavage de mains (photo a), puis après les avoir nettoyées avec une solution antiseptique (photo b). Les boîtes ont ensuite été fermées et laissées à 20°C durant cinq jours.

Doc. 3 Résultats de cultures sur boîtes de Pétri

Pour conclure

Expliquer les consignes d'application suivantes : « Lors d'une blessure cutanée, l'application d'antiseptique et le positionnement d'un pansement sont indispensables pour éviter une infection. »

▶ Livret AP p. 26

Vocabulaire

- **Leucocyte :** cellule de défense de notre organisme.
- **Contamination :** entrée de micro-organismes dans l'organisme.
- **Pathogène :** susceptible de provoquer une maladie.
- **Infection :** multiplication des micro-organismes dans l'organisme.
- **Stériliser :** détruire les micro-organismes.

Activité 3

Comment préserver notre microbiote pour rester en bonne santé ?

Compétence travaillée :
D2. Identifier et choisir les outils et les techniques pour garder trace de ses recherches.

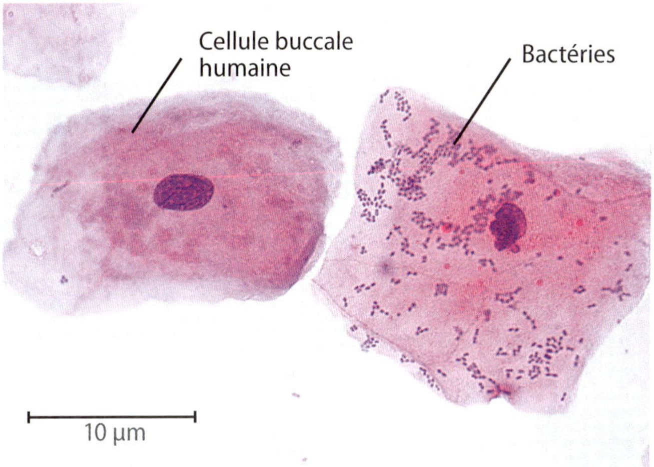

Microscopie optique de cellules buccales humaines (colorées avec du bleu de méthylène)

Dans notre bouche cohabitent au moins vingt milliards de bactéries. Ce microbiote buccal se met en place durant les quatre premières années de notre vie grâce aux différents objets et aliments mis en bouche et met plusieurs semaines à se reformer après un déséquilibre (destruction d'une partie du microbiote).

Doc. 1 Le microbiote buccal

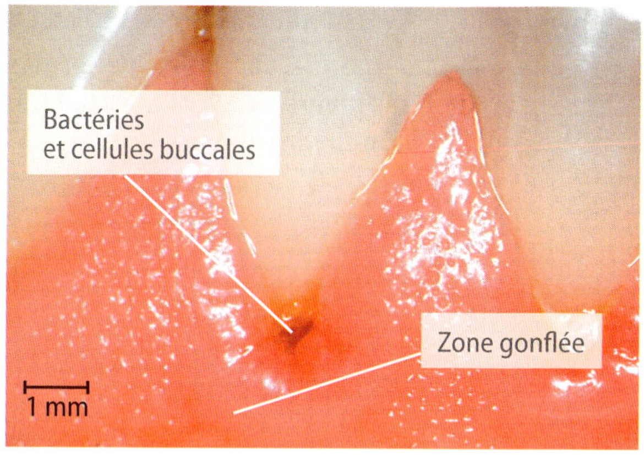

Photographie d'une gingivite (inflammation de la gencive)

Le microbiote a de nombreux effets protecteurs pour les dents et plus généralement sur l'organisme entier. Il a été montré qu'une bactérie buccale, *Streptococcus salivarius*, empêche la multiplication de bactéries pathogènes respiratoires.
Un déséquilibre du microbiote favorise la croissance de bactéries à l'origine de caries, de gingivites ou de mauvaise haleine.

Doc. 2 Les interactions entre le microbiote buccal et notre santé

Se brosser les dents au moins deux fois par jour après le repas et aller chez son dentiste une fois par an pour un détartrage permet de garder son microbiote intact. L'usage du tabac, comme celui de l'alcool, déséquilibre le microbiote buccal.

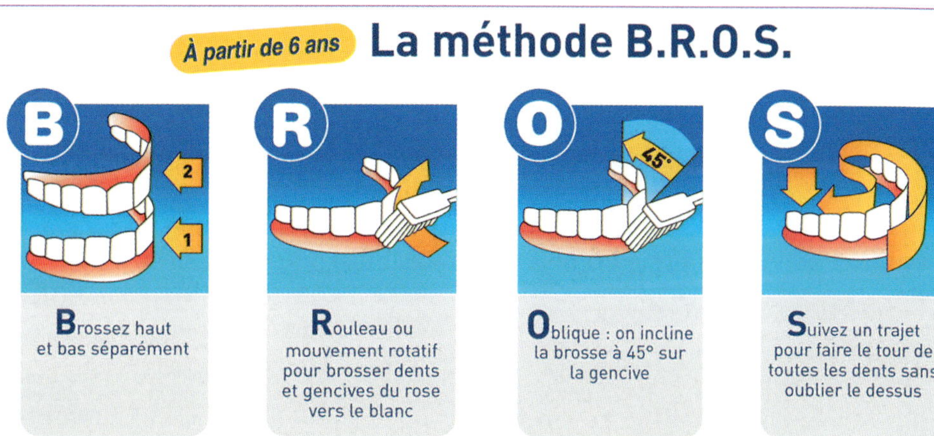

Doc. 3 L'hygiène buccodentaire

Pour conclure
Schématiser les relations qui existent entre notre microbiote buccal, notre comportement et la santé de notre organisme.
Livret AP p. 26

Vocabulaire
- **Microbiote :** ensemble des micro-organismes présents au contact de notre organisme.

Bilan

... par le texte

Activité 1 Les micro-organismes au contact de notre corps

- Notre environnement contient une multitude de **micro-organismes** d'une très grande diversité de modes de vie et de tailles.
- Le monde microbien hébergé sur notre organisme appelé **microbiote** est également très diversifié. Il est présent sur toutes les surfaces corporelles. On parle d'**ubiquité** du monde microbien.
- Notre organisme est protégé de l'entrée des micro-organismes par deux types de barrières : la peau et les **muqueuses**.

Activité 2 Bien soigner une blessure

- Certains micro-organismes peuvent provoquer de graves dysfonctionnements de notre organisme en cas de contamination. Une fois entrés dans l'organisme au niveau des muqueuses ou par des plaies cutanées :
  - les bactéries ou les champignons peuvent profiter des conditions favorables pour se multiplier ;
  - les virus se développent dans les cellules de l'organisme ; ils peuvent ainsi entraîner leur dysfonctionnement voire leur destruction.
- Ces proliférations de micro-organismes se nomment des **infections**.

  Il est donc indispensable de garder notre organisme **stérile** en pratiquant des règles d'hygiène afin de limiter les risques de **contamination** au niveau de plaies de la peau ou des muqueuses.

Activité 3 Le rôle du microbiote pour notre organisme

- Le microbiote de chaque individu se forme au cours des quatre premières années de sa vie et lui est particulier.
- Le microbiote profite des aliments que l'on ingère et nous procure une protection contre les micro-organismes potentiellement **pathogènes** qui parviennent au contact de notre organisme. Il s'agit donc d'une association à bénéfices réciproques entre ces milliards d'individus et notre organisme.
- Il est important de préserver notre microbiote en limitant l'usage de produits qui peuvent lui nuire (tabac, alcool, produits **antiseptiques** ou antibiotiques). Une fois déséquilibré, le microbiote met plusieurs semaines à se remettre en place. Durant cette période, l'organisme est plus vulnérable aux contaminations.

À savoir :

	Activités	Exercices
• Expliquer où se trouvent les micro-organismes.	1 3	7 8
• Argumenter la diversité des micro-organismes.	1	4 5 6
• Expliquer comment notre organisme reste stérile.	1 3	8
• Expliquer certaines règles d'hygiène.	2 3	6 7
• Expliquer le rôle du microbiote pour notre organisme.	3	8

... par l'image

manuel numérique

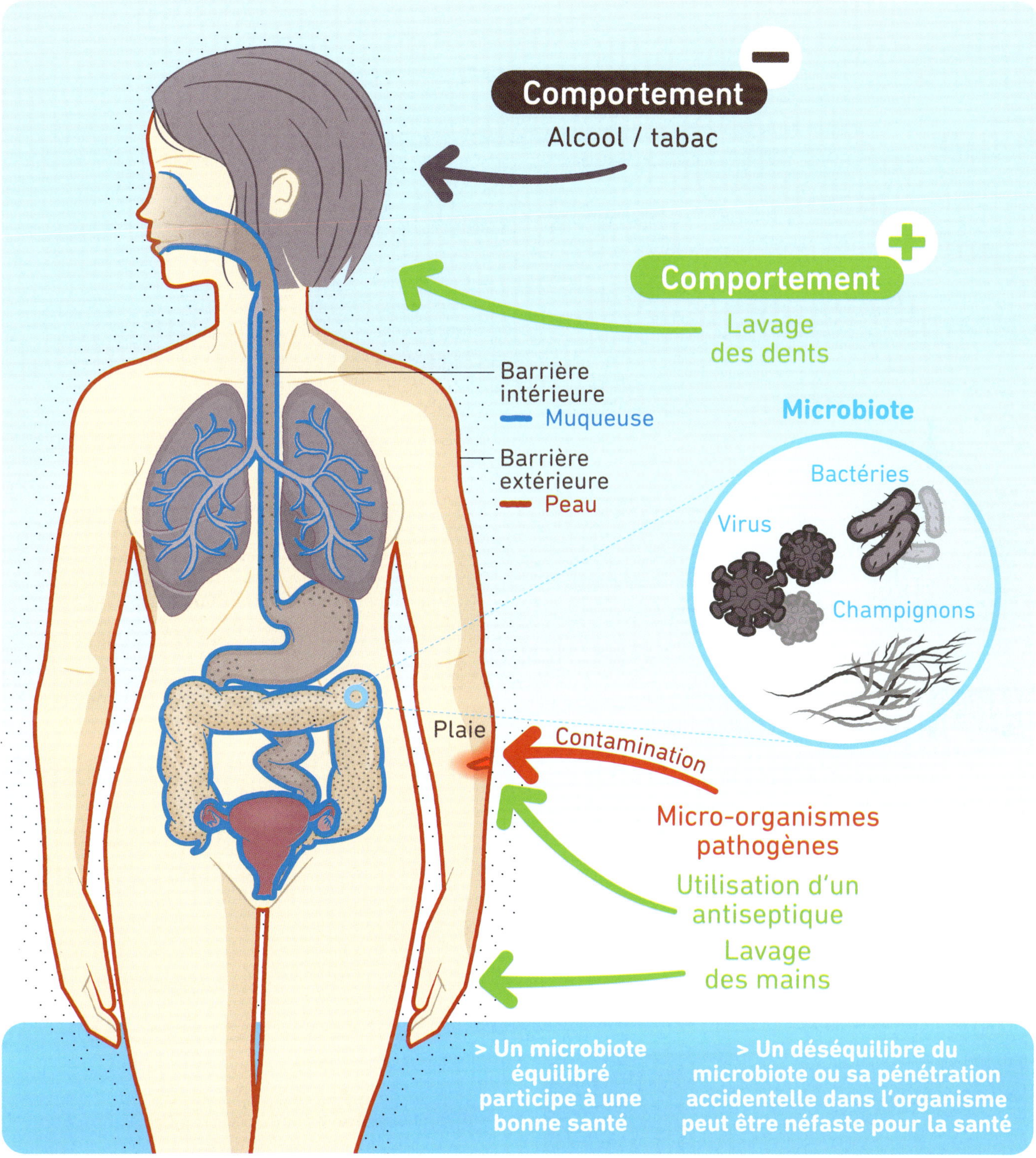

> Un microbiote équilibré participe à une bonne santé

> Un déséquilibre du microbiote ou sa pénétration accidentelle dans l'organisme peut être néfaste pour la santé

Mots à savoir définir

micro-organisme • microbiote • ubiquité • muqueuse • infection • stérile • contamination • pathogène • antiseptique

Exercer ses compétences

manuel numérique QCM 2

1 QCM 1 Choisir la proposition correcte.

	A	B	C	D	En cas de doute, lire
1. Les bactéries :	sont des cellules de notre organisme.	sont toutes dangereuses pour l'Homme.	sont très présentes à la surface de notre corps.	ont besoin de cellules pour se développer.	1 p. 336
2. Les virus :	ont besoin de matière organique pour se développer.	ont besoin de cellules pour se développer.	sont en général plus gros que les bactéries.	ont les mêmes besoins que les champignons.	1 p. 336
3. Un antiseptique :	fréquemment utilisé est l'eau sucrée.	est à appliquer en cas de plaies.	ne détruit que les virus.	permet d'empêcher la multiplication des bactéries dans l'organisme.	2 p. 338
4. La contamination correspond à :	la destruction des micro-organismes entrés dans le corps.	l'entrée d'un micro-organisme dans le corps.	la multiplication des micro-organismes à l'extérieur du corps.	la multiplication des micro-organismes à l'intérieur du corps.	2 p. 338
5. Le microbiote :	est dangereux pour l'Homme.	n'est constitué que de bactéries bénéfiques pour notre organisme.	nous protège de certaines contaminations.	est stérile.	3 p. 339

▶ Voir corrigés p. 413

2 D1. Définir

Définir les termes suivants :

1. a. contamination, b. infection, c. micro-organisme.
2. a. microbiote, b. asepsie, c. pathogène.

3 D1. Rédiger

Rédiger une phrase à l'aide des mots suivants :

a. micro-organismes, environnement, organismes, peau, muqueuse ;
b. contamination, infection, plaie, produit antiseptique ;
c. microbiote, rôle, défense de l'organisme, contamination.

4 D4. Identifier et choisir des outils et des techniques pour mettre en œuvre une démarche scientifique

1. **Estimer** la taille d'une bactérie buccale et celle d'une cellule humaine.
2. **Comparer** les tailles de ces deux types de cellules grâce aux résultats précédents.

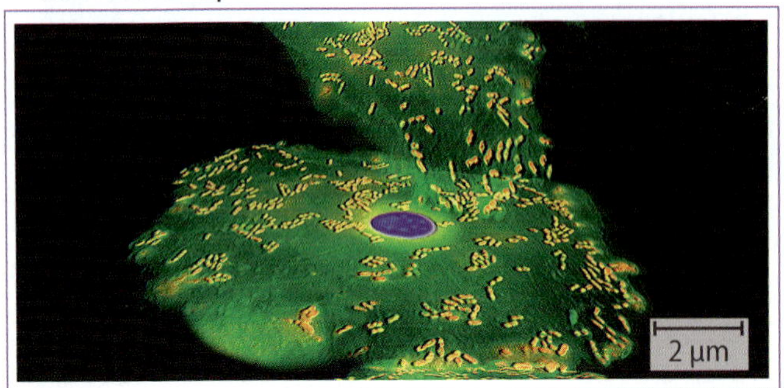

Doc. 1 Photographie d'une microscopie électronique de cellules buccales humaines au contact de bactéries (colorées en jaune)

5 D1. Lire et exploiter des données présentées sous différentes formes

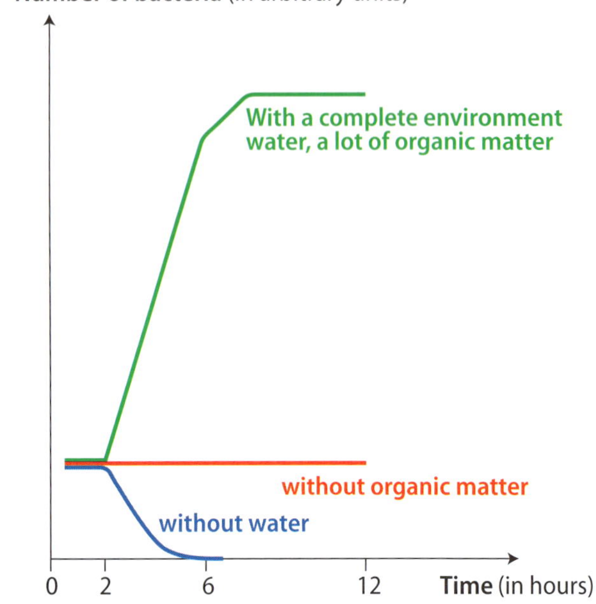

Doc. 1 Evolution of bacterial number in function of time and culture environment

1. **Décrire** l'effet du retrait de la matière organique du milieu de culture sur le développement des bactéries.
2. **Décrire** l'effet du retrait de l'eau du milieu de culture sur le développement des bactéries.
3. **Expliquer** les besoins des bactéries pour se développer grâce aux données de ce graphique.

6 résolu D4. Identifier et choisir des outils et des techniques pour mettre en œuvre une démarche scientifique

Sami suppose que le développement des bactéries et des champignons sur des tomates sera aussi bien ralenti à 10 °C qu'à 4 °C. Pour tester son hypothèse, il dispose de deux réfrigérateurs dont la température est réglable entre 2 °C et 12 °C.

1. **Proposer** un protocole expérimental permettant de tester cette hypothèse.
2. **Exposer** les résultats attendus du test.
3. **Expliquer** ce que l'on risque lors de la consommation d'aliments avariés, très riches en micro-organismes ?

Livret AP p. 26

7 D1. Lire et exploiter des données présentées sous différentes formes

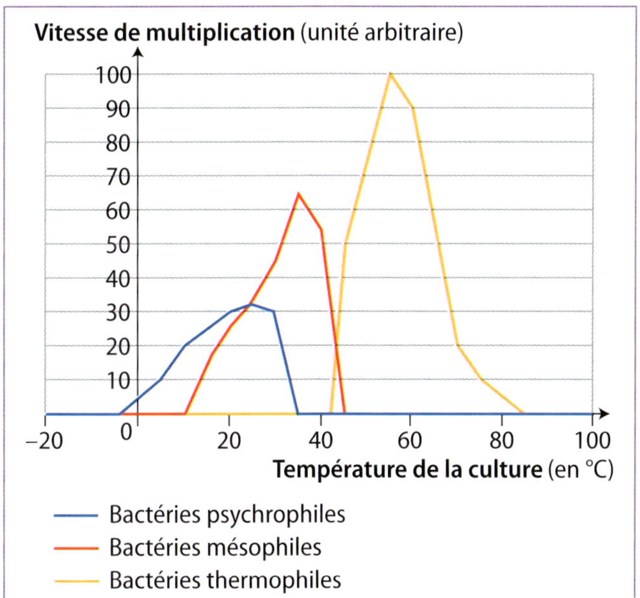

Doc. 1 Développement de quelques types de micro-organismes en fonction de la température

1. **Indiquer** la température optimale de multiplication des bactéries psychrophiles.
2. **Décrire** ce que vont faire ces bactéries psychrophiles dans un réfrigérateur à 4 °C.
3. **Expliquer** dans quel groupe on peut placer les bactéries pathogènes pour l'Homme.

8 D4. Fonder ses choix de comportement responsable vis-à-vis de sa santé ou de l'environnement sur des arguments scientifiques

Intoxication alimentaire dans le « meilleur restaurant du monde »

Les autorités sanitaires danoises avaient révélé, vendredi 8 mars 2013, que soixante-trois personnes avaient souffert d'une intoxication alimentaire après avoir dîné au restaurant *Noma* de Copenhague entre le 12 et le 16 février. Selon les analyses rendues publiques par la direction du restaurant, c'est un micro-organisme – cause fréquente de gastro-entérites – apporté par le personnel qui est à l'origine des vomissements et des diarrhées qui ont touché certains de ses clients. « *À ce moment-là, il y avait des malades parmi les employés qui manipulent la nourriture* », a relevé le rapport des autorités sanitaires danoises.

De graves lacunes* ont été relevées puisque, dans la zone de préparation de la cuisine du *Noma*, le rapport d'inspection sanitaire indiquait : « *aucun évier alimenté en eau chaude permettant de se laver les mains* ».

D'après Jean-Claude Ribaut, blog du Monde, 9 mars 2013

lacune : manque.

1. **Relever** dans cet article les causes possibles de l'intoxication alimentaire.
2. **Proposer** des règles d'hygiène qui permettraient d'éviter ce type d'accident à l'avenir.
3. **Expliquer** précisément l'intérêt d'une des règles d'hygiène choisie.

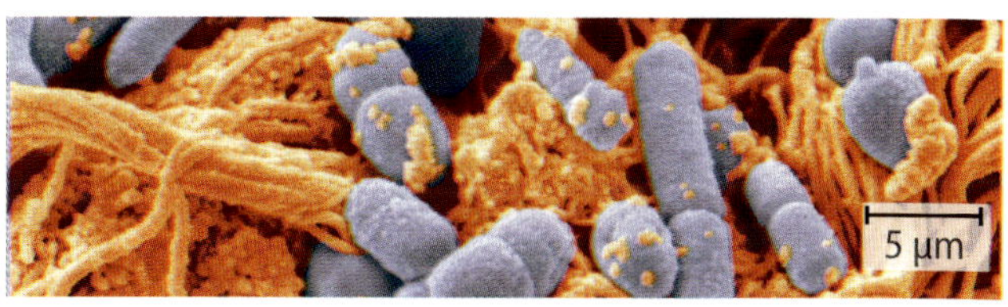

Viande de poulet contaminée par des bactéries, microscopie électronique

Activité

1 Comment l'organisme réagit-il à une contamination ?

Au niveau d'une plaie, des cellules présentes dans la peau repèrent la présence de micro-organismes pathogènes. Elles provoquent alors une réaction immunitaire rapide (quelques heures) après la contamination.

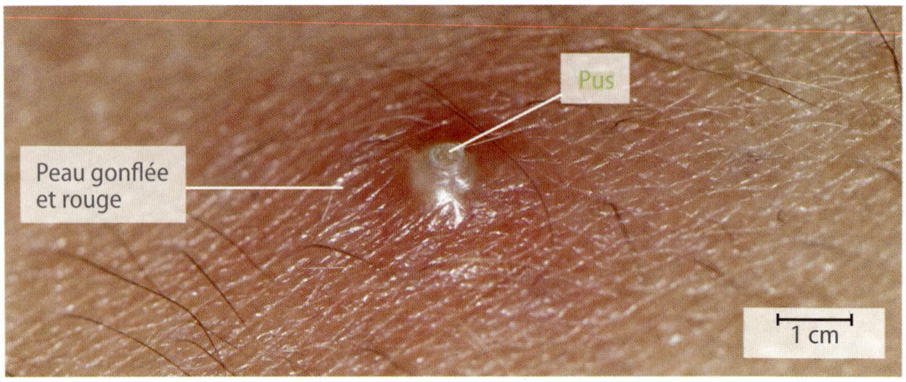

Doc. 1 L'origine d'une réaction inflammatoire

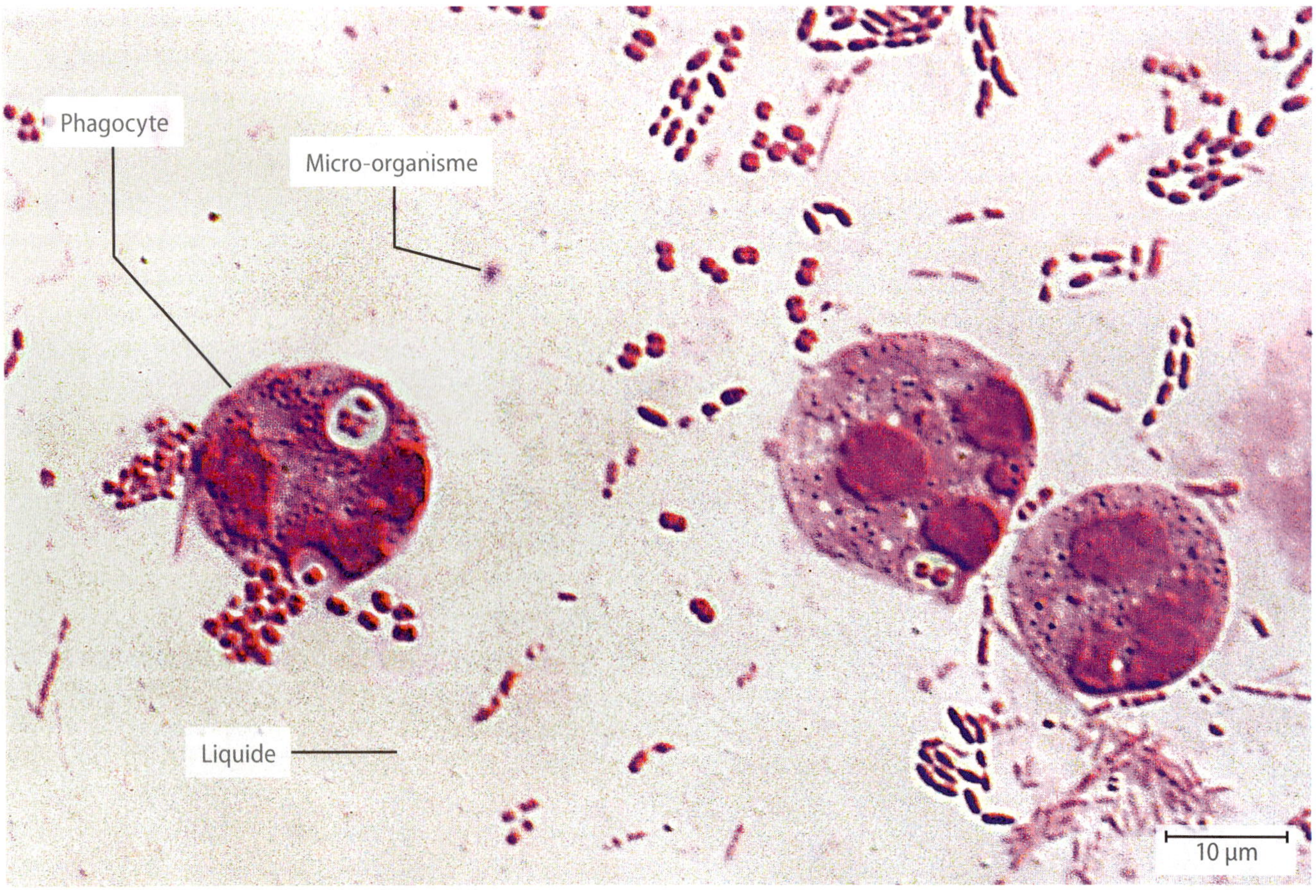

Doc. 2 Observation microscopique d'une goutte de pus

Compétence travaillée :
D1. Représenter des données sous différentes formes et choisir celle qui est adaptée à la situation de travail.

Des cellules sentinelles détectent les micro-organismes pathogènes en reconnaissant un antigène.

Ces cellules attirent des phagocytes qui sortent des capillaires vers la zone lésée.

Du plasma sort des capillaires et provoque un gonflement au niveau de la zone contaminée.

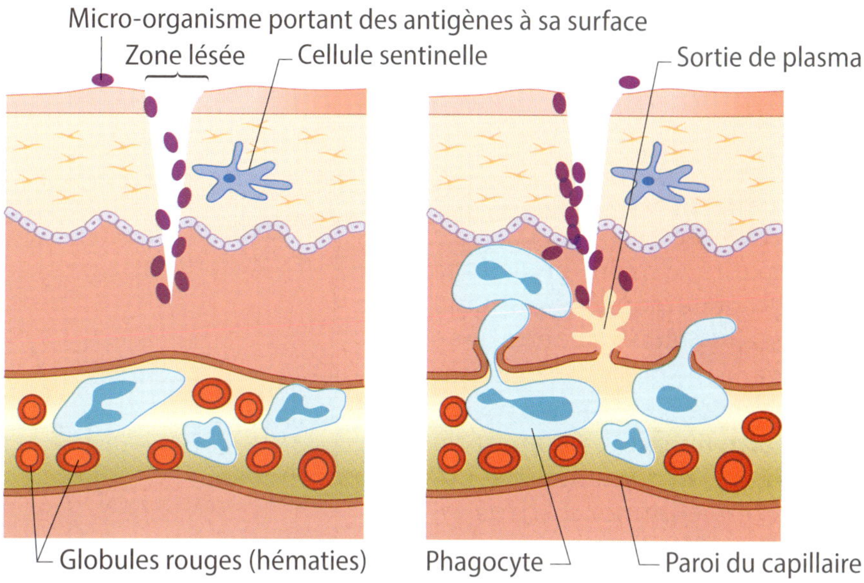

Schéma de la mise en place de la réaction inflammatoire

Doc. 3 Mise en place de la réaction inflammatoire

La phagocytose web

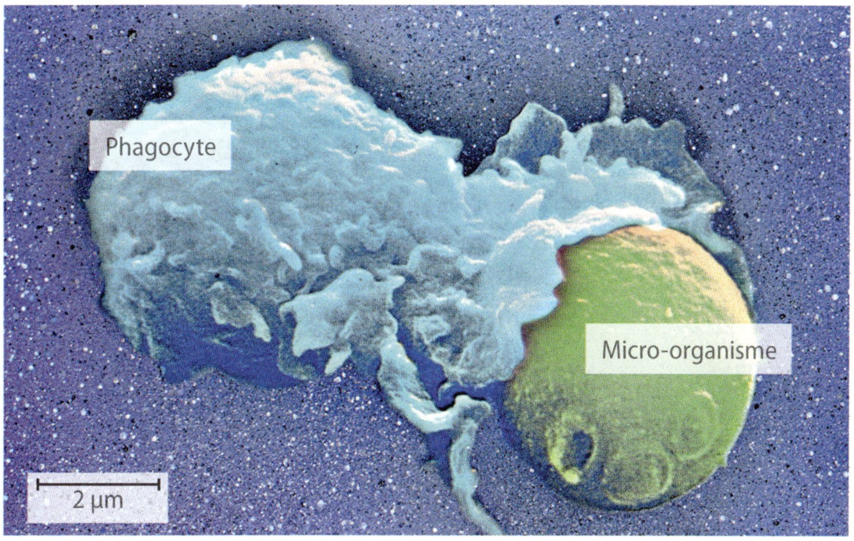

Phagocytose d'un micro-organisme observée au microscope électronique à balayage (MEB) et fausses couleurs

Suite à la réaction inflammatoire, les phagocytes effectuent la phagocytose. Ce mécanisme d'élimination du micro-organisme pathogène se fait en trois phases :

1. **phase de reconnaissance :** le phagocyte repère le micro-organisme ;
2. **phase d'ingestion :** il l'entoure et l'ingère ;
3. **phase de digestion :** grâce à des enzymes, le phagocyte digère le micro-organisme pathogène avant d'expulser les débris de cette digestion.

Doc. 4 L'action des phagocytes : la phagocytose

Pour conclure

Présenter, sous une forme adaptée, les réactions de l'organisme suite à une contamination par un micro-organisme pathogène.

Livret AP p. 26

Vocabulaire

- **Réaction immunitaire :** mécanisme de défense contre des éléments pathogènes.
- **Pus :** liquide présent au niveau d'une zone infectée.
- **Antigène :** molécule provoquant une réaction immunitaire.
- **Plasma :** partie liquide du sang (sans cellules).

Activité 2

Comment l'organisme réagit-il face à une infection ?

Compétence travaillée :
D4. Proposer une ou des hypothèses pour résoudre un problème.

L'hépatite A est une maladie provoquée par le virus de l'hépatite A, micro-organisme pathogène pour l'organisme humain. Celui-ci pénètre dans l'organisme par les muqueuses digestives et parasite les cellules du foie. La plupart du temps, l'organisme infecté arrive à éliminer le virus en quelques semaines grâce à une réponse de son système immunitaire.

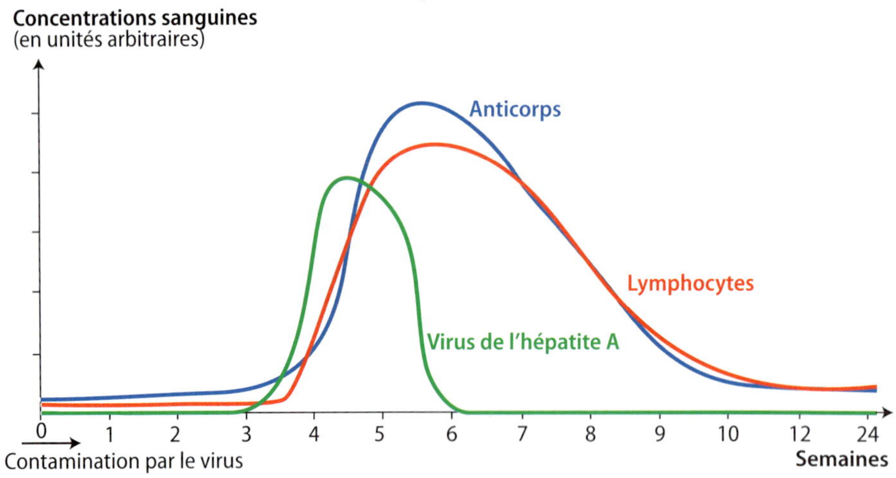

Doc. 1 Évolution de la composition du sang après une contamination par le virus de l'hépatite A

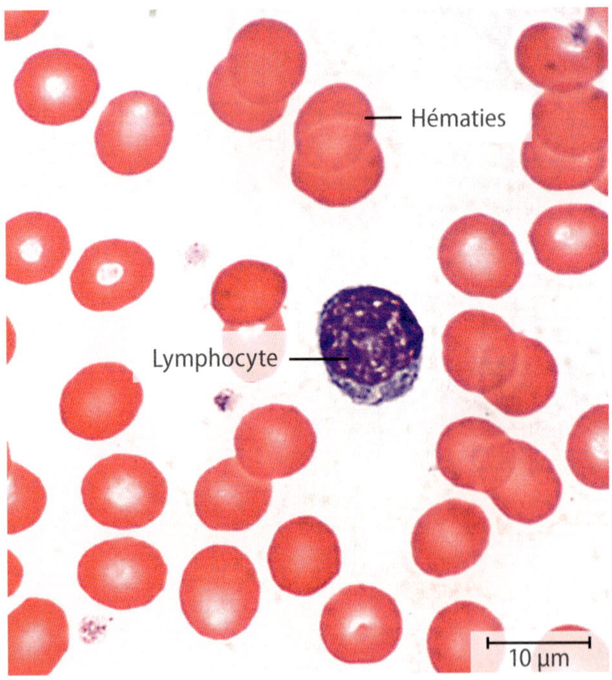

Doc. 2 Cellules du sang

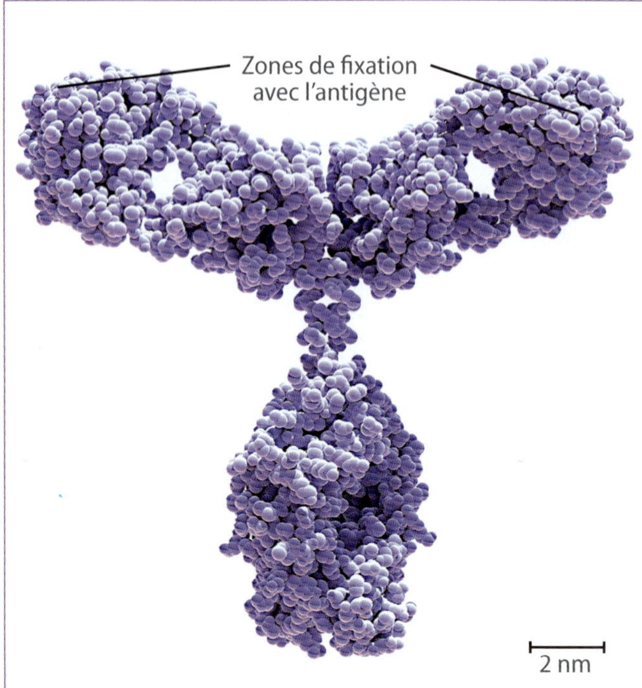

Doc. 3 Modélisation d'un anticorps (molécule)

Pour conclure

Proposer une hypothèse reliant les variations de la composition du sang à l'élimination du virus.

Livret AP p. 26

Vocabulaire

- **Muqueuse :** couche de cellules recouvrant certains organes produisant du mucus.

Compétence travaillée :
D4. Interpréter des résultats et en tirer des conclusions.

Comment expliquer l'apparition d'anticorps dans le sang ?

	Étape 1	Étape 2	Étape 3
Lot 1		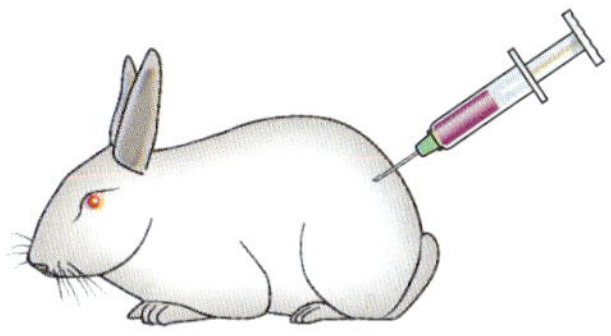 Injection d'un antigène (GRM)	Mesure de la quantité d'anticorps anti-GRM (Doc. 2) et de lymphocytes (Doc. 3)
Lot 2	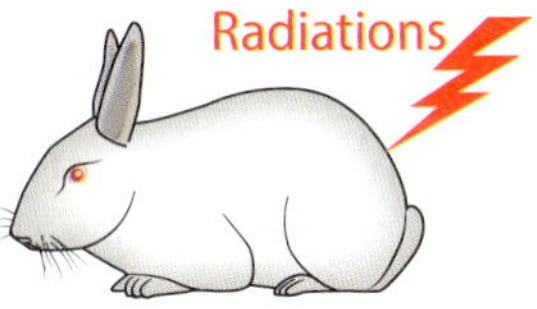 Destruction des lymphocytes par radiation	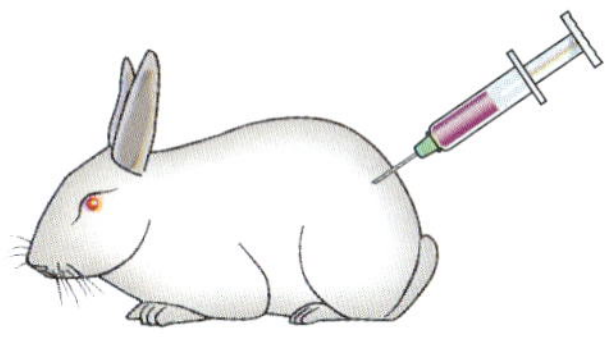 Injection d'un antigène (GRM)	Mesure de la quantité d'anticorps anti-GRM (Doc. 2) et de lymphocytes (Doc. 3)

Doc. 1 Protocole expérimental pour mettre en évidence l'origine des anticorps

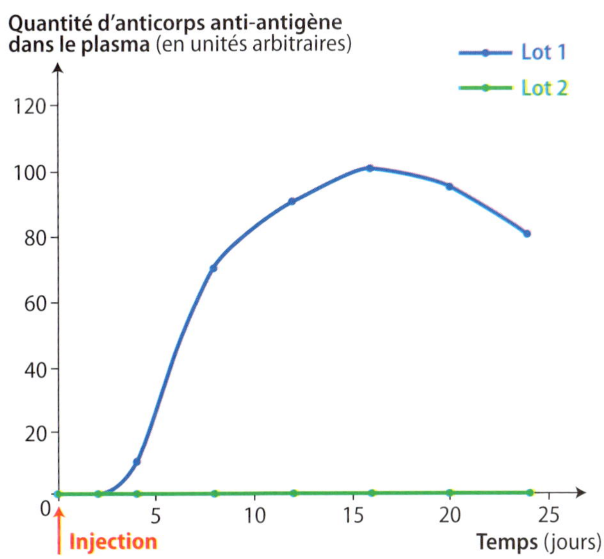

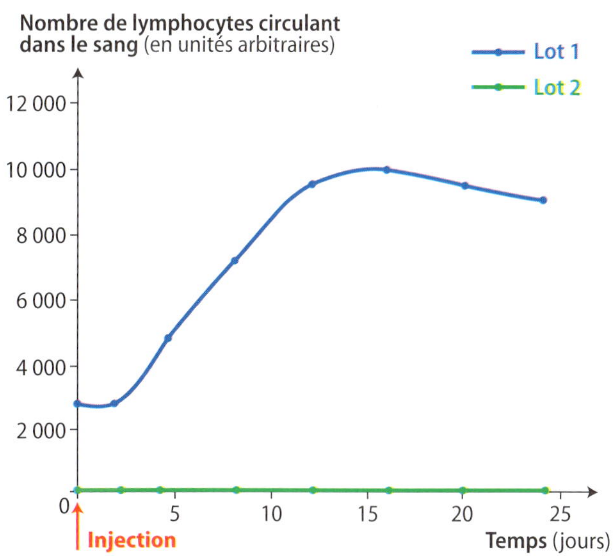

Le moment 0 correspond aux injections de l'étape 2 du doc. 1.

Doc. 2 Mesure de la quantité d'anticorps anti-antigène chez les lapins des lots 1 et 2

Doc. 3 Mesure de la quantité de lymphocytes chez les lapins des lots 1 et 2

Pour conclure

Donner un argument en faveur de la production des anticorps par des lymphocytes.

Livret AP p. 27

Activité 4

Comment expliquer le gonflement tardif de ganglions lors d'une infection ?

Compétence travaillée :
D4. Communiquer sur ses démarches, ses résultats et ses choix, en argumentant.

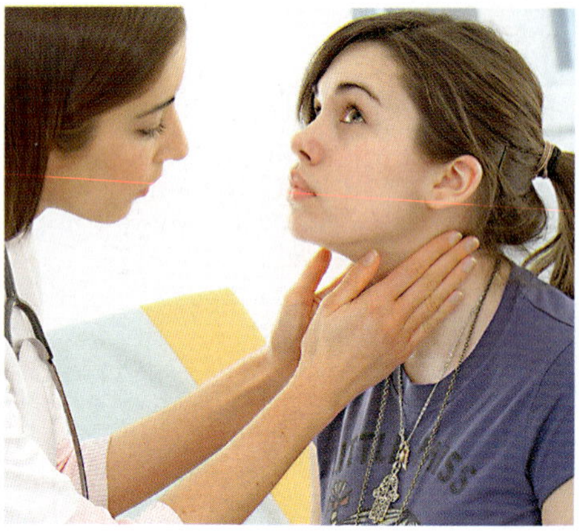

Lors d'une infection, on peut constater le gonflement de certains ganglions. Il s'agit d'un indice que le médecin recherche pour localiser l'infection.

Doc. 1 Auscultation des ganglions

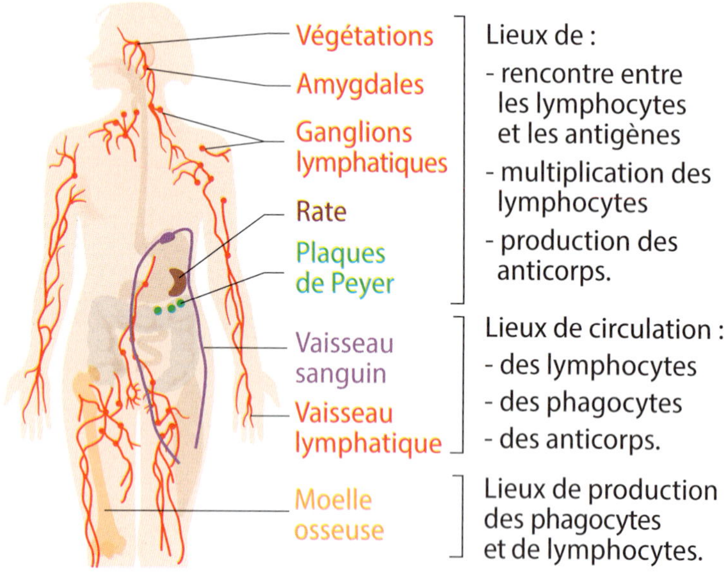

Doc. 2 Organes impliqués et leurs rôles dans la réponse immunitaire

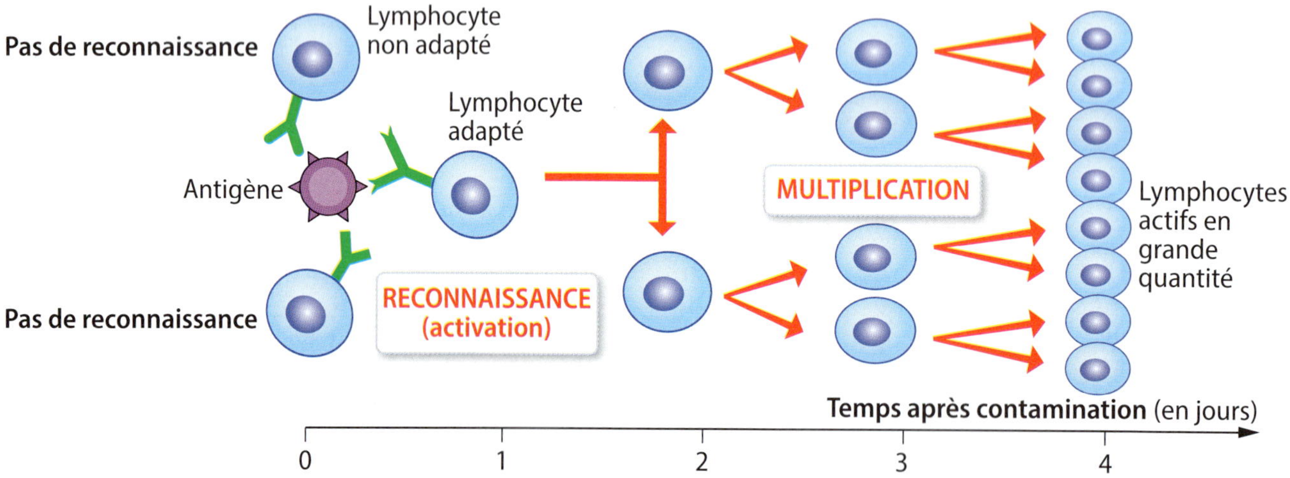

Doc. 3 Phases de reconnaissance et de multiplication des lymphocytes dans les ganglions situés à proximité de l'infection

Pour conclure

Trouver des arguments permettant d'affirmer que la réaction face à une infection est lente, spécifique et de grande ampleur.

Livret AP p. 27

Vocabulaire

- **Ganglion :** petit renflement situé aux carrefours des vaisseaux lymphatiques.

Activité

5 Comment les lymphocytes agissent-ils contre les micro-organismes ?

Compétence travaillée :
D1. Représenter des données sous différentes formes et choisir celle qui est adaptée à la situation de travail.

Il existe plusieurs types de lymphocytes. L'un d'entre eux, le lymphocyte B, peut produire des anticorps libérés dans le sang ; un autre, le lymphocyte T, agit directement par contact sur les cellules infectées par un virus.

Doc. 1 Les différents types de lymphocytes

Après la reconnaissance d'une cellule infectée par un virus, le lymphocyte T produit des molécules, les perforines, qui tuent la cellule infectée. Les phagocytes éliminent ensuite les restes.

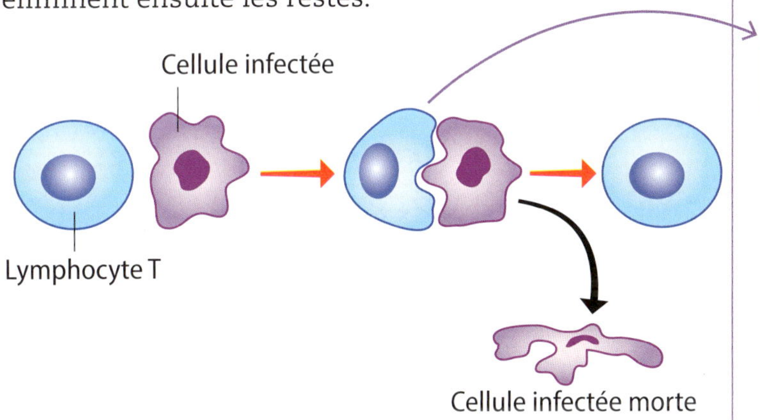

Doc. 2 Le mode d'action d'un lymphocyte T

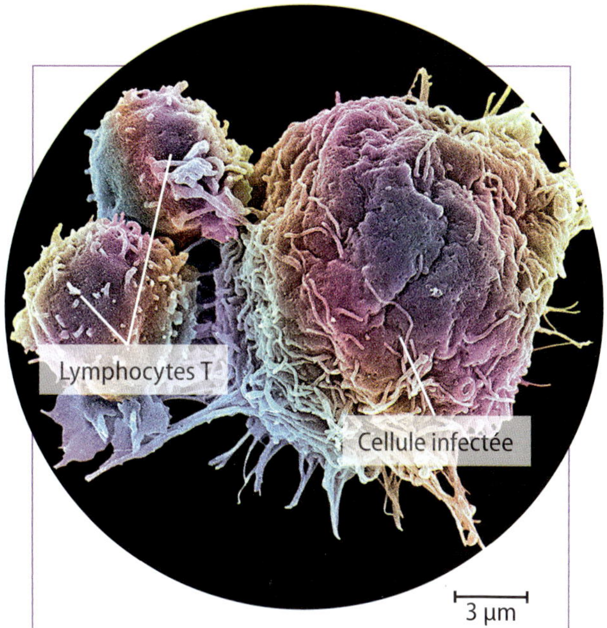

Doc. 3 Deux lymphocytes T au contact d'une cellule infectée (MEB, fausses couleurs)

Chaque anticorps ne peut se fixer qu'à un seul type d'antigène.

L'anticorps possède deux sites de fixation spécifiques à un antigène ; cela permet la formation d'un complexe anticorps/antigènes. Les phagocytes éliminent ensuite le complexe anticorps/antigènes.

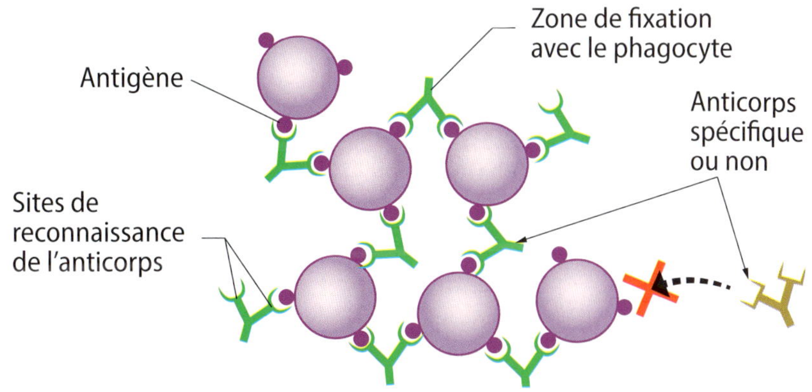

Doc. 4 Fixation des anticorps sur les antigènes

Pour conclure

Comparer, en utilisant la forme la plus adaptée à la situation, les modes d'action des lymphocytes B et T contre un antigène.

Préciser l'importance de l'action des phagocytes à la fin de ces actions. ▸ Livret AP p. 27

Bilan

... par le texte

Activité 1 — La réaction immédiate de l'organisme à une contamination

- Lorsqu'un **antigène** est présent dans notre organisme, des cellules capables de détecter sa présence déclenchent une réaction rapide et non spécifique à un antigène en particulier. On nomme cette réaction la **réaction inflammatoire**.
- Au niveau de la zone contaminée, les capillaires laissent sortir des **phagocytes** et du plasma. Les phagocytes reconnaissent les antigènes, les ingèrent puis les digèrent grâce à des enzymes : c'est la **phagocytose**.

Activité 2 — La réaction de l'organisme à une infection

- Lors d'une infection, l'organisme produit davantage de **lymphocytes** (cellules) et d'**anticorps** (molécules), que l'on trouve dans le sang.
- À la suite de ces productions, la quantité d'agents pathogènes diminue jusqu'à devenir nulle. Ces lymphocytes et anticorps sont à l'origine de l'élimination des antigènes.

Activité 3 — L'origine de la production d'anticorps

- Les anticorps sont produits par des lymphocytes.

Activité 4 — La mise en place de la réponse immunitaire

- Le corps produit en permanence une grande diversité de lymphocytes différents.
- En cas d'infection, la reconnaissance entre un antigène et un lymphocyte déclenche la multiplication de ce lymphocyte dans les **ganglions** pour en produire une grande quantité. Ce processus est spécifique : les lymphocytes produits ne reconnaissent que l'antigène responsable de l'infection.

Activité 5 — Les actions de nos défenses contre les agents pathogènes

- Il existe plusieurs types de lymphocytes. Les lymphocytes T vont au contact de cellules infectées par l'antigène pour lequel ils sont spécifiques et sécrètent une molécule qui les détruit.
- Les lymphocytes B restent dans les ganglions et produisent une grande quantité d'anticorps spécifiques à l'antigène. Chaque anticorps se fixe à deux antigènes créant ainsi un complexe anticorps/antigènes qui sera phagocyté et détruit.

À savoir :

	Activités	Exercices
Expliquer le mode d'action des phagocytes.	1	
Décrire les réactions de l'organisme à la suite d'une contamination.	2 à 5	4
Expliquer comment est provoquée l'arrivée des phagocytes au contact des antigènes.	1	
Expliquer la spécificité de la réponse des lymphocytes à une infection par rapport à celle des phagocytes.	4 5	5 6 7
Expliquer comment agissent les lymphocytes vis-à-vis de cellules infectées par un antigène.	2 5	5 6 7
Expliquer comment agissent les lymphocytes grâce aux anticorps.	2 à 5	5 6
Expliquer le rôle déterminant des phagocytes.	1 5	

... par l'image

manuel numérique

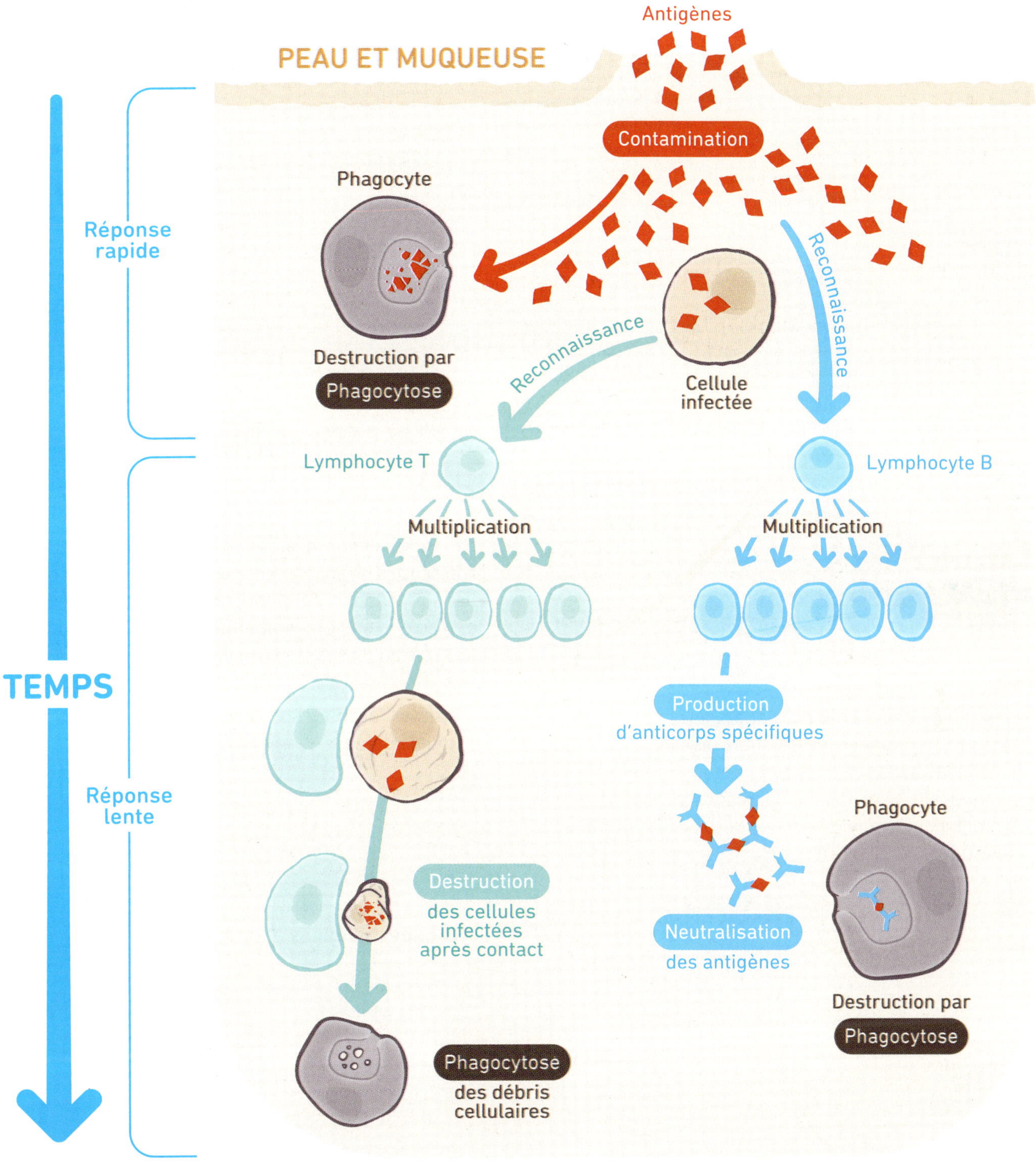

Mots à savoir définir

antigène • réaction inflammatoire • phagocyte • phagocytose • lymphocyte • anticorps • ganglion

Exercer ses compétences

1 QCM 1 Choisir la (ou les) proposition(s) correcte(s).

manuel numérique QCM 2

	A	B	C	D	En cas de doute, lire
1. Les phagocytes :	sécrètent des substances qui se fixent aux antigènes.	sont spécifiques à un seul type d'antigènes.	agissent seulement 3 à 4 jours après la contamination contre les antigènes.	peuvent s'attaquer à des bactéries.	1 p. 344
2. Un lymphocyte B :	peut détruire tout type de cellule infectée.	peut détruire un seul type de cellule infectée.	produit des anticorps pour tout type d'antigène.	produit des anticorps spécifiques à un type d'antigène.	3 et 5 p. 347 et 349
3. Un lymphocyte T :	peut détruire tout type de cellule infectée.	peut détruire un seul type de cellule infectée.	produit des anticorps pour tout type d'antigène.	produit des anticorps spécifiques à un type d'antigène.	5 p. 349
4. Les lymphocytes :	ont une action immédiate contre un nouvel agent pathogène dans l'organisme.	ont une action lente contre un nouvel agent pathogène dans l'organisme.	sont présents surtout au niveau des ganglions.	sont présents surtout au niveau du cerveau.	4 p. 348
5. Les anticorps sont :	des cellules produites par les lymphocytes B.	des cellules produites par les lymphocytes T.	des molécules produites par les lymphocytes T.	des molécules produites par les lymphocytes B.	3 p. 347

► Voir corrigés p. 413

2 D1. Définir

Définir les termes suivants :
a. antigène ; **b.** phagocyte ; **c.** lymphocyte ; **d.** anticorps.

3 D1. Rédiger

Rédiger une phrase à l'aide des mots suivants :
a. phagocyte, antigène, destruction, digestion, reconnaissance ;
b. lymphocyte, sélectionné, multiplication, actif ;
c. lymphocyte T, cellule infectée, destruction, perforine, spécifique.

4 D1. Lire et exploiter des données présentées sous différentes formes

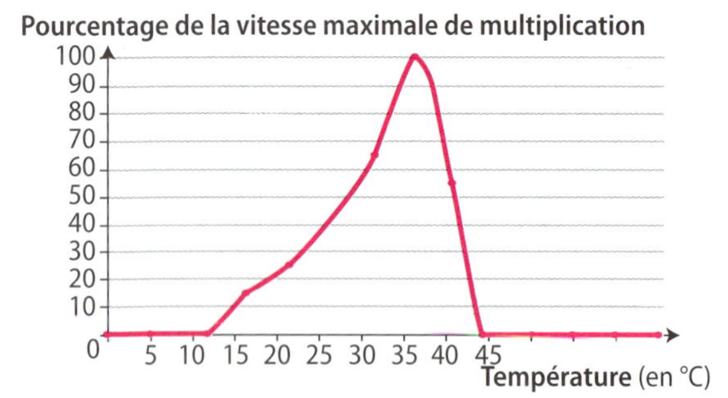

Doc. 1 Vitesse de multiplication de bactéries pathogènes pour l'Homme en fonction de la température

Lors d'une réaction inflammatoire, les cellules ayant détecté la présence d'un agent pathogène, sécrètent des molécules. Elles agissent par l'intermédiaire du sang sur une zone du cerveau qui régule la température corporelle, provoquant alors une augmentation de la température corporelle qui peut atteindre 40,5 °C.

1. Donner l'avantage de la réaction décrite dans le texte pour la défense de notre organisme.

5 résolu D1. Représenter des données sous différentes formes et choisir celle qui est adaptée à la situation de travail

Groupes Sanguins	A	B	AB	0
Molécules présentées sur les globules rouges (hématies)	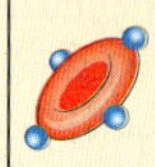	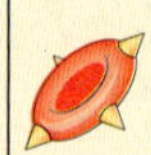	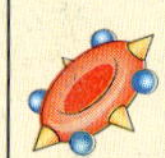	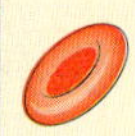

Doc. 1 Représentation des différents types de globules rouges

Nos hématies portent à leur surface des molécules. Il existe deux types de ces molécules : A et B. Sur le **doc. 1**, toutes les possibilités sont illustrées : les molécules A sont représentées en bleu et les B en jaune. Nous restons du même groupe sanguin toute notre vie. Pour chacun de nous, les molécules que nous ne produisons pas sont considérées comme des antigènes, nous pouvons donc produire des anticorps

contre nos propres molécules. La rencontre de globules rouges avec des anticorps spécifiques à leurs molécules de surface provoque une agglutination des globules (complexes anticorps/antigènes) qui peut altérer fortement la circulation sanguine.
Lors d'une transfusion sanguine, il faut donc toujours transfuser du sang compatible du donneur au receveur, qui ne provoquera pas d'agglutination. Lors de cette pratique, seuls les globules rouges du donneur sont transférés au receveur, sans le plasma qui contient ses anticorps.

Représenter sous une forme adaptée toutes les transfusions possibles en fonction des groupes sanguins du donneur et du receveur.

Livret AP p. 27

6 D1. Lire et exploiter des données présentées sous différentes formes

Le VIH, virus du Sida, infecte les « lymphocytes helper » qui ont pour rôle de stimuler la multiplication des autres lymphocytes.

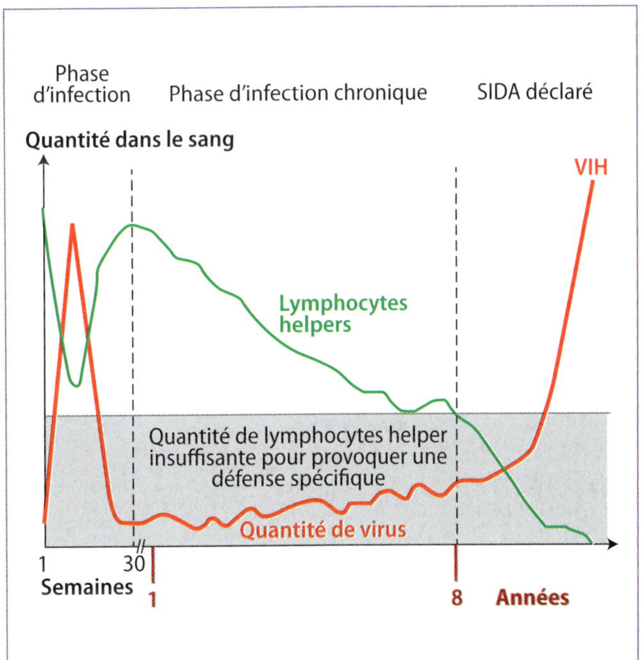

Doc. 1 Évolution des concentrations sanguines en virus VIH et en lymphocytes helper après contamination par le VIH

1. **Décrire** l'évolution de la quantité de virus VIH dans le sang de l'individu.
2. **Expliquer** le fait que, dans le cas de cette infection, une déficience des défenses immunitaires apparaît au bout de plusieurs années de présence du virus dans l'organisme.

7 D1. Lire et exploiter des données présentées sous différentes formes

Une maladie auto-immune, la sclérose en plaques

Our cells have a lot of original molecules on their surface:
- If lymphocytes don't recognize the molecules, then they go to our lymphoid system.
- If lymphocytes recognize the molecules, then they are automatically destroyed. If not, they may become aggressive towards certain cells of the body. This is what happens in the case of Multiple Sclerosis (=*sclérose en plaques*): the "Schwan cells" around nerve fibers facilitate a rapid transmission of information, they are attacked by the immune system.

1. **Expliquer** ce qui se passe dans le cas d'une sclérose en plaques.
2. **Expliquer** l'effet de cette anomalie sur le fonctionnement de l'organisme.

8 D4. Fonder ses choix de comportement responsable vis-à-vis de sa santé sur des arguments scientifiques

Le rôle du microbiote

La grande majorité des informations sur les fonctions immunitaires du microbiote proviennent des études comparatives entre des souris axéniques (stériles, sans microbiote) et celles élevées classiquement en animalerie. Les animaux axéniques ont de nombreuses anomalies au niveau du système immunitaire : rate et ganglions de tailles réduites, déficit en lymphocytes, production d'anticorps réduite. Ces anomalies peuvent être « réparées » en quelques semaines en leur injectant un microbiote de souris d'élevage.

1. **Définir** le terme microbiote.
2. **Déduire** de ce protocole le rôle du microbiote pour le système immunitaire des souris.
3. **Expliquer** l'intérêt de conserver intact notre microbiote en évitant, par exemple, l'utilisation d'antibiotiques lorsque ce n'est pas nécessaire.

Activité

Compétence travaillée :
D1. Lire et exploiter des données présentées sous différentes formes.

1 Quel est le principe de la vaccination ?

Edward Jenner (1749-1823), médecin anglais, constate que les personnes atteintes de la vaccine, ou « variole de la vache », maladie bénigne que l'on attrape au contact de vaches, ne sont jamais atteintes par la variole humaine. Il a l'idée de prélever du pus d'une personne atteinte de la vaccine et de l'injecter à un garçon. Celui-ci contracte la vaccine et en guérit très vite. Trois mois plus tard, Jenner lui inocule du pus de la variole humaine. À son grand soulagement, la maladie n'a aucun effet sur l'enfant.

Doc. 1 La première vaccination réalisée par Edward Jenner, médecin anglais

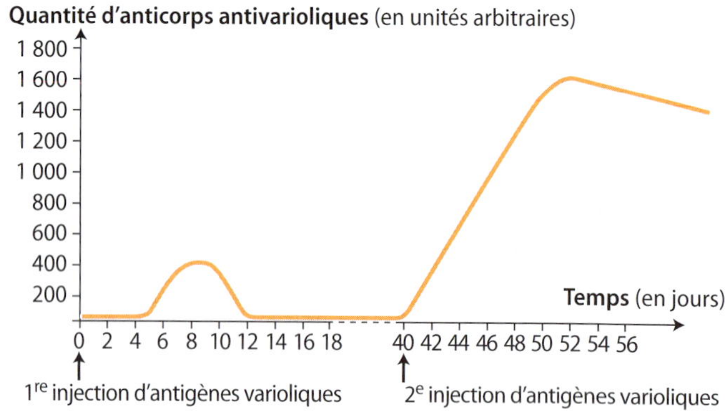

Doc. 2 Évolution de la quantité d'anticorps antivarioliques dans le sang dans le cadre d'une vaccination contre la variole

Les lymphocytes reconnaissant un antigène se multiplient au niveau des ganglions, ce qui produit une grande quantité de lymphocytes. Certains d'entre eux produisent des anticorps, tandis que d'autres restent en mémoire.

Type de lymphocyte / Caractéristique	Lymphocyte naïf	Lymphocyte mémoire
Origine	Produit en permanence par la moelle osseuse	Produit lors d'un contact avec l'antigène
Délai pour une réponse efficace après contamination	6 à 8 jours	3 à 5 jours
Durée de vie	Plusieurs jours	Plusieurs années
Moment de son action	Premier contact avec l'antigène	Deuxième rencontre et les suivantes avec l'antigène

Doc. 3 Comparaison des caractéristiques des lymphocytes d'un individu

Pour conclure

Expliquer le principe du vaccin.

Livret AP p. 27

Vocabulaire

- **Lymphocyte naïf :** lymphocyte qui n'a pas rencontré l'antigène qui lui est adapté.

Activité

2 Comment expliquer l'intérêt d'être tous vaccinés ?

Compétence travaillée :
D3. Distinguer ce qui relève d'une croyance ou d'une idée et ce qui constitue un savoir scientifique.

De nombreuses personnes se posent la question de l'intérêt de se faire vacciner.
Il existe même des « vaccino-sceptiques » dans la population française.

Voici deux arguments utilisés par des vaccino-sceptiques :

- « *La régression des maladies a d'autres causes que la vaccination* »
  Aucun scientifique ne conteste le fait que l'hygiène et l'amélioration des conditions de vie ont permis de faire régresser les maladies. Mais cet argument ne remet pas en cause l'intérêt des vaccins.
- « *Les vaccins ont des effets indésirables* »
  Pour se faire une opinion scientifique, il faut étudier le rapport risque/bénéfice pour chaque vaccination.
  Prenons l'exemple de la rougeole en France :
  - Bénéfice estimé de la vaccination en 35 ans de vaccination : 11 500 morts évités
    plus de 500 000 pneumonies évitées.
  - Risque estimé de la vaccination en 35 ans de vaccination : 7 à 20 cas d'encéphalites non mortelles.

Doc. 1 Deux arguments des vaccino-sceptiques et les réponses scientifiques associées

Simulation de couverture vaccinale

Le ministère recommande un certain nombre de vaccins chez les enfants et les adolescents afin d'obtenir une couverture vaccinale importante.

- Utiliser les fonctionnalités du logiciel *Couvac* pour comprendre l'importance d'une bonne couverture vaccinale.

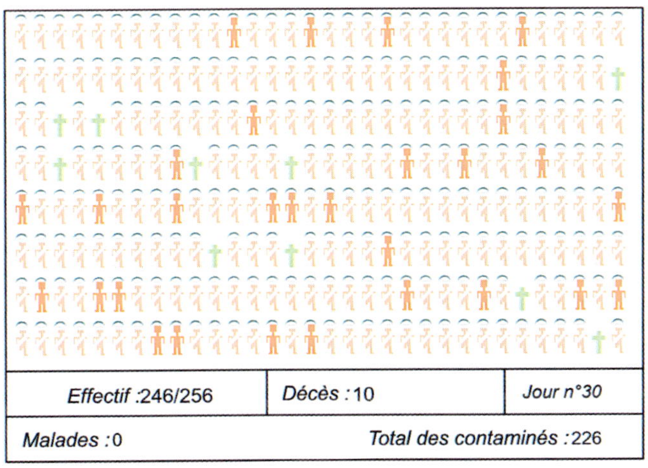

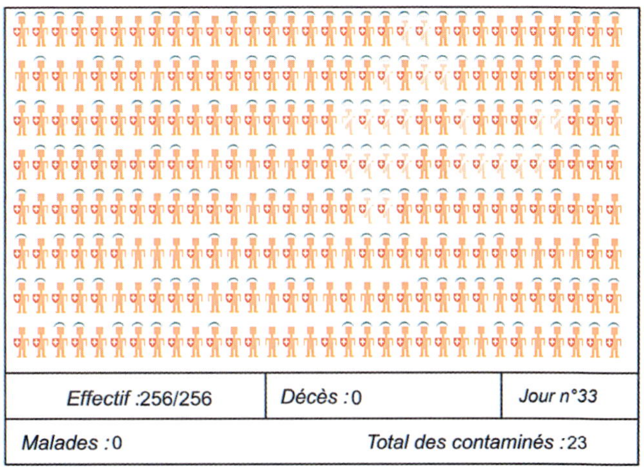

Doc. 2 Simulation de l'effet d'une couverture vaccinale avec le logiciel *Couvac*

Pour conclure
Expliquer l'intérêt d'être tous vaccinés malgré le discours des vaccino-sceptiques.

Livret AP p. 27

Vocabulaire

- **Vaccino-sceptique :** personne pensant qu'il est dangereux ou inutile de se faire vacciner.
- **Couverture vaccinale :** proportion de personnes vaccinées dans une population donnée, à un moment donné.

Activité

3 Comment expliquer les conseils liés à l'utilisation des antibiotiques ?

CONSEILS/EDUCATION SANITAIRE

QUE SAVOIR SUR LES ANTIBIOTIQUES ?

Les antibiotiques sont efficaces pour combattre les infections dues aux bactéries. Ils ne sont pas efficaces contre les infections dues aux virus.

Aussi, votre médecin a choisi de vous prescrire cet antibiotique parce qu'il convient précisément à votre cas et à votre maladie actuelle.

Les bactéries ont la capacité de survivre ou de se reproduire malgré l'action d'un antibiotique. Ce phénomène est appelé résistance : il rend certains traitements antibiotiques inactifs.

La résistance s'accroît par l'usage abusif ou inapproprié des antibiotiques.

Vous risquez de favoriser l'apparition de bactéries résistantes et donc de retarder votre guérison ou même de rendre inactif ce médicament, si vous ne respectez pas :
- la dose à prendre,
- les moments de prise,
- et la durée de traitement.

En conséquence, pour préserver l'efficacité de ce médicament :

N'utilisez un antibiotique que lorsque votre médecin vous l'a prescrit.
Respectez strictement votre ordonnance.
Ne réutilisez pas un antibiotique sans prescription médicale même si vous pensez combattre une maladie apparemment semblable.
Ne donnez jamais votre antibiotique à une autre personne, il n'est peut-être pas adapté à sa maladie.
Une fois votre traitement terminé, rapportez à votre pharmacien toutes les boîtes entamées pour une destruction correcte et appropriée de ce médicament.

Doc. 1 Extrait d'une notice accompagnant un antibiotique

L'angine est une inflammation des amygdales (ganglions lymphatiques situés au niveau de la gorge). Il en existe deux types : l'angine virale la plus courante due à un virus, et l'angine bactérienne.

L'Assurance Maladie se mobilise pour préserver l'efficacité des antibiotiques et lutter contre le développement des résistances bactériennes. Elle met gratuitement à la disposition des médecins libéraux généralistes, pédiatres et ORL, des tests de diagnostic rapide (TDR) de l'angine.

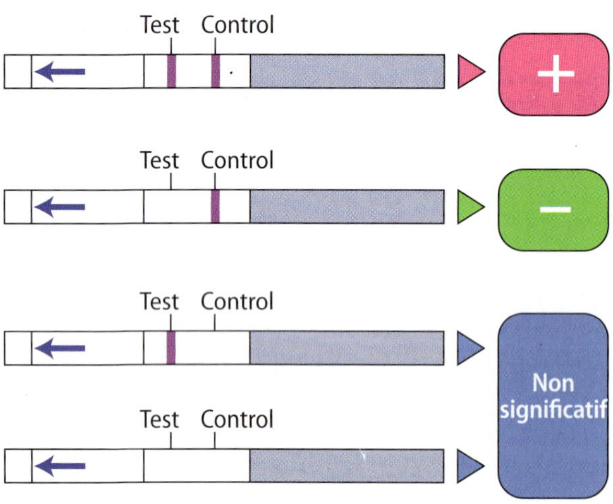

1. **Prélèvement**
2. 1 minute — **Mise en contact du prélèvement avec les réactifs**
3. 5 minutes — **Immersion du test**
4. **Lecture du résultat en fin de consultation**
   Dans la plupart des cas, le **TDR** angine se révèle négatif car les angines sont d'origine virale dans :
   · 75 à 90 % des cas chez l'adulte,
   · 60 à 75 % chez l'enfant.

En quelques minutes, avec le **TDR** angine, vous contribuez à préserver l'efficacité des antibiotiques.

Doc. 2 Test de dépistage rapide de l'angine (TDR)

Compétence travaillée :
D4. Fonder ses choix de comportement responsable vis-à-vis de sa santé ou de l'environnement sur des arguments scientifiques.

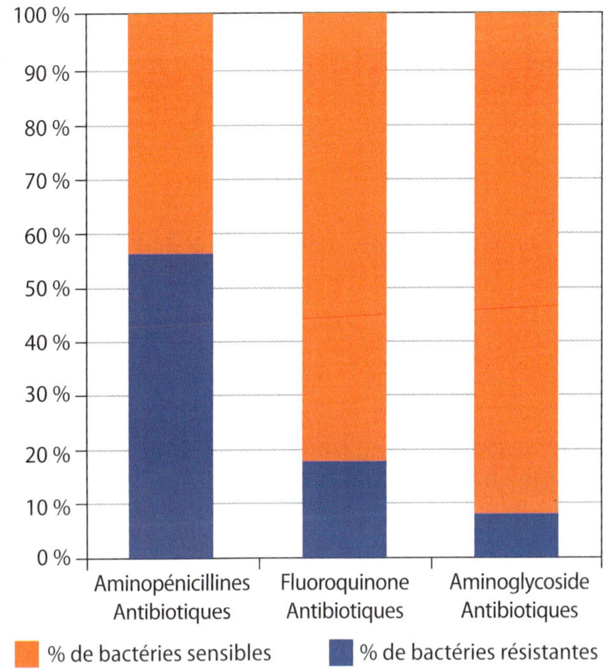

Doc. 3 Proportion de bactéries *Escherichia coli* résistantes ou sensibles à trois antibiotiques fréquemment utilisés (INVS, 2014)

Dans une population de bactéries, en présence d'antibiotique, seules les bactéries ayant acquis un mécanisme de résistance se reproduisent. Les autres meurent (bactéries sensibles). Ce faisant, la totalité de la population bactérienne devient résistante. En Europe, on estime que 25 000 décès par an sont liés à des infections dues à des bactéries résistantes.

Par ailleurs, un antibiotique peut tuer des bactéries constituant le microbiote digestif. Le microbiote protège les muqueuses digestives contre les contaminations et participe à une bonne digestion.

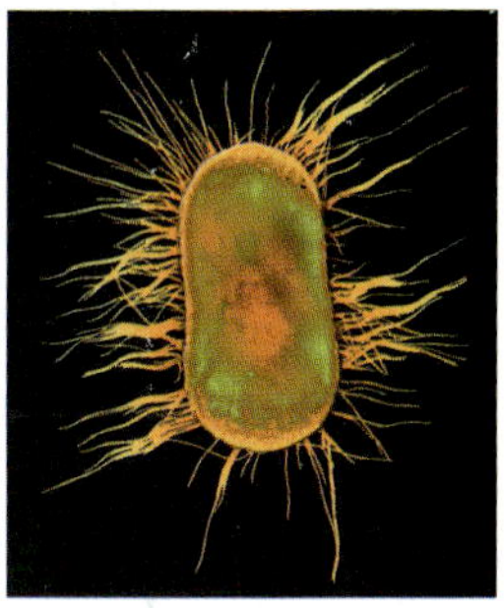

Doc. 4 Les effets indésirables des antibiotiques

Question : Qu'est-ce qu'un antibiogramme ?
Un antibiogramme consiste à mettre en contact plusieurs antibiotiques avec des colonies de bactéries. Il permet de mesurer la capacité d'un antibiotique à empêcher la croissance bactérienne.

Q. : Pourquoi effectuer un antibiogramme ?
Tous les antibiotiques ne sont pas efficaces contre toutes les bactéries. L'antibiogramme permet de déterminer l'antibiotique le plus efficace en cas d'infection bactérienne.

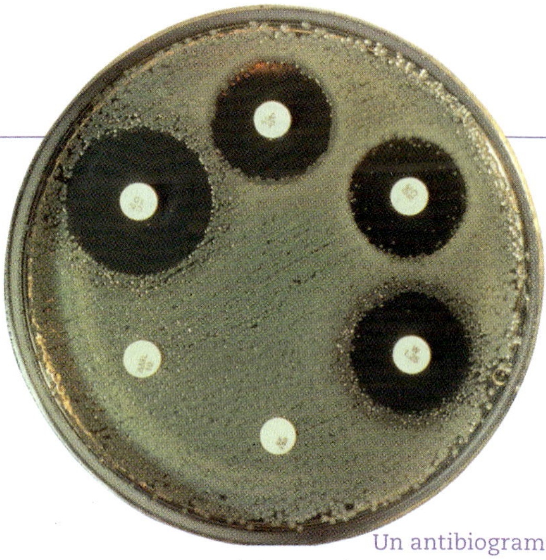
Un antibiogramme

Q. : Quelle interprétation faire d'un antibiogramme ?
L'efficacité de l'antibiotique est révélée par la réaction de la population bactérienne à son contact :
- si la population ne se développe pas autour de la pastille d'antibiotique, cela signifie que l'antibiotique est efficace ;
- si la population se développe autour de la pastille d'antibiotique, cela signifie que l'antibiotique est inefficace.

Doc. 5 Quelques questions à propos des antibiogrammes

Pour conclure
Justifier les conseils sanitaires donnés par la notice d'un antibiotique et la mobilisation de l'assurance maladie pour développer l'utilisation du test de dépistage rapide de l'angine.

▸ Livret AP p. 28

Vocabulaire
- **Microbiote :** ensemble des micro-organismes vivant au contact d'un organisme.
- **Antibiogramme :** montage permettant de sélectionner les antibiotiques les plus adaptés contre une population bactérienne.

Bilan

... par le texte

Activité 1 Le principe du vaccin

- La vaccination consiste à injecter dans l'organisme des antigènes rendus non pathogènes. Suite à cette injection, une réponse immunitaire a lieu. Des **lymphocytes mémoires** sont produits. Ils ont la capacité de vivre très longtemps et de réagir plus rapidement à la présence de l'antigène. Cela empêchera que la maladie se déclenche lorsque l'organisme sera exposé au même antigène.

Activité 2 L'intérêt d'être tous vaccinés

- La vaccination permet de protéger l'individu vacciné mais également d'empêcher qu'une épidémie se développe. Ainsi, on se vaccine pour se protéger mais également pour protéger les autres, en particulier les personnes les plus fragiles (jeunes enfants, personnes âgées). De nombreuses études scientifiques montrent le bénéfice d'une bonne **couverture vaccinale** sur la baisse de la mortalité due aux maladies infectieuses.
- Évidemment, comme tout geste médical, une vaccination fait courir un risque pour la personne vaccinée. À l'échelle de la population, le bénéfice de la vaccination est très largement supérieur aux risques individuels.
- Les vaccins utilisant des antigènes rendus non pathogènes, la couverture immunitaire est limitée dans le temps. Il faut alors régulièrement effectuer un **rappel** de vaccination pour entretenir la mémoire immunitaire.

Activité 3 L'utilisation raisonnée des antibiotiques

- Les antibiotiques sont efficaces pour lutter contre les bactéries mais sont sans action contre les virus. Il convient donc de les utiliser uniquement dans le cas de maladies d'origine bactérienne.
- Les antibiotiques sont plus ou moins efficaces selon les populations bactériennes. Il est parfois utile de réaliser un **antibiogramme** afin de déterminer le meilleur antibiotique pour lutter contre la bactérie responsable de la maladie.
- L'utilisation des antibiotiques doit être raisonnée car :
  – elle fait courir des risques à l'organisme (voir module 30, activité 3) ;
  – mal utilisée, elle provoque l'apparition de populations de bactéries résistantes.

À savoir :	Activités	Exercices
Expliquer le principe de la vaccination.	1	4
Expliquer comment notre corps s'immunise contre les antigènes qui nous ont déjà contaminés.	1	4
Expliquer l'intérêt individuel de la vaccination.	1 2	4
Expliquer l'intérêt collectif de la vaccination.	2	
Expliquer comment agissent les antibiotiques pour nous guérir.	3	5 6 7
Expliquer la marche à suivre pour utiliser raisonnablement les antibiotiques.	3	6 7
Expliquer les effets possibles d'une utilisation non raisonnable des antibiotiques.	3	6 7

... par l'image

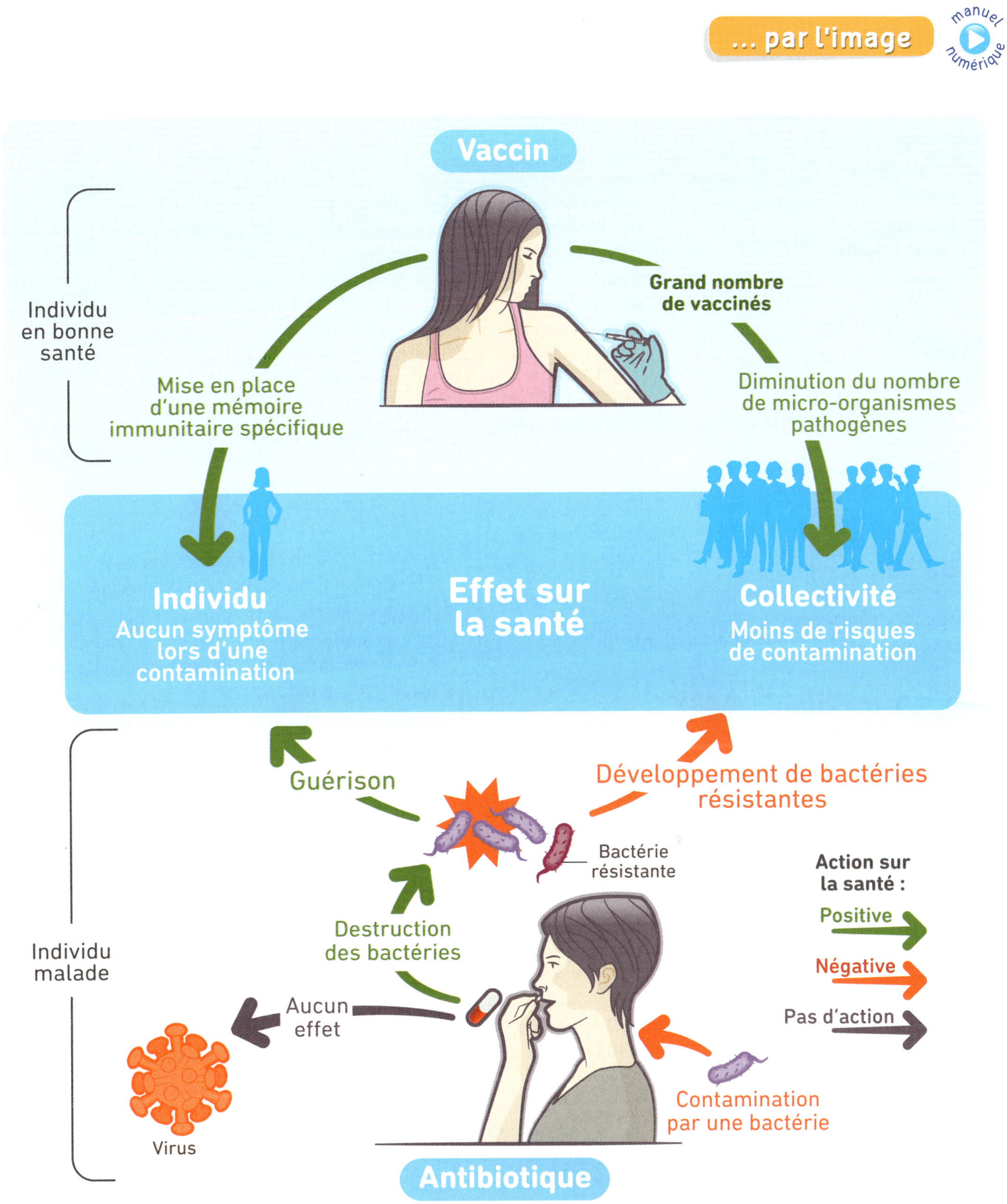

Mots à savoir définir

lymphocyte mémoire • couverture vaccinale • rappel • antibiogramme

Exercer
ses compétences

manuel numérique QCM 2

1 QCM 1 Choisir la proposition correcte.

	A	B	C	D	En cas de doute, lire
1. Les lymphocytes mémoire :	sont des molécules qui permettent de lutter contre les antigènes.	réagissent plus vite que les lymphocytes naïfs lors d'une contamination.	réagissent moins vite que les lymphocytes naïfs lors d'une contamination.	vivent moins longtemps que les lymphocytes naïfs.	1 p. 354
2. La vaccination consiste à injecter :	des anticorps.	des antigènes pathogènes.	des antigènes rendus non pathogènes.	des lymphocytes mémoires.	1 p. 354
3. La vaccination a un intérêt :	uniquement pour l'individu vacciné.	uniquement pour la population.	pour l'individu vacciné et la population.	reconnu par les vaccino-sceptiques.	2 p. 355
4. Un antibiogramme :	est un médicament qui peut soigner un individu malade.	permet de sélectionner le meilleur antibiotique contre toutes les populations de bactéries.	permet de sélectionner le meilleur antibiotique contre une population de bactéries.	est un enregistrement de l'activité bactérienne.	3 p. 356
5. Les bactéries résistantes aux antibiotiques :	apparaissent à cause de la mauvaise utilisation des antibiotiques.	se développent à cause de la mauvaise utilisation des antibiotiques.	n'existent pas.	ne sont présentes que dans les hôpitaux.	3 p. 356

▶ Voir corrigés p. 413

2 D1. Définir

Définir les termes suivants :
a. lymphocyte mémoire ; b. rappel vaccinal ;
c. couverture vaccinale ; d. antibiogramme.

3 D1. Rédiger

Rédiger une phrase à l'aide des mots suivants :
a. vaccination, mémoire immunitaire, antigène, atténué ;
b. vaccination, rappels, mémoire immunitaire, efficace ;
c. antibiotique, virus, bactérie ;
d. antibiogramme, bactérie, résistance, antibiotiques, sélection ;
e. antibiotiques, effets secondaires, bactéries résistantes, sélection, usage, microbiote.

4 D1. Lire et exploiter des données présentées sous différentes formes

Le tétanos est dû à une contamination par une bactérie. On peut mesurer le taux d'anticorps dans le sang à divers moments de la vaccination contre ce micro-organisme.

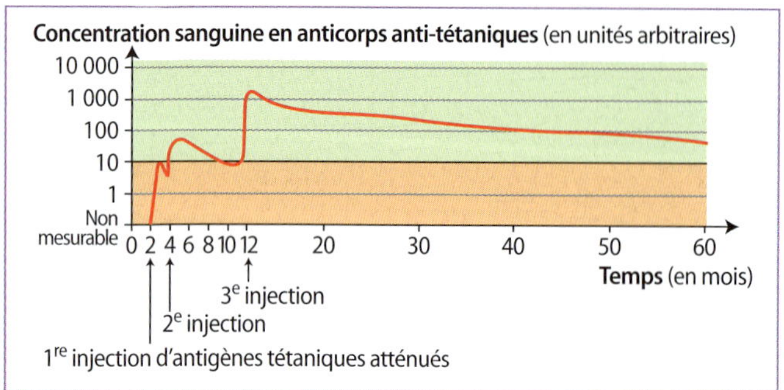

Doc. 1 Évolution du taux d'anticorps dans le sang en fonction des mois et des injections de vaccins

1. **Décrire** l'effet d'une injection d'une dose de vaccin sur le taux d'anticorps sanguins antitétaniques.
2. **Expliquer** l'intérêt des trois premières injections pour une vaccination efficace de l'organisme contre le micro-organisme pathogène responsable du tétanos (*Clostridium tétani*).
3. **Expliquer** l'intérêt d'effectuer un autre rappel vaccinal à l'âge de 6 ans.

5 D1. Lire et exploiter des données présentées sous différentes formes

Dans le milieu hospitalier, on surveille de près l'évolution des populations bactériennes résistantes aux antibiotiques.

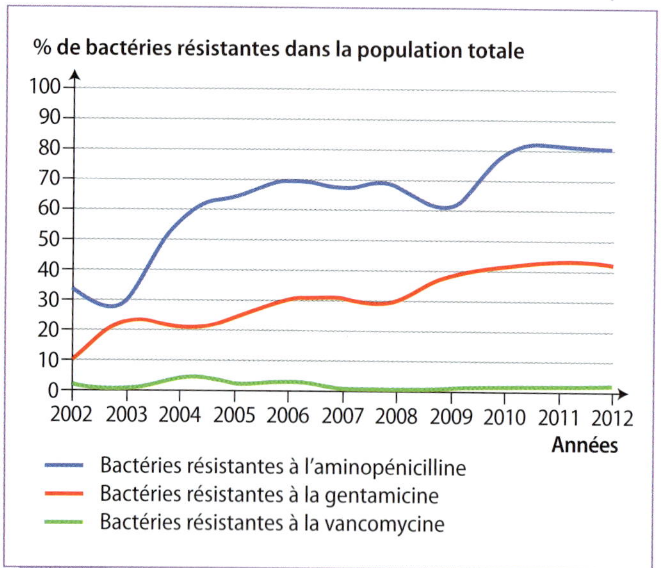

Doc. 1 Évolution des pourcentages d'*Enterococcus faecium* résistantes à trois antibiotiques dans les milieux hospitaliers entre 2002 et 2012

Enterococcus faecium est une bactérie susceptible d'entraîner des infections, en particulier en milieu hospitalier (infections nosocomiales). Elle colonise le système digestif. Les infections concernent surtout les personnes âgées et celles dont le système immunitaire est affaibli.

1. **Indiquer** avec quel antibiotique il est préférable de soigner les patients infectés par cette bactérie.
2. **Expliquer** pourquoi cet antibiotique permettra de soigner tous les patients infectés par cette bactérie.
3. **Émettre** une hypothèse sur l'origine de la recrudescence de populations de bactéries résistantes dans les milieux hospitaliers par rapport à d'autres environnements.

6 D3. Fonder ses choix de comportement responsable vis-à-vis de sa santé sur des arguments scientifiques

November 3, 2017, Sami has a sore throat, his doctor diagnosed him a bacterial angina. He prescribed an antibiotic treatment of 8 days. After 5 days, Sami has not bad at all and decided to stop his treatment. November 11, Sami was again a sore throat. The next day, he returned to his doctor who finds a new bacterial angina. He prescribed this time a bactérial sensitivity test before starting a new antibiotic therapy.

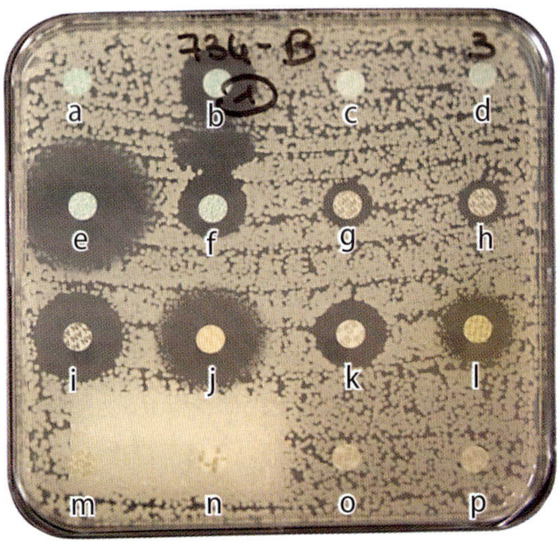

Doc. 1 Bactérial sensitivity test (*antibiogramme*) with bacterial strain responsible for angina and fourteen antibiotic sponges (a to p)

1. **Expliquer** pourquoi le médecin prescrit des antibiotiques à Sami le 3 novembre.
2. **Expliquer** l'origine de la disparition des symptômes le 8 novembre et leur réapparition le 11 novembre.
3. **Expliquer** l'intérêt de pratiquer un antibiogramme à la suite de la seconde consultation.
4. **Expliquer** quel(s) antibiotique(s) il faudra utiliser lors du second traitement pour soigner Sami.

7 résolu — Tâche complexe — D4. Fonder ses choix de comportement responsable vis-à-vis de sa santé ou de l'environnement sur des arguments scientifiques

La prise d'antibiotiques est souvent utilisée pour soigner certains patients. Elle a pour conséquence une destruction importante du microbiote intestinale.

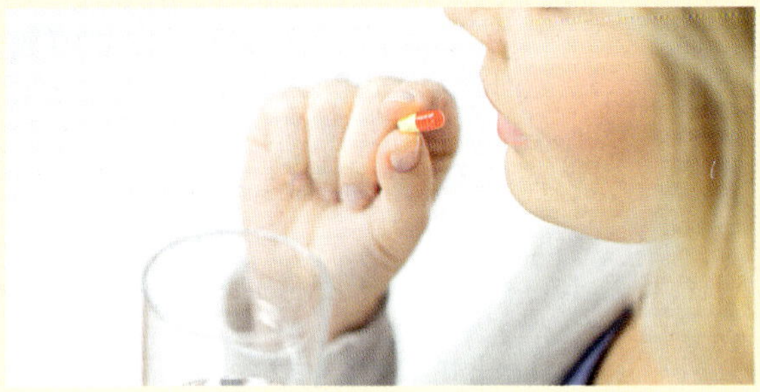

Doc.1 Prise d'antibiotique

La colite à *Clostridium difficile* représente une cause majeure de diarrhée et de mortalité. Le micro-organisme responsable fait partie du microbiote de 3 % de la population saine. Sa concentration dans le microbiote reste faible grâce à la compétition qui existent avec les autres espèces de bactéries. Le *Clostridium*, très présent dans l'environnement, peut résister à l'acidité gastrique sans encombre. Lorsqu'il peut se multiplier, le *Clostridium* produit les toxines A et/ou B, responsables des symptômes de la maladie. Une nouvelle approche de soin de cette maladie par transplantation de microbiote d'un donneur « sain » vers l'individu malade a récemment été validée.

Doc.2 Colite à *Clostridium difficile*

Le microbiote favorise les liaisons entre les cellules épithéliales de l'intestin, renforçant ainsi son rôle de barrière contre les contaminations par les pathogènes intestinaux. La présence du microbiote engendre aussi une production de produits antimicrobiens par certaines de ses bactéries ou par les cellules intestinales de l'hôte.

Doc.3 Rôle du microbiote

Consigne : **Trouver** des arguments montrant les conséquences négatives d'une prise d'antibiotiques.

Livret AP p. 28

Bilan
Attendu de fin de cycle

... par le texte

1 Diversité et ubiquité

- Notre organisme est au contact d'une multitude de **micro-organismes** de toutes tailles et de tous types : des virus, des bactéries et des champignons pour l'essentiel.
- Un équilibre entre le monde microbien et notre organisme se met en place grâce à l'existence :

  – de la peau et des muqueuses qui empêchent l'entrée des micro-organismes ;

  – d'un **microbiote**, c'est-à-dire d'un ensemble de micro-organismes au contact de notre organisme, qui favorise son bon fonctionnement en empêchant notamment la multiplication de micro-organismes pathogènes.

  Suite à une **contamination**, les micro-organismes trouvent dans notre organisme tout ce dont ils ont besoin pour se multiplier.

2 Des systèmes de défenses efficaces contre les infections

- Il existe deux systèmes principaux de défense de notre organisme contre les **antigènes** :

  – le premier système implique une réponse rapide grâce à des **phagocytes** qui arrivent sur les lieux de l'**infection** très rapidement et poursuivent leur action jusqu'à la fin de l'infection ;

  – le second, basé sur une réponse plus lente, implique des **lymphocytes** spécifiques au micro-organisme pathogène responsable de l'infection.
- Les phagocytes luttent contre les micro-organismes par **phagocytose** de tous types d'antigènes présents dans l'organisme.
- Les lymphocytes luttent spécifiquement contre les antigènes, soit en les neutralisant grâce à des **anticorps** pour ensuite les phagocyter, soit en détruisant les cellules infectées.

3 Des pratiques médicales au service de notre santé

- Des pratiques médicales existent pour aider l'organisme dans sa lutte contre les micro-organismes pathogènes :

  – le respect de règles d'hygiène permet d'éviter les contaminations comme l'utilisation d'antiseptique lors d'une blessure ;

  – le respect des règles d'hygiène permet également de préserver le microbiote qui assiste nos défenses contre les micro-organismes pathogènes.

  – la **vaccination** permet de préparer l'organisme en provoquant la production de lymphocytes mémoires qui réagissent très vite en cas de contamination contre un micro-organisme en particulier. Son usage a permis de protéger des populations entières contre des épidémies mortelles.

  – l'utilisation d'**antibiotiques** permet de détruire des bactéries pathogènes présentes dans l'organisme. Leur utilisation doit être raisonnée afin de rester efficace et de limiter la multiplication de populations bactériennes résistantes.

… par l'image

manuel numérique

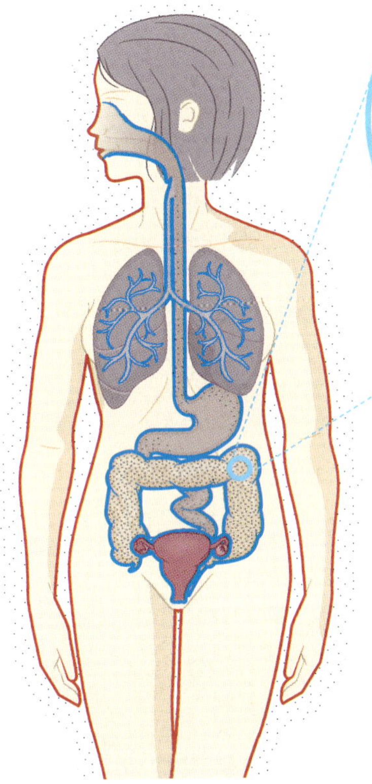

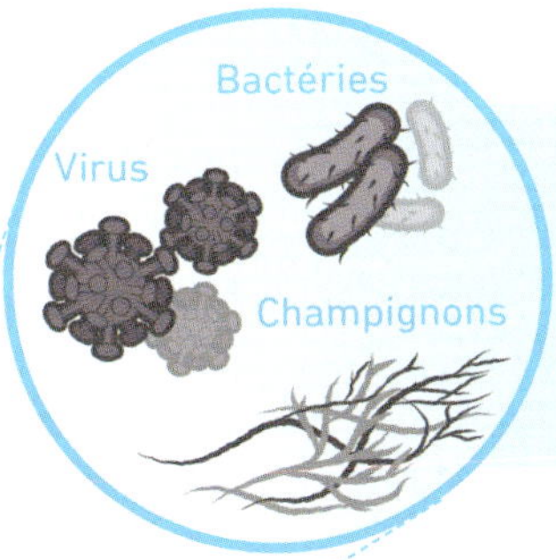

L'équilibre du microbiote, favorisé par une bonne hygiène de vie, participe au bon fonctionnement de notre organisme.

UBIQUITÉ DU MICROBIOTE AU CONTACT DE L'ORGANISME

ORGANISME HUMAIN ET MONDE MICROBIEN

SYSTÈME DE DÉFENSE DE L'ORGANISME CONTRE LES INFECTIONS

BARRIÈRES

- Peau
- Muqueuses

RÉACTION INFLAMMATOIRE

- Phagocytose
- Rapide et locale

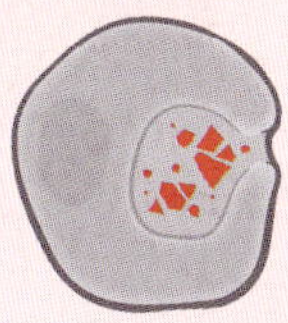

PRODUCTION DE LYMPHOCYTES SPÉCIFIQUES

- Neutralisation par des anticorps
- Destruction des cellules infectées
- Mémoire immunitaire

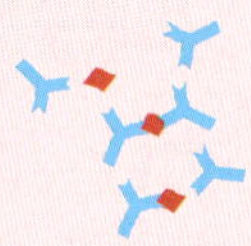

DES PRATIQUES AU SERVICE DE LA SANTÉ

- Vaccination

- Utilisation raisonnée des antibiotiques

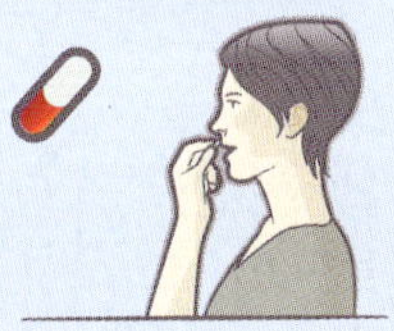

- Désinfection des plaies

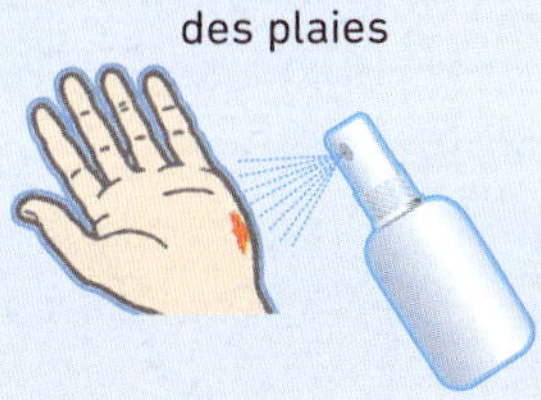

- Limitation des contaminations

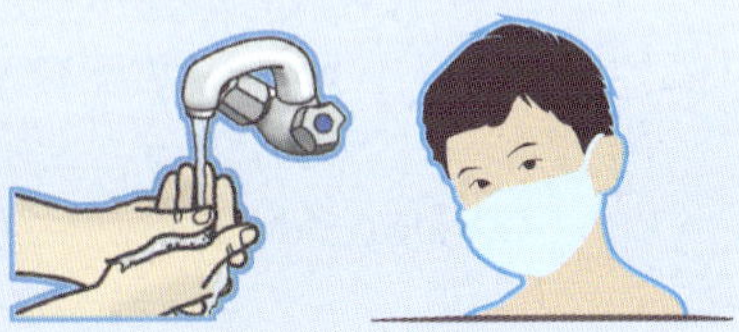

Mots à savoir définir

ubiquité • micro-organisme • microbiote • contamination • antigène • phagocyte • infection • lymphocyte • phagocytose • anticorps • vaccination • antibiotique

Exercices
Attendu de fin de cycle

L'organisme humain et le monde microbien

1 Tâche complexe D1. Lire et exploiter des données présentées sous différentes formes

L'importance des règles d'hygiène

Trois jours après s'être fait réaliser un tatouage dans une ruelle de Camden Town (banlieue nord de Londres), Samia est prise de fièvre. Au niveau du tatouage, la peau lui fait mal, et l'ensemble de son bras a pris l'aspect visible sur la photographie du doc. 1.

▶ Consigne : **Expliquer à Samia l'origine de ses symptômes, comment les soigner et les précautions à prendre la prochaine fois qu'elle voudra se faire tatouer.**

▸ Livret AP p. 28

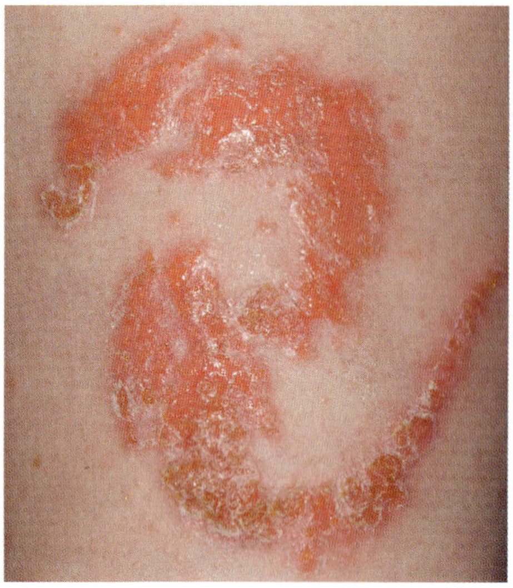

Doc. 1 Aspect de la peau trois jours après le tatouage

Après analyse de la zone infectée, on s'aperçoit que les symptômes de Samia sont dus au micro-organisme *Staphylocoque area* dont voici une vue colorisée prise au microscope électronique (en jaune : les bactéries).

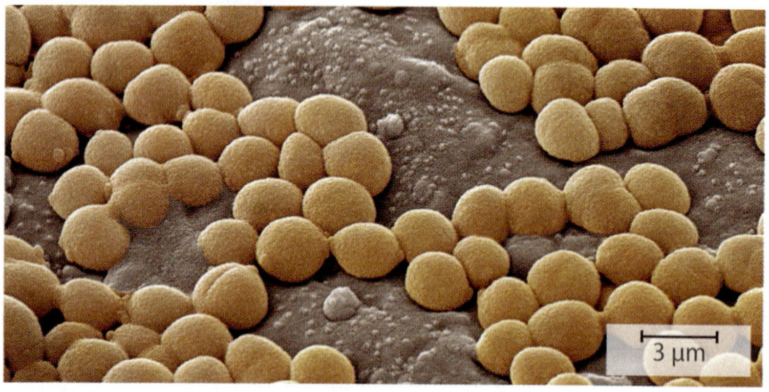

Doc. 2 *Staphylocoque area* (microscopie électronique)

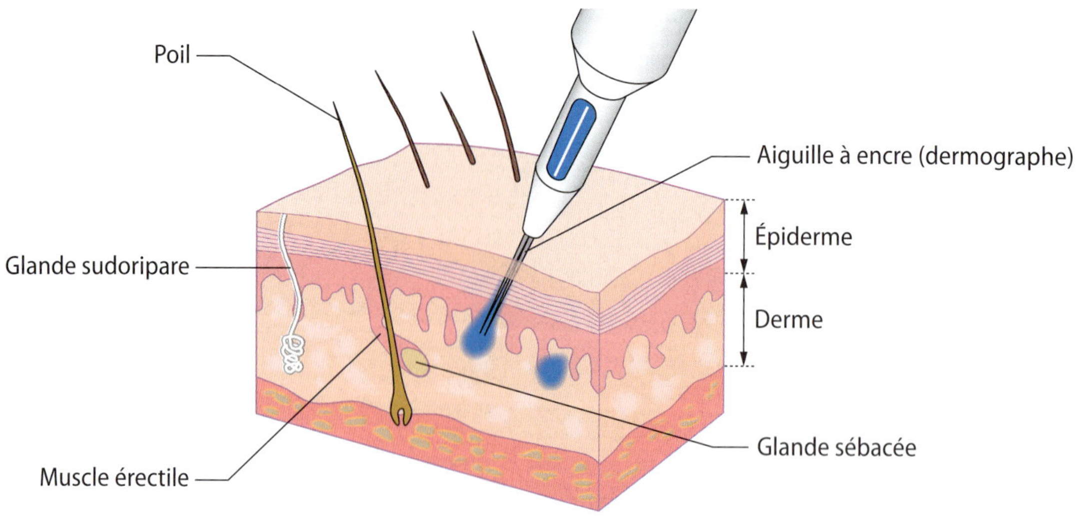

Doc. 3 Technique du tatouage

2 Tâche complexe D4. Fonder ses choix de comportement responsable vis-à-vis de sa santé ou de l'environnement sur des arguments scientifiques

Épidémie dans un centre d'hébergement

Vous êtes médecin et directeur d'un centre d'hébergement à l'année pour jeunes adultes célibataires, votre infirmier vous rapporte un début d'épidémie d'hépatite B et de gastro-entérite. Vous devez gérer la situation pour éviter une aggravation de la situation.

Consigne : **Dans un premier temps, vous devez concevoir un tableau, à afficher dans le centre, qui explique les précautions à prendre pour éviter d'attraper chacune des deux maladies, ainsi que les symptômes qui apparaissent s'il y a eu contamination.**

Vous devez ensuite préparer un discours adapté à chacune des deux pathologies dans le but de recevoir les malades et de leur expliquer la marche à suivre pour soigner leur pathologie.

Livret AP p. 28

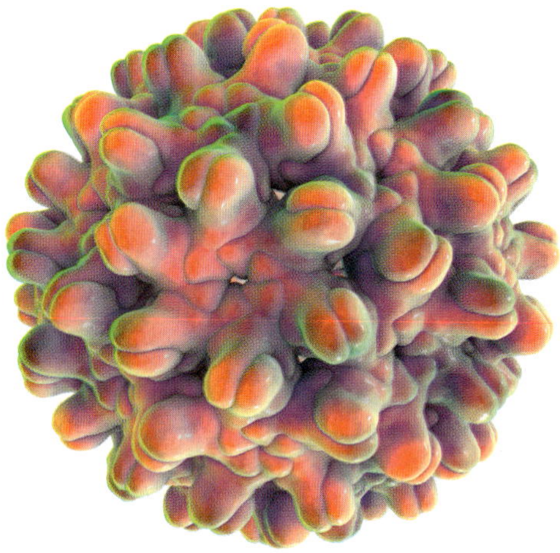

Vue d'artiste du virus de l'hépatite B (diamètre réel : env. 50 nm)

L'hépatite B, beaucoup plus grave que l'hépatite A, est causée par un virus ayant une affinité pour les cellules hépatiques. Elle est transmise par le sang, le sperme, la salive et les sécrétions vaginales. La maladie peut également être transmise à l'enfant, à partir du troisième mois de grossesse. Après une durée d'incubation de 15 jours à six mois, les premiers signes d'alerte apparaissent : fatigue, fièvre, douleurs musculaires, jaunisse et excréments décolorés. La convalescence dure un à six mois. L'hépatite peut parfois devenir chronique et aboutir à une cirrhose du foie. Il existe actuellement un vaccin très performant, obligatoire pour le personnel médical soignant.

Doc. 1 L'hépatite B

La gastro-entérite d'origine bactérienne est également appelée « empoisonnement alimentaire ». Elle résulte d'une préparation ou d'une conservation inadéquate de la nourriture.

Cette gastro-entérite est ici due à une population d'*Escherichia coli* présente dans le bœuf haché insuffisamment cuit, contaminé lors de la conservation ou le transport. La transmission se fait lors de manipulations avec des instruments ou des mains porteuses de ces bactéries. Heureusement, ces bactéries sont peu résistantes, les solutions hydro-alcooliques en viennent à bout ainsi qu'une cuisson suffisante de la viande.

Quelle que soit l'origine de la gastro-entérite, les vomissements et la diarrhée font perdre des liquides ; les malades ont donc tendance à se déshydrater.

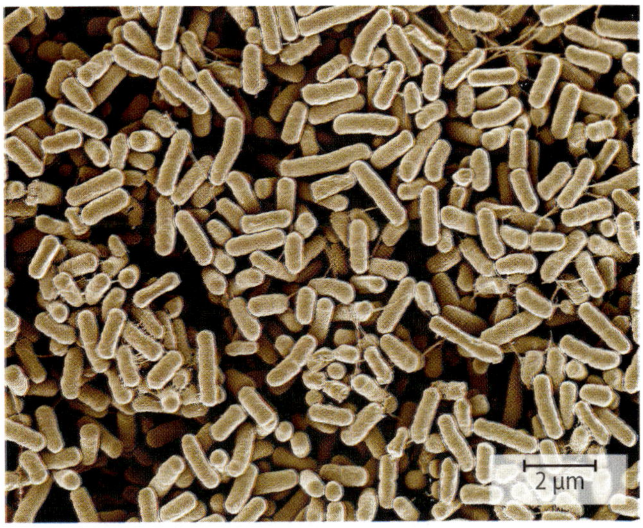

Escherichia coli (microscopie électronique)

Doc. 2 La gastro-entérite d'origine bactérienne

En lien avec les parcours

Parcours santé

Savoir vers quelle structure se tourner lors d'une infection

Quelques acteurs possibles d'un parcours de santé :

- **Médecin traitant :** son rôle est de déceler l'origine de l'infection et d'orienter le patient vers le spécialiste si nécessaire.
- **Service hospitalier :** rassemble un grand nombre de professionnels de santé ; on peut y pratiquer des opérations chirurgicales.
- **Pharmacie :** son rôle est de fournir le patient en produits de soin et de le conseiller sur l'utilisation de ces produits.
- **Laboratoire biologique :** son rôle est d'analyser les prélèvements (sang, urine…) du patient afin de diagnostiquer l'origine de l'infection.
- **Centre d'imageries médicales :** son rôle est de réaliser des images (radio, scanner, IRM, échographies) afin de diagnostiquer le foyer de l'infection.

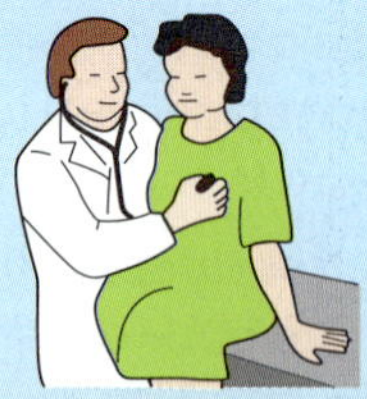

L'assuré choisit son médecin traitant
- Vers un médecin spécialiste
- Vers un service hospitalier
- Vers un autre professionnel de santé (masseur kinésithérapeute ou une infirmière

Vers des médecins en libre accès
Stomatologue, gynécologue, ophtalmologue, psychiatre

- **Infirmier libéral :** son rôle est de prodiguer des soins au patient.
- **Médecin spécialiste :** son rôle est de soigner les patients dont la pathologie correspond à leur spécialité (exemple : un pneumologue est spécialisé dans les pathologies pulmonaires).

1 Rechercher les acteurs qui vont intervenir auprès du patient lors d'une gastro-entérite qui dure depuis plus d'une semaine. Même question pour une appendicite qui empêche tout déplacement.

2 Construire un schéma racontant l'histoire du parcours médical depuis l'apparition des symptômes jusqu'à la guérison.

Avenir

Nadia

Interview Métier : Nadia, coordinatrice de projet humanitaire

Quels métiers aviez-vous envie d'exercer quand vous étiez adolescente ?
Journaliste, correspondante de guerre pour parcourir le monde et couvrir les conflits oubliés.

En quoi consiste votre métier ?
J'organise la logistique des approvisionnements médicaux et non médicaux malgré les difficultés de transports dans les régions où je travaille (zones de guerre ou de catastrophes naturelles). Je dois donc trouver l'équilibre entre les besoins et les moyens, recruter du personnel dans le respect du code du travail du pays concerné. La moindre faute peut entraîner une pénurie de médicaments et des poursuites judiciaires.

Qu'est-ce qui vous a conduit à exercer ce métier ?
Des informations à propos des conditions des femmes dans certains pays et un stage au Honduras quand j'avais 25 ans m'ont fait comprendre l'importance de ce métier.

Son parcours

Une orientation en voie professionnelle secrétariat après la troisième, un bac technologique (STT) puis une année de journalisme en université. Une licence en Science Politique puis un Master professionnel en gestion de projet humanitaire.

Pour en savoir plus sur ce métier, consulter le site : www.onisep.fr web

La reproduction et la sexualité humaines

Attendu de fin de cycle

Expliquer la reproduction et la sexualité humaines jusqu'au niveau moléculaire et les relier aux enjeux liés aux comportements responsables individuels et collectifs en matière de santé

Comment la compréhension de la reproduction permet-elle de mieux la maîtriser ?

Activité

1 Comment les appareils reproducteurs de l'homme et de la femme fonctionnent-ils ?

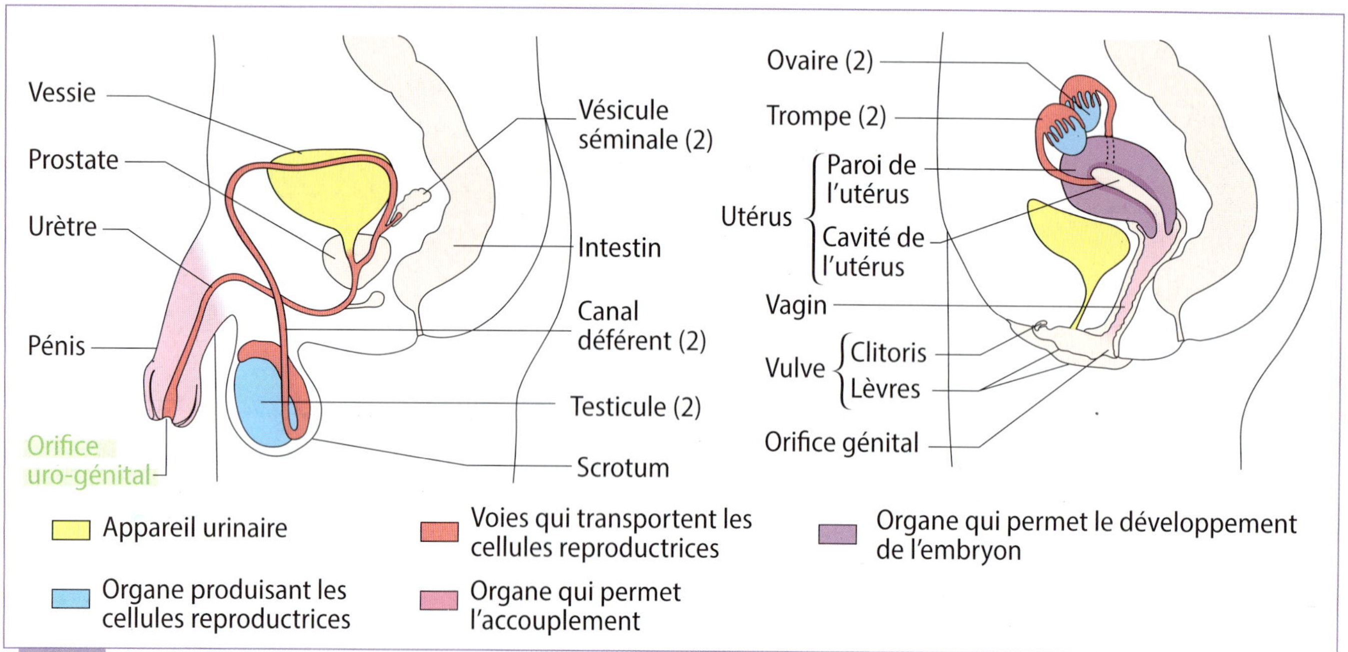

Doc. 1 L'anatomie des appareils reproducteurs de l'homme et de la femme

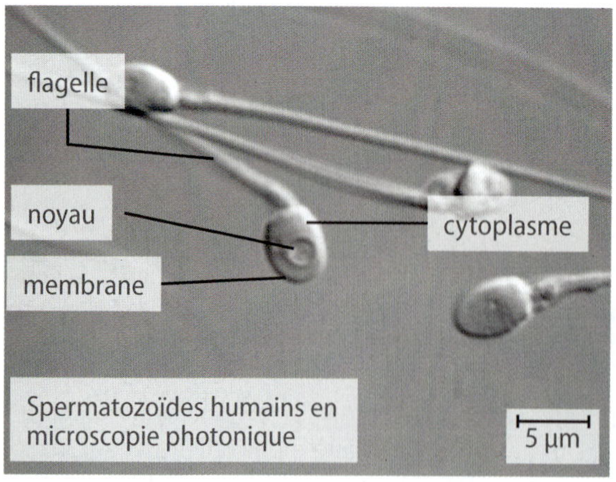

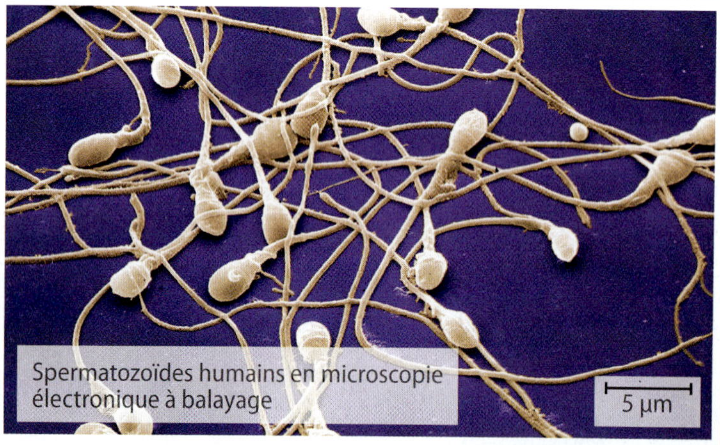

Dans les testicules se déroule la production des cellules reproductrices, les spermatozoïdes, de manière continue depuis la puberté jusqu'à la mort. Les spermatozoïdes deviennent mobiles et passent dans les canaux déférents. Ils atteignent la prostate où ils se mélangent avec un liquide fabriqué par la prostate et la vésicule séminale ; l'ensemble forme le sperme. Lors d'une stimulation, le pénis gonfle et se raidit : c'est l'érection. Puis, lors de l'éjaculation, des contractions chassent le sperme dans l'urètre jusqu'à l'orifice uro-génital. Chaque éjaculat contient 40 à 70 millions de spermatozoïdes.

Doc. 2 Le fonctionnement de l'appareil reproducteur de l'homme

Les cycles féminins (Logiciel Reproduction)

Chez la femme, de la puberté jusqu'à la ménopause, les règles se produisent en moyenne tous les 28 jours. On parle de cycle menstruel ou utérin. Sa durée varie beaucoup d'une femme à l'autre.

Le 1er jour de chaque cycle est marqué par l'apparition des règles. Lors des règles (cinq jours environ), la muqueuse utérine, très riche en vaisseaux sanguins, est éliminée, ce qui est à l'origine d'un écoulement de sang. Au cours des 24 jours restant, la muqueuse utérine se reconstruit et s'épaissit de façon à devenir apte à accueillir un embryon.

Pendant le cycle, 14 jours avant le cycle suivant, l'un des deux ovaires expulse une seule cellule reproductrice, un ovule, vers la trompe : c'est l'ovulation.

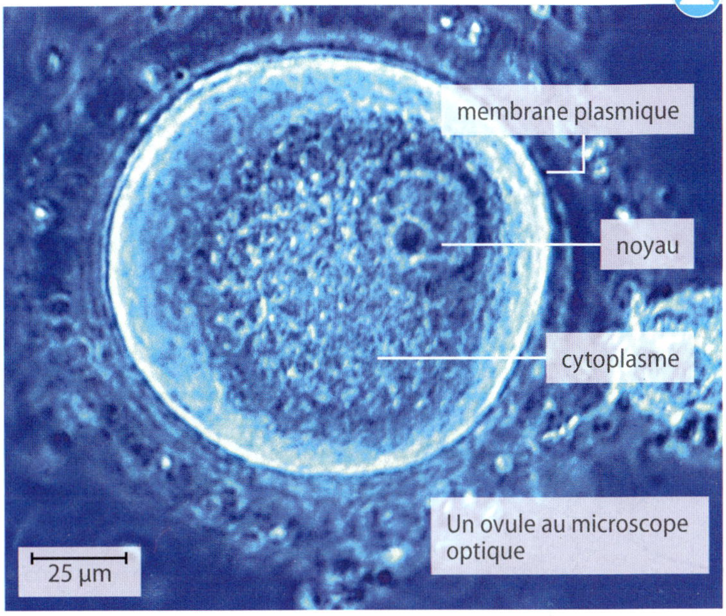

Un ovule au microscope optique

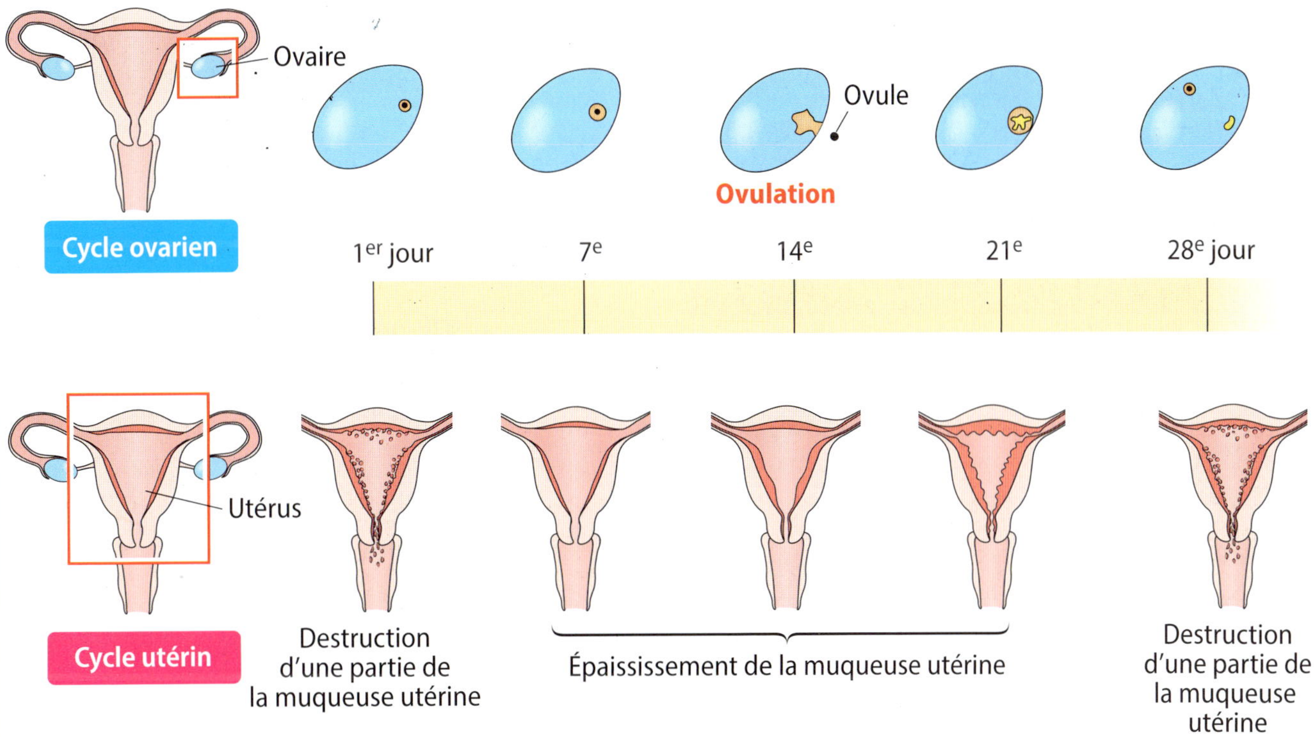

Doc. 3 Le fonctionnement de l'appareil reproducteur de la femme

Pour conclure

Décrire le fonctionnement des appareils reproducteurs de l'homme et de la femme.

Livret AP p. 28

Vocabulaire

- **Orifice uro-génital :** ouverture par laquelle sont libérés l'urine et le sperme.
- **Ménopause :** arrêt du fonctionnement des ovaires qui survient vers 50-55 ans.
- **Cycle :** suite de phénomènes se produisant de façon régulière dans le même ordre.
- **Muqueuse utérine :** couche superficielle de la paroi de l'utérus.

Activité 2

Comment expliquer l'apparition des modifications ayant lieu à la puberté ?

Les castrats furent, pendant deux siècles, le symbole du *bel canto*, le beau chant. Le plus connu est Farinelli, de son vrai nom Carlo Broschi (1705-1782). Ce chanteur a subi une castration, c'est-à-dire une ablation des testicules avant la puberté. Une fois castré, la voix du chanteur ne mue pas, sa voix reste donc aiguë comme celle d'un enfant.

Doc. 1 Les castrats

Expériences sur le chapon (Application chapon)

Le chapon est un coq qui a été castré avant de devenir adulte. Ses caractères sexuels secondaires, crêtes et barbillons, ne se développent pas, et il ne chante pas comme le coq.

Des expériences sont réalisées sur deux chapons :

	Conditions expérimentales	Résultats 2 mois après
1	Greffe de testicules n'importe où sur le corps. Irrigation par le sang rétablie.	Développement de la crête et des barbillons ; chant caractéristique.
2	Injection dans le sang d'une hormone, la testostérone, extraite des testicules.	Développement de la crête et des barbillons ; chant caractéristique.

Doc. 2 Des expériences sur le chapon

Une hormone est une substance produite par un organe et transportée par le sang jusqu'à un autre organe. Cet organe cible apporte une réponse à l'hormone en modifiant son activité.

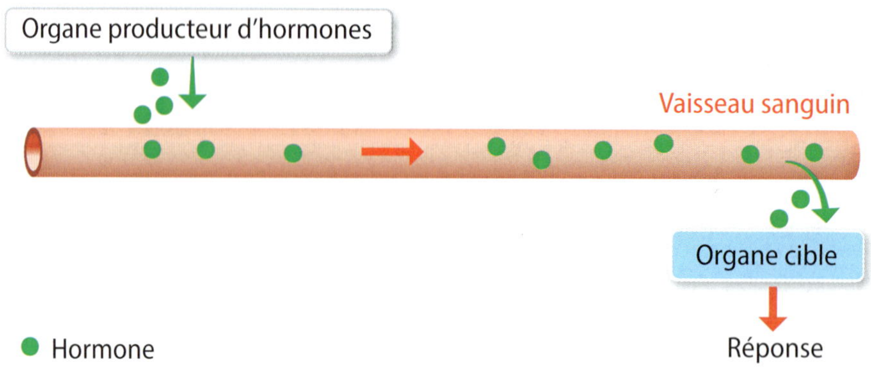

Doc. 3 Le principe de la communication hormonale

Compétence travaillée :
D1. Lire et exploiter des données présentées sous différentes formes.

Lors d'un retard pubertaire, le traitement approprié pour initier le développement des caractères sexuels chez la fille est l'injection d'hormones produites par les ovaires : les œstrogènes. Le traitement commence avec de faibles doses d'hormones que l'on augmente progressivement au fur et à mesure de la puberté. Cela conduit, entre autres, au développement des seins et à l'augmentation du volume de l'utérus.

Doc. 4 Le traitement d'un retard pubertaire chez la fille

En cas de retard ou de précocité de la puberté, le médecin peut demander un dosage d'hormones libérées par le cerveau.

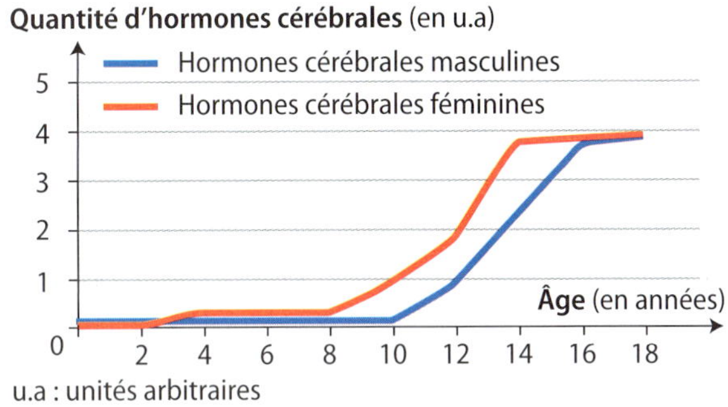

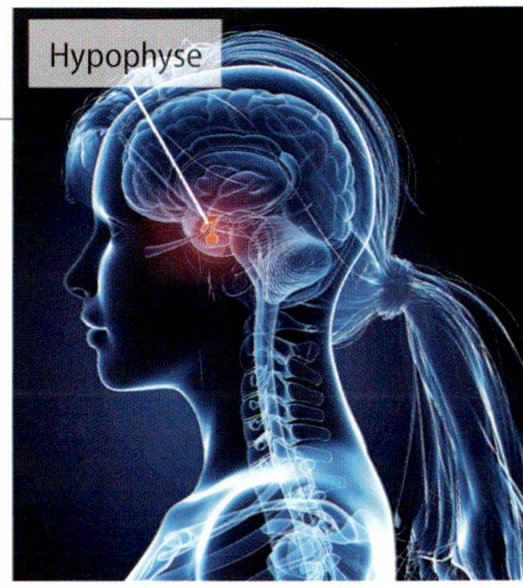

Doc. 5 Évolution de la quantité d'hormones cérébrales en fonction de l'âge

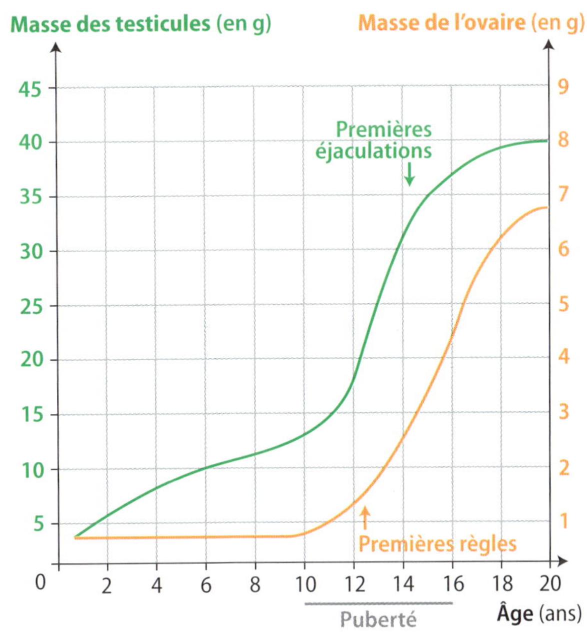

Doc. 6 Évolution de la masse des organes reproducteurs du garçon et de la fille

	Conditions expérimentales	Résultats après la puberté
1	Rat mâle prépubère témoin : aucune action.	• Développement des testicules. • Production de spermatozoïdes.
2	Destruction d'une glande du cerveau, l'hypophyse, chez le rat mâle 1.	• Absence de développement des testicules. • Absence de production de spermatozoïdes par les testicules.
3	Chez le rat mâle 2, injection dans le sang d'hormones cérébrales qui proviennent de l'hypophyse.	• Développement des testicules. • Production de spermatozoïdes.

Remarque : Ces expériences peuvent être reproduites sur des rates prépubères. On obtient des résultats comparables, avec le développement des ovaires et la production d'ovules.

Doc. 7 Expériences sur des rats mâles prépubères

Pour conclure

Expliquer, sous la forme d'un schéma, comment les appareils reproducteurs deviennent fonctionnels à la puberté.

▸ Livret AP p. 28

Vocabulaire

- **Ablation :** fait de retirer.
- **Prépubère :** qui n'a pas effectué sa puberté.
- **Glande :** organe qui fabrique une substance qui sera sécrétée hors de l'organe.

Activité

3 Comment les cycles ovarien et utérin sont-ils contrôlés ?

Expériences de détermination du contrôle des cycles ovarien et utérin — manuel numérique

Dans le cas des cycles féminins, ce qui est applicable à la souris femelle l'est aussi pour la femme.

<table>
<tr><th></th><th>Souris témoin</th><th>Souris A</th><th>Souris B</th></tr>
<tr><td>Conditions expérimentales</td>
<td>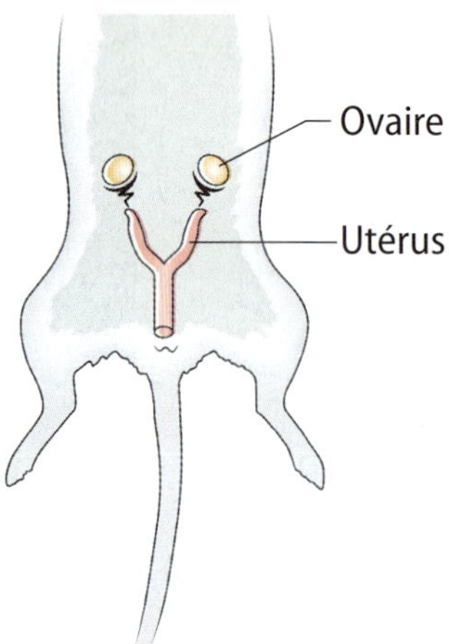
</td>
<td>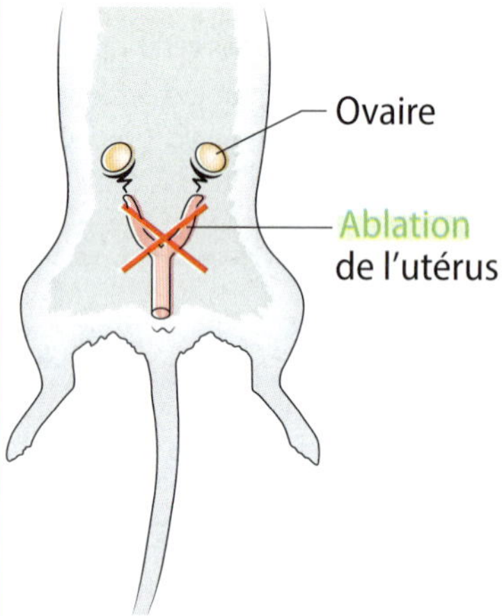
</td>
<td>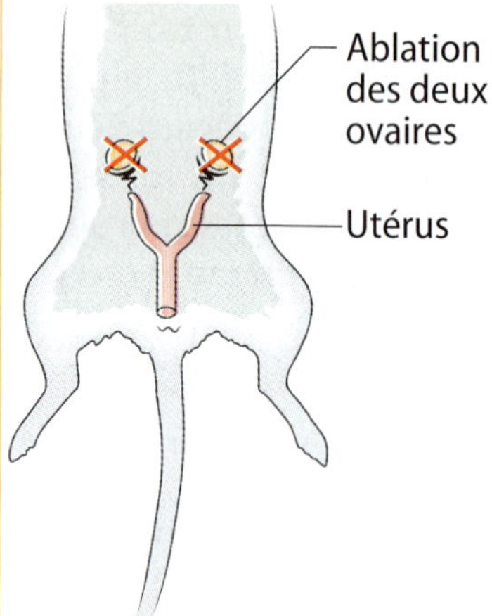
</td></tr>
<tr><td>Résultats fournis par l'observation de l'utérus</td><td>Développement cyclique de la muqueuse utérine</td><td>(absence d'utérus)</td><td>Aucun développement cyclique de la muqueuse utérine</td></tr>
<tr><td>Résultats fournis par l'observation de l'ovaire</td><td>Cycle ovarien avec ovulation</td><td>Cycle ovarien avec ovulation</td><td>(absence d'ovaires)</td></tr>
</table>

<table>
<tr><th></th><th>Souris C</th><th>Souris D</th><th>Souris E</th></tr>
<tr><td>Conditions expérimentales</td>
<td>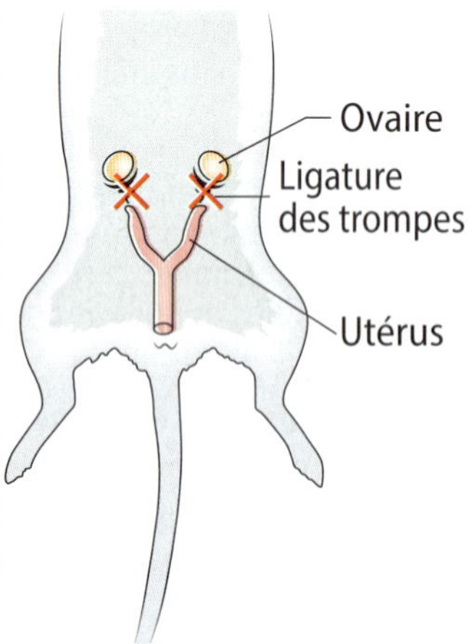
</td>
<td>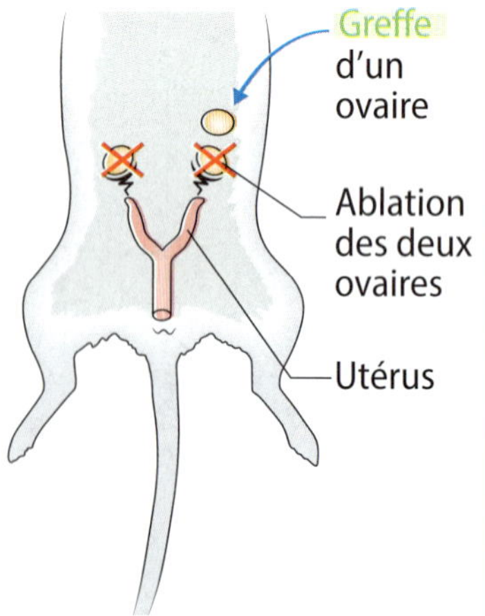
</td>
<td>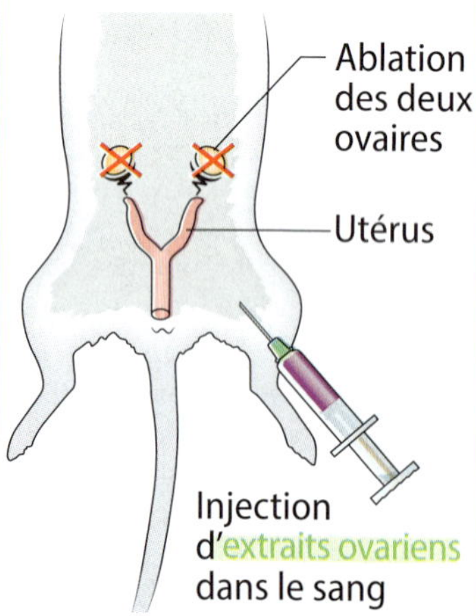
</td></tr>
<tr><td>Résultats fournis par l'observation de l'utérus</td><td>Développement cyclique de la muqueuse utérine</td><td>Développement cyclique de la muqueuse utérine</td><td>Développement de la muqueuse utérine</td></tr>
<tr><td>Résultats fournis par l'observation de l'ovaire</td><td>Cycle ovarien avec ovulation</td><td>Cycle ovarien avec ovulation</td><td>(absence d'ovaires)</td></tr>
</table>

Doc. 1 Expériences réalisées sur des souris femelles pour déterminer le lien entre l'ovaire et l'utérus

Les ovaires produisent deux types d'hormones, les œstrogènes et la progestérone qui sont libérées dans le sang au cours du cycle.

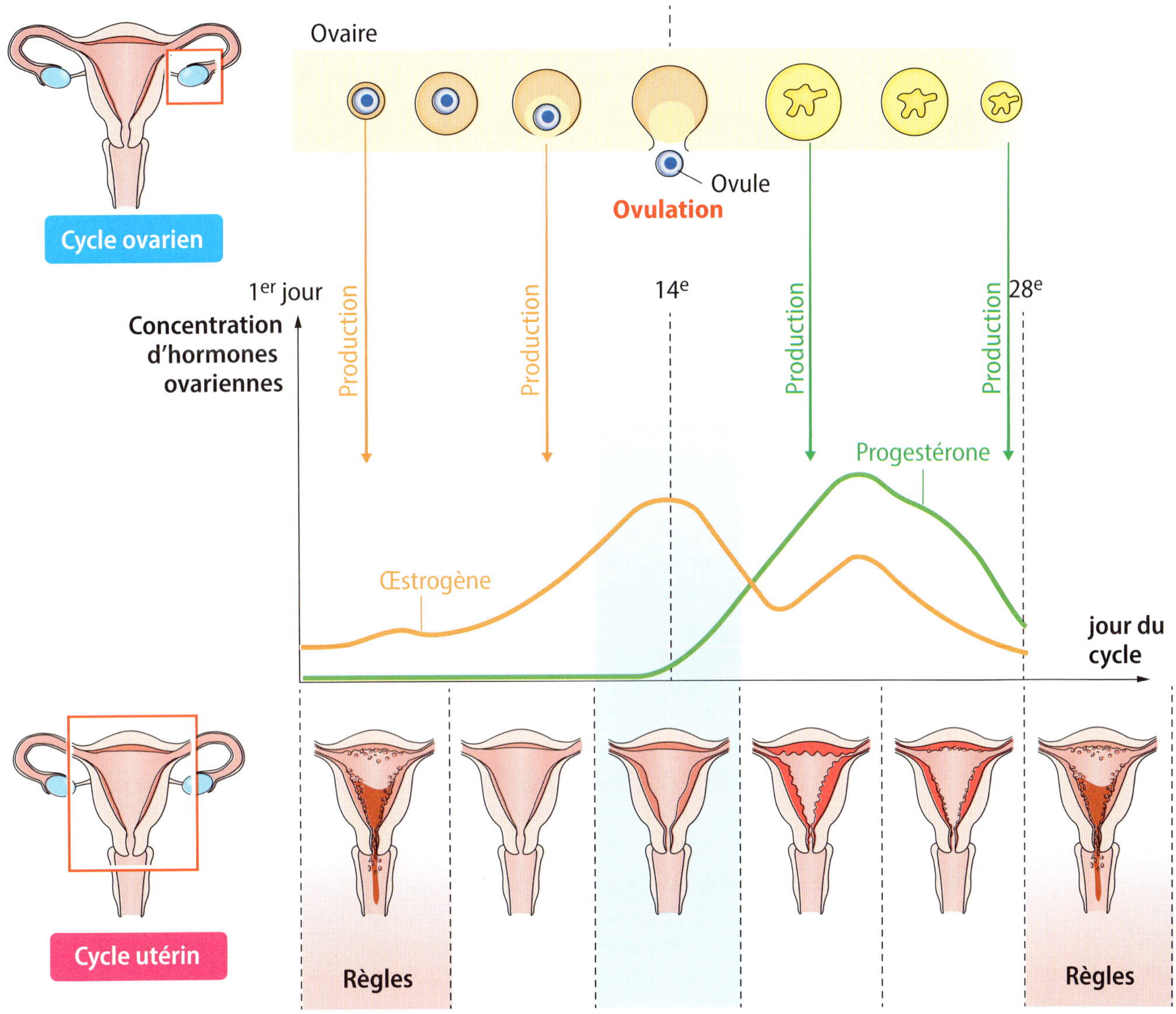

Les œstrogènes assurent l'épaississement de la muqueuse utérine, la progestérone maintient la muqueuse utérine pour recevoir un embryon. En l'absence d'embryon, la diminution rapide de la quantité de progestérone provoque la destruction de la muqueuse utérine, ce qui entraîne l'apparition des règles.

Doc. 2 Action des hormones ovariennes sur le cycle de l'utérus

Pour conclure

Expliquer, sous la forme d'un schéma, comment des hormones régulent les cycles ovarien et utérin chez la femme.

▸ Livret AP p. 29

Vocabulaire

- **Ablation :** fait de retirer.
- **Greffe :** fait d'ajouter un organe.
- **Extraits ovariens :** substances provenant des ovaires.
- **Hormone :** substance produite par un organe, transportée par le sang et qui provoque la modification de l'activité d'un organe cible.

Bilan

... par le texte

Activité 1 Le fonctionnement des appareils reproducteurs

- À partir de la puberté, les organes reproducteurs deviennent fonctionnels.
- Chez l'homme, les **testicules** produisent de façon continue des **spermatozoïdes** tout au long de la vie.
- Chez la femme, les **ovaires** libèrent un **ovule** de façon cyclique jusqu'à la ménopause ; c'est l'ovulation. Pendant le cycle ovarien, la partie interne de l'utérus, c'est-à-dire la muqueuse utérine, subit des modifications cycliques : sans grossesse, elle est éliminée lors des **règles** qui marquent le premier jour du cycle, puis se reconstruit en s'épaississant. C'est le cycle utérin.

Activité 2 L'origine de la puberté

- À la puberté, le développement et le fonctionnement des appareils reproducteurs sont déclenchés par une augmentation progressive de la concentration sanguine de certaines **hormones**, fabriquées par le cerveau.
- Les organes reproducteurs produisent alors des hormones sexuelles qui contrôlent l'apparition et le maintien des caractères sexuels secondaires : chez les filles, les **ovaires** libèrent des œstrogènes, et chez les garçons, les **testicules** libèrent de la testostérone.

Activité 3 Les contrôles hormonaux chez la femme

- La concentration en hormones ovariennes (œstrogènes et progestérone) contrôle le fonctionnement de l'utérus. Sous leur influence, la muqueuse utérine s'épaissit pour se préparer à accueillir un éventuel embryon. En l'absence d'embryon, la **muqueuse utérine** est détruite lors des règles suivantes.
- Ces modifications cycliques de la muqueuse de l'utérus dépendent de la présence de deux hormones ovariennes, la progestérone et les œstrogènes, libérées dans le sang par les ovaires. En assurant une communication entre organes, les hormones permettent une synchronisation des cycles sexuels de la femme.

À savoir :	Activités	Exercices
• Mettre en évidence le lien entre modifications au cours de la puberté avec fonctionnement des appareils reproducteurs.	2	4
• Expliquer le fonctionnement des ovaires et des testicules.	1	
• Expliquer le rôle des organes de l'appareil reproducteur.	1	5
• Expliquer à quoi correspondent les règles.	1 3	6
• Montrer que les ovaires contrôlent le fonctionnement de l'utérus.	3	7

... par l'image

manuel numérique

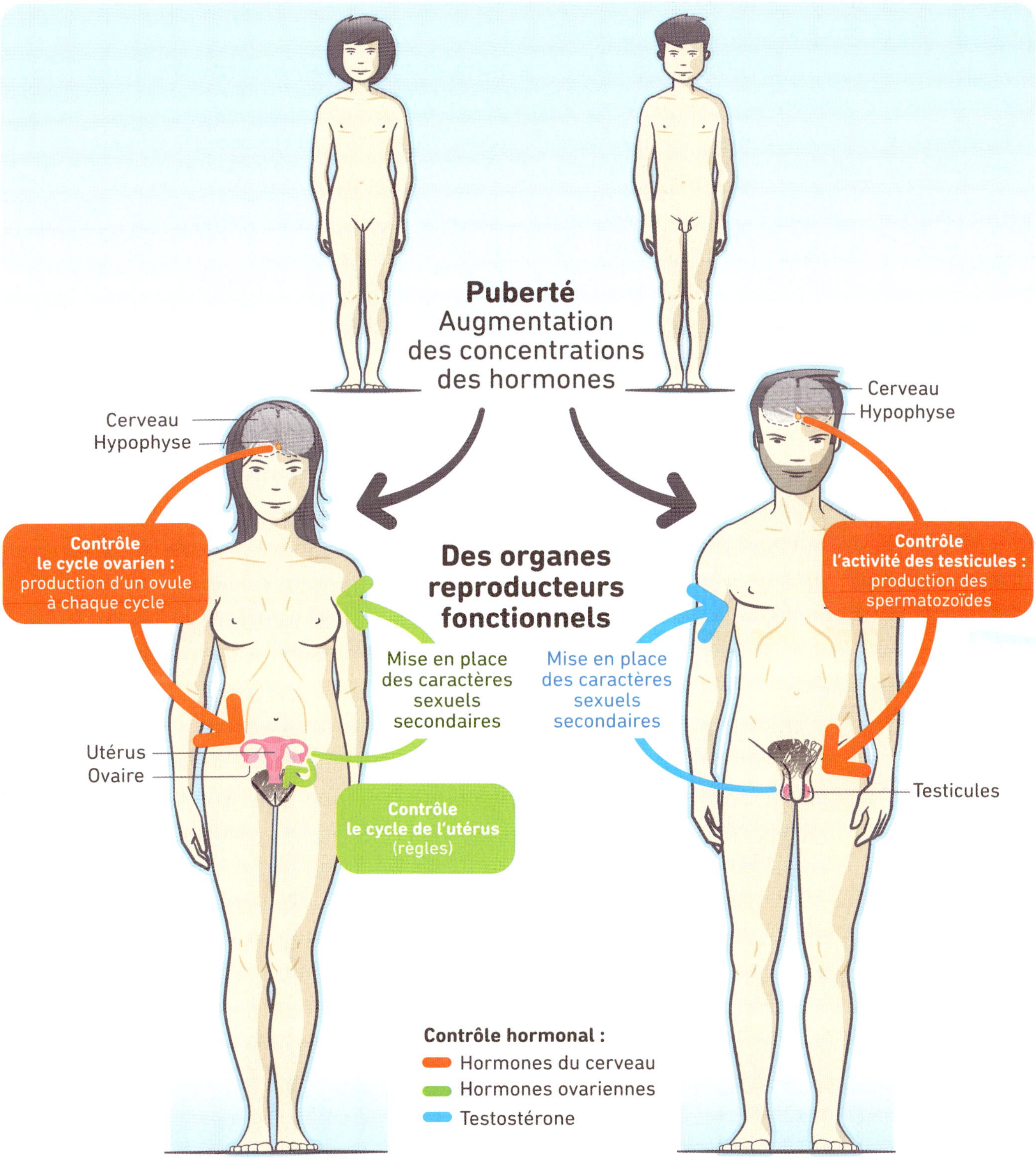

Mots à savoir définir

testicule • spermatozoïde • ovaire • ovule • cycles ovarien et utérin • règles • hormone • muqueuse utérine

Exercer ses compétences

manuel numérique QCM 2

1 QCM 1 Choisir la proposition correcte.

	A	B	C	D	En cas de doute, lire
1. La puberté est déclenchée :	par aucune substance.	par la croissance.	par une augmentation de la concentration des hormones cérébrales.	par une diminution de la concentration des hormones cérébrales.	2 p. 370
2. Les testicules produisent :	des spermatozoïdes depuis la naissance.	des spermatozoïdes depuis la puberté.	des ovules.	des spermatozoïdes jusqu'à la fin du stock.	1 p. 368
3. Les règles sont :	l'expulsion de l'ovule.	l'élimination de la paroi du vagin.	la fin d'un cycle.	l'élimination de la muqueuse utérine.	1 p. 369
4. Les ovaires :	contrôlent le cycle utérin.	contrôlent le fonctionnement des trompes.	produisent uniquement de la progestérone.	produisent de la testostérone.	3 p. 372
5. L'utérus :	fonctionne de façon cyclique.	produit des hormones.	est responsable de l'ovulation.	suit un cycle depuis la puberté jusqu'à la mort.	2 3 p. 370 et 372

▶ Voir corrigés p. 413

2 D1. Définir

Définir les termes suivants :

1. a. testicule, b. ovaire.
2. a. hormone, b. cycle ovarien.

3 D1. Rédiger

Rédiger une phrase à l'aide des mots suivants :

a. ovaire, cyclique, ovulation, ovule ;

b. cerveau, fonctionnel, hormones, puberté, appareil reproducteur.

4 (résolu) D4. Interpréter des résultats et en tirer des conclusions

Julie réalise des analyses sur dix hommes de 20 ans touchés par le syndrome de Kallmann De Morsier. Ils présentent un retard de puberté et des caractères sexuels secondaires peu marqués.

Un homme de 20 ans a normalement un volume testiculaire de 15 mL à 30 mL, une concentration en testostérone supérieure à 3,5ng/mL et en hormones cérébrales, entre 2 UI/L et 10 UI/L.

1. **Déterminer** l'origine du retard pubertaire de ces hommes touchés par le syndrome de Kallmann De Morsier.
2. **Proposer** un traitement pour ces hommes d'après les connaissances sur le déclenchement de la puberté.

▶ Livret AP p. 29

▶ **Analyse 1 :**
Le volume testiculaire des hommes de l'étude varie entre 1 à 7 mL.

▶ **Analyse 2 :**

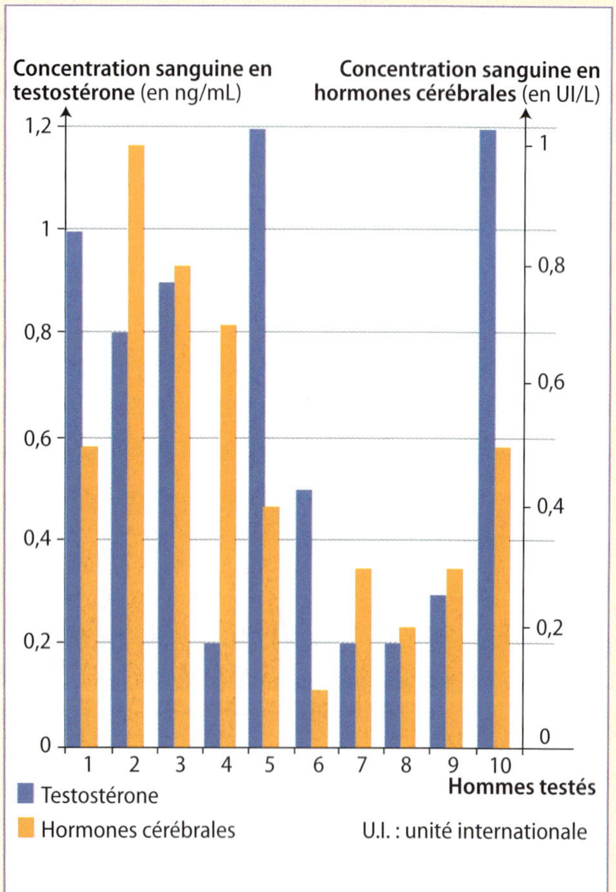

Doc. 1 Concentration en testostérone et en hormones cérébrales des hommes de l'échantillon

5 D4. Interpréter des résultats et en tirer des conclusions

On réalise les expériences suivantes sur des rats mâles :

Experimental conditions	Result
Removal of the testicles	Sterility
Removal of the prostate gland and the seminal vesicles	Absence of seminal fluid in semen
Ligation of the vas deferens	Sterility

Doc. 1 Experimental studies on rats to determine different organs roles

1. **Analyser** les résultats obtenus afin de déterminer le rôle de chaque organe

6 D1. Lire et exploiter des données présentées sous différentes formes

Temps (jours)	Épaisseur de la muqueuse utérine (mm)
0	6,5
2	4
5	2
10	3
14	5
21	6,5
25	7
27	7,5
28	6,5
30	4
33	2
38	3

Doc. 1 Épaisseur de la muqueuse utérine au cours du temps

1. **Construire** le graphique de l'évolution de l'épaisseur de la muqueuse utérine en fonction du temps.
2. **Repérer** et indiquer sur le graphique la période des règles.
3. **Indiquer** sur le graphique les limites du cycle.
4. **Expliquer** en quoi on peut dire que l'utérus a un fonctionnement cyclique.
5. **Décrire** l'évolution de l'épaisseur de la muqueuse utérine durant un cycle.
6. **Indiquer** à quoi correspondent les règles.

7 D4. Proposer une ou des hypothèses pour résoudre un problème

Au cours de la vie, la fécondité de la femme évolue. Au-delà de 50 ans, les ovulations cycliques et les règles disparaissent. On cherche à expliquer les mécanismes à l'origine de ces modifications.

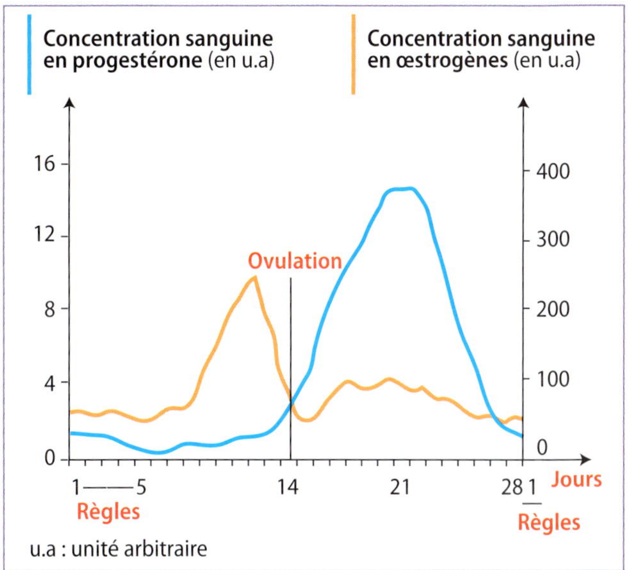

Doc. 1 Dosages des hormones ovariennes au cours d'un cycle menstruel chez une femme de 25 ans

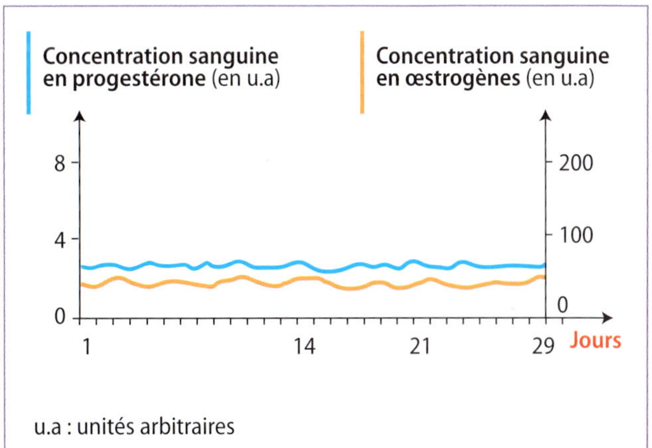

Doc. 2 Dosages des hormones ovariennes sur 29 jours chez une femme de 50 ans ménopausée

1. **Émettre** une hypothèse pour expliquer la disparition des règles chez la femme ménopausée à partir de l'analyse des doc. 1 et 2.

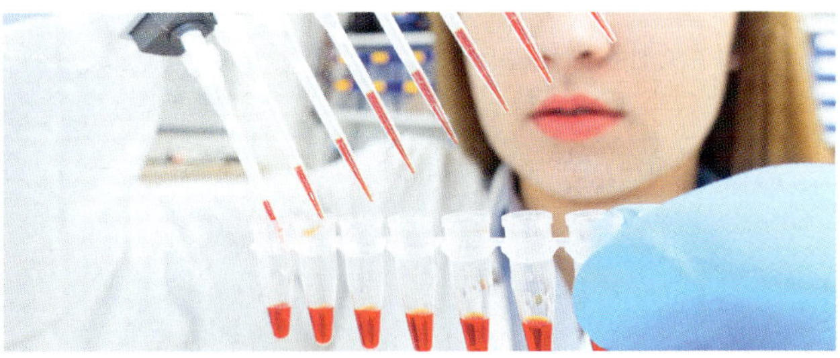

Dosage des hormones dans le sang

34 De la fécondation à la naissance

Activité

1 Comment la fécondation se déroule-t-elle ?

Du spermatozoïde à l'œuf

Au cours d'un rapport sexuel entre un garçon et une fille, des millions de spermatozoïdes sont déposés au fond du vagin. Les spermatozoïdes parcourent une douzaine de centimètres à la rencontre de l'ovule. Seul un million arrive à traverser le mucus recouvrant le col de l'utérus qui ne permet leur passage que quelques jours par mois. Les spermatozoïdes doivent remonter le courant créé par les cils de la paroi des trompes utérines, facilitant le déplacement de l'ovule. La rencontre entre les spermatozoïdes et l'ovule a lieu dans les trompes.

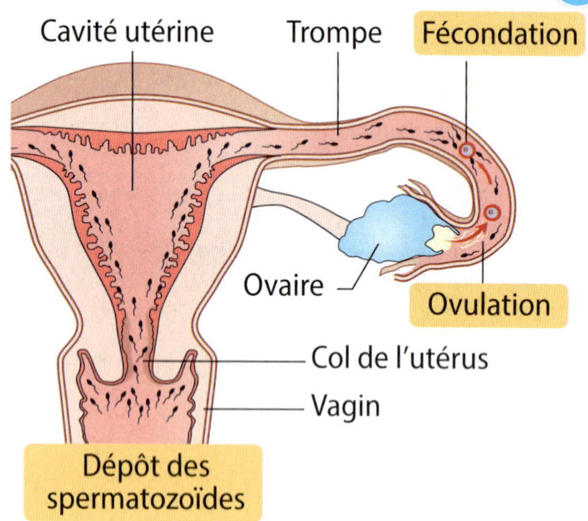

Doc. 1 Le lieu de la rencontre

L'ovule et les spermatozoïdes ont une durée de vie limitée. Les spermatozoïdes conservent leur pouvoir fécondant environ cinq jours après leur libération dans les voies génitales féminines. L'ovule survit au maximum 24 heures après sa libération par l'ovaire dans les voies génitales lors de l'ovulation. C'est seulement durant cette période, dite période de fécondité, que la fécondation est possible. En moyenne, l'ovulation a lieu vers le 14e jour mais cela peut être très variable d'un cycle à l'autre. Le cycle féminin est d'environ 28 jours.

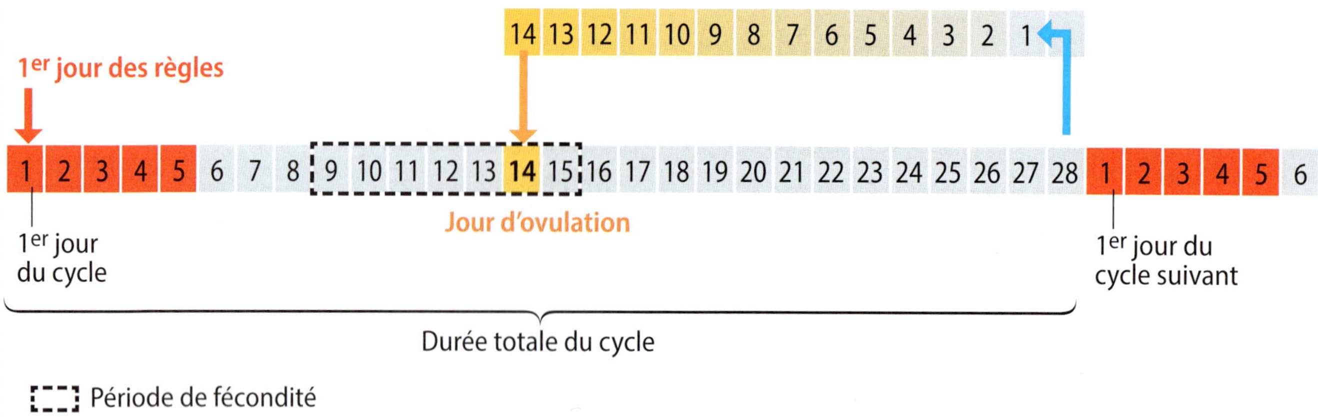

Doc. 2 La période de fécondité

Compétence travaillée :
D5. Appréhender différentes échelles spatiales d'un phénomène ou d'une fonction.

Le développement du fœtus

Au contact de l'ovule, les spermatozoïdes essaient de le pénétrer. L'ovule est protégé par plusieurs membranes qui seront rompues uniquement grâce à l'action combinée de plusieurs spermatozoïdes, mais un seul d'entre eux pourra s'unir avec lui. Une fois dans l'ovule, les noyaux de l'ovule et du spermatozoïde fusionnent. C'est le moment de la fécondation. La première cellule d'un individu se forme à partir de l'union de ces gamètes. On la nomme cellule-œuf. Elle se divise un grand nombre de fois pour donner d'autres cellules formant un embryon. La cellule-œuf est donc à l'origine des cellules de l'embryon, mais également d'une partie du placenta et du cordon ombilical.

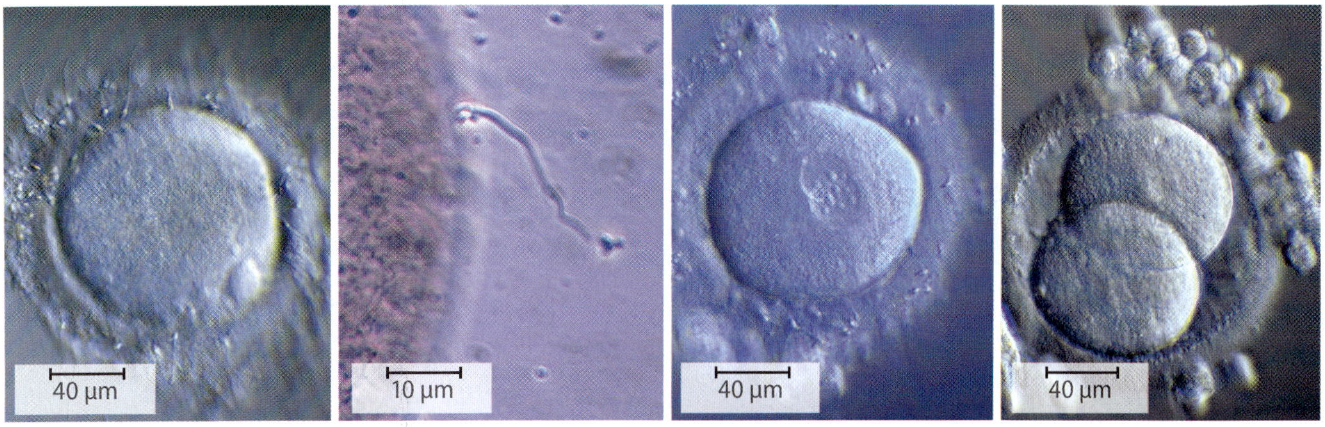

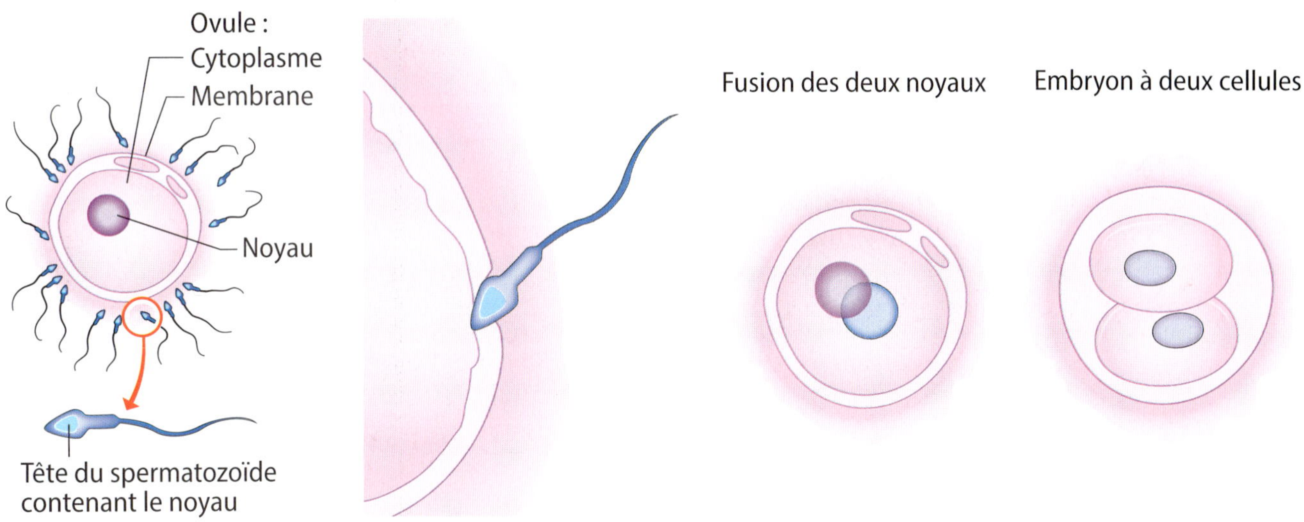

Doc. 3 La rencontre des cellules reproductrices

Pour conclure

Décrire le scénario de la formation d'une cellule-œuf au sein de l'appareil reproducteur de la femme.

Livret AP p. 29

Vocabulaire

- **Période de fécondité :** période pendant laquelle un rapport sexuel peut mener à une fécondation des gamètes.
- **Embryon :** premier stade du développement suite aux divisions de la cellule-œuf.

Activité 2

Comment la grossesse se met-elle en place et se déroule-t-elle ?

Après la fécondation, la cellule-œuf, devenue embryon, migre vers l'utérus. Elle met environ six jours pour y arriver. Ce délai permet la préparation de la muqueuse utérine à la nidation. Les règles n'auront alors pas lieu, c'est le premier signe d'une grossesse qui débute.

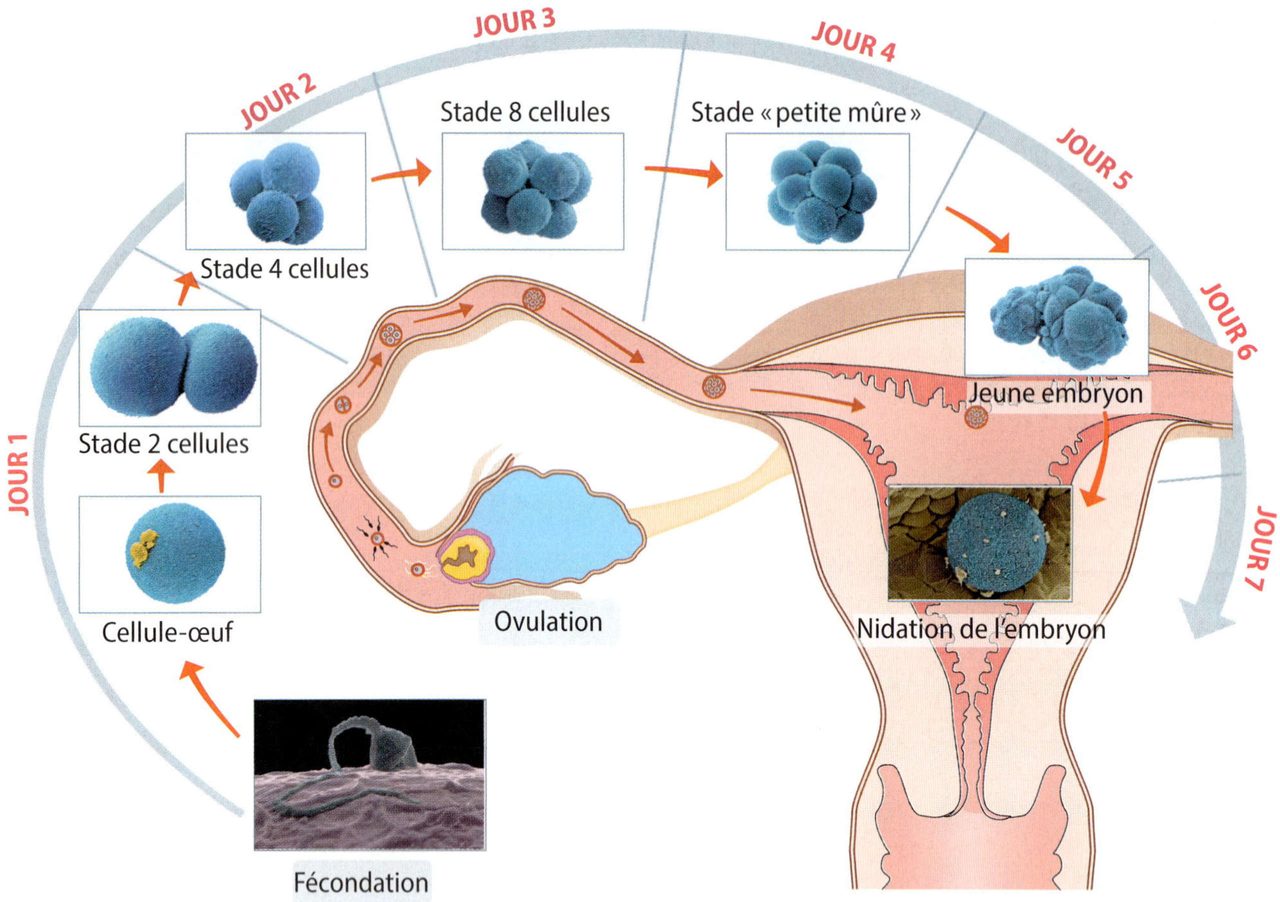

Doc. 1 Les étapes conduisant à la nidation

Période	embryonnaire		fœtale (tous les organes sont formés)						
Mois de la grossesse	1	2	3	4	5	6	7	8	9
Taille moyenne (cm)	0,5	3	8	20	27	31	37	42	50
Masse moyenne (g)	0,1	5	30	100	300	650	1 200	2 000	3 200

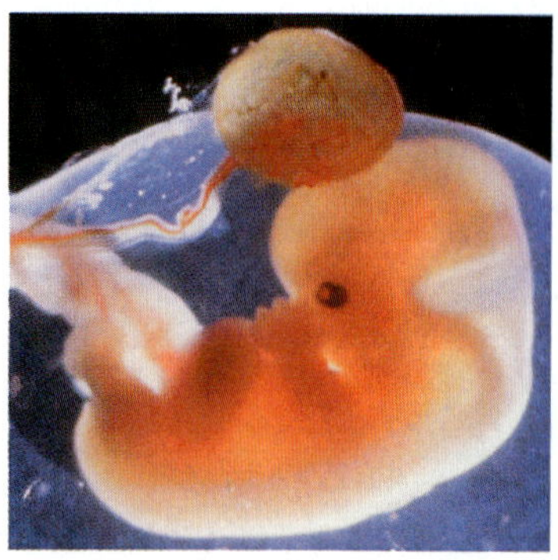

Embryon de 6 semaines

Doc. 2 Le développement embryonnaire et fœtal pendant les neuf mois de grossesse

Compétence travaillée :
D1. Lire et exploiter des données présentées sous différentes formes.

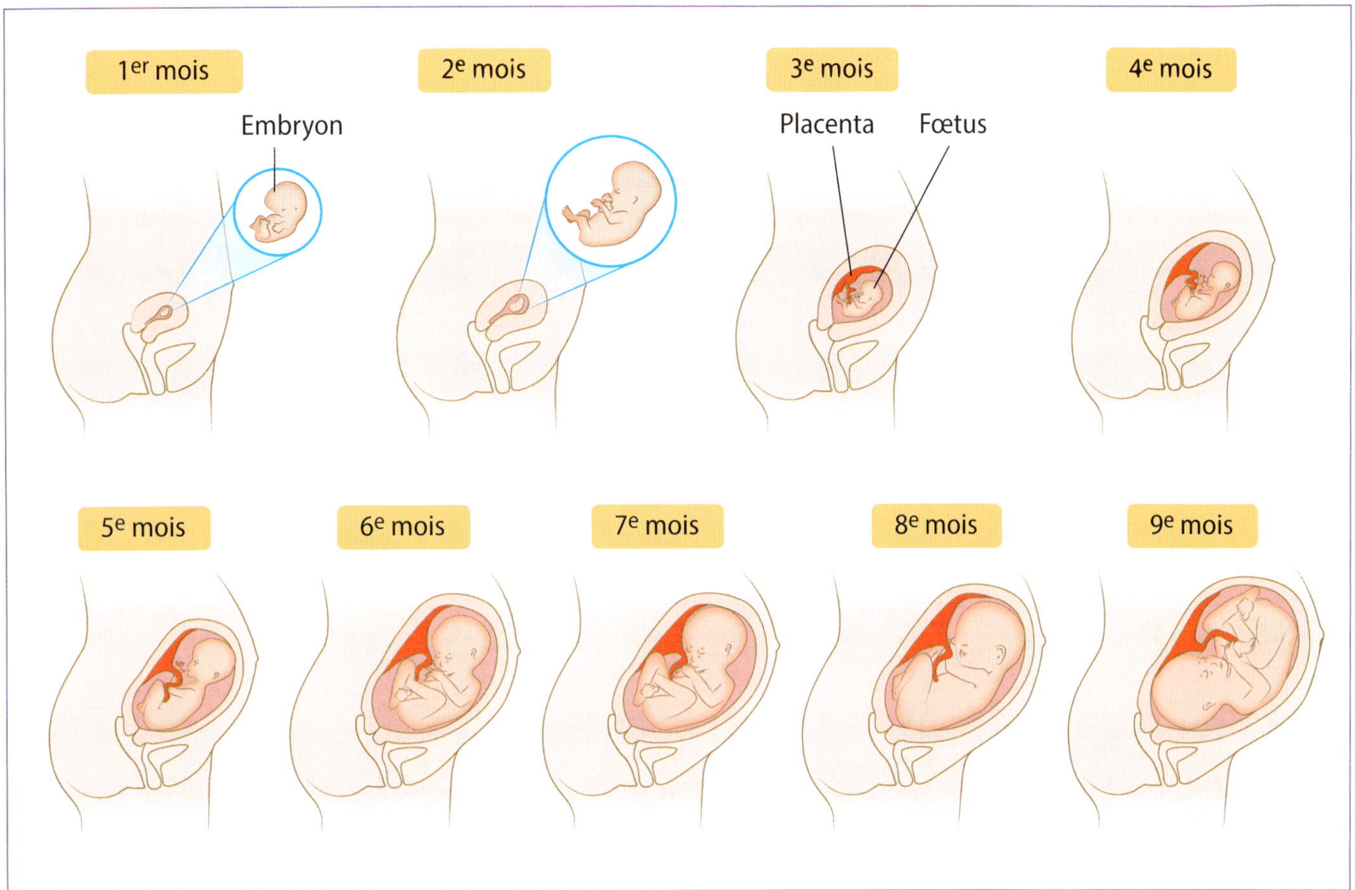

Doc. 3 Le développement du fœtus et du placenta durant la grossesse

Quantité (mL/100 mL de sang)	Sang de la mère au niveau du placenta	
	Artère utérine (arrivant au placenta)	Veine utérine (quittant le placenta)
Dioxygène	20	15
Dioxyde de carbone	45	50
Glucose	100	80

On mesure les quantités de glucose, de dioxygène et de dioxyde carbone présents dans le sang de la mère.

Doc. 4 Les échanges mère-fœtus dans le placenta

Pour conclure

Expliquer quelles sont les conditions pour qu'une grossesse puisse se dérouler.

▸ Livret AP p. 30

Vocabulaire

- **Grossesse :** processus de développement d'un nouvel être à l'intérieur des organes génitaux de la femme.
- **Nidation :** implantation de l'embryon dans l'utérus maternel avec mise en relation des systèmes sanguins de la mère et de l'embryon.
- **Fœtus :** être humain à partir de la fin du deuxième mois de grossesse.
- **Placenta :** organe qui fixe l'embryon en développement dans la muqueuse utérine et assure des échanges entre la mère et le futur bébé (apport en nutriments et dioxygène, élimination de déchets dont le dioxyde de carbone).

Bilan

... par le texte

Activité 1 Les conditions de la fécondation

- Pour un avoir un enfant, la femme doit avoir un rapport sexuel, mais tout rapport sexuel n'est pas fécondant. Pour qu'il le soit, il faut que les spermatozoïdes soient déposés au fond du vagin, au contact du col de l'utérus, au moment où la femme est dans une période proche de l'ovulation. C'est la **période de fécondité**, soit cinq jours avant et deux jours après l'ovulation.
- Les spermatozoïdes nombreux et mobiles passent le col de l'utérus et se dirigent vers les trompes utérines. Seules quelques centaines d'entre eux parviennent au contact de l'ovule. Ce dernier a été expulsé hors de l'ovaire lors de l'ovulation et descend le long de la trompe guidé par les battements des cils qui tapissent sa paroi.
- Dans la trompe, de nombreux spermatozoïdes entourent l'ovule mais un seul d'entre eux y pénètre. Les noyaux de chacune des deux cellules reproductrices, appelées aussi gamètes, fusionnent en un unique noyau. On a alors une **cellule-œuf**, résultat de la **fécondation**.

Activité 2 Les conditions de la grossesse

- La cellule-œuf progresse vers l'utérus et se divise rapidement. Elle forme un embryon, constitué de nombreuses cellules au bout de sept jours. Il se fixe dans la muqueuse utérine épaisse et prête à le recevoir, c'est la **nidation**. La femme n'a alors plus ses règles, premier signe de la grossesse.
- Pendant les dix premières semaines de cette grossesse, tous les organes du futur bébé se forment. À la fin de cette période, on ne parle plus d'embryon mais de fœtus qui va se développer jusqu'à la naissance. Durant la grossesse, le futur bébé est protégé car il grandit dans une poche contenant un liquide, le liquide amniotique. La grossesse dure en moyenne neuf mois.
- Le **placenta** assure la fixation du futur bébé dans l'utérus mais permet surtout des échanges entre le fœtus et la mère, à savoir le passage de dioxygène, d'eau et de nutriments du sang maternel vers le sang fœtal, et l'élimination de dioxyde de carbone et de déchets dans le sens inverse. Le placenta filtre les substances, mais se laisse traverser par certaines comme la nicotine du tabac, l'alcool, les drogues et les médicaments, ce qui est dangereux pour le développement du futur bébé.

À savoir :	Activités	Exercices
• Définir les conditions de la fécondation.	1	4 5 6
• Définir les conditions de la grossesse.	2	5 6 7

... par l'image

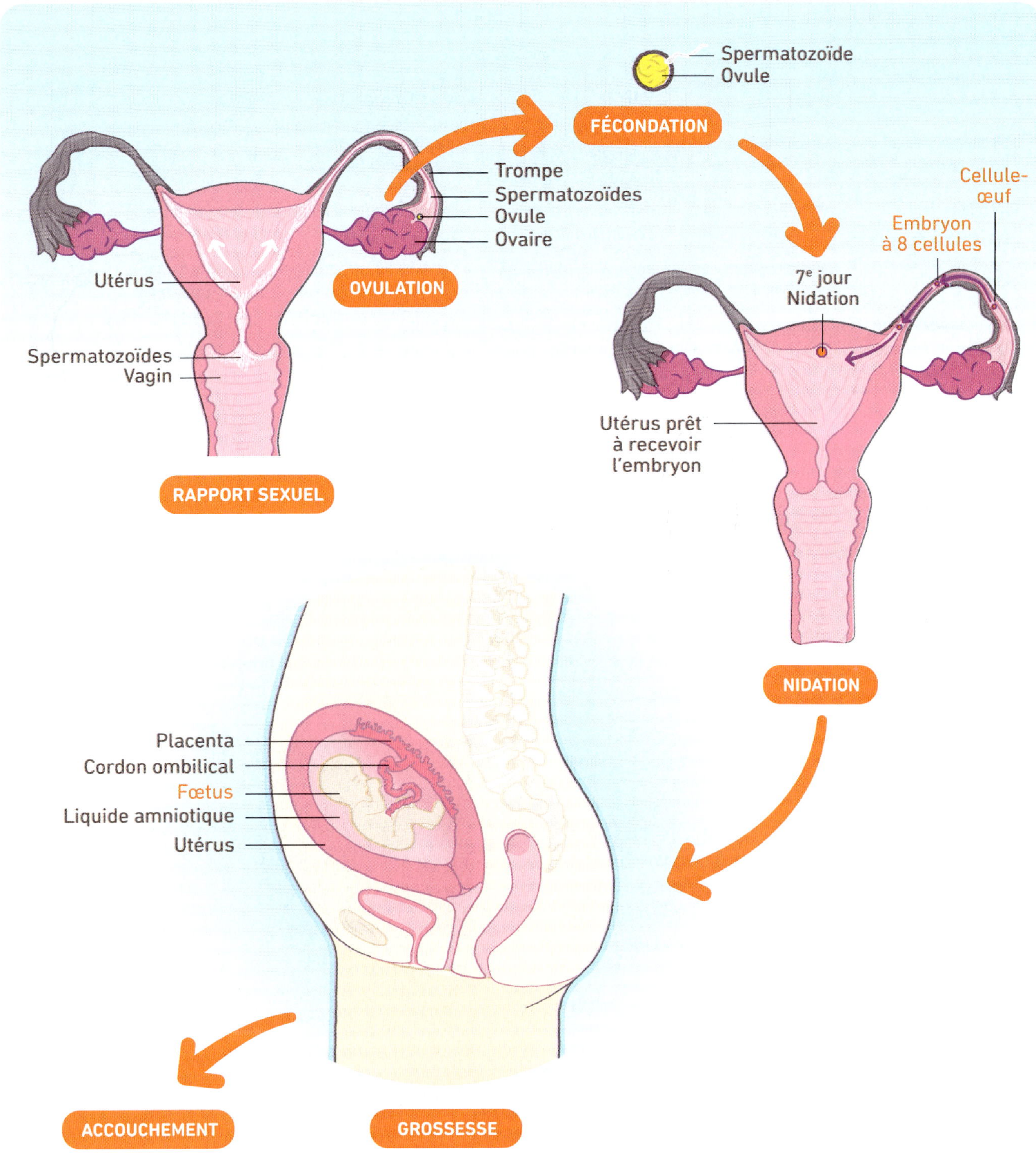

Mots à savoir définir

période de fécondité • cellule-œuf • fécondation • nidation • placenta

Exercer ses compétences

manuel numérique QCM 2

1 QCM 1 Choisir la proposition correcte

	A	B	C	D	En cas de doute, lire
1. La fécondation a lieu :	dans le vagin.	dans l'utérus.	dans les trompes utérines.	dans l'ovaire.	1 p. 378
2. Un rapport sexuel est fécondant :	uniquement au 14e jour du cycle.	avec plus de chances quatre jours avant et deux jours après l'ovulation.	uniquement à partir de la seconde fois.	avec plus de chances quand c'est la pleine Lune.	1 p. 378
3. La cellule-œuf est le résultat :	de la fusion d'un ovaire et d'un spermatozoïde.	de la fusion d'un ovule et d'un spermatozoïde.	de la transformation d'un spermatozoïde.	de la transformation d'un ovule.	1 p. 378
4. L'embryon :	donnera un futur bébé en douze mois.	donnera un futur bébé en six mois.	s'implante dans la trompe prête à le recevoir.	s'implante dans la muqueuse utérine.	2 p. 380
5. Les échanges entre la mère et l'embryon :	sont assurés par le liquide amniotique.	sont assurés par le placenta.	ne sont pas utiles.	sont assurés par l'utérus.	2 p. 380

▶ Voir corrigés p. 413

2 D1. Définir

Définir les termes suivants :
a. placenta ; b. période de fécondité ;
c. cellule-œuf ; d. nidation.

3 D1. Rédiger

Rédiger une phrase à l'aide des mots suivants :
a. nidation, embryon, muqueuse utérine prête à le recevoir.
b. fusion des noyaux, cellule-œuf, un gamète, fécondation.

4 D4. Proposer une ou des hypothèses pour résoudre un problème

Deux couples souhaitent chacun avoir un enfant. Chaque couple a eu un rapport sexuel non protégé le même jour. Dans le premier couple, Nadia (a) a ses règles le 28e jour de son cycle. Dans le deuxième couple, Carole (b) ne les a pas ce mois-ci. On sait que l'ovulation a toujours lieu 14 jours avant les règles du cycle suivant.

1. **Préciser** quelle jeune femme est enceinte et pourquoi l'autre ne l'est pas, alors qu'elles ont eu chacune un rapport sexuel à la même date.

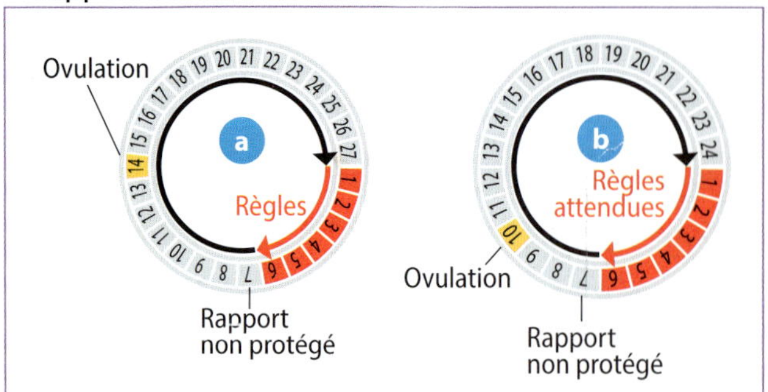

Doc. 1 Calendrier des cycles de deux femmes

5 résolu D4. Interpréter des résultats et en tirer des conclusions

Madame Z. essaye depuis plus de deux ans d'avoir un enfant, en vain. Lors d'une consultation, le médecin pratique un examen. Pour observer les voies génitales de Madame Z., le médecin introduit au fond du vagin, par l'orifice génital, un produit opaque aux rayons X. Le liquide se répand dans les voies génitales qui deviennent visibles sur une radiologie.

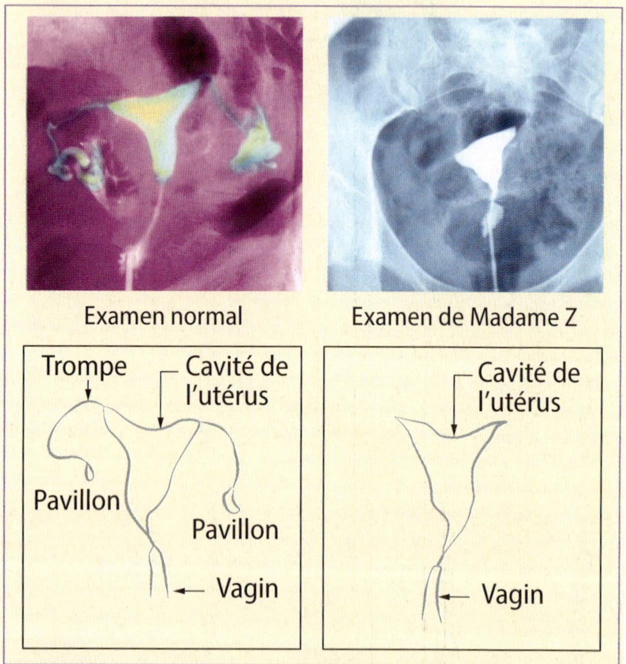

Doc. 1 Hystérographies de deux femmes

▶ **Expliquer** à Madame Z pourquoi elle ne parvient pas à être enceinte.

▶ Livret AP p. 30

6 D5. Appréhender différentes échelles spatiales d'un phénomène ou d'une fonction

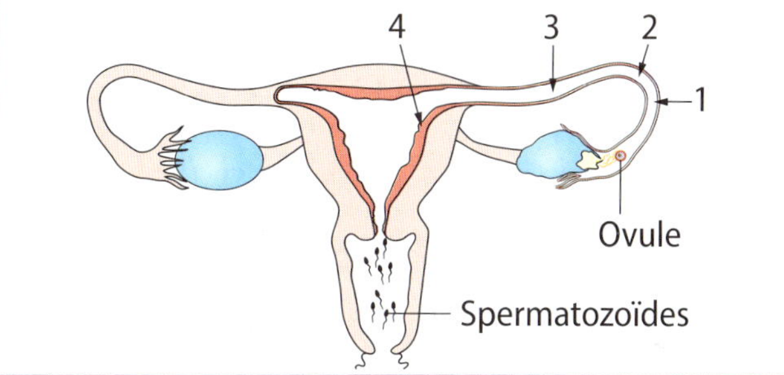

Doc. 1 Schéma de l'appareil reproducteur de la femme (vu de face)

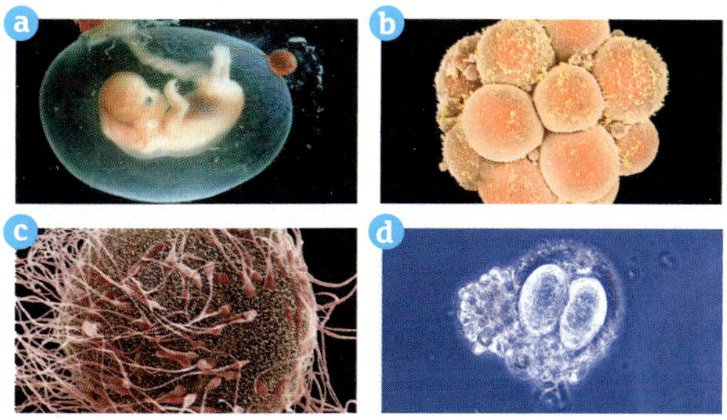

Doc. 2 Photographies illustrant quatre étapes de la conception du futur bébé

1. **Indiquer** le trajet des spermatozoïdes après un rapport sexuel.
2. **Replacer** dans l'ordre chronologique les quatre étapes illustrées par les quatre photographies du doc. 2.
3. **Associer** chaque photographie aux numéros qui légendent une région de la trompe et de l'utérus sur le doc. 1.
4. **Nommer** l'évènement qui va suivre l'étape **1**, celui qui se produit entre les étapes **2** et **3**, et enfin celui qui précède l'étape **4** dans l'utérus (doc. 1).

7 Tâche complexe D1. Lire et exploiter des données présentées sous différentes formes

Un élève écrit ce qu'il pense sur l'alimentation et la respiration du fœtus dans le corps maternel.

Le bébé n'a pas besoin de respirer. Le bébé se forme dans une bulle avec un liquide. Le bébé a juste besoin de se nourrir. Ce que mange la mère passe dans son tube digestif qui est directement relié au bébé par le cordon ombilical. Quand le bébé a besoin de respirer, c'est quand il doit sortir.

Consigne : Relever les erreurs et les imprécisions de cet élève à l'aide des documents ci-dessous.

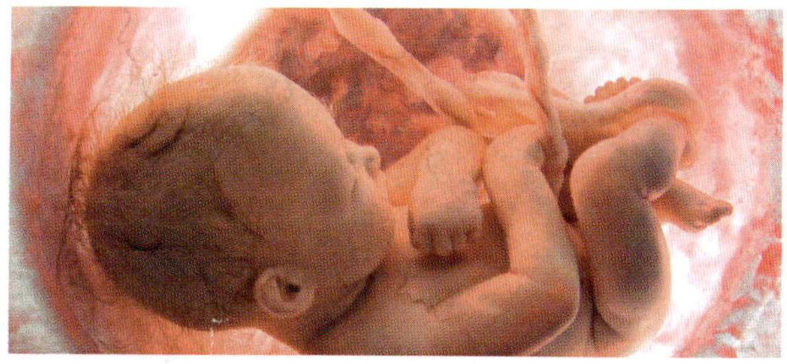

Doc. 1 Un bébé à la naissance relié par le cordon ombilical au placenta

Le placenta est un lieu d'échanges entre les sangs de la mère et du foetus. Ces sangs ne se mélangent pas mais sont en contact.

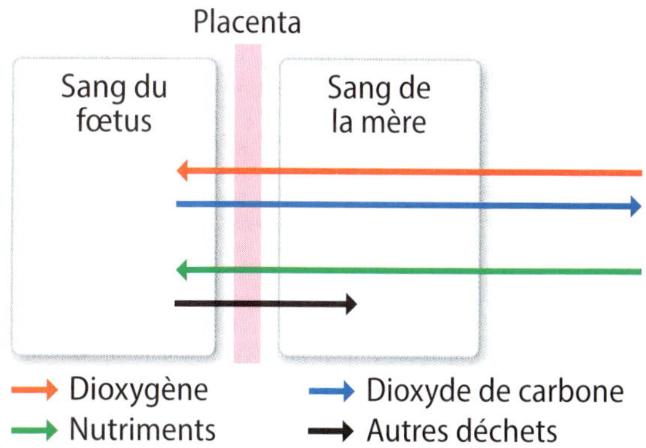

Doc. 2 Les échanges entre la mère et le fœtus

Pendant la grossesse, l'embryon, puis le fœtus et son cordon ombilical baignent dans le liquide amniotique et sont enfermés dans une poche appelée l'amnios. Le cordon ombilical relie le futur bébé au placenta, organe en forme de disque comportant de nombreuses villosités (replis). Ces villosités représentent une surface de 10 m².

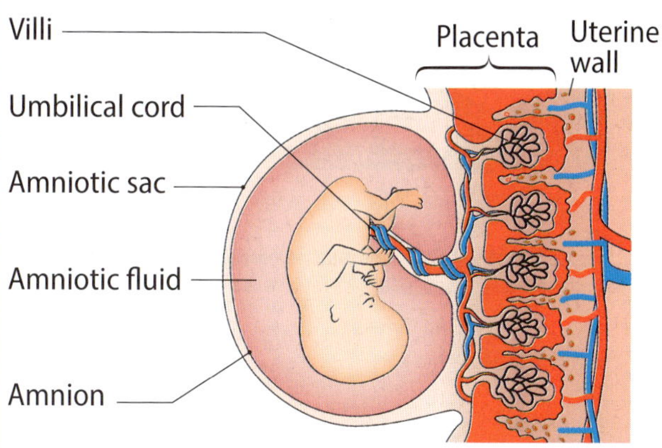

Doc. 3 Le placenta

Compétence travaillée :
D2. Conduire une recherche d'informations sur Internet.

Activité 1 Comment peut-on choisir le moment d'avoir un enfant ?

La loi Veil, loi de la législation de l'IVG

La loi (Article L.5134-1 du Code de la santé publique) indique que « toute personne a le droit d'être informée sur l'ensemble des méthodes contraceptives et d'en choisir une librement. Le consentement des titulaires de l'autorité parentale n'est pas requis pour la prescription, la délivrance ou l'administration de contraceptifs aux personnes mineures » .

La loi (article L.2212-1 du Code de la santé publique) permet « à toute femme enceinte qui s'estime placée dans une situation de détresse de demander à un médecin l'interruption de sa grossesse, qu'elle soit majeure ou mineure. Seule la femme concernée peut en faire la demande ».

Une IVG (interruption volontaire de grossesse) peut être pratiquée avant la fin de la quatorzième semaine de grossesse après le début des dernières règles.

Doc. 1 Choisir le moment d'avoir un enfant en France

Choisir sa contraception web

Doc. 2 Affiche de l'INPES pour montrer la diversité des méthodes contraceptives

À la suite d'un rapport sexuel mal protégé (préservatif mal utilisé, oubli de pilule...), la femme peut prendre la pilule du lendemain ou la pilule du surlendemain. Ces comprimés peuvent être donnés par l'infirmière scolaire et sont aussi vendus en pharmacie. Ils empêchent la nidation.

Dans les deux cas, la prise de cette contraception peut entraîner des effets secondaires et doit rester exceptionnelle.

Doc. 3 La contraception d'urgence

Vocabulaire

- **Contraception :** ensemble des moyens qui visent à éviter qu'un rapport sexuel n'entraîne une grossesse.
- **INPES :** Institut national de prévention et d'éducation pour la santé.

Pour conclure

Expliquer quelles sont les méthodes contraceptives évoquées dans le **doc. 2**, grâce à une recherche Internet, basée sur des sites fiables.

▸ Livret AP p. 30

Activité 2

Compétence travaillée :
D2. Apprendre à organiser son travail.

Comment aider un couple à avoir un enfant ?

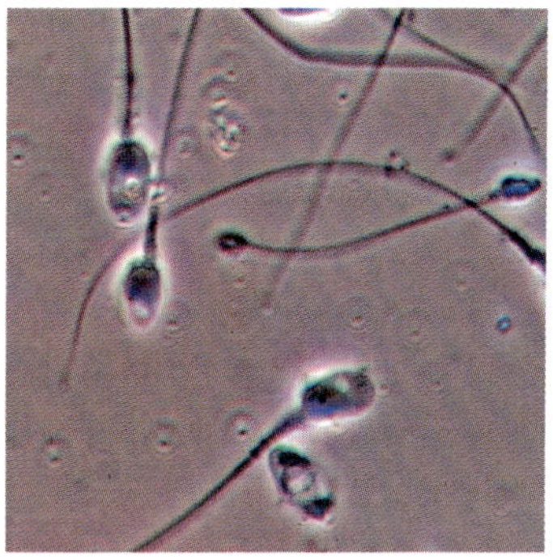
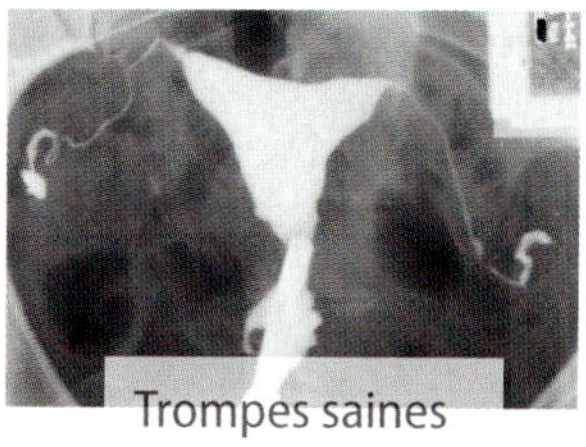

Spermatozoïdes peu mobiles dans le sperme et beaucoup d'entre eux anormaux.

Doc. 1 Caractéristiques du couple A

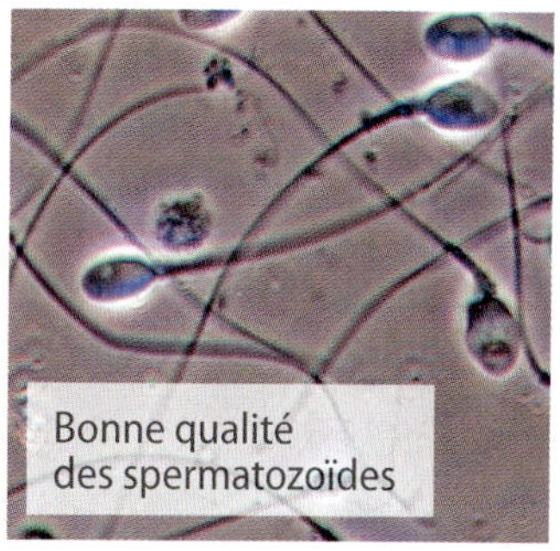

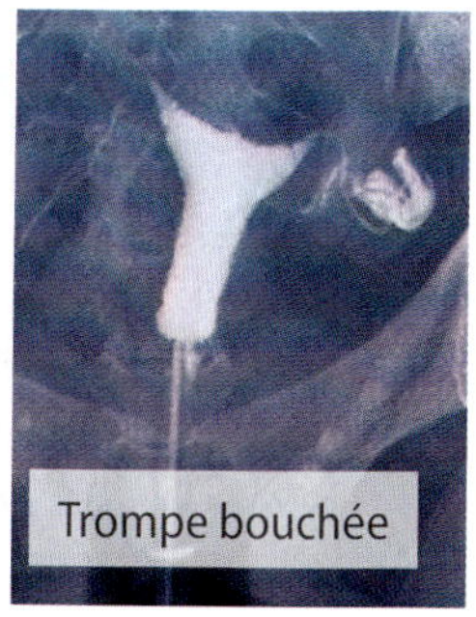

Doc. 2 Caractéristiques du couple B

Un couple est considéré comme infertile s'il n'a pas pu concevoir d'enfant après 12 à 24 mois de tentatives. L'assistance médicale à la procréation (AMP) regroupe les différentes techniques qui permettent à un couple infertile d'obtenir une grossesse en favorisant la rencontre entre les gamètes. De nombreux paramètres peuvent empêcher cette rencontre. Le choix de l'AMP doit être adapté au besoin du couple.

Doc. 3 L'assistance médicale à la procréation en réponse à l'infertilité

La technique de l'insémination artificielle

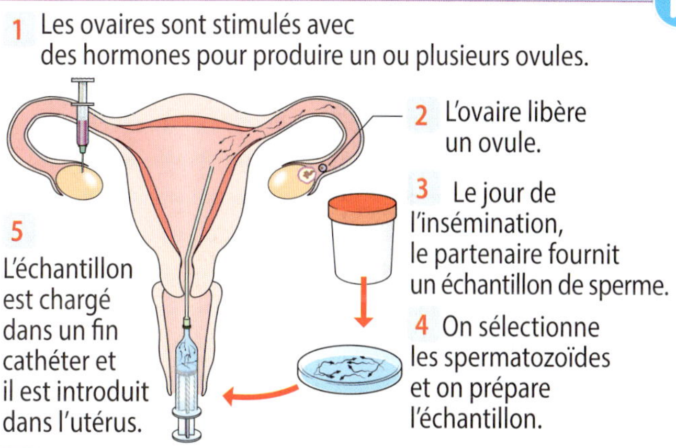

Doc. 4 La technique d'insémination artificielle

La technique de la FIVETE

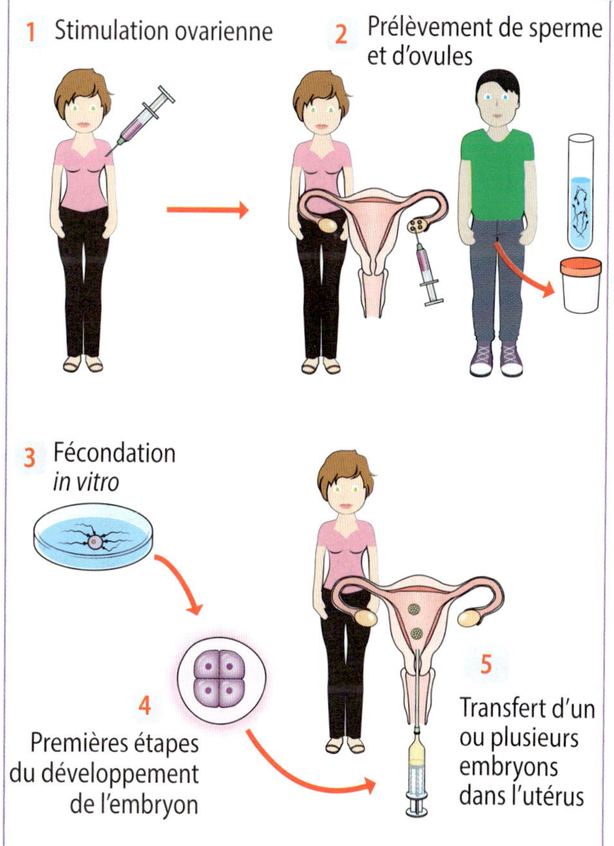

Doc. 5 La technique de la FIVETE

Pour conclure

Présenter à l'oral le choix d'une technique d'assistance médicale à la procréation adaptée à chacun des couples A (doc. 1) et B (doc. 2).

▸ Livret AP p. 30

Vocabulaire

- **Insémination artificielle :** technique qui consiste à injecter des spermatozoïdes directement dans l'utérus, le jour de l'ovulation.
- **FIVETE :** Fécondation In Vitro et Transfert d'Embryon.

Activité 3

Comment avoir un comportement responsable dans le domaine de la sexualité ?

« Le SIDA peut-il se transmettre quand on embrasse une personne infectée ? »	« Est-ce grave d'oublier un comprimé sur une plaquette entière de pilules ? »	« La pilule permet-elle d'éviter les IST ? »
« La contraception, cela ne concerne que les filles ? »	« Est-ce que la pilule est un médicament ? »	« A-t-on le droit de diffuser des images de la vie privée d'autrui sur les réseaux sociaux ? »

Doc. 1 Quelques questions sur la sexualité

Le VIH peut être présent dans les sécrétions du corps : le sang (y compris celui des règles), le sperme, le liquide séminal, les sécrétions vaginales et le lait maternel.

La contamination est le résultat du contact entre une sécrétion infectée et une muqueuse lésée.

Doc. 2 Le VIH (Virus de l'Immunodéficience Humaine)

Une IST, la chlamidiose web

L'infection à *Chlamydiæ trachomatis* (chlamydiose) est l'infection sexuellement transmissible (IST) la plus fréquente entre 16 ans et 24 ans. La contamination passe inaperçue la plupart du temps car il y a peu de symptômes, voire pas du tout. C'est une cause fréquente de baisse de fertilité ou de grossesse extra-utérine chez la femme.

Doc. 3 L'infection à *Chlamydiæ trachomatis*, principale cause d'infertilité

Compétence travaillée :
D3. Distinguer ce qui relève d'une croyance ou d'une idée et ce qui constitue un savoir scientifique.

Les préservatifs masculin et féminin sont les seuls moyens de contraception qui permettent de se protéger des infections sexuellement transmissibles.

Doc. 4 Les préservatifs

Est puni d'un an d'emprisonnement et de 45 000 euros d'amende le fait, au moyen d'un procédé quelconque, volontairement de porter atteinte à l'intimité de la vie privée d'autrui :

1° **En captant**, enregistrant ou transmettant, sans le consentement de leur auteur, des paroles prononcées à titre privé ou confidentiel ;

2° **En fixant**, enregistrant ou transmettant, sans le consentement de celle-ci, l'image d'une personne se trouvant dans un lieu privé.

Lorsque les actes mentionnés au présent article ont été accomplis au vu et au su des intéressés sans qu'ils s'y soient opposés, alors qu'ils étaient en mesure de le faire, le consentement de ceux-ci est présumé.

Doc. 5 Loi et publication de la vie privée

Choisir sa contraception web

Doc. 6 Site internet ressource

Pour conclure

Répondre à deux questions, au choix, du **doc. 1**, en s'appuyant sur des connaissances scientifiques ou des textes de loi.

▸ Livret AP p. 30

Vocabulaire

- **Liquide séminal :** fluide composant la majorité du sperme chargé notamment de nourrir et de véhiculer les spermatozoïdes.
- **Sécrétions vaginales :** pertes vaginales normales assurant la lubrification et l'hydratation du vagin.

Bilan

... par le texte

Activité 1
Choisir le moment d'avoir un enfant

- La **contraception** permet de choisir le moment d'avoir un enfant.
  Les méthodes contraceptives doivent :
  – soit empêcher la production de cellules reproductrices (la pilule, l'implant ou le patch) ;
  – soit empêcher la rencontre des cellules reproductrices (les préservatifs, les spermicides, ou la ligature de conduits conduisant les cellules reproductrices) ;
  – soit empêcher la nidation de l'embryon (pilule, Dispositif Intra Utérin).
- Il existe aussi une méthode contraceptive d'urgence (la pilule du lendemain) qui se prend dans les 72 h après un rapport sexuel sous forme d'un comprimé unique qui agira en empêchant l'ovulation.
- Si toutefois toutes ces méthodes contraceptives ne peuvent plus être efficaces car la grossesse est déjà installée, il est possible en France, depuis 1975, d'avoir recours à une **IVG** (Interruption Volontaire de Grossesse ou avortement).

Activité 2
Aider un couple à avoir un enfant

- Lorsqu'un couple n'arrive pas à avoir d'enfant après plus de 12 à 24 mois de rapports sexuels sans contraception, il peut consulter pour qu'on puisse l'aider. Il lui sera proposé divers examens pour déterminer la cause de cette infertilité : celle-ci peut être due à une production de cellules reproductrices insuffisante, à un problème de production d'hormones, ou à des difficultés anatomiques qui empêchent la rencontre des gamètes.
- En fonction du problème rencontré, il sera mis en place la technique de PMA (Procréation Médicalement Assistée) la plus adaptée. Celle-ci peut aller de la simple stimulation ovarienne lorsque la femme n'a pas d'ovulation à chaque cycle, à une technique plus complexe comme par exemple la **FIVETE** (Fécondation In Vitro Et Transfert d'Embryon).

Activité 3
Avoir un comportement responsable dans le domaine de la sexualité

- La fonction de reproduction est à distinguer de celle de la sexualité. La sexualité est le fait d'avoir des rapports sexuels qui n'ont pas pour seul but de donner la vie.
- Dès le premier rapport sexuel, l'homme et la femme doivent avoir un comportement responsable en se protégeant. La seule méthode qui permet de se protéger des infections sexuellement transmissibles est l'utilisation du préservatif. Cette utilisation ne doit pas être arrêtée tant que les partenaires n'ont pas fait un dépistage des **IST** (Infections Sexuellement Transmissibles).
- Il est important que la prescription d'une méthode contraceptive prenne en compte les conditions de vie du couple. La contraception d'urgence doit rester une mesure exceptionnelle.

À savoir :	Activités	Exercices
• Établir le lien entre le type de contraceptif et son mode d'action.	1	4
• Associer les techniques de PMA aux causes d'infertilité.	2	5 6
• Connaître les comportements responsables dans le domaine de la sexualité.	3	6

de la reproduction humaine

... par l'image

manuel numérique

Maîtriser la reproduction

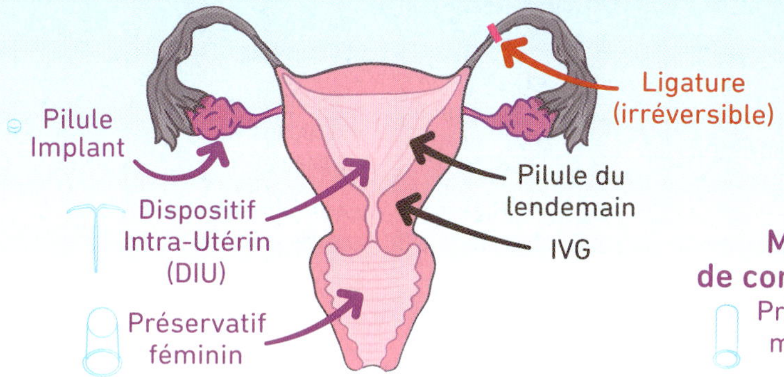

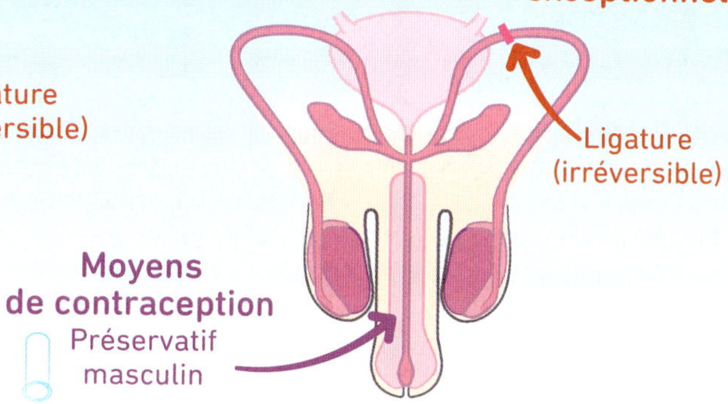

Choisir le moment d'avoir un enfant

S'informer sur la contraception

Aider un couple à avoir un enfant

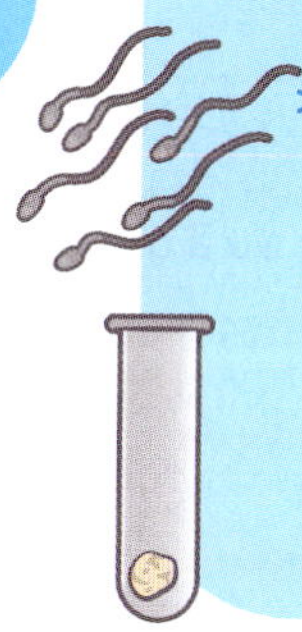

> Insémination artificielle

> Fécondation In Vitro et transfert d'embryon

Avoir un comportement sexuel responsable

> Préservatif féminin et préservatif masculin

Seul moyen d'éviter les IST

> Choisir la contraception adaptée à sa situation

> Faire attention à la diffusion de notre image et de celles des autres

Mots à savoir définir

contraception • IVG • FIVETE • IST

Exercer ses compétences

manuel numérique QCM 2

1 QCM 1 Choisir la proposition correcte.

	A	B	C	D	En cas de doute, lire
1. Les méthodes contraceptives :	permettent toutes de se protéger des IST.	sont toutes remboursées par la sécurité sociale.	visent à empêcher une grossesse.	sont toutes efficaces à 100%.	1 p. 386
2. La contraception d'urgence :	doit être prise dans les 72h au plus tard.	ne peut être prescrite que grâce à une ordonnance.	est une injection intramusculaire.	peut remplacer une contraception préventive régulière.	1 p. 386
3. La Procréation Médicalement Assistée :	ne concerne que les femmes.	peut se faire avec un double don de gamètes.	est interdite en France.	permet d'aider les couples à avoir un enfant.	2 p. 387
4. Une Infection Sexuellement Transmissible :	ne se transmet que lors d'un rapport sexuel.	peut être évitée en prenant la pilule.	peut être évitée en utilisant un préservatif.	est toujours accompagnée de symptômes.	3 p. 388
5. L'implant :	peut être posé à un homme.	contient les mêmes hormones que la pilule.	doit être enlevé chaque mois.	est posé sur la peau et s'enlève chaque semaine.	1 p. 386

▶ Voir corrigés p. 413

2 D1. Définir

Définir les termes suivants :
a. PMA ; b. IST ; c. contraception d'urgence.

3 D1. Rédiger

Rédiger une phrase à l'aide des mots suivants :
PMA, infertilité, enfant.

4 résolu D1. Lire et exploiter des données présentées sous différentes formes

1. **Indiquer**, en commentant le graphique, quelle est l'action de la prise quotidienne de la pilule œstroprogestative sur la concentration des hormones sexuelles « naturelles ».

2. **Indiquer** quelles peuvent être les conséquences de la prise de pilule sur le fonctionnement de l'appareil reproducteur de la femme.

3. L'oubli d'un comprimé pourrait provoquer un pic de la quantité d'œstrogène comme celui du 14e jour sur le graphique.

Indiquer quelles en seraient les conséquences.

4. Annie prend une pilule qui s'appelle Cycléaner. Elle se rend compte qu'elle a oblié de la prendre ce matin, il y a plus de 12h. De plus, Annie a eu un rapport sexuel non protégé il y a trois jours.

web **Indiquer** ce que Annie doit faire, en vous aidant du site choisirsacontraception.fr/urgences/

▶ Livret AP p. 30

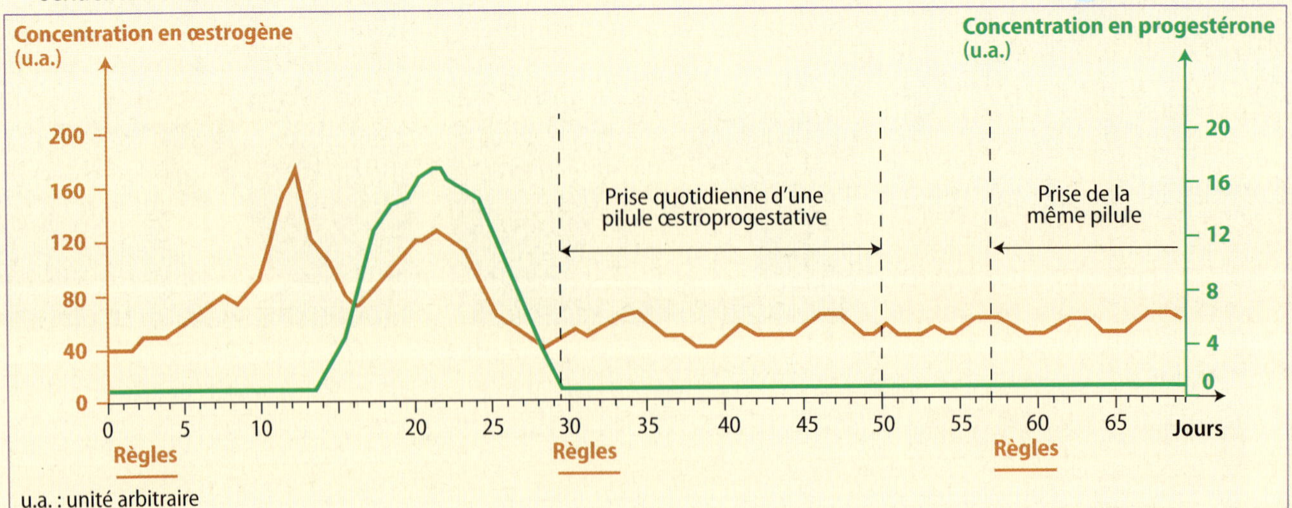

Doc. 1 Concentration en hormones sexuelles dans le sang d'une femme en fonction du temps (avec ou sans prise de pilule)

5 D1. Lire et exploiter des données présentées sous différentes formes

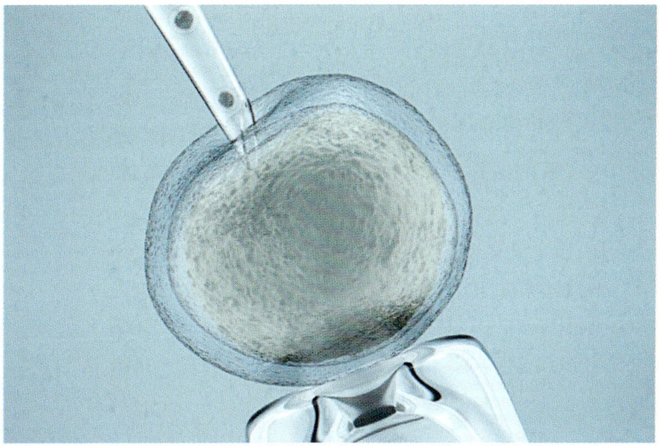

Doc. 1 La fécondation *in vitro*

La fécondation *in vitro*

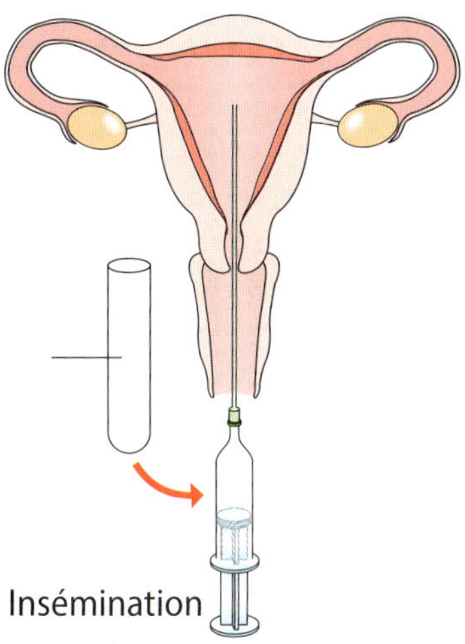

Le terme "ICSI" utilisé pour la fécondation *in vitro* avec micro-injection provient du terme anglais : « Intra Cytoplasmic Sperm Injection ». Pour le couple, il n'y a aucune différence de traitement entre cette technique et une Fécondation In Vitro Et Transfert d'Embryon.

La différence est le geste que va devoir accomplir le biologiste : injecter le spermatozoïde dans le cytoplasme de l'ovocyte.

Doc. 2 L'insémination artificielle

1. **Rappeler** où sont déposés les spermatozoïdes lors d'un rapport sexuel.
2. **Repérer**, en recopiant schématiquement le dessin du doc. 2, les obstacles à franchir par les spermatozoïdes pour atteindre l'ovule.
3. **Indiquer** quelle particularité des spermatozoïdes leur permet de réaliser ce parcours.
4. **Expliquer** pourquoi le dépôt des embryons lors d'une FIV ICSI est réalisé dans l'utérus.
5. **Indiquer** quelles peuvent être les causes de l'infertilité du couple à qui l'on propose cette technique.

6 D2. Conduire une recherche d'informations sur Internet

Méthode contraceptive	Pourcentage de femmes qui ont eu une grossesse non désirée durant la première année d'utilisation de la méthode contraceptive	
	Ensemble de la population testée	Partie de la population utilisant parfaitement sa méthode contraceptive
Implants	0,1	0,1
Vasectomie*	0,2	0,2
Pilule	6 à 8	0,1
Préservatif masculin	14	3
Méthodes naturelles	20	1 à 9

Doc. 1 Efficacité de différentes méthodes de contraception à partir de données de l'OMS (Organisation Mondiale de la Santé)

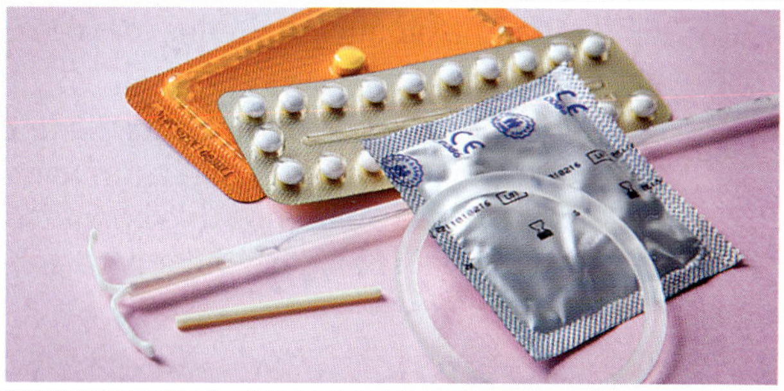

Doc. 2 Divers moyens de contraception

En pratique, les différentes méthodes contraceptives n'ont pas la même efficacité qu'en théorie. Par exemple, si la pilule était utilisée correctement (sans oubli), une femme sur 1 000 se trouverait confrontée à une grossesse non désirée. Alors qu'en réalité, 60 à 80 femmes se retrouvent dans cette situation.

*Vasectomie : opération chirurgicale qui consiste à sectionner les canaux déférents qui transportent les spermatozoïdes.

1. **Donner** plusieurs explications possibles au fait que la pilule ait une efficacité plus élevée chez la population l'utilisant parfaitement.
2. **Expliquer** pourquoi nous n'observons pas de différences de résultats pour l'implant alors qu'il s'agit, comme la pilule, d'une contraception hormonale.
3. **Indiquer** quelle est la seule méthode contraceptive qui permet de se protéger d'une IST.
4. **Conduire** une recherche sur Internet pour trouver le mode d'emploi du préservatif masculin.
5. **Expliquer** toutes les précautions à prendre pour bien utiliser le préservatif masculin.

Bilan
Attendu de fin de cycle

... par le texte

1 Le fonctionnement de l'appareil reproducteur humain

- À la puberté les organes reproducteurs deviennent fonctionnels grâce à une augmentation de la production en **hormones** cérébrales.
- Chez l'homme, les **testicules** produisent alors de façon continue des **spermatozoïdes** et une hormone sexuelle, la testostérone, qui assure l'apparition et le maintien des caractères sexuels secondaires.
- Chez la femme, il existe jusqu'à la ménopause deux cycles : celui des **ovaires** (le **cycle ovarien**) qui libèrent environ tous les 28 jours un **ovule** lors de l'ovulation et celui de l'utérus (le **cycle utérin**) dont la muqueuse se développe et est éliminée lors des règles. Les ovaires produisent des hormones sexuelles, les œstrogènes et la progestérone qui contrôlent le fonctionnement de l'utérus.

2 De la fécondation à la naissance

- Durant la période de fécondité de la femme, si des spermatozoïdes sont déposés au fond du vagin, il peut y avoir **fécondation** au niveau de la trompe.
- La fusion des noyaux du spermatozoïde et de l'ovule donne une cellule-œuf qui progresse vers l'utérus et se divise rapidement pour donner un embryon. Ce dernier s'implante dans la muqueuse utérine lors de la **nidation** sept jours après la fécondation.
- L'embryon puis le fœtus se développe durant la grossesse grâce au **placenta** qui assure les échanges de nutriments, de déchets et de gaz entre la mère et le futur bébé. Des substances toxiques présentes dans le sang de la mère peuvent passer dans le sang du fœtus par le placenta. Une bonne hygiène de vie de la mère est donc indispensable pour assurer un bon développement du fœtus.

3 Les principes de la maîtrise de la reproduction sexuée

- Quand un couple décide de ne pas avoir d'enfant, il dispose de méthodes contraceptives qui sont efficaces si elles sont correctement utilisées.
- Si une grossesse est installée, il est possible d'avoir recours en France à l'Interruption Volontaire de Grossesse (**IVG**).
- Quand un couple essaie d'avoir un enfant et n'y parvient pas du fait de dysfonctionnements des organes reproducteurs, il peut recourir aux techniques de **PMA** (Procréation Médicalement Assistée). Actuellement, une stimulation ovarienne ou une FIVETE (Fécondation In Vitro Et Transfert d'Embryon) peuvent être proposées, selon les cas.

4 Des comportements sexuels responsables

- La sexualité humaine est une notion qui dépasse celle de la reproduction. Elle inclut la transmission de la vie mais aussi de nombreux aspects liés au vécu de chacun, à l'intimité, à des dimensions émotionnelles, sociales et culturelles. Dans ce domaine, respecter l'autre c'est adopter un comportement responsable. Ainsi pour se protéger et protéger son partenaire des **IST** (Infections Sexuellement Transmissibles), il faut utiliser un préservatif lors de rapports sexuels.
- Les **méthodes contraceptives** choisies doivent l'être de façon raisonnée selon des choix personnels.

... par l'image

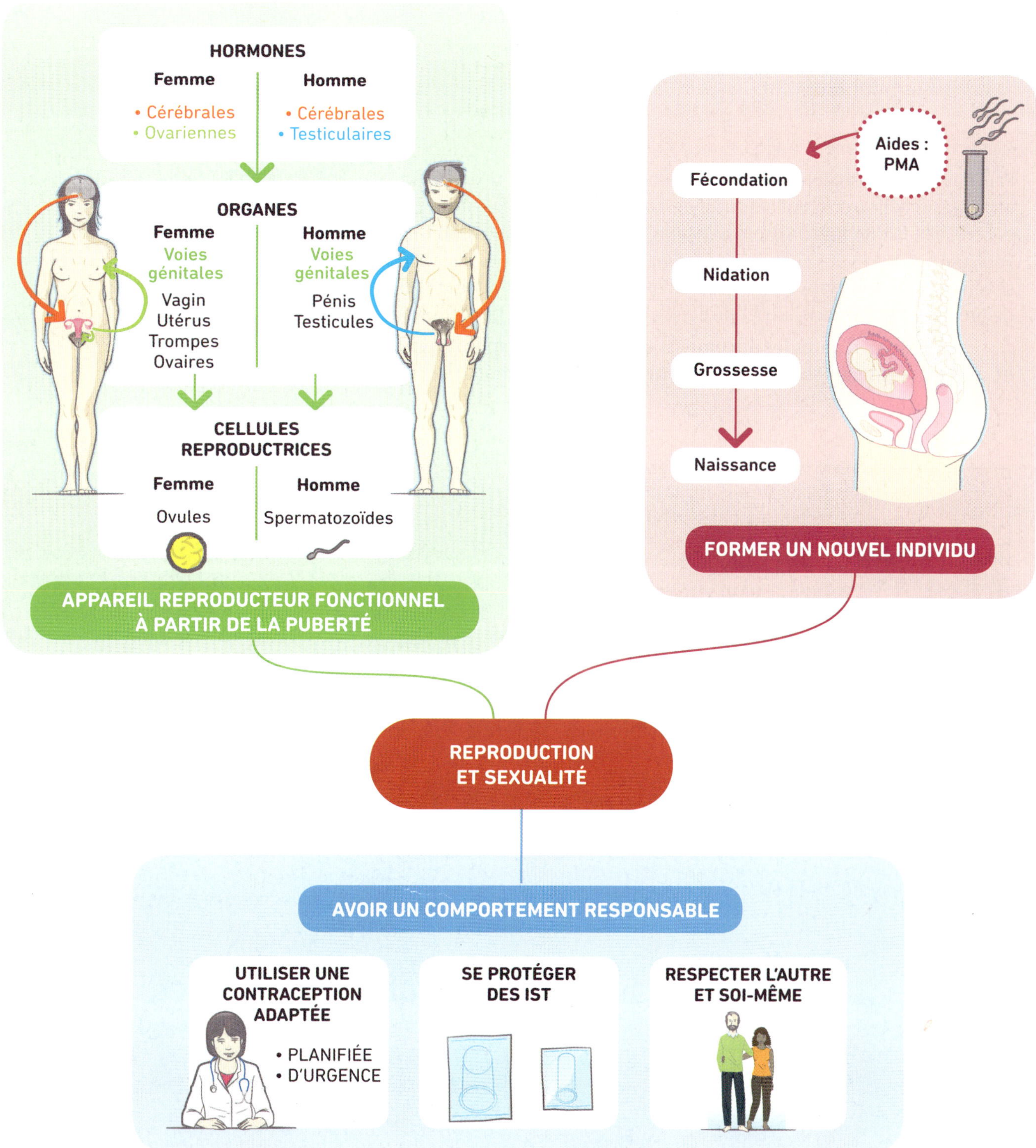

Mots à savoir définir

hormone • testicule • spermatozoïde • cycle ovarien • cycle utérin • ovaire • ovule • fécondation • nidation • placenta • IVG • PMA • IST • méthode contraceptive

La reproduction et la sexualité humaines

1 Tâche complexe **D1. Lire et exploiter des données présentées sous différentes formes**

Question de contraception

Paul et Virginie, ensemble depuis le lycée, ont eu un rapport sexuel. Cinq jours après, craignant d'être enceinte, Virginie a pris la pilule du lendemain qu'une amie majeure lui a procurée. Comme elle doute encore, elle fait un test de grossesse huit jours avant le jour prévu de ses règles. En même temps, Paul, qui a rendez-vous chez son médecin, décide de lui parler de la situation. Celui-ci prend très au sérieux les interrogations de Paul et il lui explique comment utiliser la pilule du lendemain et le test de grossesse. Le médecin lui donne également des conseils pour l'avenir.

Consigne : **Lister, d'après les documents ci-dessous, les explications et conseils reçus par Paul lors de son entretien avec son médecin.**

Livret AP p. 31

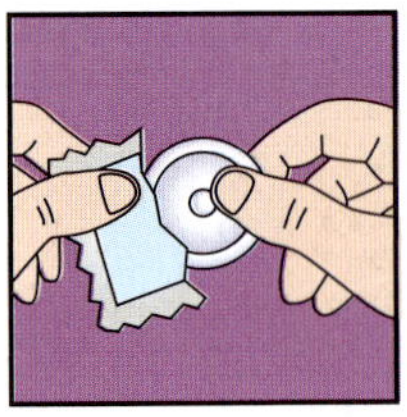

Ouvrir délicatement l'emballage individuel et en sortir le préservatif. Attention aux objets coupants qui pourraient l'endommager (ongles, bijoux…). Toujours vérifier que la partie à dérouler se trouve à l'extérieur.

Pincer avec les doigts le réservoir du préservatif afin d'en chasser l'air (un excès d'air emprisonné dans le préservatif peut causer sa déchirure). Dérouler le préservatif sur le pénis. Durée de vie : 3 à 5 ans.

Doc. 1 Une partie de la notice d'utilisation d'un préservatif

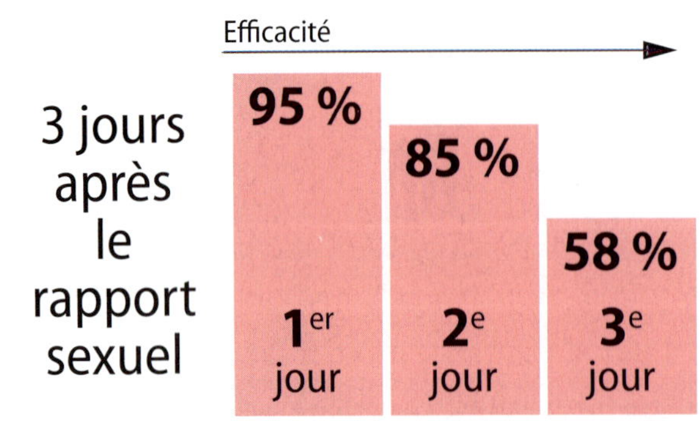

Doc. 2 Efficacité de la contraception d'urgence hormonale, ou pilule du lendemain

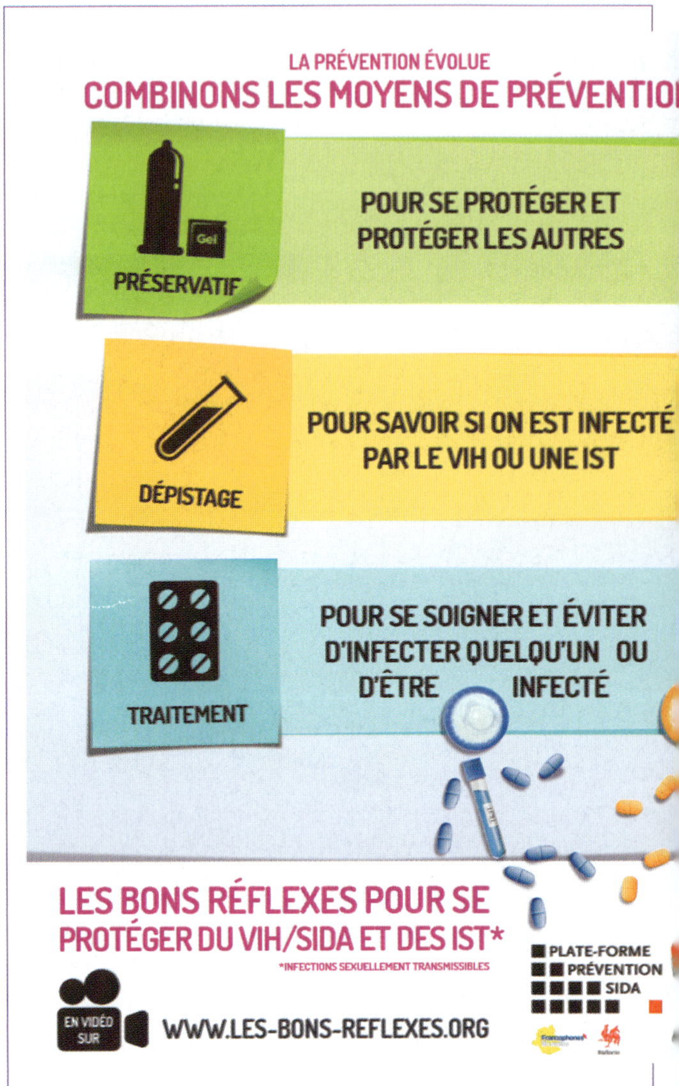

Doc. 3 Affiche de campagne d'utilisation du préservatif

2 Tâche complexe D4. Identifier par l'histoire des sciences et des techniques comment se construit un savoir scientifique

Controverse sur la reproduction humaine

Le rôle des cellules reproductrices

Jusqu'au XVIIe siècle, deux courants de pensée s'opposent : les ovistes et les animalculistes. Ces derniers pensent que le spermatozoïde contient un embryon préformé et donc que le rôle de l'homme dans la reproduction est fondamental. Les ovistes pensent que les embryons sont préformés dans l'ovule. Ils disent que la semence mâle ne sert qu'à réveiller cet ovule et donc que la femme a un rôle plus important dans la reproduction.

Consigne : **Critiquer les représentations des animalculistes et des ovistes. Appuyer l'argumentation par des schémas légendés des deux gamètes.**

Livret AP p. 31

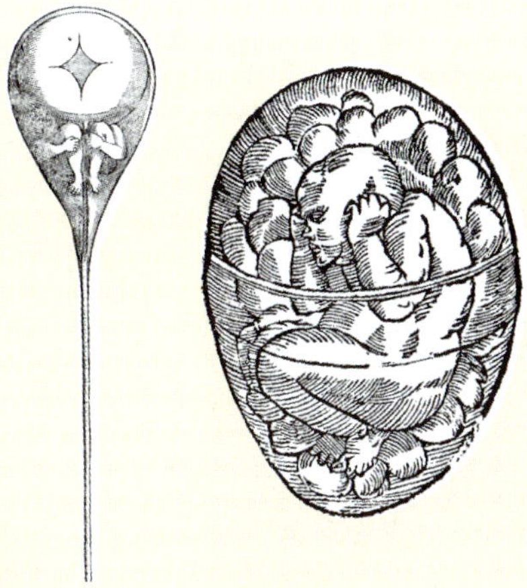

Dessins du XVIIe siècle, scientifiquement faux de nos jours.

Depuis 1665 et les premières observations microscopiques de Robert Hooke et Antoni Van Leeuwenhoek, les microscopes ont connu de nombreuses améliorations et nous permettent ces observations :

Un ovule est une cellule de grande taille possédant un noyau et du cytoplasme délimité par une membrane.

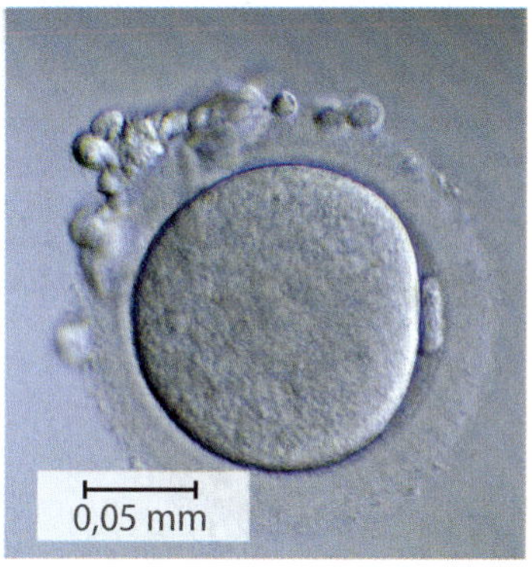

Un ovule au microscope optique.

On peut observer la tête occupée par un noyau, qui apparaît ici en noir, une pièce intermédiaire, et un flagelle incomplet sur la micrographie.

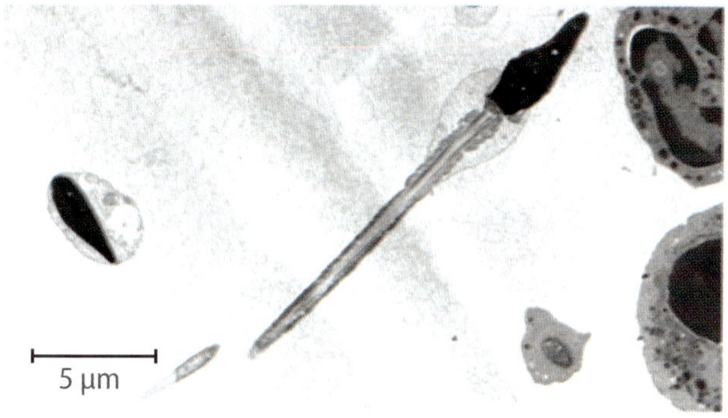

Un spermatozoïde au microscope électronique à transmission.

Doc. 1 Photographies de gamètes prises avec diverses techniques microscopiques

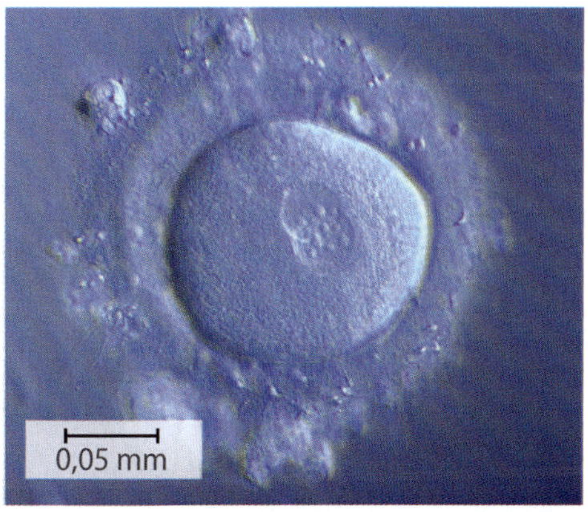

Cette fusion donnera une cellule-œuf.

a Fusion des noyaux de l'ovule et du spermatozoïde au microscope optique.

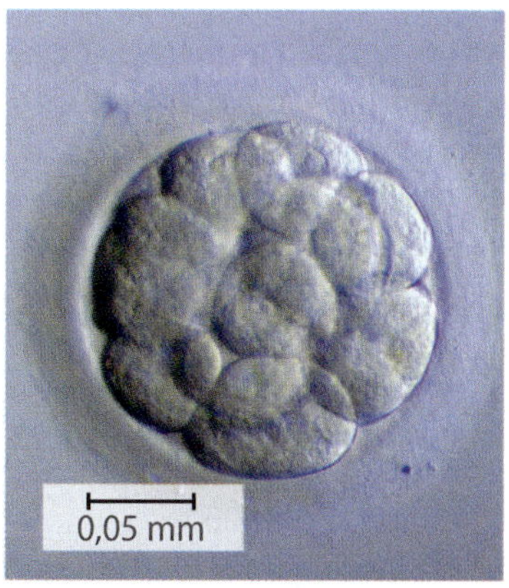

L'embryon est issu de plusieurs divisions successives de la cellule-œuf.

b Un embryon humain à 4 jours au microscope optique.

Doc. 2 La découverte de la fécondation par l'embryologiste allemand Oskar Hertwing en 1875

En Lien avec les parcours

Parcours citoyen

L'égalité des filles et des garçons, une obligation légale et une mission fondamentale.

Les discriminations à l'égard des Femmes

Une affiche réalisée par le lycée Marie Laurencin de Versailles en partenariat avec l'association Réussir l'Égalité Femmes-Hommes (REFH) qui lutte contre toute forme de discrimination et tente de faire reconnaître les compétences des femmes.

Créer un support de façon à sensibiliser les collégiens à cette journée à partir des documents et de recherches.

Stop au cybersexisme

Certains messages à caractère sexuel ou critiquant l'apparence physique circulent sur Internet. Ce sont des violences sexistes ou sexuelles qui visent principalement les filles mais aussi des garçons.
Une association, Stop au cybersexisme, lutte contres ces violences en informant le public.

Avenir

Interview Métier : Laury, infirmier

Laury, infirmier

Quel métier aviez-vous envie d'exercer quand vous étiez adolescent ?
Je voulais être écrivain ou journaliste.

En quoi consiste votre métier ?
On doit faire des pansements, distribuer les médicaments et organiser le travail des aides-soignants. Il faut collaborer avec d'autres personnels paramédicaux (ergothérapeutes, psychomotriciens, kinésithérapeuthes, psychologues) et les médecins. C'est donc un travail en équipe. Cela consiste aussi à définir les projets de vie avec les patients, et donc il faut être à l'écoute, faire preuve de psychologie.

Qu'est-ce qui vous a conduit à exercer votre métier ?
Le hasard d'abord, celui d'une discussion avec une tante infirmière. Puis c'est la découverte au cours de stages du côté humain et relationnel de la fonction en plus de l'apprentissage des pathologies, du fonctionnement du corps humain et de la pharmacologie.

Son parcours

Après deux années de faculté, il a passé le concours infirmier pour entrer en Institut de Formation en Soin Infirmier (I.F.S.I). Les études durent trois ans et se déroulent suivant une alternance de cours et de stages pratiques.

Pour en savoir plus sur ce métier, consulter le site : www.onisep.fr

Bilan p. 394-395

Sujet Brevet

3 Grossesse et alcool

Une consommation quotidienne d'alcool, même très faible, ou des ivresses pendant la grossesse sont susceptibles d'entraîner des complications du développement ainsi que des troubles chez l'enfant exposé.

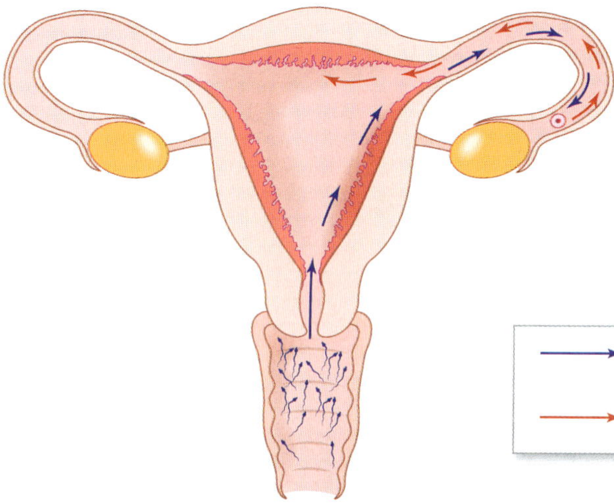

Doc. 1 Trajet des spermatozoïdes et de l'embryon dans l'appareil reproducteur féminin

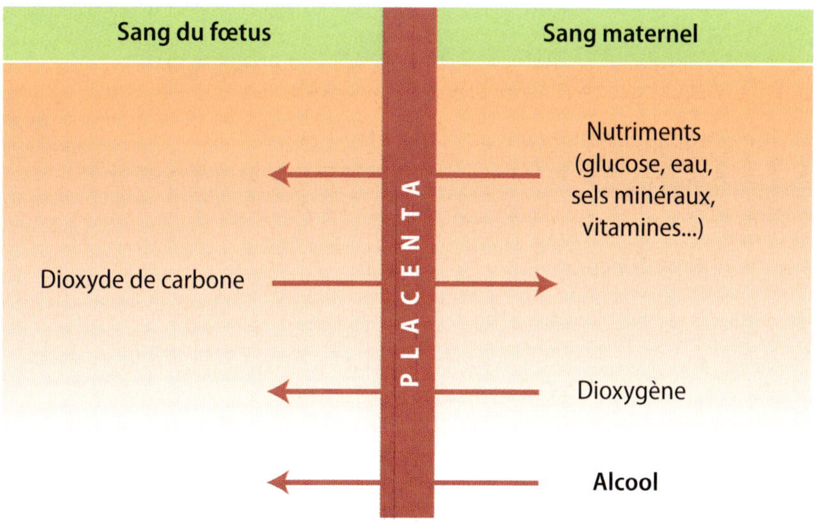

Doc. 2 Échanges de substances par le placenta entre le sang du fœtus et celui de la mère

Le foie du fœtus n'est pas efficace pour éliminer l'alcool comme celui d'un adulte. Le fœtus est donc plus exposé à ces effets toxiques. Selon le stade de la grossesse auquel la prise d'alcool intervient, différentes étapes du développement peuvent être altérées. Les organes se développent moins bien ; le système nerveux du futur bébé est principalement atteint.
À la naissance, on observe des malformations typiques de cette exposition à l'alcool : une boîte crânienne plus petite, un nez plus court et aplati, une lèvre supérieure plus fine. Plus tard, on peut observer des troubles de l'apprentissage et de l'attention.

Doc. 3 Les conséquences de l'alcool sur le fœtus

1. **Décrire** le trajet des spermatozoïdes et de l'ovule jusqu'à l'implantation d'un embryon.
2. **Citer** les substances qui passent du sang maternel au sang du fœtus.
3. **Indiquer** pourquoi une femme enceinte doit éviter de consommer de l'alcool pendant sa grossesse.

▶ Bilans p. 56-57 et 176-177

4 Absorption et transpiration d'une plante

Le potomètre est un outil de mesure permettant de quantifier l'eau absorbée par le système racinaire d'une plante. On peut l'associer à différents protocoles expérimentaux pour mieux comprendre comment l'eau circule dans une plante.

Une règle graduée permet de repérer l'évolution du niveau de l'eau dans le tube capillaire au cours de l'expérience.
Le tube capillaire de l'expérience a un diamètre de 5 mm et 1 cm de déplacement d'eau dans le tube correspond à un volume d'eau de 0,2 mL.

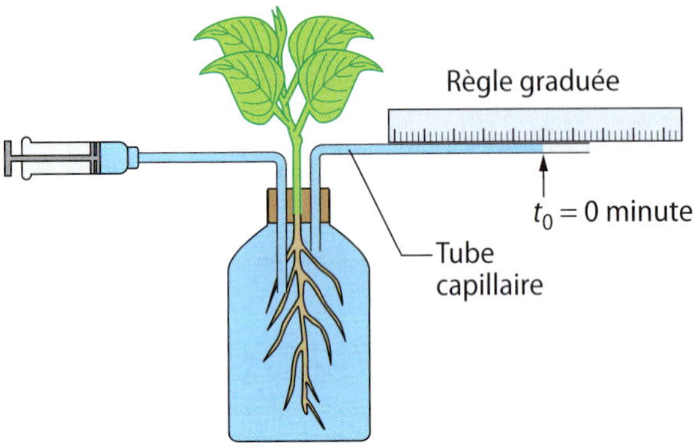

Protocole expérimental

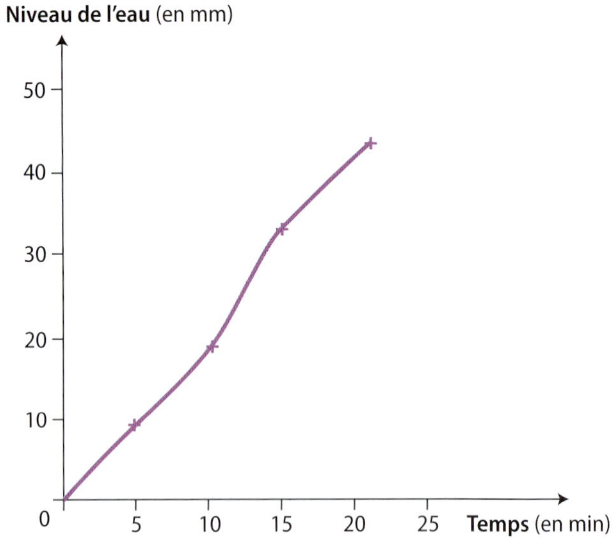

Graphique illustrant l'évolution du niveau de l'eau du potomètre en fonction du temps

Doc. 1 Utilisation d'un potomètre

1. **Déterminer** la quantité d'eau absorbée par la plante durant les 20 minutes de l'expérience.
2. **Présenter** les structures situées au niveau des racines impliquées dans l'absorption de l'eau du sol.
3. **Comparer** l'absorption racinaire pour les deux potomètres du doc. 2.
4. **Comparer** la transpiration foliaire pour les deux potomètres.
5. **Expliquer** le lien entre absorption racinaire et transpiration foliaire.

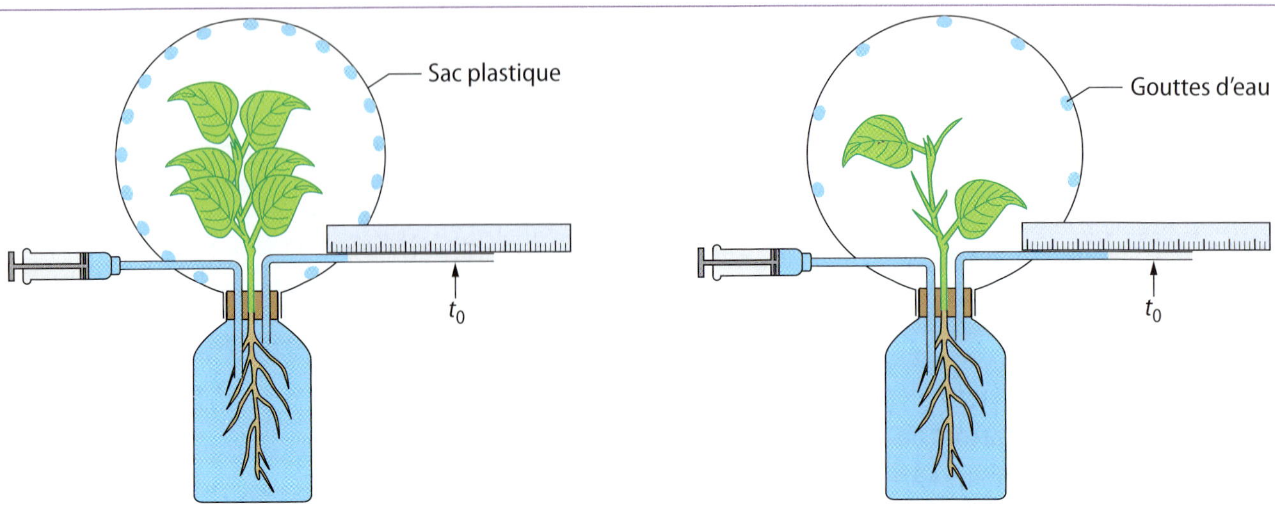

Doc. 2 Expérience sur l'absorption racinaire et la transpiration foliaire

Bilan p. 128-129

Sujet Brevet

5 Des animaux en plastique

Pour de nombreux animaux marins, les déchets en plastique sont confondus ou assimilés à de la nourriture. Cette ingestion provoque leur mort. On estime que 25 millions de tonnes de plastique finissent chaque année dans l'océan mondial, fragmenté lentement en résidus de plus en plus petits.

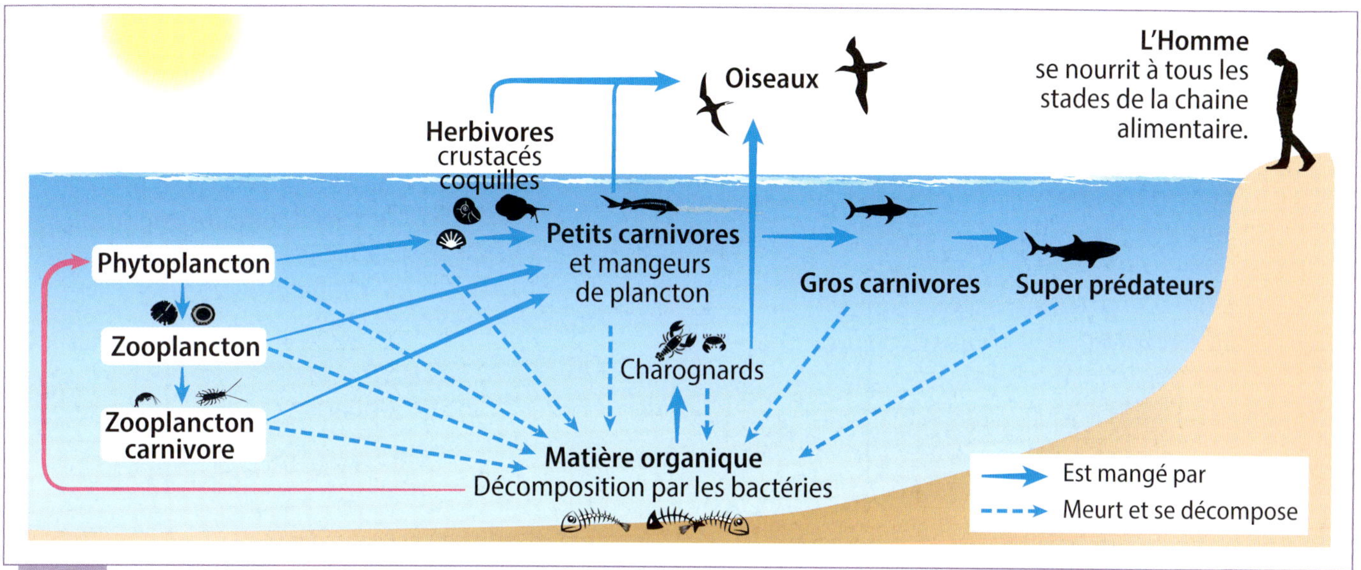

Doc. 1 Schéma présentant le réseau alimentaire d'un océan

Doc. 2 Cadavre d'albatros montrant les objets en plastique ingérés au cours de sa vie

« Au moins 267 espèces différentes ont souffert d'enchevêtrement ou d'ingestion de débris marins, parmi lesquelles : oiseaux de mer, tortues marines, phoques, otaries, baleines et poissons. »

Groupe	Nombre d'espèces dans le monde	Pourcentage connu d'espèces ayant ingéré du plastique
Tortues marines	7	86
Oiseaux marins	312	44
Poissons marins	15 000	0,22
Mammifères marins	115	23
Zooplancton	Non répertorié	0

D'après les données du rapport de Greenpeace, *Débris plastiques et pollution des océans*, 2007.

Doc. 3 Nombres et pourcentages d'espèces ayant ingéré des débris plastiques

1. **Reporter** deux chaînes alimentaires du réseau alimentaire marin du doc. 1 en y plaçant les déchets plastiques.
2. Un albatros adulte pèse en moyenne 9 kg ; un bouchon de plastique, environ 3 g.
   Estimer, à partir de la photographie du doc. 2, la masse de plastique ingérée par l'albatros.
3. **Calculer** en pourcentage ce que représente cette masse par rapport au poids total de l'oiseau.
4. **Proposer** une explication au fait que tous les acteurs de la chaîne alimentaire étudiée ne sont pas exposés de la même façon à la pollution par les déchets plastiques.

▸ Bilan p. 198-199

6 L'influence humaine sur la reproduction d'animaux

Certains végétaux ou animaux sont jugés nuisibles par les êtres humains. Ceux-ci utilisent différentes stratégies pour les détruire dont les pesticides ou le recours à une autre espèce animale.

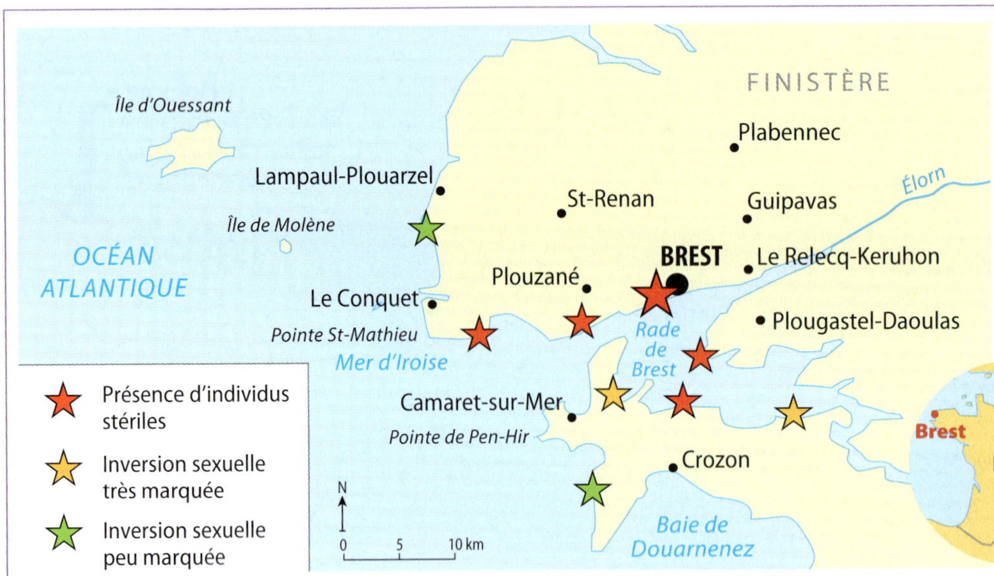

Le tributylétain, ou TBT, a été utilisé entre 1970 et 1982 comme constituant des peintures de coques de bateau pour empêcher que des organismes aquatiques viennent s'y fixer.

Cette peinture était utilisée sur les bateaux dans le port de Brest.

Doc. 1 Carte de la région de Brest montrant les conséquences du TBT sur le *Nucella lapillus* (mollusque)

1. **Expliquer** pourquoi, plus on s'approche du port de Brest, plus les conséquences du TBT sur les mollusques sont importantes.

La coccinelle asiatique a été volontairement importée en Belgique et relâchée dans la nature pour se débarrasser des insectes se nourrissant des cultures.

Cette espèce doit son « succès » à son extrême voracité associée à un régime alimentaire très varié et à une fécondité très élevée. De ce fait, il est facile d'en faire l'élevage, contrairement aux autres espèces de coccinelles qui demandent un apport de pucerons vivants.

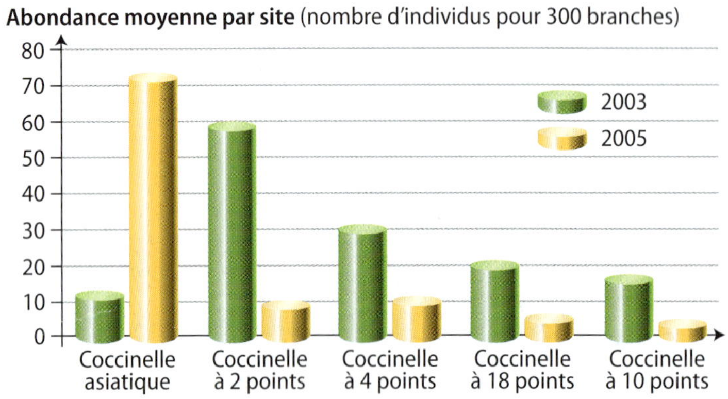

Diagramme montrant l'abondance des différentes espèces de coccinelles en Belgique

Doc. 2 Introduction par l'Homme de la coccinelle asiatique en Belgique

2. **Énumérer** les caractéristiques de la coccinelle asiatique qui font d'elle un bon agent de lutte biologique.
3. **Expliquer** les conséquences possibles de son utilisation en Belgique.
4. **Expliquer** comment l'Homme peut avoir différentes influences sur la reproduction des animaux.

Invasion de coccinelles

Sujet Brevet

Bilan p. 238-239

7 Le daltonisme, un défaut de la vision des couleurs

Chez l'être humain, la perception des couleurs dépend de plusieurs gènes. L'un de ces gènes, situé vers l'extrémité du chromosome X, intervient dans la vision des couleurs rouge-orange.

1. **Représenter** la paire de chromosomes sexuels de Samy et d'Emmanuelle.
2. **Expliquer** pourquoi Samy et Emmanuelle ont eu un garçon daltonien et une fille non daltonienne.

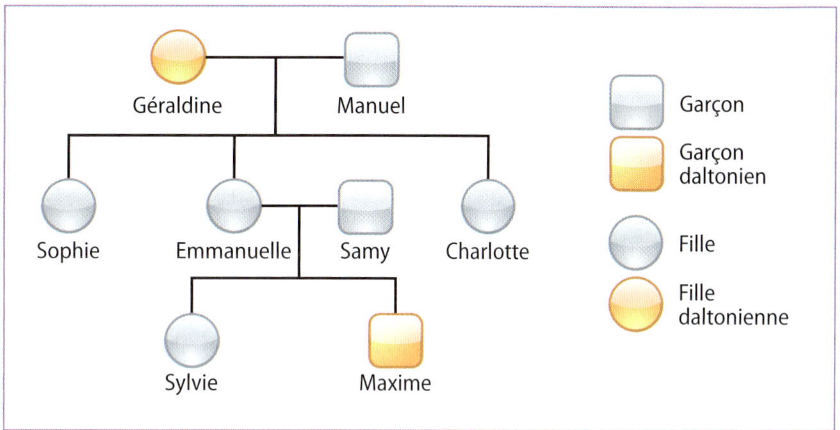

Doc. 1 Arbre généalogique de la famille de Samy et d'Emmanuelle

Ce gène existe sous deux versions différentes, localisées sur la paire de chromosomes sexuels :
– l'allèle N qui permet une vision des couleurs rouge-orange ;
– l'allèle n qui ne permet pas la vision des couleurs rouge-orange (responsable du daltonisme).
Si un individu possède à la fois l'allèle N et l'allèle n, alors il perçoit correctement les couleurs rouge-orange.

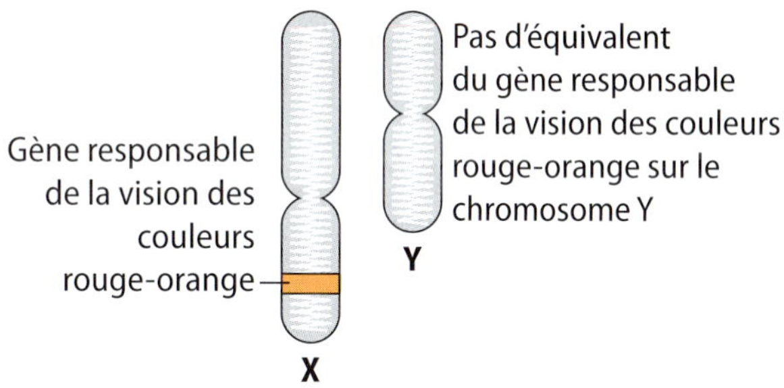

Doc. 2 Emplacement du gène intervenant dans la vision des couleurs rouge-orange

3. **Choisir** la bonne réponse parmi les propositions.

• **Les deux chromosomes X d'une femme :**

a. ont été transmis uniquement par sa mère.

b. ont été transmis l'un par son père et l'autre par sa mère.

c. sont transmis soit uniquement par la mère soit par les deux parents.

d. ont été transmis uniquement par son père.

• **Au cours de la fécondation :**

a. chaque parent transmet à son enfant la moitié des allèles contenus dans ses propres cellules.

b. chaque parent transmet la totalité des allèles.

c. les allèles apportés par l'ovule et ceux apportés par le spermatozoïde sont les mêmes.

d. les gènes apportés par l'ovule et ceux apportés par le spermatozoïde sont différents.

• **Un gène :**

a. occupe la même position sur les deux chromosomes d'une même paire et peut porter des informations différentes.

b. n'occupe pas la même position sur les deux chromosomes d'une même paire et porte toujours la même information.

c. occupe la même position sur les deux chromosomes d'une même paire et porte toujours la même information.

d. peut être localisé sur quatre chromosomes en même temps.

▶ Bilan p. 362-363

Sujet Brevet

8 Le SIDA aujourd'hui

Vous entendez une phrase à la radio : « on ne meurt pas du SIDA, mais à cause du SIDA. » Ne comprenant pas cette information, vous faites des recherches sur Internet et trouvez les documents ci-dessous.

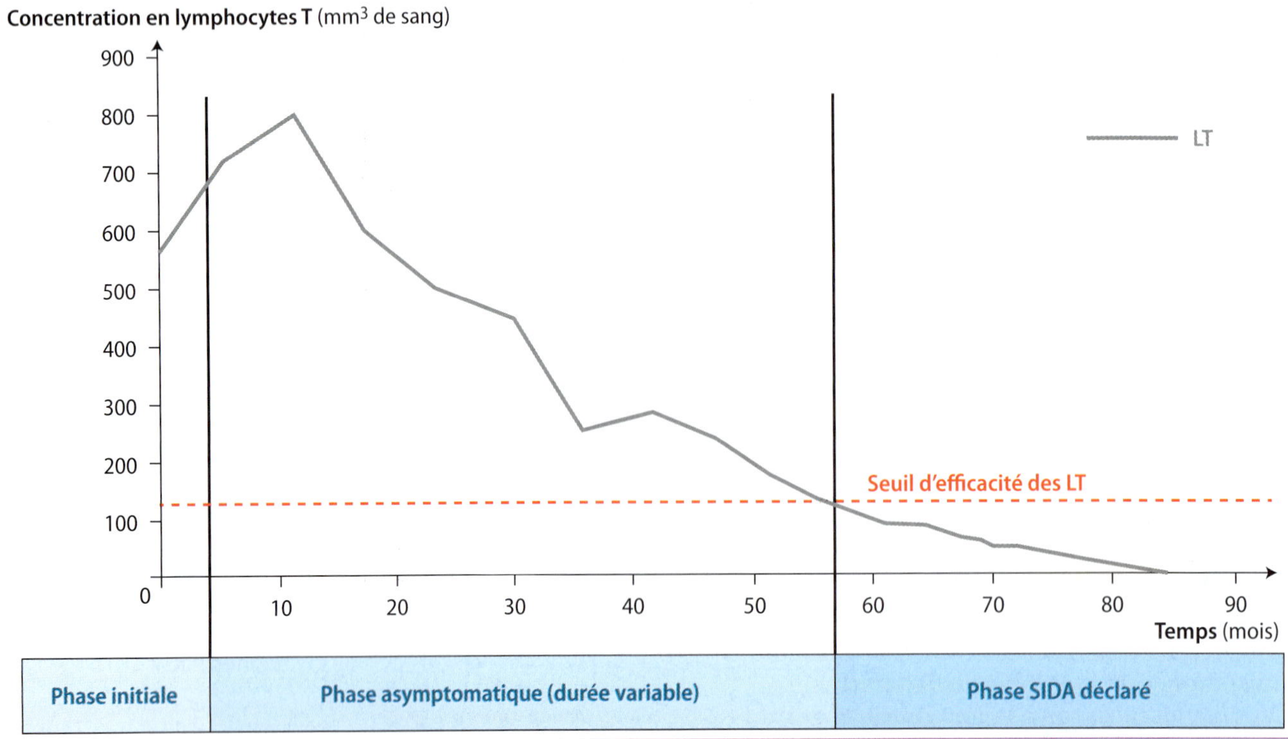

Doc. 1 Variation de la concentration en lymphocytes T pendant l'infection par le VIH (Virus de l'Immunidéficience Humaine)

Nom de micro-organismes \ Personnes	en phase de SIDA déclaré	non infectées par le VIH
Mycobacterium (bactérie)	Atteintes pulmonaires (pneumonie)	Peu ou pas de troubles
Cytomegalovirus (virus)	Atteintes pulmonaires (pneumonie) et du système nerveux (paralysie)	Peu ou pas de troubles
Candida (champignon)	Atteintes de l'appareil digestif (diarrhées, mycoses, problèmes hépatiques, etc.)	Peu ou pas de troubles

Doc. 2 Effets de micro-organismes en cas de contamination

Pour que la réaction immunitaire permise par les lymphocytes puisse avoir lieu, il faut que certains lymphocytes T (LT) organisent et régulent la réponse immunitaire la mieux adaptée à l'antigène. Si les LT ne sont plus présents ou ne réagissent pas, la réaction ne pourra pas avoir lieu.

Doc. 3 Rôle de certains lymphocytes T

1. **Décrire** l'effet de la présence du VIH sur les lymphocytes T.
2. **Expliquer** le rôle des lymphocytes infectés par le VIH.
3. **Expliquer** le rapport entre les causes de décès d'une personne ayant développé le SIDA et l'action du VIH sur l'organisme.

Sujet Brevet

▸ Bilan p. 56-57

9 L'énergie thermique de la Terre et ses effets

La Terre émet de l'énergie thermique. Cette énergie provient de l'intérieur de la planète : on parle donc de « flux géothermique ». L'étude de la variation de ce flux permet de mieux comprendre le fonctionnement global de la Terre.

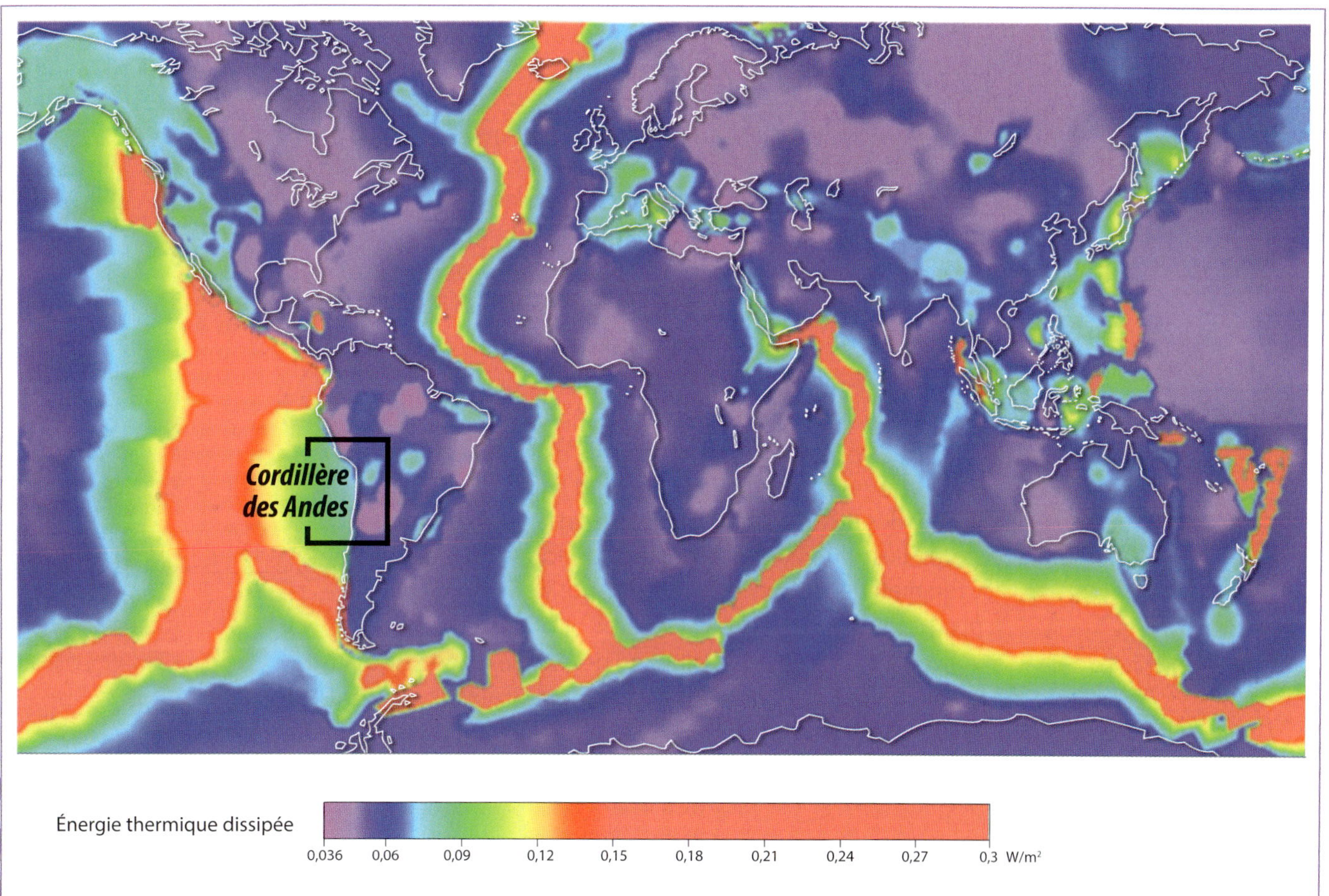

Doc. 1 Mesure du flux géothermique à l'échelle mondiale

1. **Décrire** la distribution du flux géothermique à l'échelle mondiale.
2. **Déterminer**, de manière argumentée, si l'on peut ou non relier ce flux géothermique au découpage de la lithosphère en plaques.
3. **Indiquer** la légende correspondant à chaque numéro du doc. 2.
4. **Préciser** le type de mouvement affectant cette zone.
5. **Expliquer** s'il s'agit ou non d'une limite de plaques.
6. **Indiquer** le type de volcanisme que l'on doit rencontrer dans la zone regroupant ① et ②.

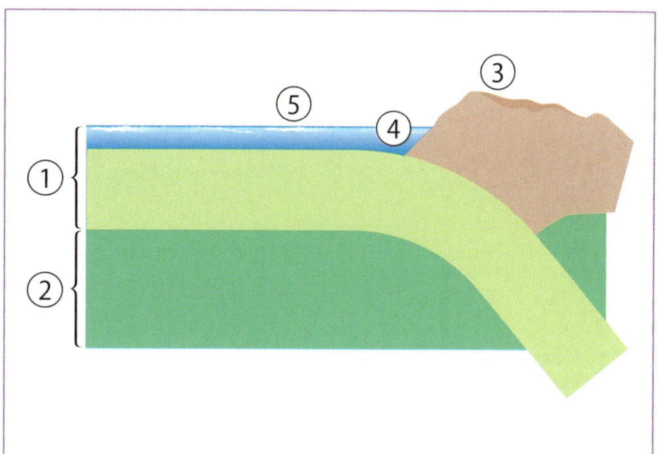

Doc. 2 Coupe de la partie superficielle de la Terre au niveau de la cordillère des Andes

Fiche EPI 1

Méthode

Adopter une démarche de projet

La réalisation d'un projet nécessite de bien s'organiser, souvent en groupe.

1 Définir le projet

- Relever les informations importantes et analyser le sujet :
  - date de présentation : de combien de temps disposez-vous ?
  - modalités d'évaluation : sur quels critères précis le projet sera-t-il évalué par les enseignants ?
  - définir l'axe du projet : quelles questions le sujet pose t-il ? À quelle question précise le projet cherchera-t-il à répondre ?
- Envisager la forme que prendra la production finale : dossier écrit, exposé, débat, enregistrement, événement, mise en scène, objet, etc.

CONSEIL

Choisir une question avec soin, en fonction de l'intérêt du groupe, pour prendre du plaisir tout au long du projet à construire la réponse.

2 Planifier le projet

CONSEILS

Organiser un planning réaliste, simple à mettre en œuvre, et des séances de travail régulières entre les membres du groupe.

Donner la priorité à un projet ciblé, bien cadré, plutôt qu'à un projet trop ambitieux, aux limites floues.

- Penser aux conditions concrètes de la réalisation. Dans le temps donné, il va falloir :
  - faire des recherches, rédiger des textes, chercher des illustrations, se procurer un support, éventuellement du matériel, se concerter, répéter l'oral.
- Planifier le travail :
  - fixer une date pour la réalisation de chaque étape jusqu'à la date de fin.
  - se répartir les tâches dans le groupe et se mettre d'accord sur ce que chacun doit faire.

3 Mettre en œuvre le projet

- Rechercher des informations et les exploiter. ▸ Fiche EPI 2
- Prendre du recul et se demander :
  - les informations récoltées sont-elles pertinentes ? fiables ?
  - comment les utiliser pour répondre aux objectifs fixés pour le projet ?
- Produire au fur et à mesure les éléments concrets nécessaires (texte, matériel, production artistique, etc.) avant de les assembler pour réaliser la production finale.

CONSEIL

Se créer un « carnet de bord » où seront notés les idées, les bilans de rendez-vous, le travail à faire pour une date fixée, les recherches, les problèmes rencontrés, etc.

4 Présenter la production finale

- Rendre compte et mettre en valeur son travail :
  - présenter le projet à l'oral. ▸ Fiche EPI 4
  - montrer que le projet a été mené en équipe et expliquer ce que l'on a appris (en s'appuyant par exemple sur le carnet de bord).

Faire une recherche et exploiter des données

Rechercher signifie récolter et sélectionner des informations sous différentes formes ; les exploiter signifie les analyser puis en réaliser une synthèse.

1 Avant de se lancer dans la recherche

- S'assurer de bien avoir compris les termes du sujet.
- Se poser les questions qui vont orienter la recherche : Quoi ? Quand ? Où ? Comment ? Pourquoi ?

2 Pour récolter des données

- Utiliser le dictionnaire, l'encyclopédie, les moteurs de recherche sur Internet ou des bibliothèques.
- Aller au CDI ou en bibliothèque.
- Contrôler la qualité de l'information :
  - vérifier les sources en les « croisant » : si plusieurs sources de qualité donnent une information similaire, elle a plus de chance d'être bonne.
  - noter la source de chaque donnée sélectionnée pour constituer la bibliographie.
- Rencontrer des personnes ressources :
  - professeur(e) documentaliste.
  - professionnels hors de l'établissement.
- Garder trace d'une rencontre, d'un lieu, d'un événement ou d'un objet :
  - prendre des photographies, des vidéos, enregistrer, prendre des notes d'entretien (en prenant soin de respecter le droit des personnes).
  - récupérer de la documentation.

Dans le cas d'internet

Bien choisir les mots-clés de la recherche permet d'obtenir des réponses pertinentes.
Pour optimiser la recherche, utiliser les options proposées par le navigateur (utilisation des commandes pour plus de précision, enregistrement et classement de favoris).

3 Pour exploiter les données

- Trier et analyser l'information :
  - distinguer les faits des opinions.
  - s'assurer d'avoir bien lu, bien compris.
  - associer les informations pour leur donner du sens.
- Donner forme à la recherche :
  - organiser les idées fortes en un plan.
  - utiliser les données (texte, graphique, image, etc.) et sélectionner les documents les plus importants pour illustrer et appuyer les idées.

Quelle est la différence ?

Fait	Opinion
↓	↓
réalité vérifiable	*manière de penser, jugement*
↓	↓
objectif	*subjectif*

4 Pour donner forme ▸ Fiche EPI 4

- Être précis :
  - mettre toutes les citations entre guillemets et donner leur source.
  - utiliser un vocabulaire adapté sans répéter mot pour mot ce que vous avez trouvé.
  - présenter la bibliographie.
- Soigner la présentation de son travail : propre, claire, illustrée, aérée.

CONSEIL

Éviter le « copier-coller » !

Mener une démarche scientifique

Un projet mené dans le cadre d'un EPI croise différentes disciplines et leurs méthodes de travail. En sciences, choisir une démarche et la présenter, avec ses résultats, nécessite de suivre méthodiquement différentes étapes.

- La démarche scientifique est constituée de cinq étapes : poser le problème, émettre une hypothèse, proposer une expérience pour tester l'hypothèse, réaliser l'expérience et conclure en validant ou invalidant l'hypothèse.
- Pour présenter sa conclusion, il faut argumenter :
  - exploiter les résultats (« je vois ») ;
  - intégrer éventuellement des notions (« je sais ») ;
  - construire une réponse (« je conclus ») en utilisant le vocabulaire spécifique aux notions abordées.

Exemple de communication des résultats d'une expérience scientifique

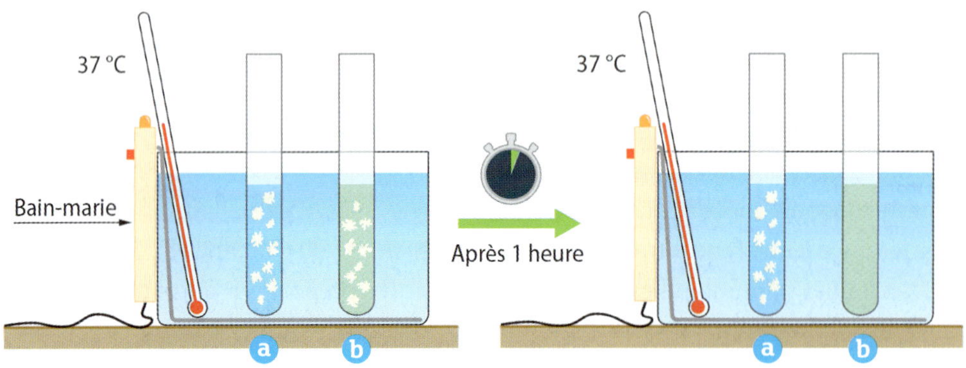

a : tube témoin contenant du blanc d'œuf cuit et de l'eau

b : tube test contenant du blanc d'œuf cuit et du suc gastrique

Décrire les conditions expérimentales et donner les résultats :
- dans le tube témoin, je vois qu'en présence d'eau, le blanc d'œuf reste intact.
- dans le tube test, je vois qu'en présence d'eau et de suc gastrique, le blanc d'œuf est digéré.

Conclure sur le problème posé (seul paramètre variant entre les deux tubes) :
- J'en déduis que les sucs gastriques permettent la digestion du blanc d'œuf.

- Comment mettre en forme sa démarche et ses résultats ?
  - Extraire les informations permettant de répondre au problème posé. ▸ Fiche EPI 2
  - Être précis en utilisant les informations chiffrées des documents.
  - Rendre compte de son travail par un texte, un graphique, un schéma, un dessin, un tableau ou une image (photographie ou vidéo).

Communiquer à l'oral

Le projet mené dans le cadre des Enseignements Pratiques Interdisciplinaires ou des parcours éducatifs peut se conclure par une présentation orale.
Lors de la prise de parole, que l'on tienne seul un discours ou que l'on échange avec d'autres, porter attention à son auditoire est aussi primordial.

1 Faire une présentation orale

CONSEILS
Pour être convaincant, il faut se montrer convaincu.

- Préparer
  – Préparer un support lisible pour distinguer d'un seul coup d'œil les informations les plus importantes pendant l'oral.
  – S'entraîner en se chronométrant.

S'entraîner avant la présentation permet aux mots de liaison de venir naturellement et libère du besoin de regarder ses notes.

- Présenter
  – Bien respirer, prendre le temps de bien articuler et de parler assez fort pour faciliter l'écoute de l'auditoire.
  – Se tenir droit et regarder ceux à qui l'on s'adresse.
  – Lire ses notes le moins possible.
  – S'exprimer avec ses propres mots.
  – Respecter le temps imparti.

C'est une des « règles du jeu » indispensable à suivre.

2 Participer à un débat et échanger

- Écouter
  – Être attentif à la parole des autres.

Observer comment elle se construit : les idées principales (arguments), les illustrations (exemples), la qualité des exemples (sont-ils bien choisis ?).

- Ne pas rejeter brutalement ou moquer les idées des autres.

Se montrer agressif, méprisant ou couper la parole bloque la possibilité de continuer à échanger.

- Intervenir
  – Demander la parole et ne pas la monopoliser.
  – Rebondir sur les idées des autres, apporter un complément d'information.
- Garder une trace
  – Prendre en note les arguments échangés.

Cela est très utile pour réaliser par exemple un compte-rendu et nécessite un peu d'entraînement. Commencer par écrire les siens puis essayer de noter ceux des autres.

BREVET L'épreuve orale

Elle se déroule en deux temps : un exposé de cinq minutes (1 Faire une présentation orale) suivi d'un entretien de dix minutes avec le jury (2 Participer à un débat et échanger). Celui-ci est composé d'au moins deux professeurs de deux disciplines différentes du collège.

Au cours de l'entretien, le jury évalue la capacité à :
– analyser sa pratique, à raisonner et à justifier la démarche de travail choisie ;
– mettre en valeur un cheminement : ce qui est arrivé entre le début et la fin du projet est clairement perçu, exposé et expliqué ;
– juger de la qualité de sa propre production et de sa démarche ;
– s'exprimer clairement, de façon appropriée à l'objectif, dans un souci de bonne communication.

Résoudre une tâche complexe

Le manuel présente des activités et des exercices de type « tâche complexe ». Voici quelques conseils pour construire et rédiger la réponse.

1 Repérer le problème à résoudre et comprendre la consigne

- Il faut identifier ce que l'on cherche à prouver. Cette étape est cruciale : on y découvre l'objectif à atteindre et les règles à suivre pour y arriver.

De quel thème s'agit-il ? Sous quelle forme répondre ? Quels outils (connaissances, documents, matériel d'expérience) utiliser ? Pour des difficultés de vocabulaire, utiliser le dictionnaire dès cette étape.

2 Prendre connaissance des documents et utiliser un brouillon

- Lire les documents dans l'ordre.
- Pour chacun, noter sur un brouillon les mots importants et l'(es) idée(s) principale(s).

Ne pas rédiger les notes : elles doivent aller à l'essentiel. Elles peuvent prendre la forme d'un schéma.

3 Surmonter les difficultés de compréhension

- Bien choisir ses outils et utiliser tous ceux à disposition pour s'aider.

Fiches Méthode, coups de pouce du Livret du manuel, cahier de l'année et des années précédentes, usuels (encyclopédies, dictionnaires, précis de grammaire)…

4 Mettre en relation les documents

- Choisir une mise en forme pertinente pour montrer ce que l'on tire des documents.

• Pour trier les informations → réaliser un tableau
• Pour mettre en évidence des liens entre des informations → créer une carte mentale
• Pour illustrer un mécanisme ou un phénomène → dessiner un schéma légendé

5 Construire et rédiger la réponse

- Construire un plan.
- Rédiger un texte argumenté.
- Conclure.

Introduire le sujet en posant le problème en une phrase : « On cherche à… »
Présenter les informations essentielles de tous les documents et les interpréter.
Faire le lien entre chaque information.
Si besoin, appuyer l'argumentation sur d'autres connaissances.

Répondre en une ou deux phrases au problème posé en reprenant clairement dans la réponse les mots de la question.

Utiliser un microscope

Le microscope est un outil servant à observer notamment la structure d'un organe ou la formation d'une roche. Voici des règles de bonne utilisation et des conseils.

1 Utilisation du microscope

1. Vérifier que l'objectif le plus petit est en position verticale.
2. Observer à l'œil nu l'objet à étudier sur la lame.
3. Placer la lame sur la platine en plaçant l'objet à étudier sous le faisceau lumineux.
4. Allumer le microscope.
5. Monter la platine en tournant la grande vis de mise au point.
6. Regarder dans l'oculaire et faire tourner doucement la grande vis de mise au point jusqu'à avoir une image nette.
7. Déplacer la lame pour choisir le meilleur endroit à observer.
8. Changer d'objectif en tournant la tourelle.
9. Refaire la mise au point avec la petite vis.

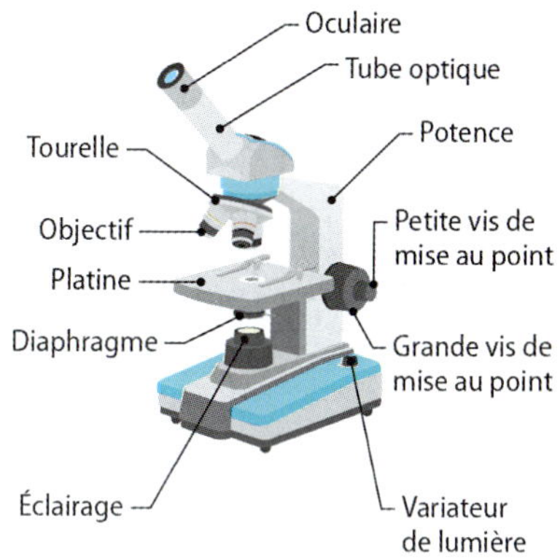

CONSEIL

La lame est fragile.
Pour éviter de la casser :
– ne jamais forcer en tournant les vis de mise au point ;
– faire tourner les vis avec la plus grande précaution et fréquemment contrôler à l'œil nu l'espace séparant la lame de l'objectif.

2 Calcul du grossissement

1. Trouver le chiffre indiqué sur l'oculaire.
2. Trouver le chiffre indiqué sur l'objectif.
3. Multiplier les deux chiffres pour avoir le grossissement (G).

Avec cet oculaire et cet objectif, on aura :
$G = 10 \times 40$
$G = 400$
L'association de cet objectif et de cet oculaire permet de grossir 400 fois l'objet observé.

Cet objectif grossit 40 fois

Cet oculaire grossit 10 fois

Je ne vois que du noir.
Vérifier que le microscope :
- est bien branché ;
- est allumé.
Vérifier que l'objectif est bien placé (un petit « clic » signifie qu'il est en bonne position).

L'objet observé est trop/pas assez éclairé.
Varier la quantité de lumière :
- en tournant le variateur ;
- en fermant ou en ouvrant le diaphragme.

L'objet n'est visible qu'à moitié.
Vérifier que l'objectif est bien placé (un petit « clic » le signale).

J'observe des cercles noirs.
Il s'agit probablement de bulles d'air. Déplacer la lame tout en observant pour trouver une zone sans bulles.

Problème rencontré — Solution(s) proposée(s)

Lire un tableau ou un graphique

Savoir lire un tableau ou un graphique signifie que l'on comprend comment il fonctionne et que l'on est capable de sélectionner et d'extraire les informations qu'il contient pour en faire usage.

1 Un tableau permet de présenter des données en fonction de paramètres.

Concentration \ Boisson	Soda	Jus d'orange
Sucre (g/L)	108	110
Vitamine C (g/L)	0	0,5

Doc. 1 Teneur en sucre et en vitamine C de deux boissons

Exemple de description

Le relevé de valeurs : « Le soda contient 108 grammes de sucre par litre. »

La comparaison : « Le jus d'orange contient plus de vitamine C que le soda. »

2 Un graphique permet de représenter l'évolution d'une donnée en fonction d'une autre.

1. Repérer les grandeurs et leurs unités sur les axes.
2. Identifier les différentes parties de la courbe.
3. Sur l'axe des ordonnées, on lit la grandeur étudiée ; sur l'axe des abscisses, on lit l'autre grandeur, que l'on fait varier.
4. Utiliser des valeurs judicieusement choisies pour décrire l'évolution de la courbe.

CONSEIL

On ne dit pas « la courbe monte » ou « chute » mais on décrit la variation de la grandeur étudiée.

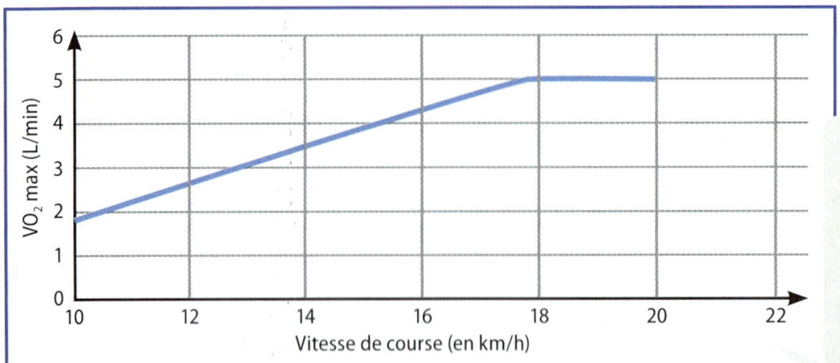

Doc. 2 Graphique de l'évolution de la consommation de dioxygène en fonction de la vitesse d'une course à pied chez un individu

Exemple de description

« Ce graphique représente l'évolution de la consommation de dioxygène (axe des ordonnées) en fonction de la vitesse de course de l'individu (axe des abscisses).

Entre 10 km/h et 18 km/h, la consommation de dioxygène augmente lorsque la vitesse de course augmente : elle passe de 2 L/min pour une vitesse de 10 km/h à 5 L/min pour une vitesse de 18 km/h.

Pour des vitesses de 18 km/h à 20 km/h, la consommation est toujours de 5 L/min : elle est stable alors que la vitesse de course augmente. »

Corrigés des QCM

Module 1. 1. B – 2. C – 3. C – 4. B – 5.C. **Module 2.** 1. C – 2.D – 3.D – 4.B – 5.C. **Module 3.** 1. C – 2. A – 3.A – 4.C – 5.A. **Module 4.** 1. D – 2.B – 3.C – 4.D – 5.A. **Module 5.** 1. C – 2. C – 3.C – 4.C – 5.A. **Module 6.** 1. C – 2.C – 3.D – 4.C – 5.A. **Module 7.** 1. A – 2.C – 3.B – 4.D. **Module 8.** 1. A – 2.A – 3.B – 4.A. **Module 9.** 1. A et D – 2.B – 3.D – 4.A et C – 5.D. **Module 10.** 1. C – 2.B – 3.A – 4.D – 5.C. **Module 11.** 1. A – 2.B – 3.A – 4.C – 5.D. **Module 12.** 1. A – 2. D – 3. A – 4. B – 5. B. **Module 13.** 1. D – 2. C – 3. A – 4. D – 5. B. **Module 14.** 1. A – 2. C – 3. B – 4. B – 5. D. **Module 15.** 1. A et C – 2. B et D – 3. D – 4. B – 5. C et D. **Module 16.** 1. B – 2. D – 3. B – 4. C – 5. A. **Module 17.** 1. C – 2. B – 3. B – 4. A – 5. A. **Module 18.** 1. D – 2. C – 3. A – 4. D – 5. B. **Module 19.** 1. C – 2. B – 3. D – 4. D – 5. C. **Module 20.** 1. A – 2. B – 3. C – 4. A – 5. D. **Module 21.** 1. A et C – 2. D – 3. D – 4. C – 5. C. **Module 22.** 1. B – 2. B – 3. A – 4. A – 5. C. **Module 23.** 1. B – 2. C – 3. D – 4. B – 5. A. **Module 24.** 1. B – 2.A – 3. C – 4. B – 5. A. **Module 25.** 1. A – 2. C – 3. B – 4. C – 5. D. **Module 26.** 1. B – 2. C – 3. D – 4. A – 5. A. **Module 27.** 1. C – 2. B – 3. C – 4. D – 5. C. **Module 28.** 1. C – 2. D – 3. B – 4. A – 5. D. **Module 29.** 1. B – 2. B – 3. C – 4. B – 5. D. **Module 30.** 1. C – 2. B – 3. B – 4. B – 5. C. **Module 31.** 1. D – 2. D – 3. B – 4. B et C – 5. D. **Module 32.** 1. B – 2. C – 3. C – 4. D– 5. C. **Module 33.** 1. C – 2. B – 3. D – 4. A – 5. A. **Module 34.** 1. C – 2. B – 3. B – 4. D – 5. B. **Module 35.** 1. C – 2. A – 3. D – 4. C – 5. B.

Corrigés des exercices « Définir » et « Rédiger »

Module 1. 2. **a.** Ère : division de l'Histoire de la Terre en géologie. **b.** Planète tellurique : planète dont la surface est composée de roches. 3. **a.** La Terre, est une des planètes du système solaire dont la surface est rocheuse et possède une densité forte à l'inverse des planètes gazeuses. **b.** Des crises de la biodiversité, des variations du niveau des mers et l'impact de météorites ont jalonnée l'histoire de la Terre et ont été utilisés pour découper les temps géologiques en ère et période. **c.** La distance au Soleil d'une planète détermine l'intensité lumineuse à l'origine de la température et de l'état de l'eau à sa surface. **Module 2.** 2. **a.** L'épicentre est le point en surface le plus proche du foyer. C'est en général l'endroit où les dégâts d'un séisme sont les plus importants. **b.** Le foyer est le point de rupture des roches en profondeur sur une faille. C'est le point de départ du séisme. **c.** L'intensité est la quantité de dégâts provoquée par un séisme. Elle est mesurée sur l'échelle EMS-98. **d.** Le risque sismique est la combinaison de l'aléa sismique et de la vulnérabilité à un endroit et à un moment donné. e. L'aléa sismique est la probabilité qu'un séisme ait lieu dans un endroit et à un moment donné. f. La vulnérabilité est l'ensemble des conséquences possibles d'un séisme sur les constructions, les biens et les personnes. 3. **a.** Lors d'un séisme, la rupture des roches sur la faille, au niveau du foyer, provoque la libération rapide et dans toutes les directions des ondes sismiques. **b.** C'est au niveau de l'épicentre que les conséquences d'un séisme, mesurées sur l'échelle EMS-98, sont les plus importantes. **c.** Les sismographes enregistrent les vibrations du sol, provoquées par les ondes sismiques issues du foyer. **d.** La rupture des roches au niveau du foyer a lieu lorsque l'énergie accumulée est trop grande. **Module 3.** 2. **a.** Risque volcanique : combinaison de l'aléa volcanique et de la vulnérabilité à un endroit et à un moment donné. **b.** Aléa volcanique : probabilité qu'une éruption se produise. **c.** Lave : roche en fusion (sans gaz) qui sort d'un volcan. Lorsqu'elle est fluide, elle coule facilement. On la retrouve dans les volcans effusifs. **d.** Nuée ardente : mélange de cendres et de gaz brûlants (700°C) qui dévale les pentes d'un volcan explosif à très grande vitesse (150 km/h). Les nuées ardentes sont très dangereuses, elles détruisent tout ce qui se trouve sur leur passage. **e.** Cône : forme d'un volcan effusif fabriqué à partir des produits libérés par le volcan. 3. **a.** Le risque est la combinaison de l'aléa et de la vulnérabilité à un endroit et à un moment donné. **b.** En général, les volcans des dorsales sont des volcans effusifs qui libèrent de la lave fluide. **c.** C'est au niveau des fosses océaniques que les volcans explosifs, en forme de dômes, libèrent des nuées ardentes et de la lave visqueuse. **d.** Le volcanisme effusif est associé aux dorsales alors que le volcanisme explosif est associé aux fosses océaniques. **Module 4.** 2. **a.** Lithosphère : couche superficielle du globe rigide d'une épaisseur d'environ 150 km. **b.** Asthénosphère : couche moins rigide, entre 150 km et 700 km de profondeur, caractérisée par un léger ralentissement des ondes sismiques. **c.** Divergence : zone où des plaques lithosphériques s'éloignent l'une de l'autre de quelques centimètres par an. **d.** Plaque lithosphérique : surface rigide d'une épaisseur d'environ 150 km se déplaçant à la surface du globe. 3. **a.** La partie externe de la Terre est formée de la lithosphère rigide reposant sur l'asthénosphère qui l'est moins. **b.** Au niveau de l'axe des dorsales, les plaques lithosphériques s'éloignent l'une de l'autre de quelques centimètres par an. **Module 5.** 2. **a.** Climat : ensemble des conditions atmosphériques moyennes qui règnent dans un territoire donné. On distingue trois grands types de climats : les climats froids, les climats tempérés et les climats chauds. **b.** Météorologie : science qui étudie les variations atmosphériques pour connaître le temps qu'il fait à un moment et dans un lieu donné. Elle permet de prévoir le temps qu'il fera et d'apporter des conseils pour limiter l'impact d'un risque météorologique. 3. **a.** Un diagramme ombrothermique est un graphique qui représente l'évolution de la température et des précipitations moyennes sur un an dans un lieu donné : il met en évidence les caractéristiques d'un climat. **b.** La répartition des zones climatiques dépend de la latitude : entre les tropiques se trouvent les climats chauds, entre les tropiques et les cercles polaires se trouvent les climats tempérés, entre les cercles polaires et les pôles se trouvent les climats froids. **c.** C'est parce que la Terre est sphérique qu'il existe différentes zones climatiques. En effet, l'absorption du rayonnement solaire n'est pas le même sur Terre en fonction de la latitude. **Module 6.** 2. **a.** Vent : mouvement d'air dans l'atmosphère. **b.** Courant océanique : mouvement d'eau de mer régulier et continu. **c.** Climat : description des conditions atmosphériques moyennes sur une longue période de temps dans une région donnée. 3. **a.** L'air chaud et humide monte et se refroidit avec l'altitude formant des nuages. **b.** Les modifications à des échelles de temps longs sont à l'origine des changements climatiques. **Module 7.** 2. **a.** Réchauffement climatique : augmentation actuelle de la température de la surface de la Terre. **b.** Gaz à effet de serre : gaz qui a la caractéristique d'absorber certains rayonnements produits par la Terre provoquant un réchauffement de l'atmosphère. 3. **a.** Le réchauffement climatique est l'augmentation actuelle de la température de la surface de la Terre. **b.** Le changement climatique a des effets multiples, à la fois bénéfiques et néfastes. **Module 8.** 2. **a.** Ressource naturelle : élément (matériau ou énergie) disponible directement ou indirectement dans l'environnement planétaire. **b.** Ressource renouvelable : ressource disponible sans limite à l'échelle de l'histoire humaine car non stockée dans des réservoirs planétaires limités. **Module 9.** 2. **a.** Enjeu environnemental : élément (matériau, énergie, population vivante) de l'environnement dont l'usage par les humains conduit à la possible modification de sa disponibilité au point de présenter un risque. **b.** Ecosystème : ensemble des êtres vivants et des éléments non vivants en relation entre eux formant une unité de fonctionnement dans l'environnement. Exemples : une forêt, un lac. **c.** Conflit d'usage : concurrence entre plusieurs acteurs des sociétés humaines pour une même ressource naturelle utilisée différemment mais limitée localement. **d.** Plan de prévention des risques d'incendies de forêt : ensemble des mesures prises pour organiser, planifier et mettre en œuvre les réglementations, surveillances et mesures de protection pour limiter les feux de forêt et leurs conséquences humaines et environnementales. **Module 10.** 2. **a.** Équilibre d'un écosystème : état d'un écosystème caractérisé par sa stabilité et le maintien de ses caractéristiques dans le temps (nombre d'espèces, production de matière, stockage d'énergie). **b.** Mesure de protection : action qui vise à empêcher une ou des modifications humaines d'un écosystème pour limiter un risque environnemental. **c.** Mesure de compensation : action qui vise à remplacer tout ou partie d'un écosystème détruit ou très modifié en réparant ou en recréant un écosystème équivalent ailleurs. 3. **a.** Trois moyens (éviter, réduire et compenser les nuisances) permettent de limiter les impacts des installations nouvelles sur les écosystèmes. **b.** Des actions humaines non compensées peuvent entraîner la disparition d'écosystèmes. **Module 11.** 2. **a.** Ressource naturelle : élément (source de matière ou d'énergie) disponible directement ou indirectement dans l'environnement planétaire. **b.** Impact d'une activité humaine : conséquence directe ou indirecte sur un écosystème d'une action humaine présente ou passée. **c.** Enjeu sociétal : élément important pour les groupes humains formant une société qui peut être modifié ou perdu, notamment par suite des modifications des écosystèmes (par exemple s'il n'y a plus de poissons à pêcher, les pêcheurs n'auront plus de travail). **d.** Écosystème planétaire : ensemble de tous les écosystèmes existants (tous les êtres vivants en relation avec leurs milieux de vie) que l'on peut étudier parfois comme un seul écosystème. 3. **a.** La gestion des ressources naturelles impose des choix politiques. **b.** Les activités humaines sont parfois une source d'érosion de la biodiversité. **Module 12.** 2. **a.** Régime alimentaire : ensemble des aliments consommés par un organisme. **b.** Microbiote : ensemble de micro-organismes vivant sur ou dans l'organisme. **c.** Enzyme : molécule assurant la digestion chimique des molécules complexes alimentaires en nutriments. 3. **a.** Le zoophage carnivore chasse pour capturer sa nourriture ; il possède des crocs capables de maintenir ses proies. **b.** L'amylase est une enzyme capable de transformer les glucides contenus dans les pâtes en glucose, qui est un nutriment. **c.** La digestion de la cellulose chez les phytophages est assurée par les enzymes que possèdent les micro-organismes présents dans leur système digestif. **Module 13. 2. a.** Organe respiratoire : organe assurant les échanges gazeux respiratoires (absorption de dioxygène et rejet de dioxyde de carbone). **b.** Respiration cellulaire : absorption de dioxygène et rejet de dioxyde de carbone par la cellule permettant la libération d'énergie nécessaire au fonctionnement cellulaire. **c.** Système circulatoire endigué : appareil au sein duquel le sang circule dans des vaisseaux et n'est jamais déversé dans la cavité générale. **3. a.** Chez un animal, le dioxygène va passer de l'eau au sang au niveau de la branchie puis aller jusqu'aux cellules. **b.** Le dioxyde de carbone, déchet rejeté par la cellule dans le sang, est éliminé dans l'air expiré. **Module 14. 2. a.** Photosynthèse : processus produisant de la matière organique à partir de dioxyde de carbone à condition de recevoir de la lumière et rejetant du dioxygène. **b.** Respiration : processus utilisant la matière organique et du dioxygène pour produire de l'énergie tout en rejetant du dioxyde de carbone. **3. a.** Lors de la photosynthèse, les végétaux utilisent du dioxyde de carbone et de l'eau pour produire de la matière organique, à condition d'être éclairés, et rejettent de l'oxygène. **b.** Les végétaux utilisent la matière organique et du dioxygène pour produire de l'énergie nécessaire au fonctionnement de la cellule. **Module 15. 2. a.** Surface d'échange : zone de contact entre l'organisme et son milieu qui permet des échanges de matières ou d'énergie entre les deux milieux. **b.** Poil absorbant : cellule racinaire servant de surface d'échange entre le sol et la racine d'une plante. **c.** Stomate : structure constituée de deux cellules, située au niveau de l'épiderme des feuilles, qui permet des échanges de gaz entre la plante et l'air. **d.** Sève élaborée : liquide circulant dans le végétal par les tissus conducteurs de la sève élaborée entre les organes, qui contient de l'eau, des sels minéraux et de la matière organique. Sève brute : liquide circulant dans le végétal par les tissus conducteurs de la sève brute entre les racines et les feuilles, qui contient de l'eau et des sels minéraux. **3. a.** Les racines ont une surface d'échange importante grâce à de nombreuses ramifications, des poils absorbants et parfois l'association avec des champignons : les mycorhizes. **b.** Les feuilles évitent la déshydratation grâce à un épiderme imperméable à l'eau et au gaz ; le dioxyde de carbone est absorbé par les stomates de cet épiderme. **c.** La sève brute circule des racines vers les feuilles. **Module 16. 2. a.** Reproduction asexuée : fécondation qui se réalise à partir d'un seul individu qui produit des individus identiques entre eux et à l'individu de départ. **b.** Fécondation externe : fécondation qui se réalise à l'extérieur des organismes parentaux. **c.** Viviparité : Modalité de reproduction où le développement de l'embryon se fait par implantation à l'intérieur d'un organisme parental. **3.** La reproduction asexuée se réalise sans fécondation et sans l'intervention de cellules reproductrices. **Module 17. 2. a.** Population: groupes d'individus d'une même espèce rencontrés dans un lieu donné à un moment donné. **b.** Fécondité: nombre d'œufs ou de petits par femelle. **3. a.** Plus la quantité de nourriture sera importante, plus la fécondité d'une espèce est importante. **b.** Les espèces ovipares vivant en milieu aquatique ont une grande fécondité, mais la protection accordée à leurs œufs n'est pas importante. **Module 18. 2. a.** Chromosome : bâtonnet de quelques micromètres constitué d'ADN et localisé dans le noyau **b.** Caractère : élément héréditaire qui varie d'un individu à l'autre. **c.** ADN : molécule constituant chaque chromosome et porteuse de l'information génétique. **3. a.** Les caractères sont transmis au cours des générations sans modification. **b.** Les informations héréditaires sont localisées dans le noyau des cellules. **Module 19. 2. a.** Génotype : ensemble des allèles de tous les gènes d'un individu. **b.** Phénotype : ensemble des caractères d'un individu. **c.** Allèle : une des versions d'un gène. **3. a.** Le génotype est l'ensemble des allèles des gènes d'un individu. **b.** Le phénotype peut subir une modification suite à l'action de l'environnement. **Module 20. 2. a.** Mitose : ensemble des étapes de la multiplication cellulaire permettant le passage d'une cellule initiale à deux cellules. **b.** Méiose : mécanisme de formation des gamètes. **3. a.** La mitose permet d'obtenir deux cellules filles génétiquement identiques à la cellule initiale. **b.** La méiose permet d'obtenir des gamètes génétiquement différents. **c.** La méiose et la fécondation sont à l'origine de la diversité génétique. **Module 21. 2. a.** Biodiversité spécifique : représente la diversité des espèces présentes dans un écosystème. **b.** Mutation : modification d'une information génétique lors de la réplication ou par altération de l'ADN. **c.** Biodiversité intraspécifique : représente les variations de caractéristiques entre individus d'une même espèce. **3. a.** La biodiversité spécifique correspond au nombre d'espèces différentes présentes dans un écosystème. **b.** Seules les mutations ayant lieu au niveau d'une cellule germinale peuvent permettre l'apparition d'un allèle dans une population. **c.** Au sein d'un écosystème, la biodiversité intraspécifique d'une espèce peut subir des variations sous l'effet des conditions du milieu. **Module 22. 2. a.** Arbre phylogénique : représentation des relations de parenté entre espèces lors de leur histoire évolutive. **b.** Parenté : en biologie c'est le lien entre deux individus qui portent un même caractère morphologique et possèdent donc un ancêtre commun porteur de ce caractère. **3.** On peut établir des liens de parenté entre des êtres vivants qui partagent des caractères morphologiques et possèdent donc un ancêtre commun. **Module 23.** 1. **a.** Sélection naturelle : tri des individus les plus aptes à se reproduire ou à survivre. **b.** Évolution : modifications (apparition, diversification et disparition) des espèces vivantes au cours du temps. **3. a.** En fonction des conditions du milieu, un caractère peut donner un avantage à un être vivant qui sera plus apte à se reproduire ; c'est la sélection naturelle. **Module 24. 2. a.** Fréquence cardiaque : nombre de battements du cœur par unité de temps. **b.** Artère : vaisseau sanguin dans lequel circule le sang du cœur aux organes. **3. a.** La fréquence cardiaque est plus importante au cours d'une activité physique qu'au repos. **b.** Le volume sanguin d'un muscle augmente au cours de l'effort physique. **c.** La cellule musculaire au cours d'un effort physique a plus besoin de glucose et de dioxygène. **Module 25. 2. a.** VO_2 max : volume maximal de dioxygène par unité de temps. **b.** Dopage: fait de prendre des substances augmentant artificiellement les capacités lors d'une compétition sportive. **3. a.** Le VO_2 max est le volume maximal de dioxygène utilisé par les muscles pour produire leur énergie. **b.** Le tabac réduit le volume ventilé et ainsi diminue les capacités physiques à l'effort. **Module 26. 2. a.** Neurone : cellule nerveuse. **b.** Synapse : zone de contact entre deux neurones ou entre un neurone et une cellule musculaire. **c.** Neurotransmetteur : molécule libérée par un neurone qui va se fixer sur des récepteurs spécifiques au niveau d'une synapse. **3. a.** Le neurotransmetteur permet la transmission d'un message entre deux neurones. **b.** Le sens du message nerveux se fait des récepteurs pour aller vers le centre nerveux puis vers l'effecteur. **c.** Le cerveau est constitué d'un réseau de neurones. **Module 27. 2. a.** Drogue: substance modifiant le fonctionnement du système nerveux. **b.** Addiction: comportement incontrôlable à un produit malgré la connaissance des conséquences négatives sur l'organisme. **3. a.** La fatigue agit sur le cerveau et diminue le fonctionnement des organes effecteurs. **b.** Le bruit peut détériorer les récepteurs sensoriels de l'audition. **Module 28. 2. a.** Digestion mécanique : transformation des aliments par l'action de mouvements de différents organes du tube digestif (bouche, estomac). **b.** Microbiote intestinal : ensemble des micro-organismes vivant dans le tube digestif et participant à la digestion et l'absorption des nutriments. **c.** Circulation sanguine : trajet du sang dans les différents vaisseaux sanguins de l'organisme. **3. a.** La digestion mécanique est assurée notamment par la mastication des aliments par les dents qui permet de les écraser. **b.** Les glucides vont passer dans le sang via les capillaires sanguins présents dans la paroi de l'intestin grêle. **c.** Les micro-organismes présents dans notre système digestif constituent le microbiote et sont essentiels à notre santé. **Module 29. 2. a.** Dépenses énergétiques : énergie dépensée par l'organisme. **b.** Kilojoule : unité de mesure de l'énergie contenue dans les aliments. **c.** Régime alimentaire : types d'aliments consommés par un organisme. **3. a.** Les groupes d'aliments se distinguent par la nature des aliments et leur composition en lipides, glucides et protides. **b.** Dans un régime alimentaire équilibré, tous les groupes d'aliments sont représentés mais en quantité variable selon l'énergie qu'ils apportent à l'organisme. **Module 30. 2. a.** Contamination : entrée de micro-organismes dans l'organisme. **b.** Microbiote : ensemble des micro-organismes vivant au contact de notre organisme. **c.** Infection : multiplication des micro-organismes. **d.** Asepsie : pratique consistant à éliminer tout micro-organisme. **e.** Pathogène : susceptible de provoquer une maladie. **f.** Micro-organisme : tout organisme qui n'est pas visible à l'œil nu (virus, bactéries, certains champignons...). **3. a.** Les micro-organismes sont des organismes de petites tailles, très variés et sont présents dans tout notre environnement, y compris sur notre peau et nos muqueuses. **b.** Pour éviter la contamination et donc l'infection lorsqu'on se fait une plaie au niveau de la peau, il est nécessaire d'appliquer un produit antiseptique qui va aseptiser la zone de la blessure. **c.** Le microbiote a un rôle dans la défense de l'organisme en empêchant certaines contaminations. **Module 31. 2. a.** Antigène : élément étranger à l'organisme, capable de déclencher une réaction de défense lors de son entrée de sa présence dans l''organisme. **b.** Phagocyte : cellule de type leucocyte (globule blanc) capable de phagocyter un antigène. **c.** Lymphocyte : leucocytes apte à lutter contre un antigène pour lequel il est adapté (spécifique). **d.** Anticorps : molécule présentant deux sites de fixation pour un antigène spécifique, elle est produite par des lymphocytes spécifiques à l'antigène en question. **3. a.** Un phagocyte peut reconnaître la présence d'un antigène avant de les englober puis le digérer ; ce phénomène permet la destruction de l'antigène. **b.** Lorsqu'un lymphocyte est sélectionné par la rencontre avec l'antigène auquel il est adapté, il devient actif et commence alors à se multiplier activement. **c.** Les lymphocytes (T) détruisent les cellules infectées par contact et envoi d'une molécule perforante lorsque la cellule est infectée par un antigène pour lequel ils sont spécifiques. **d.** Les lymphocytes (B) spécifiques à un antigène produisent des anticorps capables de neutraliser les antigènes en question en permettant la création de complexes anticorps-antigènes). **Module 32.** 2. **a.** Lymphocyte mémoire : lymphocyte spécifique à un antigène qui a une durée de vie longue et qui réagit rapidement contre l'antigène. **b.** Antigène atténué : antigène rendu non pathogène. **c.** Rappel vaccinal : injections vaccinales effectuées après la première vaccination qui permettent d'entretenir la mémoire immunitaire. **d.** Couverture vaccinale : pourcentage de la population vaccinée contre un antigène. **e.** Antibiogramme : montage permettant de sélectionner les antibiotiques les plus adaptés contre une souche bactérienne. 3. **a.** La vaccination consiste à injecter des antigènes atténués à un individu pour créer chez lui une mémoire immunitaire contre cet antigène. **b.** L'efficacité d'une vaccination nécessite un entretien de la mémoire immunitaire grâce à des rappels. **c.** Les antibiotiques permettent de lutter contre les bactéries mais sont sans effet sur les virus. **d.** Les antibiogrammes permettent de sélectionner les antibiotiques qui peuvent lutter contre des bactéries résistantes à d'autres antibiotiques. **e.** L'usage des antibiotiques présente des effets secondaires, il affaiblit le microbiote et rend l'organisme plus vulnérable, il sélectionne les populations de bactéries les plus résistantes qui prennent plus de place dans l'environnement. **Module 33.** 2. **a.** Testicule : organe de l'appareil reproducteur de l'homme qui produit les cellules reproductrices, les spermatozoïdes. **b.** Ovaire : organe de l'appareil reproducteur de la femme qui produit les cellules reproductrices, les ovules. **c.** Hormone : substance fabriquée par un organe, libérée dans le sang et qui agit sur le fonctionnement d'un organe-cible. **d.** Cycle ovarien : ensemble des modifications qui touchent l'ovaire à chaque cycle dont l'ovulation. 3. **a.** L'ovaire a un fonctionnement cyclique avec un ovule expulsé chaque cycle lors de l'ovulation. **b.** Le cerveau produit des hormones qui déclenchent la mise en fonctionnement des appareils reproducteurs lors de la puberté. **Module 34.** 2. **a.** Placenta : organe qui fixe l'embryon en développement dans la muqueuse utérine et assure des échanges entre la mère et le futur bébé, (apport en nutriments et dioxygène, élimination de déchets dont le dioxyde de carbone). **b.** Période de fécondité : période pendant laquelle un rapport sexuel peut mener à une fécondation des gamètes. **c.** Cellule-œuf : cellule issue de la fusion des noyaux d'un spermatozoïde et d'un ovule et qui sera à l'origine d'un individu. **d.** Nidation : implantation de l'embryon dans l'utérus maternel avec mise en relation des systèmes sanguins de la mère et de l'embryon. 3. **a.** Lors de la nidation, l'embryon s'implante dans la muqueuse utérine prête à le recevoir. **b.** Lors de la fécondation, la fusion des noyaux d'un gamète mâle et d'un gamète femelle aboutit à la formation de la cellule-œuf. **Module 35.** 2. **a.** PMA: Procréation médicalement assistée. **b.** IST: Infection sexuellement transmissible **c.** Contraception d'urgence : contraception prise après un rapport sexuel et qui vise à éviter la nidation. 3. **a.** Les méthodes de PMA sont destinées aux couples infertiles désirant avoir un enfant. Plusieurs méthodes existent en fonction des causes de l'infertilité.

Crédits

© Marcel ter Bekke / Getty Images ; © Sovereign / ISM. 211 : © Borut Furlan / WaterFrame Agence / Biosphoto ; © Sovereign / ISM ; © Sovereign / ISM. Module 19 - 213 : © Eric Isselee / * ; © Jagodka / * ; © Cynoclub / *. 214 : © Alain Béguerie ; © Alain Béguerie ; © Luca Da Ros / Sime / Photononstop, © Lipskiy / *. 215 : © Alina Potapenko / EyeEm / Getty Images, © Alexis Rosenfeld / SPL - Science Photo Library / Biosphoto. 218 : © Susumu Nishinaga / SPL - Science Photo Library / Biosphoto ; © Science Picture Company / BSIP. 219 : © Visuals Unlimited / BSIP ; © Michel Geven / Buiten-Beeld / Biosphoto ; © Astier / BSIP. Module 20 - 221 : © Hervé Conge - ISM ; © Alain Béguerie ; © Hervé Conge - ISM ; © Alain Béguerie ; © Hervé Conge - ISM ; © Alain Béguerie ; © Hervé Conge- ISM ; © Alain Béguerie. 222 : © Danita Delimont / Gallo Images / Getty Images, © Iannuzzi, L. Chromosome Res (1996) 4 :448. Doi : 10.1007 / BF02265052, © DR T E Thompson / SPL – Science Picture Library / Cosmos photo. 223 : © Ed Reschke / Getty images ; © Alain Béguerie ; © Alain Béguerie ; © Ed Reschke / Getty Images ; © Alain Béguerie ; © Alain Béguerie ; © Ed Reschke / Getty images ; © Alain Béguerie ; © Alain Béguerie. 224 : © Jessica Peterson / Brand X Pictures / Getty Images. 228 : © Alain Béguerie. 229 : © Sovereign - ISM , © Steve Gschmeissner / SPL / Cosmos Photo. Module 21 - 230 : © Musée du Plâtre / Cormeilles-en-Parisis, © Musée du Plâtre / Cormeilles-en-Parisis, © Musée du Plâtre / Cormeilles-en-Parisis. 231 : © Nanthanit Kunarakwong / *, © Davemhuntphotography / *, © Jolanda Aalbers / *, © Huang Zheng / *, © Vlasta Kaspar / *, © AlekseyKarpenko / *, © Brian & Sophia Fuller / Alamy Stock Photo / Photo 12, © Luna Vandoorne / *. 232 : © Sebastian Janicki / *, © blickwinkel / Kottmann / Alamy Stock Photo / Photo 12. 233 : © Andy Newman / NHPA / Photoshot / Biosphoto, © Tristan Lafranchis / Biosphoto. 236 : © AS Food studio / *. 241 : © Hervé CONGE- ISM, © Hervé CONGE- ISM ; © Hervé CONGE- ISM ; © Dr Dennis Kunkel - Phototake – ISM, © Hervé Conge – ISM, © CMSP Rawlins / BSIP, © Sovereign – ISM, © Sovereign – ISM, © Sovereign – ISM. 242 : © Aurel / Iconovox ; © DR. Module 22 - 243 : © Jochen Tack / Alamy Stock Photo / Photo 12. 244 : © Eric Isselée / ** ; © Elen31 / ** ; © Daniel Rajszczak / *. 245 : © Matteo De Stefano / MUSE / MuseodelleScienze ; © De Agostini Picture Library / Getty images ; © Linda Bucklin / *. 246 : © DR ; © John Cancalosi / Alamy / Hemis ; © Dr Jeremy Burgess / Spl / Cosmos ; © Colin Varndell / Spl / Cosmos ; © Nigel Downer / Spl / Cosmos ; © Bob Gibbons / Spl / Cosmos. 247 :© DR ; © Sinclair Stammers / Spl / Cosmos ; © Minden Pictures / Ingo Arndt / FotoNatura / Biosphoto. 251 : © David Carillet / *. Module 23 - 253 : © Minden Pictures / Getty Images ; © Hiroya Minakuchi / Minden Pictures / Biosphoto ; © National Geographic / Getty Images ; © Gilles Le Scanff&Joïlle-Caroline Mayer / Biosphoto ; Peter Turner Photography / * ; © Jiang HongyanI / * ; © Flora Press / Christine Ann Foll / Biosphoto ; © DR. 255 : © Ferrero-Labat / Ardea / Biosphoto. 259 : © Bernhard ; © Geoff Galice. 262 : © John Reader / SPL - Science Photo Library / Biosphoto, © Lionel Bret / LookatSciences, © Natural History Museum of London / Biosphoto, © Laurent Geslin / Biosphoto. 263 : © John Daniels / Ardea / Biosphoto, © LookatSciences ; © J. Britton-Davidian et J. Catalan, Institut des Sciences de l'évolution, Montpellier – « Nature », vol. 403, 13 janvier 2000, p. 158, fig.2 ; 264 : © FOX / DR / photo prod DB. © Pierre Vilette. Thème 3 : 266 : © Kalinina Alisa / * ; © SPL – Science Picture Library / BSIP. 267 : © Stéphanie Schuller / SPL – Science Picture Library / Cosmos ; © Ipatov / *. 268 : © CLS Digital Arts / *, © Aneta_Gu / *, © karins / *. 269 : © Alain Béguerie, © Comaniciu Dan / *, © MaraZe / *, © MaraZe / *. 270 : © Hinterhaus Productions / Digital Vision / Getty Images ; © Dmytro Vietrov / * ; © Sergey. Module 24 - 271 : © Ian Walton / Getty Images South America / Getty Images / AFP. 272 : © Matthew Chattle / Alamy Stock Photo ; © David R Frazier / Science Source / Bsip. 273 : © Effort physique ; © Biophoto Associates / Bsip ; © Biophoto Associates / Bsip. 274 : © Stephen Bonk / * 275 : © PHOTOTAKE / KUNKEL / BSIP. 279 : © Ted Kinsman / BSIP. Module 25 - 280 : © B. Boissonnet / BSIP. 281 : © Maridav / * ; © Chassenet / BSIP. 282 : © Santé publique France / www.santepubliquefrance.fr ; © Santé publique France / www.santepubliquefrance.fr 283 : © Ligue contre le cancer. 287 : © Chuck Brown / BSIP ; © Biophoto associates / Science Photo Library / Cosmos photo. Module 26 - 288 :© Neil Borden / Bsip ; © AgencjaFotograficzna Caro / Alamy Stock Photo / Hemis ; © Medical Media Images / Spl / Cosmos. 290 : © Science Source / Bsip ; © Sgo / Bsip. 291 :© Williams Paul / IconSportswire / Corbis via Getty Images. 292 :© Innerspace Imaging / Spl / Cosmos ; © DR. 293 :© Dr Fred Hossler / Bsip. 296 :© Don W. Fawcett / Bsip ; © Phototake / Kunnel / Bsip. 297 :© Neil Borden / Bsip ; © Emmanuel Durand / CNRS Photothèque. Module 27 - 299 : © Tous droits réservés Réseau Morphée - reseau-morphee.fr. 301 : © Adam Lespinat - Pierre Maillault / Pxl-Lan. 305 : © Elsa Hoffmann / *. 308 : © Dr. Gladden Willis / Visuals Unlimited, Inc / Cosmos ; © Dr. Gladden Willis / Visuals Unlimited, Inc / Cosmos. 309 : © « www.1jour1actu.com / es-tu un bon dormeur ? » Illustration – 19 / 12 / 2012 de Jacques Azam – 2017 Editions Milan. 310 : © Santé publique France / www.santepubliquefrance.fr ; © Santé publique France / www.santepubliquefrance.fr ; © Eleni François. Module 28 - 311 : © Ed Reschke / Photolibrary / Getty Images. 312 : © Puwadol Jaturawutthichai / * ; © Dr. Richard Kessel & Dr. Gene Shih, Visuals Unlimited / SPL - Science Photo Library / Biosphoto ; © Cavallini James / BSIP ; © Living Art Enterprises / BSIP. 313 : © Collection privée / The Holbarn Archive / Leemage, © Collection Privée / Look and Learn / Bridgeman Images, © Collection privée milanaise / Costa / Leemage. 315 : © Gabriel Billigs. 316 : © Image Source / Getty Images, © CNRI / SPL - Science Photo Library / COSMOS ; © Z220 / Custom Medical Stock Photo / SPL - Science Photo Library / Cosmos photo ; © Dr Julien Cappy, service d'anatomie pathologique et de médecine légale, Hôpital Raymond Poincaré. Module 29 - 322 : © Ifong / *, © Fotofabrika / **. 323 : © Sergey Novikov / *. 324 : © Peter Menzel / Cosmos, © Peter Menzel / Cosmos. 329 : © Santé Publique France / www.santepubliquefrance.fr 334 : © ADAGP, Paris 2017 / Wim Delvoye ; © Mathilde Pilatus. Module 30 - 335 : © Science Picture Library / BSIP. 336 : © Alain Béguerie ; © Alain Béguerie ; © Alain Béguerie ; © Alain Béguerie ; © Alain Béguerie. 337 : © Dr Stanley Fleger / Bsip ; © Biophoto Associates / Bsip ; © Phototake / Kunkel / Bsip. 338 : © Alain Béguerie; © DR ; © Alain Béguerie. 339 : © Jose Luis Calvo / * ; © Bsip ; © Ufsbd. 342 : © Phototake / Bsip. 343 : © Arletta Cwalina / Alamy / Hemis ; © SCIMAT / BSIP. Module 31 - 344 :© Phototake / Bsip ; © Hervé Conge / ISM. 345 : © Science Source / Bsip. 346 :© Michael Ross / Bsip ; © Alfred Pasieka / Spl / Cosmos. 348 :© Chassenet / Bsip. 349 :© Steve Gschmeissner / Spl / Cosmos. Module 32 - 354 : © Photo Josse / Leemage. 355 : © Logiciel *Couvac*. 356 : © Ameli. 357 :© Dr Terry Beveridge / Bsip ; © John Durham / Spl / Cosmos. 361 : © A. Benoist / Bsip ; Syda Productions / **. 364 : © Dr P. Marazzi / SPL / Cosmos ; © David Spears (Last Refuge) / Ardea / Biosphoto. 365 : © Kateryna Kon / SPL - Science Photo Library / Cosmos, © Nano Art LTD / SPL - Science Photo Library / Biosphoto. Module 33 - 367 : © Jürgen Fälchle / Alamy Stock Photo / Photo 12. 368 : © Chassenet / BSIP ; © David M. Phillips / BSIP. 369 : © CMSP Rawlins / BSIP. 370 : © Selva / Leemage ; © Aabeele / * ; © Jean-Luc & Françoise Ziegler / Biosphoto . 371 : © Science Photo Library / BSIP. 377 : © SPL- Science Picture Library / BSIP. Module 34 - 379 : © Pascal Goetgheluck / Ism ; © R. Rawlins / Custom Medical Stock photo / Spl / Cosmos ; © Pascal Goetgheluck / Ism ; © Pascal Goetgheluck / Ism. 380 : haut © Phototake / Nikas / Bsip ; milieu gauche © Mona Lisa production / Bsip ; milieu droit © Last Refuge / Bsip ; bas © SPL - Science Photo Library / Edelmann / Biosphoto. 384 : © Vem / Bsip ; © Bsip. 385 : gauche a © SPL - Science Photo Library / Edelmann / Biosphoto ; b © SPL - Science Photo Library / Bios ; c © David M Phillips / Bsip ; d © CMSP Rawlins / Bsip ; droit © National Geographic TV. Module 35 - 386 : © B.Boissonnet / Getty Images ; © Santé publique France / www.santepubliquefrance.fr. 387 : © DOCSTOCK / KAGE / BSIP ; © Wellcome Photo Lib. / BSIP ; © DOCSTOCK / KAGE / BSIP ; © Zephyr / SPL / Cosmos. 388 : © Santé publique France / www.santepubliquefrance.fr ; © Santé publique France / www.santepubliquefrance.fr ; © Santé publique France / www.santepubliquefrance.fr. 389 : © Santé publique France / www.santepubliquefrance.fr ; © Santé publique France / www.santepubliquefrance.fr. 393 : © Mevans / Getty Images ; © B. Boissonnet / BSIP. 396 : © Plate-Forme Prévention Sida - www.preventionsida.org . 397 : © akg-images / bilwissedition, © akg / Science Photo Library, © Pascal Goetgheluck / Biosphoto, © Service Commun de Microscopie-SCM Facultéde médecine de Nancy- Pr B. Foliguet, © Pascal Goetgheluck / Biosphoto, © Pascal Goetgheluck / Biosphoto. 398 : © Elèves du lycée Marie Laurencin de Mennecy (académie de Versailles) / association « Réussir l'égalité Femmes-Hommes » www.reussirlegalitefh.eu ; © Centre_Hubertine_Auclert ; © DR. 401 : © Paul & Paveena Mckenzie / Oxford Scientific / Getty Images. 402 : © Retherford Gary / Science source / Getty Images. 411 : © Jeulin.

* Shutterstock.com
** Fotolia

Maquette de couverture et intérieure : Anne-Danielle Naname

Mise en pages : Anne-Danielle Naname et Laurine Caucat, Virginie David - IGS, Parbleu

Schémas et dessins : Laurent Blondel - Coredoc, Jean-Luc Maniouloux, Patrick Hanequand, Lionel Buchet

Cartographie : AFDEC

Infographies : Antoine Dagan, Bruno Caillat

Recherche iconographique : Katia Davidoff - Booklage, Chloé Williamson, Brigitte Hammond

Relecture pédagogique : Marie-Pierre-An Devesa, Thierry Barrau

www.hachette-education.com

978-2-01-395388-7

Achevé d'imprimer en Italie par Stige
Dépôt légal : Août 2017 - Collection n° 64 - Édition 02
67/8542/1

Diagramme de l'échelle des temps géologiques

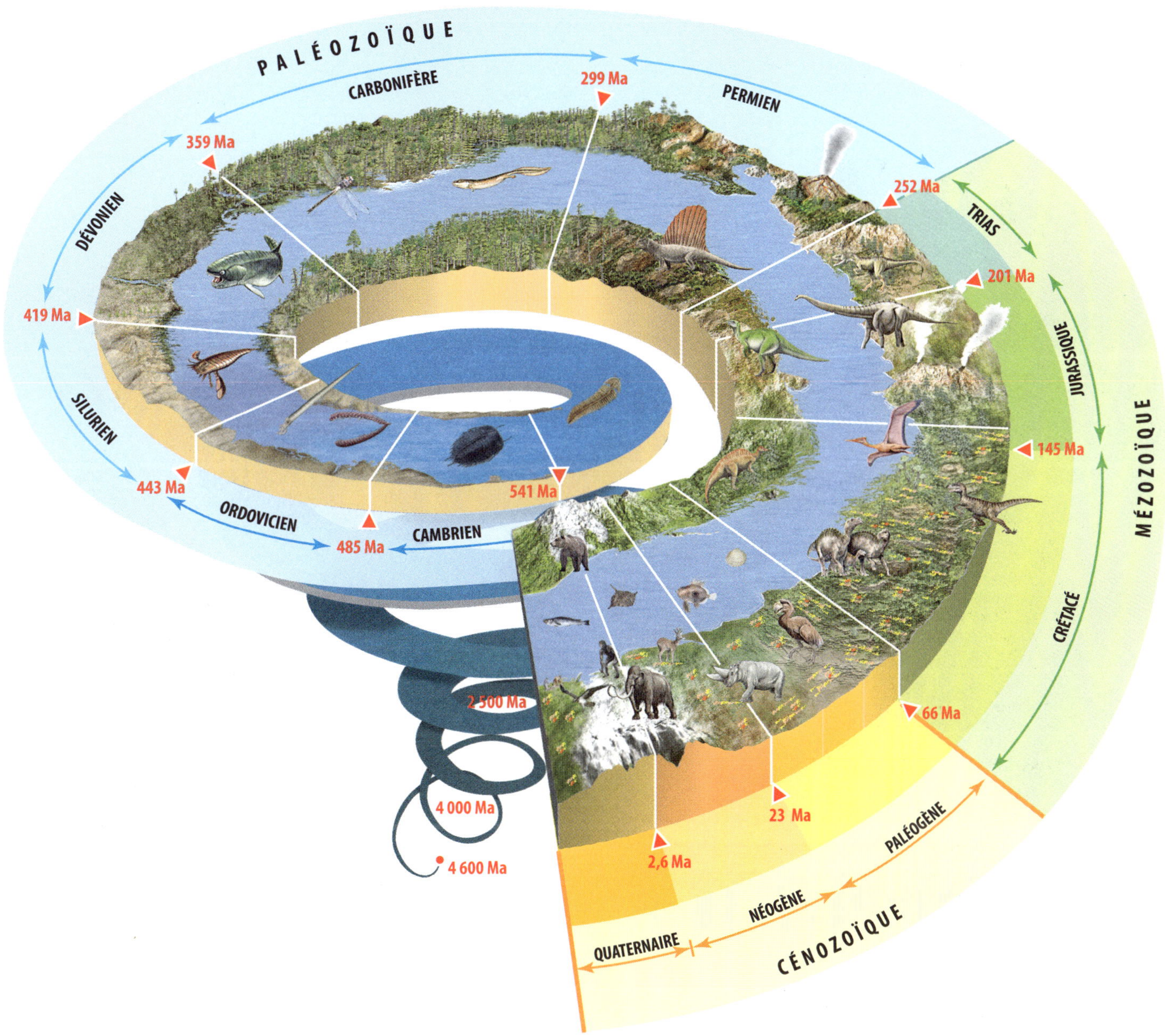

Ma : millions d'années

Carte du relief continental et des fonds océaniques

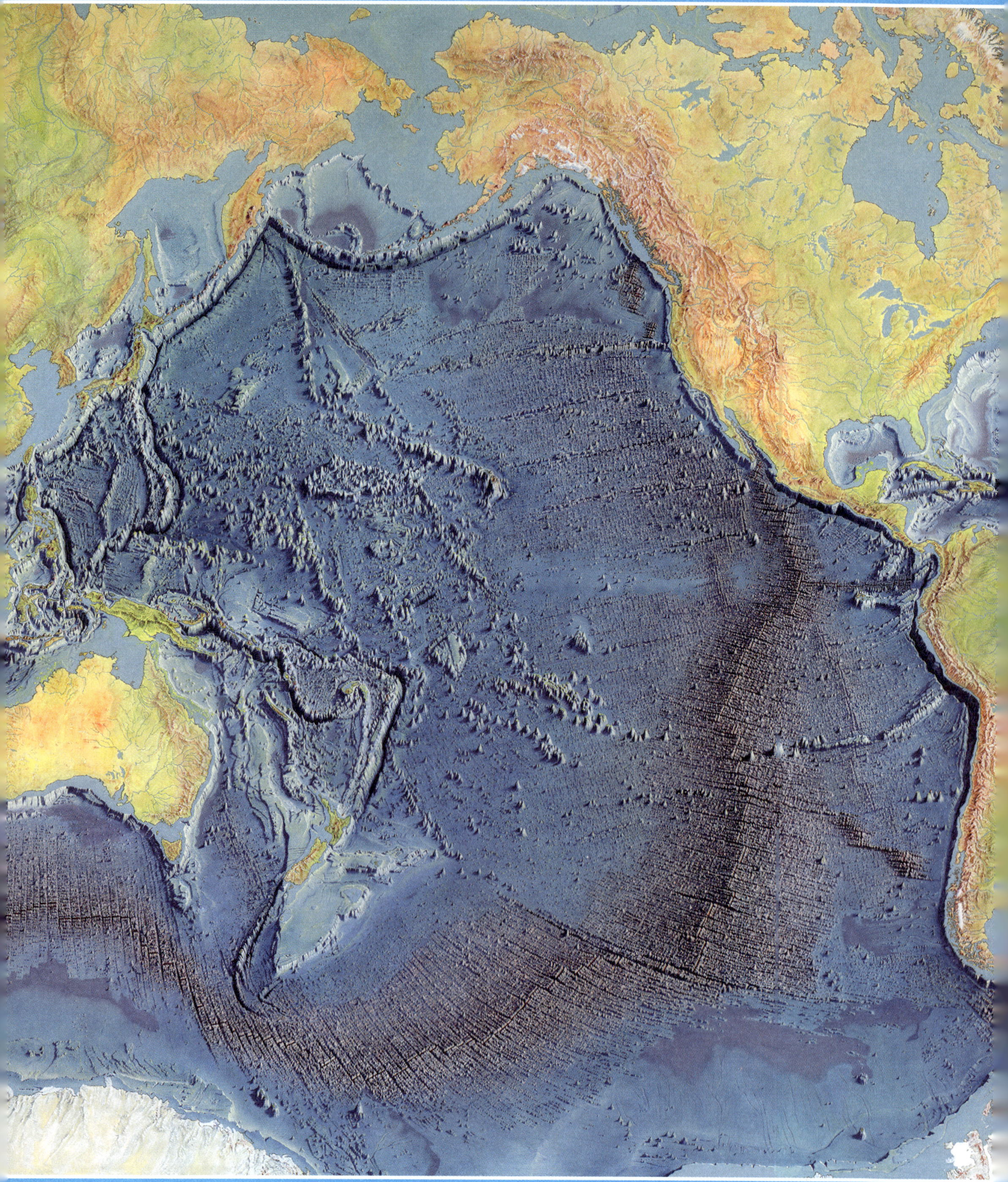